Minderjährige als Vermögensnachfolger

Schriftenreihe zum deutschen und europäischen Gesellschafts- und Wirtschaftsrecht

Herausgegeben von Christoph Teichmann und Florian Bien

Begründet von Günter Christian Schwarz †

Band 23

PETER LANG

Elfi Lüdecke

Minderjährige als Vermögensnachfolger

durch Beteiligung an Kommanditgesellschaft oder rechtsfähiger Stiftung bürgerlichen Rechts

PETER LANG

Bibliografische Information der Deutschen Nationalbibliothek
Die Deutsche Nationalbibliothek verzeichnet diese Publikation in der Deutschen Nationalbibliografie; detaillierte bibliografische Daten sind im Internet über http://dnb.d-nb.de abrufbar.

Zugl.: Berlin, Humboldt-Univ., Diss., 2021

Gedruckt auf alterungsbeständigem, säurefreiem Papier.
Druck und Bindung: CPI books GmbH, Leck

D 11
ISSN 1614-239X
ISBN 978-3-631-85997-1 (Print)
E-ISBN 978-3-631-86113-4 (E-PDF)
E-ISBN 978-3-631-86114-1 (EPUB)
DOI 10.3726/b18715

Peter Lang – Berlin · Bern · Bruxelles · New York · Oxford · Warszawa · Wien

Diese Publikation wurde begutachtet.

www.peterlang.com

Vorwort

Die Arbeit wurde im Wintersemester 2020/2021 von der Juristischen Fakultät der Humboldt-Universität zu Berlin als Dissertation angenommen. Die Disputation erfolgte am 14.04.2021. Für die Drucklegung wurden in Bezug genommene Gesetzestexte, Literatur und Rechtsprechung auf den Stand von Ende April 2021 gebracht.

Besonderer Dank gilt Professor Dr. Gregor Bachmann, LL.M. (Michigan) für sein Vertrauen in mich als externe Doktorandin und seine konstruktive Kritik. Verbunden bin ich auch Professorin Dr. Giesela Rühl, LL.M. (Berkeley) für die rasche Anfertigung des Zweitgutachtens. Ganz herzlichen Dank sage ich Dr. Matthias J. Müller, LL.M. (Duke) für seine umfassende und fabelhafte Unterstützung während der gesamten Entstehungszeit dieser Arbeit. Ferner danke ich folgenden Personen: Dr. Astrid Frense für die wertvollen Anregungen und die Zuversicht; Joanna Magdon-Dembinska und ihren Mitarbeiterinnen und Mitarbeitern für ihre großartige Unterstützung bei der Recherche; Dr. Franz Müller für die kritische Durchsicht des Manuskripts und seine hilfreichen Hinweise; sowie Bernd Düsterbeck für die stets gute Arbeitsatmosphäre während meiner Promotionszeit.

Bedanken möchte ich mich auch bei Professor Dr. Christoph Teichmann und Professor Dr. Florian Bien, Maître en Droit (Aix-Marseille III) für die Aufnahme in die Schriftenreihe zum deutschen und europäischen Gesellschafts- und Wirtschaftsrecht.

Schließlich danke ich meinen Eltern, die meine juristische Ausbildung ermöglicht haben.

Inhaltsverzeichnis

Abkürzungsverzeichnis

a.A.	anderer Ansicht
AcP	Archiv für die civilistische Praxis (Zeitschrift)
AEAO	Anwendungserlass zur Abgabenordnung
a.E.	am Ende
a.F.	alte Fassung
AktG	Aktiengesetz
Anm.	Anmerkung
AO	Abgabenordnung
AStG	Gesetz über die Besteuerung bei Auslandsbeziehungen
AT	Allgemeiner Teil
Aufl.	Auflage
BayObLG	Bayerisches Oberstes Landesgericht
BayObLGZ	Entscheidungen des Bayerischen Obersten Landesgerichts in Zivilsachen
BayStG	Bayerisches Stiftungsgesetz
BB	Betriebs-Berater (Zeitschrift)
BbgStiftG	Stiftungsgesetz für das Land Brandenburg
Begr.	Begründer
BewG	Bewertungsgesetz
BGB	Bürgerliches Gesetzbuch
BGB-E	Bürgerliches Gesetzbuch Entwurf
BGBl	Bundesgesetzblatt
BeckRS	Beck-Rechtsprechung
BFH	Bundesfinanzhof
BFHE	Entscheidungen des Bundesfinanzhofs (amtliche Sammlung)
BGH	Bundesgerichtshof
BGHZ	Entscheidungen des Bundesgerichtshofs in Zivilsachen (amtliche Sammlung)
BlnStiftG	Berliner Stiftungsgesetz
BMF	Bundesministerium der Finanzen
BMJV	Bundesministerium der Justiz und für Verbraucherschutz
BremStiftG	Bremisches Stiftungsgesetz
Bsp.	Beispiel(e)
BStBl.	Bundessteuerblatt
BT-Drucks.	Drucksache des Deutschen Bundestag

BVerfG	Bundesverfassungsgericht
BVerfGE	Entscheidungen des Bundesverfassungsgerichts (amtliche Sammlung)
BWNotZ	Zeitschrift für das Notariat Baden-Württemberg
BWStiftG	Stiftungsgesetz für Baden-Württemberg
bzgl.	bezüglich
bzw.	beziehungsweise
DB	Der Betrieb (Zeitschrift)
ders.	derselbe
dies.	dieselben
DnotI-Report	Informationsdienst des Deutschen Notarinstituts
DNotZ	Deutsche Notar-Zeitschrift
DrittelbG	Gesetz über die Drittelbeteiligung der Arbeitnehmer im Aufsichtsrat
DSGVO	Datenschutz-Grundverordnung
DStR	Deutsches Steuerrecht (Zeitschrift)
DStRE	Deutsches Steuerrecht Entscheidungsdienst (Zeitschrift)
DStZ	Deutsche Steuer-Zeitung
ErbStG	Erbschaft- und Schenkungsteuergesetz
Erl.	Erläuterung(en)
ErbStR	Erbschaftsteuer-Richtlinien
ESt	Einkommensteuer
EStG	Einkommensteuergesetz
EStH	Einkommensteuer-Handbuch
et al.	et alii
EUR	Euro
Europ. Union	Europäische Union
EWiR	Entscheidungen zum Wirtschaftsrecht (Zeitschrift)
FD-ErbR	Fachdienst Erbrecht (Zeitschrift)
f., ff.	folgender, folgende
FamFG	Gesetz über das Verfahren in Familiensachen und in den Angelegenheiten der freiwilligen Gerichtsbarkeit
FG	Finanzgericht
FGPrax	Praxis der Freiwilligen Gerichtsbarkeit (Zeitschrift)
FamRZ	Zeitschrift für das gesamte Familienrecht
FPR	Familie Partnerschaft Recht (Zeitschrift)
FR	FinanzRundschau (Zeitschrift)
FS	Festschrift
Fußn.	Fußnote(n)

GbR	Gesellschaft bürgerlichen Rechts
GewArch	GEWERBE ARCHIV (Zeitschrift)
GmbHG	Gesetz betreffend die Gesellschaften mit beschränkter Haftung
GmbHR	Die GmbH-Rundschau (Zeitschrift)
GmbH-StB	Der GmbH-Steuer-Berater (Zeitschrift)
GWR	Gesellschafts- und Wirtschaftsrecht (Zeitschrift)
Hdb.	Handbuch
HessStiftG	Hessisches Stiftungsgesetz
HGB	Handelsgesetzbuch
HmbStiftG	Hamburgisches Stiftungsgesetz
HS	Halbsatz
iSd.	im Sinne des
iVm.	in Verbindung mit
JGG	Jugendgerichtsgesetz
juris	juris Das Rechtsportal
jurisPR-HaGesR	juris PraxisReport Handels- und Gesellschaftsrecht
Kap.	Kapitel
KErzG	Gesetz über die religiöse Kindererziehung
KG	Kommanditgesellschaft(en)
KGaA	Kommanditgesellschaft auf Aktien
KGR Berlin	OLG Report KG Berlin aus der Zeitschrift OLG-Report Brandenburg Dresden Jena Naumburg Rostock
KStH	Körperschaftsteuer-Handbuch
KSzW	Kölner Schrift zum Wirtschaftsrecht
Mio.	Millionen
MitbestG	Mitbestimmungsgesetz
MittBayNot	Mitteilungen des Bayerischen Notarvereins, der Notarkasse und der Landesnotarkammer Bayern (Zeitschrift)
MittRhNotK	Mitteilungen der Rheinischen Notarkammer (Zeitschrift)
mwN.	mit weiteren Nachweisen
NJW	Neue Juristische Wochenschrift
NJW-RR	Neue Juristische Wochenschrift Rechtsprechungs-Report Zivilrecht
Nr.	Nummer
Nrn.	Nummern
NStiftG	Niedersächsisches Stiftungsgesetz
NotBZ	Zeitschrift für die notarielle Beratungs- und Beurkundungspraxis

npoR	Zeitschrift für das Recht der Nonprofit Organisationen
NZA	Neue Zeitschrift für Arbeitsrecht
NZFam	Neue Zeitschrift Familienrecht
NZG	Neue Zeitschrift für Gesellschaftsrecht
oHG	Offene Handelsgesellschaft
OLG	Oberlandesgericht
OLG Schleswig	Schleswig-Holsteinisches Oberlandesgericht
OLGR	OLG-Report (Zeitschrift)
OLGZ	Entscheidungen der Oberlandesgerichte in Zivilsachen einschließlich der freiwilligen Gerichtsbarkeit (Online-Zeitschrift)
PwC	PricewaterhouseCoopers GmbH Wirtschaftsprüfungsgesellschaft
RdJB	Recht der Jugend und des Bildungswesens (Zeitschrift)
RegE	Gesetzentwurf der Bundesregierung
RG	Reichsgericht
RGZ	Entscheidungen des Reichsgerichts in Zivilsachen (amtliche Sammlung)
RhPfStiftG	Landesstiftungsgesetz (Rheinland-Pfalz)
Rn.	Randnummer(n)
RPfleger	Der Deutsche Rechtspfleger (Zeitschrift)
RPflG	Rechtspflegergesetz
S.	Seite, Seiten
SachsAnhStiftG	Stiftungsgesetz Sachsen-Anhalt
SächsStiftG	Sächsisches Stiftungsgesetz
SchlHStiftG	Gesetz über rechtsfähige Stiftungen des bürgerlichen Rechts (von Schleswig-Holstein)
SE	Societas Europaea
SolZG	Solidaritätszuschlaggesetz 1995
StiftG M-V	Stiftungsgesetz des Landes Mecklenburg-Vorpommern
StiftG NRW	Stiftungsgesetz für das Land Nordrhein-Westfalen
StiftG SL	Saarländisches Stiftungsgesetz
StiftRspr.	Stiftungen in der Rechtsprechung
teilw.	teilweise
ThürStiftG	Thüringer Stiftungsgesetz
UmwG	Umwandlungsgesetz
Urt. v.	Urteil vom
WM	Zeitschrift für Wirtschafts- und Bankrecht
v.	von, vom

Var.	Variante(n)
vgl.	vergleiche
Vorbem.	Vorbemerkungen
z.	zum
z.B.	zum Beispiel
ZErb	Zeitschrift für die Steuer- und Erbrechtspraxis
ZEV	Zeitschrift für Erbrecht und Vermögensnachfolge
ZfIR	Zeitschrift für Immobilienrecht
ZGR	Zeitschrift für Unternehmens- und Gesellschaftsrecht
ZHR	Zeitschrift für das gesamte Handelsrecht und Wirtschaftsrecht
ZIP	Zeitschrift für Wirtschaftsrecht
ZPO	Zivilprozessordnung
ZSt	Zeitschrift zum Stiftungswesen
ZStV	Zeitschrift für Stiftungs- und Vereinswesen
zugl. Diss.	zugleich als Dissertation angenommen
zugl. Habil.	zugleich als Habilitation angenommen
ZUM	Zeitschrift für Urheber- und Medienrecht

Einleitung

In Deutschland verfügen etwa 1,35 Millionen Personen über ein Privatvermögen von mehr als 1 Million US-Dollar.[1] Das Volumen an Vermögen, das innerhalb von Familien übertragen wird, fällt im Vergleich dazu noch weit höher aus. Allein 84,7 Milliarden Euro wurden in Deutschland 2018 mittels Erbschaften und Schenkungen steuerlich veranlagt.[2] Hinzukommen steuerfreie Vermögensübertragungen, so dass das Gesamtvolumen noch höher ausfällt. Laut einer Studie von *Braun* aus dem Jahr 2015 ist davon auszugehen, dass die Vermögensübertragungen bis 2024 kontinuierlich zunehmen und bis zu 3,1 Billionen Euro in Deutschland vererbt werden.[3] Von noch größerer Bedeutung als die Vermögensübertragung von Todes wegen ist in der Rechtspraxis die Übertragung zu Lebzeiten. Insbesondere vermögende Personen, die unternehmerische Beteiligungen halten, suchen nach Möglichkeiten, ihr Vermögen bereits zu Lebzeiten über den Tod hinaus abzusichern. Aufgrund vielfältiger Risiken ist es keinesfalls einfach, große Vermögen über Generationen hinweg zu erhalten und zu mehren. Vor allem in der derzeitigen Niedrig-Zinsphase beschäftigen sich daher zunehmend Rechts- und Steuerberater mit der Verwaltung von Vermögen.[4] In diesem Zusammenhang stehen vorwiegend Familienunternehmen im Fokus von Recht und Politik. Häufig ist zu lesen, dass sie das „*Rückgrat der Wirtschaft*" bilden.[5] Laut einer von der *Stiftung Familienunternehmen* in Auftrag gegebenen

---

1 *Capgemini,* World Wealth Report 2019, S. 9.

2 *Destatis,* Pressemitteilung Nr. 309 vom 16. August 2019, abrufbar unter www.destatis.de/DE/Presse/Pressemitteilungen/2019/08/PD19_309_736.html;jsessionid=95583D6D00D795C41B0CD82650A52A5A.internet711 (zuletzt abgerufen am 09.01.2021).

3 *Braun,* Erben in Deutschland, S. 25.

4 Zum Beispiel *Beckervordersandfort,* Gestaltungen zum Erhalt des Familienvermögens; *Lang/Schäfer/Sethe,* Hdb. der Vermögensverwaltung; *Walz* in: Schimansky, Bankrechts-Hdb., 2. Band, § 111; *Regierer/Vosseler,* ZEV 2018, 434-441; *van de Loo/Strnad,* ZEV 2018, 617-623.

5 Vgl. *Prinz* in: FS Hennerkes 75. Geb., 2014, S. 447, 449; *Kalss* in: Recht der Familiengesellschaften, 2017, S. 1, 2; *Lieder* in: Recht der Familiengesellschaften, 2017, S. 27, 29; *Bartels/Gerber/Hofbauer,* Zukunft v. Familienunternehmen, abrufbar unter www.pwc.de/de/mittelstand/assets/studie_family_business_v3.pdf (zuletzt abgerufen am 19.04.2020), S. 5; *Europäischer Wirtschafts- und Sozialausschuss,* Amtsblatt der Europ. Union, 2016/C 013/03, S. 1; *Oertzen/Reich,* DStR 2017, 1118; *Wälzholz,* GmbH-StB 2017, 54.

Untersuchung der volkswirtschaftlichen Bedeutung von Familienunternehmen sind 90 % aller Unternehmen in Deutschland Familienunternehmen.[6]

Die besondere Herausforderung für Familienunternehmen besteht regelmäßig nicht nur darin, das Vermögen des einzelnen Unternehmensgründers zu erhalten, sondern auch darin seine Angehörigen an dem Unternehmen zu beteiligen und sie wirtschaftlich abzusichern. Neben dem Ehepartner werden vor allem die eigenen Abkömmlinge bedacht; nicht selten sind diese noch minderjährig[7]. Aufgrund der engen emotionalen und rechtlichen Beziehung zwischen Eltern und minderjährigem Abkömmling kommt es jedoch regelmäßig zu Komplikationen, die eine Beteiligung erschweren. Dies gilt insbesondere, wenn der Minderjährige an einer juristischen Person beteiligt werden soll. Die rechtlichen Probleme betreffen in der Regel sowohl die Vermögensübertragung selbst als auch die Ausübung der erworbenen Rechte. Bei der Gestaltung einer angemessenen Lösung für Vermögensinhaber und Minderjährigen tun sich Praxis und Wissenschaft schwer, da zumeist die rechtlichen Themenfelder um den Minderjährigen nicht hinreichend Berücksichtigung finden. Vorwiegend werden in diesem Zusammenhang die Probleme bei der initialen Beteiligung von Minderjährigen an einer Kommanditgesellschaft[8] sowie die Ausnutzung steuerlicher Freibeträge[9] angesprochen. Die Probleme bei Beteiligung Minderjähriger an einer Stiftung sowie die Auswirkungen auf den Geschäftsbetrieb, insbesondere die interne Willensbildung, sind bislang nicht vollständig aufgearbeitet und geklärt.

---

6 *Stiftung Familienunternehmen,* Die volkswirtschaftliche Bedeutung von Familienunternehmen, S. 1, 5-6.

7 Vgl. *Nitze,* Minderjähriger Gesellschafter, S. 17; *Frank*, Beteiligung von Kindern in der Unternehmerfamilie (Teil 1 von 2), abrufbar unter www.unternehmerkompositionen.com/beratungsangebote/stifter-brief/ (zuletzt abgerufen am 19.04.2020), S. 1-3; *J. W. Flume*, NZG 2014, 17.

8 *Merkenich,* Erwerb durch Minderjährige, S. 16-24; 46-57; 67-69, 77-79; *Brox* in: FS Bosch, 1976, S. 75-86; *Führ/Nikoleyczik*, BB 2009, 2105-2108; *Menzel*, MittBayNot 2019, 222-224; *Münch*, FamRZ 2019, 1916-1920; *Pauli*, ZErb 2016, 131-135.

9 *Beckervordersandfort/Escher* in: Gestaltungen zum Erhalt des Familienvermögens, § 8 Rn. 4-5; *Regierer/Vosseler*, ZEV 2018, 434, 437.

Erster Teil Familiengesellschaften mit Minderjährigen

§ 1 Dauerhafte Vermögensverwaltung durch Familiengesellschaften

Innerhalb einer Familie wird in der Regel aufgrund familiärer Verbundenheit das zivilrechtlich dem Einzelnen zugeordnete Vermögen gemeinsam genutzt.[10] In Familiengesellschaften wird das Vermögen gebündelt und die einzelnen Familienmitglieder partizipieren auf unterschiedliche Weise, in der Hoffnung, das Vermögen so besser erhalten und die Familie absichern zu können.[11]

I. Begriff

Die Familiengesellschaft ist keine besondere Rechtsform, sondern kommt in ganz unterschiedlichen Gestaltungsformen vor.[12] Wenngleich der Begriff der Familiengesellschaft in § 1 Abs. 1 Nr. 1 Satz 3 DrittelbG definiert ist,[13] handelt es sich dabei nicht um eine allgemein gültige Definition, sondern sie ist auf die (aktienrechtlichen) Mitbestimmungsvorschriften beschränkt.[14] Üblicherweise wird von einer Familiengesellschaft gesprochen, wenn Vermögen in einer Gesellschaft gebündelt ist, an der mehrere familiär verbundene Personen beteiligt sind, die Einfluss auf die grundlegenden Entscheidungen

---

10 *Milatz,* Familienvermögen, S. 1.

11 Vgl. *Schücking* in: MünchHdbGesR, 1. Band, § 4 Rn. 109-110; *Milatz,* Familienvermögen, S. V.

12 *Schücking* in: MünchHdbGesR, 1. Band, § 4 Rn. 110; *T. Hueck,* Die Familienverfassung, S. 23; *Stiftung Familienunternehmen,* Die volkswirtschaftliche Bedeutung von Familienunternehmen, S. 3-4; *Lieder* in: Recht der Familiengesellschaften, 2017, S. 27, 28-29; *Foerster,* BB 2019, 1411-1418, 1414; *Regierer/Vosseler,* ZEV 2018, 434, 435.

13 Danach gilt eine Aktiengesellschaft als Familiengesellschaft, wenn der Aktionär eine einzelne natürliche Person ist oder die Aktionäre untereinander im Sinne von § 15 Abs. 1 Nr. 2 bis 8, Abs. 2 AO verwandt oder verschwägert sind.

14 *Lieder* in: Recht der Familiengesellschaften, 2017, S. 27, 28; *A. Sigle* in: FS Sigle, 2000, S. 301, 306; *Foerster,* BB 2019, 1411-1418, 1414.

haben;[15] familiär verbunden sind sämtliche verwandte und verschwägerte Personen im Sinne der §§ 1589 Abs. 1, 1560 BGB, Ehegatten,[16] sowie Adoptiv-, Pflege- und Stiefkinder.[17]

Es kann sich jedoch auch dann um eine Familiengesellschaft handeln, wenn nicht verwandte Dritte beteiligt werden.[18] Dies kommt beispielsweise vor, wenn die Familie zum Erhalt ihres Vermögens weiteres Kapital benötigt und daher einen familienfremden Investor beteiligt oder einen Dritten für bestimmte Zeit zum Geschäftsführer bestellt, weil es für diese Position an einem geeigneten Familienmitglied fehlt.

II. Beweggründe

Die Beweggründe für die Gründung einer Familiengesellschaft sind vielfältig. In erster Linie geht es darum, das Vermögen zu erhalten.[19] Durch die Gründung und Beteiligung an einer Familiengesellschaft wird nicht nur das Vermögen selbst gebündelt, sondern es wird auch eine Verbundenheit der Beteiligten zu dem Vermögen geschaffen. Ziel ist es dabei, ein Auseinanderfallen des Vermögens im Todesfall des ursprünglichen Vermögensinhabers zu verhindern.[20] Zu Lebzeiten möchte die vermögende Person zumeist auch weiterhin maßgeblich Einfluss auf die Verwaltung des Vermögens nehmen.[21] Ist das Vermögen im Wesentlichen in einem Unternehmen gebunden, bedeutet dies regelmäßig, dass sich die betroffene Person weiter die operative

15 Ebenso *Hübner* in: Sudhoff, Unternehmensnachfolge, § 71 Rn. 1; *Lieder* in: Recht der Familiengesellschaften, 2017, S. 27, 28; *Lüke* in: Hannes, Vermögens-/Unternehmensnachfolge, S. 893-894 Rn. 3.

16 Ebenso *Hommelhoff* in: Rechtsfragen der Familiengesellschaften 2006, S. 65, 66; *T. Hueck*, Die Familienverfassung, S. 24.

17 Vgl. § 15 Abs. 1 Nr. 8, Abs. 2 Nr. 2 AO.

18 *T. Hueck*, Die Familienverfassung, S. 24; *Lieder* in: Recht der Familiengesellschaften, 2017, S. 27, 28; *W. Sigle* in: FS Rowedder, 1994, S. 459, 460.

19 *Beckervordersandfort/Escher* in: Gestaltungen zum Erhalt des Familienvermögens, § 1 Rn. 30, § 8 Rn. 1; *Sothen* in: MAH Erbrecht, § 36 Rn. 86; *Bauer*, Vermögensverwaltung, S. 39-40; *Milatz*, Familienvermögen, S. V; *W. Sigle* in: FS Rowedder, 1994, S. 459.

20 *Hübner* in: Sudhoff, Unternehmensnachfolge, § 71 Rn. 4; Riedel in: Unternehmensnachfolge, § 17 Rn. 1-3; *Bauer*, Vermögensverwaltung, S. 39; *Milatz*, Familienvermögen, S. V; *Regierer/Vosseler*, ZEV 2018, 434, 435.

21 *Lieder* in: Recht der Familiengesellschaften, 2017, S. 27, 30-31; *Regierer/Vosseler*, ZEV 2018, 434, 435.

Leitung vorbehält und/oder diese maßgeblich kontrollieren will.[22] Eine Familiengesellschaft kann zugleich als Gestaltungsmittel dienen, um das private Vermögen durch die Übertragung auf einen anderen Rechtsträger präventiv vor dem Zugriff durch potenzielle, künftige Gläubiger zu schützen.[23] Im Fall einer längeren Familientradition kann darüber hinaus der Wunsch hinzutreten, traditionelle Werte aufrechtzuerhalten.[24] Daneben sollen durch die Gründung und Übertragung des Vermögens auf eine Familiengesellschaft auch steuerliche Vorteile erzielt werden.[25]

III. Die Stiftung als favorisiertes Gestaltungsmittel

Als Gestaltungsinstrument für eine Familiengesellschaft wird in der Praxis neben der Kommanditgesellschaft[26] in den letzten Jahren zunehmend die Stiftung[27] erwogen. In den Medien ist teilweise von der Stiftung als „*DIE Lösung für eine Vermögensnachfolge*“[28] zu lesen; sie wird „*als Königsinstrument für die Nachfolgeplanung*“[29] bezeichnet. „*Keine Unternehmensnachfolgeplanung könne mehr sachgerecht durchgeführt werden, ohne eine Stiftungslösung in Betracht zu ziehen.*“[30] Vor allem von Rechtsund Steuerberatern ist zu lesen, dass die Stiftung das ideale Gestaltungsmittel sei, um das erarbeitete Vermögen vor

---

22 *Meinecke*, Stiftungen zur Unternehmensnachfolge, S. 59; *Regierer/Vosseler*, ZEV 2018, 434, 435.

23 *Bauer*, Vermögensverwaltung, S. 41; *Regierer/Vosseler*, ZEV 2018, 434, 435.

24 Ebenso *Fleischer*, NZG 2017, 1201, 1210; *Regierer/Vosseler*, ZEV 2018, 434, 435.

25 *Riedel* in: Unternehmensnachfolge, § 17 Rn. 4; *Rose/Korn* in: Gestaltungen zum Erhalt des Familienvermögens, § 1 Rn. 33, § 9 Rn. 1; *Sothen* in: MAH Erbrecht, § 36 Rn. 86; *Regierer/Vosseler*, ZEV 2018, 434, 436-438.

26 *Führ/Nikoleyczik*, BB 2009, 2105; *Pauli*, ZErb 2016, 131, 135; *Regierer/Vosseler*, ZEV 2018, 434, 435.

27 *Meinecke*, Stiftungen zur Unternehmensnachfolge, S. 22-23, 59-170; *Blumers*, DStR 2012, 1; *Blusz*, DStR 2017, 1016; *Dahlmanns*, RNotZ 2020, 417, 418, 424-429; *Feitsch/Linder*, ZStV 2018, 29, 30; *Piekarek/Winheller*, ZStV 2018, 153; *Theuffel-Werhahn*, ZEV 2017, 17; *Werkmüller*, ZEV 2015, 522; kritisch dazu *Hüttemann/Rawert* in: Staudinger, BGB, 2017, Vorbem. §§ 80 ff. Rn. 110-112.

28 *Klinger* in: Brandmüller, Unternehmensverbundene Stiftungen, S. 1.

29 *Theuffel-Werhahn*, ZEV 2017, 17.

30 *Erich Schmidt Verlag*, zu *Brandmüller, Gerhard/Klinger, Thomas* – Unternehmensverbundene Stiftungen, abrufbar unter www.esv.info/978-3-503-15677-1 (zuletzt abgerufen am 09.01.2021).

jeglichen äußeren Einflüssen zu schützen.[31] Durch eine Stiftung könne die künftige Generation finanziell abgesichert werden, ohne dass ihr zugleich irgendwelche Rechte oder Ansprüche zustünden.[32] Stattdessen könne sich der Stifter die (alleinige) operative Leitung vorbehalten und *„sein Lebenswerk"* über seinen Tod hinaus fortführen.[33] Insbesondere im Fall einer gesellschaftsrechtlichen Beteiligung wird dazu angeraten, die Stiftung nicht erst auf den Todeszeitpunkt, sondern bereits zu Lebzeiten zu gründen, um im Fall möglicher Fehlentwicklungen gegebenenfalls noch korrigierend einzugreifen.[34] Darüber hinaus bringe eine Stiftungserrichtung steuerliche Vorteile mit sich.[35] Vor diesem Hintergrund haben sich bereits einige bekannte Unternehmen direkt oder indirekt mit einer Stiftung verbunden, zum Beispiel Aldi,[36] Fielmann,[37]

---

31 *Buß*, Die Familienstiftung als Sicherungsinstrument der Unternehmenskultur (Teil 1 von 2), abrufbar unter www.unternehmerkompositionen.com/beratungsangebote/stifter-brief/ (zuletzt abgerufen am 15.04.2020), S. 1; *Feick/Thon*, ZEV 2011, 404-407; *Oertzen/Hosser*, ZEV 2010, 168-174; *Theuffel-Werhahn*, ZEV 2017, 17, 18-19.

32 *Rücker*, ZEV 2018, 451, 452, 454-455.

33 *Feick* in: Feick, Stiftung als Nachfolgeinstrument, § 5 Rn. 1; *Pruns/Schiffer* in: Stiftung in der Beraterpraxis, § 11 Rn. 10; *Klinkner*, Stiftung als neue Rechtsform für den Mittelstand?, abrufbar unter www.unternehmerkompositionen.com/beratungsangebote/stifterbrief-archiv-2017-und-%C3%A4lter/ (zuletzt abgerufen am 19.04.2020), S. 2; *Rücker*, ZEV 2018, 451, 452; *Saenger*, ZStV 2012, 94, 95-97.

34 *Krauß*, Vermögensnachfolge, Rn. 2983; *Saenger*, ZStV 2012, 94, 98, 101; *Schiffer*, ZErb 2014, 337.

35 *Oertzen* in: Asset Protection, § 4 Rn. 122-133; *Werkmüller*, ZEV 2018, 446, 448-450.

36 Die *Siepmann-Stiftung* verwaltet das Vermögen der Unternehmensgruppe ALDI Süd und dient gleichzeitig der finanziellen Absicherung verschiedener Familienmitglieder (*Bayerisches Landesamt für Statistik*, Verzeichnis der rechtsfähigen Stiftungen mit Sitz in Bayern, abrufbar unter stiftungen.bayern.de/stiftung/5268;jsessionid=8379BD766164FF2AF5CB7885BBB0BD48 (zuletzt abgerufen am 27.05.2020)). Ähnlich ist es bei ALDI Nord, an der die Markus-, Lukas- und Jakobus-Stiftung beteiligt sind; (dazu *Kolf*, Der Sohn des Aldi-Gründers sichert seine Macht ab, abrufbar unter www.handelsblatt.com/unternehmen/mittelstand/familienunternehmer/theo-albrecht-junior-der-sohn-des-aldi-gruenders-sichert-seine-macht-ab/24183874.html?ticket=ST-15240843-XrxFDWdvc5ZFBvJNxjl0-ap1 (zuletzt abgerufen am 09.01.2021)).

37 *Klinkner*, Fielmann, abrufbar unter www.unternehmerkompositionen.com/beratungsangebote/stifter-brief/ (zuletzt abgerufen am 19.04.2020), S. 1-2.

Lidl,[38] Bertelsmann,[39] Würth,[40] Thyssen[41] und Vorwerk.[42]

Die Eignung und Zweckmäßigkeit einer Stiftung zur Verwaltung des eigenen Vermögens und zur Absicherung der Familie ist kritisch zu hinterfragen. Während sich die Kommanditgesellschaft als Rechtsform zur Vermögensverwaltung bereits etabliert hat, dient die Stiftung auch heute noch vorwiegend der Verfolgung gemeinnütziger Zwecke[43]. Hinzu kommt, dass der Bundesgesetzgeber die Stiftung im Gegensatz zu den Personenhandelsgesellschaften in den §§ 80 bis 88 BGB bisher nur rudimentär geregelt hat. Zwar hatte eine unter Federführung des Bundesministeriums der Justiz und für Verbraucherschutz errichtete Bund-Länder-Arbeitsgruppe[44] bereits am 27.02.2018 einen Diskussionsentwurf zur Vereinheitlichung des Stiftungsrechts vorgelegt.[45] Die Bundesregierung hat

---

38 Dazu *Engel*, Unternehmensverbundene Stiftung, S. 54-55; *Klinkner*, Lidl-Gründer mit interessanter Doppelstruktur, abrufbar unter www.unternehmerkompositionen.com/beratungsangebote/stifter-brief/ (zuletzt abgerufen am 19.04.2020) S. 1-2.

39 Die Stiftung hält Geschäftsanteile an der *Johannes Mohn GmbH*, die wiederum Gesellschafterin der *Bertelsmann SE & Co. KGaA* ist, vgl. § 4 Abs. 1 der Satzung (*Bertelsmann Stiftung*, Satzung, abrufbar unter www.bertelsmann-stiftung.de/de/ueber-uns/wer-wir-sind/organisation/ (zuletzt abgerufen am 10.01.2021)).

40 Dazu *Schwake* in: MünchHdbGesR, 5. Band, § 79 Rn. 133; *Engel*, Unternehmensverbundene Stiftung, S. 59.

41 Die *Fritz Thyssen Stiftung* hält Aktien von verschiedenen Thyssen-Aktiengesellschaften, vgl. § 2 Abs. 1 der Satzung der Fritz Thyssen Stiftung (*Fritz Thyssen Stiftung*, Satzung, abrufbar unter www.fritz-thyssen-stiftung.de/ueber-uns/allgemeines/stiftungszweck-und-satzung/ (zuletzt abgerufen am 09.01.2021)). Daneben gibt es noch die *Frau Jula Thyssen Stiftung* zur Versorgung der verschiedenen Familienmitglieder (*Ministerium des Innern des Landes Nordrhein-Westfalen*, abrufbar unter www.im.nrw/frau-jula-thyssen-stiftung (zuletzt abgerufen am 09.01.2021)).

42 Vgl. *Vorwerk Deutschland Stiftung & Co. KG*, abrufbar unter kobold.vorwerk.de/impressum/ (zuletzt abgerufen am 09.01.2021); *Klinkner*, Stiftung als neue Rechtsform für den Mittelstand?, abrufbar unter www.unternehmerkompositionen.com/beratungsangebote/stifterbrief-archiv-2017-und-%C3%A4lter/ (zuletzt abgerufen am 19.04.2020), S. 1-2.

43 Laut *Bundesverband Deutscher Stiftungen* gibt es derzeit 23.230 rechtsfähige Stiftungen, von denen 95 % gemeinnützig sind (*Bundesverband Deutscher Stiftungen*, Anzahl gemeinnütziger Stiftung, abrufbar unter www.stiftungen.org/stiftungen/zahlen-und-daten/statistiken.html (zuletzt abgerufen am 15.04.2020).

44 Im Folgenden Bund-Länder-Arbeitsgruppe Stiftungsrecht genannt.

45 *Bundesministerium der Justiz und für Verbraucherschutz*: Diskussionsentwurf der Bund-Länder-Arbeitsgruppe „Stiftungsrecht" für ein Gesetz zur Vereinheitlichung des Stiftungsrechts vom 27.02.2018, abrufbar unter: *www.bundesrat.de/SiteGlobals/Forms/*

aber erst am 31.03.2021 ihren Gesetzentwurf in den Bundestag eingebracht und damit die ins Stocken geratene Stiftungsreform wieder auf die Tagesordnung gebracht.[46] Mit Wirkung zum 01.07.2022 sollen bundeseinheitliche Regelungen bezüglich des Stiftungsvermögens, der Haftung von Stiftungsorganen, Satzungsänderungen und der Beendigung der Stiftung geschaffen werden.[47]. Daneben hat jedes Bundesland ein eigenes Stiftungsgesetz erlassen, das insbesondere Regelungen zur staatlichen Anerkennung und zur Stiftungsaufsicht enthält.[48] Die Regelungen sind teilweise nicht nur sehr unterschiedlich, auch ist hinsichtlich einiger Bestimmungen die Gesetzgebungskompetenz der Länder umstritten, beispielsweise im Bereich der Zusammenlegung von Stiftungen.[49] Dadurch werden die Stiftungsbeteiligten verunsichert. Durch die im Wege der Stiftungsreform geplante Neufassung der §§ 80 ff. BGB würde das Stiftungsrecht vereinheitlicht und weitgehend abschließend im Bürgerlichen Gesetzbuch geregelt werden.[50] Die geplante Reform trägt insoweit zu Rechtssicherheit bei. Wenngleich durch die Stiftungsreform einige Rechtsprobleme ausgeräumt werden, ist die Stiftung kein Garant für den Vermögenserhalt. Im Gegensatz zur Kommanditgesellschaft gibt es zwar keine pfändbaren Anteile, weshalb das Vermögen in der Stiftung vor dem Zugriff durch private Gläubiger des Stifters besser geschützt ist als in einer Kommanditgesellschaft.[51] Wie die letzte Umfrage des Magazins *DIE STIFTUNG* bestätigt, bedeutet dies aber nicht, dass sie vor jeglichem

---

Suche/Servicesuche_Formular.html?resourceId=4355446&input_=4352856&pageLocale=de&templateQueryString=diskussionsentwurf+stiftungsrecht&submit.x=0&submit.y=0 (zuletzt abgerufen am 27.05.2020).

46 *Deutscher Bundestag, Gesetzentwurf der Bundesregierung*: Entwurf eines Gesetzes zur Vereinheitlichung des Stiftungsrechts 31.03.2021, abrufbar unter: *dip21.bundestag.de/dip21/btd/19/281/1928173.pdf* (zuletzt abgerufen am 30.04.2021), im Folgenden: RegE BT-Drucks. 19/28173.

47 RegE BT-Drucks. 19/28173, S. 5-25.

48 BayStG; BbgStiftG; BlnStiftG; BremStiftG; BWStiftG; HessStiftG; HmbStiftG; NStiftG; RhPfStiftG; SachsAnhStiftG; SächsStiftG; SchlHStiftG; StiftG M-V; StiftG NRW; StiftG SL; ThürStiftG.

49 *Hüttemann/Rawert* in: Staudinger, BGB, 2017, § 87 Rn. 3-8, 12-17; *Weitemeyer* in: MüKo, BGB, 1. Band, § 87 Rn. 21-24; *Hoffmann*, Zusammenlegung und Zulegung, S. 21-22, 61-69, 86-144, 184-188, 206-217, 226-231; *Schauer*, Zusammenführung rechtsfähiger Stiftungen, S. 53-55, 108-113, 116, 180-184.

50 RegE BT-Drucks. 19/28173, S. 1

51 *Schwake* in: MünchHdbGesR, 5. Band, § 79 Rn. 116; *Bauer*, Vermögensverwaltung, S. 41-42; *Bisle*, DStR 2012, 525, 526; *Oertzen/Hosser*, ZEV 2010, 168 169.

Vermögenszerfall gewappnet ist.[52] Viele der befragten Stiftungen sehen Handlungsbedarf im Bereich der Vermögensverwaltung.[53] In Zeiten der Niedrigzinsphase und internationaler politischer sowie wirtschaftlicher Unsicherheit ist es auch für sie schwierig, das Vermögen zu erhalten. Um einen Vermögensverlust entgegenzuwirken, plant jede vierte der befragten Stiftungen bei der Vermögensverwaltung offensiver vorzugehen und in Aktien zu investieren. Auch Immobilien sind angesichts der derzeitigen Marktlage als Anlageoption beliebt.[54]

§ 2 Beweggründe für die Beteiligung Minderjähriger

Neben dem Ehepartner werden nicht selten minderjährige Abkömmlinge beteiligt. Die Beteiligung erfolgt aus unterschiedlichen Gründen, unter anderem sind steuerliche Überlegungen ausschlaggebend.[55] Durch eine frühzeitige Beteiligung der Abkömmlinge sollen sowohl erbschaftsteuerliche als auch schenkungsteuerliche Freibeträge im zehn-Jahres-Turnus gemäß § 14 ErbStG möglichst häufig genutzt werden.[56] Ein weiterer Beweggrund für die Beteiligung minderjähriger Abkömmlinge ist zumeist deren finanzielle Absicherung.[57] Die Abkömmlinge sollen auf diese Weise eine sichere, regelmäßige Einnahmequelle erhalten. Sollten die Eltern durch andere riskante Geschäfte einmal in finanzielle Schieflage geraten, wären jedenfalls die Kinder abgesichert.[58]

---

52 *DIE STIFTUNG* befragt zweimal im Jahr Stiftungsvertreterinnen nach aktuellen Themen und Zukunftserwartungen, siehe *DIE STIFTUNG,* 3. Deutsches Stiftungsbarometer, abrufbar unter www.die-stiftung.de/deutsches-stiftungsbarometer/ (zuletzt abgerufen am 09.01.2021), S. 3.

53 *DIE STIFTUNG,* 3. Deutsches Stiftungsbarometer, abrufbar unter www.die-stiftung.de/deutsches-stiftungsbarometer/ (zuletzt abgerufen am 09.01.2021), S. 1.

54 *DIE STIFTUNG,* 3. Deutsches Stiftungsbarometer, abrufbar unter www.die-stiftung.de/deutsches-stiftungsbarometer/ (zuletzt abgerufen am 09.01.2021), S. 1.

55 *Scherer* in: Scherer, Familienunternehmen, Kap. 4 Rn. 228; *Buck,* Erwerb durch Minderjährige, S. 4-7; *Milatz,* Familienvermögen, S. V; *Nitze,* Minderjähriger Gesellschafter, S. 25, 28-31; *Brox* in: FS Bosch, 1976, S. 75; *Lohse/Triebel,* ZEV 2000, 337, 338; *Regierer/Vosseler,* ZEV 2018, 434, 437.

56 *Beckervordersandfort/Escher* in: Gestaltungen zum Erhalt des Familienvermögens, § 8 Rn. 4-5; *Buck,* Erwerb durch Minderjährige, S. 5; *Nitze,* Minderjähriger Gesellschafter, S. 25-26; *Lohse/Triebel,* ZEV 2000, 337; *Regierer/Vosseler,* ZEV 2018, 434, 437.

57 *Buck,* Erwerb durch Minderjährige, S.7; *Stahl,* Minderjährigenschutz im Gesellschaftsrecht, S. 42; *Krauß,* Vermögensnachfolge, Rn. 2717; *Nitze,* Minderjähriger Gesellschafter, S: 29; *Brox* in: FS Bosch, 1976, S. 75.

58 *Stahl,* Minderjährigenschutz im Gesellschaftsrecht, S. 42-43; *Nitze,* Minderjähriger Gesellschafter, S. 29.

Nicht zuletzt geht es bei der Beteiligung um die Sicherstellung der geeigneten Nachfolge. Dies gilt insbesondere, wenn das Vermögen im Wesentlichen in einem Unternehmen gebunden ist. Durch eine frühzeitige Einbindung können Minderjährige schrittweise unter Aufsicht der weiteren Familienangehörigen an die Abläufe und Entscheidungen betreffend den Geschäftsbetrieb und somit an die Verwaltung des Vermögens herangeführt werden.[59] Zugleich soll ein minderjähriger Abkömmling emotional an das Unternehmen gebunden werden, damit er es als Nachfolger erfolgreich weiterführt und etablierte Traditionen aufrechterhält. Der ursprüngliche Vermögensinhaber möchte durch eine frühzeitige Beteiligung verhindern, dass *„sein Lebenswerk“* nach seinem Tod an einen Dritten veräußert und zerschlagen wird. Es soll stattdessen durch ein Familienmitglied fortgeführt werden.[60] Der Wunsch, das Vermögen auch nach dem Tod noch zu erhalten und zu mehren, ist somit der entscheidende Beweggrund sowohl für die Überlegungen zur Vermögensverwaltung mittels einer Familiengesellschaft als auch für die Beteiligung minderjähriger Abkömmlinge an dieser Gesellschaft.

Die Aktualität des Themas verdeutlichen die dazu jüngst ergangenen Entscheidungen der Oberlandesgerichte Celle und Oldenburg. Das OLG Celle hatte sich mit der Frage auseinanderzusetzen, ob ein bereits gezeugter, aber noch ungeborener Abkömmling wirksam an einer Kommanditgesellschaft beteiligt werden kann, wer diesen beim Vertragsabschluss vertritt und ob die Beteiligung der familiengerichtlichen Genehmigung bedarf.[61]

Das OLG Oldenburg hatte sich gleich in zwei Entscheidungen mit der Reichweite der gesetzlichen Vertretungsmacht der Eltern bei der Übertragung von Gesellschaftsanteilen beschäftigt. In der Entscheidung vom März 2019 ging es darum, ob die Eltern ihren minderjährigen Abkömmling bei einer Anteilsveräußerung vertreten können, wenn zugleich ein weiteres Familienmitglied – hier ein anderer, bereits volljähriger Sohn der Eltern – als Gesellschafter beteiligt ist.[62] Nur ein paar Monate später hatte das OLG Oldenburg sodann über die Vertretungsmacht der Eltern bei gleichzeitiger Anteilsübertragung an mehrere

59 *Scherer* in: Scherer, Familienunternehmen, Kap. 4 Rn. 227; *Buck*, Erwerb durch Minderjährige, S. 6-7; *Nitze*, Minderjähriger Gesellschafter, S. 28-29; *J. W. Flume*, NZG 2014, 17; *Regierer/Vosseler*, ZEV 2018, 434, 435.

60 *Scherer* in: Scherer, Familienunternehmen, Kap. 4 Rn. 226; *Stehle/Leuz*, Familienunternehmen, S. 62-63; *Nitze*, Minderjähriger Gesellschafter, S. 29-30; *Regierer/Vosseler*, ZEV 2018, 434, 435.

61 OLG Celle, NZG 2018, 303, 304.

62 OLG Oldenburg, BeckRS 2019, 4094.

Abkömmlinge zu entscheiden.[63] In beiden Fällen erachtete das Gericht die Eltern als nicht vertretungsberechtigt.[64] Die Vertretung des Kindes erfolgt zwar grundsätzlich durch die Eltern, § 1629 Abs. 1 Satz 1, 2 BGB. Zum Schutz des Minderjährigen sind die Eltern aber per Gesetz von der Vertretung ausgeschlossen, wenn die Gefahr einer Interessenkollision besteht.[65] In diesem Fall wird der Minderjährige durch einen vom Gericht bestellten Ergänzungspfleger vertreten, § 1909 Abs. 1 Satz 1 BGB. Die Einbeziehung eines Dritten widerspricht jedoch häufig den Interessen des ursprüngliches Vermögensinhabers und Mitgesellschafters. Er möchte die Gesellschaftsangelegenheiten nicht Dritten gegenüber offenlegen müssen.[66] Schließlich bestehen in einer Familiengesellschaft aufgrund der engen familiären Beziehung regelmäßig kurze Kommunikationswege, die eine schnelle, kostengünstige und flexible Entscheidungsfindung ermöglichen.[67] Sie können so auf Veränderungen am Markt schneller reagieren als andere Unternehmen.[68] Diese Stärke würde durch die Einbeziehung Dritter gefährdet. Ob und unter welchen Voraussetzungen eine teleologische Reduktion der gesetzlichen Vertretungsverbote gestattet ist, ist von Wissenschaft und Rechtsprechung bis heute nicht geklärt worden.[69] Der Minderjährige kann aufgrund seiner begrenzten Geschäftsfähigkeit der Beteiligung auch nicht selbst wirksam zustimmen. Erst wenn er das siebente Lebensjahr vollendet hat, ist er gemäß § 107 BGB berechtigt, Willenserklärungen, die lediglich rechtlich vorteilhaft oder zumindest neutral sind, selbst abzugeben.[70] Auch hier ist bisher nicht

---

63 OLG Oldenburg, BeckRS 2019, 15813.

64 OLG Oldenburg, BeckRS 2019, 15813; OLG Oldenburg BeckRS 2019, 4094.

65 Vgl. §§ 1629 Abs. 2, 1795, 181 BGB.

66 *Bürger*, RNotZ 2006, 156, 175; *Nitze,* Minderjähriger Gesellschafter, S. 33-34.

67 *Bartels/Gerber/Hofbauer,* Zukunft v. Familienunternehmen, abrufbar unter www.pwc.de/de/mittelstand/assets/studie_family_business_v3.pdf (zuletzt abgerufen am 19.04.2020), S. 22; *Stehle/Leuz*, Familienunternehmen, S. 63; *Meinecke,* Stiftungen zur Unternehmensnachfolge, S. 20; *Nitze,* Minderjähriger Gesellschafter, S. 33; *A. Sigle* in: FS Sigle, 2000, S. 301, 304.

68 *Nitze,* Minderjähriger Gesellschafter, S. 33.

69 BGHZ 68, 225 ff. = NJW 1977, 1339, 1341; OLG Oldenburg, BeckRS 2019, 15813; BeckRS 2019, 4094; OLG Köln, ZEV 2018, 667, 668; *Grunewald* in: MüKo, HGB, 3. Band, § 161 Rn. 24; *Klumpp* in: Staudinger, BGB, 2017, § 107 Rn. 59; *Wertenbruch* in: EBJS, HGB, 1. Band, § 105 Rn. 279-280; *Riedlinger,* Minderjährige in der Familien-KG, S. 71-73; *Heinemann*, FGPrax 2018, 214, 215; *Menzel*, MittBayNot 2019, 222, 223; *Podewils*, jurisPR-HaGesR 9/2019, Anm. 5.

70 *Ellenberger* in: Palandt, BGB, § 107 Rn. 7; *Spickhoff* in: MüKo, BGB, 1. Band, § 107 Rn. 54; *Harte,* Der rechtliche Vorteil, S. 46.

geklärt, unter welchen Voraussetzungen die Beteiligung eines Minderjährigen an einer Gesellschaft lediglich rechtlich vorteilhaft ist. Für die rechtliche Einschätzung sind die einzelnen Pflichten als Gesellschafter sowie das Haftungsrisiko zu untersuchen.

Die angedeuteten rechtlichen Problemfelder zeigen, dass mit der Beteiligung Minderjähriger auch gewisse rechtliche Unsicherheiten verbunden sind. Die Vermögensverwaltung in einer Familiengesellschaft unter Beteiligung eines Minderjährigen ist zumeist mit einem höheren zeitlichen und zugleich finanziellen Aufwand verbunden, wenn für die wirksame Beteiligung noch ein Ergänzungspfleger bestellt oder eine familiengerichtliche Genehmigung eingeholt werden muss. Dies gilt nicht nur für die anfängliche Beteiligung an der Gesellschaft, sondern auch im Hinblick auf die Beteiligung an Entscheidungen, die im laufenden Geschäftsbetrieb zu treffen sind. Es ist allerdings nicht immer eindeutig erkennbar, wann ein Ergänzungspfleger oder eine familiengerichtliche Genehmigung erforderlich werden. Welche Folgen deren Fehlen mit sich bringen, ist teilweise umstritten.[71] Die daraus resultierende Unsicherheit kann sich nachteilig auf die Entscheidungen der Gesellschaft und damit auf die Verwaltung des Vermögens auswirken. Es ist daher zu klären, wie am sinnvollsten in kritischen Angelegenheiten zu verfahren ist.

Ferner ist zu bedenken, dass sich der eigene Nachwuchs anders entwickeln kann als erhofft.[72] Während bei dem Gründer und ursprünglichen Vermögensinhaber zumeist noch der Erhalt und Fortbestand des Vermögens oberste Priorität hat, birgt die Übertragung auf die jeweils nächste Generation die Gefahr, dass diese andere Ziele verfolgt und den eigentlichen Vermögensgegenstand veräußert.[73] Zum Teil sind die Abkömmlinge am Familienvermögen nicht interessiert oder es fehlt ihnen an Fleiß und Einsatzbereitschaft.[74] Ihre Beweggründe weichen von denen des ursprünglichen Vermögensinhabers ab. Es besteht das Risiko, dass *„[d]ie Familienangehörigen […] nur noch ernten [wollen], wo ihre Vorfahren das Feld bestellt haben“*.[75] Mithin kann die Beteiligung eines Minderjährigen

71 *Schäfer* in: Staub, HGB, 3. Band, § 105 Rn. 363; *Merkenich,* Erwerb durch Minderjährige, S. 145-154; *Nitze,* Minderjähriger Gesellschafter, S. 166-167, 173-175; *Stallmann,* Fehlerhafte Beschlüsse in der Stiftung, S. 140.

72 *Baus,* Familienstrategie, S. 22; *Buck,* Erwerb durch Minderjährige, S. 7; *Nitze,* Minderjähriger Gesellschafter, S. 8.

73 *Baus,* Familienstrategie, S. 15-17, 22; *Riedel* in: Unternehmensnachfolge, § 1 Rn. 23-24; *W. Sigle* in: FS Rowedder, 1994, S. 459.

74 *Baus,* Familienstrategie, S. 22; *Semler* in: FS Sigle, 2000, S. 425, 427.

75 *Semler* in: FS Sigle, 2000, S. 425, 427.

die erfolgreiche Verwaltung des Vermögens hemmen und sogar gefährden. Das Risiko steigt mit Eintritt der Volljährigkeit noch einmal signifikant, weil der Abkömmling dann selbst entscheiden darf und sich unter Umständen zum querulatorischen Minderheitsgesellschafter entwickelt. Ist ein Minderjähriger erst einmal wirksam an einer Familiengesellschaft beteiligt, kann ihm die Rechtsposition nur sehr schwer wieder entzogen werden. Rücktrittsvorbehalte oder Widerrufsgründe greifen nur in seltenen Fällen.[76] Sie sind daher auch nicht Bestandteil der vorliegenden Arbeit. Vielmehr soll eine Analyse erfolgen, welche Positionen in KG und Stiftung für einen Minderjährigen in Frage kommen, welche Rechte und Pflichten für den Minderjährigen damit einhergehen und deshalb auch durch die weiteren Rechtsinhaber zu beachten sind. Besonderes Augenmerk liegt dabei auf dem Spannungsverhältnis zwischen den legislativen und judikativen Vorgaben zum Minderjährigenschutz einerseits und andererseits dem Interesse der operativen Leitung der Familiengesellschaft, möglichst schnell und autonom Entscheidungen zu fassen, um das Vermögen zu erhalten und zu mehren. In diesem Zusammenhang stellen sich grundlegende Fragen an der Schnittstelle von Geschäftsfähigkeit, Vertretungsrecht, Familienrecht und Gesellschaftsrecht. Ziel der Untersuchung ist es, Kriterien herauszuarbeiten, die Leitlinien für die Entscheidung über die Beteiligung eines Minderjährigen bilden. Diese Leitlinien sollen den Akteuren ermöglichen, Fehlentwicklungen zu vermeiden und zugleich ein Gespür zu entwickeln, in welchen Angelegenheiten gegebenenfalls frühzeitig ein Ergänzungspfleger oder das Familiengericht einzubeziehen ist.

---

76 Ebenso *Buck*, Erwerb durch Minderjährige, S. 8; *Stehle/Leuz*, Familienunternehmen, S. 64.

Zweiter Teil Minderjährige Gesellschafter einer Kommanditgesellschaft

§ 1 Grundlagen

Die Kommanditgesellschaft (KG) wird regelmäßig als Vermögensträger empfohlen, wenn Minderjährige an der Gesellschaft beteiligt werden sollen.[77] Bei der KG handelt es sich um eine Personenhandelsgesellschaft mit mindestens einem persönlich haftenden Gesellschafter (Komplementär) und einem Gesellschafter, bei dem die Haftung gegenüber den Gesellschaftsgläubigern auf den Betrag einer bestimmten Vermögenseinlage beschränkt ist (Kommanditist, § 161 HGB). Die Höhe der Einlage wird im Gesellschaftsvertrag festgelegt.[78] Während der Komplementär die Geschäfte führt und grundsätzlich auch die Gesellschaft nach außen vertritt, ist der Kommanditist gemäß §§ 164 Satz 1, 170 HGB davon ausgeschlossen. Gerade deshalb ist die KG bisher insbesondere von Vermögensinhabern favorisiert worden, die ihre Abkömmlinge nicht aktiv an der Verwaltung beteiligen, sondern zunächst nur als eine Art Zuschauer heranführen wollten.[79] Der Kommanditist ist entsprechend seiner Beteiligungshöhe am Gewinn beteiligt, und von Gesetzes wegen stehen ihm nur einzelne Kontrollrechte zu (§§ 166-169 HGB). Darüber hinaus kann das Rechtsverhältnis in erster Linie im Gesellschaftsvertrag ausgestaltet werden; die gesetzlichen Regelungen kommen nur subsidiär zur Anwendung (§§ 109, 161 Abs. 2 HGB).

Wenngleich das Risiko der persönlichen Haftung des Komplementärs nicht zu unterschätzen ist, bietet eine KG zudem entscheidende Vorteile gegenüber einer haftungsbeschränkten Kapitalgesellschaft: Während in den meisten Kapitalgesellschaften den Arbeitnehmern in bestimmtem Umfang Mitbestimmungsrechte zustehen, gilt das Mitbestimmungsgesetz nicht für Kommanditgesellschaften,

---

77 *Müller/Mutter* in: MAH PersGesR, § 1 Rn. 77; *Oppermann* in: Hannes, Vermögens-/Unternehmensnachfolge, S. 1081-1082 Rn. 2, 5; *Milatz,* Familienvermögen, S. 18; *Nitze,* Minderjähriger Gesellschafter, S. 18; *Lieder* in: Recht der Familiengesellschaften, 2017, S. 27, 32; *Führ/Nikoleyczik*, BB 2009, 2105, 2106; *Menzel/Wolf*, MittBayNot 2010, 186; *Pauli*, ZErb 2016, 131, 134-135;

78 *Grunewald* in: MüKo, HGB, 3. Band, § 161 Rn. 1.

79 *Lieder* in: Recht der Familiengesellschaften, 2017, S. 27, 33; *Jänecke,* Vorteile Familienstiftung, abrufbar unter www.unternehmerkompositionen.com/beratungsangebote/stifter-brief/ (zuletzt abgerufen am 19.04.2020), S. 1.

deren Komplementär eine natürliche Person ist.[80] Ferner wird angenommen, dass aufgrund der Selbstorganschaft[81] in einer Personengesellschaft die familiäre Prägung und Bindung besser erhalten bleibt als etwa in einer grundsätzlich für Fremdorganschaft zugänglichen GmbH oder einer anderen Kapitalgesellschaft, an der regelmäßig Dritte beteiligt sind.[82] Zudem bestehen für Kapitalgesellschaften hinsichtlich ihrer Bilanz umfangreiche Offenlegungspflichten (§ 264 HGB). Dies widerspricht zumeist dem Interesse der Gesellschafter, die über die Vermögenslage der Gesellschaft so wenig Auskunft wie möglich geben möchten.

Bündelt eine Familie ihr Vermögen in einer KG und behält sich den beherrschenden Einfluss auf die Gesellschaft vor, spricht man von einer Familienkommanditgesellschaft. Dabei handelt es sich jedoch nicht um eine allseits akzeptierte Definition. Eine solche Definition gibt es nicht.[83] Die Familien-KG ist vielmehr geprägt durch das Aufeinandertreffen der bereits zur Familiengesellschaft erörterten Merkmale in der Rechtsform der KG.[84]

§ 2 Gründung einer Kommanditgesellschaft

Um einen Minderjährigen an einer Familien-KG zu beteiligen, wird klassischerweise zunächst eine KG unter Einbringung des Vermögens des Einzelnen oder mehrerer Familienmitglieder gegründet. Freilich kann eine KG auch durch Umwandlung entstehen.[85] Abgesehen von dem Wechsel einer Gesellschaft bürgerlichen Rechts (GbR) oder einer offenen Handelsgesellschaft (oHG) in eine KG wird eine Umwandlung allein der Beteiligung eines Minderjährigen wegen eher nicht erfolgen, da sie komplex, zeit- und kostenintensiv ist. Fälle aus der

80 Vgl. §§ 1, 4 Abs. 1 MitbestG; *Lieder* in: Recht der Familiengesellschaften, 2017, S. 27, 32; *Ulmer*, ZIP 2010, 549, 550.

81 Demnach ist die Geschäftsführungs- und Vertretungsbefugnis grundsätzlich den persönlich haftenden Gesellschaftern vorbehalten, §§ 114, 125, 161 Abs. 2 HGB. Dahinter steht der Gedanke, dass die maßgeblichen Entscheidungen von denjenigen getroffen werden sollen, die auch persönlich haften. Dazu *Born* in: EBJS, HGB, 1. Band, § 109 Rn. 15; *Enzinger* in: MüKo, HGB, 2. Band, § 109 Rn. 19; *Roth* in: Baumbach/Hopt, HGB, § 114 Rn. 24-25, § 125 Rn. 5-7; *Westermann* in: FS M. Lutter, 2000, S. 955, 957, 959.

82 *Ulmer*, ZIP 2010, 549, 550.

83 *Lieder* in: Recht der Familiengesellschaften, 2017, S. 27, 58; *Ulmer*, ZIP 2010, 549, 551-552.

84 Siehe Erster Teil § 1 I., S. 3.

85 *Casper* in: Staub, HGB, 4. Band, § 161 Rn. 29-32; *Grunewald* in: MüKo, HGB, 3. Band, § 161 Rn. 15-20; ausführlich bereits *Buck*, Erwerb durch Minderjährige, S. 120-144.

Praxis sind insoweit nicht bekannt. Für den wirksamen Rechtsformwechsel einer GbR oder oHG zur KG sind hingegen – wie bei der Gründung einer KG – die Gesellschaftsvereinbarung und die Eintragung im Handelsregister maßgeblich.[86] Vor diesem Hintergrund konzentriert sich die folgende Darstellung auf die Entstehung einer KG im Wege der Gründung.

I. Gesellschaftsvertrag

Voraussetzung für die Gründung ist der Abschluss eines Gesellschaftsvertrages.[87] Auch im Fall der Kommanditgesellschaft gelten die Grundsätze des § 705 BGB;[88] das heißt, mehrere Gesellschafter verpflichten sich gegenseitig, einen gemeinsamen Zweck zu fördern. Der gemeinsame Zweck ist dabei grundsätzlich auf den Betrieb eines Handelsgewerbes unter gemeinschaftlicher Firma gerichtet (§ 161 Abs. 1 HGB). Seit 01.07.1998 besteht von Gesetzes wegen auch die Möglichkeit, eine KG ohne Betrieb eines Handelsgewerbes zur reinen Verwaltung des eigenen Vermögens zu errichten (§§ 105 Abs. 2, 161 Abs. 2 HGB).[89] Ferner ist im Gesellschaftsvertrag zu regeln, welche Gesellschafter als (persönlich haftende) Komplementäre beteiligt werden und bei wem dagegen die Haftung gegenüber den Gesellschaftsgläubigern auf den Betrag einer bestimmten Vermögenseinlage beschränkt ist (Kommanditist, § 161 HGB). Die Höhe der Einlage wird im Gesellschaftsvertrag festgelegt.[90]

II. Form

Der Abschluss des Gesellschaftsvertrages ist formlos – auch konkludent – möglich.[91] „*Aus Gründen der Rechtssicherheit*", insbesondere zur Beweissicherung, aber auch zur Klarheit bietet es sich jedoch an, den Vertrag schriftlich zu schließen.[92] Im Fall der Beteiligung Minderjähriger bedarf er jedoch ohnehin meist

---

86 Zum Rechtsformwechsel einer GbR oder oHG zur KG *Casper* in: Staub, HGB, 4. Band, § 161 Rn. 29, 30.

87 *Roth* in: Baumbach/Hopt, HGB, § 105 Rn. 47, § 161 Rn. 7; *Schmidt* in: MüKo, HGB, 2. Band, § 105 Rn. 27 iVm. *Grunewald* in: MüKo, HGB, 3. Band, § 161 Rn. 1; *Buck*, Erwerb durch Minderjährige, S. 10.

88 *Grunewald* in: MüKo, HGB, 3. Band, § 161 Rn. 1; *Roth* in: Baumbach/Hopt, HGB, § 105 Rn. 47, § 161 Rn. 7; *Buck*, Erwerb durch Minderjährige, S. 10.

89 BGBl. I 1998, 1474, 1476, 1483-1484; *Schmidt* in: MüKo, HGB, 2. Band, § 105 Rn. 52.

90 *Grunewald* in: MüKo, HGB, 3. Band, § 161 Rn. 1.

91 *Möhrle* in: MünchHdbGesR, 2. Band, § 2 Rn. 110; *Roth* in: Baumbach/Hopt, HGB, § 105 Rn. 54, § 161 Rn. 7.

92 *Wertenbruch* in: EBJS, HGB, 1. Band, § 105 Rn. 75.

der notariellen Form: Regelmäßig erhält ein Minderjähriger den Gesellschaftsanteil nämlich unentgeltlich im Wege der Schenkung.[93] Zur Gültigkeit des Schenkungsversprechens ist grundsätzlich die notarielle Beurkundung erforderlich (§ 518 Abs. 1 Satz 1 BGB). Ein etwaiger Formmangel wird aber mit der Bewirkung der Leistung geheilt (§ 518 Abs. 2 BGB).

Schließlich bedarf der Gesellschaftsvertrag auch dann einer besonderen Form, wenn durch ihn formbedürftige Verpflichtungen begründet werden.[94] Familiengesellschaften werden neben der Unternehmenserhaltung häufig zur Grundstücksverwaltung gegründet.[95] Zwar unterliegt ein Gesellschaftsvertrag dessen Zweck allgemein auf *„den Erwerb, die Verwaltung und die Verwertung von Grundstücken“* gerichtet ist, nicht dem Beurkundungszwang nach § 311b Abs. 1 Satz 1 BGB.[96] Sobald ein Gesellschafter gemäß dem Gesellschaftsvertrag jedoch ein bestimmtes Grundstück in die Gesellschaft einbringen oder erwerben, oder einen Miteigentumsanteil übernehmen soll, ist der Gesellschaftsvertrag insgesamt beurkundungspflichtig.[97] Gleiches gilt, wenn sich ein Gesellschafter verpflichtet, sein ganzes Vermögen oder einen Bruchteil dessen einzubringen (§ 311b Abs. 3 BGB).

III. Eintragung im Handelsregister

Im Innenverhältnis entsteht eine KG mit Abschluss des Gesellschaftsvertrages, sofern im Vertrag kein bestimmter Zeitpunkt festgelegt wird.[98] Im Außenverhältnis tritt die Wirksamkeit gemäß §§ 123 Abs. 1, 161 Abs. 2 HGB zwar erst mit Eintragung der KG im Handelsregister ein. Falls die KG ihre Geschäfte jedoch schon vorher aufnimmt, wird sie Dritten gegenüber gemäß § 123 Abs. 2, 161 Abs. 2 HGB mit Geschäftsbeginn wirksam. In diesem Fall haftet der Kommanditist, der dem Geschäftsbeginn zugestimmt hat, für die bis zur Eintragung

---

93 *Milatz*, Familienvermögen, S. 45-46; *Führ/Nikoleyczik*, BB 2009, 2105, 2106; *Lohse/Triebel*, ZEV 2000, 337; *Pauli*, ZErb 2016, 131, 132; *Weinbrenner*, FPR 2009, 265. Seit der Entscheidung des BGH vom 02.07.1990 ist anerkannt, dass zumindest die Beteiligung als Kommanditist Gegenstand einer Schenkung sein kann (BGH, NJW 1990, 2616, 2617).

94 RGZ 50, 163, 168; RGZ 97, 219, 220.

95 *Sauter* in: Beck Hdb. PersGes., § 2 Rn. 79; *Buck*, Erwerb durch Minderjährige, S. 12.

96 *Sauter* in: Beck Hdb. PersGes., § 2 Rn. 79; BGH, DStR 1996, 678, 679; *Wertenbruch* in: EBJS, HGB, 1. Band, § 105 Rn. 77.

97 *Sauter* in: Beck Hdb. PersGes., § 2 Rn. 79; *Wertenbruch* EBJS, HGB, 1. Band, § 105 Rn. 76.

98 *Johannsson* in: MAH PersGesR, § 4 Rn. 298.

begründeten Verbindlichkeiten gemäß § 176 Abs. 1 Satz 1 HGB unbeschränkt, es sei denn, dem Gläubiger war seine Beteiligung als Kommanditist bekannt.[99] Die Eintragung im Handelsregister hat mithin deklaratorische Wirkung.

Etwas anderes gilt für Kommanditgesellschaften, die nur eigenes Vermögen verwalten und solche, die keinen in kaufmännischer Weise eingerichteten Geschäftsbetrieb erfordern, §§ 105 Abs. 2, 123 Abs. 2 HS. 2, 161 Abs. 2 HGB iVm. § 176 Abs. 1 Satz 2 HGB (im Folgenden „*Kann-Kommanditgesellschaften*"[100]). Hier wirkt die Eintragung im Handelsregister konstitutiv, so dass bis zu diesem Zeitpunkt die Regelungen der Gesellschaft bürgerlichen Rechts angewandt werden.[101] Da inzwischen anerkannt ist, dass auf die Gesellschafter einer GbR § 128 HGB analog Anwendung findet,[102] werden in Rechtsprechung und Literatur unterschiedliche Auffassungen hinsichtlich der Haftung des künftigen Kommanditisten einer Kann-Kommanditgesellschaft vertreten.

Nach teilweise vertretener Ansicht sollen auch die künftigen Kommanditisten aufgrund der konstitutiven Wirkung der Eintragung zunächst gemäß § 128 HGB analog haften.[103] Andere Literaturstimmen wollen auf die künftigen Kommanditisten dagegen § 176 Abs. 1 Satz 1 HGB analog anwenden, vorausgesetzt die Gesellschaft ist eintragungsfähig und die Eintragung wurde bereits beantragt.[104] Für eine analoge Anwendung von § 176 HGB sprechen insbesondere historische Gesichtspunkte: Ursprünglich war § 176 Abs. 1 Satz 1 HGB als Haftungsverschärfung gedacht, um den Anreiz zu erhöhen, die Registereintragung schnell

---

99 Im Fall eines Rechtsformwechsels einer oHG im Sinne des § 105 Abs. 1 HGB zur KG haftet der Kommanditist somit für die bis zur Eintragung begründeten Verbindlichkeiten gemäß § 176 Abs. 1 Satz 1 HGB unbeschränkt, es sei denn, dem Gläubiger war seine Beteiligung als Kommanditist bekannt.

100 Vgl. die Formulierung von *Dauner-Lieb* in: FS M. Lutter, 2000, S. 835, 836.

101 *Grunewald* in: MüKo, HGB, 3. Band, § 161 Rn. 7; *Mock* in: Röhricht/v. Westphalen/Haas, § 161 Rn. 27. Entsprechend wirkt die Handelsregistereintragung auch für eine GbR, die sich in eine KG umwandeln möchte, aber nur eigenes Vermögen verwaltet oder aus sonstigen Gründen keinen in kaufmännischer Weise eingerichteten Geschäftsbetrieb benötigt, konstitutiv.

102 BGHZ 142, 315 ff. = NJW 1999, 3483, 3484; *Friedrich-Büttner/Wiese*, ZEV 2014, 513, 516; *Wertenbruch*, NJW 2015, 2150, 2152.

103 *Roth* in: Baumbach/Hopt, HGB, § 176 Rn. 6; *Herchen* in: MünchHdbGesR, 2. Band, § 30 Rn. 91; *Oetker* in: Oetker, HGB, § 176 Rn. 5; *Clauss/Fleckner*, WM 2003, 1790, 1794.

104 *Mock in:* Röhricht/v. Westphalen/Haas, § 176 Rn. 4; *Schmidt* in: MüKo, HGB, 3. Band, § 176 Rn. 7; *Thiessen* in: Staub, HGB, 4. Band, § 176 Rn. 36-37; *Dauner-Lieb* in: FS M. Lutter, 2000, S. 835, 849.

zu bewirken.[105] Von dieser Haftungsverschärfung sollten diejenigen Gesellschaften ausgenommen werden, für die die Eintragung konstitutiv ist.[106] Für sie sollten die Vorschriften zur GbR gelten, die ursprünglich eine Beschränkung der Haftung der künftigen Kommanditisten auf die Einlage erlaubte, wenn der Gesellschaftsvertrag eine entsprechende Beschränkung enthielt und nach außen der Rechtsschein einer haftungsbeschränkten Gesellschaft erweckt wurde.[107] Um den Jahrtausendwechsel hat die Rechtsprechung ihre Auffassung dazu aber geändert. Eine Haftungsprivilegierung kraft Rechtschein soll grundsätzlich nicht mehr möglich sein.[108] In der wegweisenden Entscheidung „*ARGE Weißes Ross*" vom 29.01.2001 ist die akzessorische Gesellschafterhaftung gemäß § 128 HGB analog in der (Außen-) GbR sodann höchstrichterlich bestätigt wurden.[109] Würde man stattdessen auf die künftigen Kommanditisten einer Kann-Kommanditgesellschaft § 176 Abs. 1 Satz 1 HGB analog anwenden, würden sie einer Haftung entgehen, wenn dem Gläubiger die Beteiligung als Kommanditist bekannt ist.

Jedoch spricht nicht nur der Wortlaut von § 176 Abs. 1 Satz 2 HGB gegen eine analoge Anwendung. Der Anwendungsbereich der Norm würde sonst auch weitgehend leerlaufen.[110] Ferner ist diese Haftungsdiskrepanz in Literatur, Rechtsprechung und Politik seit mehr als einem Jahrzehnt bekannt. Wenn der künftige Kommanditist der Kann-Kommanditgesellschaft privilegiert werden soll, ist es die Aufgabe der Legislative, § 176 Abs. 1 HGB entsprechend anzupassen. Schließlich ist der künftige Kommanditist auch nicht schutzlos, da er die Möglichkeit hat, dem Geschäftsbeginn bis zur Eintragung zu widersprechen und so einer persönlichen Haftung zu entgehen.

§ 3 Potenzielle Gesellschafterpositionen für Minderjährige

Beabsichtigen ein oder mehrere vermögende natürliche Personen, einen Teil ihres Vermögens in eine KG einzubringen, und möchten sie zugleich ihren minderjährigen Abkömmling, beispielsweise ihr Kind oder ihren Enkel, in die

---

105 *Schubert*, Quellen zum Handelsgesetzbuch, 1988, S. 1046; *Schmidt*, GmbHR 2002, 341, 344.

106 BT-Drucks. 13/8444, S. 68; *Clauss/Fleckner*, WM 2003, 1790, 1793; *Schmidt*, GmbHR 2002, 341, 346.

107 Vgl. BGHZ 61, 59 ff. = NJW 1973, 1691, 1693.

108 BGHZ 142, 315 ff. = NJW 1999, 3483, 3484.

109 BGHZ 146, 331 ff. = NJW 2001, 1056.

110 Vgl. BGHZ 61, 59 ff. = NJW 1973, 1691, 1693.

Gesellschaft aufnehmen, ist der Minderjährige entweder als Komplementär oder Kommanditist zu beteiligen. Die jeweilige Gesellschafterstellung kann der Minderjährige auf unterschiedliche Weise erwerben: Er kann bereits an der Gründung teilnehmen oder in eine bestehende Gesellschaft eintreten.[111] Der Eintritt kann dabei entweder durch Aufnahme des Minderjährigen als weiteren Gesellschafter oder durch Anteilsübertragung erfolgen.[112]

In jedem Fall ist die Beteiligung eines Minderjährigen nicht einseitig möglich, sondern erfordert den Abschluss eines Vertrages, sei es in Form eines Gesellschaftsvertrages oder im Fall des späteren Eintritts durch eine Aufnahme- oder Übernahmevereinbarung. Grundvoraussetzung hierfür ist die Rechtsfähigkeit der Beteiligten, denn nur dann können sie Träger von Rechten und Pflichten sein und am Rechtsverkehr teilnehmen.[113] Da die Rechtsfähigkeit erst mit der Vollendung der Geburt beginnt (§ 1 BGB), kann ein Nasziturus nicht als Gesellschafter an einer KG beteiligt werden.[114] Eine Beteiligung müsste vielmehr unter der aufschiebenden Bedingung der Lebendgeburt des Nasziturus vereinbart werden. Dass der Nasziturus durch zivilrechtliche Sondervorschriften geschützt wird (z.B. §§ 1923 Abs. 2, 844 Abs. 2 Satz 2, 331 Abs. 2 BGB) und erforderlichenfalls zur Wahrung seiner *künftigen* Rechte einen Pfleger erhalten kann (§ 1912 Abs. 1 BGB), steht zu diesem Ergebnis nicht im Widerspruch. Vor der Geburt des Nasziturus besteht in den Konstellationen der §§ 1923 Abs. 2, 844 Abs. 2 Satz 2 oder 331 Abs. 2 BGB ein Schwebezustand.[115] Das Vollrecht (Erbrecht, Schadensersatzanspruch, vertraglicher Anspruch) wird erst mit der Lebendgeburt, d.h. mit der Erlangung der Rechtsfähigkeit, erworben, weil diese stets Bedingung für den Rechtseintritt ist.[116] Registerrechtlich folgt daraus, dass ein Nasziturus nicht als Gesellschafter in das Handelsregister eingetragen werden kann. Die Eintragung einer künftigen Gesellschafterstellung ist nicht vorgesehen und widerspräche den Prinzipien der Registerwahrheit- und -klarheit.[117] Der bereits in der Einleitung erwähnten Entscheidung des OLG Celle, die die

111 *Buck,* Erwerb durch Minderjährige, S. 9, 51; *Nitze,* Minderjähriger Gesellschafter, S. 23-24; *Reimann,* DNotZ 1999, 179, 182.

112 *Buck,* Erwerb durch Minderjährige, S. 3, 51; *Merkenich,* Erwerb durch Minderjährige, S. 2.

113 Vgl. *Spickhoff* in: MüKo, BGB, 1. Band, § 1 Rn. 6; *Bork, BGB* AT, § 4 Rn. 154.

114 Ebenso *Bork, BGB* AT, § 4 Rn. 157.

115 Vgl. *Grüneberg* in: Palandt, BGB, § 331 Rn. 6 (der insoweit von einer unentziehbaren Anwartschaft spricht); *Weidlich* in: Palandt, BGB, § 1923 Rn. 6.

116 Für den Erbfall etwa *Weidlich* in: Palandt, BGB, § 1923 Rn. 6.

117 OLG Celle, NZG 2018, 303; *Hippeli,* jurisPR-HaGesR 4/2018, Anm. 4.

Eintragung des Nasziturus als Kommanditist im Handelsregister ablehnte,[118] ist daher zuzustimmen.

Weitere Voraussetzung für den wirksamen Abschluss eines Rechtsgeschäfts ist die Geschäftsfähigkeit.[119] Da ein Minderjähriger allenfalls beschränkt geschäftsfähig ist (§§ 104 Nr. 1, 106 BGB) und im Übrigen grundsätzlich durch seine Eltern vertreten wird (§ 1629 Abs. 1 Satz 1 u. 2 BGB), sind bei seiner Beteiligung neben den gesellschaftsrechtlichen Bestimmungen allgemein zivilrechtliche und familienrechtliche Regelungen zum Schutz des Minderjährigen zu berücksichtigen. Insoweit ist zu klären, ob der Minderjährige das Rechtsgeschäft zur Gesellschaftsbeteiligung selbst abschließen kann. Falls er vertreten werden muss, stellt sich die Frage, ob ihn seine Eltern vertreten können, wenngleich, wie häufig in einer Familiengesellschaft, ein Elternteil oder ein Verwandter in gerader Linie Mitgesellschafter ist. Bisher nicht abschließend geklärt ist zudem die Frage, unter welchen Voraussetzungen eine familiengerichtliche Genehmigung benötigt wird. In diesem Zusammenhang sind die Gesellschafterposition des Minderjährigen sowie die damit einhergehenden Rechte und Pflichten von wesentlicher Bedeutung.

I. Kommanditist

Im Zusammenhang mit der Beteiligung eines Minderjährigen wird häufig eine Beteiligung als Kommanditist empfohlen.[120] Die Beteiligung als Kommanditist hat den Vorteil, dass die persönliche Haftung grundsätzlich ausgeschlossen ist, sobald die Einlage geleistet und der Kommanditist im Handelsregister eingetragen ist (§§ 171 Abs. 1, 176 HGB). Die Einlage erhält der Minderjährigen zumeist unentgeltlich im Wege der Schenkung.[121] Aufgrund der Haftungsbeschränkung stehen dem Kommanditisten im Vergleich zum Komplementär Mitbestimmungsrechte nur in begrenztem Umfang zu: Er ist beispielsweise von der Geschäftsführung und der Vertretung der Gesellschaft ausgeschlossen (§§ 164 Satz 1, 170 HGB). Daher muss er bei Entscheidungen, die zum gewöhnlichen Geschäftsbetrieb der KG gehören, nicht eingebunden werden (vgl. § 164 Satz 1 HGB a.E.). Im Gegensatz zum Komplementär hat der Kommanditist

118 OLG Celle, NZG 2018, 303.

119 *Busche* in: MüKo, BGB, 1. Band, § 145 Rn. 5; *Bork, BGB* AT, § 12 Rn. 404, § 23 Rn. 967.

120 *Menzel*, MittBayNot 2019, 222; *Weinbrenner*, FPR 2009, 265; *van de Loo/Strnad*, ZEV 2018, 617, 623.

121 *Riedlinger*, Minderjährige in der Familien-KG, S. 43; *Führ/Nikoleyczik*, BB 2009, 2105, 2106; *Weinbrenner*, FPR 2009, 265.

auch kein allgemeines bedingungsloses Auskunftsrecht (vgl. §§ 118 Abs. 1, 166 Abs. 2 HGB). Der Kommanditist kann Auskünfte nur insoweit verlangen, als er sie zur sachgerechten Wahrnehmung seiner Gesellschafterrechte[122] oder zur Überprüfung des Jahresabschlussberichts benötigt (§ 166 Abs. 1 HGB).

1. Der Erwerb der Gesellschafterstellung

Der Erwerb einer Kommanditistenstellung erfordert den Abschluss eines Rechtsgeschäfts. Ein Minderjähriger, der das siebente Lebensjahr noch nicht vollendet hat, kann eine Willenserklärung nicht wirksam selbst abgeben. Er ist gemäß § 104 Nr. 1 BGB geschäftsunfähig und seine Willenserklärung ist nichtig, § 105 Abs. 1 BGB. Das zur Beteiligung als Kommanditist erforderliche Rechtsgeschäft muss daher sein gesetzlicher Vertreter für ihn abschließen. Ähnlich ist die Rechtslage im Fall der Beteiligung eines Minderjährigen, der das siebente Lebensjahr bereits vollendet hat. Er gilt nur in Ausnahmefällen als unbeschränkt geschäftsfähig (§§ 106 bis 113 BGB). Die gesetzliche Vertretung des Minderjährigen erfolgt gemäß § 1629 Abs. 1 Satz 2 BGB grundsätzlich durch die Eltern gemeinsam. Von lediglich einem Elternteil wird das Kind vertreten, wenn ein Elternteil allein sorgeberechtigt ist (§ 1629 Abs. 1 Satz 3 BGB). Ferner ist ein Elternteil allein vertretungsberechtigt, wenn sich die Eltern nicht einigen können und das Familiengericht ihm nach § 1628 BGB die alleinige Entscheidungsgewalt übertragen hat (§ 1629 Abs. 1 Satz 3) oder die elterliche Sorge des anderen Elternteils aus einen der in §§ 1673-1674a BGB genannten Gründe ruht.

Ist – wie im Regelfall – (mindestens) ein Elternteil an der Familien-KG beteiligt, stellt sich die Frage, ob beide Elternteile wegen der Gefahr einer Interessenkollision von der gesetzlichen Vertretung ausgeschlossen sind. Insichgeschäfte gemäß § 181 BGB sind auch im Fall der gesetzlichen Vertretung grundsätzlich unzulässig. Zum Schutz des Minderjährigen benennt das Familienrecht noch weitere Vertretungsausschlüsse. Beispielsweise sind die Eltern daran gehindert, ein Rechtsgeschäft zwischen ihrem Kind und ihrem Verwandten in gerader Linie oder ihrem Ehegatten abzuschließen (§§ 1629 Abs. 2 Satz 1, 1795 Abs. 1 Nr. 1 BGB). Ein Vertretungsverbot kann daher nicht nur aus der Beteiligung eines Eltern-, sondern auch eines Großelternteils folgen. Die gesetzlichen Vertretungsausschlüsse gründen auf einer generell-abstrakten Gefahr der

---

122 OLG München, ZIP 2011, 1204 Rn. 43; OLG Stuttgart, NZG 2002, 1105; *Casper* in: Staub, HGB, 4. Band, § 166 Rn. 21; *Grunewald* in: MüKo, HGB, 3. Band, § 166 Rn. 12; *Weipert* in: EBJS, HGB, 1. Band, § 166 Rn. 23; *Schmidt,* Gesellschaftsrecht, 2. Aufl., § 53 III, S. 1541-1542; *Budde* in: FS Semler, 1993, S. 789, 800-801.

Interessenkollision.[123] Beide Elternteile sind von der Vertretung ausgeschlossen, wenn die Tatbestandsvoraussetzungen für einen Vertretungsausschluss gemäß § 1795 Abs. 1 Nr. 1 BGB bzw. § 1795 Abs. 2, 181 BGB erfüllt sind und die generell-abstrakte Gefahr einer Interessenkollision besteht. An ihrer Stelle müsste gemäß § 1909 Abs. 1 Satz 1 BGB zunächst ein Ergänzungspfleger bestellt werden, um das Rechtsgeschäft zur Beteiligung als Kommanditist wirksam abzuschließen. Allerdings besteht die generell-abstrakte Gefahr einer Interessenkollision nicht bei jedem Rechtsgeschäft.

a. Lediglich rechtlich vorteilhaftes Rechtsgeschäft

Eine Interessenkollision scheidet aus, wenn das Rechtsgeschäft für den Minderjährigen lediglich rechtlich vorteilhaft oder zumindest rechtlich neutral ist.[124] Eine einheitliche Definition des lediglich rechtlichen Vorteils gibt es bisher nicht.[125] Ein Rechtsgeschäft wird als rechtlich vorteilhaft bewertet, wenn daraus für den Minderjährigen weder Verpflichtungen noch Beschränkungen seiner Vermögensposition resultieren.[126] Es ist rechtlich neutral, wenn es weder Vorteile noch Nachteile mit sich bringt.[127] Vor diesem Hintergrund stellt sich die Frage, ob die Beteiligung als Kommanditist lediglich rechtlich vorteilhaft oder zumindest neutral ist.

Wenn der Minderjährige für die Beteiligung als Kommanditist zu einer Gegenleistung, beispielsweise einer Vermögenseinlage, verpflichtet wird, ist das Rechtsgeschäft rechtlich nachteilig. In der Regel wird jedoch vereinbart, dass der Minderjährige den Gesellschaftsanteil unentgeltlich erhält und keine Einlage leisten muss.[128] Zum Teil wird vertreten, dass die unentgeltliche Beteiligung an einer Kommanditgesellschaft lediglich rechtlich vorteilhaft ist.[129] In dem Fall

---

123 *Götz* in: Palandt, BGB, § 1795 Rn. 3; *Spickhoff* in: MüKo, BGB, 10. Band, § 1795 Rn. 1.

124 *Schilken* in: Staudinger, BGB, 2019, § 181 Rn. 32; *Schäfer* in: BeckOK BGB, § 181 Rn. 19; *Schubert* in: MüKo, BGB, 1. Band, § 181 Rn. 32.

125 Ausführlich zur Bedeutung und zum Anwendungsbereich: *Harte,* Der rechtliche Vorteil, S. 31-151; *Stürner*, AcP 1973, 402-449.

126 *Klumpp* in: Staudinger, BGB, 2017, § 107 Rn. 9.

127 *Klumpp* in: Staudinger, BGB, 2017, § 107 Rn. 76; *Bork, BGB* AT, § 23 Rn. 1008.

128 Vgl. OLG Dresden, ZEV 2018, 669; OLG Köln, ZEV 2018, 667; OLG Jena, ZEV 2013, 521; *Riedlinger,* Minderjährige in der Familien-KG, S. 43; *Führ/Nikoleyczik*, BB 2009, 2105, 2106; *Weinbrenner*, FPR 2009, 265.

129 *Ellenberger* in: Palandt, BGB, § 107 Rn. 4; *R. Werner*, GmbHR 2006, 737, 740. Zum Beitritt in eine KG: OLG Brandenburg, NZG 2020, 597, 598; OLG Köln, ZEV 2018, 667, 668; OLG Jena, ZEV 2013, 521, 522; OLG Bremen, ZEV 2008, 608; *Klumpp* in: Staudinger, BGB, 2017, § 107 Rn. 59; *Bock*, DNotZ 2020, 643, 648-649; *J. W.* Flume,

bestünde kein Haftungsrisiko, da die Haftung gemäß § 171 Abs. 1 HGB auf die erbrachte Einlage begrenzt ist.[130] Andere Stimmen erachten die Beteiligung als Kommanditist dagegen als nicht lediglich rechtlich vorteilhaft.[131] Sie berufen sich dabei regelmäßig auf eine Entscheidung des BGH, in der dieser erklärte, dass auch eine unentgeltliche Beteiligung an einer Gesellschaft mit einem „*Bündel von Rechten und Pflichten*" verknüpft sei.[132] Etwa hafte ein Kommanditist für Verbindlichkeiten, die in der Zeit bis zur Eintragung der Gesellschaft bzw. seines Beitritts im Handelsregister begründet werden wie ein persönlich haftender Gesellschafter (§ 176 Abs. 1, 2 HGB).[133] Außerdem gehe er mit der Beteiligung an der Gesellschaft eine Bindung von gewisser Dauer ein und unterliege der gesellschaftsrechtlichen Treuepflicht.[134] Die Frage, ob die Beteiligung als Kommanditist rechtlich vorteilhaft ist, hängt mithin entscheidend von der Haftung und den Gesellschafterpflichten des Kommanditisten ab. Diese gilt es im Folgenden herauszuarbeiten.

aa. Unbeschränkte Haftung

Das Risiko einer Haftung gemäß § 176 Abs. 1 und 2 HGB kann vermieden werden, indem sowohl der Abschluss des Gesellschaftsvertrages seitens des Minderjährigen als auch die spätere Beitrittserklärung unter die aufschiebende

---

FamRZ 2016, 277, 282; *Führ/Nikoleyczik*, BB 2009, 2105-2107; *Maier-Reimer/Marx*, NJW 2005, 3025, 3026; *Menzel*, MittBayNot 2019, 222, 223; *Pauli*, ZErb 2016, 131, 132.

130 OLG Brandenburg, NZG 2020, 597, 598; OLG Köln, ZEV 2018, 667, 668; OLG Bremen, ZEV 2008, 608, 609; *Klumpp* in: Staudinger, BGB, 2017, § 107 Rn. 59; *Führ/Nikoleyczik*, BB 2009, 2105-2107; *Maier-Reimer/Marx*, NJW 2005, 3025, 3026; *Menzel*, MittBayNot 2019, 222, 223; *Pauli*, ZErb 2016, 131, 132; *Rust*, DStR 2005, 1942, 1946.

131 OLG Oldenburg, BeckRS 2019, 15813; LG Köln, RPfleger 1970, 245; *Grunewald* in: MüKo, HGB, 3. Band, § 161 Rn. 24 (bzgl. der Gründung, nicht aber im Falle des späteren Beitritts); *Wertenbruch* in: EBJS, HGB, 1. Band, § 105 Rn. 279; *Buck*, Erwerb durch Minderjährige, S. 25; BGHZ 68, 225 ff. = NJW 1977, 1339, 1341. *Riedlinger*, Minderjährige in der Familien-KG, S. 71-73; *Heinemann*, FGPrax 2018, 214; *Hohaus/Eickmann*, BB 2004, 1707, 1708; *Ivo*, ZEV 2005, 193, 194; *Klüsener*, RPfleger 1993, 133, 136;

132 BGHZ 68, 225 ff. = NJW 1977, 1339, 1341; OLG Oldenburg, BeckRS 2019, 15813; *Hohaus/Eickmann*, BB 2004, 1707, 1708; *Ivo*, ZEV 2005, 193, 194; *Klüsener*, RPfleger 1993, 133, 136.

133 Siehe dazu Zweiter Teil § 2 III., S. 40-41.

134 LG Köln, RPfleger 1970, 245; OLG Frankfurt, ZEV 2008, 607; *Wertenbruch* in: EBJS, HGB, 1. Band, § 105 Rn. 279 (mit Blick auf die Treuepflicht); *Heinemann*, FGPrax 2018, 214; *Klüsener*, RPfleger 1990, 321, 325.

Bedingung der Eintragung in das Handelsregister gestellt werden.[135] Die in diesem Zusammenhang von *Merkenich* vertretene Auffassung, der Vertragsabschluss sei bedingungsfeindlich, da die Eintragung im Handelsregister *„den Abschluss eines (wirksamen) Gesellschaftsvertrages"* voraussetze,[136] überzeugt nicht. *Merkenich* übersieht, dass der Gesellschaftsvertrag ein Vertrag des Zivilrechts ist, für den die allgemeinen Regeln des Bürgerlichen Gesetzbuch gelten, so dass auch aufschiebenden Bedingungen nach § 158 Abs. 1 BGB vereinbart werden können.[137]

Im Hinblick auf die Haftung nach § 176 Abs. 1 Satz 1 HGB kann im Gesellschaftsvertrag zusätzlich klargestellt werden, dass die Gesellschaft ihre Geschäfte erst mit der Eintragung im Handelsregister beginnt. Selbst wenn ein Gesellschafter entgegen dieser Vereinbarung die Geschäftstätigkeit bereits vor Eintragung aufnimmt, würde die Haftung des Kommanditisten, zumindest im Fall der Gründung einer Familien-KG, die ein Handelsgewerbe nach § 1 Abs. 2 HGB betreibt, entfallen, weil er dem Geschäftsbeginn gerade nicht zugestimmt hat. Im Fall der Gründung einer Kann-Kommanditgesellschaft (§§ 105 Abs. 2, 161 Abs. 2 HGB) wäre eine solche Vereinbarung dagegen unzureichend, da ein Kommanditist hier nicht gemäß § 176 Abs. 1 HGB, sondern wie ein GbR-Gesellschafter gemäß § 128 HGB analog persönlich haftet.[138] Auch im Fall des späteren Beitritts eines minderjährigen Kommanditisten ist eine derartige Vereinbarung nicht möglich, da die Gesellschaft ihre Geschäfte regelmäßig schon aufgenommen hat. Um einer Haftung nach § 176 Abs. 2 HGB zu entgehen, ist der Beitritt daher unter der aufschiebenden Bedingung der Eintragung im Handelsregister zu erklären.[139] Anderenfalls ist der Beitritt als Kommanditist rechtlich nachteilig.

---

135 *Schäfer* in: Staub, HGB, 3. Band, § 105 Rn. 162; *Klüsener*, RPfleger 1990, 321, 326; zum Beitritt: OLG Schleswig, DNotZ 2020, 696, 707; OLG Brandenburg, NZG 2020, 597, 598; *Friedrich-Büttner/Wiese*, ZEV 2014, 513, 515; *Maier-Reimer/Marx*, NJW 2005, 3025, 3026; *Menzel*, MittBayNot 2019, 222, 223; *van de Loo/Strnad*, ZEV 2018, 617, 623.

136 *Merkenich*, Erwerb durch Minderjährige, S. 20-21.

137 Herrschende Meinung: *Roth* in: Baumbach/Hopt, HGB, § 105 Rn. 50, § 161 Rn. 7; *Casper* in: Staub, HGB, 4. Band, § 161 Rn. 27 unter Verweis auf *Schäfer* in: Staub, HGB, 3. Band, § 105 Rn. 162; *Grunewald* in: MüKo, HGB, 3. Band, § 161 Rn. 1 unter Verweis auf *Schmidt* in: MüKo, HGB, 2. Band, § 105 Rn. 107, 127; *Weipert/Wertenbruch* in: EBJS, HGB, 1. Band, § 161 Rn. 18a, § 105 Rn. 70.

138 Vgl. § 176 Abs. 1 Satz 2 HGB sowie die Ausführungen oben Zweiter Teil § 2 III., S. 40-41.

139 Ebenso OLG Bremen, ZEV 2008, 608, 609; *Buck*, Erwerb durch Minderjährige, S. 65; *Merkenich*, Erwerb durch Minderjährige, S. 79; *Führ/Nikoleyczik*, BB 2009, 2105, 2106;

Als weiteres Haftungsrisiko wird auf § 172 Abs. 4 Satz 1 HGB verwiesen. Danach gilt die Einlage gegenüber den Gläubigern als nicht geleistet, wenn sie dem Kommanditisten zurückgewährt wird. Die Haftung des Kommanditisten lebt insoweit wieder auf. Dieses Risiko trifft den Minderjährigen jedoch nur in dem Umfang, in dem die Rückzahlung an ihn selbst erfolgt.[140] Er haftet in dem Fall auch nicht unbeschränkt, sondern gemäß § 171 Abs. 1 HGB nur beschränkt bis zur Höhe seiner Einlage. Die Auszahlung der Einlage ist insoweit mit der Schenkung vergleichbar, bei der die Pflicht zur Rückgewähr gemäß §§ 528, 530 BGB einhellig nicht als Nachteil im Sinne von § 107 BGB gewertet wird.[141] Hat der Minderjährige die Einlage unentgeltlich erhalten, werden im Falle des Wiederauflebens der Haftung lediglich die gewonnenen Vorteile wieder *„abgeschöpft"*.[142] Die Rückgewähr der Einlage begründet bei wertender Betrachtung daher keinen Rechtsnachteil.

bb. Treuepflicht

Ob ein lediglich rechtlich vorteilhaftes Geschäft vorliegt, hängt somit entscheidend vom rechtlichen Inhalt der gesellschaftsrechtlichen Treuepflicht ab. Was bedeutet sie und welche Pflichten ergeben sich aus ihr?

1) Allgemeines zur Treueplicht und Normzweck von § 107 BGB

Die Treuepflicht ist keine bestimmte, singuläre Verpflichtung. Sie ist eine Rechtsfigur, die auf dem allgemeinen Rücksichtnahmegebot basiert, das jedem Schuldverhältnis innewohnt (§ 241 Abs. 2 BGB).[143] Erachtete man die Treuepflicht per se als rechtlich nachteilig, benötigte ein beschränkt Geschäftsfähiger für den Abschluss jedes Schuldverhältnisses die Einwilligung seines gesetzlichen

---

Klüsener, RPfleger 1990, 321, 326; *Menzel/Wolf*, MittBayNot 2010, 186, 188; *Pauli*, ZErb 2016, 131, 132; *van de Loo/Strnad*, ZEV 2018, 617, 623.

140 OLG Brandenburg, NZG 2020, 597, 598-599; OLG Oldenburg, BeckRS 2019, 15813; OLG Köln, ZEV 2018, 667, 668; OLG Bremen, ZEV 2008, 608, 609; *Führ/Nikoleyczik*, BB 2009, 2105, 2106; *Menzel/Wolf*, MittBayNot 2010, 186, 187; *Rust*, DStR 2005, 1942, 1946.

141 OLG Dresden, MittBayNot 1996, 288, 290; *Klumpp* in: Staudinger, BGB, 2017, § 107 Rn. 38; *Schmitt* in: MüKo, BGB, 1. Band, § 107 Rn. 59; *Harte,* Der rechtliche Vorteil, S. 63-64; *Brox* in: FS Bosch, 1976, S. 75, 77.

142 *Merkenich,* Erwerb durch Minderjährige, S. 21.

143 OLG Köln, ZEV 2018, 667, 669; *Bachmann* in: MüKo, BGB, 2. Band, § 241 Rn. 92, 101; a.A. *Roth* in: Baumbach/Hopt, HGB, § 109 Rn. 23, wonach die Treuepflicht ihre Grundlage im Gesellschaftsvertrag hat.

Vertreters. Dem beschränkt Geschäftsfähigen soll aber gerade nicht jeder Rechtsgeschäftsabschluss verwehrt sein.

Im Gesellschaftsrecht kann die Treuepflicht unter Umständen stärker ausgeprägt sein als bei anderen Schuldverhältnissen, weil aufgrund der engen Verbundenheit der Gesellschafter besondere Mitwirkungspflichten bestehen können.[144] Die gesellschaftsrechtliche Treuepflicht verpflichtet jeden Gesellschafter, seine ihm zugewiesenen Aufgaben im Interesse der Gesellschaft wahrzunehmen, „*alles zu unterlassen, was dieses Interesse beeinträchtigt*", sowie „*auf die Belange der Mitgesellschafter Rücksicht zu nehmen*".[145] Angesichts dessen wird im Schrifttum und in der Rechtsprechung teilweise vertreten, dass die gesellschaftsrechtliche Treuepflicht keine nachteilige Verpflichtung,[146] sondern lediglich eine Beschränkung der erworbenen Rechtsposition darstellt.[147]

Brox differenziert dagegen zwischen Treuepflichten, die ein positives Tun – namentlich eine bestimmte Stimmabgabe – verlangen,[148] und solchen, die ein Unterlassen erfordern.[149] Erstere würden unmittelbar keinen Rechtsnachteil begründen. Eine Mitwirkungspflicht entstehe nicht mit Erlangung der Gesellschafterstellung, sondern – wenn überhaupt – erst zu einem späteren Zeitpunkt. Wenn die Treuepflicht in einer konkreten Situation eine bestimmte Stimmabgabe verlangt, obläge es ohnehin dem gesetzlichen Vertreter des Kindes zu entscheiden, ob der Pflicht entsprochen wird. Treuepflichten hingegen, die ein Unterlassen erfordern, seien unmittelbar rechtlich nachteilig, da es der gesetzliche Vertreter hier nicht in der Hand habe, deren Verletzung zu verhindern.

---

144 Vgl. *Bachmann* in: MüKo, BGB, 2. Band, § 241 Rn. 92; *Born* in: EBJS, HGB, 1. Band, § 109 Rn. 20-25; *Mann*, Abdingbarkeit und Gegenstand der gesellschaftsrechtlichen Treuepflicht, S. 26-30.

145 *Servatius* in: Henssler/Strohn, Gesellschaftsrecht, § 705 BGB Rn. 41; ebenso *Fleischer/Harzmeier*, NZG 2015, 1289, 1290.

146 OLG Brandenburg, NZG 2020, 597, 599; OLG Köln, ZEV 2018, 667, 669; *Menzel*, MittBayNot 2019, 222, 223; *Podewils*, jurisPR-HaGesR 9/2019, Anm. 5.

147 *Friedrich-Büttner/Wiese*, ZEV 2014, 513, 515; *Führ/Nikoleyczik*, BB 2009, 2105, 2106; *Pauli*, ZErb 2016, 131, 133; *van de Loo/Strnad*, ZEV 2018, 617, 623.

148 *Brox* in: FS Bosch, 1976, S. 75, 79, nennt insoweit beispielhaft den Beschluss aller Gesellschafter für außergewöhnliche Geschäfte gemäß § 116 Abs. 2 HGB, die Entziehung der Geschäftsführungsbefugnis gemäß § 117 HGB sowie der Vertretungsmacht gemäß § 127 HGB und die Ausschließung eines Gesellschafters gemäß § 140 HGB.

149 *Brox* in: FS Bosch, 1976, S. 75, 79-80.

Brox ist insoweit zuzustimmen, als nicht abstrakt auf die mit der Beteiligung an einer Gesellschaft einhergehende Treuepflicht, sondern auf die damit konkret verbundenen Verpflichtungen abzustellen ist. Dafür spricht auch der Normzweck von § 107 BGB, der sich nicht in seiner Funktion erschöpft, den Minderjährigen vor Belastungen durch rechtliche Nachteile zu bewahren, sein Vermögen zu schützen und einen Rechtsverlust zu verhindern. § 107 BGB dient auch dazu, einem Minderjährigen unter Berücksichtigung seiner wachsenden Einsichtsfähigkeit Freiräume für rechtsgeschäftliches Handeln zu schaffen.[150] Nur wenn ein mehr als nur unerhebliches Gefährdungspotential für das Vermögen des Minderjährigen ersichtlich ist, ist es gerechtfertigt, diese Freiräume einzuschränken.[151] Die Belastung mit einer allgemeinen oder gesellschaftsrechtlichen Treuepflicht als solcher begründet mithin kein hinreichendes Gefährdungspotential und stellt noch keinen rechtlichen Nachteil dar.[152] Stattdessen sind die konkreten, aus der Treuepflicht folgenden Verpflichtungen des Kommanditisten vor dem Hintergrund des § 107 BGB zu untersuchen.

2) Konkreter Inhalt der Treuepflicht für Kommanditisten

Der Kommanditist ist von der Geschäftsführung und Vertretung ausgeschlossen (§§ 164, 170 HGB), so dass ihn die in diesem Zusammenhang bestehenden Treuepflichten nicht treffen. Ihn trifft auch kein Wettbewerbsverbot (§ 165 HGB).

Unter Umständen kann ein Minderjähriger zwar aufgrund der Treuepflicht gezwungen sein, bei bestimmten Maßnahmen mitzuwirken, beispielsweise bei der Entziehung der Geschäftsführungsbefugnis gemäß §§ 117, 161 Abs. 2 HGB, einer Änderung des Gesellschaftsvertrags[153] oder einer Liquidation. Eine Mitwirkungspflicht entsteht in der Praxis aber nur äußerst selten.[154] Sie entsteht zudem nicht unmittelbar mit dem Erwerb der Beteiligung, sondern erst anlassbezogen und zu einem nach dem Erwerb der Beteiligung liegenden Zeitpunkt.[155] Eine Entscheidung über die Entziehung der

---

150 *Hefermehl* in: Soergel, BGB, 2. Band, § 106 Rn. 1; *Klumpp* in: Staudinger, BGB, 2017, § 107 Rn. 2; *Spickhoff* in: MüKo, BGB, 1. Band, § 104 Rn. 1, 9, § 106 Rn. 2; *Wendtland* in: BeckOK BGB, § 106 Rn. 1.

151 Vgl. BGHZ 161, 170 ff. = NJW 2005, 415, 418; zum Fehlen eines Rechtsnachteils bei typischerweise unerheblichem Gefährdungspotenzial siehe sogleich Zweiter Teil § 3 I.1.a.cc., S. 22.

152 Ebenso OLG Köln, ZEV 2018, 667, 669.

153 *Born* in: EBJS, HGB, 1. Band, § 109 Rn. 21.

154 *Born* in: EBJS, HGB, 1. Band, § 109 Rn. 21; *Brox* in: FS Bosch, 1976, S. 75, 79.

155 Ebenso OLG Brandenburg, NZG 2020, 597, 599.

Geschäftsführungsbefugnis muss beispielsweise erst getroffen werden, wenn ein entsprechender Pflichtverstoß festgestellt wurde und keine milderen Mittel in Betracht kommen. Darüber hinaus hat der BGH enge Voraussetzungen aufgestellt, unter denen ein Kommanditist einem Gesellschafterbeschluss, der in *„seine rechtliche und vermögensmäßige Position"* eingreift, entgegen seinen eigenen Interessen aufgrund seiner Treuepflicht zustimmen muss: Die Änderung muss (1) aufgrund geänderter Verhältnisse notwendig sein, (2) dem Gebot des Gesellschaftsinteresses entsprechen, (3) dem einzelnen Kommanditisten unter Berücksichtigung seiner Interessen zumutbar sein und (4) es darf kein anderes den Kommanditisten weniger belastendes Mittel zur Verfügung stehen.[156]

Aus der Treuepflicht folgt ferner, nicht bewusst dem Zweck und den Interessen der Gesellschaft zuwiderzuhandeln. Hierzu hat der BGH in seinem Urteil vom 08.05.1989 entschieden, dass die Treuepflicht dem Kommanditisten gebietet, keine Geschäfte abzuschließen, *„die in den Geschäftsbereich der Gesellschaft fallen und dieser aufgrund bestimmter konkreter Umstände bereits zugeordnet sind"* und von denen der Kommanditist in seiner Stellung als Gesellschafter erfahren hat. Als der Gesellschaft zugeordnete Geschäfte sollen dabei solche gelten, mit denen die Gesellschaft als Erstes in Kontakt gekommen ist.[157] Dadurch wird die mit der Beteiligung an der KG erworbene Rechtsposition jedoch lediglich eingeschränkt. Ohnehin kann ein Minderjähriger als beschränkt Geschäftsfähiger gemäß § 107 BGB nur begrenzt im eigenen Namen Rechtsgeschäfte wirksam abschließen. Bei den von der Gesellschaft beabsichtigten Geschäften handelt es sich jedoch regelmäßig um (mindestens) zweiseitige Rechtsgeschäfte. Für deren Abschluss wäre ein beschränkt Geschäftsfähiger gemäß § 107 BGB auf die Einwilligung seiner Eltern als gesetzliche Vertreter angewiesen. Da zumindest ein Elternteil in der Regel selbst an der Gesellschaft beteiligt ist, würden sie einem treurechtswidrigen Geschäftsabschluss ohnehin nicht zustimmen dürfen. Insofern ist ein derartiger Treuepflichtverstoß praktisch ausgeschlossen.

Dem Zweck der Gesellschaft nicht zuwiderzuhandeln, bedeutet aber auch, gesellschaftsinterne Informationen geheim zu halten.[158] Eine Verletzung kann

---

156 BGH, NJW 1995, 194, 195.

157 BGH, NJW 1989, 2687, 2688.

158 In diesem Zusammenhang wird im Schrifttum teilweise auf BGH, NJW 2003, 830 verwiesen. In der Entscheidung selbst geht es aber um einen GmbH-Gesellschafter; zutreffend dagegen: *Selbach,* Geheimhaltungspflichten, S. 60.

bei schuldhaftem Verstoß zu einer Schadensersatzpflicht nach § 280 BGB führen und eine nicht auf die Kommanditeinlage begrenzte Haftung mit dem persönlichen Vermögen des Minderjährigen nach sich ziehen.[159] Darin liegt ein rechtlicher Nachteil.[160]

3) *Abdingbarkeit der Treuepflicht*

Es stellt sich die Frage, ob die mit der Treuepflicht verbundenen rechtlichen Nachteile abbedungen werden können und eine Kommanditbeteiligung auf diese Weise rechtlich vorteilhaft bzw. neutral ausgestaltet werden kann. Die Abdingbarkeit der (mitgliedschaftlichen) Treuepflicht ist strittig. Nach herrschender Auffassung im Schrifttum kann die Treuepflicht nicht vollständig, aber zumindest teilweise abbedungen werden.[161] Eine vollständige Abbedingung der Treuepflicht sei zum Schutz der Gesellschafter abzulehnen. Die Gesellschafter würden regelmäßig zum Zeitpunkt der Gesellschaftsgründung nur schwierig voraussehen können, welche künftigen Streitpunkte und persönlichen Übervorteilungen drohten, wenn ein Gesellschafter gänzlich von der Treuepflicht befreit wäre. *Fleischer/Harzmeier* haben in diesem Zusammenhang darauf hingewiesen, dass die Rechtsordnung Vorausverzichten zurückhaltend gegenübersteht und der Verzichtende insoweit eines besonderen Schutzes bedarf.[162]

Die Schutzbedürftigkeit der Gesellschafter führt aber nicht so weit, sämtliche Modifikationen der Treuepflicht zu verbieten. In Bezug auf die aus der

---

159 *Brox* in: FS Bosch, 1976, S. 75, 79-80.

160 Vgl. dazu OLG Oldenburg, BeckRS 2019, 15813, wonach das Registergericht seine Ablehnung der Eintragung unter anderem damit begründet habe, dass der Eintritt eines Minderjährigen in eine KG rechtlich nachteilig sei, da damit die aus den gesellschaftsrechtlichen Treuepflichten erwachsene Verpflichtung verbunden sei, gesellschaftsinterne Informationen geheim zu halten, deren Verletzung Schadensersatzpflichten nach § 280 BGB auslösen könnten.

161 *Schmolke,* Grenzen der Selbstbindung im Privatrecht, S. 668-670; *Teichmann,* Gestaltungsfreiheit in Gesellschaftsverträgen, S. 170; *Winter,* Mitgliedschaftliche Treuebindungen im GmbH-Recht, S. 216-218; *Bachmann et al.*, ZGR-Sonderheft 2012, 45-46 (zur Kapitalgesellschaft); *Fleischer/Harzmeier*, NZG 2015, 1289, 1297.

162 *Fleischer/Harzmeier*, NZG 2015, 1289, 1295-1296; *Grunewald* in: MüKo, HGB, 3. Band, § 161 Rn. 31; *Schmolke,* Grenzen der Selbstbindung im Privatrecht, S. 668-670; *Bachmann et al.*, ZGR-Sonderheft 2012, S. 45- 46; a.A. *Mann*, Abdingbarkeit und Gegenstand der gesellschaftsrechtlichen Treuepflicht, S. 164-166, der eine normative Anknüpfung für ein Verbot der Abdingbarkeit der Treuepflicht fordert, das nicht auffindbar sei, so dass der Vertragsfreiheit der Vorrang eingeräumt werden müsse.

Treuepflicht herrührenden Verpflichtungen ist dabei zu berücksichtigen, dass sich das Rechtsverhältnis der Gesellschafter untereinander in erster Linie nach dem Gesellschaftsvertrag richtet (§§ 109, 161 Abs. 2 HGB) und die Privatautonomie insoweit Gestaltungsfreiheit gewährleistet. In diesem Sinne hat sich auch der BGH zur Möglichkeit der teilweisen Abbedingung der Treuepflicht geäußert.[163] Der Gesellschaftsvertrag bilde die Grundlage der gesellschafterlichen Treuepflicht und bestimme damit auch deren Inhalt und Umfang. Entsprechend kann der Gesellschaftsvertrag ausdrückliche oder konkludente Regelungen enthalten, die den Umfang der Treuepflicht einschränken. Dies gilt nach Auffassung des BGH insbesondere für etwa aus der Treuepflicht folgende Zustimmungspflichten betreffend bestimmte Sachverhalte.[164]

4) Gestaltungsmöglichkeiten

Nach alldem ist es grundsätzlich möglich, im Gesellschaftsvertrag Regelungen vorzusehen, wonach die Treuepflicht für den minderjährigen Gesellschafter eingeschränkt wird. So könnte im Gesellschaftsvertrag bestimmt werden, dass für minderjährige Gesellschafter aus der mitgliedschaftlichen Treuepflicht keine Zustimmungspflichten folgen, oder ihnen könnte in Fällen einer Zustimmungspflicht das Recht zur Stimmenthaltung eingeräumt werden. Alternativ könnte auch vereinbart werden, dass ein minderjähriger Gesellschafter zur Kündigung berechtigt ist, statt einem für ihn rechtlich nachteiligen Beschluss zustimmen zu müssen.[165] Unter diesen Voraussetzungen würde ein minderjähriger Kommanditist nicht schlechter stehen als vor seiner Beteiligung und ein rechtlicher Nachteil wäre nicht gegeben.

Mit Blick auf die aus der Treuepflicht folgenden Geheimhaltungsverpflichtung dürfte es regelmäßig nicht im Interesse der Mitgesellschafter und der Gesellschaft sein, diese für minderjährige Gesellschafter auszuschließen. Insoweit könnte der Gesellschaftsvertrag aber Schutzvorkehrungen auf der Rechtsfolgenseite enthalten. Es könnte vorgesehen werden, dass eine Pflichtverletzung keine Schadensersatzansprüche der Gesellschaft und der übrigen Gesellschafter begründet, es sei denn, sie erfolgte vorsätzlich.[166] Zudem könnten sich die

163 BGH, NZG 2015, 995, 997.

164 Ebenso BGH, NZG 2015, 995, 997; *Fleischer/Harzmeier*, NZG 2015, 1289, 1294.

165 Vgl. BGH, NZG 2015, 995, 997; BGHZ 183, 1 ff. = NJW 2010, 65, 67; *Podewils*, jurisPR-HaGesR 9/2019, Anm. 5.

166 Die Haftung wegen Vorsatz kann nicht im Voraus erlassen werden (§ 276 Abs. 3 BGB). Hier könnte allenfalls im konkreten Einzelfall ein Haftungsausschluss vereinbart werden.

übrigen Gesellschafter für den Fall der schuldhaften Pflichtverletzung das Recht vorbehalten, den minderjährigen Kommanditisten aus der Gesellschaft auszuschließen. Darin läge kein rechtlicher Nachteil, als der Minderjährige nur so gestellt würde wie vor der Schenkung des Gesellschaftsanteils. Allenfalls stünde er wirtschaftlich sogar etwas besser, wenn zwischenzeitlich bereits Gewinnausschüttungen erfolgten.

cc. Kein Rechtsnachteil bei typischerweise unerheblichem Gefährdungspotenzial

Da die gesellschaftsrechtliche Treuepflicht nicht vollständig abbedungen werden kann, stellt sich die Frage, ob die verbleibenden potenziellen Mitwirkungspflichten oder die möglichen Schadensersatzansprüche im Fall einer Treuepflichtverletzung genügen, um das der Kommanditbeteiligung zugrunde liegende Rechtsgeschäft als rechtlich nachteilig zu betrachten. Zwar hat der BGH am 10.02.1977 entschieden, dass im Falle der Beteiligung an einer Gesellschaft nicht auf die Rechtsposition insgesamt abgestellt werden dürfe und keine Abwägung der Vor- und Nachteile vorgenommen werden sollte.[167] Die rechtlichen und tatsächlichen Verhältnisse seien in einer Personengesellschaft unübersichtlich, so dass es unmöglich sei, allgemeingültige Kriterien festzulegen, mit denen die Vor- und Nachteile gesellschaftsrechtlicher Pflichten eingeschätzt werden könnten.[168] Dieser Einwand überzeugt jedoch für die hier untersuchte Fallgestaltung nicht. Zum einen geht es nicht darum, allgemeingültige Kriterien zur Einschätzung einer möglichen Risikobefangenheit festzulegen. Es geht um die Frage, wie ein Risiko vertraglich reduziert werden kann. Zum anderen mag es zutreffen, dass die Rechtslage in einer Personengesellschaft teils komplex ist; das bedeutet aber nicht, dass eine Einzelfallprüfung des rechtlichen Risikos entfallen kann. Es ist vielmehr regelmäßig auch die Aufgabe der Rechtsprechung, sich mit komplexen Sachverhalten und Rechtsproblemen auseinanderzusetzen.

Schließlich war die Ausgangslage etwas anders als in der vorliegenden Untersuchung: Im Fall des BGH ging es um eine erbrechtliche Nachfolgeklausel, kraft derer der Gesellschaftsanteil im Falle des Todes auf bestimmte Erben übergehen sollte. Der BGH führte in diesem Zusammenhang aus, dass eine rechtsgeschäftliche Nachfolgeklausel, mit der die Mitgliedschaft auf eine bisher nicht beteiligte Person übergehen soll, unwirksam sei. Aufgrund der mit der Übertragung einhergehenden gesellschaftsrechtlichen Pflichten handele es sich um einen

---

167 BGHZ 68, 225 ff. = NJW 1977, 1339, 1341.

168 BGHZ 68, 225 ff. = NJW 1977, 1339, 1341.

unzulässigen Vertrag zulasten Dritter. Zwei der Erben waren allerdings bereits Gesellschafter und konnten damit an der Vereinbarung der Nachfolgeklausel mitwirken. Diesbezüglich führt der BGH aus, dass eine rechtsgeschäftliche Klausel, an der alle (künftig) Beteiligten mitgewirkt hätten, wirksam gewesen wäre. Die gegenständliche Untersuchung befasst sich nun gerade nicht mit der Nachfolge von Todes wegen, sondern der Beteiligung aufgrund eines Rechtsgeschäfts unter Lebenden. Die Beteiligung eines Minderjährigen als Kommanditist ist vielmehr mit der Situation vergleichbar, bei der alle Beteiligten an einer Klausel mitwirken können. Hier kann ein entgegenstehender Wille des Minderjährigen berücksichtigt werden. Der Gesellschaftsvertrag kann zielgerichtet auf die Beteiligung Minderjähriger gestaltet werden.

Darüber hinaus ist die Bedeutung der Entscheidung für die hier untersuchten Fallgestaltungen auch insoweit zu relativieren, als die Rechtsprechung in anderen Fällen „*bestimmte Rechtsnachteile wegen ihres typischerweise ganz unerheblichen Gefährdungspotenzials*“ ausnimmt.[169] So werden die mit der Schenkung eines Grundstücks zusammenhängenden öffentlichen Lasten nicht als nachteilig angesehen. Hier sei typischerweise keine Vermögensgefährdung anzunehmen, weil diese vom Umfang begrenzt seien und durch die laufenden Erträge des Grundstücks gedeckt werden könnten. Schließlich genüge die theoretische Möglichkeit einer zukünftigen Belastung nicht, um einen Rechtsnachteil anzunehmen, sondern es bedürfe einer hinreichend konkreten Möglichkeit.[170] Diese Argumentation verfängt auch in Bezug auf die Treuepflicht des Kommanditisten.[171] Eine konkrete Handlungspflicht wird durch die Treuepflicht nicht begründet, weshalb insoweit auch keine konkrete Vermögensgefährdung droht. Durch die Beteiligung entsteht allein die theoretische Möglichkeit, dass von dem minderjährigen Kommanditisten später im Rahmen eines Gesellschafterbeschlusses aufgrund seiner Treuepflicht eine bestimmte Entscheidung gefordert wird. Vorzugswürdig ist es daher, auf die konkreten Verpflichtungen abzustellen

169 BGHZ 161, 170 ff. = NJW 2005, 415, 418; OLG Köln, ZEV 2018, 667, 668.

170 BGHZ 161, 170 ff. = NJW 2005, 415, 418.

171 So auch OLG Brandenburg, NZG 2020, 597, 599; OLG Köln, ZEV 2018, 667, 669. Vgl. *Weinbrenner*, FPR 2009, 265, 268, der von einem unerheblichen Gefährdungspotenzial ausgeht, „*wenn die sich aus der Treuepflicht ergebenden Nachteile ohne Weiteres*“ aus den erzielten Gewinnen beglichen werden können. Sofern das übrige Vermögen des Minderjährigen erfasst werden kann, sei das Rechtsgeschäft rechtlich nachteilig. Ob die Gewinne ausreichen, kann jedoch zur Zeit des Vertragsschlusses nicht festgestellt werden, da weder die Pflichtverletzungen noch die Schadenshöhe oder der Gewinn vorhersehbar sind.

und eine Vertretung durch die Eltern oder gegebenenfalls durch einen Ergänzungspfleger zu fordern, wenn im Gesellschaftsvertrag nachteilige Verpflichtungen nicht abbedungen oder aufgefangen werden.

Etwas anderes ergibt sich nicht aus dem Urteil des BGH vom 30.09.2010 zur Schenkung einer Eigentumswohnung an Minderjährige. Der BGH hatte entschieden, dass die Schenkung einer Eigentumswohnung unabhängig vom konkreten Inhalt der Gemeinschaftsordnung nicht lediglich rechtlich vorteilhaft sei und deshalb der Einwilligung des gesetzlichen Vertreters nach § 107 BGB bedürfe.[172] Maßgeblich hat der BGH darauf abgestellt, dass der Minderjährige mit dem Erwerb der Eigentumswohnung Mitglied einer Wohnungseigentümergemeinschaft werde und den Gläubigern der Wohnungseigentümergemeinschaft als solcher nach § 10 Abs. 8 Satz 1 HS 1 WEG kraft Gesetzes für Verbindlichkeiten haftet, die während seiner Zugehörigkeit zur Gemeinschaft entstehen oder während dieses Zeitraums fällig werden.[173] Diese Haftung könne mit Außenwirkung nicht durch Vereinbarung der Wohnungseigentümer abbedungen werden. Hierin unterscheidet sich die rechtliche Situation entscheidend von der des minderjährigen Kommanditisten. Eine Außenhaftung für die Verbindlichkeiten der KG trifft den Kommanditisten gerade nicht, wenn seine Haftungseinlage geleistet und nicht zurückgewährt wurde (§ 171 Abs. 1 HS 2 HGB).

dd. Zwischenergebnis

Selbst die unentgeltliche Beteiligung eines Minderjährigen als Kommanditist ist per se rechtlich nachteilig. Sie kann aber vertraglich so ausgestaltet werden, dass sie rechtlich vorteilhaft oder neutral ist. Das Haftungsrisiko gemäß § 176 Abs. 1 und 2 HGB kann vermieden werden, indem sowohl der Abschluss des Gesellschaftsvertrages seitens des Minderjährigen als auch die spätere Beitrittserklärung unter die aufschiebende Bedingung der Eintragung in das Handelsregister gestellt werden.

Als Kommanditist unterliegt ein Minderjähriger der gesellschaftsrechtlichen Treuepflicht, aufgrund derer er verpflichtet sein kann, seine Zustimmung zu bestimmten Maßnahmen zu erteilen, und der Verschwiegenheit unterliegt, aus dessen schuldhafter Verletzung persönliche Haftungsansprüche drohen. Werden diese Risiken nicht durch gesellschaftsvertragliche Vorkehrungen mitigiert, kann die Treuepflicht insoweit einen rechtlichen Nachteil begründen. Um dies zu vermeiden, könnte im Gesellschaftsvertrag bestimmt werden, dass für

---

172 BGHZ 187, 119 = NJW 2010, 3643.
173 BGHZ 187, 119 = NJW 2010, 3643, 3644.

minderjährige Gesellschafter aus der mitgliedschaftlichen Treuepflicht keine Zustimmungspflichten folgen oder ihnen könnte in Fällen einer Zustimmungspflicht das Recht zur Stimmenthaltung eingeräumt werden. Ferner könnte gegenüber der Gesellschaft und den übrigen Gesellschaftern ein Haftungsausschluss für die fahrlässige und grob fährlässige Verletzung etwaiger Geheimhaltungsverpflichtungen vereinbart werden. Das verbleibende Haftungsrisiko aus einer vorsätzlichen Verletzung von Geheimhaltungspflichten steht dem Schutzzweck der §§ 181, 107 BGB nicht entgegen, da insoweit allenfalls ein unerhebliches Gefährdungspotenzial besteht. Weder ist das Vermögen des Minderjährigen durch den unentgeltlichen Erwerb eines Kommanditanteils konkret gefährdet, noch droht ein Rechtsverlust. Stattdessen bedürfte es zu einer Haftung des minderjährigen Gesellschafters zusätzlich einer vorsätzlichen, pflichtwidrigen und schadensbegründenden Handlung. Durch geeignete Vertragsgestaltungen kann die Beteiligung als Kommanditist somit als nicht rechtlich nachteilig ausgestaltet werden und eine Interessenkollision würde vermieden. Ein beschränkt Geschäftsfähiger könnte das der Kommanditbeteiligung zugrundeliegende Rechtsgeschäft selbst annehmen (§ 107 BGB).

b. Vertretung durch die Eltern oder einen Ergänzungspfleger

Zudem könnten auch die Eltern als gesetzliche Vertreter die zur Beteiligung an der KG erforderlichen Willenserklärungen für ihr Kind rechtswirksam abgeben, selbst wenn zumindest einer von ihnen oder ein Verwandter in gerader Linie eines Elternteils, z.B. ein Großelternteil, als Mitgesellschafter an dem Rechtsgeschäft beteiligt ist.[174] Nach heute einhelliger und zutreffender Auffassung wird bei lediglich rechtlich vorteilhaften sowie bei neutralen Rechtsgeschäften sowohl das Selbstkontrahierungsverbot nach § 181 BGB in Anlehnung an § 107 BGB[175] als auch der Vertretungsausschluss nach § 1795 Abs. 1 Nr. 1 BGB[176] teleologisch

---

174 Aus § 107 BGB folgt kein Vertretungsverbot zulasten des gesetzlichen Vertreters, sondern die Vorschrift eröffnet parallel die Möglichkeit, dass ein beschränkt Geschäftsfähiger selbst handelt. Einhellige Meinung: *Ellenberger* in: Palandt, BGB, § 107 Rn. 1, *Klumpp* in: Staudinger, BGB, 2017, § 107 Rn. 95; *Spickhoff* in: MüKo, BGB, 1. Band, § 107 Rn. 18; *Nitze,* Minderjähriger Gesellschafter, S. 53.

175 BGHZ 94, 232 ff. = NJW 1985, 2407, 2408; *Schäfer* in: BeckOK BGB, § 181 Rn. 19; *Schilken* in: Staudinger, BGB, 2019, § 181 Rn. 32; *Schubert* in: MüKo, BGB, 1. Band, § 181 Rn. 32.

176 BGH, NJW 1975, 1885, 1886; OLG Brandenburg, NZG 2020, 597, 598; *Götz* in: Palandt, BGB, § 1795 Rn. 13; *Spickhoff* in: MüKo, BGB, 10. Band, § 1795 Rn. 33.

reduziert, da der Minderjährige mangels Benachteiligungsgefahr insoweit nicht geschützt werden muss.

Aufgrund der dargestellten uneinheitlichen Rechtsprechung zu der Frage, ob der Erwerb einer Kommanditbeteiligung lediglich rechtlich vorteilhaft ist, ist dennoch vorsorglich dem Familiengericht die Bestellung eines Ergänzungspflegers gem. § 1909 Abs. 2 BGB anzuzeigen, wenn ein Elternteil oder ein Verwandter in gerader Linie eines Elternteils als Mitgesellschafter in eigenem Namen an dem Rechtsgeschäft mitwirkt.

c. Beteiligung mehrerer Minderjähriger

Auch der Ergänzungspfleger hat das allgemein zivilrechtliche Vertretungsverbot nach § 181 BGB sowie gemäß § 1915 Abs. 1 BGB die besonderen Vertretungsverbote des § 1795 BGB zu beachten. Für den Ergänzungspfleger ist insoweit in erster Linie das Mehrfachvertretungsverbot aus § 181 Var. 2 BGB (iVm. §§ 1795 Abs. 2, 1915 Abs. 1 BGB) relevant: Falls nämlich an einer Familien-KG nicht nur ein, sondern mehrere minderjährige Abkömmlinge beteiligt werden sollen, stellt sich die Frage, ob für jeden ein eigener Ergänzungspfleger hinzugezogen werden muss oder ob die Bestellung eines einzigen genügt. Nach Maßgabe von § 181 Var. 2 BGB (iVm. §§ 1795 Abs. 2, 1915 Abs. 1 BGB) ist es dem Ergänzungspfleger grundsätzlich untersagt, ein Rechtsgeschäft als Vertreter im Namen des Vertretenen mit sich als Vertreter eines Dritten vorzunehmen. Im Hinblick auf eine mögliche Interessenkollision ist zwischen der Konstellation bei Gesellschaftsgründung und einem späteren Eintritt zu differenzieren.

aa. Gründung

Bei der Gründung einer Gesellschaft schließen alle Gesellschafter – auch die Minderjährigen – miteinander einen Vertrag.[177] Würde nur ein Ergänzungspfleger bestellt werden, stünde dieser auf beiden Seiten. Die Bestellung nur eines Ergänzungspflegers widerspräche damit dem Verbot der Mehrfachvertretung nach § 181 Var. 2 BGB,[178] das der Vermeidung von Interessenkonflikten dient.[179] Auch beim Abschluss eines Gesellschaftsvertrags besteht das Risiko eines Interessenkonflikts, da die künftigen Gesellschafter ihre Rechtsposition gegeneinander

177 *Reimann*, DNotZ 1999, 179, 183; *Rust*, DStR 2005, 1942, 1946.

178 OLG München, NZG 2010, 862; OLG Zweibrücken, OLGZ 1980, 213, 214; *Nagel*, Familiengesellschaft, S. 48-49; *Riedlinger*, Minderjährige in der Familien-KG, S. 91-92; *Hohaus/Eickmann*, BB 2004, 1707, 1708.

179 BGHZ 56, 97 ff. = NJW 1971, 1355, 1356; *Ellenberger* in: Palandt, BGB, § 181 Rn. 2.

abgrenzen und versuchen, jeweils für sich das bestmögliche Ergebnis zu erzielen.[180] Daher sollte für jeden Minderjährigen ein eigener Ergänzungspfleger bestellt werden.[181]

bb. Eintritt

Treten minderjährige Abkömmlinge erst nach der Gründung in die Gesellschaft ein, reicht es nach einem Teil der Rechtsprechung und Literatur ebenso wenig aus, nur einen Ergänzungspfleger zu bestellen.[182] Diese Ansicht unterscheidet jedoch nicht zwischen den verschiedenen Formen des Anteilserwerbs. Zumindest im Fall einer gleichzeitigen Anteilsübertragung an mehrere Minderjährige genügt die Bestellung eines Ergänzungspflegers, da die Minderjährigen hier nicht miteinander ein Rechtsgeschäft abschließen, sondern jeweils mit dem ursprünglichen Gesellschafter.[183] Das Verbot der Mehrfachvertretung gemäß § 181 Var. 2 BGB ist somit nicht einschlägig.[184] Der Ergänzungspfleger gibt keine Erklärung gegenüber dem jeweils anderen Minderjährigen, sondern nur gegenüber dem ursprünglichen Gesellschafter ab.[185] Soweit *Peschel-Gutzeit* andeutet, dass auch bei gleichgerichteter Interessenlage zum Schutz der Minderjährigen jeweils eigene Ergänzungspfleger zu bestellen seien, verkennt sie den vorgelagerten Zweck von § 181 BGB:[186] Interessenkonflikte sollen vermieden werden.[187] Wo keine Gefahr eines Interessenkonflikts besteht, besteht auch kein Schutzbedürfnis. Schließlich werden bei der Anteilsübertragung die Rechte und Pflichten

---

180 Vgl. OLG Zweibrücken, OLGZ 1980, 213, 214.

181 So auch: BFHE 111, 85 = BB 1974, 168, 169; *Schäfer* in: Staub, HGB, 4. Band, § 105 Rn. 86; *Nagel,* Familiengesellschaft, S. 52; *Riedlinger,* Minderjährige in der Familien-KG, S. 91-92; *Hohaus/Eickmann*, BB 2004, 1707, 1708; *Reimann*, DNotZ 1999, 179, 183; *Rust*, DStR 2005, 1942, 1946.

182 BayObLG, FamRZ 1959, 125, 126; OLG Zweibrücken, NZG 1999, 717, 718; *Riedlinger,* Minderjährige in der Familien-KG, S. 92-94; *Hohaus/Eickmann*, BB 2004, 1707, 1708; *Reimann*, DNotZ 1999, 179, 190.

183 Vgl. OLG München, NZG 2010, 862; *Ellenberger* in: Palandt, BGB, § 181 Rn. 7; *Maier-Reimer/Marx*, NJW 2005, 3025, 3027; *Rust*, DStR 2005, 1942, 1046.

184 OLG München, NZG 2010, 862.

185 OLG München, NZG 2010, 862; *Riedlinger,* Minderjährige in der Familien-KG, S. 92.

186 *Peschel-Gutzeit* in: Staudinger, BGB, 2009, § 1629 Rn. 194; dagegen wiederum *Riedlinger,* Minderjährige in der Familien-KG, S. 95, nach dessen Auffassung der Minderjährigenschutz ausreichend durch denselben Ergänzungspfleger gewährleistet werden kann.

187 *Ellenberger* in: Palandt, BGB, § 181 Rn. 2.

der eintretenden Minderjährigen auch nicht automatisch neu verhandelt. Vielmehr bestehen die gesellschaftsvertraglichen Regelungen unverändert fort. Die Übertragung bedarf zwar der Zustimmung der anderen Mitgesellschafter, wenn nicht im Gesellschaftsvertrag anders geregelt. Dadurch wird aber kein Rechtsgeschäft zwischen den künftigen minderjährigen Gesellschaftern untereinander begründet, da sie noch keine Gesellschafterposition innehaben.[188]

Etwas anderes gilt zum einen, wenn Minderjährige durch einen Aufnahmevertrag als neue Kommanditisten hinzutreten. Wie bei der Gründung werden die einzelnen Rechtspositionen untereinander verhandelt und alle Gesellschafter müssen diesem Vertrag zustimmen.[189] Die Bestellung mehrerer Ergänzungspfleger ist zum anderen auch dann erforderlich, wenn ein minderjähriger Abkömmling an der Gesellschaft bereits beteiligt ist und dieser der Anteilsübertragung mangels anderweitiger Vereinbarung im Gesellschaftsvertrag noch zustimmen muss.[190] Hier besteht wiederum die Gefahr einer Interessenkollision: Der Anteilsveräußerer benötigt die Zustimmung des bereits eingetretenen minderjährigen Gesellschafters.[191] Dieser sollte jedoch die Zustimmung verweigern, wenn die Abtretung für ihn nachteilig ist, beispielsweise wenn der derzeitige Gesellschafter über wertvolles Fachwissen verfügt oder bestimmte Aufgaben in der Gesellschaft übernommen hat und aufgrund der Anteilsübertragung ausscheidet.

---

188 OLG München, NZG 2010, 862; *Eitelbuß/Garbe*, GWR 2019, 327; *Maier-Reimer/Marx*, NJW 2005, 3025, 3027; *Wachter*, GmbHR 2019, 1119, 1124-1126; a.A. OLG Oldenburg, BeckRS 2019, 15813, das bei zeitgleichen Übertragungen gleichwertiger Kommanditbeteiligungen auf mehrere Geschwister, ohne weitere Begründung davon ausgeht, dass es insoweit einer Einigung aller Geschwister und der verbleibenden Altgesellschafter bedürfte, die KG zukünftig gemeinsam als Gesellschafter fortzuführen. Richtigerweise schließen die Neugesellschafter bei zeitgleicher Anteilsübertragung untereinander kein Rechtsgeschäft ab, sondern jeweils nur mit dem Anteilsveräußerer. Wollten sich die Neugesellschafter davor schützen, durch simultane Übertragungsakte unliebsamen Mitgesellschaftern ausgesetzt zu werden, wären im Übertragungsvertrag Vorkehrungen zu treffen, vgl. *Lüdecke*, NZFam 2019, 936.

189 BayObLG, FamRZ 1959, 125, 126; *Maier-Reimer/Marx*, NJW 2005, 3025, 3027.

190 Vgl. OLG Oldenburg, BeckRS 2019, 4094; OLG Oldenburg, BeckRS 2019, 15813; *Riedlinger*, Minderjährige in der Familien-KG, S. 93; *Fuchs/Grimm*, EWiR 2019, 521, 522; *Maier-Reimer/Marx*, NJW 2005, 3025, 3027.

191 Ebenso OLG Oldenburg, BeckRS 2019, 4094; *Fuchs/Grimm*, EWiR 2019, 521, 522.

d. Verfahren

Für die Auswahl und Bestellung des Ergänzungspflegers ist gemäß § 151 Nr. 5 FamFG das Familiengericht zuständig. Die Eltern können zwar einen Ergänzungspfleger vorschlagen. Das Familiengericht ist an den Vorschlag jedoch nicht gebunden, da die Eltern kein Benennungsrecht haben.[192] In der Regel werden Rechtsanwälte, Wirtschaftsprüfer oder Steuerberater bestimmt.[193]

2. Familiengerichtliche Genehmigung

Neben der Frage der Bestellung eines Ergänzungspflegers ist zu klären, ob auch eine familiengerichtliche Genehmigung eingeholt werden muss. Der Gesetzgeber hat in den §§ 1821, 1822 BGB bestimmte Rechtsgeschäfte unter den Genehmigungsvorbehalt durch das Familiengericht gestellt. Zum Schutz Minderjähriger sollen deren gesetzliche Vertreter nicht die alleinige Verantwortung tragen, wenn es um den Abschluss von Rechtsgeschäften geht, die tendenziell riskant erscheinen oder die zu einer langen rechtsgeschäftlichen Bindung führen.[194] Die Genehmigungsvorbehalte sind daher sowohl bei der Vertretung durch die Eltern (§ 1643 Abs. 1 BGB) als auch durch einen Ergänzungspfleger zu beachten (§ 1915 Abs. 1 Satz 1 BGB).

a. Genehmigungsvorbehalt gemäß § 1822 Nr. 3 Var. 3 BGB

Zu den genehmigungsbedürftigen Rechtsgeschäften zählt unter anderem der Abschluss eines Gesellschaftsvertrages, der zum Betrieb eines Erwerbsgeschäfts eingegangen wird (§ 1822 Nr. 3 Var. 3 BGB (iVm. § 1643 Abs. 1 BGB)).[195] Unter welchen Voraussetzungen die Beteiligung eines Minderjährigen, sei es bereits zur Gründung, sei es im Wege des späteren Eintritts, der Genehmigung bedarf, ist bisher nicht höchstrichterlich geklärt. Register- und Familiengerichte sind hier teilweise unterschiedlicher Auffassung, weshalb der Genehmigungsvorbehalt immer wieder zur Entscheidung steht. Am 05.03.2021 hat der Bundestag zwar ein Gesetz zur Reform des Vormundschafts- und Betreuungsrechts beschlossen, dem der Bundesrat am 26.03.2021 zugestimmt hat.[196] Das Gesetz

---

192 *Bettin* in: BeckOK BGB, § 1916 Rn. 2; *Schneider* in: MüKo, BGB, 10. Band, § 1916 Rn. 2.

193 Vgl. *Rust*, DStR 2005, 1942, 1943.

194 *Kroll-Ludwigs* in: MüKo, BGB, 10. Band, § 1822 Rn. 1; *Veit* in: Staudinger, BGB, 2020, Vorbem. zu §§ 1821, 1822 Rn. 1.

195 Gemäß § 1643 Abs. 1 BGB bedürfen in dem Fall auch die Eltern zu dem Rechtsgeschäft für das Kind der Genehmigung des Familiengerichts.

196 RegE BT-Drucks. 19/24445.

soll am 01.01.2023 in Kraft treten. Gleichwohl bleiben einige Rechtsfragen weiterhin offen. Im Folgenden sollen daher die Probleme aufgezeigt und anschließend Lösungsvorschläge unterbreitet werden, wie bei der aktuellen, unsicheren Rechtslage sinnvoll und möglichst rechtssicher vorzugehen ist.

aa. Abgrenzung zwischen Erwerbsgeschäft und Vermögensverwaltung

Mit Blick auf das Genehmigungserfordernis ist entscheidend, ob die KG ein Erwerbsgeschäft betreiben soll.[197] Grundsätzlich ist eine KG gemäß § 161 Abs. 1 HGB darauf gerichtet, ein Handelsgewerbe zu betreiben, so dass für den Abschluss des zugrunde liegenden Gesellschaftsvertrages unter Beteiligung eines Minderjährigen eine Genehmigung erforderlich ist.

Es gibt aber auch Kommanditgesellschaften, die lediglich zum Zwecke der Verwaltung eigenen Vermögens gegründet werden (§§ 105 Abs. 2, 161 Abs. 2 HGB). Unter Berufung auf den Wortlaut des § 1822 Nr. 3 BGB hat sich hierzu mittlerweile die überwiegende Auffassung herausgebildet, dass die Beteiligung eines Minderjährigen an rein vermögensverwaltenden Gesellschaften mangels Betriebs eines Erwerbsgeschäfts nicht unter den Genehmigungsvorbehalt des § 1822 Nr. 3 BGB fällt.[198] Die bisher zum Problemkreis ergangene Rechtsprechung zeigt jedoch, dass die Abgrenzung der Vermögensverwaltung vom Erwerbsgeschäft Schwierigkeiten bereitet. Ein Erwerbsgeschäft ist jede regelmäßig ausgeübte, auf selbstständigen Erwerb gerichtete Tätigkeit mit der Absicht der Gewinnerzielung.[199] Der Begriff der Vermögensverwaltung ist dagegen bisher nicht einheitlich definiert worden. Dies liegt unter anderem

---

197 Dies gilt auch unter dem neuen Gesetz, das am 01.01.2023 in Kraft tritt. Gemäß § 1852 BGB-E ist die Genehmigung des Betreuungsgerichts erforderlich 1. zu einer Verfügung und zur Eingehung der Verpflichtung zu einer solchen Verfügung, durch die der Betreute a) ein Erwerbsgeschäft oder b) einen Anteil an einer Personen- oder Kapitalgesellschaft, die ein Erwerbsgeschäft betreibt, erwirbt oder veräußert, 2. zu einem Gesellschaftsvertrag, der zum Betrieb eines Erwerbsgeschäfts eingegangen wird, und 3. zur Erteilung einer Prokura.

198 OLG Schleswig, DNotZ 2020, 696, 698; OLG Brandenburg, NZG 2020, 597, 599; OLG Köln, ZEV 2018, 667, 668; OLG Dresden, ZEV 2018, 669, 670; OLG Jena, ZEV 2013, 521-523; *Heinemann*, FGPrax 2018, 214; *Langheld*, DB 2020, 1609, 1610; *Menzel*, MittBayNot 2019, 222, 223-224; *Pauli*, ZErb 2016, 131, 134; *van de Loo/Strnad*, ZEV 2018, 617, 620-622; a.A. *J. W.* Flume, FamRZ 2016, 277, 282.

199 OLG Schleswig, DNotZ 2020, 696, 698; OLG Oldenburg, BeckRS 2019, 15813; OLG München, NJW-RR 2009, 152, 153; BayObLG, DNotZ 1995, 941, 943; *Veit* in: Staudinger, BGB, 2020, § 1822 Rn. 35.

daran, dass das Vermögen aus Gegenständen aller Art bestehen kann: Immobilien, Wertpapiere, Gesellschaftsbeteiligungen, Kunstgegenstände, aber auch Antiquitäten.[200] Nach allgemeinem Sprachverständnis umfasst der Begriff des Verwaltens „*das Betreuen, in Ordnung halten, verantwortlich Leiten und Führen*".[201] Aufgrund der vielfältigen Vermögensgegenstände sind die Anforderungen daran, das Vermögen „*in Ordnung zu halten*", jedoch unterschiedlich. So bedarf die Verwaltung von Kunstgegenständen ganz anderer Maßnahmen und nimmt einen anderen Umfang ein als die Verwaltung vermieteter Immobilien. Das Genehmigungserfordernis entfällt daher nicht bereits, wenn die KG nur eigenes Vermögen verwaltet, sondern nur, wenn sie auch vom Umfang her keine Geschäftstätigkeit umfasst, die einer auf selbstständigen Erwerb gerichteten Tätigkeit gleichkommt.[202]

Welchen Umfang die zur Vermögensverwaltung erforderliche Geschäftstätigkeit entfaltet, kann nur im Einzelfall beurteilt werden. Insbesondere bei der Gründung einer Gesellschaft kann die Einschätzung mangels laufenden Geschäftsbetriebes schwierig sein. Im Ausgangspunkt ist der Gesellschaftszweck näher zu beleuchten. Insofern ist von Bedeutung, ob lediglich die Verwaltung des Vermögens vereinbart wird oder aber weitere Zwecke verfolgt werden. Dabei ist zu berücksichtigen, dass zulässiger Zweck einer Vermögensverwaltungs-KG nach §§ 105 Abs. 2 Var. 2, 161 Abs. 2 HGB nur die Verwaltung eigenen Vermögens ist.[203] Gesellschaften, die schwerpunktmäßig andere Zwecke verfolgen, ist die Rechtsform verschlossen.[204] Insbesondere bei sogenannten Immobilienverwaltungsgesellschaften wird der Gesellschaftszweck weiter konkretisiert,[205] so dass dem Gesellschaftsvertrag entnommen werden kann, welches Ausmaß die Verwaltung nach dem Verständnis der Gesellschafter haben soll.

---

200 *Schäfer/Sethe/Lang* in: Schäfer, Hdb. Vermögensverwaltung, § 1 Rn. 10; *Walz* in: Schimansky, Bankrechts-Hdb., 2. Band, § 111 Rn. 5; *Benicke,* Wertpapiervermögensverwaltung, S. 17.

201 *Bibliographisches Institut GmbH*, Duden, abrufbar unter www.duden.de/rechtschreibung/verwalten (zuletzt abgerufen am 10.01.2021).

202 Vgl. OLG Dresden, ZEV 2018, 669, 670.

203 *Lieder* in: Oetker, HGB, § 105 Rn. 29.

204 *Lieder* in: Oetker, HGB, § 105 Rn. 29. Für Kleingewerbetreibende besteht die Möglichkeit eine Kommanditgesellschaft gemäß §§ 105 Abs. 2 Var. 1, 161 Abs. 2 HGB zu gründen. Da es sich aber insoweit um den Betrieb eines Erwerbsgeschäfts handelt, wäre für den Abschluss des Gesellschaftsvertrages unter Beteiligung eines Minderjährigen die Genehmigung des Familiengerichts nach § 1822 Nr. 3 Var. 3 BGB erforderlich.

205 *Müller/Sass* in: Beck' Formularbuch ErbR, Kap. G.IV.2.

Bei der Gesamtwürdigung ist zu berücksichtigen, dass weder eine Gewinnerzielungsabsicht noch eine Gewinnerwirtschaftung genügt, um von einem Erwerbsgeschäft auszugehen. Denn in der Regel geht es bei der Vermögensverwaltung nicht ausschließlich darum, das Vermögen in einer KG zu bündeln und dort als Gesellschaftsvermögen zu halten. Vielmehr sollen das Vermögen auch vermehrt und die Gewinne abgeschöpft werden. Beispielsweise beinhaltet die Verwaltung von Immobilien regelmäßig deren Vermietung und Verpachtung. Die Miete/Pacht wird dabei so kalkuliert, dass nicht nur die laufenden Kosten gedeckt, sondern auch ein Gewinn erwirtschaftet wird. Gerade hier liegt die Schwierigkeit: Werden Immobilien oder Mobilien von erheblichem Wert in eine KG eingebracht und vermietet oder verpachtet, tendiert die Rechtsprechung dazu, von einer gewerblichen Nutzung auszugehen, die über eine reine private Vermögensverwaltung hinausgeht.[206] Sofern in die KG daher Vermögen von erheblichem Wert eingebracht wird, und es sich dabei um unterschiedliche oder mehrere Vermögensgegenstände handelt, die Dritten zur Verfügung gestellt werden, sollte vorsorglich eine Genehmigung gemäß § 1822 Nr. 3 Var. 3 BGB eingeholt werden. Lediglich wenn die KG ein kleines, überschaubares Vermögen hält, dessen Verwaltung mit geringem Aufwand geregelt werden kann, ohne einen Umfang zu erreichen, der einer beruflichen Tätigkeit gleichkommt, ist die Beteiligung eines Minderjährigen nicht nach dieser Vorschrift genehmigungsbedürftig.

Im Hinblick auf eine vermögensverwaltende KG ist es ratsam, vorsorglich die Feststellung zu beantragen, dass das der Beteiligung zugrunde liegende Rechtsgeschäft keiner Genehmigung bedarf (sogenanntes Negativattest), und hilfsweise einen Antrag auf Genehmigung zu stellen.[207] Ein Negativattest entfaltet zwar keine Bindungswirkung, begründet aber die tatsächliche Vermutung dafür, dass das Rechtsgeschäft genehmigungsfrei ist.[208] Zwar werden in Rechtspraxis die Anträge teilweise in umgekehrter Reihenfolge gestellt, weil das Familiengericht angeblich auf diese Weise auch das nicht genehmigungsbedürftige Rechtsgeschäft genehmige, da es am Ausspruch eines Negativattests kein Interesse habe.[209] Diese Vorgehensweise ist indes nicht zu empfehlen, denn für eine solche

---

206 OLG Oldenburg, BeckRS 2019, 15813; OLG Dresden, ZEV 2018, 669, 670; OLG Nürnberg, NJW-RR 2015, 840, 841.

207 Ebenso *Pauli*, ZErb 2016, 131, 136.

208 LG Meiningen, BeckRS 2008, 15983; *Langheld*, DB 2020, 1609, 1610-1611.

209 So *Ivo*, Malte, Familiengerichtliche Genehmigungen im Gesellschaftsrecht – Ein aktueller Überblick, beim 18. Wissenschaftlichen Symposium des Instituts für Notarrecht

Entscheidung des Familiengerichts fehlt die materiell-rechtliche Grundlage, so dass nur noch weitere Rechtsunsicherheit hervorrufen würde.

bb. Genehmigungsvorbehalt bei Anteilsübertragung

Neben der Unsicherheit der Abgrenzung zwischen Erwerbsgeschäft und Vermögensverwaltung war bisher ungeklärt, inwieweit die unentgeltliche Anteilsübertragung an einen Minderjährigen genehmigungsbedürftig ist.

Der Eintritt eines Minderjährigen in eine bereits bestehende Familiengesellschaft kann entweder durch Aufnahme des Minderjährigen als weiteren Gesellschafter (originärer Erwerb)[210] oder durch Anteilsübertragung erfolgen (derivativer Erwerb).[211] Die Aufnahmevereinbarung fällt nach allgemeiner Meinung unter den Genehmigungstatbestand des § 1822 Nr. 3 Var. 3 BGB, wenn die Gesellschaft ein Erwerbsgeschäft betreibt.[212] Die Anteilsübertragung ist hingegen gemäß § 1822 Nr. 3 Var. 1 BGB genehmigungsbedürftig, wenn der Übertragung ein Vertrag zugrunde liegt, der auf den entgeltlichen Erwerb eines Erwerbsgeschäfts gerichtet ist.[213] Wie aber verhält es sich im Fall der unentgeltlichen Anteilsübertragung?

Insbesondere mit Blick auf den Wortlaut von § 1822 Nr. 3 BGB erachtet ein Teil der Literatur den unentgeltlichen derivativen Erwerb als genehmigungsfrei.[214] Dessen Variante 1 erfasse nur Verträge, die auf den entgeltlichen Erwerb gerichtet seien; für Variante 3 (Abschlusses eines Gesellschaftsvertrages)

---

an der Julius-Maximilians-Universität Würzburg zum Thema „*2018: Familien und Recht*" am 08.06.2018.

210 *Schulte/Hushahn* in: MünchHdbGesR, 2. Band, § 34 Rn. 1; *Buck*, Erwerb durch Minderjährige, S. 51-54; *Merkenich*, Erwerb durch Minderjährige, S. 77.

211 *Schulte/Hushahn* in: MünchHdbGesR, 2. Band, § 35 Rn. 1-3; ausführlich zur Übertragung eines Gesellschaftsanteils *Schäfer* in: Staub, HGB, 3. Band, § 105 Rn. 291-314; *Buck*, Erwerb durch Minderjährige, S. 77-81, 85-87.

212 *Schulte/Hushahn* in: MünchHdbGesR, 2. Band, § 34 Rn. 4; *Veit* in: Staudinger, BGB, 2020, § 1822 Rn. 50; *Merkenich*, Erwerb durch Minderjährige, S. 85; *Münch*, FamRZ 2019, 1916, 1918.

213 *Götz* in: Palandt, BGB, § 1822 Rn. 6; *Lafontaine* in: jurisPK-BGB, 4. Band, § 1822 Rn. 84; *Kroll-Ludwigs* in: MüKo, BGB, 10. Band, § 1822 Rn. 17; *Veit* in: Staudinger, BGB, 2020, § 1822 Rn. 50-51; *Bock*, DNotZ 2020, 643, 651.

214 *Büchel*, Familiengesellschaften, S. 100-101; *Merkenich*, Erwerb durch Minderjährige, S. 118 (Reform durch den Gesetzgeber fordernd), *Brüggemann*, FamRZ 1990, 126, 127, 129; *Damrau*, ZEV 2000, 209, 210; *Egger*, MittBayNot 2019, 133, 137; *van de Loo/Strnad*, ZEV 2018, 617, 621.

habe der Gesetzgeber zwar auf das Merkmal der Entgeltlichkeit verzichtet.[215] Die Anteilsübertragung sei allerdings kein Gesellschaftsvertrag.[216] Sie beruhe auf einer Vereinbarung zwischen dem ausscheidenden und dem eintretenden Gesellschafter.[217] Die übrigen Gesellschafter müssten der Übertragung in der Regel zwar zustimmen, aber auch dabei handele es sich nicht um einen Gesellschaftsvertrag.[218] Die Zustimmung könne entweder bereits im Gesellschaftsvertrag erteilt worden sein oder gegenüber dem ausscheidenden Gesellschafter erklärt werden.[219] Der Genehmigungstatbestand des § 1822 Nr. 3 Var. 3 BGB beschränke sich mithin auf den Gründungsvertrag.[220]

Eine Analogie von § 1822 Nr. 3 Var. 3 BGB sei nicht möglich, da der Genehmigungskatalog aus Gründen der Rechtssicherheit formal auszulegen sei.[221] Zudem habe der Gesetzgeber bewusst nur den entgeltlichen Erwerb eines Erwerbsgeschäfts als genehmigungspflichtig bestimmt.[222] Darüber hinaus würde eine Analogie zu dem Wertungswiderspruch führen, dass der unentgeltliche Erwerb eines ganzen Unternehmens genehmigungsfrei wäre, der Erwerb eines Gesellschaftsanteils daran hingegen nicht.[223] Schließlich bestünde im Fall der unentgeltlichen Übertragung eines Kommanditanteils bei vollständig geleisteter Einlage kein Haftungsrisiko.[224]

---

215 *Damrau,* ZEV 2000, 209, 210; *Merkenich,* Erwerb durch Minderjährige, S. 103, 111.

216 *Lafontaine* in: jurisPK-BGB, 4. Band, § 1822 Rn. 85; *Veit* in: Staudinger, BGB, 2020, § 1822 Rn. 81; *Damrau,* ZEV 2000, 209, 210.

217 *Schäfer* in: Staub, HGB, 3. Band, § 105 Rn. 291; *Damrau,* ZEV 2000, 209, 210.

218 *Veit* in: Staudinger, BGB, 2020, § 1822 Rn. 81; *Damrau,* ZEV 2000, 209, 210.

219 BGH, BB 1976, 154; *Damrau,* ZEV 2000, 209, 210.

220 *Merkenich,* Erwerb durch Minderjährige, S. 116-117; *Brüggemann,* FamRZ 1990, 124, 127; *Damrau,* ZEV 2000, 209, 210.

221 *Brüggemann,* FamRZ 1990, 124, 129; *Egger,* MittBayNot 2019, 133, 137; vgl. auch *Damrau,* ZEV 2000, 209, 210, der sich auf eine Entscheidung des Bundesverfassungsgerichts beruft, das eine analoge Anwendung von § 1822 Nr. 3 BGB abgelehnt hatte (BVerfGE 72, 155 ff. = NJW 1986, 1859, 1860). In der Entscheidung ging es um eine Mutter, die ihre Kinder aufgrund gesetzlicher Vertretungsmacht *„bei der Fortführung eines ererbten Handelsgeschäfts in ungeteilter Erbengemeinschaft finanziell unbegrenzt verpflichten konnte"*. Das BVerfG hat dem Minderjährigenschutz jedoch auf andere Weise Rechnung getragen, indem es die Befugnis der Eltern, ihre Kinder kraft elterlicher Vertretungsmacht finanziell unbegrenzt verpflichten zu können, für unvereinbar mit dem allgemeinen Persönlichkeitsrecht der Minderjährigen nach Art. 2 Abs. 1 iVm. Art. 1 Abs. 1 GG erklärt hat.

222 *Damrau,* ZEV 2000, 209, 210.

223 *Brüggemann,* FamRZ 1990, 129.

224 *Egger,* MittBayNot 2019, 133, 137; *van de Loo/Strnad,* ZEV 2018, 617, 621.

Nach den überwiegenden Stimmen in Literatur und Rechtsprechung unterfällt hingegen auch die unentgeltliche Anteilsübertragung dem Genehmigungstatbestand des § 1822 Nr. 3 BGB.[225] Der Minderjährige sei genauso schutzbedürftig wie bei einem originären Erwerb.[226] Auch hier gehe er eine langfristige Bindung ein und übernehme Rechte und Pflichten.[227] Anderenfalls würde der Minderjährigenschutz *„zufallsbedingt"* reduziert.[228] Mit Blick auf den Wortlaut wird eingewandt, dass auch der Aufnahmevertrag kein Gesellschaftsvertrag sei, dieser aber dennoch dem Genehmigungserfordernis unterliegt.[229] Zum Teil wird erwogen, die Zustimmung der anderen Gesellschafter dem Abschluss eines Gesellschaftsvertrages gleichzustellen.[230] Soweit sich die Gegenansicht auf die Motive zum BGB berufe, verkenne diese Meinung, dass dem damaligen Gesetzgeber der derivative Anteilserwerb unbekannt gewesen sei.[231]

---

225 Unter Verweis auf Var. 3: OLG Schleswig, DNotZ 2020, 696, 702-703; OLG Brandenburg, NZG 2020, 597, 599; OLG Oldenburg, BeckRS 2019, 15813; OLG Dresden, ZEV 2018, 669, 670; BayObLG, Beschluss v. 04.07.1989 – BReg 1 a Z 7/89, juris Rn. 9; OLG Braunschweig, ZEV 2001, 75 (ausdrücklich bzgl. Anteilsübertragung mit unbeschränkter persönlicher Haftung); OLG Frankfurt, ZEV 2008, 607; LG Aachen, NJW-RR 1994, 1319, 1321; *Kroll-Ludwigs* in: MüKo, BGB, 10. Band, § 1822 Rn. 23; *Schulte/Hushahn* in: MünchHdbGesR, 2. Band, § 35 Rn. 16 (analog); *Veit* in: Staudinger, BGB, 2020, § 1822 Rn. 81; *Buck,* Erwerb durch Minderjährige, S. 95 (analog); *Nagel,* Familiengesellschaft, S. 67-69; *Klüsener*, RPfleger 1990, 321, 326; *ders.*, RPfleger 1993, 133, 135; *Menzel,* MittBayNot 2019, 222, 223-224 (analog); *Münch*, FamRZ 2019, 1916, 1918-1920; *Reimann*, DNotZ 1999, 179, 191; *Weinbrenner*, FPR 2009, 265, 269; ohne genauere Bezeichnung der Variante: LG Mainz, MittRhNotK 1999, 387 (zum GbR-Anteil); *Schäfer* in: Staub, HGB, 3. Band, § 105 Rn. 299; *Wertenbruch* in: EBJS, HGB, 1. Band, § 105 Rn. 279.

226 OLG Schleswig, DNotZ 2020, 696, 703; OLG Oldenburg, BeckRS 2019, 15813; OLG Frankfurt, ZEV 2008, 607; *Götz* in: Palandt, BGB, § 1822 Rn. 8-9; *Schulte/Hushahn* in: MünchHdbGesR, 2. Band, § 35 Rn. 16; *Veit* in: Staudinger, BGB, 2020, § 1822 Rn. 81; *Wertenbruch* in: EBJS, HGB, 1. Band, § 105 Rn. 279; *Buck,* Erwerb durch Minderjährige, S. 95.

227 OLG Oldenburg, BeckRS 2019, 15813; OLG Frankfurt, ZEV 2008, 607; *Götz* in: Palandt, BGB, § 1822 Rn. 9; *Veit* in: Staudinger, BGB, 2020, § 1822 Rn. 53; *Wertenbruch* in: EBJS, HGB, 1. Band, § 105 Rn. 279; *Buck,* Erwerb durch Minderjährige, S. 95; *Klüsener*, RPfleger 1993, 133, 136.

228 OLG Schleswig, DNotZ 2020, 696, 703; *Klüsener*, RPfleger 1993, 133, 135.

229 *Veit* in: Staudinger, BGB, 2020, § 1822 Rn. 81.

230 OLG Oldenburg, BeckRS 2019, 15813; *Veit* in: Staudinger, BGB, 2020, § 1822 Rn. 81; *Reimann*, DNotZ 1999, 179, 190-191.

231 *Klüsener*, RPfleger 1993, 133, 135 unter Verweis auf *Schmidt*, der die Änderung der Rechtsauffassung in Rechtsprechung und Literatur zur Zulässigkeit

Mit der Reform des Vormundschafts- und Betreuungsrechts hat der Bundesgesetzgeber hinsichtlich dieses Rechtsstreits Klarheit geschaffen. Nach der künftigen Regelung ist auch der unentgeltliche Erwerb eines Anteils an einer Personen- oder Kapitalgesellschaft, die ein Erwerbsgeschäft betreibt, genehmigungsbedürftig.[232] Diese Entscheidung ist zu begrüßen und in diesem Sinne sollte auch die geltende gesetzliche Bestimmung ausgelegt werden. Durch die Anteilsübertragung wird der Minderjährige Mitgesellschafter. Er ist an den Gesellschaftsvertrag und die darin getroffenen Regelungen gebunden. Im Ergebnis unterscheidet sich der derivative Erwerb mithin nicht von der originären Beteiligung. Es ist daher sachgerecht, auch die Anteilsübertragung dem Genehmigungsvorbehalt nach § 1822 Nr. 3 Var. 3 BGB zu unterstellen. Zwar liegt der Anteilsübertragung kein Gesellschaftsvertrag zugrunde. Jedoch sollte das Genehmigungsbedürfnis nicht strikt an dem Wortlaut des § 1822 Nr. 3 BGB festgemacht werden. Da die Anteilsübertragung nach §§ 398, 413 BGB erst Jahrzehnte nach dem Inkrafttreten des Genehmigungskatalogs als zulässig anerkannt wurde,[233] ist es naheliegend, dass diese Erwerbsform bei der Erarbeitung des Katalogs nicht berücksichtigt wurde

Schließlich verursacht die Einbeziehung der Anteilsübertragung in den Genehmigungstatbestand keine weitere Rechtsunsicherheit; im Gegenteil: der Rechtsverkehr wäre verunsichert, wenn nicht das Familiengericht, sondern der Veräußerer durch die Wahl der Art des Anteilserwerbs über das Genehmigungsbedürfnis der Beteiligung eines Minderjährigen an einer Gesellschaft entscheiden könnte. Es kann vielmehr nur darauf ankommen, dass der Minderjährige ein Gesellschaftsverhältnis beginnt, dadurch den Regelungen des Gesellschaftsvertrages unterliegt und sich in eine gesamthänderische Verbundenheit begibt. Hinsichtlich der vertraglichen Ausgestaltung trifft es den Minderjährigen im Falle der Anteilsübertragung sogar noch härter als bei einer Gründungsbeteiligung,

---

der Anteilsübertragung darstellt (*Schmidt*, Gesellschaftsrecht, 2. Aufl., § 45 III, S. 1321-1323).

232 RegE BT-Drucks. 19/24445, § 1852 Nr. 1b) BGB-E, S. 46.

233 Das Reichsgericht hatte eine beabsichtigte Anteilsübertragung aufgespalten in einen Austritt des Veräußerers und einen Eintritt des neuen Gesellschafters durch Vertragsschluss mit den übrigen Gesellschaftern (RGZ 83, 312, 314-315). Am 28.04.1954 hat der Bundesgerichtshof die Anteilsübertragung als Rechtgeschäft zwischen dem bisherigen und dem neuen Gesellschafter anerkannt, die Wirksamkeit jedoch an die Zustimmung der übrigen Gesellschafter gebunden (BGHZ 13, 179 ff. = NJW 1954, 1155, 1056).

da die Rechte und Pflichten im Anteil des Veräußerers schon festgelegt sind und keiner Verhandlung zugänglich sind.

Es ist auch nicht widersprüchlich, den unentgeltlichen Erwerb eines Erwerbgeschäfts genehmigungsfrei, den eines Gesellschaftsanteils dagegen unter den Genehmigungsvorbehalt zu stellen.[234] Erwirbt ein Minderjähriger lediglich ein Erwerbsgeschäft, können Entscheidungen zur Unternehmensorganisation und -fortführung allein an seinen Interessen ausgerichtet werden. Anders verhält es sich dagegen in einer Gesellschaft: Hier ist es im Wege einer Mehrheitsentscheidung regelmäßig möglich, entgegen dem Willen des Minderjährigen Maßnahmen durchzusetzen. Er kann auch nicht einfach ausscheiden, sondern muss die zum Teil lange Kündigungsfrist beachten. Gemäß §§ 132, 161 Abs. 2 HGB ist die ordentliche Kündigung nur für den Schluss eines Geschäftsjahres zulässig und muss mindestens sechs Monate vor diesem Zeitpunkt erklärt werden.

cc. Reform

Mit der Reform des Vormundschafts- und Betreuungsrechts wird der Genehmigungsvorbehalt für die Beteiligung eines Minderjährigen an einer Gesellschaft angepasst.[235] Künftig soll der gesetzliche Vertreter die familiengerichtliche Genehmigung zu einer Verfügung und zur Eingehung der Verpflichtung zu einer solchen Verfügung benötigen, durch die der Betreute ein Erwerbsgeschäft oder einen Anteil an einer Personen- oder Kapitalgesellschaft, die ein Erwerbsgeschäft betreibt, erwirbt oder veräußert, sowie zu einem Gesellschaftsvertrag, der zum Betrieb eines Erwerbsgeschäfts eingegangen wird.[236] Der Genehmigungsvorbehalt wird auf unentgeltliche Erwerbe mit der pauschalen Begründung ausgedehnt, dass auch hier Haftungsrisiken entstehen.[237] Der Gesetzentwurf mag unter dem Gesichtspunkt der Rechtssicherheit nachvollziehbar sein. Die rechtlichen Problemfelder um das Genehmigungsbedürfnis unentgeltlicher Anteilsübertragungen zur Beteiligung eines Minderjährigen als Kommanditist werden durch die neue Bestimmung gelöst. Offen bleiben allerdings die Rechtsfragen im Hinblick auf die Beteiligung Minderjähriger an Gesellschaften, die lediglich zum Zwecke der Verwaltung eigenen Vermögens gegründet werden.

---

234 Ab 01.01.2023 ist auch der unentgeltliche Erwerb eines Erwerbsgeschäfts genehmigungsbedürftig, RegE BT-Drucks. 19/24445, § 1852 Nr. 1a) BGB-E, S. 46.

235 RegE BT-Drucks. 19/24445.

236 RegE BT-Drucks. 19/24445, S. 46.

237 RegE BT-Drucks. 19/24445, S. 288.

Der entgeltliche Erwerb sowie die Veräußerung eines Erwerbsgeschäfts sollten zwar weiterhin genehmigungsbedürftig bleiben. Mit der Übernahme eines Erwerbsgeschäfts kommen vielfältige Verpflichtungen auf einen Betreuten zu, die in einer Gesamtschau abzuwägen sind. Dabei sind unter anderem die persönliche Reife und Entwicklung des Betreuten sowie die möglichen Gewinnchancen einzubeziehen. Nicht weniger von Bedeutung ist die Veräußerung eines Erwerbsgeschäfts, da diese gegebenenfalls erhebliche Auswirkungen auf die Vermögenslage des Betreuten hat, insbesondere, wenn Einkünfte aus dem Erwerbsgeschäft die Lebensgrundlage bilden.

Hinsichtlich der Beteiligung an einer Gesellschaft zeigt die bisherige Rechtsprechung, dass für das Eingreifen des Genehmigungsvorbehalts das persönliche Haftungsrisiko für die Verbindlichkeiten der Gesellschaft entscheidend ist. Dementsprechend sollte der Genehmigungsvorbehalt auch auf dieses persönliche Haftungsrisiko abstellen.[238] Es geht nicht darum, sämtliche Haftungsrisiken zu vermeiden, sondern solche, die aus der Gesellschafterstellung herrühren und den Minderjährigen jederzeit ohne Hinzutreten eines eigenen Verschuldens treffen können. Andere Haftungsansprüche können einen Minderjährigen auch im Fall einer schuldhaften Vertragsverletzung anderer, nicht genehmigungsbedürftiger Rechtsgeschäfte treffen. Durch diese Abgrenzung wird gewährleistet, dass einem Minderjährigen ein Freiraum zum selbstständigen Handeln und zur Entwicklung einer eigenverantwortlichen Unternehmerpersönlichkeit verbleibt. Dieser Freiraum rechtsgeschäftlichen Handelns ist nicht zu unterschätzen, da der Mündel nach dem beschlossenen Gesetzentwurf zur Reform des Vormundschafts- und Betreuungsrechts künftig ausdrücklich ein Recht auf Förderung seiner Entwicklung und Erziehung zu einer eigenverantwortlichen und gemeinschaftsfähigen Persönlichkeit hat.[239] Im Interesse der Rechtssicherheit und unter gleichzeitiger Berücksichtigung des Mündelschutzes, könnte § 1822 Nr. 3 BGB zusammenfassend wie folgt geändert werden:

Der Vormund bedarf der Genehmigung des Familiengerichts:
Nr. 3 a) zu einem Rechtsgeschäft, durch das der Betreute verpflichtet wird, ein Erwerbsgeschäft entgeltlich zu erwerben oder zu veräußern, es sei denn, er erlangt durch den Erwerb eine Beteiligung an einer Personen- oder Kapitalgesellschaft;

238 So auch *Bock*, DNotZ 2020, 643,652; *Langheld*, DB 2020, 1609, 1611.
239 Vgl. § 1788 BGB-E, RegE BT-Drucks. 19/24445, S. 21, 202-203.

Nr. 3 b) *zu einem Rechtsgeschäft, durch das der Betreute Gesellschafter einer Personen- oder Kapitalgesellschaft wird und für die Verbindlichkeiten der Gesellschaft den Gläubigern oder für die Verluste der Gesellschaft persönlich haftet;*

Nr. 3 c) *zu einem sonstigen Rechtsgeschäft, aufgrund dessen der Betreute für Verbindlichkeiten einer Gesellschaft den Gläubigern gegenüber der persönlichen Haftung ausgesetzt wird oder für die Verluste der Gesellschaft persönlich haftet.*

b. Genehmigungsvorbehalt gemäß § 1822 Nr. 10 BGB

Bis zur Verabschiedung des Gesetzentwurfs zur Reform des Vormundschafts- und Betreuungsrechts war unklar, ob neben dem Genehmigungsvorbehalt gemäß § 1822 Nr. 3 BGB auch ein Genehmigungserfordernis gemäß § 1822 Nr. 10 BGB (iVm. § 1643 Abs. 1 BGB) in Betracht kommt. Danach ist die Übernahme einer fremden Verbindlichkeit genehmigungsbedürftig.

Ein Minderjähriger soll vor einer Haftung für eine fremde Schuld geschützt werden, die seinem gesetzlichen Vertreter oft nicht unmittelbar bewusst ist, sondern von der er glaubt, „*der eigentliche Schuldner werde selbst leisten oder auf dem Regresswege für die Schuld geradestehen*".[240]

Im Hinblick auf die Beteiligung eines Minderjährigen als Kommanditist kann § 1822 Nr. 10 BGB wegen § 176 HGB zum einen für die Phase bis zur Eintragung im Handelsregister Bedeutung erlangen. Zum anderen haftet der Kommanditist persönlich, wenn seine Einlage nicht vollständig geleistet wurde. Die persönliche Haftung ist in dem Fall aber auf den im Handelsregister eingetragenen Betrag begrenzt (§§ 171 Abs. 1, 172 Abs. 1 HGB).

Strittig war, ob § 1822 Nr. 10 BGB auch dann zur Anwendung kommt, wenn die Verbindlichkeit nicht unmittelbar besteht, den Minderjährigen die Haftung aber ohne Weiteres jederzeit als gesetzliche Folge der Beteiligung treffen kann.[241] Dieses Problem stellt sich vor allem, wenn ein Minderjähriger bereits bei der Gründung beteiligt werden soll. Zu diesem Zeitpunkt hat die Gesellschaft regelmäßig noch keine Verbindlichkeiten begründet. Da die geschäftsführenden

---

240 So wörtlich *Kroll-Ludwigs* in: MüKo, BGB, 10. Band, § 1822 Rn. 62; im Ergebnis auch BGH, NJW 1983, 1780, 1781; *Veit* in: Staudinger, BGB, 2020, § 1822 Rn. 170.

241 Vgl. mit Blick auf § 128 HGB analog in der GbR: *Veit* in: Staudinger, BGB, 2020, § 1822 Rn. 175; *Dümig*, FamRZ 2003, 1, 4; *Wertenbruch*, NJW 2015, 2150, 2152.

Gesellschafter aber haftungsbegründende Rechtsgeschäfte abschließen könnten, ist das persönliche Haftungsrisiko von vornherein der Beteiligung immanent.

Der Genehmigungsvorbehalt wurde im Zuge der Reform des Vormundschafts- und Betreuungsrechtsrechts dahingehend angepasst, dass nur Rechtsgeschäfte genehmigungsbedürftig sind, die auf die Übernahme einer fremden Verbindlichkeit gerichtet sind.[242] Die Gesetzesänderung tritt zwar erst zum 01.01.2023 in Kraft. Gemäß der Begründung der Bundesregierung handelt es sich bei der Anpassung lediglich um eine Klarstellung, da der Tatbestand sonst über seinen Zweck hinaus alle möglichen gesetzlichen Folgen erfassen würde. „*Gerade in den alltäglichen Fällen der gesamtschuldnerischen Verpflichtung liegt kein besonders großes Schutzbedürfnis vor.*"[243] Es ist zwar zweifelhaft, dass die persönliche, gesamtschuldnerische Haftung eines Gesellschafters für einen Minderjährigen ein alltäglicher Fall ist, und es sprechen weiterhin gute Gründe dafür, dass der Schutzzweck des Genehmigungsvorbehalts nach § 1822 Nr. 10 BGB es auch in diesem Fall gebietet, das Vermögen des Minderjährigen zu schützen und nicht allein dessen gesetzlichen Vertreter die Entscheidung über das zugrunde liegende Rechtsgeschäft zu überlassen. Vor dem Hintergrund, dass die Bundesregierung die Gesetzesänderung lediglich als Klarstellung verstanden wissen will, sollte § 1822 Nr. 10 BGB im Interesse der Rechtssicherheit nicht (mehr) auf Rechtsgeschäfte angewendet werden, die nicht auf die Übernahme einer fremden Verbindlichkeit gerichtet sind, sondern in erste Linie andere Zwecke verfolgen und in denen die Haftung wie in §§ 128, 176 HGB (lediglich) als gesetzliche Folge übernommen wird.

c. *Verfahren*

Bedarf die Beteiligung als Kommanditist der Genehmigung durch das Familiengericht, sollte diese vor Abschluss des betreffenden Rechtsgeschäfts eingeholt werden. Andernfalls ist das Rechtsgeschäft zunächst schwebend unwirksam (§ 1829 Abs. 1 Satz 1 BGB). Das Familiengericht hat zwar von Amts wegen zu ermitteln, § 26 FamFG. Regelmäßig wird aber eine Anregung oder ein Antrag erforderlich sein, damit das Gericht überhaupt Kenntnis erlangt. Funktionell zuständig ist der Rechtspfleger (§ 3 Nr. 2a RPflG).

Die familiengerichtliche Entscheidung über die Genehmigung des betreffenden Rechtsgeschäfts ist eine Ermessensentscheidung.[244] Sie erfordert eine

242 RegE BT-Drucks. 19/24445, S. 46.

243 RegE BT-Drucks. 19/24445, S. 289.

244 BGH, NJW 1986, 2829, 2830; OLG Schleswig, DNotZ 2020, 696, 705; OLG Jena, ZEV 2013, 521, 522; BayObLG, DNotZ 1998, 495, 497-498.

sorgfältige Ermittlung und Abwägung aller in Betracht kommenden Umstände, insbesondere der konkreten Vor- und Nachteile für den Minderjährigen. Neben den Interessen des Minderjährigen sind die Vertragspartner, der Gesellschaftszweck, die Vermögensgegenstände sowie die Vertragsdauer zu berücksichtigen.[245] Grundsätzlich sollen sowohl die Eltern als auch das Kind angehört werden (§§ 159, 160 FamFG). Die Entscheidung ergeht durch Beschluss, der dem gesetzlichen Vertreter des Minderjährigen, also den Eltern oder dem Ergänzungspfleger, bekannt gegeben wird (vgl. §§ 41 Abs. 1, 7 Abs. 2 Nr. 1 FamFG).

3. *Zwischenergebnis*

Die Beteiligung eines Minderjährigen als Kommanditist an einer Familien-KG ist rechtlich nachteilig, sofern nicht zu seinem Schutz gesellschaftsvertragliche Vorkehrungen getroffen werden. Er ist unter anderem aufgrund der mit einer Beteiligung verbundenen Verschwiegenheitspflicht potenziell persönlichen Haftungsansprüchen ausgesetzt. Selbst ein beschränkt Geschäftsfähiger kann das der Beteiligung zugrunde liegende Rechtsgeschäft daher nicht allein abschließen (vgl. § 107 BGB). Falls ein Elternteil oder ein Verwandter in gerader Linie eines Elternteils ebenfalls an der Gesellschaft partizipiert, sind im Fall der gemeinsamen Sorge beide Elternteile von der gesetzlichen Vertretung ausgeschlossen (§§ 1629 Abs. 2 Satz 1, 1795 Abs. 1 Nr. 1 BGB). Für den Abschluss des der Beteiligung zugrundeliegenden Rechtsgeschäfts muss gemäß § 1909 Abs. 1 Satz 1 BGB durch das zuständige Familiengericht ein Ergänzungspfleger bestellt werden. Im Fall der Beteiligung mehrerer minderjähriger Abkömmlinge sind jeweils eigene Ergänzungspfleger zu bestellen, wenn bei dem Abschluss des Rechtsgeschäfts die Gefahr einer Interessenkollision besteht, wie z.B. beim Abschluss eines Gesellschaftsvertrages zur Gründung einer Familien-KG.

Die Bestellung eines Ergänzungspflegers kann vermieden werden, wenn die mit der Beteiligung als Kommanditist verbundenen Rechtsnachteile durch geeignete Vertragsgestaltungen ausgeschlossen werden. Hierzu gehören insbesondere die Vereinbarung von Haftungsausschlüssen und die Befreiung von einer etwaigen Zustimmungspflicht oder die Möglichkeit der Stimmenthaltung. Mangels rechtlicher Nachteile bestünde dann keine Gefahr der Interessenkollision und die gesetzlichen Vertretungsausschlüsse kämen aufgrund einer teleologischen Reduktion nicht zur Anwendung; die Eltern könnten zulässigerweise ihre minderjährigen Abkömmlinge vertreten. Ein beschränkt Geschäftsfähiger

245 OLG Jena, ZEV 2013, 521, 522; *Münch*, FamRZ 2019, 1916, 1919.

könnte die erforderlichen Willenserklärungen auch eigenständig, ohne Mitwirkung seiner gesetzlichen Vertreter abgeben (§ 107 BGB).

Neben der Bestellung eines Ergänzungspflegers ist eine familiengerichtliche Genehmigung einzuholen, wenn der Zweck der Familien-KG auf den Betrieb eines Erwerbsgeschäfts gerichtet ist (§ 1822 Nr. 3 Var. 3 BGB). Dies gilt auch dann, wenn ein Minderjähriger erst später im Wege der Anteilsübertragung in die Gesellschaft eintritt. Sofern der Zweck der Familien-KG ausschließlich darauf gerichtet ist, eigenes Vermögen zu verwalten, ist eine Genehmigung nach § 1822 Nr. 3 Var. 3 BGB entbehrlich, wenn der Betrieb vom Umfang keine Geschäftstätigkeit umfasst, die einer auf selbstständigen Erwerb gerichteten Tätigkeit gleichkommt. Im Zweifelsfall ist für eine vermögensverwaltende KG vorsorglich ein Negativattest und hilfsweise eine Genehmigung zu beantragen. Die Entscheidung über die Genehmigung liegt im Ermessen des Familiengerichts.

II. Komplementär

Neben der Beteiligung als Kommanditist besteht in der KG die Möglichkeit, den Minderjährigen als Komplementär zu beteiligen. Ungeachtet der mit der Komplementärstellung einhergehenden Pflichten und Risiken können auch geschäftsunfähige Personen und beschränkt geschäftsfähige Minderjährige diese Gesellschafterposition einnehmen.[246] Im Hinblick auf eine Beteiligung ist jedoch zu berücksichtigen, dass ein Komplementär von Gesetzes wegen zur Geschäftsführung und Vertretung der Gesellschaft berechtigt ist (§§ 114 Abs. 1, 125 Abs. 1, 161 Abs. 2 HGB) und dadurch weitreichende Befugnisse hat. Zugleich haftet er gemäß §§ 128, 130 Abs. 1, 161 Abs. 2 HGB für die Verbindlichkeiten der Gesellschaft persönlich. Eine entgegenstehende Vereinbarung der Gesellschafter wirkt nur im Innenverhältnis und ist gemäß §§ 128 Satz 2, 130 Abs. 2 HGB gegenüber Dritten unwirksam. Ein wirksamer Haftungsausschluss des Minderjährigen müsste individuell mit dem jeweiligen Gläubiger vereinbart werden.[247]

---

246 Vgl. *Henssler* in: Henssler/Strohn, Gesellschaftsrecht, § 105 HGB Rn. 42; *Roth* in: Baumbach/Hopt, HGB, § 105 Rn. 26, § 125 Rn. 10; *Weipert* in: EBJS, HGB, 1. Band, § 161 Rn. 2.

247 OLG München, WM 2003, 1324, 1327; *Roth* in: Baumbach/Hopt, HGB, § 128 Rn. 38; *Schmidt* in: MüKo, HGB, 2. Band, § 128 Rn. 14.

1. Der Erwerb der Gesellschafterstellung

Wird die Beteiligung eines Minderjährigen als Komplementär in Betracht gezogen, stellt sich auch hier mit Blick auf den Vertragsschluss die Frage, ob die Eltern ihr Kind gesetzlich vertreten können. Ist ein Elternteil oder ein mit einem Elternteil in gerader Linie Verwandter, z.B. ein Großelternteil, selbst an der KG beteiligt, könnte eine gesetzliche Vertretung des Kindes durch die Eltern wegen § 181 BGB ausgeschlossen sein. Zudem finden auf die Eltern die für den Vormund geltenden Vertretungsausschlüsse Anwendung (§§ 1629 Abs. 2 Satz 1 u. 3 iVm. 1795 f. BGB). Demgemäß sind die Eltern beispielsweise daran gehindert, ein Rechtsgeschäft zwischen ihrem Ehegatten, Lebenspartner oder Verwandten in gerader Linie und ihrem Kind abzuschließen (§§ 1629 Abs. 2 Satz 1, 1795 Abs. 1 Nr. 1 BGB). Stattdessen muss gemäß § 1909 Abs. 1 Satz 1 BGB ein Ergänzungspfleger bestellt werden, der den Minderjährigen vertritt.

a. Lediglich rechtlich vorteilhaftes Rechtsgeschäft

Wie bereits oben zur Beteiligung eines Minderjährigen als Kommanditist dargelegt, gründen die gesetzlichen Vertretungsausschlüsse auf einer generell-abstrakten Gefahr der Interessenkollision.[248] Diese Gefahr besteht nicht bei jedem Rechtsgeschäft. Eine Interessenkollision scheidet aus, wenn das Rechtsgeschäft für den Minderjährigen lediglich rechtlich vorteilhaft oder zumindest rechtlich neutral ist.[249] Sofern der zu beteiligende Minderjährige das siebente Lebensjahr bereits vollendet hat, gilt er für solche Rechtsgeschäfte als beschränkt geschäftsfähig und kann die entsprechende Willenserklärung eigenverantwortlich abgeben (§§ 106, 107 BGB). Zugleich sind auch die Eltern zur gesetzlichen Vertretung berechtigt, da die gesetzlichen Vertretungsverbote im Wege der teleologischen Reduktion nicht zur Anwendung kommen.[250]

Im Fall der Beteiligung eines Minderjährigen als Komplementär ist das Rechtsgeschäft für ihn jedoch rechtlich nachteilig.[251] Dies gilt unabhängig davon, ob er den Gesellschaftsanteil unentgeltlich im Wege der Schenkung erhält, da mit der Beteiligung eine unbeschränkte, persönliche Haftung für die Verbindlichkeiten

---

248 *Götz* in: Palandt, BGB, § 1795 Rn. 3; *Spickhoff* in: MüKo, BGB, 10. Band, § 1795 Rn. 1.

249 *Schilken* in: Staudinger, BGB, 2019, § 181 Rn. 32; *Schäfer* in: BeckOK BGB, § 181 Rn. 19; *Schubert* in: MüKo, BGB, 1. Band, § 181 Rn. 32.

250 Siehe Zweiter Teil § 3 I.1.a., S. 16.

251 *Klumpp* in: Staudinger, BGB, 2017, § 107 Rn. 59; *Roth* in: Baumbach/Hopt, HGB, § 105 Rn. 26; *Buck*, Erwerb durch Minderjährige, S. 23; *Merkenich*, Erwerb durch Minderjährige, S. 16; *Brox* in: FS Bosch, 1976, S. 75, 78; *Stürner*, AcP 1973, 402, 435-436.

der Gesellschaft nach §§ 128, 130 HGB verknüpft ist.[252] Eine entgegenstehende Vereinbarung der Gesellschafter wirkt nur im Innenverhältnis und ist gemäß §§ 128 Satz 2, 130 Abs. 2 HGB gegenüber Dritten unwirksam. Ein Haftungsausschluss des Minderjährigen müsste individuell mit dem jeweiligen Gläubiger vereinbart werden.[253]

Ist mindestens ein Elternteil an der KG beteiligt, sind im Fall der gemeinsamen Sorge beide Elternteile von der Vertretung ausgeschlossen.[254] Für den an der Gesellschaft partizipierenden Elternteil ergibt sich dies bereits aus § 181 BGB, für den anderen Elternteil folgt dies aus §§ 1629 Abs. 2 Satz 1, 1795 Abs. 2, 181 BGB.[255] Ist ein Verwandter in gerader Linie eines Elternteils beteiligt, besteht ebenso ein Vertretungsverbot (§§ 1629 Abs. 2 Satz 1, 1795 Abs. 1 Nr. 1 BGB). Sind die Eltern von der gesetzlichen Vertretung ausgeschlossen, ist es ihnen auch nicht gestattet, ihrem beschränkt geschäftsfähigen Kind nach § 107 BGB ihre Einwilligung zu dem rechtsnachteiligen Geschäft zu erteilen, da insoweit ebenso die Gefahr einer Interessenkollision besteht.[256] Stattdessen muss

---

252 *Klumpp* in: Staudinger, BGB, 2017, § 107 Rn. 59; *Roth* in: Baumbach/Hopt, HGB, § 105 Rn. 26; *Buck,* Erwerb durch Minderjährige, S. 23; *Merkenich,* Erwerb durch Minderjährige, S. 16; *Brox* in: FS Bosch, 1976, S. 75, 78; *Stürner,* AcP 1973, 402, 435-436.

253 Vgl. BGH, Urt. v. 28.06.1971 – III ZR 103/68, juris Rn. 19; OLG München, WM 2003, 1324, 1327; *Roth* in: Baumbach/Hopt, HGB, § 128 Rn. 38; *Schmidt* in: MüKo, HGB, 2. Band, § 128 Rn. 14.

254 So auch: *Friedrich-Büttner/Wiese,* ZEV 2014, 513, 517; *Reimann,* DNotZ 1999, 179, 183.

255 Sind die Eltern miteinander verheiratet, folgt das Vertretungsverbot zugleich aus §§ 1629 Abs. 2 Satz 1, 1795 Abs. 1 Nr. 1 BGB.

256 Beschränkt geschäftsfähige Minderjährige müssen sich nicht bei der Abgabe von Willenserklärungen zu rechtlich nachteiligen Rechtsgeschäften vertreten lassen, sondern benötigen gemäß § 107 BGB nur die Einwilligung ihres gesetzlichen Vertreters. Auch bei der Einwilligung nach § 107 BGB sind jedoch Interessenkollisionen zum Schutz des Minderjährigen zu vermeiden. Der gesetzliche Vertreter kann daher nur in Geschäfte einwilligen, soweit seine gesetzliche Vertretungsmacht nicht durch § 1629 Abs. 2 Satz 1 BGB iVm. §§ 1795, 181 BGB begrenzt ist; vgl. *Klumpp* in: Staudinger, BGB, 2017, § 107 Rn. 25; a.A. *Heuser,* JR 2013, 125, 132 nach dessen Auffassung die §§ 1795 Abs. 1 Nr. 1, Abs. 2, 181 BGB für die Einwilligung nach § 107 BGB nicht anzuwenden sind, sondern der Schutzzweck des § 107 BGB ausschließlich über das familienrechtliche Genehmigungserfordernis gemäß §§ 1643 Abs. 1, 1821 f. BGB verwirklicht wird. Diese Ansicht berücksichtigt nicht hinreichend, dass die von § 181 BGB adressierten Interessenkonflikte bei der Einwilligung gemäß §§ 107, 108 BGB ebenso auftreten können wie beim Handeln als Vertreter.

gemäß § 1909 Abs. 1 Satz 1 BGB durch das Familiengericht ein Ergänzungspfleger bestellt werden.

b. Beteiligung mehrerer Minderjähriger

Wird beabsichtigt, mehrere minderjährige Abkömmlinge als Komplementäre zu beteiligen, sind gegebenenfalls auch jeweils eigene Ergänzungspfleger erforderlich. Hier gilt nichts Anderes als im Fall der Beteiligung mehrerer Minderjähriger als Kommanditisten.[257]

c. Verfahren

Ist ein Ergänzungspfleger zu bestellen, ergeben sich für das Verfahren keine Besonderheiten im Vergleich zur Beteiligung als Kommanditist.[258]

2. Familiengerichtliche Genehmigung

Neben der Notwendigkeit der Bestellung eines Ergänzungspflegers stellt sich auch hier die Frage, ob die wirksame Beteiligung als Komplementär der familiengerichtlichen Genehmigung bedarf.

a. Genehmigungsvorbehalt gemäß § 1822 Nr. 3 Var. 3 BGB

Ist der Zweck der Familien-KG auf den Betrieb eines Erwerbsgeschäfts gerichtet, bedarf auch die Beteiligung als Komplementär gemäß § 1822 Nr. 3 Var. 3 BGB der familiengerichtlichen Genehmigung. Dies gilt nicht nur im Fall der Gründungsbeteiligung, sondern auch wenn ein Minderjähriger erst später im Wege der Anteilsübertragung in die Gesellschaft eintritt.[259]

Handelt es sich um eine reine Vermögensverwaltungskommanditgesellschaft ist der Anwendungsbereich des § 1822 Nr. 3 BGB richtigerweise auch dann nicht eröffnet, wenn ein Minderjähriger als Komplementär beteiligt werden soll. Für eine Unterscheidung nach der Art der Gesellschafterstellung ist nach dem Wortlaut kein Raum. Soweit für die Anwendbarkeit teilweise auf das Haftungsrisiko nach § 128 HGB abgestellt wird,[260] ist dem nicht zu folgen. Schon dogmatisch ist der Ansatz wenig nachvollziehbar. In jeder

---

257 Dazu siehe Zweiter Teil § 3 I.1.c, S. 59-62.

258 Dazu siehe Zweiter Teil § 3 I.1.d., S. 62.

259 Zum Streit über die Anwendung von § 1822 Nr. 3 Var. 3 BGB auf den unentgeltlichen derivativen Erwerb siehe Zweiter Teil § 3 I.2.bb., S. 29-32.

260 Vgl. OLG Jena, ZEV 2013, 521, 522-523; OLG Bremen, ZEV 2008, 608, 609.

Vermögensverwaltungskommanditgesellschaft gibt es mindestens einen Komplementär, der unbeschränkt persönlich haftet. Daraus kann nicht auf den Betrieb eines Erwerbsgeschäfts geschlussfolgert werden. Unabhängig von der Gesellschafterposition ist für die Abgrenzung zwischen reiner Vermögensverwaltung und Erwerbsgeschäft neben dem Gesellschaftszweck entscheidend, welcher Aufwand mit dem Geschäftsbetrieb verbunden ist. Wenn dieser einer beruflichen Tätigkeit gleichkommt, handelt es sich nicht mehr um eine reine Vermögensverwaltung, sondern um ein Erwerbsgeschäft.

b. *Genehmigungsvorbehalt gemäß § 1822 Nr. 10 BGB*

Wie bereits erörtert, kommt der Genehmigungsvorbehalt nach § 1822 Nr. 10 BGB nicht zur Anwendung. Das zugrunde liegende Rechtsgeschäft ist darauf gerichtet, dass der Minderjährige an der KG beteiligt wird. Es wird nicht in erster Linie die Übernahme einer fremden Verbindlichkeit bezweckt; die Haftungsübernahme ist gesetzliche Folge der Beteiligung. Ab dem 01.01.2023 ergibt sich dies unmittelbar aus dem Gesetz (§ 1854 Nr. 4 BGB-E).[261]

Im Fall der Beteiligung eines Minderjährigen als Komplementär ist mithin auch nur dann eine Genehmigung durch das Familiengericht einzuholen, wenn die KG ein Erwerbsgeschäft betreibt.

c. *Verfahren*

Für das familiengerichtliche Verfahren gelten die gleichen Vorgaben wie bei der Beteiligung als Kommanditist. Auch hier erfolgt eine Gesamtschau, bei der unter anderem die Interessen des Minderjährigen, die Vertragspartner, der Gesellschaftszweck, die Vermögensgegenstände sowie die Vertragsdauer berücksichtigt werden.[262] Im Regelfall ist es aufgrund des persönlichen Haftungsrisikos des Komplementärs aber schwierig, eine Genehmigung zu erhalten. Es ist zwar kein Ausschlusskriterium, da ein Minderjähriger auch beim Abschluss anderer (genehmigungsbedürftiger) Rechtsgeschäfte ein Haftungsrisiko eingeht, z.B. wenn er ein selbstständiges Erwerbsgeschäfts betreibt oder an einer GbR beteiligt wird. Derartigen Rechtsgeschäften wird auch nicht zwingend die Genehmigung versagt. Anderenfalls würde der Genehmigungsvorbehalt zu einem faktischen Abschlussverbot führen. Im Gegensatz zum selbstständigen Betrieb eines Erwerbsgeschäfts oder der Beteiligung an einer GbR gibt es bei der KG aber die alternative Gesellschafterstellung als Kommanditist. Hier ist das Haftungsrisiko

---

261 Siehe dazu Zweiter Teil § 3 I.2.b., S. 72-73.

262 Mehr zum Verfahren Zweiter Teil § 3 I.2.c., S. 73-74.

grundsätzlich auf die Einlage beschränkt (§ 171 HGB). Weitere Befugnisse können dem Minderjährigen im Gesellschaftsvertrag eingeräumt werden, so dass seine Position derjenigen eines Komplementärs angenähert werden kann.

3. Zwischenergebnis

Die Beteiligung eines Minderjährigen als Komplementär ist für ihn rechtlich nachteilig. Sofern ein Elternteil ebenfalls an der Gesellschaft partizipiert, sind im Fall der gemeinsamen Sorge beide Elternteile von der gesetzlichen Vertretung ausgeschlossen. Für den an der Gesellschaft partizipierenden Elternteil ergibt sich dies bereits aus § 181 BGB, für den anderen Elternteil folgt dies aus §§ 1629 Abs. 2 Satz 1, 1795 Abs. 2, 181 BGB. Ist ein Verwandter in gerader Linie eines Elternteils beteiligt, besteht ebenfalls ein Vertretungsverbot (§§ 1629 Abs. 2, 1795 Abs. 1 Nr. 1 BGB). Die gesetzliche Vertretung muss gemäß § 1909 Abs. 1 Satz 1 BGB durch einen Ergänzungspfleger erfolgen. Im Fall der Beteiligung mehrerer Abkömmlinge als Komplementäre ist gegebenenfalls für jeden Abkömmling ein eigener Ergänzungspfleger zu bestellen, wenn ein Interessenkonflikt droht. Daneben bedarf der Vertrag zur Beteiligung als Komplementär der Genehmigung des Familiengerichts, wenn die KG ein Erwerbsgeschäft betreibt (§ 1822 Nr. 3 Var. 3 BGB). Bis zu deren Erteilung ist der Vertrag gemäß § 1829 Abs. 1 Satz 1 BGB schwebend unwirksam.

III. Ergebnis

Die Beteiligung Minderjähriger als Kommanditist und Komplementär sind mit rechtlichen Nachteilen verbunden. Ein beschränkt geschäftsfähiger Minderjähriger kann daher nicht ohne Einwilligung seines gesetzlichen Vertreters das zugrundeliegende Rechtsgeschäft abschließen. Zwar wird ein Kind grundsätzlich von seinen Eltern vertreten (§ 1629 Abs. 1 Satz 1 BGB). Ist nun aber – wie im Regelfall – (mindestens) ein Elternteil an der Familien-KG beteiligt, sind im Fall der gemeinsamen Sorge aufgrund der Gefahr einer Interessenkollision beide Elternteile von der gesetzlichen Vertretung ausgeschlossen. Für den an der Gesellschaft partizipierenden Elternteil ergibt sich dies bereits aus § 181 BGB, für den anderen Elternteil folgt dies aus §§ 1629 Abs. 2 Satz 1, 1795 Abs. 2, 181 BGB, bei Verheirateten zudem aus §§ 1629 Abs. 2 Satz 1, 1795 Abs. 1 Nr. 1 BGB. Zur Vertretung des Minderjährigen muss gemäß § 1909 Abs. 1 Satz 1 BGB ein Ergänzungspfleger bestellt werden.

Während die Gesellschafterposition eines minderjährigen Kommanditisten vertraglich so ausgestaltet werden kann, dass Rechtsnachteile weitgehend vermieden werden, ist dies beim Komplementär nicht möglich. Für den

Kommanditisten besteht mitunter bei entsprechender Vertragsgestaltung ein typischerweise unerhebliches Gefährdungspotenzial. Die Gefahr einer Interessenkollision kann auf diese Weise regelmäßig beseitigt werden und die Eltern wären trotz eigener Beteiligung an der Gesellschaft zur Vertretung ihres Abkömmlings befugt. Mithin bedürfte es keines Ergänzungspflegers.

Ungeachtet der Frage der gesetzlichen Vertretung ist gegebenenfalls auch eine familiengerichtliche Genehmigung einzuholen. Dies gilt unabhängig von der Gesellschafterstellung, wenn die KG ein Erwerbsgeschäft betreibt (§ 1822 Nr. 3 Var. 3 BGB). Im Hinblick auf das Genehmigungserfordernis nach § 1822 Nr. 3 Var. 3 BGB ist es unerheblich, wann der Minderjährige in die Gesellschaft eintritt. Eine spätere Beteiligung im Wege der unentgeltlichen Anteilsübertragung ist ebenso genehmigungsbedürftig wie die anfängliche Beteiligung bei Gründung der KG. In beiden Konstellationen wird er zum Gesellschafter und wird langfristig an den Gesellschaftsvertrag gebunden.

Eine Genehmigung nach § 1822 Nr. 3 Var. 3 BGB ist lediglich dann entbehrlich, wenn der Zweck der Familien-KG ausschließlich darauf gerichtet ist, nur eigenes Vermögen zu verwalten. Dies gilt aber nur, wenn der Betrieb vom Umfang her keine Geschäftstätigkeit umfasst, die einer auf selbstständigen Erwerb gerichteten Tätigkeit gleichkommt. Im Fall einer vermögensverwaltenden KG ist es ratsam, vorsorglich ein Negativattest und hilfsweise eine Genehmigung zu beantragen.

Ein Genehmigungserfordernis nach § 1822 Nr. 10 BGB wegen der Übernahme einer fremden Verbindlichkeit besteht hingegen nicht. Vor dem Hintergrund der beschlossenen Reform zum Vormundschafts- und Betreuungsrechts sollte § 1822 Nr. 10 BGB nur auf Rechtsgeschäfte angewendet werden, die auf Übernahme einer fremden Verbindlichkeit gerichtet sind, nicht aber auf solche, die in erste Linie andere Zwecke verfolgen und in denen die Haftung wie in §§ 128, 176 HGB (lediglich) als gesetzliche Folge übernommen wird.

Insgesamt ist die Beteiligung als Kommanditist vorzugswürdig. Während ein Minderjähriger bei entsprechender Vertragsgestaltung als Kommanditist an einer Kommanditgesellschaft ohne Hinzuziehung eines Ergänzungspflegers wirksam beteiligt werden kann, ist im Fall der Beteiligung als Komplementär ein Ergänzungspfleger zu bestellen. Zudem ist es im Regelfall aufgrund des persönlichen Haftungsrisikos des Komplementärs schwierig, eine familiengerichtliche Genehmigung zu erhalten. Einem minderjährigen Kommanditisten können im Gesellschaftsvertrag weitere Befugnisse eingeräumt werden, so dass seine Position derjenigen eines Komplementärs angenähert werden kann, er aber gleichzeitig von den gesetzlichen Haftungsbeschränkungen profitiert.

§ 4 Rechte und Pflichten minderjähriger Gesellschafter

Ist ein Minderjähriger erfolgreich als Gesellschafter in eine Familien-KG aufgenommen, sind damit nicht sämtliche Hürden genommen. Aufgrund der Beteiligung eines Minderjährigen ergeben sich vielmehr rechtliche Sonderkonstellationen, die es im Rahmen des Geschäftsbetriebs der Familien-KG zu beachten gilt. Da der Minderjährige zunächst geschäftsunfähig und mit Vollendung des siebenten Lebensjahres auch nur beschränkt geschäftsfähig ist, bedarf es zur wirksamen Abgabe einer Willenserklärung regelmäßig der Mitwirkung seines gesetzlichen Vertreters. Dies sind im Fall der gemeinsamen Sorge zwar grundsätzlichen die Eltern (§ 1629 Abs. 1 Satz 2 BGB). Ist aber – wie in der Regel – mindestens ein Elternteil oder ein Verwandter in gerader Linie eines Elternteils an der Familien-KG beteiligt, stellt sich die Frage, ob die Eltern von der gesetzlichen Vertretung ausgeschlossen sind und ob es auch in diesem Fall der Bestellung eines Ergänzungspflegers bedarf. Im Folgenden soll daher untersucht werden, wie sich die fehlende unbeschränkte Geschäftsfähigkeit auf die Ausübung der Gesellschafterrechte und den Geschäftsbetrieb der Gesellschaft auswirkt.

I. Stimmrecht

Ein erfolgreicher Geschäftsbetrieb hängt entscheidend von einer guten Geschäftsführung ab; denn der Geschäftsführer ist berechtigt und zugleich verpflichtet, alle Handlungen vorzunehmen, die der gewöhnliche Geschäftsbetrieb mit sich bringt. Dies gilt jedoch nur dann, wenn er einzelvertretungsberechtigt ist und der Handlung nicht durch einen anderen Geschäftsführer widersprochen wird (§§ 115 Abs. 1, 116 Abs. 1, 161 Abs. 2 HGB). Für Rechtsgeschäfte, die über den gewöhnlichen Geschäftsbetrieb hinausgehen sowie für Grundlagengeschäfte bedarf es dagegen der Willensbildung der Mehrheit der Gesellschafter, wenn nicht sogar aller Gesellschafter (§§ 116 Abs. 2, 119, 161 Abs. 2 HGB). Die Willensbildung erfolgt in Form eines Gesellschafterbeschlusses, der über die Stimmabgabe der einzelnen Gesellschafter zustande kommt.[263] Das Stimmrecht ist das Instrument jedes Gesellschafters, mit dem er die Entwicklung der Gesellschaft und somit auch das in ihr gebündelte Vermögen beeinflusst.

Die Stimmabgabe ist eine empfangsbedürftige Willenserklärung,[264] so dass für ihre Wirksamkeit die Vorschriften des Allgemeinen Teils des BGB

263 *Klimke* in: BeckOK HGB, § 119 Rn. 60; *Schäfer* in: Staub, HGB, 3. Band, § 119 Rn. 7; *Weipert* in: MünchHdbGesR, 2. Band, § 14 Rn. 4.

264 BGHZ 48, 163 ff. = NJW 1967, 1963, 1966.

Anwendung finden.[265] Dies gilt unabhängig vom Inhalt und damit sowohl für eine Zustimmung, eine Ablehnung als auch eine Enthaltung.[266] Daher sind bei der Beteiligung Minderjähriger als Gesellschafter die damit verbundenen rechtlichen Beschränkungen zur wirksamen Abgabe einer Willenserklärung zu berücksichtigen.[267] Vor diesem Hintergrund stellt sich die Frage, wer das Stimmrecht des minderjährigen Gesellschafters wahrnimmt. Kann der minderjährige Gesellschafter seine Stimme selbst abgeben oder bedarf er der gesetzlichen Vertretung? Können die Eltern ihren Abkömmling vertreten oder muss ein Ergänzungspfleger bestellt werden? Wird für bestimmte Gesellschafterbeschlüsse eine familiengerichtliche Genehmigung benötigt?

Teilweise haben Literatur und auch Rechtsprechung zu diesen Fragen bereits Stellung genommen. Insoweit soll hier an den einschlägigen Stellen eine Zusammenfassung zum Gesamtverständnis genügen. Offen ist, inwieweit die Eltern als gesetzliche Vertreter ihren minderjährigen Abkömmling vertreten dürfen, wenn sie selbst oder Verwandte in gerade Linie an der Gesellschaft beteiligt sind und mit dem Beschlussgegenstand persönliche (Sonder-)Interessen verfolgen. Zudem ist zu klären, inwieweit das allgemeine Schutzbedürfnis eines Minderjährigen bei der Stimmabgabe zu berücksichtigen ist.

1. Ausübung des Stimmrechts durch den minderjährigen Gesellschafter

Bevor man sich mit der Frage auseinandersetzen kann, ob und inwieweit die Eltern als Stimmrechtsvertreter ihres minderjährigen Abkömmlings auftreten dürfen, ist zunächst der Minderjährige selbst in den Blick zu nehmen, da ein beschränkt Geschäftsfähiger für bestimmte Beschlussgegenstände sein Stimmrecht selbst ausüben kann und es in diesen Fällen keiner Vertretung bedarf.[268]

Ein beschränkt geschäftsfähiger Gesellschafter muss sein Stimmrecht selbst ausüben können, wenn dies für ihn rechtlich vorteilhaft oder zumindest neutral

---

265 *Klimke* in: BeckOK HGB, § 119 Rn. 60; *Roth* in: Baumbach/Hopt, HGB, § 119 Rn. 5; *Weipert* in: MünchHdbGesR, 2. Band, § 14 Rn. 102; *Nitze,* Minderjähriger Gesellschafter, S. 38-39; *Wiedemann,* Gesellschaftsrecht, 2. Band,§ 3 III 2, S. 217.

266 *Schäfer* in: Staub, HGB, 3. Band, § 119 Rn. 24; *Nitze,* Minderjähriger Gesellschafter, S. 38; *Wiedemann,* Gesellschaftsrecht, 2. Band, § 3 III 2, S. 217.

267 Vgl. *Nitze,* Minderjähriger Gesellschafter, S. 39-40.

268 Die Willenserklärungen eines geschäftsunfähigen Minderjährigen sind dagegen stets nichtig (§§ 104 Nr. 1, 105 Abs. 1 BGB), weshalb er sein Stimmrecht selbst nicht wirksam ausüben kann.

ist. Hat die Stimmabgabe dagegen (auch) einen Rechtsverlust zur Folge, muss er vertreten werden oder benötigt die Einwilligung seines gesetzlichen Vertreters (§ 107 BGB). Die Frage, unter welchen Voraussetzungen die Stimmabgabe einen rechtlichen Nachteil begründet, stellen sich bisher jedoch nur wenige Stimmen in der Literatur. Teilweise wird bereits der Verlust des Stimmrechts durch die Stimmabgabe[269] oder die Bindungswirkung des Beschlusses[270] als Rechtsnachteil begriffen. Dies mag unter dem Gesichtspunkt der Rechtssicherheit nachvollziehbar sein, da ein beschränkt geschäftsfähiger Gesellschafter infolgedessen stets nur mit Einwilligung seines gesetzlichen Vertreters an der Beschlussfassung mitwirken dürfte und anderenfalls der gesetzliche Vertreter das Stimmrecht ausübte.[271] Ferner kommt diese Auffassung auf den ersten Blick solchen Personen zugute, die mit der Beteiligung ihres minderjährigen Abkömmlings ausschließlich dessen finanzielle Absicherung und die Ausnutzung steuerlicher Vorteile anstreben, im Übrigen aber dessen Einbindung in die Angelegenheiten der Gesellschaft möglichst gering halten wollen. Diese Sichtweise berücksichtigt indes nicht, dass ein Minderjähriger nicht zwingend durch seine Eltern vertreten wird, sondern gegebenenfalls durch einen vom Gericht benannten Ergänzungspfleger. Die Einbeziehung eines Dritten dürfte aber regelmäßig nicht im Interesse der übrigen Gesellschafter sein, die die internen Angelegenheiten der Familien-KG nicht offenlegen möchten. Zudem kann die Bestellung eines Ergänzungspflegers die Beschlussfindung verzögern.

Im Übrigen erlaubt § 107 BGB die Abgabe von Willenserklärungen, die nicht rechtlich nachteilhaft sind, ohne dass in diesem Zusammenhang auf eine Bindungswirkung oder ein „Verbrauchen" der Willenserklärung abgestellt würde. Soweit *Klumpp* in der Bindungswirkung eines Beschlusses einen rechtlichen Nachteil für die Stimmabgabe sieht,[272] lässt sie außer Acht, dass diese Bindungswirkung auch bei einer Stimmabgabe durch den gesetzlichen Vertreter eintritt. Ferner ist der Verlust des Stimmrechts unumgänglich: Auch im Fall der Stimmenthaltung würde das Stimmrecht nach der Beschlussfassung hinsichtlich des Beschlussgegenstands erlöschen.[273] Würde man daher allein in der Stimmabgabe

269 *J. W. Flume*, NZG 2014, 17, 18. Zur Stimmabgabe in der GmbH: *Heckschen* in: Heckschen/Heidinger, Kap. 14 Rn. 58; *Bürger*, RNotZ 2006, 156, 170.

270 *Klumpp* in: Staudinger, BGB, 2017, § 107 Rn. 62; dazu ausführlich mit anderer Auffassung *Nitze*, Minderjähriger Gesellschafter, S. 45-48.

271 So *Ernst* in: Liber Amicorum f. D. Leenen, 2012, S. 1, 22.

272 *Klumpp* in: Staudinger, BGB, 2017, § 107 Rn. 62.

273 Ebenso *Nitze*, Minderjähriger Gesellschafter, S. 45-46.

einen rechtlichen Nachteil sehen, wäre der Anwendungsbereich von § 107 BGB ohne konkreten Bedarf stark eingeschränkt.[274] Wenn ein beschränkt Geschäftsfähiger sein Stimmrecht nie ohne die Einwilligung seines gesetzlichen Vertreters ausüben dürfte, hätte dies die Herabstufung der Beteiligung eines Minderjährigen zu einer Formsache zur Folge, da stets sein gesetzlicher Vertreter als Entscheidungsträger agieren würde. Steuerrechtlich wäre insoweit auch das Merkmal einer Mitunternehmerstellung zweifelhaft, das Voraussetzung für die Inanspruchnahme bestimmter Begünstigungen ist.[275]

Richtigerweise ist die Frage, ob die Ausübung des Stimmrechts einen rechtlichen Nachteil darstellt, für jeden Einzelfall vor dem Hintergrund des konkreten Beschlussgegenstandes zu beantworten,[276] wobei zwischen Geschäftsführungsangelegenheiten, Gesellschaftsgrundlagen und sonstigen gemeinsamen Gesellschaftsangelegenheiten zu unterscheiden ist.[277] Die Annahme, allein die Stimmabgabe begründe unabhängig vom konkreten Beschlussgegenstand einen rechtlichen Nachteil, wird dem Normzweck von § 107 BGB nicht gerecht.[278] Eine Stimmabgabe durch den minderjährigen Gesellschafter ohne Mitwirkung seines gesetzlichen Vertreters wäre von vornherein ausgeschlossen. Erst die Berücksichtigung der rechtlichen Folgen des Beschlussgegenstandes ermöglicht es, einen beschränkt Geschäftsfähigen in seiner persönlichen Entwicklung zu unterstützen und gleichzeitig vor konkreten Nachteilen zu schützen. Dafür spricht auch der in jüngsten Debatten und dem Gesetzentwurf zur Reform des Vormundschaftsrechts zum Ausdruck kommende Gedanke, das Kind als „*Subjekt*" in den Vordergrund zu stellen und ihm Beteiligungsrechte hinsichtlich der ihn betreffenden Angelegenheiten einzuräumen.[279]

---

274 Vgl. *Nitze,* Minderjähriger Gesellschafter, S. 46.

275 Dazu ausführlich unter Zweiter Teil § 5 II.2.a. und III.2.b., S. 153-154, 160-161.

276 So auch *Hadding* in: Soergel, BGB, 1. Band, § 32 Rn. 26 (zur Stimmabgabe im Verein); *Nitze,* Minderjähriger Gesellschafter, S. 48-53.

277 BGHZ 65, 93 ff. = NJW 1976, 49, 50; *Plückelmann* in: MAH PersGesR, § 8 Rn. 21; *Schäfer* in: Staub, HGB, 3. Band, § 119 Rn. 10; *Lockowandt,* Stimmrechtsbeschränkungen, S. 18-19.

278 Zum Normzweck siehe Zweiter Teil § 3 I.1.a.bb., S. 51.

279 Entwurf eines Gesetzes zur Reform des Vormundschafts- und Betreuungsrechts, S. 2, 11, 20; *Deutscher Verein für öffentliche und private Fürsorge e.V.,* Stellungnahme der Geschäftsstelle des Deutschen Vereins zum Referentenentwurf eines Gesetzes zur Reform des Vormundschaftsrecht - und Betreuungsrechts des Bundesministeriums der Justiz und für Verbraucherschutz (BMJV), abrufbar unter www.bmjv.de/SharedDocs/Gesetzgebungsverfahren/DE/Reform_Betreuungsrecht_Vormundschaft.html (zuletzt abgerufen am 09.01.2021), S. 4-5.

a. *Geschäftsführungsangelegenheiten*

Bei Beschlüssen über Geschäftsführungsangelegenheiten geht es inhaltlich um Maßnahmen, die der Geschäftsführung zuzuordnen sind und auf die Verwirklichung des Gesellschaftszwecks gerichtet sind.[280] Dazu gehört beispielsweise die Vornahme von Handlungen, die über den gewöhnlichen Geschäftsbetrieb hinausgehen, aber noch vom Gesellschaftszweck gedeckt sind. [281] Nicht zu den Geschäftsführungsangelegenheiten gehören sogenannte Grundlagengeschäfte. Ob das konkrete Rechtsgeschäft noch als Geschäftsführungsangelegenheit oder aber schon als Grundlagengeschäft einzustufen ist, hängt vom Einzelfall ab. So kann die Gewährung eines Darlehens für eine Familien-KG, die Unternehmensanteile hält und verwaltet, mitunter noch als Geschäftsführungsangelegenheit qualifiziert werden, während es bei einer reinen Familienverwaltungs-KG, deren Zweck auf die Verwaltung und Vermietung eigener Immobilien beschränkt ist, schon ein Grundlagengeschäft wäre. In der Praxis werden zur Abgrenzung in einem Gesellschaftsvertrag regelmäßig bestimmte Angelegenheiten explizit festgehalten, die als Grundlagengeschäfte einstimmig oder zumindest mit qualifizierter Mehrheit beschlossen werden müssen.

Ist ein beschränkt Geschäftsfähiger als Komplementär beteiligt, ist die Beschlussfassung rechtlich nachteilig, wenn sie zur Begründung von Verbindlichkeiten im Außenverhältnis führt, da er für die Verbindlichkeiten der Gesellschaft den Gläubigern persönlich haftet (§§ 128, 161 Abs. 2 HGB). Wenn ein Minderjähriger als Kommanditist beteiligt ist, hat er zwar mangels Geschäftsführungsbefugnis (§ 164 Satz 1 HGB) für gewöhnliche Geschäftsführungsangelegenheiten kein Stimmrecht. Wenn die Angelegenheiten aber über den gewöhnlichen Geschäftsbetrieb hinausgehen, ist auch ein Kommanditist stimmberechtigt (§ 164 HGB). Diese Arten von Geschäftsführungsangelegenheiten begründen in der Regel aber keinen rechtlichen Nachteil für ihn, da sie grundsätzlich die Gesellschaft und nicht die Rechtsposition der einzelnen Gesellschafter betreffen.[282] Den Gläubigern gegenüber ist die Haftung des Kommanditisten auf seine Einlage begrenzt, vorausgesetzt, diese wurde vollständig geleistet (§ 171 Abs. 1 HGB). Grundsätzlich können beschränkt geschäftsfähige Minderjährige

---

280 *Plückelmann* in: MAH PersGesR, § 8 Rn. 25; *Riedel* in: Unternehmensnachfolge, § 12 Rn. 17; *Lockowandt,* Stimmrechtsbeschränkungen, S. 18-19; *Nitze,* Minderjähriger Gesellschafter, S. 40.

281 *Drescher* in: EBJS, HGB, 1. Band, § 116 Rn. 2, 4; *Haas* in: Röhricht/v. Westphalen/Haas, § 116 Rn. 1.

282 Vgl. *Drescher* in: EBJS, HGB, 1. Band, § 114 Rn. 4, 6.

ihr Stimmrecht daher in Geschäftsführungsangelegenheiten ohne Mitwirkung des gesetzlichen Vertreters ausüben. Davon ausgenommen ist die treupflichtwidrige Ausübung des Stimmrechts:

Unabhängig von der Gesellschafterposition ist eine Stimmabgabe rechtlich nachteilhaft, wenn ein minderjähriger Gesellschafter dadurch gegen die Treuepflicht verstoßen und Schadensersatzansprüchen der Gesellschaft oder der Mitgesellschafter auslösen würden. Dazu müssten allerdings zunächst die engen Voraussetzungen einer Stimmpflicht vorliegen.[283] Zudem müsste ein (minderjähriger) Gesellschafter eine etwaige Pflichtverletzung zu vertreten haben und seine Stimme müsste kausal für den Beschluss und den dadurch verursachten Schaden sein. Der skizzierten Haftungsgefahr kann etwa begegnet werden, indem im Gesellschaftsvertrag eine Stimmpflicht für minderjährige Gesellschafter ausgeschlossen wird.[284] Zudem kann im Hinblick auf die Beteiligung als Kommanditist unter Hinzutreten weiterer Haftungsausschlüsse die Bestellung eines Ergänzungspflegers auf diese Weise gänzlich vermieden werden.[285]

b. Gesellschaftsgrundlagen

Beschlüsse über die Grundlagen der Gesellschaft betreffen Themen um den Gesellschaftsvertrag sowie den Gesellschafterbestand, zum Beispiel Beschlüsse über die Änderung des Gesellschaftsvertrages, die Aufnahme und das Ausscheiden eines Gesellschafters, Beitragserhöhungen sowie die Beendigung der Gesellschaft.[286] Es gibt auch hier Beschlussgegenstände, bei denen ein beschränkt Geschäftsfähiger sein Stimmrecht eigenverantwortlich ausüben kann, da sie für ihn keine Rechtsnachteile mit sich bringen, beispielsweise die Änderung der Firma. Dies gilt für den Komplementär und den Kommanditisten gleichermaßen. Entscheidend ist, ob der Grundlagenbeschluss zu einer Verschlechterung der Rechtsposition des minderjährigen Gesellschafters führen könnte. Dies wäre zum einen der Fall, wenn ihm bestehende Rechte genommen würden, beispielsweise bei einem Auflösungsbeschluss[287]; zum anderen, wenn durch den

---

283 Dazu Zweiter Teil § 3.I.1.a.bb.2), S. 51-52.

284 Vgl. zu derartigen Gestaltungsmöglichkeiten Zweiter Teil § 3 I.1.bb.4), S. 54-55.

285 Vgl. Zweiter Teil § 3 I.1.a., S. 46-57.

286 *Schäfer* in: MüKo, BGB, 7. Band, § 709 Rn. 53; *Plückelmann* in: MAH PersGesR, § 8 Rn. 22-24.

287 Zwar bewirkt ein Auflösungsbeschluss unmittelbar nur den Übergang in eine Abwicklungsgesellschaft. Ziel ist aber die Liquidation der Gesellschaft, wodurch die Mitgliedschaft in der Gesellschaft beendet wird und die Gesellschafterrechte verloren gehen. *Klöhn* in: Henssler/Strohn, Gesellschaftsrecht, § 131 HGB Rn. 6, 11; *Schmidt*

Beschluss neue Verpflichtungen begründet werden, beispielsweise durch eine Kapitalerhöhung[288]. Ob ein Beschluss für einen Minderjährigen rechtlich nachteilhaft ist, muss für jeden konkreten Einzelfall bestimmt werden.

c. Sonstige gemeinsame Gesellschaftsangelegenheiten

Innergesellschaftliche Belange, die weder die Geschäftsführung noch die Grundlagen der Gesellschaft betreffen, werden als sonstige gemeinsame Gesellschaftsangelegenheiten bezeichnet. Dazu zählen beispielsweise Beschlüsse über das Verhältnis der Gesellschafter untereinander, die Entlastung des Geschäftsführers,[289] sowie die Feststellung des Jahresabschlusses[290]. Aufgrund der inhaltlichen Vielfältigkeit der Beschlüsse ist auch hier nicht von vornherein die persönliche Stimmabgabe durch einen beschränkt geschäftsfähigen Gesellschafter ausgeschlossen. Stattdessen ist im Einzelfall zu prüfen, ob die Beschlussfassung zu einer Verschlechterung seiner Rechtsposition führen würde. Rechtlich nachteilig sind in diesem Zusammenhang zum Beispiel Beschlüsse, die zu einer Rückzahlung der Einlage führen, da ein Kommanditist bis zur Höhe seiner Einlage den Gläubigern der KG persönlich haftet und somit seine Haftung wiederauflebt (§§ 171 Abs. 1, 172 Abs. 4 Satz 1 HGB). Das Gleiche gilt für Gewinnausschüttungen, wenn sein Kapitalanteil durch Verlust oder Gewinnentnahme unter den bezeichneten Betrag herabgemindert wird (§ 172 Abs. 4 Satz 2 HGB).

2. Ausübung des Stimmrechts durch die Eltern als gesetzliche Vertreter

Zwar ist das Stimmrecht grundsätzlich ein höchstpersönliches Recht, im Fall eines Minderjährigen darf aber der gesetzliche Vertreter in seinem Namen bei der Stimmabgabe handeln.[291] Dies sind im Regelfall die Eltern (§ 1629 Abs. 1 Satz 2 BGB). Darüber hinaus können die Eltern die Rechte ihres beschränkt geschäftsfähigen Kindes auch dann wahrnehmen, wenn dieses schon selbst handeln dürfte. Aus § 107 BGB folgt kein Vertretungsverbot zulasten des

---

in: MüKo, HGB, 2. Band, § 131 Rn. 6, ausführlich zum Auflösungsbeschluss: *Nitze*, Minderjähriger Gesellschafter, S. 135-137.

288 *Weber*, Erhöhung der Beteiligung minderjähriger Kommanditisten, S. 26-28.

289 *Plückelmann* in: MAH PersGesR, § 8 Rn. 27; *Schäfer* in: MüKo, BGB, 7. Band, § 709 Rn. 11, 55.

290 *Schäfer* in: MüKo, BGB, 7. Band, § 709 Rn. 11, 55; *Stengel* in: Beck Hdb. PersGes., § 3 Rn. 291; nach a.A. Grundlagengeschäft *Plückelmann* in: MAH PersGesR, § 8 Rn. 29.

291 BGH, NJW 1965, 1961 (zu § 118 HGB).

gesetzlichen Vertreters, sondern die Vorschrift eröffnet parallel die Möglichkeit, dass ein beschränkt Geschäftsfähiger selbst handelt.[292] Ist jedoch ein Elternteil oder ein Verwandter in gerader Linie eines Elternteils an der Familien-KG beteiligt, kann es beiden Elternteilen zur Vermeidung von Interessenkollisionen untersagt sein, ihr Kind zu vertreten. Der Stimmabgabe durch die Eltern können weitere rechtliche Hindernisse entgegenstehen. In Frage kommen insbesondere gesellschaftsrechtliche Stimmverbote sowie allgemeine und besondere familienrechtliche Vertretungsverbote. Im Folgenden gilt es zu untersuchen, unter welchen Voraussetzungen ein Stimmrechts- oder Vertretungsausschluss der Vertretung eines minderjährigen Gesellschafters bei der Beschlussfassung in der KG entgegensteht.

a. Gesellschaftsrechtliche Vertretungshindernisse

Verfolgt ein Gesellschafter in Bezug auf den Beschlussgegenstand persönliche Sonderinteressen, kann ihm die Stimmabgabe zum Schutz der Gesellschaftsinteressen unter Umständen verboten sein. Sofern ein Minderjähriger oder ein Elternteil von dem Stimmrechtsausschluss betroffen ist, stellt sich die Frage, ob die Eltern dennoch das Stimmrecht ihres minderjährigen Abkömmlings ausüben können oder von der Vertretung ausgeschlossen sind.

aa. Grundsätze des gesellschaftsrechtlichen Stimmverbots

Weder das BGB noch das HGB enthalten allgemeine Voraussetzungen für einen Stimmrechtsausschluss in der KG. Vielmehr finden sich einzelne Vorschriften, wie beispielsweise §§ 117, 127, 161 Abs. 2 HGB, gemäß derer die Entziehung der Geschäftsführungs- bzw. Vertretungsbefugnis aus wichtigem Grund den übrigen Gesellschaftern überlassen ist und die somit das Stimmrecht des betroffenen Gesellschafters ausschließen. Weitere Stimmrechtsausschlüsse betreffen die Frage der Geltendmachung von Schadensersatzansprüchen bei Verletzung des Wettbewerbsverbots durch einen Komplementär (§§ 113 Abs. 2, 161 Abs. 2 HGB) und die Erhebung einer Ausschließungsklage aus wichtigem Grund (§ 140 Abs. 1, 161 Abs. 2 HGB).

Da sich in der Praxis gezeigt hat, dass die gesetzlich normierten Stimmverbote nicht weitreichend genug sind,[293] haben Rechtsprechung und Literatur als

292 Einhellige Meinung: *Ellenberger* in: Palandt, BGB, § 107 Rn. 1, *Klumpp* in: Staudinger, BGB, 2017, § 107 Rn. 95; *Spickhoff* in: MüKo, BGB, 1. Band, § 107 Rn. 18; *Nitze,* Minderjähriger Gesellschafter, S. 53.

293 *Lockowandt,* Stimmrechtsbeschränkungen, S. 35.

allgemeinen Grundsatz das Verbot des Richtens in eigener Sache entwickelt.[294] In Rechtsanalogie zu § 47 Abs. 4 GmbHG, § 34 BGB, § 136 Abs. 1 AktG, § 43 Abs. 6 GenG soll dies insbesondere für die Beschlussfassung über die Entlastung eines Gesellschafters[295], seine Befreiung von einer Verbindlichkeit sowie die Geltendmachung eines Anspruchs gegen ihn, einschließlich der Einleitung und Erledigung eines Rechtsstreits,[296] gelten.[297] Nach heute wohl überwiegender Auffassung ist ein Gesellschafter zudem – über die Fälle des Richtens in eigener Sache hinaus – bei Vornahme eines Rechtsgeschäfts mit der Gesellschaft von seinem Stimmrecht ausgeschlossen.[298] Auch hier bestehe generell-abstrakt die Gefahr, dass der Gesellschafter seine persönlichen Interessen über die der Gesellschaft stellt.[299] Es ist dabei unerheblich, ob das Rechtsgeschäft bereits durch

---

294 Vgl. BGHZ 9, 157 ff. = NJW 1953, 780, 784 (GmbH); BGHZ 97, 28 ff. = NJW 1986, 2051, 2052 (GmbH); OLG München, NZG 2009, 1267, 1269 (GbR); *Schäfer* in: Staub, HGB, 3. Band, § 119 Rn. 64; *Weipert* in: MünchHdbGesR, 2. Band, § 14 Rn. 11; *Roth* in: Baumbach/Hopt, HGB, § 119 Rn. 8; *Enzinger* in: MüKo, HGB, 2. Band, § 119 Rn. 30; *Schmidt*, GmbHR 2002, 341 § 21 II, S. 608-609; *Swatzina*, Mitgliedschaftliche Stimmverbote, S. 21-22; *Wiedemann*, Gesellschaftsrecht, 2. Band, § 4 I 4, S. 316; *Windbichler*, Gesellschaftsrecht,§ 13 Rn. 10; a.A. *Lieder* in: Oetker, HGB, § 119 Rn. 25 mwN. in Fußn. 69, der die Auffassung vertritt, berechtigte Gesellschafterinteressen würden hinreichend durch die gesellschaftsrechtliche Treuepflicht geschützt.

295 OLG München, NZG 2009, 1267, 1269 (zur GbR; stellt allein auf § 47 Abs. 4 GmbHG ab).

296 RGZ 162, 370, 373 (zur oHG); BGH, NJW 1974, 1555, 1556 (zur KG); BGH, NZG 2012, 625, 626 (zur GbR).

297 RGZ 136, 236, 245 (zur GbR); BGH, NZG 2012, 625, 626 (zur GbR); *Roth* in: Baumbach/Hopt, HGB, § 119 Rn. 8; ausführlich *Lockowandt*, Stimmrechtsbeschränkungen, S. 35-47; *Swatzina*, Mitgliedschaftliche Stimmverbote, S. 53-54; mit anderer Begründung: *Schäfer* in: Staub, HGB, 3. Band, § 119 Rn. 64, der allein auf § 47 Abs. 4 GmbH als "*sachnächste Vorschrift*" abstellt; *Stadie*, Stimmrechtsausschluß, S. 58-67, der nur den allgemeinen Rechtsgedanken auf die Personengesellschaften anwendet; so wohl auch *Windbichler*, Gesellschaftsrecht, § 13 Rn. 10, nach der die genannten Vorschriften nicht ohne Weiteres übertragbar seien.

298 KG, KGR Berlin 2009, 741, 742 (zur KG); OLG Hamm, Urt. v. 30.01.2008 – 8 U 94/07 Rn. 42 (zur KG); *Roth* in: Baumbach/Hopt, HGB, § 119 Rn. 8; *Schäfer* in: Staub, HGB, 3. Band, § 119 Rn. 64; *Nitze*, Minderjähriger Gesellschafter, S. 56-57; *Schmidt*, Gesellschaftsrecht, 2. Aufl., § 21 II, S. 608, 611; *Swatzina*, Mitgliedschaftliche Stimmverbote, S. 53-54.

299 RGZ 136, 236, 244-245 (zur GbR); OLG München, NZG 2009, 1267, 1268 (zur GbR); OLG Hamburg, NZG 2000, 421, 422 (zur GmbH & Co. KG); *Kindler* in: Koller/Kindler/Roth/Morck, HGB, § 119 Rn. 3; *Martens* in: Schlegelberger, HGB, 3. Band, 1.

den Beschluss zustande kommt oder von der Gesellschafterversammlung nur genehmigt und anschließend von der Geschäftsführung abgeschlossen wird.[300] Zu beachten ist außerdem, dass das Stimmrechtsverbot nicht nur gilt, wenn das Rechtsgeschäft mit dem Gesellschafter als natürliche Person vorgenommen werden soll, sondern auch dann, wenn es mit einer Gesellschaft abgeschlossen wird, in der der Gesellschafter maßgeblichen Einfluss hat.[301] Darüber hinaus können im Gesellschaftsvertrag weitere Stimmverbote vereinbart oder gesetzliche Stimmverbote – bis zur Grenze des Richtens in eigener Sache – abbedungen werden.[302]

Aufgrund der Bedeutung des Stimmrechts für die Willensbildung der Gesellschaft hat ein Interessenkonflikt jedoch nicht stets ein Stimmverbot zur Folge. Die Verfolgung von Sonderinteressen ist bei der Beschlussfassung über bestimmte Angelegenheiten der Organisation und der Struktur der Gesellschaft, mithin vorwiegend bei Grundlagenbeschlüssen, legitim.[303] Derartige Grundlagenbeschlüsse betreffen Gesellschaftsverhältnis und -gestaltung; insoweit ist dem Gesellschafter das Stimmrecht nicht in erster Linie im Verbandsinteresse, sondern im eigenen Interesse verliehen.[304] Der Gesellschafter steht der Gesellschaft nicht wie ein außenstehender Dritter gegenüber, sondern übt nur sein Mitgliedschaftsrecht innerhalb der Gesellschaft aus.[305] Daher ist es

---

HB, § 119 Rn. 40; ausführlich *Lockowandt,* Stimmrechtsbeschränkungen, S. 47-55; *Wiedemann,* Gesellschaftsrecht, 2. Band, § 4 I 4, S. 316-317.

300 OLG Hamm, NZG 2003, 545, 546; *Zöllner/Noack* in: Baumbach/Hueck, GmbHG, § 47 Rn. 91.

301 BGH, NZG 2012, 625, 626; KG, ZIP 2014, 2505, 2506 (der Gesellschafter war zu 50 % an der Gegenseite beteiligt und deren alleiniger Geschäftsführer); OLG München, NZG 2009, 1267, 1268 (der Gesellschafter war zugleich Geschäftsführer der Gegenseite); *Haas* in: Röhricht/v. Westphalen/Haas, § 119 Rn. 34; *Hüffer/Schäfer* in: Habersack/Casper/Löbbe, GmbHG, 2. Band, § 47 Rn. 142; *Nitze,* Minderjähriger Gesellschafter, S. 57.

302 *Finckh* in: Henssler/Strohn, Gesellschaftsrecht, § 119 HGB Rn. 18-19; *Freitag* in: EBJS, HGB, 1. Band, § 119 Rn. 22-23; *Roth* in: Baumbach/Hopt, HGB, § 119 Rn. 12.

303 Einhellige Meinung: *Schäfer* in: Staub, HGB, 3. Band, § 119 Rn. 65; *Roth* in: Baumbach/Hopt, HGB, § 119 Rn. 10; *A. Hueck,* OHG, S. 172; *Schmidt,* Gesellschaftsrecht, 2. Aufl., § 21 II, S. 609; *Wiedemann,* Gesellschaftsrecht, 2. Band, § 4 I 4, S. 317-318; *Zöllner,* Stimmrechtsmacht, S. 225-232.

304 *Korehnke,* Treuwidrige Stimmen, S. 36; *Lockowandt,* Stimmrechtsbeschränkungen, S. 55, 93.

305 BGHZ 51, 209 ff. = NJW 1969, 841, 844 (GmbH); *Lockowandt,* Stimmrechtsbeschränkungen, S. 55; *Zöllner,* Stimmrechtsmacht, S. 227.

ihm vorbehaltlich seiner Treuepflicht gestattet, seine persönlichen Interessen zu verfolgen.[306] Als derartige Grundlagenbeschlüsse werden beispielsweise qualifiziert: die Bestellung zum Geschäftsführer,[307] die Einziehung und Übertragung von Gesellschaftsanteilen,[308] die Umwandlung der Gesellschaft,[309] Kapitalerhöhungen,[310] andere Änderungen des Gesellschaftsvertrages,[311] sowie die Entziehung der Geschäfts- und Vertretungsbefugnis, wenn sie nicht aus wichtigem Grund erfolgen[312].

Es bleibt somit festzuhalten, dass Gesellschafter einer KG, die Sonderinteressen verfolgen, einem Stimmrechtsverbot unterliegen wenn (1) dies gesetzlich vorgeschrieben ist, (2) die Ausübung des Stimmrechts einem Richten in eigener Sache gleich käme oder (3) ein Rechtsgeschäft zwischen ihm oder einem von ihm beherrschten Unternehmen und der Familien-KG vorgenommen werden soll. Es handelt sich dabei regelmäßig um Geschäftsführungsangelegenheiten, teilweise auch um sonstige gemeinsame Gesellschaftsangelegenheiten. Bei Grundlagenbeschlüssen kommt dagegen ein Stimmrechtsausschluss regelmäßig nicht zum Tragen, da es dem Gesellschafter hier gestattet ist, eigene Interessen zu verfolgen. Eine allgemeine Aussage zu Stimmrechtsausschlüssen bei Beschlüssen über sonstige gemeinsame Gesellschaftsangelegenheiten lässt sich nicht treffen.[313] Aufgrund der Vielfältigkeit der Beschlussgegenstände ist im Einzelfall zu prüfen, ob dem Gesellschafter das Stimmrecht vorwiegend als eigennütziges Recht oder im Verbandsinteresse eingeräumt wurde.[314]

---

306 *Zöllner,* Stimmrechtsmacht, S. 231; *Lockowandt,* Stimmrechtsbeschränkungen, S. 93-94; dazu ausführlich *Nitze,* Minderjähriger Gesellschafter, S. 94-98.

307 *Weipert* in: MünchHdbGesR, 2. Band, § 14 Rn. 15; *Lockowandt,* Stimmrechtsbeschränkungen, S. 55.

308 OLG Dresden, Urt. v. 08.04.2009 – 12 U 1720/08, juris Rn. 31-33.

309 *Schäfer* in: Staub, HGB, 3. Band, § 119 Rn. 65.

310 BGH, NJW 1991, 172, 173-174 (GmbH).

311 OLG Hamburg, NZG 2000, 421, 422 (zur GmbH & Co. KG); *Schäfer* in: Staub, HGB, 3. Band, § 119 Rn. 65.

312 OLG Karlsruhe, Urt. v. 28.11.2006 – 8 U 314/05, juris Rn. 64 (GmbH); *Lockowandt,* Stimmrechtsbeschränkungen, S. 55.

313 *Schäfer* in: MüKo, BGB, 7. Band, § 709 Rn. 59; *Lockowandt,* Stimmrechtsbeschränkungen, S. 20.

314 So dient das Stimmrecht für die Geschäftsführerentlastung vorwiegend dem Verbandsinteresse und kann demnach ausgeschlossen werden. Eigennützige Interessen dürften dagegen bei dem Gewinnverwendungsbeschluss verfolgt werden. Vgl. *Schäfer* in: MüKo, BGB, 7. Band, § 709 Rn. 59, 65-66.

bb. Gesellschaftsrechtliches Stimmverbot als Vertretungshindernis

Nachdem die Grundsätze des gesellschaftsrechtlichen Stimmverbots dargestellt wurden, ist nun zu untersuchen, inwieweit ein gesellschaftsrechtliches Stimmverbot ein Vertretungshindernis darstellen kann. Dabei ist grundsätzlich zu unterscheiden, ob ein Stimmverbot (i) des minderjährigen Gesellschafters, d.h. des Vertretenen, (ii) eines Elternteils, der selbst Gesellschafter ist, oder (iii) eines Elternteils, der nicht Gesellschafter ist, in Betracht gezogen wird.

1) Geschäftsführungsangelegenheiten

Unterliegt ein Gesellschafter selbst einem Stimmverbot, kann dessen Stimme auch nicht durch einen Vertreter abgegeben werden. Darüber hinaus ist ein Gesellschafter, der einem Stimmrechtsausschluss unterliegt, für diesen Beschluss auch von der Vertretung eines anderen Gesellschafters ausgeschlossen. Ausdrücklich geregelt ist dies in den §§ 47 Abs. 4 Satz 1 GmbHG, 136 Abs. 1 AktG. Diese Regelungen sind auf Personengesellschaften analog anzuwenden, da anderenfalls die Gefahr der unzulässigen Umgehung des eigenen Stimmverbots besteht.[315] Jedenfalls der Elternteil, der selbst Gesellschafter ist und einem Stimmverbot unterliegt, ist von der Vertretung seines Kindes ausgeschlossen.[316]

Ein Vertretungsausschluss greift auch dann, wenn ein Elternteil keine Gesellschafterposition innehat, der Beschlussgegenstand aber seine persönlichen Interessen betrifft und er daher einem Stimmverbot unterläge, wäre er Gesellschafter.[317] Auch hier besteht die Gefahr, dass sich der betroffene Elternteil bei der Stimmrechtsausübung an seinen eigennützigen Interessen statt am Gesellschaftsinteresse orientiert.[318]

---

315 Vgl. *Lockowandt,* Stimmrechtsbeschränkungen, S. 107; i.E. ebenso *Kindler* in: Koller/Kindler/Roth/Morck, HGB, § 119 Rn. 3; *Klimke* in: BeckOK HGB, § 119 Rn. 11; *Nitze,* Minderjähriger Gesellschafter, S. 58; *Zöllner,* Stimmrechtsmacht, S. 272-274.

316 Vgl. *Nitze,* Minderjähriger Gesellschafter, S. 58. Inwieweit auch der andere Elternteil von der Vertretung ausgeschlossen ist, siehe Zweiter Teil § 4 I.2.c.aa., S. 105-106.

317 Allgemeine Meinung vgl. *Lockowandt,* Stimmrechtsbeschränkungen, S. 107; *Nitze,* Minderjähriger Gesellschafter, S. 58; *Zöllner,* Stimmrechtsmacht, S. 273-274; zur GmbH: *Hüffer/Schäfer* in: Habersack/Casper/Löbbe, GmbHG, 2. Band, § 47 Rn. 139; *Römermann* in: Michalski, GmbHG, 2. Band, § 47 Rn. 101-102.

318 Vgl. *Nitze,* Minderjähriger Gesellschafter, S. 58; *Lockowandt,* Stimmrechtsbeschränkungen, S. 107; *Zöllner,* Stimmrechtsmacht, S. 273-274 (der hierzu das argumentum e maiore ad minus anführt); zur GmbH: *Hüffer/Schäfer* in: Habersack/Casper/Löbbe, GmbHG, 2. Band, § 47 Rn. 139; *Römermann* in: Michalski, GmbHG, 2. Band, § 47 Rn. 101-102.

2) Grundlagenbeschlüsse

Bei Grundlagenbeschlüssen kommen Stimmverbote regelmäßig nicht zum Tragen.[319] Bei derartigen Beschlüssen geht es gerade um die (berechtigte) Verfolgung eigener (Gesellschafter-)Interessen und nicht in erster Linie um den Gesellschaftszweck. Was aber gilt für den Vertreter? Steht der Stimmabgabe durch einen Elternteil, der bei Grundlagenbeschlüssen eigene Interessen verfolgt, ein gesellschaftsrechtliches Stimmverbot entgegen?[320] Macht es dabei einen Unterschied, ob es sich bei dem Vertreter um einen Gesellschafter oder einen Nicht-Gesellschafter handelt?

Auf den ersten Blick steht der Stimmabgabe durch den Vertreter bei Grundlagenbeschlüssen kein Stimmverbot entgegen: Wie bereits dargestellt, unterliegt der Vertreter einem Stimmverbot nur, wenn (i) der Vertretene einem Stimmverbot unterliegt oder (ii) das Stimmverbot in der Person des Vertreters (a) verwirklicht ist beziehungsweise – falls der Vertreter kein Gesellschafter ist – (b) verwirklicht wäre, hätte der Vertreter die Stellung eines Gesellschafters inne. Diese Voraussetzungen sind bei Grundlagengeschäften kaum gegeben. Infolgedessen wird für Vertreter, die nicht Gesellschafter sind, von einigen Stimmen in der Literatur die Anwendung eines Stimmverbots gefordert:[321] Das starre Stimmverbot gemäß § 47 Abs. 4 GmbH (analog) sei bei Grundlagengeschäften teleologisch zu reduzieren, da der Gesellschafter typischerweise seine mitgliedschaftlichen Sonderinteressen und nicht bloße Eigeninteressen eines Verbandsfremden wahrnehme. Diese Rechtfertigung für eine teleologische Reduktion entfalle aber für einen Vertreter, der nicht Gesellschafter ist und dessen eigene Interessen von einer Beschlussfassung über Grundlagengeschäfte betroffen sind.[322] In diesen Fällen seien die Interessen der Gesellschaft durch das scharfe Schwert eines starren Stimmverbots vor etwaigen Interessenkollisionen zu schützen.

Diese Ansicht überzeugt jedenfalls für die Familien-KG nicht. Die Begründung ist bereits im systematischen Ausgangspunkt zweifelhaft: Angesichts der Rechtslage bedarf es in den diskutierten Fällen keiner Rechtfertigung für

---

319 Siehe dazu bereits Zweiter Teil § 4 I.2.a.aa., S. 91-92.

320 Zu der Frage, inwieweit eine Stellvertretung in dieser Konstellation wegen § 181 BGB (analog) ausgeschlossen ist siehe sogleich unter Zweiter Teil § 4 I.2.b, S. 97-104.

321 *Nitze*, Minderjähriger Gesellschafter, S. 100 (für GmbH und KG); *Götze*, GmbHR 2001, 217, 218 (für die Stimmabgabe durch einen Nichtgesellschafter betreffend seine eigene Geschäftsführerbestellung).

322 *Nitze*, Minderjähriger Gesellschafter, S. 100.

eine teleologische Reduktion vom Tatbestand eines Stimmverbots; vielmehr ist in einem ersten Schritt bereits begründungsbedürftig, ob ein gesetzliches Stimmverbot überhaupt anwendbar ist. Dies gilt in besonderem Maße, soweit mit der herrschenden Ansicht angenommen wird, dass Grundlagengeschäfte von gesetzlichen Stimmverboten ausgenommen sind.[323] Es müssten die Voraussetzungen für eine Analogie von § 47 Abs. 4 GmbHG vorliegen: eine planwidrige Regelungslücke sowie eine vergleichbare Interessenlage des geregelten und zu regelnden Sachverhalts.[324] Eine vergleichbare Interessenlage wäre gegeben, wenn die Familien-KG bei Grundlagenbeschlüssen vor Interessenkollisionen eines Vertreters, der nicht Gesellschafter ist, typischerweise ebenso schutzwürdig wäre, wie eine GmbH bei einer Beschlussfassung (i) durch die ein Gesellschafter entlastet oder von einer Verbindlichkeit befreit werden soll oder (ii) welche die Vornahme eines Rechtsgeschäfts oder die Einleitung oder Erledigung eines Rechtsstreits gegenüber einem Gesellschafter betrifft. Dies kann indes nicht festgestellt werden. Bei Grundlagenbeschlüssen sind besondere Eigeninteressen der Gesellschaft typischerweise nicht betroffen. Insbesondere bei Satzungsänderungen geht es um die Gestaltung oder Veränderung der Verbandsverfassung, auf deren Basis sich ein Verbandsinteresse überhaupt erst herausbilden kann. Bei Grundlagenbeschlüssen besteht daher keine abstrakte Interessenkollision zwischen Gesellschaft und Vertreter, die so erheblich ist, dass die Begründung eines starren Stimmverbots durch Analogie erforderlich und gerechtfertigt wäre.

Es ist ferner zu berücksichtigen, dass die Gesellschaft auch in den hier diskutierten Fällen nicht schutzlos ist. Auf der Ebene zwischen Gesellschaft und Gesellschafter (vertreten durch ein Elternteil) werden berechtigte Verbandsinteressen hinreichend im Rahmen der materiellen Beschlusskontrolle anhand der gesellschaftsrechtlichen Treuepflicht gewahrt. In der Familien-KG hat der Schutz durch die Treuepflicht zusätzlich ein Gewicht, da die Treuepflicht aufgrund der engen personalistischen Bindung besonders stark ausgeprägt ist. Soweit der Gesellschafter aufgrund seiner Treuepflicht an der Stimmabgabe gehindert ist, kann auch der Vertreter die Stimme nicht abgeben. Die Treuepflicht begrenzt die Ausübung von Gesellschafterrechten;

---

323 *Schäfer* in: Staub, HGB, 3. Band, § 119 Rn. 65; *Roth* in: Baumbach/Hopt, HGB, § 119 Rn. 10; *A. Hueck*, OHG, S. 172; *Schmidt*, Gesellschaftsrecht, 2. Aufl., § 21 II, S. 609; *Wiedemann*, Gesellschaftsrecht, 2. Band, § 4 I 4, S. 317-318; *Zöllner*, Stimmrechtsmacht, S. 225-232.

324 Vgl. BGHZ 105, 140 ff. = NJW 1988, 2734; *Bork*, *BGB* AT, § 3 Rn. 143-145.

eine drohende Treuepflichtverletzung hindert eine Stimmabgabe daher grundsätzlich und ungeachtet, ob die Stimme persönlich oder durch einen Vertreter abgegeben werden soll. Die Geltung der Treuepflicht auch im Verhältnis zum Stimmvertreter verdeutlicht, dass der Vertreter die Stimme nur derart abgeben kann, wie es auch der Gesellschafter könnte. Ist die Stimmabgabe durch den Gesellschafter selbst aber möglich, besteht – zumindest bei Grundlagenbeschlüssen, bei denen Gesellschaftsinteressen nicht im Vordergrund stehen, – kein hinreichendes Bedürfnis, die Stimmabgabe durch den Vertreter, der Eigeninteressen verfolgen könnte, abstrakt-generell qua Stimmverbot zu unterbinden. Für dieses Ergebnis spricht ferner das bei Familienkommanditgesellschaften (und gerade bei Grundlagenbeschlüssen) besonders ausgeprägte Interesse, gesellschafts- und familienfremde Dritte von Gesellschafterversammlungen und Gesellschaftsinterna fernzuhalten.

Schließlich spricht gegen eine hinreichende Schutzbedürftigkeit der Gesellschaft, dass ihr zusätzlich der Schutz von § 181 BGB zukommt, der eine Vertretung bei Interessenkollisionen im Verhältnis zwischen Vertreter und Vertretenem ausschließt.[325] Soweit die Gefahr besteht, dass der Vertreter die Interessen des vertretenen Verbandsmitgliedes gegenüber eigenen verbandsfremden Interessen hintanstellt, ist der Vertreter nach § 181 BGB von der Vertretung ausgeschlossen. Auf dieser Linie liegt auch die Rechtsprechung des BGH: Ein Testamentsvollstrecker, der sich selbst zum Geschäftsführer einer GmbH bestellen wolle, sei hinsichtlich der Fassung von Grundlagenbeschlüssen zwar nicht mit einem Gesellschafter vergleichbar, weil er kein Eigeninteresse an der Gesellschaft habe.[326] Gleichwohl schließt der BGH daraus nicht, dass der Stimmabgabe ein gesellschaftsrechtliches Stimmverbot entgegensteht. Vielmehr erachtet der BGH den Schutz der Gesellschaft über § 181 BGB als hinreichend. Dabei übersieht das Gericht nicht, dass dieser Schutz entfallen würde, wenn der Vertretene das Insichgeschäft gestattet, sondern nimmt es in Kauf.[327] In den hier diskutierten Fällen besteht diese Gefahr aber von vornherein nicht. Ist ein Elternteil wegen Interessenkollision von der Beschlussfassung bei Grundlagenbeschlüssen gemäß § 181 BGB von

325 Ausführlich dazu Zweiter Teil § 4 I.2.b, S. 97-104.

326 BGH, NJW 1969, 841.

327 Gemäß BGH, NJW 1969, 841, 844 wäre die Mitwirkung eines Vertreters bei seiner Wahl zum Geschäftsführer zulässig, wenn der Vertretene das Insichgeschäft gestattet hätte.

der Vertretung ausgeschlossen, könnte dies weder durch Gestattung des Minderjährigen noch des Familiengerichts überwunden werden.[328]

3) *Sonstige gemeinsame Gesellschaftsangelegenheiten*

Im Hinblick auf die Vertretung in sonstigen gemeinsamen Gesellschaftsangelegenheiten kommt es auf den konkreten Beschlussinhalt an. Unterliegt oder unterläge ein Elternteil diesbezüglich einem gesellschaftsrechtlichen Stimmverbot, wenn er Mitgesellschafter wäre, resultiert daraus zugleich ein Vertretungsverbot. Ist einem Gesellschafter hingegen gestattet, persönliche Interessen zu verfolgen, kommen die gesellschaftsrechtlichen Stimmverbote nicht zur Anwendung. Ein Vertretungsausschluss kann sich aber im Einzelfall aus anderen gesetzlichen Vertretungsverboten ergeben.

b. *Allgemein zivilrechtliche und familienrechtliche Vertretungsverbote*

Ein Vertretungshindernis kann sich nicht nur aus einer Interessenkollision auf der Ebene zwischen Gesellschafter bzw. Stimmvertreter und Gesellschaft, sondern auch in dem Verhältnis zwischen Vertreter und Vertretenem ergeben. So können die Eltern aufgrund des allgemeinen Verbots des Insichgeschäfts nach § 181 BGB von der Vertretung ausgeschlossen sein. Der Streit, ob § 181 BGB bei der Beschlussfassung überhaupt zur Anwendung kommen kann, ist mittlerweile überwunden.[329] Nach heute einhelliger Meinung ist der Gesellschafterbeschluss ein mehrseitiges Rechtsgeschäft, welches durch die Stimmabgabe der einzelnen Gesellschafter zustande kommt, so dass grundsätzlich auch § 181 BGB gilt.[330]

---

328 Einem Minderjährigen fehlt es bereits an der notwendigen Geschäftsfähigkeit, um die Eltern vom Verbot des Insichgeschäfts zu befreien. Nach herrschender Meinung ist eine Befreiung auch nicht durch das Familiengericht möglich (BGH, Urt. v. 19.06.1961 – III ZR 89/60, juris Rn. 24, 25; OLG Hamm, OLGZ 1975, 173; *Götz* in: Palandt, BGB, § 1795 Rn. 11; *Strifler-Sapper* in: Hdb. Familienrecht, Kap. 4 Rn. 81; *Spickhoff* in: MüKo, BGB, 10. Band, § 1795 Rn. 20; *Veit* in: Staudinger, BGB, 2020, § 1795 Rn. 43-44; *Coester-Waltjen/Gernhuber*, Familienrecht, § 63 Rn. 14). Dies überzeugt, da das Gesetz gemäß § 1909 Abs. 1 Satz 1 BGB für den Fall der Verhinderung der Eltern die Bestellung eines Ergänzungspflegers vorsieht und für eine Befreiung im Wege richterlicher Rechtsfortbildung daher kein Raum ist.

329 *Schäfer* in: MüKo, BGB, 7. Band, § 709 Rn. 51; *Haas/Strub* in: FS Schwenzer, 2011, S. 623, 632-635; *Baetzgen*, RNotZ 2005, 193, 222; *Ivo* in: Wachter, Handels- und GesellschaftsR., § 19 Rn. 65.

330 BGHZ 65, 93 ff. = NJW 1976, 49, 50; *Klimke* in: BeckOK HGB, § 119 Rn. 59, 60; *Roth* in: Baumbach/Hopt, HGB, § 105 Rn. 27, § 119 Rn. 22, 25; *Schäfer* in: MüKo, BGB, 7. Band, § 709 Rn. 51.

Im Falle der uneingeschränkten Anwendung von § 181 BGB wäre es einem Elternteil daher zum einen untersagt, zugleich als Gesellschafter im eigenen Namen als auch im Namen seines Kindes Abkömmlings zu handeln, zum anderen gleichzeitig mehrere Kinder zu vertreten.[331] Von dem Vertretungsausschluss wäre im Fall der gemeinsamen Sorge gemäß §§ 1629 Abs. 2 Satz 1 BGB, 1795 Abs. 2, 181 BGB auch der andere Elternteil erfasst. In Ergänzung der allgemeinen Vorschrift des § 181 BGB kommen auch im Hinblick auf die Vertretung bei der gesellschaftsrechtlichen Beschlussfassung die zum Schutz des Minderjährigen geltenden familienrechtlichen Vertretungsverbote zur Anwendung, soweit die Ebene zwischen minderjährigem Gesellschafter und dessen gesetzlichem Vertreter berührt ist. In der Folge sind Eltern auch von der Vertretung ausgeschlossen, wenn sie zwar nicht selbst Gesellschafter sind, aber ein Verwandter in gerader Linie, beispielsweise ein weiteres Kind oder ein Großelternteil (§§ 1629 Abs. 2 Satz 1, 1795 Abs. 1 Nr. 1 BGB). Der Vertretungsausschluss wäre somit insbesondere bei Familiengesellschaften sehr weitreichend. Eine Beschlussfassung wäre erschwert, da für die minderjährigen Gesellschafter zunächst gemäß § 1909 Abs. 1 Satz 1 BGB ein, gegebenenfalls auch mehrere Ergänzungspfleger bestellt werden müssten.[332] Zudem gerät die Einbeziehung gesellschaftsfremder Dritter in Konflikt mit dem in der Kommanditgesellschaft grundsätzlich geltenden Prinzip der Selbstorganschaft.[333] Dies gilt auch bei der internen Willensbildung. Insbesondere im Fall von Familiengesellschaften, bei denen das Vertrauensverhältnis unter den Gesellschaftern besonders stark ausgeprägt ist, soll die Mitwirkung Fremder eine Ausnahme bleiben.[334] § 181 BGB steht einer Vertretung aber nicht entgegen, wenn das Insichgeschäft in der Erfüllung einer Verbindlichkeit besteht oder der Vertretene den Vertreter von den Beschränkungen des § 181 BGB

---

331 Wenn die Eltern von der Vertretung ausgeschlossen sind, scheidet eine Einwilligung nach § 107 BGB durch die Eltern ebenfalls aus (*Klumpp* in: Staudinger, BGB, 2017, § 107 Rn. 25; *Spickhoff* in: MüKo, BGB, 1. Band, § 107 Rn. 17; vgl. im Übrigen Fußn. 256, S. 77).

332 Sofern die minderjährigen Gesellschafter untereinander gegensätzliche Interessen verfolgen, ist für jeden minderjährigen Gesellschafter jeweils ein eigener Ergänzungspfleger zu bestellen. Dazu bereits Zweiter Teil § 3 I. 1.b., S. 24-26.

333 Siehe Fußn. 81, S. 38.

334 BGHZ 65, 93 ff. = NJW 1976, 49, 50.

befreit hat.[335] Darüber hinaus wird § 181 BGB teleologisch reduziert, wenn mit einer Interessenkollision zwischen Vertreter und Vertretenen typischerweise nicht zu rechnen ist.[336] Umgekehrt muss der Anwendungsbereich des § 181 BGB aber auch erweitert werden, wenn dies nach Sinn und Zweck der Vorschrift geboten ist und der Vertretene anderenfalls schutzlos stünde.

aa. Erfüllung einer Verbindlichkeit

§ 181 BGB gestattet dem Vertreter ein Insichgeschäft vorzunehmen, wenn es ausschließlich in der Erfüllung einer Verbindlichkeit besteht. In derartigen Fällen ist kein Interessenkonflikt zu befürchten, da der Inhalt des Rechtsgeschäfts durch die Verbindlichkeit festgelegt ist und der Vertreter keinen Entscheidungsspielraum hat.[337] Diese Ausnahme gilt auch für das Vertretungsverbot nach § 1795 Abs. 1 Nr. 1 BGB (iVm. § 1629 Abs. 2 Satz 1 BGB oder § 1915 Abs. 1 Satz 1 BGB).[338] Die Stimmabgabe dient der Erfüllung einer Verbindlichkeit, wenn der minderjährige Gesellschafter verpflichtet ist, seine Stimme mit einem bestimmten Inhalt abzugeben und kein Entscheidungsspielraum besteht.[339]

Eine derartige Pflicht kann sich zunächst aus einer rechtsgeschäftlichen Vereinbarung, namentlich einem Stimmbindungsvertrag ergeben. Gerade in größeren Familiengesellschaften, an denen mehrere Familienstämme beteiligt sind, sind Stimmbindungsverträge nicht selten. Zweck ist es, die beteiligten Gesellschafter schuldrechtlich darüber zu binden, in welcher Weise die beteiligten Gesellschafter ihr Stimmrecht ausüben müssen.[340]

---

335 Einem Minderjährigen fehlt es bereits an der notwendigen Geschäftsfähigkeit, um die Eltern vom Verbot des Insichgeschäfts zu befreien. Nach herrschender Meinung ist eine Befreiung auch nicht durch das Familiengericht möglich (vgl. Fußn. 328, S. 97).

336 BGHZ 56, 97 ff. = NJW 1971, 1355, 1357; BGHZ 161, 170 ff. = NJW 2005, 415, 418; *Maier-Reimer/Finkenauer* in: Erman, BGB, 1. Band, § 181 Rn. 2, 22; *Schäfer* in: BeckOK BGB, § 181 Rn. 3, 18; *Schilken* in: Staudinger, BGB, 2019, § 181 Rn. 6; *Schubert* in: MüKo, BGB, 1. Band, § 181 Rn. 4-6; *Hübner,* Interessenkonflikt, S. 67, 139, 294; *Jäger,* Teleologische Reduktion, S. 120-121; *Baetzgen*, RNotZ 2005, 193, 195.

337 *Allmendinger,* Eltern-Kind-Schenkungen, S. 88-89; *Jäger,* Teleologische Reduktion, S. 11; *Nitze,* Minderjähriger Gesellschafter, S. 67.

338 Einhellige Meinung: BayObLG, DNotZ 2004, 925, 926; *Budzikiewicz* in: Jauernig, BGB, § 1795 Rn. 2; *Spickhoff* in: MüKo, BGB, 10. Band, § 1795 Rn. 32; *Schulte-Bunert* in: Erman, BGB, 2. Band, § 1795 Rn. 8; *Nitze,* Minderjähriger Gesellschafter, S. 108; *Kölmel,* RNotZ 2010, 1, 12.

339 Vgl. *Nitze,* Minderjähriger Gesellschafter, S. 67, 70-73.

340 Näher zum Stimmbindungsvertrag siehe unter Zweiter Teil § 4 I.4.b., S. 116.

Ferner kann sich eine Pflicht, die Stimme in bestimmter Weise abzugeben, aus der gesellschaftsrechtlichen Treuepflicht ergeben. Eine derartige Pflicht ist nur unter engen Voraussetzungen anzunehmen,[341] wobei im Fall eines minderjährigen Gesellschafters zusätzlich dessen besonderes Schutzbedürfnis zu berücksichtigen ist.[342] So hat der BGH ersichtlich zuletzt im Jahr 1961 eine Zustimmungspflicht eines minderjährigen Gesellschafters für den Ausscheidungsbeschluss eines anderen Gesellschafters angenommen, weil dies im Interesse der Gesellschaft notwendig gewesen sei und die Belange des Minderjährigen dem nicht entgegenstanden.[343]

Im Übrigen zeigt die bisherige Rechtsprechung, dass ein Gesellschafter im Fall der Verpflichtung zur Zustimmung zu einem Beschluss die Wahl hat, stattdessen aus der Gesellschaft auszuscheiden.[344] Allenfalls wenn in dem Beschluss beide Optionen – Sanieren oder Ausscheiden – zusammengefasst sind, muss der Gesellschafter aufgrund seiner gesellschaftsrechtlichen Treuepflicht dem Beschluss zustimmen. Dieses Modell wird praktischerweise in Bezug auf die Sanierung einer Gesellschaft gewählt. Die Gesellschafter stehen vor der Wahl, eine neue Beitragspflicht einzugehen und somit der Sanierung zuzustimmen oder aber aus der Gesellschaft auszuscheiden.[345] Es handelt sich hierbei nicht um die ausschließliche Erfüllung einer Verbindlichkeit, da sich der Gesellschafter bzw. sein Vertreter bei der Abstimmung zwischen zwei Optionen entscheiden kann, die materiell-rechtlich unterschiedliche Folgen haben. Lediglich formal wird darüber in einem Beschluss entschieden. Im Fall eines Insichgeschäfts besteht die Gefahr einer Interessenkollision fort, so dass es in derartigen Fällen bei dem grundsätzlichen Vertretungsverbot bleibt.

bb. Teleologische Reduktion

Weitere Ausnahmen vom Vertretungsverbot werden im Wege einer teleologischen Reduktion der §§ 181, 1795 BGB zugelassen, wenn mit einer Interessenkollision zwischen Vertreter und Vertretenen *„generell-abstrakt“* nicht zu

341 Vgl. Zweiter Teil § 3 I.1.a.bb., S. 51-52.

342 Vgl. BGH, NJW 1961, 724, 725; dazu ausführlich *Nitze,* Minderjähriger Gesellschafter, S. 73-75.

343 BGH, NJW 1961, 724, 725 (zur oHG).

344 BGH, NZG 2015, 995-998 (zur GbR); BGHZ 183, 1 ff. = NJW 2010, 65, 67 (zur oHG).

345 BGH, NZG 2015, 995- 998 (zur GbR); BGHZ 183, 1 ff. = NJW 2010, 65, 67 (zur oHG).

rechnen ist.[346] Dies gilt zum einen bei Rechtsgeschäften, die für den Vertretenen lediglich rechtlich vorteilhaft[347] oder neutral sind.[348]

Zum anderen wird das Verbot auch im Hinblick auf bestimmte Beschlussgegenstände teleologisch reduziert. Es ist sowohl in der Rechtsprechung als auch in der Literatur anerkannt, § 181 BGB bei Beschlüssen über Geschäftsführungsangelegenheiten nicht anzuwenden, da die Gesellschafter bei Geschäftsführungsangelegenheiten in erster Linie den gemeinsamen Gesellschaftszweck verfolgen und keine persönlichen, entgegengesetzten Interessenkonflikte austragen.[349] Es mögen unterschiedliche Ansichten dazu bestehen, mit welcher Maßnahme der Gesellschaftszweck am besten verwirklicht wird.[350] Dabei geht es jedoch vorrangig um unterschiedliche Erwägungen zum gemeinsamen gesellschaftlichen Nutzen, nicht dagegen um die Durchsetzung eigener Interessen vor denen eines anderen Gesellschafters.[351] Typischerweise fehlt es daher an einem Interessenkonflikt zwischen Vertreter und Vertretenen, weshalb § 181 BGB teleologisch zu reduzieren ist. Da der Rechtsgedanke des § 181 BGB im Vertretungsverbot des

---

346 Zu § 181 BGB: BGHZ 56, 97 ff. = NJW 1971, 1355, 1357; BGHZ 161, 170 ff. = NJW 2005, 415, 418; *Schilken* in: Staudinger, BGB, 2019, § 181 Rn. 6; *Maier-Reimer/Finkenauer* in: Erman, BGB, 1. Band, § 181 Rn. 2, 22; *Mansel* in: Jauernig, BGB, § 181 Rn. 7; *Schäfer* in: BeckOK BGB, § 181 Rn. 3, 18; *Schubert* in: MüKo, BGB, 1. Band, § 181 Rn. 4-6; *Hübner*, Interessenkonflikt, S. 67, 139, 294; *Jäger*, Teleologische Reduktion, S. 120-121; *Baetzgen*, RNotZ 2005, 193, 195. Zu § 1795 *Budzikiewicz* in: Jauernig, BGB, § 1795 Rn. 2; *Schulte-Bunert* in: Erman, BGB, 2. Band, § 1795 Rn. 8.

347 BGHZ 59, 236 ff. = NJW 1972, 2262, 2263; BGH, NJW 2017, 3516, 3517; BayObLG, ZEV 2004, 340; OLG Köln, NJOZ 2003, 3046, 3049. Zu § 1795 BGB *Schulte-Bunert* in: Erman, BGB, 2. Band, § 1795 Rn. 9.

348 *Schilken* in: Staudinger, BGB, 2019, § 181 Rn. 32; *Schäfer* in: BeckOK BGB, § 181 Rn. 19; *Schubert* in: MüKo, BGB, 1. Band, § 181 Rn. 32; *Baetzgen*, RNotZ 2005, 193, 195. Zu § 1795 BGB *Spickhoff* in: MüKo, BGB, 10. Band, § 1795 Rn. 21, 33.

349 BGHZ 65, 93 ff. = NJW 1976, 49, 50; BGHZ 112, 339 ff. = NJW 1991, 691, 692; OLG Oldenburg, BeckRS 2019, 4094; *Enzinger* in: MüKo, HGB, 2. Band, § 119 Rn. 20, 21; *Schäfer* in: MüKo, BGB, 7. Band, § 709 Rn. 57 sowie in: Staub, HGB, 3. Band, § 119 Rn. 60; *Schilken* in: Staudinger, BGB, 2019, § 181 Rn. 25, 26; *Schubert* in: MüKo, BGB, 1. Band, § 181 Rn. 37; *Ivo* in: Wachter, Handels- und GesellschaftsR., § 19 Rn. 65; *Jäger*, Teleologische Reduktion, S. 158, 175 (begrenzt auf Vertretung eines nicht voll Geschäftsfähigen); *Bürger*, RNotZ 2006, 156, 171; *Lohse/Triebel*, ZEV 2000, 337, 339; *Rust*, DStR 2005, 1992, 1993.

350 Vgl. BGHZ 65, 93 ff. = NJW 1976, 49, 50; OLG Oldenburg, BeckRS 2019, 4094; OLG Oldenburg BeckRS 2019, 15813.

351 Vgl. BGHZ 65, 93 ff. = NJW 1976, 49, 50; OLG Oldenburg, BeckRS 2019, 4094; *Schäfer* in: Staub, HGB, 3. Band, § 119 Rn. 60; *Lohse/Triebel*, ZEV 2000, 337, 339.

§ 1795 Abs. 1 Nr. 1 BGB aufgegriffen und lediglich der Personenkreis erweitert wird, ist auch eine teleologische Reduktion von § 1795 Abs. 1 Nr. 1 BGB geboten. Anderenfalls bestünde ein Wertungswiderspruch. Sollte ein Gesellschafter gleichwohl Sonderinteressen verfolgen, die eine am Gesellschaftsinteresse orientierte Stimmrechtsausübung gefährden, wird er aufgrund gesellschaftsrechtlicher Stimmverbote ohnehin sowohl an der eigenen Stimmabgabe als auch an der Vertretung zur Stimmabgabe gehindert.[352]

Von Grundlagenbeschlüssen ist dagegen regelmäßig auch die eigene Gesellschafterposition betroffen.[353] Wie bereits dargelegt, ist es daher jedem Gesellschafter gestattet – vorbehaltlich der Treuepflicht – eigene Interessen zu verfolgen,[354] weshalb hier die Gefahr von Interessenkonflikten untereinander besteht und somit eine teleologische Reduktion des § 181 BGB ausscheidet.[355] Besonders deutlich wird dies bei Änderungen des Gesellschaftsvertrages; insoweit schließen die Gesellschafter in der Sache einen mehrseitigen Vertrag ab. Ist das Rechtsgeschäft für einen minderjährigen Gesellschafter nicht lediglich rechtlich vorteilhaft oder zumindest neutral, können die Eltern ihren minderjährigen Abkömmling daher gemäß §§ 1629 Abs. 2 Satz 1, 1795 Abs. 2, 181 BGB nicht vertreten, wenn einer von ihnen Mitgesellschafter ist. Darüber hinaus scheidet eine Vertretung bei Grundlagenbeschlüssen nach §§ 1629 Abs. 2 Satz 1, 1795 Abs. 1 Nr. 1 BGB auch dann aus, wenn zwar nicht ein Elternteil, aber ein Verwandter in gerader Linie eines Elternteils Gesellschafter ist.[356]

Hinsichtlich sonstiger gemeinsamer Gesellschaftsangelegenheiten ist für den jeweiligen Einzelfall zu entscheiden, ob § 181 BGB anzuwenden oder teleologisch zu reduzieren ist. Wird mit der Maßnahme in erster Linie der gemeinsame Gesellschaftszweck verfolgt, scheidet eine generell-abstrakte Gefahr einer Interessenkollision unter den Gesellschaftern wie bei Geschäftsführungsmaßnahmen

352 Siehe dazu Zweiter Teil § 4 I.2.a.aa.und bb.1), S. 89-93.

353 Beispielsweise bei der Beschlussfassung über die Auflösung der Gesellschaft, die Aufnahme eines weiteren Gesellschafters oder die Ausschließung eines Gesellschafters sowie über die Erhöhung der Kapitaleinlagen.

354 Siehe dazu Zweiter Teil § 4 I.2.a.aa., S. 89-92.

355 Herrschende Meinung: BGHZ 65, 93 ff. = NJW 1976, 49, 50; BGHZ 112, 339 ff. = NJW 1991, 691, 692; OLG Oldenburg, BeckRS 2019, 4094; *Enzinger* in: MüKo, HGB, 2. Band, § 119 Rn. 21; *Schäfer* in: MüKo, BGB, 7. Band, § 709 Rn. 58 sowie in: Staub, HGB, 3. Band, § 119 Rn. 60; *Schilken* in: Staudinger, BGB, 2019, § 181 Rn. 26; *Schubert* in: MüKo, BGB, 1. Band, § 181 Rn. 38; *Ivo* in: Wachter, Handels- und GesellschaftsR., § 19 Rn. 65; *Lohse/Triebel*, ZEV 2000, 337, 339.

356 OLG Oldenburg, BeckRS 2019, 4094.

aus und eine teleologische Reduktion der Vertretungsverbote nach §§ 181, 1795 BGB kommt in Betracht. Betrifft die Maßnahme hingegen den Gesellschaftsvertrag oder die Rechtsstellung eines oder mehrerer Gesellschafter und verfolgt jeder Gesellschafter daher eigene Interessen, scheidet eine teleologische Reduktion aus und es bleibt beim Vertretungsverbot. Dann muss ein Ergänzungspfleger bestellt werden, der das Stimmrecht des minderjährigen Gesellschafters ausübt.

cc. Analoge Anwendung

Im Hinblick auf den Schutzzweck der §§ 181, 1795 BGB ist der jeweilige Anwendungsbereich nicht nur einzuschränken, sondern gegebenenfalls auch auszudehnen. Dabei geht es um Situationen, in denen zwar generell-abstrakt ein Interessenkonflikt droht, es formal aber an der von § 181 BGB formal vorausgesetzten Personenidentität fehlt.[357] Im Zusammenhang mit Familiengesellschaften sind insbesondere Bürgschaften zugunsten eines Elternteils oder eines Unternehmens, in dem er maßgeblichen Einfluss hat, von Bedeutung. Sofern die Übernahme noch dem Gesellschaftszweck dient, wird die Vertretung im Wege der analogen Anwendung gesellschaftsrechtlicher Stimmverbote verhindert. Ist der Bürgschaftsvertrag dagegen nicht mehr vom Gesellschaftszweck gedeckt, muss ein Grundlagenbeschluss gefasst werden, für den die gesellschaftsrechtlichen Stimmverbote grundsätzlich nicht gelten.[358]

Eine unmittelbare Anwendung von § 181 Var. 1 BGB scheitert in derartigen Konstellationen daran, dass der Bürgschaftsvertrag nicht mit dem begünstigten Elternteil, sondern mit dem Gläubiger geschlossen wird. Es fehlt mithin an einem Rechtsgeschäft, das der Vertreter im Namen des Vertretenen mit sich im eigenen Namen oder als Vertreter eines Dritten vornimmt. Um § 181 BGB analog heranzuziehen, bedürfte es neben einer vergleichbaren Interessenlage einer planwidrigen Regelungslücke.[359] Hierbei darf nicht außer Acht gelassen werden, dass neben dem Schutz des Vertretenen auch die Interessen des Gläubigers zu berücksichtigen sind, wenn es sich dabei nicht um den Vertreter selbst, sondern einen Dritten handelt.[360] Literatur und Rechtsprechung haben deshalb einzelne

---

357 *Schilken* in: Staudinger, BGB, 2019, § 181 Rn. 34-44; *Spickhoff* in: MüKo, BGB, 10. Band, § 1795 Rn. 27; *Veit* in: Staudinger, BGB, 2020, § 1795 Rn. 31-41; *Hübner,* Interessenkonflikt, S. 195-220.

358 Siehe dazu Zweiter Teil § 4 I.2.a.aa. und bb.1) und 2), S. 89-97.

359 *Bork, BGB* AT, § 3 Rn. 143-145.

360 Vgl. *Schilken* in: Staudinger, BGB, 2019, § 181 Rn. 34; *Hübner,* Interessenkonflikt, S. 196-197, 199-204.

Fallgruppen entwickelt, in denen der Schutz des Vertretenen überwiegt und § 181 BGB analog angewendet wird, beispielsweise bei amtsempfangsbedürftigen Willenserklärungen, die materiell-rechtlich Rechtswirkungen zwischen Vertreter und Vertretenen entfalten.[361]

Im Hinblick auf das familienrechtliche Vertretungsverbot nach § 1795 BGB tritt der Gesichtspunkt des Minderjährigenschutzes hinzu. Unter den Begriff des Rechtsgeschäfts in § 1795 Abs. 1 Nr. 1 BGB werden daher auch solche Geschäfte subsumiert, die Rechtswirkungen zwischen dem Minderjährigen und dem Ehegatten, Lebenspartner oder einem Verwandten in gerader Linie eines Elternteils erzeugen.[362] Eine Analogie ist zwar insofern entbehrlich. Im Einzelfall ist aber auch hier genau zu prüfen, ob das betreffende Rechtsgeschäft unter das Vertretungsverbot fällt, denn teilweise ist strittig, welche Fallgruppen im Einzelnen erfasst sind. Uneinigkeit besteht beispielsweise für den Fall der Ausschlagung einer Erbschaft, wenn der gesetzliche Vertreter infolge der Ausschlagung selbst als Erbe berufen ist.[363] Im Zweifelsfall ist dem Familiengericht die Angelegenheit anzuzeigen, damit ein Ergänzungspfleger bestellt wird, wenn das Gericht zu der Überzeugung gelangt, dass die Eltern von der Vertretung ausgeschlossen sind.

c. *Auswirkung eines Vertretungshindernisses auf den anderen Elternteil*

Sofern nur ein Elternteil Sonderinteressen verfolgt und daher wegen eines gesellschaftsrechtlichen Stimmverbots oder wegen §§ 1795, 181 BGB von der Vertretung des minderjährigen Abkömmlings ausgeschlossen ist, stellt sich die Frage, ob der Minderjährige zumindest von dem anderen Elternteil vertreten werden kann.[364] Soweit sich dagegen der Vertretungsausschluss auf den anderen Elternteil erstrecken oder sonst auswirken sollte, wäre gemäß § 1909 Abs. 1 BGB ein Ergänzungspfleger zu bestellen.

---

361 BGHZ 77, 7 ff. = NJW 1980, 1577; *Maier-Reimer/Finkenauer* in: Erman, BGB, 1. Band, § 181 Rn. 14; *Schilken* in: Staudinger, BGB, 2019, § 181 Rn. 40 und weitere Fallgruppen in Rn. 34-44; *Hübner*, Interessenkonflikt, S. 220-226.

362 *Schulte-Bunert* in: Erman, BGB, 2. Band, § 1795 Rn. 3-5; *Spickhoff* in: MüKo, BGB, 10. Band, § 1795 Rn. 27; *Veit* in: Staudinger, BGB, 2020, § 1795 Rn. 35, 40-41.

363 Kein Vertretungsverbot: BayObLG, BayObLGZ 1983, 213, 220; a.A. *Spickhoff* in: MüKo, BGB, 10. Band, § 1795 Rn. 6.

364 Unterliegt hingegen bereits der vertretene Gesellschafter einem Stimmverbot, kann das Stimmrecht auch nicht vom Vertreter wahrgenommen werden (vgl. *Lockowandt*, Stimmrechtsbeschränkungen, S. 107; i.E. ebenso *Kindler* in: Koller/Kindler/Roth/Morck, HGB, § 119 Rn. 3; *Klimke* in: BeckOK HGB, § 119 Rn. 13; *Nitze*, Minderjähriger Gesellschafter, S. 58; *Zöllner*, Stimmrechtsmacht, S. 272-274).

aa. Gesellschaftsrechtliches Stimmverbot und familienrechtlicher Gesamtvertretungsgrundsatz

Besteht das Vertretungshindernis des befangenen Elternteils in einem gesellschaftsrechtlichen Stimmverbot, wäre der andere Elternteil bereits aus gesellschaftsrechtlichen Erwägungen von der Vertretung ausgeschlossen, wenn das den befangenen Elternteil betreffende Stimmverbot auch für ihn gälte. Eine Erstreckung könnte aus dem Gesichtspunkt erwogen werden, dass Verwandte (im Verhältnis zur Gesellschaft) dem gleichen Interessenkonflikt unterliegen könnten wie der Betroffene selbst. Es kann aber nicht generell und typischerweise davon ausgegangen werden, dass ein Ehegatte den Interessen des jeweils anderen Ehegatten stets gegenüber denen der Gesellschaft den Vorzug gibt.[365] Aus Gründen der Rechtssicherheit sind Verwandte daher nicht in das Stimmverbot einzubeziehen. Aufgrund der Bedeutung des Stimmrechts für die Willensbildung innerhalb der Gesellschaft bedarf es zusätzlicher Umstände, um einen Stimmrechtsausschluss zu rechtfertigen. Zudem bestünde anderenfalls in einer Familiengesellschaft aufgrund des immanenten Näheverhältnisses die Gefahr einer beschlussunfähigen Gesellschafterversammlung.

Dass sich ein gesellschaftsrechtliches Stimmverbot nicht per se auf den anderen Elternteil auswirkt, bedeutet jedoch nicht zwangsläufig, dass der andere Elternteil sein Kind in der Gesellschafterversammlung vertreten kann. Zwar mag das Stimmverbot als solches der Vertretung nicht entgegenstehen, es fehlt dem anderen Elternteil aber an der erforderlichen Vertretungsmacht. Gemäß § 1629 Abs. 1 Satz 1 HS 1 BGB vertreten die Eltern das Kind grundsätzlich gemeinschaftlich.[366] Demzufolge sind beide Elternteile nur zusammen befugt,

---

365 So die überwiegende Ansicht BGHZ 80, 69 ff. = NJW 1981, 1512, 1513 (zur GmbH); BGH, NZG 2012, 625, 628 (zur GbR); *Plückelmann* in: MAH PersGesR, § 8 Rn. 79; *Roth* in: Roth/Altmeppen, GmbHG, § 47 Rn. 141 (zur GmbH); *Zöllner*, Stimmrechtsmacht, S. 281-282; *Nitze*, Minderjähriger Gesellschafter, S. 59-60.

366 Dagegen vertritt ein Elternteil sein Kind allein, wenn es die elterliche Sorge allein ausübt oder ihm in einer einzelnen Angelegenheit aufgrund einer Meinungsverschiedenheit zwischen den Eltern die Entscheidung vom Familiengericht übertragen wurde, § 1629 Abs. 1 Satz 3 BGB. Alleinsorge besteht beispielsweise gemäß § 1626a Abs. 1, 3 BGB, wenn die Eltern nicht miteinander verheiratet sind und keine gemeinsame Sorgeerklärung abgegeben haben oder die Eltern dauerhaft getrennt leben und einem Elternteil das alleinige Sorgerecht übertragen wurde, § 1671 Abs. 1, 2 BGB. Ferner übt ein Elternteil die elterliche Sorge gemäß § 1678 Abs. 1 BGB allein aus, wenn der andere Elternteil tatsächlich verhindert ist oder seine elterliche Sorge nach §§ 1674 ff. BGB ruht; dazu sogleich Zweiter Teil § 4 I.2.c. bb., S. 106-107.

Rechtsgeschäfte im Namen des Kindes vorzunehmen.[367] Beide Eltern müssen zwar nicht stets gemeinsam und gleichzeitig handeln, jedoch ist ein sukzessives Handeln der Eltern oder ein alleiniges Handeln mit (konkludenter) Zustimmung des anderen Elternteils erforderlich. Soweit aber ein Elternteil von der Stimmabgabe ausgeschlossen ist, ist eine gemeinschaftliche Vertretung nicht möglich.

bb. Familienrechtliches Vertretungsverbot

Anders als ein gesellschaftsrechtliches Stimmverbot wirkt sich ein (familienrechtliches) Vertretungsverbot gemäß §§ 1629 Abs. 2 Satz 1, 1795 Abs. 1 BGB und § 181 BGB auf beide Elternteile aus, selbst wenn die Voraussetzungen der Ausschlusstatbestände nur in der Person eines Elternteils gegeben sind.[368] Die gegenteilige Auffassung – ein Erstarken der Vertretungsbefugnis des einen Elternteils zur Alleinvertretungsmacht bei gesetzlichem Ausschluss des anderen Elternteils – wird ersichtlich nicht mehr[369] vertreten und findet auch im Gesetz keine Stütze. Dem Gesetz liegt der Gedanke zugrunde, dass die gesetzlich vermutete Interessenkollision des einen Elternteils wegen der regelmäßig gleichen Interessenlage der Eltern im Verhältnis zu ihrem Kind typischerweise auch zu einer Befangenheit des anderen Elternteils führt. Wenn eine derartige Befangenheit regelmäßig nicht zu befürchten ist – namentlich bei einer *tatsächlichen* Verhinderung[370] der Ausübung der elterlichen Sorge und bei einem Ruhen der elterlichen Sorge –, ordnet § 1678 Abs. 1 HS 1 BGB eine Alleinvertretungsbefugnis des anderen Elternteils an. Dies gilt jedoch nur in den eng umgrenzten Fällen der §§ 1673 bis 1674a BGB, die in den hier diskutierten Fällen nicht einschlägig

367 Einhellige Meinung vgl. *Huber* in: MüKo, BGB, 10. Band, § 1629 Rn. 12; *Peschel-Gutzeit* in: Staudinger, BGB, 2015, § 1629 Rn. 32; *Veit* in: BeckOK BGB, § 1629 Rn. 28; *Riedel* in: Unternehmensnachfolge, § 12 Rn. 25; *Coester-Waltjen/Gernhuber*, Familienrecht, § 61 Rn. 25, 31; *Milatz*, Familienvermögen, S. 36.

368 BGH, NJW 1972, 1708, 1709, OLG Dresden, NJW 2016, 1028, 1029; *Huber* in: MüKo, BGB, 10. Band, § 1629 Rn. 43; *Veit* in: BeckOK BGB, § 1629 Rn. 28.

369 So noch BGH, NJW 1958, 709; aufgegeben durch BGH, NJW 1972, 1708.

370 Da § 1674 Abs. 1 BGB das Ruhen der elterlichen Sorge bei einem tatsächlichen Hindernis anordnet, bleibt für § 1678 Abs. 1 Var. 1 BGB nur ein eingeschränkter Anwendungsbereich. § 1678 Abs. 1 Var. 1 BGB umfasst nur Fälle, in denen die tatsächliche Verhinderung an der Sorgerechtsausübung nur vorübergehend ist (z.B. eine mehrwöchige Reha-Behandlung), während § 1674 Abs. 1 BGB eine Verhinderung von längerer Dauer voraussetzt; vgl. dazu etwa AG Holzminden, FamRZ 2002, 560, 562; *Coester* in: Staudinger, BGB, 2016, § 1678 Rn. 5; *Hennemann* in: MüKo, BGB, 10. Band, § 1678 Rn. 1; *Veit* in: BeckOK BGB, § 1678 Rn. 2.

sind.[371] Für *rechtliche* Hinderungsgründe regeln §§ 1678 Abs. 1 HS 1, 1673 BGB abschließend, unter welchen Umständen ein Ruhen der elterlichen Sorge und in der Folge eine Alleinvertretungsbefugnis des anderen Elternteils in Betracht kommen. Für die Vertretungshindernisse wegen Interessenkollision fehlt es an einer derartigen Anordnung. Es bleibt insoweit bei einer Gesamtvertretung, so dass auch der nicht betroffene Elternteil den Minderjährigen nicht vertreten kann.[372] Dieses Ergebnis entspricht schließlich sowohl dem Wortlaut von § 1629 Abs. 2 Satz 1 BGB, wonach „*der Vater und die Mutter*" das Kind nicht vertreten können, wenn ein Ausschlussgrund des § 1795 BGB gegeben ist, als auch dem Willen des historischen Gesetzgebers.[373]

cc. Autorisation des anderen Elternteils

Aus Gründen der Praktikabilität ist es grundsätzlich möglich, dass ein Elternteil den anderen intern autorisiert, in einzelnen Bereichen oder hinsichtlich bestimmter Geschäfte und Rechtshandlungen allein für das Kind tätig zu werden.[374] Eine derartige Abrede können die Eltern in Form einer Bevollmächtigung gemäß § 166 ff. BGB oder einer Ermächtigung analog § 125 Abs. 2 Satz 2 HGB

---

371 Nach § 1673 Abs. 1, 2 BGB ruht die elterliche Sorge eines Geschäftsunfähigen und die eines beschränkt Geschäftsfähigen ist beschränkt, er darf sein Kind nicht vertreten. § 1674 Abs. 1 BGB bestimmt das Ruhen der elterlichen Sorge, wenn ein Elternteil aus tatsächlichen Gründen längere Zeit an der Ausübung verhindert ist, beispielsweise wenn dieser in Kriegsgefangenschaft geraten ist, vermisst wird oder unter einer Trunksucht leidet, aber nicht die Schwelle der Geschäftsunfähigkeit erreicht ist (*Götz* in: Palandt, BGB, § 1674 Rn. 1; *Hennemann* in: MüKo, BGB, 10. Band, § 1674 Rn. 8).

372 Im Fall der alleinigen Sorge gelten zwar gemäß § 1629 Abs. 2 Satz 1 BGB auch die Vertretungsverbote nach § 1795 BGB. Es findet aber keine Ausweitung auf den nicht sorgeberechtigten Elternteil statt, da dieser mangels Sorgerechts ohnehin keine Vertretungsmacht hat. Vgl. *Peschel-Gutzeit* in: Staudinger, BGB, 2015, § 1629 Rn. 186; *Veit* in: BeckOK BGB, § 1629 Rn. 28.

373 In der amtlichen Begründung zu § 1629 BGB heißt es (zit. nach BayObLG, FamRZ 1960, 33, 34): „*Ist ein Elternteil an der Vertretung des Kindes – in den Fällen des § 1795 BGB – rechtlich verhindert, so liegt es nicht im Interesse des Kindes, daß dann der andere Elternteil seine Vertretung übernimmt, auch wenn er im Einzelfall nicht kraft Gesetzes von der Vertretung ausgeschlossen ist. Gerade bei einem guten Einvernehmen der Ehegatten sind beide in solchen Fällen in gleicher Weise zur Vertretung des Kindes ungeeignet. Es muß daher entsprechend dem jetzigen Rechtszustand ein Pfleger zur Vertretung des Kindes bestellt werden.*"

374 *Peschel-Gutzeit* in: Staudinger, BGB, 2015, § 1629 Rn. 41; *Coester-Waltjen/Gernhuber*, Familienrecht, § 61 Rn. 26; *Veit* in: BeckOK BGB, § 1629 Rn. 11.

vornehmen.[375] Bislang wenig diskutiert ist, ob und unter welchen Voraussetzungen der wegen eines Hindernisses in seiner Person von der Vertretung ausgeschlossene Elternteil den anderen Elternteil gleichwohl autorisieren kann, ihr Kind allein zu vertreten.

Grundsätzlich kann eine Autorisierung eines Elternteils, eine Willenserklärung ohne weitere Mitwirkung des anderen Elternteils für das Kind abzugeben und so das gemeinsame Sorgerecht allein auszuüben, sowohl durch Bevollmächtigung als auch durch Ermächtigung erfolgen. Im Ergebnis können daher beide Wege gegangen werden, um die Ausübung der elterlichen Sorge intern einem Elternteil zu übertragen.[376] Sie unterscheiden sich in erster Linie in der Art des Auftretens. Die Vollmacht ermöglicht gemäß § 164 Abs. 1 Satz 1 BGB dem autorisierten Elternteil im Namen des anderen Elternteils als Unterbevollmächtigter tätig zu werden.[377] Im Gegensatz dazu kann der analog § 125 Abs. 2 Satz 2 HGB ermächtigte Elternteil im eigenen Namen handeln. Die Vollmacht ist personenbezogen, die Ermächtigung dagegen gegenstandsbezogen.[378]

Im Hinblick auf die Überwindung eines Vertretungshindernisses führen diese Unterscheidungen nicht weiter. Zur Beantwortung der Frage, inwieweit durch die Autorisation eines anderen ein eigenes Vertretungshindernis überwunden werden kann, ist vielmehr der Umfang der Handlungsmacht maßgeblich, der im Wege des jeweiligen Rechtsinstituts eingeräumt wird beziehungsweise werden kann. Da die Ermächtigung akzessorisch ist, können dem anderen grundsätzlich nur diejenigen Befugnisse übertragen werden, die der Ermächtigende selbst innehat.[379] Für die Stellvertretung gilt dies zwar nicht unmittelbar, da die Vollmachtserteilung zunächst nur die Geschäftsfähigkeit des Vertretenen erfordert und der Vertreter sodann jegliche Art von Rechtsgeschäften abschließen könnte. Sowohl im Fall der Spezialvollmacht als auch der Untervollmacht ist der

375 Streitig ist, ob bei Auslegungszweifeln regelmäßig von einer Bevollmächtigung oder Ermächtigung auszugehen ist, vgl. *Veit* in: BeckOK BGB, § 1629 Rn. 11, 11.1, 11.3; *Coester-Waltjen/Gernhuber*, Familienrecht, § 61 Rn. 26.

376 Vgl. *Peschel-Gutzeit* in: Staudinger, BGB, 2015, § 1629 Rn. 42; *Coester-Waltjen/Gernhuber*, Familienrecht, § 61 Rn. 26.

377 Daneben ist es rechtlich grundsätzlich auch möglich, dass ein Vertreter Untervollmacht derart erteilt, dass der Unterbevollmächtigte unmittelbar im Namen des ursprünglich Vertretenen handeln soll (vgl. BGHZ 32, 250 ff. = NJW 1960, 1565, 1566).

378 *Siebert,* Das rechtsgeschäftliche Treuhandverhältnis S. 254; *Peschel-Gutzeit* in: Staudinger, BGB, 2015, § 1629 Rn. 42.

379 Vgl. *Bayreuther* in: MüKo, BGB, 1. Band, § 185 Rn. 22.

Handlungsrahmen jedoch ebenfalls eingeschränkt.[380] Die Untervollmacht kann in ihrem Umfang nicht über die Hauptvertretungsmacht hinausgehen.[381] Soll ein Elternteil das Kind allein vertreten, würde er im Fall der Bevollmächtigung nicht als Vertreter, sondern als Unterbevollmächtigter des anderen Elternteils handeln. Soweit der autorisierende Elternteil aufgrund eines Vertretungshindernisses nicht befugt ist, das Kind bei der Stimmabgabe zu vertreten, wäre aber eine Vertretung durch den anderen Elternteil von der Untervollmacht nicht gedeckt und die Stimmabgabe unwirksam.

Von diesen Grundsätzen hat der BGH mit Urteil vom 06.03.1975 für die Ermächtigung eines grundsätzlich nur gesamtvertretungsberechtigten Komplementärs scheinbar eine Ausnahme gemacht.[382] Der Entscheidung lag folgender Sachverhalt zugrunde: Der Beklagte hatte von seinem Vater ein Grundstück geerbt, das an eine KG verpachtet war, in der der Beklagte einer von zwei persönlich haftenden Gesellschaftern war. Als neuer Eigentümer wollte er mit der Gesellschaft eine Änderung des Pachtvertrages vereinbaren. Der Gesellschaftsvertrag sah vor, dass die Gesellschaft von zwei Komplementären gemeinsam oder von einem Komplementär zusammen mit einem Prokuristen vertreten wird. Da der Beklagte die Vertragsänderung nicht zugleich als Vertreter der Gesellschaft mit sich im eigenen Namen abschließen konnte,[383] ermächtigte er gemäß § 125 Abs. 2 Satz 2 HGB den weiteren gesamtvertretungsberechtigten Gesellschafter, allein für die Gesellschaft zu handeln.[384] Dies wurde vom BGH als wirksam erachtet.[385] Durch die Ermächtigung sei die organschaftliche Gesamtvertretungsmacht zur Alleinvertretungsmacht *„erstarkt"*.[386] Darin liege auch keine Umgehung des Vertretungsverbots; der ermächtigte Gesellschafter handele nicht im fremden Namen als Bevollmächtigter, sondern in eigenem Namen und in alleiniger Verantwortung auf Grundlage seiner gesetzlichen Vertretungsmacht,

380 *Schilken* in: Staudinger, BGB, 2019, § 167 Rn. 67, 83; *Weinland* in: jurisPK-BGB, 1. Band, § 167 Rn. 12, 17.

381 *Schilken* in: Staudinger, BGB, 2019, § 167 Rn. 67; *Weinland* in: jurisPK-BGB, 1. Band, § 167 Rn. 12.

382 BGHZ 64, 72 ff. = NJW 1975, 1117, 1118.

383 Für den Vertretungsausschluss wurde vom BGH nur § 181 BGB herangezogen, den die Klägerin auch vorgebracht hatte (BGHZ 64, 72 ff. = NJW 1975, 1117, 1118-1119). Darüber hinaus unterlag der Beklagte hier aber auch gemäß § 47 Abs. 4 Satz 2 GmbHG analog einem Stimmverbot, das ihn zugleich an der Vertretung der Gesellschaft hinderte.

384 BGHZ 64, 72 ff. = NJW 1975, 1117.

385 BGHZ 64, 72 ff. = NJW 1975, 1117, 1118.

386 BGHZ 64, 72 ff. = NJW 1975, 1117, 1118.

ohne an die Interessen und Wünsche des Ermächtigenden gebunden zu sein.[387] Eine Ermächtigung sei zur Erleichterung des Abschlusses von Rechtsgeschäften sowohl im Interesse der Gesellschaft als auch des Rechtsverkehrs geboten, soweit der Schutzzweck des § 181 BGB im konkreten Einzelfall nicht berührt sei.[388]

Diese – in Teilen der Literatur umstrittene[389] – Entscheidung ist auf die Gesamtvertretungsbefugnis der Eltern nicht übertragbar. Gegen ein „*Erstarken*" der elterlichen Gesamt- zur Alleinvertretungsmacht spricht bereits die unterschiedliche gesetzliche Ausgestaltung der Vertretungsbefugnis. Die KG wird nach dem Leitbild des Gesetzes von den Komplementären jeweils mit Alleinvertretungsmacht vertreten, §§ 115 Abs. 1 HS 1, 161 Abs. 2 HGB. Erst durch gesellschaftsvertragliche Regelung wird die Alleinvertretungsmacht eingeschränkt und zur Gesamtvertretungsbefugnis umgestaltet. Die Entscheidung hierzu ist ausschließlich privatautonom. Dem Gesetz lässt sich – jenseits von § 181 BGB – keine Wertung entnehmen, die den von einem rechtlichen Vertretungshindernis betroffenen Komplementär einschränkt, sich der Mitwirkung bei der Beschlussfassung zu enthalten und dem anderen Komplementär somit die Alleinvertretung zu überlassen.[390] Für die gesetzliche Vertretung eines Kindes durch die gemeinsam sorgeberechtigten Eltern sieht das Gesetz hingegen von vornherein zwingend vor, dass die Eltern nur gemeinsam vertretungsberechtigt sind. Ein *Wiederaufleben* der Alleinvertretungsmacht ist daher schon begrifflich nicht möglich. Wie bereits dargestellt,[391] enthält das Gesetz abschließend eng umgrenzte Fälle, in denen ein Elternteil trotz des gemeinsamen Sorgerechts befugt ist, das Kind allein zu vertreten. Diese dort getroffenen Wertungen, die den Schutz des Minderjährigen einerseits und den Schutz des Rechtsverkehrs andererseits zum Ausgleich bringen, können nicht durch privatrechtliche Autorisierung unterlaufen werden. Dies gilt sowohl für das Vertretungshindernis eines (familienrechtlichen) Vertretungsverbotes als auch eines (gesellschaftsrechtlichen) Stimmverbots.[392]

387 BGHZ 64, 72 ff. = NJW 1975, 1117, 1118-1119.

388 BGHZ 64, 72 ff. = NJW 1975, 1117, 1118.

389 Kritisch z.B. *Schmidt* in: MüKo, HGB, 2. Band, § 125 Rn. 44-45; *Habersack* in: Staub, HGB, 3. Band, § 125 Rn. 46; *Steitz* in: Henssler/Strohn, Gesellschaftsrecht, § 125 HGB Rn. 42.

390 Vgl. BGHZ 64, 72 ff. = NJW 1975, 1117, 1118.

391 Siehe Zweiter Teil § 4 I.2.c.bb., S. 106-107.

392 A.A. *Nitze*, Minderjähriger Gesellschafter, S. 60-61, die allerdings eine Überwindung des Gesamtvertretungsgrundsatzes nach § 1629 Abs. 1 Satz 2 HS 1 BGB nicht diskutiert. Soweit *Nitze* die Auffassung vertritt, dass der „*minderjährige Gesellschafter*

3. *Genehmigungsvorbehalt*

Unabhängig von der Frage, wer das Stimmrecht des minderjährigen Gesellschafters ausüben darf, ist zu klären, ob für die wirksame Stimmabgabe eine familiengerichtliche Genehmigung eingeholt werden muss.

Im Gesetz ist kein ausdrücklicher Genehmigungsvorbehalt für die Stimmabgabe zu einem Gesellschafterbeschluss geregelt. Für Fälle, in denen der Beschluss den Abschluss eines Rechtsgeschäfts betrifft, das unter einen Tatbestand der familienrechtlichen Genehmigungskataloge fällt, wird in Literatur und Rechtsprechung hinsichtlich der Genehmigung daher weitgehend auf den Abschluss dieses Rechtsgeschäfts abgestellt.[393] Der Abschluss des Rechtgeschäfts beruht allerdings auf der Beschlussfassung, die wiederum über die Stimmabgabe zustande kommt.[394] *Nitze* ist daher der Auffassung, dass bereits die Stimmabgabe genehmigungsbedürftig ist.[395] Folgt man dieser Auffassung, müsste vor der Stimmabgabe die Genehmigung des Familiengerichts eingeholt werden. Wird diese verweigert, wäre die Stimmabgabe unwirksam. Ein Minderjähriger dürfte nicht abstimmen. Im Fall von Mehrheitsbeschlüssen würde sich möglicherweise aber weder seine unwirksame Stimmabgabe noch eine Enthaltung auf das Beschlussergebnis auswirken. Der Beschluss käme dennoch wirksam zustande und das Rechtsgeschäft könnte abgeschlossen werden. Dies widerspricht dem Ziel der Genehmigungsvorbehalte, den Abschluss riskanter,

---

in seiner Rolle als Vertretener […] ausreichend Schutz durch die familienrechtlichen Bestimmungen [erhält], so dass es einer Ausweitung der gesellschaftsrechtlichen Stimmrechtsausschlüsse auch in Vertretungssituationen nicht bedarf", wird nicht hinreichend beachtet, dass es nicht um eine Erstreckung des Stimmverbots auf den anderen Elternteil, sondern um die Vertretungsmacht des nicht vom Stimmverbot betroffenen Elternteils zur Vertretung des Kindes geht. Letztlich ist der Gesamtvertretungsgrundsatz eine familienrechtliche Bestimmung, die auch dem Schutz des Minderjährigen dient und eine Alleinvertretung durch den Ehepartner eines von einem Stimmverbot betroffenen Elternteils ausschließt; zum Schutzzweck des Gesamtvertretungsgrundsatzes vgl. auch *Peschel-Gutzeit* in: Staudinger, BGB, 2015, § 1629 Rn. 30.

393 OLG Dresden, ZEV 2018, 669, 670; OLG München, NJW-RR 2009, 152, 154; *Kroll-Ludwigs* in: MüKo, BGB, 10. Band, § 1822 Rn. 29; *Coester-Waltjen/Gernhuber*, Familienrecht, § 64 Rn. 32, 63.

394 *Klimke* in: BeckOK HGB, § 119 Rn. 60; *Schäfer* in: Staub, HGB, 3. Band, § 119 Rn. 7; *Weipert* in: MünchHdbGesR, 2. Band, § 14 Rn. 4.

395 *Nitze,* Minderjähriger Gesellschafter, S. 87-89.

vermögensrelevanter Rechtsgeschäfte im Interesse des Minderjährigen zu kontrollieren und gegebenenfalls zu verhindern.[396]

Knüpft man den Genehmigungsvorbehalt an das Rechtsgeschäft, stellt sich die Frage, welche Rechtsgeschäfte betroffen sind. Aufgrund der Vielfältigkeit der Vermögensgegenstände können die in einer Familien-KG zu beschließenden Rechtsgeschäfte sehr unterschiedlich sein. Im Hinblick auf Sinn und Zweck der Genehmigungsvorbehalte ist maßgeblich, ob das Rechtsgeschäft Auswirkungen auf das persönliche Vermögen des Minderjährigen hat. Dabei ist zu beachten, dass die Familien-KG selbst Rechtsträgerin ist (§§ 124, 161 Abs. 2 HGB). Beim Abschluss von Rechtsgeschäften im Außenverhältnis wird daher grundsätzlich die Familien-KG verpflichtet. Im Fall der Beteiligung eines Minderjährigen als Komplementär haftet dieser zwar auch persönlich (§ 128 HGB). Die Haftung löst aber kein erneutes Genehmigungsbedürfnis nach § 1822 Nr. 10 BGB aus. Das Haftungsrisiko wurde stattdessen bereits bei der Genehmigung des der Beteiligung zugrundeliegenden Rechtsgeschäfts berücksichtigt. Demnach muss hinsichtlich des zu beschließenden Rechtsgeschäfts ein weiterer genehmigungsbedürftiger Umstand hinzutreten.

Aufgrund der Rechtsfähigkeit der Familien-KG unterfällt beispielsweise auch die Verfügung über ein Grundstück nicht dem Genehmigungsvorbehalt nach § 1822 Abs. 1 Nr. 1 BGB.[397] Nicht der Mündel ist Eigentümer des Grundstücks, sondern die Familien-KG. Gleiches gilt mit Blick auf den Genehmigungsvorbehalt für den Abschluss eines Miet- oder Pachtvertrages, der auch noch ein Jahr nach Eintritt der Volljährigkeit des minderjährigen Gesellschafters fortdauern soll (§ 1822 Nr. 5 BGB).

Das persönliche Vermögen eines Minderjährigen ist hingegen betroffen, wenn über den Gesellschaftsanteil des Minderjährigen verfügt werden soll oder ihn zusätzliche, bisher nicht vorhersehbare Risiken treffen, beispielsweise im Fall der Aufnahme eines Erwerbsgeschäfts durch eine Familien-KG, die bisher auf die reine Vermögensverwaltung beschränkt gewesen ist. Unter Umständen besteht hier eine Genehmigungspflicht nach § 1822 Nr. 3 Var. 3 BGB. Zwar besteht schon ein Gesellschaftsvertrag. Dieser muss aber dahingehend geändert werden, dass nunmehr ein Erwerbsgeschäft betrieben werden soll. Eine gesellschaftsrechtliche Beteiligung an einem Erwerbsgeschäft unterliegt zum

---

396 Vgl. *Kroll-Ludwigs* in: MüKo, BGB, 10. Band, § 1822 Rn. 1; *Veit* in: Staudinger, BGB, 2020, Vorbem. zu §§ 1821, 1822 Rn. 1.

397 Vgl. *Henssler* in: Henssler/Strohn, Gesellschaftsrecht, § 105 HGB Rn. 46; *Veit* in: Staudinger, BGB, 2020, § 1821 Rn. 5.

Schutz Minderjähriger der familiengerichtlichen Kontrolle. Es kann nicht darauf ankommen, ob der Gesellschaftsvertrag neu abgeschlossen oder geändert wird.[398] Anderenfalls könnte ein Minderjähriger ohne Überprüfung durch das Familiengericht an einer Erwerbsgesellschaft beteiligt werden, indem er zunächst – aufschiebend bedingt durch die Eintragung im Handelsregister – als Kommanditist einer reinen Vermögensverwaltungskommanditgesellschaft beitritt und diese erst anschließend ein Erwerbsgeschäft aufbaut[399]. Ferner bedarf die entgeltliche Veräußerung eines Gesellschaftsanteils der Genehmigung nach § 1822 Nr. 3 Var. 2 BGB, wenn die Familien-KG ein Erwerbsgeschäft betreibt.[400]

Was aber gilt, wenn etwa eine Erhöhung der Haftsumme beschlossen werden soll? Auch hierfür müsste der Gesellschaftsvertrag geändert werden. Zum Schutz Minderjähriger subsumiert ein Teil der Rechtsprechung und Literatur Änderungen des Gesellschaftsvertrages unter § 1822 Nr. 3 Var. 3 BGB.[401] Dies widerspricht aber dem Wortlaut der Vorschrift, der lediglich Gesellschaftsverträge umfasst, die zum Betrieb eines Erwerbsgeschäfts eingegangen werden.[402] Zudem geht es bei den Genehmigungsvorbehalten nicht darum, den Minderjährigen vor sämtlichen Gefahren zu schützen. Dadurch würde letztlich auch die mit dem Sorgerecht der Eltern einhergehende Entscheidungsgewalt zu stark eingeschränkt.

Eine Erhöhung der Haftsumme kann nicht ohne die Zustimmung des betroffenen Gesellschafters erfolgen (§§ 707 BGB, 105 Abs. 3, 161 Abs. 2 HGB). *Johannes W. Flume* vertritt den Ansatz, dass nur für Beschlüsse, die zwingend der Zustimmung des minderjährigen Gesellschafters bedürfen – wie zum Beispiel die Erhöhung der Haftsumme –, ein Genehmigungsvorbehalt eingreift. Genehmigungsbedürftig sei dabei nicht das Rechtsgeschäft, sondern die Zustimmung.[403] Dafür spricht der effektive Schutz Minderjähriger. Auch unter formellen Gesichtspunkten ist dieser Ansatz zu begrüßen. Die Zustimmung

---

398 Ebenso OLG Dresden, ZEV 2018, 669, 670; OLG München, NJW-RR 2009, 152, 154.

399 Zur Aufnahme eines Minderjährigen als Kommanditist in einer Vermögensverwaltungskommanditgesellschaft siehe Zweiter Teil § 3 I.2.a.aa., S. 63.

400 So auch BGH, NJW 1961, 724, 725 (oHG); *Kroll-Ludwigs* in: MüKo, BGB, 10. Band, § 1822 Rn. 19; *Schulte-Bunert* in: Erman, BGB, 2. Band, § 1822 Rn. 12.

401 *Kroll-Ludwigs* in: MüKo, BGB, 10. Band, § 1822 Rn. 29; *Lafontaine* in: jurisPK-BGB, 4. Band, § 1822 Rn. 81; *Schulte-Bunert* in: Erman, BGB, 2. Band, § 1822 Rn. 16; *van de Loo/Strnad*, ZEV 2018, 617, 622; begrenzt auf *„wesentliche Änderungen"* OLG Dresden, ZEV 2018, 669, 670; OLG München, NJW-RR 2009, 152, 154.

402 *Nitze,* Minderjähriger Gesellschafter, S. 109-110; *J. W.* Flume, FamRZ 2016, 277, 283.

403 *J. W.* Flume, FamRZ 2016, 277, 284.

wird vom gesetzlichen Vertreter erteilt, so dass für die Betroffenen erkennbar ist, dass der gesetzliche Vertreter und nicht etwa die Gesellschaft die familiengerichtliche Genehmigung benötigt und einholen muss. Wäre demgegenüber das Rechtsgeschäft genehmigungsbedürftig, wäre die Zuständigkeit unklar: Im Außenverhältnis wird das Rechtsgeschäft namens der Familien-KG durch den Geschäftsführer abgeschlossen. Mithin wäre er es, der die Genehmigung einholen müsste. Das Gesetz geht in den §§ 1643 Abs. 1, 1821 Abs. 1, 1822, 1915 Abs. 1 BGB hingegen davon aus, dass grundsätzlich der gesetzliche Vertreter des Minderjährigen die Genehmigung benötigt.

Um die Genehmigungskataloge nicht ins Konturlose auszudehnen, ist eine Zustimmung nur dann genehmigungsbedürftig, wenn das beschlussgegenständliche Rechtsgeschäft unter einen Genehmigungsvorbehalt subsumiert werden kann. Im Fall der Erhöhung der Haftsumme wäre § 1822 Nr. 10 BGB einschlägig. Im Übrigen kann der gesetzliche Vertreter selbst abschätzen und entscheiden, ob er die Zustimmung im Namen des minderjährigen Gesellschafters erteilt.

Auf Grundlage der bisherigen Überlegungen ist festzuhalten, dass die Genehmigungsvorbehalte weniger für die Beschlussfassung über Geschäftsführungsmaßnahmen als im Fall von Grundlagenbeschlüssen relevant werden, die den Gesellschaftsanteil eines minderjährigen Gesellschafters betreffen oder auf eine Änderung des Gesellschaftszwecks abzielen. Ein Genehmigungsbedürfnis besteht, wenn (i) die Zustimmung des minderjährigen Gesellschafters Wirksamkeitsvoraussetzung für das beschlussgegenständliche Rechtsgeschäft ist und (ii) das Rechtsgeschäft unter einen Tatbestand der Genehmigungskataloge subsumiert werden kann. Wenn die Zustimmung nicht bereits vorab im Gesellschaftsvertrag erteilt wurde, wird sie regelmäßig gemeinsam mit der Beschlussfassung erfolgen. Je nachdem, ob der Gesellschafter sein Stimmrecht für oder gegen das beschlussgegenständliche Rechtsgeschäft ausübt, erklärt er damit zugleich konkludent die Zustimmung oder Ablehnung. Im Fall eines minderjährigen Gesellschafters sollte daher vor einer solchen Beschlussfassung, die familiengerichtliche Genehmigung eingeholt werden. Hinsichtlich des Genehmigungsverfahrens gelten die gleichen Regelungen wie für die anfängliche Beteiligung eines Minderjährigen.[404]

---

404 Siehe Zweiter Teil § 3 I.2.c., S. 73-74.

4. *Restriktion des Stimmrechts*

Die Analyse zur Wahrnehmung des Stimmrechts hat gezeigt, dass die Beteiligung eines Minderjährigen die Entscheidungs- und Kommunikationsprozesse in einer Familien-KG beeinträchtigt. In Bezug auf Geschäftsführungsangelegenheiten sind im Fall der gemeinsamen Sorge grundsätzlich beide Elternteile von der Vertretung ausgeschlossen, wenn ein Elternteil persönliche Interessen verfolgt.[405] Im Fall von Grundlagenbeschlüssen besteht generell-abstrakt die Gefahr einer Interessenkollision, weshalb das allgemeine zivilrechtliche Vertretungsverbot nach § 181 BGB sowie das familienrechtliche Vertretungsverbot nach §§ 1629 Abs. 2 Satz 1, 1795 BGB zu beachten sind.[406] Aufgrund dessen muss zunächst ein Ergänzungspfleger bestellt werden, der den Minderjährigen vertritt (§ 1909 Abs. 1 Satz 1 BGB). Bedarf das zu beschließende Rechtsgeschäft zwingend der Zustimmung des minderjährigen Gesellschafters und fällt es unter einen der familienrechtlichen Genehmigungsvorbehalte, bedarf es zusätzlich der Genehmigung durch das Familiengericht.

Unbeteiligten Dritten Einblicke in den Geschäftsbetrieb zu gewähren, widerspricht jedoch zumeist dem Interesse des originären Vermögensinhabers und etwaiger Mehrheitsgesellschafter. Er möchte maßgeblich selbst sowie möglichst schnell und unkompliziert bestimmen können.[407] Vor diesem Hintergrund sollen im Folgenden Lösungsansätze entwickelt werden, um die Beeinträchtigungen gering zu halten oder gar zu vermeiden.

a. *Ruhen des Stimmrechts bis zum Eintritt der Volljährigkeit*

Eine Möglichkeit besteht darin, im Gesellschaftsvertrag die Ausübung des Stimmrechts erst ab Volljährigkeit zu gestatten. Eine solche Begrenzung kann aber nicht für sämtliche Gesellschafterbeschlüsse wirksam vereinbart werden.[408] Davon auszunehmen sind Angelegenheiten, die die Rechtsstellung des minderjährigen Gesellschafters betreffen und in die nicht ohne dessen Zustimmung eingegriffen werden darf,[409] beispielsweise der Wechsel der Gesellschafterstellung vom

---

405 Siehe Zweiter Teil § 4 I.2.a.bb.1) und c., S. 93, 104-107.

406 Siehe Zweiter Teil § 4 I.2.b. und c.bb., S. 97-103, 106-107.

407 Siehe Fußn. 22 und 67, S. 27, 33.

408 *Enzinger* in: MüKo, HGB, 2. Band, § 119 Rn. 75; *Freitag* in: EBJS, HGB, 1. Band, § 119 Rn. 22-23; *Lockowandt*, Stimmrechtsbeschränkungen, S. 65-66; *Nitze*, Minderjähriger Gesellschafter, S. 177, 180-182; *Immenga*, ZGR 1974, 385, 423.

409 Vgl. *Enzinger* in: MüKo, HGB, 2. Band, § 119 Rn. 75; *Freitag* in: EBJS, HGB, 1. Band, § 119 Rn. 22-23; *Lockowandt*, Stimmrechtsbeschränkungen, S. 65-66.

Kommanditisten zum Komplementär oder die Erhöhung der Haftsumme[410]. Darüber hinaus muss sich der ursprüngliche Vermögensinhaber bewusst sein, dass eine solche Bindung das Risiko birgt, steuerliche Begünstigungen nicht in Anspruch nehmen zu können. Mitunter wird die Beteiligung eines Minderjährigen steuerrechtlich nicht anerkannt, weil es an einer Mitunternehmerstellung fehlt.[411]

b. Stimmbindungsvertrag

In großen Familiengesellschaften, an denen mehrere Familienstämme beteiligt sind, kommt der Abschluss von Stimmbindungsverträgen in Betracht. Dabei handelt es sich um schuldrechtliche Vereinbarungen, in denen sich die Gesellschafter verpflichten, ihre Stimme entsprechend bestimmten vertraglichen Regelungen oder Weisungen abzugeben. Ziel ist, dass alle beteiligten Gesellschafter eines Familienstammes ihre Stimmen einheitlich abgeben.[412]

Im Hinblick auf die Beschränkung des Stimmrechts des minderjährigen Gesellschafters bringt eine derartige Vereinbarung keine Lösung des Problems. Zum einen ist eine bindungswidrig abgegebene Stimme im Gesellschaftsverhältnis gleichwohl wirksam.[413] Zum anderen bleibt ein minderjähriger Gesellschafter weiterhin stimmberechtigt und ist an der Willensbildung zu beteiligen.[414] Entsprechend kommen auch innerhalb des sogenannten Stimmenpools die bereits dargelegten Vertretungsverbote zur Anwendung, weshalb auch in diesem Fall ein Ergänzungspfleger bestellt werden muss, wenn die Eltern von der Vertretung ausgeschlossen sind.

---

410 Vgl. *Freitag* in: EBJS, HGB, 1. Band, § 119 Rn. 22-23; *J. W.* Flume, FamRZ 2016, 277, 284.

411 Zur steuerrechtlichen Anerkennung siehe Zweiter Teil § 5 II.2.a. und b., S. 153-157.

412 *Blaum/Scholz* in: Beck'sches Formularbuch, Kap. VIII. A. 3. mit Anm. 1; *Roth* in: Baumbach/Hopt, HGB, § 119 Rn. 17; *Nitze,* Minderjähriger Gesellschafter, S. 177-178; *Lockowandt,* Stimmrechtsbeschränkungen, S. 66-67.

413 Herrschende Meinung: *Enzinger* in: MüKo, HGB, 2. Band, § 119 Rn. 38; *Roth* in: Baumbach/Hopt, HGB, § 119 Rn. 17; *Lockowandt,* Stimmrechtsbeschränkungen, S. 69; *Nitze,* Minderjähriger Gesellschafter, S. 177.

414 Vgl. *Blaum/Scholz* in: Beck'sches Formularbuch, Kap. VIII. A. 3.; *Nitze,* Minderjähriger Gesellschafter, 177-178.

c. *Benennung eines Dritten als Vertreter des minderjährigen Gesellschafters*

Unter bestimmten Voraussetzungen kann bei Beteiligung eines Minderjährigen ein Dritter bestimmt werden, der den Minderjährigen in der Gesellschaft vertritt. Gemäß § 1638 Abs. 1 BGB kann einem Kind Vermögen unentgeltlich zugewandt und gleichzeitig bestimmt werden, dass die Eltern dieses Vermögen nicht verwalten sollen. Wichtig ist demnach, dass der Minderjährige keine Gegenleistung erbringen muss und der Verwaltungsausschluss der Eltern zusammen mit der Zuwendung erklärt wird. Für Angelegenheiten, die den zugewendeten Kommanditanteil betreffen, mithin für die Ausübung des Stimmrechts, wird stattdessen ein Ergänzungspfleger bestellt (§ 1909 Abs. 1 Satz 2 BGB). Im Gegensatz zur Pflegerbestellung bei Beteiligung eines Minderjährigen durch die Eltern steht dem Verwandten als Schenker im Hinblick auf die Person des Ergänzungspflegers ein Benennungsrecht zu (§ 1917 Abs. 1 BGB). Ratsam ist eine Person als Pfleger zu benennen, die weder Mitgesellschafter noch ein Verwandter in gerader Linie eines Elternteils ist. Anderenfalls besteht die Gefahr, dass auch ihn ein gesellschaftsrechtliches Vertretungsverbot oder die Vertretungsverbote nach § 181 BGB, § 1795 Abs. 1 Nr. 1, Abs. 2 BGB iVm. § 1915 Abs. 1 Satz 1 BGB treffen.

Aus diesem Grunde ist der Gesellschaft auch nur begrenzt geholfen, wenn im Fall verheirateter Eltern der eine Teil, der zugleich Mitgesellschafter ist, einem Kind den Kommanditanteil unentgeltlich zuwendet, und sich von der Verwaltung ausschließt. Dadurch wird zwar ein Vertretungsverbot nach § 181 BGB weitgehend vermieden und in gewissem Umfang auch die Erstreckung von gesellschaftsrechtlichen Vertretungsverboten. Ein gesellschaftsrechtliches Vertretungsverbot greift stattdessen nur, wenn der Beschluss persönliche Interessen des nunmehr alleinvertretungsberechtigten Elternteils betrifft und dieser einem Stimmverbot unterläge, wäre er ebenfalls Gesellschafter. Es gilt aber weiterhin das familienrechtliche Vertretungsverbot nach § 1629 Abs. 2 Satz 1 BGB iVm. § 1795 Abs. 1 Nr. 1 BGB, das den Elternteil daran hindert, Rechtsgeschäfte zwischen seinem Ehepartner, Lebenspartner oder Verwandten in gerader Linie und seinem Kind abzuschließen.

Durch die Benennung eines Dritten erhält dieser zwar Einblicke in den Geschäftsbetrieb. Da er aber durch den Schenker selbst ausgesucht wird, handelt es sich nicht um einen Fremden, sondern eine vertraute Person.

d. *Familienverfassung*

Da die Ausübung des Stimmrechts eines minderjährigen Gesellschafters nicht in jedem Fall vermieden werden kann, kann das Bestreben der Mehrheitsgesellschafter, die Ausübung der Gesellschafterrechte wenigstens maßgeblich zu lenken, umso stärker sein. Als eine Art Leitbild, an dem sich jeder Gesellschafter bei der Wahrnehmung seiner Rechte orientieren soll, wird von der Praxis zunehmend die Etablierung einer Familienverfassung erwogen.[415] Darin werden die Grundlagen und Werte für den erfolgreichen Erhalt der Gesellschaft festgelegt. Zugleich soll damit der Zusammenhalt zwischen Unternehmen und Familie abgesichert werden.[416] Zwar ist die Familienverfassung zumeist eine rechtlich unverbindliche Erklärung, die Gesellschafter fühlen sich aber moralisch gebunden – so die Hoffnung.[417] Im Hinblick auf die gesetzliche Vertretung durch einen Ergänzungspfleger kann eine Familienverfassung dazu beitragen, dass der Ergänzungspfleger die Interessen der Gesellschafter besser nachvollziehen und bei der Stimmrechtsausübung berücksichtigen kann.

5. *Zwischenergebnis*

Die Untersuchung hat gezeigt, dass die Ausübung des Stimmrechts durch einen Minderjährigen selbst, aber auch durch seine Eltern, nicht ohne Weiteres möglich ist. Neben tatsächlichen Gegebenheiten sind die rechtlichen Folgen der zu beschließenden Maßnahme entscheidend. Zum Schutz des Minderjährigen kommen regelmäßig rechtliche Sonderregelungen zur Anwendung, insbesondere wenn ein Elternteil Mitgesellschafter ist.

In erster Linie sind die rechtlichen Folgen der zu beschließenden Maßnahme von Bedeutung. Ist der Beschluss rechtlich vorteilhaft oder zumindest neutral, kann ein beschränkt geschäftsfähiger Gesellschafter sein Stimmrecht eigenverantwortlich wahrnehmen. Ist die zu beschließende Maßnahme hingegen

---

415 *Hennerkes/Kirchdörfer*, Familienunternehmen, S. 64-67; *T. Hueck*, Die Familienverfassung, S. 13-18, 248-249; *Reich/Bode*, DStR 2018, 305, 308; *PwC*, Der Wert von Werten in der neuen Normalität, S. 21, 33.

416 *Fritsch* in: Gestaltungen zum Erhalt des Familienvermögens, § 13 Rn. 5, 13, 40; *Hennerkes/Kirchdörfer*, Familienunternehmen, S. 66-67; *T. Hueck*, Die Familienverfassung, S. 6-10, 18, 20; *Holler*, ZIP 2018, 553, 554-556, 563. *PwC*, Der Wert von Werten in der neuen Normalität, S. 29-32.

417 *Fritsch* in: Gestaltungen zum Erhalt des Familienvermögens, § 13 Rn. 58, 61; *Hennerkes/Kirchdörfer*, Familienunternehmen, S. 65-67; ausführlich *T. Hueck*, Die Familienverfassung, S. 59-65, 129-175, 197-298.

rechtlich nachteilig, muss das Stimmrecht durch den gesetzlichen Vertreter wahrgenommen werden. Dies sind im Fall der gemeinsamen Sorge grundsätzlich die Eltern gemeinsam (§ 1629 Abs. 1 Satz 2 BGB). Ist mindestens ein Elternteil oder ein Verwandter in gerader Linie an der Familien-KG beteiligt, sind mitunter beide Elternteile von der Vertretung ausgeschlossen. Die Vertretungsverbote sind jedoch teilweise teleologisch zu reduzieren, z.B. wenn Geschäftsführungsangelegenheiten oder sonstige gemeinsame Gesellschaftsangelegenheiten zu beschließen sind, da solche Entscheidung regelmäßig die gemeinsamen Interessen der Familien-KG und nicht die Rechtsstellung der einzelnen Gesellschafter betreffen.

Sofern ein Elternteil ebenfalls an der Gesellschaft beteiligt ist und hinsichtlich des Beschlussinhalts einem Stimmverbot unterliegt, ist er von der Vertretung des minderjährigen Gesellschafters ausgeschlossen. Im Fall der gemeinsamen Sorge ist davon auch der andere Elternteil betroffen. Es muss daher ein Ergänzungspfleger bestellt werden. Der dem Stimmverbot unterliegende Elternteil kann den anderen Elternteil nicht zur Alleinvertretung autorisieren. Selbst wenn ein Elternteil keine Mitgesellschafterstellung hat, ist er von der Vertretung des minderjährigen Gesellschafters ausgeschlossen, wenn jener Sonderinteressen hinsichtlich des Beschlussinhalts verfolgt und daher einem Stimmverbot unterläge, wäre er Gesellschafter. Auch in diesem Fall ist ein Ergänzungspfleger zu bestellen, da der andere Elternteil das Kind bei gemeinsamer Sorge nicht allein vertreten darf.

Zudem sind das allgemeine zivilrechtliche Verbot nach § 181 BGB sowie die speziell zum Schutz Minderjähriger normierten familienrechtlichen Vertretungsverbote (§ 1795 BGB iVm. § 1629 Abs. 2 Satz 1 BGB) zu berücksichtigen. Diese sind insbesondere bei Grundlagenbeschlüssen und sonstigen gemeinsamen Gesellschaftsangelegenheiten, die das Innenverhältnis betreffen, von Bedeutung, da hier die gesellschaftsrechtlichen Stimmverbote nicht zur Anwendung kommen. §§ 1795 Abs. 1 Nr. 1, 1629 Abs. 2 Satz 1 BGB erweitern das Vertretungsverbot nach § 181 BGB auf den Abschluss von Rechtsgeschäften mit Ehegatten, Lebenspartnern und Verwandten in gerader Linie eines Elternteils. Dadurch sind die Eltern auch von der Vertretung ausgeschlossen, wenn beispielsweise ein Großelternteil oder ein weiteres Kind an der Familien-KG beteiligt ist und eine Interessenkollision droht.

Wenn der Beschluss den Abschluss eines Rechtsgeschäfts betrifft, das unter einen Tatbestand der familienrechtlichen Genehmigungskataloge subsumiert werden kann, und die Zustimmung eines minderjährigen Gesellschafters Wirksamkeitsvoraussetzung ist, bedarf die Zustimmung der Genehmigung durch das Familiengericht.

Um trotz der Beteiligung eines minderjährigen Gesellschafters eine schnelle und unkomplizierte Beschlussfassung zu gewährleisten, kann dessen Stimmrecht beschränkt werden, es sei denn, die Zustimmung ist Wirksamkeitsvoraussetzung für den Beschluss, z.B. weil der minderjährige Gesellschafter persönlich betroffen ist. Eine solche Beschränkung birgt aber die Gefahr, dass steuerliche Vorteile versagt werden. Eine andere Möglichkeit besteht darin, die Eltern von Beginn an von der Verwaltung des Gesellschaftsanteils des Minderjährigen auszuschließen und einen Dritten zu bestimmen. Dies setzt aber voraus, dass der Gesellschaftsanteil dem Minderjährigen unentgeltlich zugewendet wird. Daneben kann eine Familienverfassung dazu beitragen, dass das Stimmrecht auch in Angelegenheiten, in denen persönliche Interessen verfolgt werden dürfen, im Sinne der Gesellschaft ausgeübt wird und auch ein Ergänzungspfleger bei der Stimmrechtsausübung die Interessen der Gesellschaft besser kennt und berücksichtigt.

II. Teilnahme- und Rederecht

Die Willensbildung innerhalb der Gesellschaft besteht nicht nur aus der Stimmabgabe. Dazu gehört auch der Meinungsaustausch, bei dem wechselseitige Standpunkte dargelegt werden können und durch den der einzelne Gesellschafter unter Umständen die Willensbildung seiner Mitgesellschafter beeinflussen kann. Das Rederecht ist Ausfluss des Teilnahmerechts, welches jedem Gesellschafter grundsätzlich gestattet, einer Gesellschafterversammlung beizuwohnen.[418]

1. Ausübung des Teilnahme- und Rederechts durch den Minderjährigen oder seinen gesetzlichen Vertreter

Aus Sicht der Mitgesellschafter mag es wenig zielführend sein, wenn minderjährige Gesellschafter ungeachtet ihres Entwicklungsstandes einer Gesellschaftsversammlung beiwohnen und darüber hinaus noch befugt wären, Redezeit für eigene Stellungnahmen zu beanspruchen. Nach überwiegender Ansicht soll daher der gesetzliche Vertreter anstelle des minderjährigen Gesellschafters dessen Teilnahme- und Rederecht wahrnehmen.[419] Auf eine nähere Begründung verzichten die meisten Stimmen. Teilnahme- und Rederecht sind eng mit dem

---

418 *Casper* in: Staub, HGB, 4. Band, § 161 Rn. 43; *Grunewald* in: MüKo, HGB, 3. Band, § 161 Rn. 33; *Oetker* in: Oetker, HGB, § 161 Rn. 34; *Immenga*, ZGR 1974, 385, 414-415.

419 *Roth* in: Baumbach/Hopt, HGB, § 105 Rn. 27; *Schäfer* in: Staub, HGB, 3. Band, § 119 Rn. 21; *Bürger*, RNotZ 2006, 156, 170; *J. W. Flume*, NZG 2014, 17, 21.

Stimmrecht verbunden: Derjenige, der das Stimmrecht ausübt, muss an der Gesellschafterversammlung teilnehmen und Gelegenheit bekommen sich zu äußern, damit er gegebenenfalls die anderen Gesellschafter von seiner Position überzeugen kann.[420] Daraus folgt, dass die Eltern bzw. der Ergänzungspfleger teilnahme- und redeberechtigt sein müssen, wenn sie den minderjährigen Gesellschafter bei der Stimmabgabe vertreten.

Strittig ist, ob ein minderjähriger Gesellschafter selbst an einer Gesellschafterversammlung teilnehmen darf oder zumindest gemeinsam mit seinem gesetzlichen Vertreter teilnahmeberechtigt ist. Dies wird in der Literatur überwiegend kursorisch abgelehnt und soll daher im Folgenden näher untersucht werden.

Im Ausgangspunkt besteht Einigkeit, dass die auf Willenserklärungen anwendbaren Regelungen für die Ausübung des Teilnahme- und Rederechts keine Rolle spielen. Denn die Ausübung des Teilnahme- und Rederechts stellt eine tatsächliche Handlung dar. Rechtsgeschäftliche oder rechtsgeschäftsähnliche Erklärungen müssen nicht abgegeben werden. Grundsätzlich kann ein minderjähriger Gesellschafter sein Teilnahmerecht selbst wahrnehmen, ohne dass er der Mitwirkung seines gesetzlichen Vertreters bedürfte.

Teilweise wird vertreten, dass das Teilnahmerecht kein selbstständiges Recht darstelle, das aus der Gesellschaftsbeteiligung herrührt, sondern lediglich Ausfluss des Stimmrechts ist. Es könne daher nur von demjenigen ausgeübt werden, der auch das Stimmrecht wahrnimmt.[421] Folgt man dieser Ansicht, dürfte ein beschränkt geschäftsfähiger Minderjähriger sein Teilnahme- und Rederecht nur wahrnehmen, wenn er auch sein Stimmrecht selbst ausübt.[422] Richtigerweise ist das Teilnahmerecht aber als eigenes, vom Stimmrecht unabhängiges Mitgliedschaftsrecht zu begreifen.[423] Es dient einem Gesellschafter nicht nur dazu, sein Stimmrecht auszuüben, sondern auch der Informationsbeschaffung. Durch seine Anwesenheit wird er über die Angelegenheit der Gesellschaft informiert.

420 Vgl. *Nitze*, Minderjähriger Gesellschafter, S. 198.

421 *J. W. Flume*, NZG 2014, 17, 21.

422 Aus Sicht von *Zöllner/Noack* und *J. W. Flume* ist die Einwilligung der Eltern erforderlich: *Zöllner/Noack* in: Baumbach/Hueck, GmbHG, § 48 Rn. 9 (für die GmbH); *J. W. Flume*, NZG 2014, 17, 21, wobei die Eltern unter dem Gesichtspunkt einer „*good governance*" ebenfalls teilnehmen sollen. Diese Frage stellt sich freilich nur, wenn die Eltern nicht selbst Gesellschafter sind und sie insoweit kein eigenes Teilnahmerecht innehaben. Zur Ausübung des Stimmrechts durch den beschränkt geschäftsfähigen Minderjährigen, siehe Zweiter Teil § 4 I.1., S. 83-88.

423 Ebenso *Römermann* in: Michalski, GmbHG, 2. Band, § 48 Rn. 30-33 (zur GmbH); *Nitze*, Minderjähriger Gesellschafter, S. 197.

Dadurch wird es ihm ermöglicht, bei Bedarf weitere Rechte geltend zu machen. Beispielsweise kann er weitere Auskünfte verlangen, wenn er den Eindruck hat, dass die Geschäftsführung oder die zu beschließende Maßnahme gegen die Satzung oder Gesetz verstößt. Entsprechend ist anerkannt, dass ein Gesellschafter auch dann teilnahmeberechtigt ist, wenn er von dem Stimmrecht ausgeschlossen ist.[424]

Dennoch lehnt die überwiegende Ansicht die gleichzeitige Teilnahme von Vertretenem und Vertreter ab.[425] Der Gesellschaft sei eine erhöhte Teilnehmerzahl ohne besondere Zulassung nicht zuzumuten.[426] Zudem komme der Teilnahme durch den Vertreter keine eigene Bedeutung zu, weil der Gesellschafter seine Rechte wieder an sich ziehen und alle Entscheidungen selbst treffen könne.[427] Dieser Einwand erscheint im Fall der notwendigen gesetzlichen Vertretung nicht überzeugend. Hier kann der Vertretene sein Stimmrecht nicht an sich ziehen. Ohne eine gleichzeitige Teilnahme und zusätzliche Redezeit wäre er vom Willensbildungsprozess der Gesellschaft ausgeschlossen.[428] Im Fall der gesetzlichen Vertretung besteht somit ein besonderes Bedürfnis, Vertretenen und Vertreter gleichzeitig die Teilnahme zu gestatten.

Nitze hat sich daher dafür ausgesprochen, dass einem minderjährigen Gesellschafter ein Teilnahme- und Rederecht zusteht, selbst wenn sein gesetzlicher Vertreter ebenso an der Gesellschafterversammlung teilnimmt, um das Stimmrecht des minderjährigen Gesellschafters wahrzunehmen.[429] Dies fördere die persönliche Entwicklung des Minderjährigen zu einem Erwachsenen und entspreche den Absichten einzelner Familienunternehmen, dem potenziellen Nachfolger mit den Aufgaben und der Verantwortung im Unternehmen vertraut zu machen. Darüber hinaus entwickele „*er ein Verständnis für die Entscheidungen in der Gesellschaft*“ und könne diese auch besser nachvollziehen, wenn er

---

424 *Enzinger* in: MüKo, HGB, 2. Band, § 119 Rn. 49; *Schäfer* in: Staub, HGB, 3. Band, § 119 Rn. 20; *Wiedemann*, Gesellschaftsrecht, 2. Band, § 4 I 2, S. 299.

425 *Roth* in: Baumbach/Hopt, HGB, § 119 Rn. 30; zur GmbH: *Liebscher* in: MüKo, GmbHG, 2. Band, § 48 Rn. 34; *Römermann* in: Michalski, GmbHG, 2. Band, § 48 Rn. 52; *Zöllner/Noack* in: Baumbach/Hueck, GmbHG, § 48 Rn. 9; *Bürger*, RNotZ 2006, 156 170.

426 Vgl. *Zöllner/Noack* in: Baumbach/Hueck, GmbHG, § 48 Rn. 8 (zur GmbH).

427 *Liebscher* in: MüKo, GmbHG, 2. Band, § 48 Rn. 34; *Römermann* in: Michalski, GmbHG, 2. Band, § 48 Rn. 52.

428 Ebenso *Nitze*, Minderjähriger Gesellschafter, S. 199.

429 *Nitze*, Minderjähriger Gesellschafter, S. 199-200.

später als unbeschränkt geschäftsfähiger Gesellschafter wesentliche Aufgaben in der Gesellschaft übernimmt.[430]

Der Ansatz, einen minderjährigen Gesellschafter durch ein Teilnahme- und Rederecht in die Unternehmensführung einzubinden, damit ihm nach Eintritt der Volljährigkeit die eigenverantwortliche Ausübung seiner Gesellschafterrechte leichter gelingt, ist im Grundsatz zu begrüßen. Nach Eintritt der Volljährigkeit kann ein Gesellschafter seine Gesellschafterrechte selbst ausüben, muss aber den Gesellschaftszweck berücksichtigen und unterliegt der Treuepflicht. Da es Aufgabe der Eltern ist, ihr Kind auf das selbstbestimmte Leben als unbeschränkt Geschäftsfähigen vorzubereiten,[431] bietet es sich an, ihn mit dem Willensbildungsprozess in der Gesellschaft ab einem gewissen Zeitpunkt vertraut zu machen. Auf diese Weise kann späteren Pflichtverletzungen vorgebeugt werden.

Für die Gewährung eines Teilnahme- und Rederechts sprechen schließlich unternehmerische Gesichtspunkte: Um auf Veränderungen am Markt erfolgreich reagieren zu können, bedarf es zumeist einer schnellen Entscheidungsfindung. Wenn ein Gesellschafter bei seiner Stimmabgabe den Gesellschaftszweck nicht ausreichend berücksichtigt oder wegen Verstoßes gegen seine Treuepflicht zunächst einmal gerichtlich auf Zustimmung verklagt werden muss, schadet das einer erfolgreichen Unternehmensführung. Neben der langen Prozessdauer sind die mit Gerichtsprozessen verbundenen Wirkungen in der Öffentlichkeit für das Unternehmen zumeist schädlich. Dieses Risiko könnte durch die frühzeitige Einbindung minderjähriger Gesellschafter vermieden werden, da sie so ein besseres Verständnis für den Gesellschaftszweck sowie die damit verbundenen Aufgaben bekommen. Das kann die spätere Zusammenarbeit erleichtern. Das Interesse des ursprüngliche Vermögensinhabers, über die Verwendung des Vermögens weitgehend allein zu bestimmen und die Geschäfte zu leiten, [432] wird durch eine Teilnahme des minderjährigen Gesellschafters neben seinem gesetzlichen Vertreter nicht beeinträchtigt.

Wie aber können minderjähriger Gesellschafter und gesetzlicher Vertreter gleichzeitig berechtigt sein, an einer Gesellschafterversammlung teilzunehmen? Überwiegend wird in der Literatur der Eindruck erweckt, dass das Teilnahmerecht des minderjährigen Gesellschafters vollständig auf den gesetzlichen

---

430 *Nitze*, Minderjähriger Gesellschafter, S. 199.

431 *BMJV*, Entwurf eines Gesetzes zur Reform des Vormundschafts- und Betreuungsrechts, S. 20, 145, 234.

432 Vgl. *Hübner* in: Sudhoff, Unternehmensnachfolge, § 71 Rn. 1, 6; *Milatz*, Familienvermögen, S. 17; *Buck*, Erwerb durch Minderjährige, S. 6.

Vertreter übertragen wird.[433] *Nitze* gesteht den Eltern als gesetzliche Vertreter daher ein eigenes Recht zur Teilnahme aufgrund ihres in der Verfassung verankerten Rechts der elterlichen Sorge gemäß § 1626 Abs. 1 Satz 1 BGB zu.[434] Im Fall der gesetzlichen Vertretung durch einen Ergänzungspfleger stünde ihm anstelle der Eltern dieses Teilnahmerecht gemäß §§ 1915 Abs. 1 Satz 1, 1793 Abs. 1 Satz 1 zu.[435]

Dieser Herleitung und die Begründung eines zusätzlichen Teilnahmerechts bedarf es nicht, wenn die Ausübung des gesellschaftsrechtlichen Teilnahmerechts durch mehrere Personen gesetzlich zulässig ist. Von Gesetzes wegen soll ein Gesellschafter einer Personengesellschaft seine Rechte selbst ausüben (§§ 717 Satz 1 BGB, 105 Abs. 3, 161 Abs. 2 BGB).[436] Daraus folgt jedoch nicht, dass jeweils nur eine natürliche Person die Gesellschafterrechte wahrnimmt. Stattdessen können aufgrund geltender gesetzlicher oder gesellschaftsvertraglicher Regelungen mehrere Personen nur gemeinschaftlich berechtigt sein, die Gesellschafterrechte ausüben; beispielsweise, wenn eine juristische Person mit mehrgliedrig besetztem Vorstand Gesellschafterin ist (vgl. § 26 Abs. 2 Satz 1 BGB).[437] Auch im Fall eines minderjährigen Gesellschafters sind im Regelfall die Eltern gemeinsam dessen gesetzlicher Vertreter (§ 1629 Abs. 1 Satz 2 BGB).[438] Der Vertretene wird in den vorgenannten Fällen von mehreren Personen gemeinsam vertreten. Mithin ist die Ausübung des Teilnahmerechts durch mehrere Personen gesetzlich zulässig und teilweise sogar notwendig. Die vorgenannten Konstellationen beziehen sich zwar auf die gleichzeitige Ausübung des Teilnahmerechts durch mehrere Personen auf Vertreterseite. Wenn dies aber prinzipiell zulässig ist, ist nicht ersichtlich, mit welchem Argument eine gleichzeitige Ausübung durch

---

433 Vgl. *Roth* in: Baumbach/Hopt, HGB, § 105 Rn. 27; *Schäfer* in: Staub, HGB, 3. Band, § 119 Rn. 21; *Zöllner/Noack in*: Baumbach/Hueck, GmbHG, § 48 Rn. 9 (zur GmbH).

434 *Nitze,* Minderjähriger Gesellschafter, S. 199-200.

435 *Nitze,* Minderjähriger Gesellschafter, S. 200.

436 *Haas* in: Röhricht/v. Westphalen/Haas, § 119 Rn. 30, 31; *Plückelmann* in: MAH PersGesR, § 8 Rn. 104; *Roth* in: Baumbach/Hopt, HGB, § 119. Rn. 21, 30; *Schmidt,* Gesellschaftsrecht, 2. Aufl., § 19 III, S. 561.

437 Ebenso im Fall einer GmbH *Drescher* in: MüKo, GmbHG, 2. Band, § 47 Rn. 83; *Römermann* in: Michalski, GmbHG, 2. Band, § 47 Rn. 386; a.A. *Zöllner/Noack* in: Baumbach/Hueck, GmbHG, § 48 Rn. 8, 10-11, eine Person müsse ermächtigt werden, da die Erhöhung der Teilnehmerzahl der Gesellschaft nicht zumutbar sei.

438 Ebenso im Fall einer GmbH: *Römermann* in Michalski, GmbHG, 2. Band, § 47 Rn. 384, 386; *Zöllner/Noack* in: Baumbach/Hueck, GmbHG, § 48 Rn. 9 (zur GmbH); *Bürger*, RNotZ 2006, 156, 170.

Vertretenen und gesetzlichen Vertreter ausgeschlossen werden soll. Im Hinblick auf einen volljährigen, partiell geschäftsunfähigen Gesellschafter, der unter Betreuung steht, wird ein Recht auf gleichzeitige Teilnahme von Vertretenem und Vertreter von einzelnen Stimmen im Schrifttum ausdrücklich anerkannt.[439] Der Betreute benötigt für die Abgabe von Willenserklärungen, die den Aufgabenkreis des Betreuers betreffen, die Einwilligung des Betreuers, wenn dies vom Gericht zuvor angeordnet wurde (§ 1903 Abs. 1 BGB). Im Übrigen kann der Betreute selbst wirksam rechtsgeschäftliche Willenserklärungen abgeben.[440] Demnach müsste auch ein beschränkt geschäftsfähiger Minderjähriger neben seinem gesetzlichen Vertreter teilnahmeberechtigt sein. Auch er kann mit Einwilligung seines gesetzlichen Vertreters die gegebenenfalls in der Gesellschafterversammlung abzugebenen Willenserklärungen selbst abgeben (§ 107 BGB).

Unabhängig davon spricht der Grundsatz, die gesellschaftsrechtlichen Mitgliedsrechte möglichst persönlich auszuüben,[441] für die Teilnahme eines minderjährigen Gesellschafters neben seinem gesetzlichen Vertreter. Zudem hat ein minderjähriger Gesellschafter auch ein berechtigtes Interesse, da es in einer Gesellschafterversammlung nicht ausschließlich um die Ausübung des Stimmrechts geht, sondern beispielsweise auch um die Unterrichtung der Gesellschafter über Gesellschaftsangelegenheiten. Die gleichzeitige Teilnahme von Vertretenem und gesetzlichem Vertreter ist auch unter Berücksichtigung der Interessen der Gesellschaft nicht per se auszuschließen. Es mag zwar ein gewisses Störungsrisiko bestehen, insbesondere im Fall der Teilnahme von geschäftsunfähigen Minderjährigen. Notfalls kann der Versammlungsleiter aber Ordnungsmaßnahmen ergreifen.[442] Die erhöhte Teilnehmerzahl ist der Gesellschaft zumutbar. Den Mitgesellschaftern dürfte grundsätzlich bekannt sein, dass im Fall der Beteiligung minderjähriger Gesellschafter jedenfalls teilweise der gesetzliche Vertreter hinzugezogen werden muss, da ein Minderjähriger geschäftsunfähig oder nur beschränkt geschäftsfähig ist (§§ 104 Nr. 1, 106 BGB). Anders als im Fall der

---

439 Unter Verweis auf die beschränkte Geschäftsfähigkeit *Drescher* in: MüKo, GmbHG, 2. Band, § 47 Rn. 91; ohne Begründung *Zöllner/Noack* in: Baumbach/Hueck, GmbHG, § 48 Rn. 9.

440 *Schneider* in: MüKo, BGB, 10. Band, § 1903 Rn. 1.

441 *Gummert* in: Henssler/Strohn, Gesellschaftsrecht, § 163 HGB Rn. 12; *Stengel* in: Beck Hdb. PersGes., § 3 Rn. 17; *Schmidt*, Gesellschaftsrecht, 2. Aufl., § 19 III, S. 560-561.

442 Zu einzelnen Ordnungsmaßnahmen siehe *Hillmann* in: Henssler/Strohn, Gesellschaftsrecht, § 48 GmbHG Rn. 15; *Römermann* in: Michalski, GmbHG, 2. Band, § 48 Rn. 141-162.

rechtsgeschäftlichen Vertretung kann der minderjährige Gesellschafter gerade nicht sämtliche Rechte eigenständig wahrnehmen.

Im Ergebnis ist daher ein minderjähriger Gesellschafter berechtigt, sein Teilnahmerecht neben seinem gesetzlichen Vertreter auszuüben.

2. *Restriktion des Teilnahmerechts*

Wenngleich einem minderjährigen Gesellschafter ein Teilnahmerecht zusteht, ist es nicht sinnvoll, wenn jeder minderjährige Gesellschafter ungeachtet seiner geistigen Reife neben seinem gesetzlichen Vertreter teilnimmt. Eine Teilnahme ist vielmehr erst dann förderlich, wenn der minderjährige Gesellschafter nach seinem Entwicklungsstand in der Lage ist, einer längeren, auch komplexeren Diskussion zu folgen und im Hinblick auf das Rederecht, auf Grundlage einer Diskussion eine eigene – wenngleich auch kurze – Stellungnahme abgeben kann. Erst dann besitzt der Minderjährige die notwendige geistige Reife, um ihm die Aufgaben in der Familien-KG näher zu bringen. Zu klären ist daher, inwieweit das Teilnahmerecht des minderjährigen Gesellschafters im Gesellschaftsvertrag eingeschränkt werden kann und ab welchem Alter die Teilnahme für die schrittweise Heranführung an das Unternehmen dienlich ist.

a. *Rechtliche Zulässigkeit*

Die Gesellschafter können ihr Rechtsverhältnis untereinander im Gesellschaftsvertrag näher ausgestalten (§§ 109, 161 Abs. 2 HGB). Sie können beispielsweise die rechtsgeschäftliche Vertretung gestatten.[443] Eine gesetzliche Vertretung ist hingegen zwingend zu beachten. Die Gesellschafter können einen gesetzlichen Vertreter nicht durch einen anderen selbst gewählten Vertreter ersetzen und dürfen ihn auch nicht von der Teilnahme ausschließen.[444] Die Gesellschafter können aber untereinander bestimmte Einschränkungen vereinbaren, beispielsweise einen Teilnahmeausschluss des vertretenen Gesellschafters, wenn sein rechtsgeschäftlicher oder gesetzlicher Vertreter bereits an der Gesellschafterversammlung teilnimmt.[445] Die gesetzliche Vertretung wird dadurch nicht eingeschränkt, sondern nur das Teilnahmerecht des vertretenen Gesellschafters.

---

443 Gsell in: Beck Hdb. PersGes., § 4 Rn. 88; *Plückelmann* in: MAH PersGesR, § 8 Rn. 104; *Roth* in: Baumbach/Hopt, HGB, § 119 Rn. 21.

444 BGHZ 44, 98 ff. = NJW 1965, 1961; *Altmeppen* in: Roth/Altmeppen, GmbHG, § 47 Rn. 54 (zur GmbH); *Schäfer* in: Staub, HGB, 3. Band, § 119 Rn. 21.

445 *Plückelmann* in: MAH PersGesR, § 8 Rn. 109; *Roth* in: Baumbach/Hopt, HGB, § 119 Rn. 30.

Einigkeit besteht zwar darin, dass das Teilnahmerecht nicht gänzlich ausgeschlossen werden darf, denn es muss dem Gesellschafter möglich sein, entsprechend seinem Willen seine Rechte wahrzunehmen.[446] Im Fall der Vertretung ist das Teilnahmerecht aber auch nicht gänzlich ausgeschlossen. Es wird durch den Vertreter ausgeübt, der die Interessen des Vertretenen wahrnehmen soll und diesen über den Inhalt der Gesellschaftsversammlung und die getroffenen Entscheidungen informieren kann. Wenn ein minderjähriger Gesellschafter meint, seine Interessen würden durch seinen gesetzlichen Vertreter nicht ausreichend gewahrt, liegt insoweit eine Interessenkollision zwischen Vertretenen und Vertreter, nicht aber zwischen Gesellschaft und Vertretenen vor. Gemäß § 1626 Abs. 2 Satz 2 BGB sollen die Eltern alle Angelegenheiten, die das Kind betreffen, mit diesem besprechen, vorausgesetzt, dass es nach dem Entwicklungsstand angezeigt ist, und Einvernehmen anstreben. Es ist dem Minderjährigen insoweit zumutbar, das Gespräch mit seinen Eltern zu suchen, wenngleich er keinen Rechtsanspruch auf Beteiligung der ihn betreffenden Angelegenheiten hat.[447]

Grundsätzlich ist es somit zulässig, das Teilnahmerecht eines Gesellschafters dahingehend zu beschränken, dass ein Gesellschafter an einer Gesellschafterversammlung nur anstelle seines Vertreters, nicht aber gleichzeitig teilnehmen darf.

b. Geschäftsunfähiger Minderjähriger

Geschäftsunfähige Minderjährige werden grundsätzlich nicht über die entsprechende geistige Reife verfügen, einer Gesellschafterversammlung beizuwohnen. Sie werden schon Mühe haben, keine Störungen zu verursachen. Eine Beschränkung ihres Teilnahmerechts auf die alleinige Wahrnehmung durch ihren gesetzlichen Vertreter ist daher sinnvoll.

c. Beschränkt geschäftsfähiger Minderjährige

Im Gegensatz zum Geschäftsunfähigen verfügt ein beschränkt geschäftsfähiger Minderjähriger ab einem gewissen Alter über die notwendige geistige Reife, um einigen Beschlussthemen zu folgen. Eine Altersgrenze ist zwar generell-abstrakt schwer zu bestimmen. Es lohnt insoweit aber einen Blick auf andere Konstellationen zu werfen, in denen Minderjährige betroffen sind und ohne Mitwirkung ihres gesetzlichen Vertreters Entscheidungen treffen können.

---

446 *Enzinger* in: MüKo, HGB, 2. Band, § 119 Rn. 68; *Haas* in: Röhricht/v. Westphalen/Haas, § 119 Rn. 24; *Schäfer* in: Staub, HGB, 3. Band, § 119 Rn. 20, 39.

447 RegE BT-Drucks. 7/2060, S. 15; BT-Drucks. 8/2788, S. 44-45; *Peschel-Gutzeit* in: Staudinger, BGB, 2015, § 1626 Rn. 120.

Dabei fällt auf, dass der Gesetzgeber dem beschränkt Geschäftsfähigen mit Vollendung des 14. Lebensjahres in gewissen Fällen eine Teilmündigkeit zuspricht. So ist ein Kind ab dieser Altersstufe im Sorgerechtsstreit berechtigt, der Übertragung der Alleinsorge auf den Antragssteller zu widersprechen, § 1671 Abs. 1 Satz 2 Nr. 1, Abs. 2 Satz 2 Nr. 1 BGB. Wenngleich das Gericht nicht verpflichtet ist, der Entscheidung des Kindes zu folgen,[448] so kommt seinem Willen ab diesem Alter aufgrund der Widerspruchsbefugnis doch eine wesentliche Bedeutung zu. Das Gericht ist dadurch an die zwischen den Eltern getroffene Einigung nicht mehr gebunden, sondern muss eine eigene Sachprüfung vornehmen, ob die Sorgerechtsübertragung dem Wohl des Kindes entspricht.[449] Das Kind nimmt somit entscheidenden Einfluss auf seine künftige Lebensführung.

Des Weiteren hat der Gesetzgeber in § 60 FamFG, einem beschränkt Geschäftsfähigen mit Vollendung des 14. Lebensjahres ein selbstständiges Beschwerderecht in jeglichen Angelegenheiten eingeräumt, die seine Person betreffen sowie in sämtlichen Verfahren, in denen er zumindest angehört werden soll. Er kann damit unabhängig vom Willen seines gesetzlichen Vertreters gegen die Übertragung der Alleinsorge Beschwerde einlegen oder die Ermächtigung zur Eingehung eines Dienst- oder Arbeitsverhältnisses beantragen, wenn der gesetzliche Vertreter die Ermächtigung verweigert.[450]

Ferner ist ein beschränkt geschäftsfähiger Minderjährige mit Vollendung des 14. Lebensjahres voll religionsmündig. Gemäß §§ 5 Satz 1, 6 KErzG kann er selbst entscheiden, zu welcher Religion oder Weltanschauung er sich halten will.[451] Bereits ab Vollendung des 12. Lebensjahres kann das Kind nicht gegen seinen Willen in einem anderen Bekenntnis als bisher erzogen werden.

Auch die relative Strafmündigkeit eines Kindes tritt mit Vollendung des 14. Lebensjahres ein, §§ 1 Abs. 2, 3 Satz 1 JGG. Es wird zwar nicht vermutet, dass jeder beschränkt Geschäftsfähige ab diesem Alter die notwendige sittliche und geistige Reife besitzt, um das Unrecht des beabsichtigten Handelns zu erkennen und es entsprechend zu unterlassen. Das Unrechtsbewusstsein muss durch das

---

448 *Hennemann* in: MüKo, BGB, 10. Band, § 1671 Rn. 69; *Coester-Waltjen/Gernhuber*, Familienrecht, § 66 Rn. 16.

449 *Veit* in: BeckOK BGB, § 1671 Rn. 32; *Coester-Waltjen/Gernhuber*, Familienrecht, § 66 Rn. 16.

450 *Meyer-Holz* in: Keidel, FamFG, § 60 Rn. 1, 7-8; *Borth/Grandel* in: Musielak, FamFG, § 60 Rn. 1, 4.

451 Vgl. BGHZ 21, 340 ff. = NJW 1956, 1794, 1796; OVG Rheinland-Pfalz, FamRZ 1981, 82.

Gericht vielmehr positiv festgestellt werden.[452] Die Anknüpfung der relativen Strafmündigkeit an diese Altersgrenze ist jedoch ein Indiz dafür, dass die Mehrheit der Jugendlichen prinzipiell ab diesem Zeitpunkt die notwendige geistige und sittliche Reife besitzt, um im gewissen Umfang Unrecht zu erkennen und demzufolge verantwortungsbewusst zu handeln.[453] Sicherlich sind im Einzelfall auch die Art der Tat, der Druck von außen sowie der familiäre Hintergrund maßgeblich.[454]

Auf Grundlage der vorgenannten Regelungen lässt sich der Schluss ziehen, dass zumindest mit Vollendung des 14. Lebensjahres bei einem beschränkt Geschäftsfähigen von einer geistigen Reife ausgegangen wird, die es erlaubt, ihm einen größeren Freiraum für ein selbstbestimmtes Handeln einzuräumen als jüngeren Kindern. Zugleich soll er auch die Verantwortung für sein Tun übernehmen. Aufgrund dessen bietet es sich an, das Teilnahme- und Rederecht eines minderjährigen Gesellschafters mit Vollendung des 14. Lebensjahres zu respektieren und die Ausübung nicht auf den gesetzlichen Vertreter zu beschränken Dadurch würde er an die Aufgaben und die Verantwortung in der Familien-KG schrittweise herangeführt werden. Zugleich kämen die Eltern ihrem elterlichen Auftrag nach, die wachsenden Fähigkeiten des Kindes zu einem selbstständigen verantwortungsbewussten Handeln zu fördern (§ 1626 Abs. 2 BGB).[455]

Der mögliche Einwand, die Teilnahme eines minderjährigen Gesellschafters erhöhe die Gefahr einer Verschwiegenheitsverletzung, weil es diesem an der geistigen Reife und dem notwendigen Verantwortungsbewusstsein fehle, wird durch die Altersbegrenzung zumindest abgeschwächt. Darüber hinaus beruhen

---

452 BGH, NStZ 2013, 286; *Laue* in: MüKo, JGG, 6. Band, § 3 Rn. 1, 5; *Eisenberg* in: Eisenberg/Kölbel, JGG, § 3 Rn. 3a.

453 Siehe *Laue*, in: MüKo, JGG, 6. Band, § 3 Rn. 19, der davon ausgeht, dass beschränkt Geschäftsfähige bei einfach strukturierten Taten im Bereich der Bagatellkriminalität mehrheitlich strafmündig sind. So auch *Dölling*, in: Brunner, JGG, § 3 Rn. 3, nach dessen Auffassung die meisten Delikte Jugendlicher so einfach strukturiert sind, dass die Täter auch strafmündig sind. In diesem Zusammenhang soll nicht unerwähnt bleiben, dass verschiedene Autoren und Institutionen bereits seit Jahren eine Herab-, andere eine Heraufstufung der Altersgrenze fordern, z.B. *Ostendorf* in: Ostendorf, JGG, § 1 und 2 (Grdl.) Rn. 10 auf 17 Jahre, *Eisenberg* in: Eisenberg/Kölbel, JGG, § 3 Rn. 3b-c mwN. auf 16 Jahre. Dies hat sich bisher jedoch nicht durchgesetzt.

454 Vgl. BGH, NStZ 2013, 286; *Eisenberg* in: Eisenberg/Kölbel, JGG, § 3 Rn. 23, 24, 27a; *Laue* in: MüKo, JGG, 6. Band, § 3 Rn. 18.

455 Vgl. *BMJV*, Entwurf eines Gesetzes zur Reform des Vormundschafts- und Betreuungsrechts, S. 20, 234.

Verschwiegenheitspflichtverletzungen auf unterschiedlichen Anlässen und können genauso von unbeschränkt geschäftsfähigen Gesellschaftern begangen werden.

3. *Vertragliche Ausgestaltung des Teilnahme- und Rederechts*

Da die Frage, ob einem minderjährigen Gesellschafter neben seinem gesetzlichen Vertreter ein Teilnahmerecht zusteht, streitig ist, ist es ratsam, dies im Gesellschaftsvertrag ausdrücklich zu regeln, um Unsicherheiten zu vermeiden. Aus den zuvor dargelegten Erwägungen sollte das Teilnahmerecht des minderjährigen Gesellschafters neben seinem gesetzlichen Vertreter nicht gänzlich ausgeschlossen, sondern ihm die Teilnahme mit Vollendung des 14. Lebensjahres gestattet werden.

Im Interesse der Gesellschaft kann ein Teilnahmerecht dahingehend beschränkt werden, dass über die Teilnahme im Einzelfall durch den Versammlungsleiter nach billigem Ermessen entschieden wird. Auf diese Weise kann einem minderjährigen Gesellschafter durch den Versammlungsleiter aus sachlichen Gründen nach Ausübung pflichtgemäßen Ermessens der Zugang verwehrt werden. Eine mögliche Klausel könnte wie folgt lauten:

§ […] Gesellschafterversammlung

[…] Teilnahme minderjähriger Gesellschafter

a) Ein minderjähriger Gesellschafter, der das 14. Lebensjahr noch nicht vollendet hat, ist nicht berechtigt, an einer Gesellschafterversammlung neben seinem gesetzlichen Vertreter teilzunehmen. Erst mit Vollendung des 14. Lebensjahres kann ihm eine gleichzeitige Teilnahme gestattet werden. Ein Rechtsanspruch auf Teilnahme und Redezeit des minderjährigen Gesellschafters neben seinem gesetzlichen Vertreter besteht in keinem Fall, auch nicht durch wiederholte Teilnahme oder Gewährung von Redezeit; es besteht nur ein Anspruch auf ermessensfehlerfreie Entscheidung.

b) Var. 1: Eine Ladung erfolgt nicht an den minderjährigen Gesellschafter, sondern an seinen gesetzlichen Vertreter. Es bleibt damit dem gesetzlichen Vertreter überlassen, den Minderjährigen über die Einberufung einer Gesellschafterversammlung zu informieren. Hinsichtlich der Ladung gilt die Regelung in Abs. […].

oder Var. 2: Eine Ladung erfolgt sowohl an den minderjährigen Gesellschafter als auch seinen gesetzlichen Vertreter. Hinsichtlich der Ladung gilt die Regelung in Abs. […].

c) *Beabsichtigt ein minderjähriger Gesellschafter, an der Gesellschafterversammlung neben seinem gesetzlichen Vertreter teilzunehmen, und möchte er zu einem oder mehreren Tagesordnungspunkten Stellung nehmen, hat er dies der Gesellschaft rechtzeitig anzuzeigen. Der Versammlungsleiter hat nach pflichtgemäßem Ermessen zu entscheiden, ob dem minderjährigen Gesellschafter die Teilnahme gestattet wird. Im Fall einer Ablehnung hat er den minderjährigen Gesellschafter und dessen gesetzlichen Vertreter unverzüglich unter Angabe der Ablehnungsgründe darüber zu informieren. Sofern noch kein Versammlungsleiter bestimmt wurde, entscheiden die persönlich haftenden, geschäftsführenden Gesellschafter gemeinsam. Zu Beginn der Gesellschafterversammlung hat der Versammlungsleiter nach pflichtgemäßem Ermessen zu entscheiden, ob dem minderjährigen Gesellschafter eine Redezeit gewährt wird und wenn ja, in welchem Umfang.*

4. *Zwischenergebnis*

Jeder Gesellschafter ist grundsätzlich berechtigt, an einer Gesellschafterversammlung teilzunehmen und zu den Beschlussgegenständen Stellung zu nehmen. Wenn ein minderjähriger Gesellschafter sein Stimmrecht nicht selbst ausübt, sondern gesetzlich vertreten wird, ist sein gesetzlicher Vertreter teilnahme- und redeberechtigt. Das Teilnahme- und Rederecht kann jedoch auch zugleich von dem minderjährigen Gesellschafter selbst ausgeübt werden. Auf die Geschäftsfähigkeit kommt es nicht an, da für die wirksame Ausübung des Teilnahme- und Rederechts keine rechtsgeschäftlichen Willenserklärungen abgegeben werden müssen. Die Ausübung des Teilnahmerecht eines Gesellschafters durch mehrere Personen ist von Gesetzes wegen nicht ausgeschlossen. Das Teilnahmerecht eines Gesellschafters kann aber im Gesellschaftsvertrag dahingehend eingeschränkt werden, dass im Fall der Vertretung nur der Vertreter nicht aber der Vertretene selbst teilnahmeberechtigt ist. Im Interesse einer langfristigen, erfolgreichen Unternehmensführung ist es sinnvoll, einen minderjährigen Gesellschafter frühzeitig schrittweise an den Geschäftsbetrieb heranzuführen. Es ist daher ratsam, einem minderjährigen Gesellschafter die Möglichkeit der Teilnahme neben seinem gesetzlichen Vertreter zu belassen, wenn er einen gewissen Entwicklungsstand erreicht hat, etwa mit der Vollendung des 14. Lebensjahres. Im Interesse der anderen Gesellschafter und der Gesellschaft muss einem minderjährigen Gesellschafter neben seinem gesetzlichen Vertreter nicht zwingend ein unbedingtes Teilnahmerecht verbleiben.

Stattdessen kann im Gesellschaftsvertrag nur einen Anspruch auf ermessensfehlerfreie Entscheidung gewährt werden.

III. Ladung zur Gesellschafterversammlung

Damit ein minderjähriger Gesellschafter sein Stimm-, Teilnahme- und Rederecht überhaupt wahrnehmen kann, muss er von einer beabsichtigten Beschlussfassung Kenntnis erlangen. Zwar sieht das Personengesellschaftsrecht weder in den §§ 105 ff. HGB noch in §§ 705 ff. BGB ein bestimmtes Verfahren für die Beschlussfassung vor, so dass die Gesellschafter hier grundsätzlich frei sind.[456] Regelmäßig ist jedoch im Gesellschaftsvertrag als Regelfall die Einberufung einer Gesellschafterversammlung vorgesehen.[457] Fehlt es an weiteren vertraglichen Bestimmungen zur Einberufung und Durchführung der Versammlung, sind nach allgemeiner Meinung die §§ 48 ff. GmbHG analog heranzuziehen, weil sie allgemeine Regelungen für einen „*untereinander persönlich*" verbundenen „*Gesellschafterkreis enthalten*" und nicht auf die Besonderheiten der GmbH abstellen.[458] Danach erfolgt die Einberufung mittels Ladung (§ 51 Abs. 1 GmbHG analog).

Im Hinblick auf die Beteiligung eines minderjährigen Gesellschafters und die Wahrnehmung seiner Gesellschafterrechte ist zu klären, an wen die Ladung zur Gesellschafterversammlung zu richten ist. Als mögliche Adressaten kommen neben dem minderjährigen Gesellschafter sein gesetzlicher Vertreter, mithin seine Eltern, oder ein Ergänzungspfleger in Betracht. Gerichtlich ist diese Frage bisher nicht entschieden. In Rechtsprechung und Literatur wird vorwiegend die Auffassung vertreten, dass die Ladung an den gesetzlichen Vertreter zu richten und anderenfalls nicht bewirkt sei.[459] Diese Stimmen gehen aber ersichtlich

---

456 *Enzinger* in: MüKo, HGB, 2. Band, § 119 Rn. 40; *Freitag* in: EBJS, HGB, 1. Band, § 119 Rn. 45; *Schäfer* in: Staub, HGB, 3. Band, § 119 Rn. 5.

457 *Schäfer* in: Staub, HGB, 3. Band, § 119 Rn. 17; *Dröge/Simon* in: Kölner Hdb., Kap. 9 Rn. 127; so auch in einschlägigen Formularbüchern: *Blaum/Scholz* in: Beck'sches Formularbuch, Kap. VIII. D. 1. § 4 mit Anm. 11; *Beckert* in: Formularbuch Recht und Steuern, Kap. A. 8.00 § 8; *Stummel*, Standardvertragsmuster, Kap. III. 3. § 7.

458 *Schäfer* in: Staub, HGB, 3. Band, § 119 Rn. 17; *Enzinger* in: MüKo, HGB, 2. Band, § 119 Rn. 48; *Roth* in: Baumbach/Hopt, HGB, § 119 Rn. 29; *Wiedemann*, Gesellschaftsrecht, 2. Band, § 4 I 2, S. 298-299.

459 BayObLG, BayObLGZ 1993, 57, 60; *Hüffer/Schäfer* in: Habersack/Casper/Löbbe, GmbHG, 2. Band, § 51 Rn. 12; *Römermann* in: Michalski, GmbHG, 2. Band, § 51 Rn. 26; *Zöllner/Noack* in: Baumbach/Hueck, GmbHG, § 51 Rn. 7. Im Ergebnis ebenso *Liebscher* in: MüKo, GmbHG, 2. Band, § 51 Rn. 17; *Seibt* in: Scholz, GmbHG, 2. Band, § 51 Rn. 7; *Wolff* in: MünchHdbGesR, 3. Band, § 39 Rn. 35, die dies dahingehend

nicht davon aus, dass ein minderjähriger Gesellschafter sein Teilnahmerecht und unter Umständen auch sein Stimmrecht selbst wahrnehmen kann. Darüber hinaus bleibt offen, wie zu verfahren ist, wenn die Eltern von der Vertretung ausgeschlossen sind und ein Ergänzungspfleger den minderjährigen Gesellschafter vertreten muss.

1. Ladungsadressat im Fall eines uneingeschränkten Teilnahmerechts

Sinn und Zweck der Ladung ist es, sämtliche teilnahmeberechtigten Gesellschafter über die Abhaltung einer Gesellschafterversammlung zu informieren, um ihnen so zu ermöglichen, von ihrem Teilnahmerecht Gebrauch zu machen.[460] Da ein minderjähriger Gesellschafter sein Teilnahmerecht selbst ausüben kann, wenn es nicht im Gesellschaftsvertrag auf die Wahrnehmung durch seinen gesetzlichen Vertreter beschränkt wurde, ist auch er zu der Gesellschafterversammlung zu laden.

In diesem Zusammenhang stellt sich die Frage, ob die Geschäftsfähigkeit Voraussetzung für den wirksamen Zugang einer Ladung ist. Zum Schutz des Minderjährigen bestimmt § 131 Abs. 1 BGB, dass Willenserklärungen, die gegenüber einem Geschäftsunfähigen abzugeben sind, erst wirksam werden, wenn sie seinem gesetzlichen Vertreter zugegangen sind. Das Gleiche gilt im Fall eines beschränkt Geschäftsfähigen, es sei denn, die Erklärung ist lediglich rechtlich vorteilhaft oder der gesetzliche Vertreter hat seine Einwilligung erteilt. Die Rechtsnatur der Ladung ist strittig.[461] Der BGH geht (zur Begründung der Nichtanwendbarkeit von § 130 BGB) zutreffend davon aus, dass es sich bei der

---

formulieren, dass die Einladung an den Gesellschafter, vertreten durch seinen gesetzlichen Vertreter, zu richten sei. Auch hier ist der gesetzliche Vertreter Adressat der Einladung und wird zum Erscheinen aufgefordert (*Seibt* in: Scholz, GmbHG, 2. Band, § 51 Rn. 7); a.A. *Nitze,* Minderjähriger Gesellschafter, S. 203-205, nach deren Auffassung neben den Eltern auch der minderjährige Gesellschafter und ggf. ein Ergänzungspfleger zu laden sind.

460 Vgl. *Freitag* in: EBJS, HGB, 1. Band, § 119 Rn. 56; *Liebscher* in: MüKo, GmbHG, 2. Band, § 51 Rn. 7; *Nitze,* Minderjähriger Gesellschafter, S. 203.

461 *Liebscher* in: MüKo, GmbHG, 2. Band, § 51 Rn. 8 f. (innergesellschaftliche Leitungsmaßnahme ohne rechtsgeschäftlichen Charakter); *Zöllner/Noack* in: Baumbach/Hueck, GmbHG, § 51 Rn. 2 (korporationsrechtlicher Akt ohne rechtsgeschäftlichen Charakter); *Seibt* in: Scholz, GmbHG, 2. Band, § 51 Rn. 3 (verbandsinterne Leitungsmaßnahme und keine Willenserklärung); *Römermann* in: Michalski, GmbHG, 2. Band, § 49 Rn. 13 ff. (Rechtsgeschäft); *Schindler* in: BeckOK GmbHG, § 49 Rn. 8 (Willenserklärung).

Einberufung und Ladung um eine rein innergesellschaftliche Verfahrenshandlung ohne rechtsgeschäftlichen Charakter handelt.[462] Dafür spricht entscheidend, dass Einberufung und Ladung nicht darauf gerichtet sind, mit Wirkung über die verbandsinterne Sphäre hinaus Rechtsfolgen zu setzen. Vielmehr wird durch die Einberufung die Gesellschafterversammlung als Organ der verbandsrechtlichen Willensbildung erst konstituiert, so dass die Einberufung insoweit eine Vorbereitungshandlung darstellt. Die Ladung wiederum setzt diese Vorbereitungshandlung lediglich um, indem die Gesellschafter informiert und in die Lage versetzt werden, sich auf die Versammlung vorzubereiten. Fehlt es der Ladung mithin an einem rechtsgeschäftlichen Charakter, wäre § 131 Abs. 1 BGB allenfalls analog anzuwenden.

§ 131 BGB dient dem Schutz von Geschäftsunfähigen und beschränkt Geschäftsfähigen. Empfangsbedürftige Willenserklärungen und geschäftsähnliche Handlungen sollen ihnen gegenüber nicht wirksam werden, wenn sie darauf nicht rechtlich wirksam reagieren können.[463] Da die Ladung des Minderjährigen ausschließlich darauf zielt, ihm die Ausübung seines Teilnahme- und (gegebenenfalls) Rederechts zu ermöglichen, ist eine rechtsgeschäftliche Reaktion des Minderjährigen grundsätzlich nicht erforderlich. Die Ausübung des Teilnahme- und Rederechts stellt eine rein tatsächliche Handlung dar. Ferner ist zu bedenken, dass nicht nur der beschränkt Geschäftsfähige, sondern daneben auch dessen gesetzlicher Vertreter geladen wird, wenn dieser das Stimmrecht des Minderjährigen ausübt. Der Schutzzweck des § 131 BGB steht einer wirksamen Ladung an den Minderjährigen somit nicht entgegen. Den Interessen der Gesellschaft an einem möglichst zügigen Zusammentreten und einer schneller Entscheidungsfindung ist daher der Vorrang einzuräumen. Selbst wenn man somit die Ladung als geschäftsähnliche Handlung qualifizierte, fände § 131 BGB keine Anwendung. Für eine analoge Anwendung des § 131 BGB ist mithin (erst recht) kein Raum. Folglich kann die Ladung zur Gesellschafterversammlung unmittelbar an den minderjährigen Gesellschafter gerichtet werden, um ihm die Wahrnehmung seines Teilnahmerechts zu ermöglichen. Zugleich ist sein gesetzlicher Vertreter zu laden, wenn dieser das Stimmrecht des minderjährigen Gesellschafters in der Gesellschafterversammlung wahrnehmen muss.

---

462 BGHZ 100, 264 ff. = DNotZ 1988, 40, 41.

463 *Einsele* in: MüKo, BGB, 1. Band, § 131 Rn. 1; *Wendtland* in: BeckOK BGB, § 130 Rn. 3, § 131 Einleitung und Rn. 1.

2. *Der Ladungsadressat im Fall eines eingeschränkten Teilnahmerechts*

Was aber gilt, wenn das Teilnahmerecht des minderjährigen Gesellschafters im Gesellschaftsvertrag dahingehend beschränkt wurde, dass nur er oder sein gesetzlicher Vertreter teilnehmen dürfen. Im Fall eines geschäftsunfähigen Gesellschafters ist der gesetzliche Vertreter zu laden, weil dieser an der Gesellschafterversammlung teilnehmen muss, damit das Stimmrecht wirksam ausgeübt werden kann. Ein beschränkt geschäftsfähiger Gesellschafter muss hingegen nicht zwingend vertreten werden, da er sein Stimmrecht selbst ausüben kann, wenn sein gesetzlicher Vertreter eingewilligt hat oder die Rechtsfolgen des Gesellschafterbeschlusses für ihn lediglich rechtlich vorteilhaft oder zumindest neutral wären.[464]

a. *Bei Einwilligung des gesetzlichen Vertreters*

Hängt die Stimmrechtsausübung von der Einwilligung des gesetzlichen Vertreters ab, muss dieser zunächst entscheiden, ob er dem beschränkt Geschäftsfähigen die Stimmrechtsausübung überlässt oder diesen vertritt. Dementsprechend ist die Einladung an den gesetzlichen Vertreter zu adressieren. Dadurch wird das Teilnahmerecht eines beschränkt geschäftsfähigen Gesellschafters nicht umgangen, weil bis zur Einwilligung nicht er, sondern der gesetzliche Vertreter zur Teilnahme und Ausübung des Stimmrechts berechtigt ist. Letzterer ist daher über die Abhaltung einer Gesellschafterversammlung zu informieren. Anhand des Versammlungszwecks und der Tagesordnung[465] hat der gesetzliche Vertreter unter Berücksichtigung der Fähigkeiten des beschränkt Geschäftsfähigen in dessen Wohle über das weitere Vorgehen zu entscheiden. Bei der Entscheidungsfindung soll er den Minderjährigen miteinbeziehen (§§ 1626 Abs. 2 Satz 2 BGB (iVm. §§ 1793 Abs. 1 Satz 1, 1915 Abs. 1 Satz 1 BGB)).

Die Einwilligung kann entweder gegenüber dem Minderjährigen oder dem anderen Teil, das heißt, dem Adressaten der Stimmabgabe, abgegeben werden (§ 182 Abs. 1 BGB). Bei einer Gesellschaft wären die Adressaten im Zweifel alle anderen mitstimmenden Gesellschafter, wenn weder im Gesellschaftsvertrag

---

464 Dazu bereits oben Zweiter Teil § 4 I.1., S. 83-88.

465 Die Tagesordnung wird üblicherweise der Ladung beigefügt, dies ist aber nicht zwingend (*Seibt* in: Scholz, GmbHG, 2. Band, § 51 Rn. 15, 20). Sie kann auch später angekündigt werden, muss aber so rechtzeitig erfolgen, dass die Gesellschafter ausreichend Zeit haben, sich auf einen Meinungsaustausch vorzubereiten (*Schäfer* in: Staub, HGB, 3. Band, § 119 Rn. 18).

noch in der Ladung ein Versammlungsleiter bestimmt ist.[466] Da die Einwilligung gemäß § 130 Abs. 1 BGB erst mit Zugang bei sämtlichen Adressaten wirksam wird,[467] ist es aus Gründen der Rechtssicherheit ratsam, die Einwilligung gegenüber dem Minderjährigen abzugeben. Wenngleich die Einwilligung grundsätzlich formfrei erteilt werden kann (§ 182 Abs. 2 BGB),[468] sollte der Minderjährige bei der Versammlung eine schriftliche Einwilligungserklärung mit sich führen, um sie erforderlichenfalls nachweisen zu können.

b. Bei lediglich rechtlich vorteilhaftem oder neutralem Beschluss

Sind die Rechtsfolgen des Gesellschafterbeschlusses für einen beschränkt Geschäftsfähigen lediglich rechtlich vorteilhaft oder zumindest neutral, kann er sein Stimmrecht selbstständig und unabhängig von seinem gesetzlichen Vertreter ausüben und an der Versammlung teilnehmen.[469] Folglich kann die Ladung an ihn persönlich adressiert werden. Die Eltern bleiben zwar die gesetzlichen Vertreter ihres Kindes und können seine Gesellschafterrechte wahrnehmen.[470] Dementsprechend könnte die Gesellschaft die Ladung sowohl an den beschränkt geschäftsfähigen Gesellschafter als auch den gesetzlichen Vertreter richten. Vorsorglich sollte die Ladung den Hinweis enthalten, dass entweder der beschränkt geschäftsfähige Gesellschafter oder sein gesetzlicher Vertreter teilnehmen dürfen, nicht aber beide gleichzeitig, wenn das Teilnahmerecht vertretener Gesellschafter oder zumindest minderjähriger, vertretener Gesellschaft beschränkt wurde.

Sofern seitens der Gesellschaft Unsicherheit hinsichtlich der Rechtsfolgen der Beschlussgegenstände besteht, aber im Hinblick auf die gesetzliche Vertretung durch die Eltern kein Vertretungsverbot greift, ist es zur Vermeidung von Ladungsfehlern ratsam, sowohl den beschränkt Geschäftsfähigen selbst als auch seine Eltern als gesetzlichen Vertreter zu laden. Sodann obliegt es den Eltern zu entscheiden, ob sie oder der beschränkt Geschäftsfähige an der Gesellschafterversammlung teilnehmen. Sollte der beschränkt Geschäftsfähige allein

466 Vgl. *Roth* in: Baumbach/Hopt, HGB, § 119 Rn. 26.

467 *Ellenberger* in: Palandt, BGB, § 107 Rn. 8; *Klumpp* in: Staudinger, BGB, 2017, § 107 Rn. 91.

468 *Ellenberger* in: Palandt, BGB, § 182 Rn. 2.

469 Zum Teilnahmerecht siehe Zweiter Teil § 4 II.1., S. 120-126.

470 Die gesetzliche Vertretung ist dadurch nicht beendet; es entfällt lediglich das Einwilligungsbedürfnis, vgl. *Ellenberger* in: Palandt, BGB, § 107 Rn. 1; *Klumpp* in: Staudinger, BGB, 2017, § 107 Rn. 95.

teilnehmen und sein Stimmrecht selbst ausüben, erfolgt dies in Kenntnis und Billigung seiner Eltern. Dass die Eltern als gesetzliche Vertreter dem beschränkt Geschäftsfähigen die Teilnahme überlassen, kann gemäß §§ 133, 157 BGB zugleich als konkludente Einwilligung im Sinne des § 107 BGB ausgelegt werden. Infolgedessen wäre die Stimmabgabe des beschränkt Geschäftsfähigen auch wirksam, wenn der Beschlussgegenstand nachteilige Rechtsfolgen entfaltet.

c. Bei Vertretungsausschluss der Eltern

Die gesetzliche Vertretung eines Kindes erfolgt zwar gemäß § 1629 Abs. 1 Satz 2 BGB grundsätzlich durch die Eltern gemeinsam. Ist ein Elternteil selbst an der Familien-KG beteiligt oder betrifft der Beschlussgegenstand Sonderinteressen einer Person, die mit einem Elternteil in gerader Linie verwandt ist, sind die Eltern zur Vermeidung eines Interessenkonflikts unter bestimmten Umständen davon ausgeschlossen, das Stimmrecht ihres Kindes wahrzunehmen. Stattdessen muss ein Ergänzungspfleger bestellt werden, der den minderjährigen Gesellschafter in der Gesellschafterversammlung vertritt und das Stimmrecht ausübt.[471] Als gesetzlicher Vertreter des minderjährigen Gesellschafters muss er zur Gesellschafterversammlung geladen werden. Es stellt sich die Frage, wie hinsichtlich der Ladung zu verfahren ist.

Ein Ergänzungspfleger wird in der Regel nicht mit dem Erwerb einer Gesellschaftsbeteiligung durch einen Minderjährigen für den Zeitraum der Minderjährigkeit bestellt, da eine Dauerergänzungspflegschaft nur in Ausnahmefällen in Betracht kommt.[472] Stattdessen bestellt das Familiengericht ihn erst, wenn und soweit ein gegenwärtiges Bedürfnis für die Ergänzungspflegschaft besteht.[473] Allerdings setzt dies wiederum voraus, dass dem Familiengericht die Notwendigkeit einer Bestellung angezeigt wird. Zwar kann das Familiengericht auch von

---

471 Dazu oben Zweiter Teil § 4 I.2., S. 88-110.

472 BGHZ 65, 93 ff. = NJW 1976, 49; *Bärwaldt* in: Beck Hdb. PersGes., § 16 Rn. 49; *Schneider* in: MüKo, BGB, 10. Band, § 1909 Rn. 41-42; *Coester-Waltjen/Gernhuber*, Familienrecht, § 63 Rn. 31, § 77 Rn. 36. Eine Ausnahme liegt beispielsweise vor, wenn die Eltern von der Vertretung ausgeschlossen und ein Dritter für die Verwaltung des Gesellschaftsanteils benannt wurde (§ 1638 BGB; *Coester-Waltjen/Gernhuber*, Familienrecht, § 77 Rn. 43). Siehe dazu Zweiter Teil § 4 I.4.c., S. 117.

473 BGHZ 65, 93 ff. = NJW 1976, 49; *Bettin* in: BeckOK BGB, § 1909 Rn. 10; *Schneider* in: MüKo, BGB, 10. Band, § 1909 Rn. 39, 41-42; *Coester-Waltjen/Gernhuber*, Familienrecht, § 77 Rn. 36; *Muscheler*, FamR., § 44 Rn. 765, 767.

Amts wegen tätig werden.[474] Von sich aus wird das Gericht mangels Kenntnis der Umstände aber nicht die Notwendigkeit für einen Ergänzungspfleger erkennen. In erster Linie erlangt es über die Eltern oder den Vormund Kenntnis, da diese einer Anzeigepflicht gemäß § 1909 Abs. 2 BGB unterliegen.[475]

Würden zunächst die Eltern geladen und müssten sie die Bestellung eines Ergänzungspflegers beantragen, wäre mitunter eine sehr lange Ladungsfrist erforderlich, da der Ergänzungspfleger als gesetzlicher Vertreter zusätzlich eingeladen werden müsste.[476] Darüber hinaus besteht das Risiko, dass die Eltern eine andere Rechtsauffassung vertreten und fälschlicherweise keine Bestellung beantragen.

Vorzugswürdig ist daher eine Prüfung der Beschlussinhalte und der Rechtsfolgen auf rechtliche Nachteile und mögliche Interessenkonflikte durch die KG. Zumeist wird diese Aufgabe einem Geschäftsführer als Initiator der Gesellschafterversammlung obliegen. Sollte er nicht über ausreichende Rechtskenntnisse verfügen, wäre ein Rechtsexperte hinzuzuziehen. Kommt er zum Ergebnis, dass die Eltern von der gesetzlichen Vertretung ausgeschlossen sind, muss die Gesellschaft dem Familiengericht die Bestellung eines Ergänzungspflegers unter Hinweis auf die geplante Versammlung anzeigen. Damit das Gericht zügig entscheiden kann, empfiehlt es sich, eine Kopie der Tagesordnung und eine kurze Begründung beizulegen. In Zweifelsfällen sollte die Bestellung eines Ergänzungspflegers angeregt werden. Wird ein minderjähriger Gesellschafter nämlich nicht ordnungsgemäß vertreten, ist die Stimmabgabe unwirksam uns es besteht die Gefahr, dass der Beschluss ebenso unwirksam ist.[477]

Nach der Bestellung des Ergänzungspflegers können alle Gesellschafter bzw. deren Vertreter, einschließlich Ergänzungspfleger, geladen werden. Für diese Verfahrensweise spricht zum einen der Gedanke der Rechtssicherheit: Die Familien-KG weiß durch die verbindliche Entscheidung des Gerichts, ob ein Ergänzungspfleger den minderjährigen Gesellschafter vertritt und wer zu laden

---

474 *Bienwald* in: Staudinger, BGB, 2017, § 1909 Rn. 107; *Schneider* in: MüKo, BGB, 10. Band, § 1909 Rn. 65.

475 *Bienwald* in: Staudinger, BGB, 2017, § 1909 Rn. 84, 85 (bei Verstoß Schadensersatzanspruch des Kindes); *Roth* in: Erman, BGB, 2. Band, § 1909 Rn. 1; *Zimmermann* in: Soergel, BGB, 20. Band, § 1909 Rn. 15 (der ebenfalls auf Schadensersatzpflicht bei schuldhaftem Verstoß eingeht).

476 Diese Verfahrensweise befürwortet dennoch *Nitze,* Minderjähriger Gesellschafter, S. 205-206.

477 Dazu ausführlich *Nitze,* Minderjähriger Gesellschafter, S. 166-167, 173-176.

ist. Zum anderen bedarf es keiner langen Ladungsfrist, da der Adressatenkreis nunmehr feststeht.

3. Zwischenergebnis

Sofern das Teilnahmerecht eines minderjährigen Gesellschafters nicht vertraglich eingeschränkt wurde, ist er auch zur Gesellschafterversammlung zu laden. Zudem sind die Eltern als gesetzliche Vertreter zu laden, wenn sie das Stimmrecht ihres Kindes ausüben müssen. Ist das Teilnahmerecht eines minderjährigen Gesellschafter vertraglich dahingehend beschränkt, dass er nicht neben seinem gesetzlichen Vertreter teilnehmen darf, ist die Ladung im Fall eines geschäftsunfähigen minderjährigen Gesellschafters stets an dessen gesetzlichen Vertreter zu richten. Ein beschränkt geschäftsfähiger Minderjähriger kann selbst geladen werden, wenn die Ausübung des Stimmrechts für ihn lediglich rechtlich vorteilhaft oder neutral ist, denn dann bedarf es keiner gesetzlichen Vertretung. Gleichwohl kann die Ladung zusätzlich auch an die Eltern als gesetzliche Vertreter gerichtet werden, da sie die Ausübung des Stimmrechts an sich ziehen können. Sind die Eltern hinsichtlich der Ausübung des Stimmrechts jedoch von der gesetzlichen Vertretung ausgeschlossen, muss die (Familien-)KG den Ergänzungspfleger als gesetzlichen Vertreter einladen. Da dieser in der Regel noch zu bestellen ist, sollte die (Familien-)KG vor der Einberufung der Gesellschafterversammlung die Beschlussinhalte prüfen und dem zuständigen Familiengericht die Notwendigkeit der Bestellung eines Ergänzungspflegers anzeigen. Erst nach der Bestellung sollte zur Gesellschafterversammlung eingeladen werden.

IV. Informationsrechte

Jedem Gesellschafter stehen Informationsrechte zu, die ihm einerseits die Kontrolle der Geschäftsführung und andererseits die sachgerechte Wahrnehmung seiner übrigen Mitgliedsrechte ermöglichen sollen.[478] Im Hinblick auf die Funktion werden unter den Begriff der Informationsrechte sowohl das Recht, Einsicht in die Unterlagen der Gesellschaft zu nehmen als auch darüber hinausgehende Auskunftsansprüche subsumiert.[479]

---

478 Ausführlich zu den Informationsrechten eines Gesellschafters: *Wohlleben*, Informationsrechte, S. 25-80, 85-88, 99-148; *Casper* in: Staub, HGB, 3. Band, § 118 Rn. 1-7, 12-27, 49-51 sowie 4. Band, § 166 Rn. 1-49; *Schmidt*, ZHR 1984, Beiheft 57, 21-24, 65-71.

479 *Casper* in: Staub, HGB, 4. Band, § 166 Rn. 4; *Grunewald* in: MüKo, HGB, 3. Band, § 166 Rn. 1, 12; *Schmidt*, Gesellschaftsrecht, 2. Aufl., § 21 III, S. 624, 627; *Wiedemann*, Gesellschaftsrecht, 1. Band, § 7 II 2, S. 374-376.

1. Grundlagen

Für die KG differenziert das Gesetz zwischen den Informationsrechten eines Komplementärs und denjenigen eines Kommanditisten. Während ein Komplementär gemäß §§ 118 Abs. 1, 161 Abs. 2 HGB sämtliche Unterlagen der Gesellschaft einsehen und sich über alle Angelegenheiten der Gesellschaft informieren kann, ist das Einsichtsrechtsrecht des Kommanditisten in erster Linie auf Unterlagen beschränkt, die zur Überprüfung des Jahresabschlusses erforderlich sind (§ 166 Abs. 1 HGB). Bei Vorliegen wichtiger Gründe kann ein Kommanditist jedoch nicht nur die Mitteilung einer Bilanz und eines Jahresabschlusses verlangen, sondern auch die Vorlage von geschäftlichen Unterlagen sowie die Erteilung sonstiger gesellschaftsrechtlicher Auskünfte beantragen (§ 166 Abs. 3 HGB).[480] Darüber hinaus besteht inzwischen Einigkeit, dass einem Kommanditisten weitere ungeschriebene Auskunftsansprüche zustehen, damit er sämtliche Auskünfte verlangen kann, die er zur sachgerechten Wahrnehmung seiner Gesellschafterrechte benötigt.[481]

Im Hinblick auf die Beteiligung Minderjähriger ist von Bedeutung, wer die Informationsrechte ausüben darf und dadurch Einblick in die Angelegenheiten der Familien-KG erhält. In der Literatur wird hierzu vorwiegend knapp auf die Ausübung durch den gesetzlichen Vertreter verwiesen.[482] Im Folgenden soll dafür ein Begründungsansatz herausgearbeitet werden. Zudem ist zu klären, ob die gesetzliche Vertretung allein durch Familienmitglieder erfolgen kann, um eine Offenlegung der Informationen gegenüber außenstehenden Dritten zu vermeiden.

---

480 In diesem Sinne überwiegende Meinung: BGHZ 210, 363 ff. = DStR 2016, 2300, 2301; OLG München, NZG 2009, 658; *Casper* in: Staub, HGB, 4. Band, § 166 Rn. 42; *Grunewald* in: MüKo, HGB, 3. Band, § 166 Rn. 37; *Roth* in: Baumbach/Hopt, HGB, § 166 Rn. 8; *Bergmann*, WM Sonderbeilage Nr. 1 zu Heft 15/2018, 3, 24; nach a.A. können nur Auskünfte im Zusammenhang mit dem zu prüfenden Jahresabschlussbericht verlangt werden (OLG Köln, NZG 2014, 660; *Weipert* in: EBJS, HGB, 1. Band, § 166 Rn. 40).

481 OLG München, ZIP 2011, 1204, 1207; OLG Stuttgart, NZG 2002, 1105; *Casper* in: Staub, HGB, 4. Band, § 166 Rn. 21; *Grunewald* in: MüKo, HGB, 3. Band, § 166 Rn. 12; *Weipert* in: EBJS, HGB, 1. Band, § 166 Rn. 23; *Schmidt,* Gesellschaftsrecht, 2. Aufl., § 53 III, S. 1541-1542; *Budde* in: FS Semler, 1993, S. 789, 800-801.

482 *Drescher* in: EBJS, HGB, 1. Band, § 118 Rn. 18; *Enzinger* in: MüKo, HGB, 2. Band, § 118 Rn. 20; *Roth* in: Baumbach/Hopt, HGB, § 118 Rn. 8, 166 Rn. 5; *Schäfer* in: Staub, HGB, 3. Band, § 118 Rn. 32 sowie 4. Band, § 166 Rn. 33.

2. *Minderjähriger Gesellschafter*

Bei der Einsichtnahme in die Unterlagen der Gesellschaft handelt es sich um ein rein tatsächliches Handeln.[483] Demzufolge ist diesbezüglich keine Geschäftsfähigkeit erforderlich und ein minderjähriger Gesellschafter könnte ohne Mitwirkung seines gesetzlichen Vertreters Einsicht nehmen. Bei der Ausübung des Einsichtsrechts ist ein Gesellschafter jedoch an seine Treuepflicht gebunden[484] und daher verpflichtet, Rücksicht auf den Geschäftsbetrieb zu nehmen, so dass dieser möglichst wenig beeinträchtigt wird.[485] Dazu zählt beispielsweise, dass ein Gesellschafter die Einsichtnahme rechtzeitig anzukündigen und sein Begehren zu konkretisieren hat, um es der Geschäftsführung zu ermöglichen, die Unterlagen zusammenzutragen und vorzulegen.[486] Anders als die tatsächliche Einsichtnahme stellt das Auskunftsverlangen nicht lediglich ein tatsächliches Handeln dar, sondern ruft eine unmittelbare Rechtsfolge hervor. Denn die Informationsrechte des Gesellschafters sind in der Regel sogenannte verhaltene Ansprüche, die dadurch gekennzeichnet sind, dass der Schuldner die Leistung nicht von sich aus erbringen muss, bevor sie der Gläubiger verlangt (vgl. § 666 BGB).[487] Das Auskunftsverlangen ist zwar einerseits (bloß) die Geltendmachung des Informationsanspruchs, führt aber andererseits erst dessen Fälligkeit herbei. Dabei kann dahinstehen, ob die Fälligkeit aus einem darauf gerichteten Rechtsfolgewillen folgt, so dass es sich bei dem Auskunftsverlangen um eine einseitige empfangsbedürftige Willenserklärung handelt,[488] oder sich aus dem Gesetz ergibt und das Auskunftsverlangen eine geschäftsähnliche Handlung darstellt.[489] Jedenfalls

---

483 BGHZ 65, 93 ff. = NJW 1976, 49; *Fastrich,* Die Vertretung des minderjährigen Kommanditisten, S. 53; *Ruppel,* Minderjährige in der OHG, S. 83; *Nitze,* Minderjähriger Gesellschafter, S. 228.

484 BayObLG, NJW-RR 1989, 350, 351; *Roth* in: Baumbach/Hopt, HGB, § 109 Rn. 25, § 118 Rn. 1.

485 *Otte,* NZG 2014, 521, 522; *Lieder* in: Oetker, HGB, § 118 Rn. 19; *Schäfer* in: Staub, HGB, 3. Band, § 118 Rn. 15, 39.

486 OLG Köln, Urt. v. 08.12.2011 – 18 U 38/11, juris Rn. 45; *Otte,* NZG 2014, 521, 522; *Lieder* in: Oetker, HGB, § 118 Rn. 20; *Wohlleben,* Informationsrechte, S. 66.

487 BGHZ 192, 1 = NJW 2012, 917, 918; *Fischer* in: BeckOK BGB, § 666 Rn. 5; zu verhaltenen Ansprüchen allgemein *Krüger* in: MüKo, BGB, 2. Band, § 271 Rn. 4; *Lorenz* in: BeckOK BGB, § 271 Rn. 2.

488 So *Schäfer* in: MüKo, BGB, 6. Band, § 666 Rn. 26.

489 So etwa *Schmidt-Wuly* in: BeckOK Datenschutzrecht, Art. 15 DS-GVO Rn. 45.

sind die für Willenserklärungen geltenden Vorschriften (entsprechend[490]) auf das Auskunftsverlangen anwendbar. Ein geschäftsunfähiger Minderjähriger kann ein Auskunftsverlangen mithin nicht wirksam selbst ausüben (§ 105 Abs. 1 BGB), sondern er bedarf der gesetzlichen Vertretung. Ein beschränkt geschäftsfähiger Minderjähriger könnte seine Informationsrechte indes grundsätzlich ohne Mitwirkung seiner gesetzlichen Vertreter wahrnehmen, soweit damit keine rechtlichen Nachteile verbunden sind (§ 107 BGB). Der durch die Auskunft ermöglichte Informationsgewinn ist nicht nachteilig.[491] Ebenso wenig sind etwaige Kosten der Gesellschaft für ihn rechtlich nachteilig; diese Kosten hat er regelmäßig nicht zu tragen, da die Gesellschaft verpflichtet ist, die Auskunft zu erteilen und die Einsichtnahme zu ermöglichen. Zwar könnten der Gesellschaft zusätzliche Kosten für Tätigkeiten entstehen, die über eine bloße Ermöglichung der Einsichtnahme hinausgehen,[492] oder einem minderjährigen Gesellschafter könnten im Zusammenhang mit der Ausübung seines Informationsrechts Kosten, wie beispielsweise Fahrt- und Kopierkosten, entstehen. Diese Kosten sind aber keine unmittelbaren Folgen des Auskunftsverlangens, sondern der Einsichtnahme. Das Auskunftsverlangen ist mithin nicht rechtlich nachteilhaft.[493]

Gleichwohl kann einem beschränkt geschäftsfähigen Gesellschafter die persönliche Wahrnehmung vor dem Hintergrund der Funktion der Informationsrechte versagt sein. Insoweit ist von Bedeutung, welcher spezifische Zweck mit der Einsichtnahme oder dem Auskunftsverlangen verfolgt wird. Dient die Einsichtnahme beispielsweise der Überprüfung der Richtigkeit des Jahresabschlusses, wird ein beschränkt Geschäftsfähiger die Prüfung mangels Expertise regelmäßig nicht allein vornehmen können.[494] Er würde somit durch die Einsichtnahme keinen Erkenntnisgewinn erlangen. Daher ist er gehalten, einen Sachkundigen hinzuziehen. Sofern die Eltern als gesetzliche Vertreter nicht über

---

490 BGHZ 47, 352 ff. = NJW 1967, 1800, 1802; *Ellenberger* in: Palandt, BGB, § 104 Vorbem. Rn. 6; *Spickhoff* in: MüKo, BGB, 1. Band, § 104 Vorbem. Rn. 16; *Ulrici*, NJW 2003, 2053, 2054.

491 So auch *Nagel*, Familiengesellschaft, S. 123; *Nitze*, Minderjähriger Gesellschafter, S. 227; *Ruppel*, Minderjährige in der OHG, S. 83, 105-106.

492 Vgl. *Casper* in: Staub, HGB, 3. Band, § 118 Rn. 40 sowie 4. Band, § 166 Rn. 19. Zu denken sind etwa an Kopier-, Druck- oder Versandkosten.

493 A.A. wohl *Nitze*, Minderjähriger Gesellschafter, S. 227-228, die einen rechtlichen Nachteil darin zu sehen scheint, dass das Recht auf Auskunft mit der Geltendmachung „*verbraucht*" würde. Richtigerweise erlischt das Informationsrecht aber nicht mit dessen Ausübung, sondern erst mit Erfüllung.

494 Ebenso *Wohlleben*, Informationsrechte, S. 59-60.

eine ausreichende Sach- und Rechtskenntnis verfügen, wäre die Beauftragung eines Dritten erforderlich, was wiederum mit Kosten für den Minderjährigen verbunden wäre.

Wenn mit der Einsichtnahme oder dem Auskunftsverlangen bezweckt wird, Informationen zur Vorbereitung einer Gesellschafterversammlung zu erhalten, werden diese in erster Linie von demjenigen benötigt, der das Teilnahme-, Rede- und Stimmrecht in der konkreten Versammlung ausübt. Übt der gesetzliche Vertreter in einer Gesellschafterversammlung die Rechte des minderjährigen Gesellschafters aus, kann der Minderjährige einen auf diese Versammlung bezogenen Auskunftsanspruch nicht ohne Mitwirkung seines gesetzlichen Vertreters geltend machen. Es ist zuzugeben, dass ein gewisses Informationsbedürfnis auch auf Seiten von minderjährigen Gesellschaftern bestehen kann, die nicht selbst an der betreffenden Versammlung teilnehmen, sondern durch ihren gesetzlichen Vertreter vertreten werden. Dieses Informationsbedürfnis ist aber nicht im Verhältnis des vertretenen Gesellschafters zur Gesellschaft, sondern im Verhältnis zwischen Vertreter und Vertretenem zu befriedigen (vgl. § 1626 Abs. 2 Satz 2 BGB). Dafür spricht zum einen der in § 18 Abs. 1 GmbHG zum Ausdruck kommende Gedanke, wonach die Rechte aus einem Geschäftsanteil im Falle mehrerer Mitberechtigter nur gemeinschaftlich wahrgenommen werden können. Zum anderen ist jede Einsichtnahme und jedes Auskunftsverlangen mit einem gewissen Aufwand für die Gesellschaft verbunden, da Unterlagen herausgesucht und/oder Fragen geprüft und beantwortet werden müssen. Da dies neben dem üblichen Geschäftsbetrieb bewältigt werden muss, der Betrieb aber nicht beeinträchtigt werden soll, ist es im Interesse aller Gesellschafter, dass nur derjenige die Informationsrechte ausüben darf, der auch die zugrunde liegenden Mitgliedsrechte wahrnimmt.

Muss ein minderjähriger Gesellschafter bei der Beschlussfassung gesetzlich vertreten werden, besteht ein Informationsbedürfnis in erster Linie bei seinem gesetzlichen Vertreter und nicht bei ihm. Daher sollte auch der gesetzliche Vertreter das Informationsrecht ausüben. Darf ein beschränkt Geschäftsfähiger dagegen sein Stimmrecht selbst ausüben, weil der Beschlussgegenstand keine nachteiligen Rechtsfolgen zeitigt oder sein gesetzlicher Vertreter eingewilligt hat, kann er selbst die Einsichtnahme oder Auskunft verlangen. Auf Seiten der Gesellschaft ist in diesem Fall Vorsicht geboten: Die Gesellschaft kann ihrer Auskunftspflicht nur wirksam gegenüber dem gesetzlichen Vertreter nachkommen.[495] Zwar hat ein Schuldner seine Pflicht grundsätzlich erfüllt, wenn er das

495 A.A. *Nagel*, Familiengesellschaft, S. 123; *Ruppel*, Minderjährige in der OHG, S. 83.

Leistungsinteresse des Gläubigers befriedigt hat.[496] Weil aber die Auskunft oder Mitteilung durch die Gesellschaft zum Erlöschen des Informationsanspruchs führt, zeitigt sie unmittelbar eine Rechtsfolge und stellt mithin eine rechtsgeschäftsähnliche Handlung dar, auf die entsprechend die für Willenserklärungen geltenden Vorschriften anzuwenden sind.[497] Daraus folgt, dass im Fall der Auskunftserteilung gegenüber einem geschäftsunfähigen Minderjährigen Erfüllung erst eintreten kann, wenn die Auskunft dem gesetzlichen Vertreter zugeht (entsprechend § 131 Abs. 1 BGB). Für einen beschränkt geschäftsfähigen Minderjährigen ist die Erfüllung rechtlich nachteilig, da sein Anspruch – hier sein Einsichts- und Auskunftsrecht – erlöschen würde.[498] Deshalb sind auch hier die Informationen dem gesetzlichen Vertreter gegenüber mitzuteilen, es sei denn, der gesetzliche Vertreter hat eingewilligt, dass die Mitteilung gegenüber dem beschränkt geschäftsfähigen Minderjährigen erfolgen darf (vgl. § 131 Abs. 2 BGB). Sofern ein beschränkt Geschäftsfähiger sein Informationsrecht mit Einwilligung seines gesetzlichen Vertreters selbst wahrgenommen hat, ist von der Einwilligung regelmäßig auch die Auskunftserteilung an den beschränkt Geschäftsfähigen umfasst.[499]

3. Die Eltern oder ein Ergänzungspfleger als gesetzlicher Vertreter

Die Informationsrechte des minderjährigen Gesellschafters können nicht nur von den Eltern als gesetzliche Vertreter wahrgenommen werden, sondern auch von einem Ergänzungspfleger. Vertritt letzter beispielsweise den minderjährigen Gesellschafter bei der Beschlussfassung, weil die Eltern von der Vertretung ausgeschlossen sind,[500] umfasst die Vertretung auch die Ausübung der in diesem Zusammenhang bestehenden Informationsrechte. So ist gewährleistet, dass er weitere Informationen von der Gesellschaft einholen kann, die er zur sachgerechten Ausübung der Mitgliedsrechte des minderjährigen Gesellschafters bei der Beschlussfassung benötigt.[501]

---

496 *Dennhardt* in: BeckOK BGB, § 362 Rn. 12; *Grüneberg* in: Palandt, BGB, § 362 Vorbem. Rn. 3; *Olzen* in: Staudinger, BGB, 2016, Einl. zu §§ 362 ff Rn. 2.

497 Vgl. *Benedict/Singer* in: Staudinger, BGB, 2017, § 130 Rn. 14, *Ellenberger* in: Palandt, BGB, § 130 Rn. 3, § 131 Rn. 1.

498 Allgemein dazu *Dennhardt* in: BeckOK BGB, § 362 Rn. 17; *Grüneberg* in: Palandt, BGB, § 362 Rn. 4; *Olzen* in: Staudinger, BGB, 2016, § 362 Rn. 38, 40; *Spickhoff* in: MüKo, BGB, 1. Band, § 107 Rn. 62.

499 Vgl. *Benedict/Singer* in: Staudinger, BGB, 2017, § 131 Rn. 5.

500 Vgl. Zweiter Teil § 4 I.2., S. 88-110.

501 Ebenso *Nitze*, Minderjähriger Gesellschafter, S. 229.

Wenn die Gefahr einer Interessenkollision besteht, scheiden Mitgesellschafter und Verwandte[502] als Ergänzungspfleger aus. Die Eltern oder die anderen Mitgesellschafter können die Bestellung eines außenstehenden Dritten allerdings nicht lediglich unter Verweis auf das Geheimhaltungsinteresse der Gesellschaft verhindern. Es bedarf weiterer Umstände, die eine Interessenkollision erkennen lassen, beispielsweise wenn es sich bei dem Pfleger um einen Wettbewerber handelt. Seitens der Mitgesellschafter ist es hingegen möglich zu verlangen, dass sich der Ergänzungspfleger zur Verschwiegenheit verpflichtet.[503]

4. *Restriktion der Informationsrechte*

Befürchtet die Gesellschaft, dass ein minderjähriger Gesellschafter oder dessen Ergänzungspfleger Geschäftsgeheimnisse preisgeben könnte, stellt sich die Frage, inwieweit das Informationsrecht des minderjährigen Gesellschafters im Gesellschaftsvertrag eingeschränkt werden kann.

a. *Entziehung des Informationsrechts*

Das Informationsrecht kann einem (minderjährigen) Gesellschafter nicht vollständig entzogen werden.[504] Unter anderem muss es auch einem von der Geschäftsführung ausgeschlossenen Gesellschafter möglich sein, sich von den Angelegenheiten der Gesellschaft persönlich zu unterrichten, wenn Grund zu der Annahme unredlicher Geschäftsführung besteht. Eine dieses Recht ausschließende oder beschränkende Vereinbarung ist unwirksam (§§ 118 Abs. 2, 161 Abs. 2 HGB).

b. *Bevollmächtigung eines Dritten*

Im Gesellschaftsvertrag kann jedoch (zu Beginn oder nachträglich mit Wirkung für die Zukunft) ein Bevollmächtigter bestimmt werden, der die Informationsrechte des minderjährigen Gesellschafters wahrnimmt. Das Verhältnis der Gesellschafter untereinander ist in einer Personengesellschaft zwar anders als in einer Kapitalgesellschaft durch ein besonderes Vertrauensverhältnis geprägt, weshalb die Gesellschafter ihre Informationsrechte grundsätzlich persönlich

502 *Bettin* in: BeckOK BGB, § 1916 Rn. 3; *Coester-Waltjen/Gernhuber*, Familienrecht, § 77 Rn. 45.

503 *Drescher* in: EBJS, HGB, 1. Band, § 118 Rn. 18; *Roth* in: Baumbach/Hopt, HGB, § 118 Rn. 8; *Schäfer* in: Staub, HGB, 3. Band, § 118 Rn. 32.

504 BGH, NJW 1995, 194, 195; *Casper* in: Staub, HGB, 4. Band, § 166 Rn. 60; *Haas* in: Röhricht/v. Westphalen/Haas, § 119 Rn. 27.

ausüben und nicht auf Dritte übertragen sollen.[505] Eine Bevollmächtigung ist allerdings zulässig, wenn sämtliche Gesellschafter zustimmen.[506] Dem Vertrauensverhältnis wird durch die Einholung der Zustimmung ausreichend Rechnung getragen.

c. *Familienversammlung*

Das Informationsbedürfnis minderjähriger Gesellschafter könnte auch durch die regelmäßige Durchführung von Familienversammlungen befriedigt werden. Eine Familienversammlung ist eine Zusammenkunft der gesamten Familie, die neben und unabhängig von Gesellschafterversammlungen stattfindet. Sie dient dazu, allen Familienmitgliedern (nicht zwingend nur Gesellschaftern) die gleichen Informationen zukommen zu lassen.[507] Zwar ist hier sorgfältig vorab zu entscheiden, über welche Themen informiert wird.[508] Von Teilen der Praxis wird die Durchführung dennoch empfohlen, weil es zur Streitvermeidung beiträgt,[509] den Zusammenhalt stärkt und gleichzeitig minderjährige Familienmitglieder, unabhängig davon, ob sie bereits Gesellschafter sind, an das Unternehmen heranführt[510]. Darüber hinaus fördert die freiwillige Informationsweitergabe die Transparenz und stärkt das Vertrauen in die Geschäftsführung. Das Informationsbedürfnis minderjähriger Gesellschafter kann auf diese Weise in vielen Fällen ausreichend befriedigt werden.

5. *Zwischenergebnis*

Zu den Informationsrechten gehören sowohl das Recht, Einsicht in die Unterlagen der Gesellschaft zu nehmen als auch das Recht darüberhinausgehende

---

505 BGHZ 25, 115 ff. = NJW 1957, 1555, 1556; *Enzinger* in: MüKo, HGB, 2. Band, § 118 Rn. 18; *Finckh* in: Henssler/Strohn, Gesellschaftsrecht, § 118 HGB Rn. 13; *Gummert* in: Henssler/Strohn, Gesellschaftsrecht, § 166 HGB Rn. 8; *Roth* in: Baumbach/Hopt, HGB, § 118 Rn. 8, § 166 Rn. 5; *Hirte* in: FS Röhricht, 2005, S. 217, 221.

506 *Enzinger* in: MüKo, HGB, 2. Band, § 118 Rn. 22; *Haas* in: Röhricht/v. Westphalen/Haas, § 118 Rn. 8; *Mock* in: Röhricht/v. Westphalen/Haas, § 166 Rn. 7; *Finckh* in: Henssler/Strohn, Gesellschaftsrecht, § 118 HGB Rn. 16; *Gummert* in: Henssler/Strohn, Gesellschaftsrecht, § 166 HGB Rn. 8; *Roth* in: Baumbach/Hopt, HGB, § 118 Rn. 8, § 166 Rn. 5; *Hirte* in: FS Röhricht, 2005, S. 217, 226.

507 *Koeberle-Schmid* in: Family Office, S. 108; *Hennerkes/Kirchdörfer*, Familienunternehmen, S. 65; *Holler*, ZIP 2018, 553, 556.

508 *Hennerkes/Kirchdörfer*, Familienunternehmen, S. 65.

509 *Hennerkes/Kirchdörfer*, Familienunternehmen, S. 65; *Holler*, ZIP 2018, 553, 556.

510 *Koeberle-Schmid* in: Family Office, S. 108.

Auskünfte zu verlangen Die Einsichtnahme als solche stellt lediglich ein tatsächliches Handeln dar, während die für Willenserklärungen geltenden Vorschriften auf das Auskunftsverlangen Anwendung finden. Im Hinblick auf die Befugnis zur Wahrnehmung der Informationsrechte ist stets deren Funktion zu beachten. Wenn weitere Informationen benötigt werden, um andere Gesellschafterrechte ordnungsgemäß ausüben zu können, z.B. das Stimmrecht, hat derjenige die Informationsrechte wahrzunehmen, der das jeweilige Recht ausübt. Übt demnach der gesetzliche Vertreter das Stimmrecht aus, ist nur er dazu berechtigt, die damit zusammenhängenden Informationsrechte des minderjährigen Gesellschafters wahrzunehmen.

Ein beschränkt geschäftsfähiger Minderjähriger ist nur dann berechtigt, seine Informationsrechte selbst wahrzunehmen, wenn er das damit in Zusammenhang stehende Gesellschafterrecht selbst ausübt. Unmittelbare rechtliche Nachteile entstehen ihm durch das Auskunftsverlangen nicht. Die Gesellschaft wiederum muss die Auskunft gegenüber dem gesetzlichen Vertreter erteilen, es sei denn, der gesetzliche Vertreter hat eingewilligt, dass die Auskunft gegenüber dem beschränkt geschäftsfähigen Minderjährigen erteilt werden darf. Die Auskunftserteilung stellt eine geschäftsähnliche Handlung dar, für die ein Minderjähriger grundsätzlich nicht empfangsberechtigt ist (entsprechend § 131 Abs. 1 BGB).

Wenn ein minderjähriger Gesellschafter durch einen Ergänzungspfleger vertreten werden muss kann die (Familien-)KG verlangen, dass der Ergänzungspfleger sich zur Verschwiegenheit verpflichtet. Um das Informationsbedürfnis der (minderjährigen) Mitgesellschafter möglichst weitgehend zu befriedigen und Konflikte zu vermeiden, ist es ratsam, regelmäßig Familienversammlungen abzuhalten, in denen über einzelne Angelegenheiten des Geschäftsbetriebs informiert wird.

V. Ergebnis

Die Beteiligung Minderjähriger führt zu einigen Besonderheiten bei der Willensbildung innerhalb der Gesellschaft. Ein geschäftsunfähiger Minderjähriger kann seine Gesellschafterrechte, mit Ausnahme des Teilnahmerechts, nicht selbst wahrnehmen, sondern wird gesetzlich vertreten. Die Eltern können nicht stets als gesetzlicher Vertreter fungieren. Mitunter sind sie von der Vertretung ausgeschlossen und es muss ein Dritter zum Ergänzungspfleger bestellt werden, der den Minderjährigen vertritt.

Im Interesse der Gesellschaft können Beschlüsse über Geschäftsführungsangelegenheiten weitgehend ohne Hinzuziehung eines Ergänzungspflegers geschlossen werden. Hier sind es zumeist die Eltern, die den minderjährigen

Gesellschafter vertreten dürfen. Etwas anderes gilt nur dann, wenn ein Elternteil Sonderinteressen hinsichtlich des Beschlussgegenstandes verfolgt.[511] Bei Grundlagenbeschlüssen sowie sonstigen gemeinsamen Gesellschaftsangelegenheiten, die Grundlagenbeschlüssen ähneln, sind die Eltern hingegen regelmäßig von der Vertretung ausgeschlossen, wenn mindestens einer von ihnen oder ein Verwandter in gerader Linie Mitgesellschafter ist. Hier besteht eine generell-abstrakte Gefahr einer Interessenkollision, weil die Gesellschafter vorbehaltlich ihrer Treuepflicht neben dem Gesellschaftszweck auch persönliche Interessen verfolgen dürfen. In diesen Fällen ist ein Ergänzungspfleger zu bestellen, der den Minderjährigen vertritt (§ 1909 Abs. 1 Satz 1 BGB). Dies verzögert nicht nur die Beschlussfassung, sondern wird von den Mitgesellschaftern zumeist als störend empfunden, weil dadurch einem Dritten Einblicke in Geschäftsinterna gewährt werden. Die Gesellschaft kann verlangen, dass sich der Ergänzungspfleger zur Verschwiegenheit verpflichtet.[512] Darüber hinaus bedarf die Zustimmung zu einem Gesellschafterbeschluss der Genehmigung durch das Familiengericht, wenn für den Beschluss die Zustimmung des minderjährigen Gesellschafters erforderlich ist und der Beschlussgegenstand unter einen Tatbestand der familienrechtlichen Genehmigungskataloge fällt.[513]

Im Gegensatz zum geschäftsunfähigen Minderjährigen ist ein beschränkt geschäftsfähiger Minderjährige berechtigt, sein Stimmrecht selbst auszuüben, wenn die möglichen Rechtsfolgen des Beschlussgegenstandes lediglich rechtlich vorteilhaft oder neutral sind oder sein gesetzlicher Vertreter eingewilligt hat.[514] Freilich können die Eltern das Stimmrecht des beschränkt geschäftsfähigen Gesellschafters jederzeit an sich ziehen, wenn sie nicht von der gesetzlichen Vertretung ausgeschlossen sind. Übt er es aber selbst aus, kann er allein an der Gesellschafterversammlung teilnehmen und zu den einzelnen Beschlussgegenständen Stellung nehmen. Übt der gesetzliche Vertreter das Stimmrecht aus, sind sowohl der vertretene minderjährige Gesellschafter als auch sein gesetzlicher Vertreter teilnahmeberechtigt. Im Gesellschaftsvertrag kann das Teilnahmerecht aber dahingehend eingeschränkt werden, dass für den Fall der Vertretung der vertretene Gesellschafter von der Teilnahme ausgeschlossen ist. Gleichwohl ist es ratsam, einem beschränkt geschäftsfähigen Minderjährigen mit Vollendung des 14. Lebensjahres die Teilnahme an einer Gesellschafterversammlung und bei

511 Siehe Zweiter Teil § 4 I.2.a.bb.1) und b.bb. sowie c., S. 93, 100-110.
512 Siehe Zweiter Teil § 4 IV.3., S. 145.
513 Siehe Zweiter Teil § 4 I.3., S. 111-115.
514 Siehe Zweiter Teil § 4 I.1., S. 83-85.

Interesse auch eine Redezeit zu gestatten, um ihn schrittweise an den Geschäftsbetrieb heranzuführen und späteren Konflikten vorzubeugen. Ein unbedingter Rechtsanspruch muss im Interesse der Gesellschaft nicht zwingend gewährt werden, stattdessen würde ein Anspruch auf ermessensfehlerfreie Entscheidung genügen.[515]

Die Ladung zur Gesellschafterversammlung ist an den minderjährigen Gesellschafter zu richten, wenn sein Teilnahmerecht nicht eingeschränkt wurde. Kann ein minderjähriger Gesellschafter sein Stimmrecht nicht selbst ausüben, muss zudem sein gesetzlicher Vertreter geladen werden.[516] Die Familien-KG kann nicht per se unterstellen, dass die Eltern die gesetzlichen Vertreter sind. Sie sollte hingegen prüfen, ob ein Ergänzungspfleger bestellt werden muss und dies gegebenenfalls dem zuständigen Familiengericht anzeigen.[517]

Wenn Informationen benötigt werden, um Gesellschafterrechte ordnungsgemäß ausüben zu können, z.B. das Stimmrecht, hat derjenige die Informationsrechte wahrzunehmen, der auch das korrespondierende Recht ausübt. Mithin kann beschränkt geschäftsfähiger Minderjähriger seine Informationsrechte nur dann selbst wahrnehmen, wenn er das damit zusammenhängende Gesellschafterrecht selbst ausübt. Die Auskunftserteilung stellt eine geschäftsähnliche Handlung dar. Infolgedessen kann die Gesellschaft ihre Informationspflicht grundsätzlich nur gegenüber dem gesetzlichen Vertreter erfüllen, da ein minderjähriger Gesellschafter insoweit nicht empfangsberechtigt ist (entsprechend § 131 Abs. 1 BGB).[518]

Nur in engen Grenzen können das Stimmrecht und die damit verbundenen Gesellschafterrechte eines minderjährigen Gesellschafters beschränkt werden. Soll die Einbeziehung eines vom Familiengericht bestimmten Dritten weitgehend vermieden werden, ist es ratsam, bereits bei Begründung der Gesellschafterstellung des Minderjährigen die Eltern von der Verwaltung auszuschließen und eine Vertrauensperson, zu der kein Verwandtschaftsverhältnis besteht, als Vertreter zu benennen.[519]

515 Siehe Zweiter Teil § 4 II., S. 120-132.
516 Siehe Zweiter Teil § 4 III.1. und 2.b., S. 133-137.
517 Siehe Zweiter Teil § 4 III.2.c., S. 137-139.
518 Siehe Zweiter Teil § 4 IV.2., S. 141-144.
519 Siehe Zweiter Teil § 4 I.4.c., S. 117.

§ 5 Steuerliche Effekte bei Beteiligung Minderjähriger

Die Beteiligung Minderjähriger stellt die Familien-KG vor zusätzliche Herausforderungen. Häufig sind es steuerliche Gründe, die die Eltern oder Großeltern dazu veranlassen, ihre minderjährigen Abkömmlinge zu beteiligen.[520] Neben der Ausnutzung einkommensteuerlicher Vergünstigungen dient eine Vermögensübertragung zu Lebzeiten insbesondere dazu, möglichst häufig von erbschaft- und schenkungsteuerlichen Befreiungen Gebrauch zu machen,[521] so dass beim späteren Erwerb von Todes wegen bestenfalls keine Erbschaftsteuer, zumindest aber ein möglichst geringer Betrag anfällt. Mit der Erbschaftsteuerreform 2016[522] und den Erbschaftsteuer-Richtlinien 2019 sind die Anforderungen einer Befreiung partiell verschärft worden. Im Folgenden soll näher untersucht werden, welche Voraussetzungen erfüllt sein müssen, um steuerliche Vergünstigungen geltend machen zu können.

I. Allgemeine Voraussetzungen

Zwingende Voraussetzung, um steuerliche Vergünstigungen in Anspruch zu nehmen, ist, dass die Gesellschaftsbeteiligung des Minderjährigen einer steuerrechtlichen Überprüfung standhält. Die zuständige Finanzbehörde überprüft, ob eine – zivilrechtlich zulässige – Gestaltungsmöglichkeit missbräuchlich genutzt werden soll (vgl. § 42 AO). Gerade bei Geschäften zwischen Familienmitgliedern stellt die Finanzbehörde strenge Anforderungen an den Beweis und die Ernstlichkeit der Gesellschaftsbeteiligung.[523] Diese strenge Überprüfung trägt den innerhalb eines Familienverbundes typischerweise fehlenden Interessengegensätzen und der daraus resultierenden Gefahr eines steuerlichen Missbrauchs zivilrechtlicher Gestaltungsmöglichkeiten durch Familienmitglieder Rechnung.[524] Eine steuerrechtliche Anerkennung setzt vor diesem Hintergrund voraus, dass der zugrundliegende Vertrag zivilrechtlich wirksam abgeschlossen

---

520 *Sothen* in: MAH Erbrecht, § 36 Rn. 86; *Merkenich,* Erwerb durch Minderjährige, S. 1; *Lohse/Triebel*, ZEV 2000, 337, 338; *Buck,* Erwerb durch Minderjährige, S. 4; *Hohaus/Eickmann*, BB 2004, 1707.

521 *Riedel* in: Unternehmensnachfolge, § 12 Rn. 23; *Sothen* in: MAH Erbrecht, § 36 Rn. 135.

522 Die Reform beruht auf dem Gesetz zur Anpassung des Erbschaftsteuer- und Schenkungsteuergesetzes an die Rechtsprechung des Bundesverfassungsgerichts vom 04.11.2016, BGBl. I 2016, 2464.

523 BFHE 214, 173 = NJW 2006, 3743; *Riedel* in: Unternehmensnachfolge, § 12 Rn. 24.

524 Vgl. BVerfG, NJW 1996, 833; BFHE 214, 173 = NJW 2006, 3743.

wurde und die vertraglichen Regelungen im Wesentlichen denen entsprechen, die zwischen fremden Personen vereinbart werden, und auch tatsächlich gelebt werden („*Fremdvergleich*").[525] Diesbezüglich nimmt die Rechtsprechung eine Betrachtung der Gesamtumstände vor.[526] Ferner müssen die Leistungen endgültig beim Minderjährigen verbleiben, so dass die Vereinbarung von Rückübertragungsvorbehalten ohne besondere Gründe einer steuerrechtlichen Anerkennung regelmäßig entgegenstehen dürfte.[527] Wird die steuerrechtliche Anerkennung versagt, weil eine missbräuchliche Gestaltung vorliegt, entsteht der Steueranspruch so, wie er bei einer den wirtschaftlichen Vorgängen angemessenen rechtlichen Gestaltung entsteht (§ 42 Abs. 1 Satz 3 AO).

Im Übrigen ist zu beachten, dass die Rechtsprechung in steuerrechtlichen Angelegenheiten die Rückwirkung einer Genehmigung – anders als im Zivilrecht (vgl. § 184 Abs. 1 BGB) – nicht anerkennt. Im Zusammenhang mit der Beteiligung Minderjähriger an einer Familien-KG folgt daraus, dass ein Vertrag durch die nachträgliche Genehmigung des Familiengerichts zivilrechtlich zwar ex tunc wirksam wird, steuerrechtlich aber erst mit Erteilung der Genehmigung anerkannt wird.[528] Ebenso führt eine aufschiebend auf den Zeitpunkt der Eintragung des Minderjährigen als Kommanditisten im Handelsregister bedingte Anteilsübertragung dazu, dass die steuerlichen Wirkungen des Beitritts des Minderjährigen erst ab Eintragung anerkannt werden.

II. Einkommensteuer

Die KG ist selbst nicht einkommensteuerpflichtig. Die Einkommensteuerpflicht trifft gemäß § 1 Abs. 1 Satz 1 EStG ihre Gesellschafter als natürliche Personen. Da an einer KG mindestens zwei Personen beteiligt sind, werden die Einkünfte gemäß § 180 Abs. 1 Nr. 2a AO zunächst gesondert festgestellt und anschließend bei der Einkommensbesteuerung des jeweiligen Gesellschafters berücksichtigt.[529] Mittels der Beteiligung minderjähriger Abkömmlinge kann die Höhe der persönlichen Einkommensteuer gemindert werden. Weil die Gewinne der Gesellschaft aufgeteilt werden, kann auch der einkommensteuerrechtliche

525 BFH, DStRE 1999, 423; BFHE 214, 173 = NJW 2006, 3743; BFHE 246, 349 = ZEV 2015, 56, 58; BFH, NJW 2016, 3470, 3471.

526 BFH, DStRE 1999, 423; BFHE 214, 173 = NJW 2006, 3743; BFHE 246, 349 = ZEV 2015, 56, 58; BFH, NJW 2016, 3470, 3471.

527 *Deutsch/Czwalinna*, Familiensteuerrecht, S. 89.

528 *Pauli*, ZErb 2016, 131, 137-138.

529 *Sothen* in: MAH Erbrecht, § 36 Rn. 91.

Grundfreibetrag mehrfach entsprechend der Anzahl der Beteiligten ausgeschöpft werden.[530] Gemäß § 32a Abs. 1 Nr. 1 EStG liegt der Grundfreibetrag derzeit bei EUR 9.408 pro Kalenderjahr.[531] Insbesondere geschäftsunfähige minderjährige Gesellschafter werden regelmäßig über kein weiteres Einkommen verfügen, so dass sie die Einkünfte aus der Gesellschaft bis zur Höhe des Grundfreibetrags einkommensteuerfrei erhalten. Dieses sogenannte Familiensplitting[532] lohnt sich auch für die geschäftsfähigen Mitgesellschafter, denen das Vermögen ursprünglich allein gehörte. Auch wenn ihr Einkommen den Grundfreibetrag übersteigt, kann die Einkommensteuerlast durch die Gewinnverteilung sinken: Die Einkommensteuer ist progressiv gestaltet, das heißt, sie steigt mit dem zu versteuernden Einkommen an. Durch die Gewinnaufteilung verringert sich das Einkommen des einzelnen Gesellschafters, so dass gegebenenfalls ein niedrigerer Steuersatz gilt und dadurch die Einkommensteuerlast spürbar sinkt (sogenannter Progressionsvorteil).[533]

Um vom Familiensplitting und dem Progressionsvorteil profitieren zu können, sind neben der bereits erwähnten allgemeingültigen Voraussetzung[534] unter Umständen weitere Voraussetzungen zu erfüllen. Dies hängt maßgeblich davon ab, ob die Familien-KG vermögensverwaltend oder gewerblich tätig ist.

1. Beteiligung an vermögensverwaltender Familien-KG

Da die vermögensverwaltende Familien-KG nicht gewerblich tätig ist, fallen die Gewinnausschüttungen nicht unter die Einkünfte aus Gewerbebetrieb nach § 15 Abs. 1 Nr. 2 EStG. Stattdessen handelt es sich – abhängig vom Vermögensgegenstand der Familien-KG[535] – um Einkünfte aus Kapitalvermögen (§ 20 EStG), Vermietung und Verpachtung (§ 21 EStG) oder um sonstige Einkünfte (§ 22 EStG). Aus den jeweils einschlägigen einkommensteuerrechtlichen Regelungen

---

530 *Hübner* in: Sudhoff, Unternehmensnachfolge, § 71 Rn. 2; *Oppermann* in: Hannes, Vermögens-/Unternehmensnachfolge, S. 1084 Rn. 12; *Hohaus/Eickmann*, BB 2004, 1707.

531 Stand 15.04.2020.

532 *Münch*, Familiensteuerrecht, Rn. 705; *Oppermann* in: Hannes, Vermögens-/Unternehmensnachfolge, S. 1084 Rn. 12; *Riedel* in: Unternehmensnachfolge, § 12 Rn. 23; *Reimann*, DNotZ 1999, 179.

533 *Oppermann* in: Hannes, Vermögens-/Unternehmensnachfolge, S. 1084 Rn. 12; *Brox* in: FS Bosch, 1976, S. 75; *Buck*, Erwerb durch Minderjährige, S. 4-5; *Hohaus/Eickmann*, BB 2004, 1707.

534 Siehe Zweiter Teil § 5 I., S. 150-151.

535 Vgl. *Wacker* in: Schmidt, EStG, § 15 Rn. 200; *Krauß*, Vermögensnachfolge, Rn. 2567.

ergeben sich keine weiteren Voraussetzungen hinsichtlich der Anerkennung der gesellschaftsrechtlichen Beteiligung des Minderjährigen. Infolgedessen können die Eltern als Mitgesellschafter bereits vom Familiensplitting und dem Progressionsvorteil profitieren, wenn die Vereinbarung zur Aufnahme des minderjährigen Gesellschafters in der Familien-KG wirksam ist und dem Fremdvergleich standhält.

2. Beteiligung an gewerblicher Familien-KG

Im Fall einer gewerblichen Familien-KG handelt es sich bei den Gewinnausschüttungen um Einkünfte aus Gewerbebetrieb. Auf Grundlage von § 15 Abs. 1 Nr. 2 EStG stellt die Finanzbehörde zusätzliche Anforderungen, damit die Gewinnausschüttungen einem minderjährigen Gesellschafter zugerechnet werden und ein Familiensplitting zulässig ist.

a. Mitunternehmerstellung

Die Gewinnanteile werden gemäß § 15 Abs. 1 Nr. 2 EStG einkommensteuerrechtlich nur zugerechnet, wenn der minderjährige Gesellschafter eine Mitunternehmerstellung erlangt hat. Eine Mitunternehmerstellung hat derjenige inne, der in einem Gesellschafts- oder vergleichbaren Gemeinschaftsverhältnis mit mindestens einer anderen Person „*Mitunternehmerinitiative entfalten kann und Mitunternehmerrisiko trägt*".[536] Mitunternehmerinitiative setzt voraus, dass ein Gesellschafter „*an unternehmerischen Entscheidungen zumindest im Umfang der Stimm-, Kontroll- und Widerspruchsrechte eines Kommanditisten*" gemäß den Regelungen im HGB „*oder der gesellschaftsrechtlichen Kontrollrechte nach § 716 Abs. 1 BGB*" mitwirken darf.[537] Mitunternehmerrisiko liegt vor, wenn ein Gesellschafter gesellschaftsrechtlich oder auf wirtschaftlich vergleichbare Weise am Erfolg oder Misserfolg eines Unternehmens partizipiert. Nach der Rechtsprechung des BFH wird „*dieses Risiko [..] regelmäßig durch die Beteiligung am Gewinn und Verlust sowie an den stillen Reserven des Anlagevermögens*

536 BFH, DStR 2009, 321, 323; BFHE 239, 137 = DStRE 2012, 38, 39-40; FG Düsseldorf, BeckRS 2018, 28419; *Steger/Seibold* in: Unternehmensnachfolge, § 25 Rn. 35; *Sothen* in: MAH Erbrecht, § 36 Rn. 120; *Wacker* in: Schmidt, EStG, § 15 Rn. 262.

537 BFHE 239, 137 = DStRE 2012, 38, 39; BFH, Urt. v. 11.07.1989 – VIII R 41/84, juris Rn. 26; BFHE 258, 459 = DStR 2017, 2104, 2106; FG Düsseldorf, BeckRS 2018, 28419; *BMF*, EStH 2019, abrufbar unter esth.bundesfinanzministerium.de/esth/2019/home.html (zuletzt abgerufen am 14.01.2021), H 15.9 (2); *Wacker* in: Schmidt, EStG, § 15 Rn. 263.

einschließlich des Geschäftswerts vermittelt."[538] Ob die einzelnen Kriterien erfüllt sind, wird im Wege einer Gesamtwürdigung aller die Person betreffenden rechtlichen und wirtschaftlichen Umstände ermittelt. Zwar müssen beide Merkmale vorliegen. Die stärkere Ausprägung des einen Merkmals kann jedoch ein Weniger des anderen Merkmals ausgleichen.[539]

Auch wenn ein minderjähriger Gesellschafter bei der Ausübung seiner Gesellschafterrechte häufig der gesetzlichen Vertretung bedarf, sollten die Eltern nicht von vornherein sämtliche Gesellschafterrechte ihrer Abkömmlinge an sich ziehen, um eine steuerliche Begünstigung nicht zu gefährden[540]. Im Zusammenhang mit der Beteiligung minderjähriger Gesellschafter lehnen Rechtsprechung und Finanzverwaltung bisher im Fall folgender vertraglicher Beschränkungen eine Mitunternehmerstellung ab:

- Verwaltung der von der Gesellschaft zur Entnahme freigegebenen Gewinnguthaben durch die Eltern und lediglich freie Verfügung über die Zinsen;[541]
- einseitiges Kündigungsrecht zugunsten des Komplementärs und Ausschluss des Kündigungsrechts der minderjährigen Kommanditisten sowie Einschränkung des gesetzlichen Widerspruchrechts (§ 164 HGB);[542]
- (befristetes) Recht des Schenkers auf entschädigungslose Rückübertragung;[543]
- Befristung der Gesellschafterstellung.[544]

---

538 BFHE 239, 137 = DStRE 2012, 38, 39; BFHE 258, 459 = DStR 2017, 2104, 2106; FG Düsseldorf, BeckRS 2018, 28419; *Sothen* in: MAH Erbrecht, § 36 Rn. 122; *Wacker* in: Schmidt, EStG, § 15 Rn. 264.

539 BFH, Urt. v. 11.07.1989 – VIII R 41/84, juris Rn. 27; BFHE 252, 193 = DStRE 2016, 683, 686; BFHE 258, 459 = DStR 2017, 2104, 2106; FG Düsseldorf, BeckRS 2018, 28419; *Sothen* in: MAH Erbrecht, § 36 Rn. 121.

540 Vgl. BFH, DStR 2009, 321, 323, der eine Mitunternehmerinitiative abgelehnt hat, weil sich die Eltern, die zugleich Gesellschafter und Nießbraucher waren, vertraglich die Wahrnehmung sämtlicher Gesellschafterrechte der Kinder vorbehielten und vorsorglich eine Stimmrechtsvollmacht erteilen ließen. Im Ergebnis ebenso *BMF*, EStH 2019, abrufbar unter esth.bundesfinanzministerium.de/esth/2019/home.html (zuletzt abgerufen am 14.01.2021), H 15.9 (2).

541 BFHE 103, 156 = BStBl. II 1972, 10, 11-12; FG Düsseldorf, BeckRS 2018, 28419; *BMF*, EStH 2019, abrufbar unter esth.bundesfinanzministerium.de/esth/2019/home.html (zuletzt abgerufen am 14.01.2021), H 15.9 (2).

542 BFHE 112, 5 = BStBl. II 1974, 404, 405, 407.

543 BFH, Beschluss v. 30.05.2006 – IV B 168/04, juris Rn. 6.

544 BFHE 118, 189 = BStBl. II 1976, 324, 327. Die zunächst minderjährigen Gesellschafter sollten mit Vollendung des 24. Lebensjahres automatisch ausscheiden. Der BFH ging davon aus, dass sie bis zu dem Zeitpunkt noch unterhaltsbedürftig seien und aufgrund

Besonders im Fall eines minderjährigen Kommanditisten besteht daher das Risiko, dass keine Mitunternehmerstellung angenommen wird, wenn das Stimmrecht umfassend eingeschränkt wird. Im Gegensatz zum Komplementär hat ein Kommanditist ohnehin schon weniger Kontroll- und Widerspruchsrechte, so dass die Beschränkung des Stimmrechts in der Regel nicht durch andere Rechte aufgewogen wird.

Fehlt es an einer Mitunternehmerstellung, können die Gewinnausschüttungen zwar noch als Einkünfte aus Kapitalvermögen nach § 20 Abs. 1 Satz 1 Nr. 4 EStG bewertet werden.[545] Dies setzt aber voraus, dass die Stellung des minderjährigen Gesellschafters wenigstens der eines stillen Gesellschafters oder eines Darlehensgebers gleichkommt. Über die Mindestanforderungen hat insoweit zuletzt das FG Düsseldorf entschieden: Sofern dem minderjährigen Gesellschafter weder die Verfügungsgewalt über die Verwendung der Gewinnanteile noch ein Kündigungsrecht, wie es einem stillen Gesellschafter zusteht, verbleiben, scheidet eine solche Zuordnung aus.[546] Stattdessen werden die Gewinnanteile einkommensteuerrechtlich nicht dem minderjährigen Gesellschafter, sondern dem Mitgesellschafter zugerechnet, von dem er den Gesellschaftsanteil erworben hat (z.B. den Eltern nach § 12 Nr. 2 EStG).[547] Die einkommensteuerlichen Vorteile des Familiensplittings können in dem Fall nicht genutzt werden.

b. Angemessene Gewinnverteilungsabrede

Selbst wenn ein minderjähriger Gesellschafter als Mitunternehmer anzusehen ist, genügt dies noch nicht, um die einkommensteuerlichen Vorteile des Familiensplittings vollständig nutzen zu können. Es gilt eine weitere Hürde zu überwinden: In einem zweiten Schritt wird von der zuständigen Finanzbehörde überprüft, in welcher Höhe die Gewinnverteilungsabrede anzuerkennen ist.[548]

---

ihres Ausbildungsstandes eine Mitarbeit in der Gesellschaft nicht zu erwarten sei. Eine Mitunternehmerschaft habe daher nicht vorgelegen. So auch *BMF*, EStH 2019, abrufbar unter esth.bundesfinanzministerium.de/esth/2019/home.html (zuletzt abgerufen am 14.01.2021), H 15.9 (2), wohingegen eine Mitunternehmerstellung nicht allein deshalb abgelehnt werden kann, weil ein Elternteil berechtigt ist, dem zunächst minderjährigen Gesellschafter zum Ende des Jahres der Volljährigkeit zu kündigen (unter Verweis auf BFHE 119, 421 = NJW 1976, 2231, 2232).

545 *Krumm* in: Kirchhof, EStG, § 15 Rn. 222; *Wacker* in: Schmidt, EStG, § 15 Rn. 259.

546 FG Düsseldorf, BeckRS 2018, 28419; ähnlich BFHE 197, 517 = DStR 2002, 716, 717.

547 FG Düsseldorf, BeckRS 2018, 28419; *Krumm* in: Kirchhof, EStG, § 15 Rn. 217.

548 BFHE 106, 504 = DB 1972, 2092, 2093; *Hübner* in: Sudhoff, Unternehmensnachfolge, § 71 Rn. 47; *Lüke* in: Hannes, Vermögens-/Unternehmensnachfolge, S. 901 Rn. 31.

Diese „*wird nur insoweit anerkannt*", als der auf den einzelnen Gesellschafter „*entfallende Gewinnanteil*" seiner Stellung in der Gesellschaft „*entspricht*".[549] Hintergrund ist das in § 42 AO zum Ausdruck kommende Verbot, steuergesetzliche Pflichten nicht mittels unangemessener rechtlicher Gestaltungsmöglichkeiten zu umgehen, um nicht vorgesehene Steuervorteile zu erzielen.[550]

Erwirbt ein Minderjähriger einen Gesellschaftsanteil unentgeltlich im Wege der Schenkung, muss die Gewinnverteilungsabrede entsprechend seinem Leistungsbeitrag ausgestaltet sein. Arbeitet er in der Gesellschaft nicht mit, „*besteht sein Leistungseinsatz grundsätzlich nur im Kapitaleinsatz*".[551] In diesem Fall kann nur eine Gewinnverteilung vereinbart werden, die längerfristig zu einer marktüblichen Verzinsung des tatsächlichen Werts des Gesellschaftsanteils führt.[552] Insoweit haben Finanzverwaltung und Rechtsprechung bisher eine Gewinnverteilungsabrede anerkannt, bei der im Zeitpunkt der Vereinbarung eine durchschnittliche Rendite von nicht mehr als 15 % des tatsächlichen Werts der Beteiligung zu erwarten ist.[553]

Wird die Gewinnverteilungsabrede nur teilweise steuerrechtlich anerkannt, wird der unangemessene Gewinnanteil einkommensteuerlich demjenigen zugeordnet, dem der Gesellschaftsanteil ursprünglich gehörte (z.B. den Eltern oder Großeltern) und als nicht abzugsfähige Ausgabe gemäß § 12 Nr. 2 EStG behandelt.[554] Die zivilrechtliche Wirksamkeit der gesellschaftsrechtlichen Beteiligung bleibt davon unberührt. Infolgedessen verbleibt der Gewinn zivilrechtlich voll beim Anteilserwerber, versteuern muss ihn dagegen der ursprüngliche Anteilsinhaber.[555] Zudem gilt der unangemessene Gewinnanteil als selbstständige

549 So wörtlich *Sothen* in: MAH Erbrecht, § 36 Rn. 126; i.E. auch BFHE 106, 504 = DB 1972, 2092, 2093.

550 *Sothen* in: MAH Erbrecht, § 36 Rn. 26.

551 *Sothen* in: MAH Erbrecht, § 36 Rn. 127.

552 BFHE 106, 504 = DB 1972, 2092, 2093-2094; *BMF*, EStH 2019, abrufbar unter esth.bundesfinanzministerium.de/esth/2019/home.html (zuletzt abgerufen am 14.01.2021), H 15.9 (3).

553 BFHE 106, 504 = DB 1972, 2092, 2094; BFHE 130, 301 = BB 1980, 1453 Rn. 13, 15; *BMF*, EStH 2019, abrufbar unter esth.bundesfinanzministerium.de/esth/2019/home.html (zuletzt abgerufen am 14.01.2021), H 15.9 (3).

554 BFHE 98, 405 = NJW 1970, 2230, 2231; *BMF*, EStH 2019, abrufbar unter esth.bundesfinanzministerium.de/esth/2019/home.html (zuletzt abgerufen am 14.01.2021), H 15.9 (2); *Lüke* in: Hannes, Vermögens-/Unternehmensnachfolge, S. 901 Rn. 30.

555 *Sothen* in: MAH Erbrecht, § 36 Rn. 126, 131; *Hübner* in: Sudhoff, Unternehmensnachfolge, § 71 Rn. 47.

Schenkung und unterliegt gemäß § 7 Abs. 6 ErbStG der Schenkung- und Erbschaftsteuer.[556]

III. Erbschaft- und Schenkungsteuer

Neben den einkommensteuerlichen Vorteilen werden vor allem erbschaft- und schenkungsteuerliche Einsparungen angestrebt. Die unentgeltliche Zuwendung von Kommanditgesellschaftsanteilen zu Lebzeiten unterliegt gemäß § 1 Abs. 1 Nr. 2 ErbStG grundsätzlich der Schenkungsteuer.[557] Im Erbschaft- und Schenkungsteuergesetz sind Steuerbefreiungen in Form von persönlichen Freibeträgen (§§ 16, 17 ErbStG) und sachlichen Begünstigungen (§§ 13-13d ErbStG) vorgesehen.[558] Seit der Erbschaftsteuerreform 2016 gelten erhöhte Anforderungen, um in den Genuss einer sachlichen Befreiung zu kommen.

1. Persönliche Freibeträge

Durch persönliche Freibeträge wird ein Erwerb bis zu einer bestimmten Höhe steuerfrei gestellt. Während § 17 ErbStG ausschließlich den Erwerb von Todes wegen betrifft, gilt § 16 ErbStG auch für Schenkungen zu Lebzeiten. Die Höhe des Freibetrags hängt vom persönlichen Näheverhältnis zwischen Schenker und Empfänger ab: je enger das Näheverhältnis, desto größer ist der Freibetrag.[559] So beträgt der Freibetrag beispielsweise für Ehegatten EUR 500.000 (§ 16 Abs. 1 Nr. 1 ErbStG) und für (Stief-)Kinder EUR 400.000 (§ 16 Abs. 1 Nr. 2 ErbStG). Enkelkindern wird regelmäßig ein Freibetrag von EUR 200.000 gewährt (§ 16 Abs. 1 Nr. 3 ErbStG), es sei denn, der Elternteil, der das verwandtschaftliche Bindeglied zu den Großeltern bildet, ist bereits verstorben (§ 16 Abs. 1 Nr. 2 ErbStG).[560] Bei der Berechnung ist die Zehn-Jahres-Frist gemäß § 14 Abs. 1 Satz 1 ErbStG zu beachten: Innerhalb dieses Zeitraums werden Erwerbe von derselben Person zusammengerechnet, so dass der Freibetrag nur einmal in Anspruch genommen

---

556 *Sothen* in: MAH Erbrecht, § 36 Rn. 131; *Lüke* in: Hannes, Vermögens-/Unternehmensnachfolge, S. 901 Rn. 30.

557 BGHZ 112, 40 ff. = NJW 1990, 2616, 2617-1618; *Hannes/Holtz* in: Meincke/Hannes/Holtz, ErbStG, § 7 Rn. 21.

558 Vgl. BVerfGE 138, 136 ff. = NJW 2015, 303, 307; *Hannes/Holtz* in: Meincke/Hannes/Holtz, ErbStG, § 13 Rn. 1, § 16 Rn. 1; *Kiebele* in: Preißer/Rödl/Seltenreich, ErbStG, § 13 Rn. 1.

559 *Hannes/Holtz* in: Meincke/Hannes/Holtz, ErbStG, § 16 Rn. 7; *Jülicher* in: Troll/Gebel/Jülicher/Gottschalk, ErbStG, § 16 Rn. 4.

560 Stand 01.04.2020.

werden kann.[561] Alter und Gesundheitszustand werden in der Praxis bei der Vertragsgestaltung berücksichtigt, wenn Vermögensübertragungen zu steuerlichen Entlastungen führen sollen: Ist der Schenker zum Beispiel ein Elternteil im mittleren Alter, kann der Freibetrag nach § 16 Abs. 1 ErbStG durch eine frühzeitige Gesellschaftsbeteiligung minderjähriger Familienangehöriger mehrfach genutzt werden. Ist dagegen absehbar, dass der Schenker innerhalb des Zehn-Jahreszeitraumes verstirbt, kann sich ein Generationssprung anbieten: Hier räumen die Großeltern zu Lebzeiten den Enkelkindern im Wege der Schenkung eine Gesellschaftsbeteiligung ein. Die eigenen Kinder werden zu Lebzeiten nicht beteiligt, aber als Erben eingesetzt. Aufgrund der unterschiedlichen Empfänger werden die Erwerbe nicht zusammengerechnet. Der Freibetrag der eigenen Kinder kann dann vollumfänglich für das Erbe genutzt werden.[562]

2. *Sachliche Befreiungen*

Steuerliche Entlastungen werden bei unentgeltlichen Zuwendungen nicht nur über persönliche Freibeträge geschaffen, sondern können auch über die in §§ 13 bis 13d ErbStG geregelten sachlichen Befreiungen erzielt werden. Begünstigungsfähig ist gemäß § 13b Abs. 1 Nr. 2 ErbStG insbesondere Betriebsvermögen; Privatvermögen dagegen regelmäßig nicht. Sollen neben persönlichen Freibeträgen auch sachliche Befreiungen in Anspruch genommen werden, ist somit von Bedeutung, dass die mit der Gesellschaftsbeteiligung verbundenen Vermögenswerte zum Betriebsvermögen gehören. 85 % des Betriebsvermögens bleiben gemäß § 13a Abs. 1 Satz 1 ErbStG steuerfrei, wenn folgende weitere Voraussetzungen erfüllt sind:

- Der Erwerber muss eine Mitunternehmerstellung erlangt haben.
- Das begünstigungsfähige Vermögen – hier das inländische Betriebsvermögen – muss das Verwaltungsvermögen, welches regelmäßig nicht begünstigt wird, übersteigen.
- Ab einer Anzahl von mehr als fünf Beschäftigten dürfen bestimmte Mindestlohnsummengrenzen innerhalb von fünf Jahren nach dem Erwerb nicht unterschritten werden.
- Der Erwerber unterliegt zudem einer Behaltensfrist von fünf Jahren.
- Der Erwerb darf EUR 26 Millionen nicht übersteigen.

---

561 *Hannes/Holtz* in: Meincke/Hannes/Holtz, ErbStG, § 16 Rn. 5; *Jülicher* in: Troll/Gebel/Jülicher/Gottschalk, ErbStG, § 14 Rn. 1.

562 Vgl. *Fetsch* in: Hannes, Vermögens-/Unternehmensnachfolge, S. 513 Rn. 1-2.

a. Betriebsvermögen

Die erste Hürde ergibt sich aus dem Begriff selbst, da zum inländischen Betriebsvermögen lediglich Vermögensgegenstände gehören, die einem Gewerbebetrieb (§ 95 Abs. 1 BewG)[563] oder der Ausübung eines freien Berufs (§ 96 BewG) dienen.[564] Im Falle der unentgeltlichen Beteiligung an einer Familien-KG, die nicht gewerblich tätig ist, sondern ausschließlich die rein private Vermögensverwaltung bezweckt, liegt schon kein Betriebsvermögen vor, so dass eine Steuerbefreiung nach §§ 13a Abs. 1 Satz 1, 13b Abs. 1 Nr. 2, Abs. 2 ErbStG ausscheidet. Hier verbleibt es bei der Nutzung der erbschaft- und schenkungsteuerlichen Freibeträge gemäß § 16 Abs. 1 ErbStG. Zum Verwaltungsvermögen gehören Gegenstände, die typischerweise der privaten Lebensführung dienen, beispielsweise Kunstgegenstände, Münzen oder Segelflugzeuge, es sei denn, der Handel mit diesen Gegenständen, ihre Herstellung, Verarbeitung oder entgeltliche Nutzungsüberlassung an Dritte stellen den Hauptzweck des Betriebs dar (§ 13b Abs. 4 Nr. 3 ErbStG).

Auch vermietete Grundstücke werden regelmäßig nicht als Betriebsvermögen, sondern als nicht zu begünstigendes Verwaltungsvermögen eingestuft. Ist eine Familien-KG daher gewerblich tätig und umfasst ihr Vermögen im Wesentlichen nur eine kleine Anzahl von Grundstücken und Immobilien, die sie vermietet, scheidet eine Steuerbefreiung nach §§ 13a Abs. 1 Satz 1, 13b Abs. 1 Nr. 2, Abs. 2 ErbStG aus. Erst bei einer Anzahl von mehr als 300 Wohnungen wird ein wirtschaftlicher Geschäftsbetrieb vermutet, und eine Einstufung als Betriebsvermögen gestattet.[565] Stattdessen kann für zu Wohnzwecken vermietete Grundstücke ein Verschonungsabschlag von 10 % in Anspruch genommen werden, § 13d ErbStG. Das heißt, bei der Berechnung der Erbschaftsteuer wird das Grundstück nur mit 90 % seines Wertes angesetzt.

b. Mitunternehmerstellung

Von der sachlichen Befreiung für Betriebsvermögen kann zudem nur derjenige Gesellschafter Gebrauch machen, der gemäß § 13b Abs. 1 Nr. 2 ErbStG iVm. § 15 Abs. 1 Nr. 2 EStG als Mitunternehmer des Betriebs anzusehen ist.

Hintergrund ist, dass die Privilegierung des Betriebsvermögens im Vergleich zu anderen Vermögensarten nicht ohne Weiteres möglich ist, sondern aufgrund des Gleichheitsgrundsatzes nach Art. 3 Abs. 1 GG eines sachlichen

---

563 *Hannes/Holtz* in: Meincke/Hannes/Holtz, ErbStG, § 12 Rn. 81.

564 *Preißer* in: Preißer/Rödl/Seltenreich, ErbStG, § 13b Rn. 33.

565 ErbStR 2019, zu § 13b ErbStG R E 13b.17, S. 70.

Grundes bedarf.[566] Gemäß dem Gleichheitsgebot ist *„wesentlich Gleiches gleich und wesentlich Ungleiches ungleich zu behandeln“*.[567] In Bezug auf das Steuerrecht folgt daraus der Grundsatz der Lastengleichheit. Dies bedeutet, dass Steuerpflichtige bei gleicher Leistungsfähigkeit auch gleich besteuert werden sollen.[568] Wird ein Steuergegenstand begünstigt, so ist diese Begünstigung grundsätzlich jedem Steuerpflichtigen zu gewähren. Ungleichbehandlungen sind nur zulässig, wenn dafür ein sachlicher Grund besteht.[569] Gemäß der Begründung des Gesetzentwurfs der Bundesregierung zur Reform des Erbschaftsteuer- und Bewertungsrechts vom 28.01.2008 soll die Verschonung des Betriebsvermögens dazu dienen, kleine bis mittlere Betriebe in Form von Einzelunternehmen und gewerblich tätigen Personengesellschaften zu erhalten und so Arbeitsplätze zu sichern. Diese Unternehmen seien für die deutsche Wirtschaft im internationalen Wettbewerb notwendig, da sie aufgrund ihrer regionalen Vernetzung wettbewerbsfähige Arbeits- und Ausbildungsplätze schaffen.[570] Die Ungleichbehandlung entspreche auch dem Gemeinwohlinteresse.[571] Aus der Begründung folgt, dass nur derjenige in den Genuss der Begünstigungsregelung kommen soll, der das erworbene Unternehmen fortführt und dadurch die Arbeits- und Ausbildungsplätze im Unternehmen sichert.[572] Diese Anforderungen erfüllt aber nicht jeder Erwerber, sondern nur derjenige, der einen Gewerbebetrieb als Einzelunternehmer übernimmt oder als Mitunternehmer beteiligt wird und so auf den Geschäftsbetrieb Einfluss nehmen kann.[573] Infolgedessen knüpft § 13b Abs. 1 Nr. 2 ErbStG die Begünstigung von inländischen Betriebsvermögen an die einkommensteuerrechtlichen Vorschriften zur Mitunternehmerschaft. Im Fall eines minderjährigen Kommanditisten besteht das Risiko, dass es an einer

---

566 BVerfGE 138, 136 ff. = NJW 2015, 303, 306; BFH, DStR 2009, 321, 323.

567 BVerfGE 138, 136 ff. = NJW 2015, 303, 306; BVerfG, BVerfGE 1, 14 ff. = NJW 1951, 877, 878; BVerfG, NZA 1999, 194; *Kischel* in: BeckOK GG, Art. 3 Rn. 14.

568 BVerfGE 123, 1 ff. = GewArch 2009, 301; BVerfGE 126, 400 ff. = FR 2010, 851, 852; BVerfGE 138, 136 ff. = NJW 2015, 303, 306; *Kischel* in: BeckOK GG, Art. 3 Rn. 147; *Wollenschläger* in: v. Mangoldt, GG, 1. Band, Art. 3 Rn. 280-281.

569 BVerfGE 138, 136 ff. = NJW 2015, 303 Rn. 121, 123; *Wollenschläger* in: v. Mangoldt, GG, 1. Band, Art. 3 Rn. 281, 283.

570 RegE BT-Drucks. 16/7918, S. 33; siehe auch: RegE BT-Drucks. 18/5923, S. 1-2, 16.

571 RegE BT-Drucks. 16/7918, S. 23; BVerfGE 93, 165 ff. = DStR 1995, 1348, 1350.

572 RegE BT-Drucks. 16/7918, S. 33; siehe auch: RegE BT-Drucks. 18/5923, S. 16.

573 Vgl. BVerfGE 93, 165 ff. = DStR 1995, 13481350; BFH, DStR 2009, 321, 323.

Mitunternehmerstellung fehlt, wenn dessen Gesellschafterrechte vertraglich eingeschränkt wurden.[574]

c. *Mehrheitlich begünstigtes Vermögen*

Ferner wird begünstigungsfähiges Vermögen nur begünstigt, wenn dessen Wert den des nicht begünstigten Verwaltungsvermögens übersteigt (§ 13b Abs. 2 Satz 1 ErbStG). Während vor der Entscheidung des Bundesverfassungsgerichts vom 17.12.2014 Betriebsvermögen auch dann begünstigt werden konnte, wenn es bis zu 50 % aus Verwaltungsvermögen bestand,[575] liegt die Grenze heute bei 10 %, § 13b Abs. 7 Satz 1 ErbStG („*unschädliches Verwaltungsvermögen*"). Verwaltungsvermögen soll nicht verschont werden, da es vornehmlich der zumeist „*risikolosen Renditeerzielung*" und nicht dem Erhalt von Arbeitsplätzen oder dem wirtschaftlichen Wachstum diene.[576]

d. *Haltefristen und Erwerbsgrenze*

Da die Begünstigung der Sicherung von Arbeitsplätzen dienen soll,[577] dürfen ab einer Anzahl von mehr als fünf Beschäftigten bestimmte Mindestlohnsummengrenzen innerhalb von fünf Jahren nach dem Erwerb nicht unterschritten werden (§ 13a Abs. 3 ErbStG). Vor diesem Hintergrund wird noch einmal deutlich, warum eine Begünstigung nur im Fall einer Mitunternehmerstellung gewährt wird. Ohne eine solche Stellung hat der Gesellschafter kaum die Möglichkeit, auf die Einhaltung dieser Grenzen hinzuwirken. Des Weiteren darf der (minderjährige) Gesellschafter seinen Anteil fünf Jahre lang nicht veräußern. Ansonsten entfällt die Begünstigung rückwirkend (§ 13a Abs. 6 ErbStG). Schließlich darf der Erwerb die Grenze von EUR 26 Millionen nicht übersteigen (§ 13a Abs. 1 Satz 1 ErbStG).

IV. Ergebnis

Steuerliche Begünstigungen werden nur gewährt, wenn die gesellschaftsrechtliche Beteiligung des Minderjährigen steuerrechtlich anerkannt wird. Hierfür

---

574 Zur Mitunternehmerstellung und den Risiken im Hinblick auf einen minderjährigen Kommanditisten siehe Zweiter Teil § 5 II.2.a., S. 153-155.

575 Vgl. § 13b Abs. 2 ErbStG a.F.; BVerfGE 138, 136 ff. = NJW 2015, 303 Rn. 57-58, 60, 231.

576 BVerfGE 138, 136 ff. = NJW 2015, 303 Rn. 238 unter Verweis auf RegE BT-Drucks. 16/7918, S. 35-36.

577 BVerfGE 138, 136 ff. = NJW 2015, 303 Rn. 238 unter Verweis auf RegE BT-Drucks. 16/7918, S. 35-36.

muss die zugrundeliegende Vereinbarung nicht nur zivilrechtlich wirksam sein, sondern die darin enthaltenen Regelungen müssen einem Fremdvergleich standhalten.

Einkommensteuerrechtlich können durch die Übertragung des Vermögens und der Beteiligung eines minderjährigen Gesellschafters die Grundfreibeträge mehrfach genutzt werden. Dazu partizipiert jeder einzelne Gesellschafter an den Gewinnausschüttungen. Zugleich wird dadurch die Steuerbelastung der Mitgesellschafter reduziert: Aufgrund der Gewinnaufteilung ist das Einkommen jedes Einzelnen etwas geringer, als wenn ein Einzelner sämtliche Gewinne erhalten würde. Da die Einkommensteuer progressiv gestaltet ist, sinkt mitunter auch die Einkommensteuerbelastung. Im Fall einer gewerblichen Familien-KG werden jedoch zusätzliche Anforderungen gestellt. Zum einen dürfen die Gesellschafterrechte eines minderjährigen Gesellschafters vertraglich nicht zu stark eingeschränkt werden. Sie müssen vielmehr noch denen eines stillen Gesellschafters entsprechen. Zum anderen muss die Gewinnverteilungsabrede angemessen sein, d.h. der Gesellschafterstellung des Minderjährigen entsprechen. Andernfalls besteht das Risiko, dass die Gewinne nicht dem minderjährigen Gesellschafter, sondern dem Mitgesellschafter zugerechnet werden, von dem er den Gesellschaftsanteil erworben hat.[578]

In Bezug auf die Erbschaft- und Schenkungsteuer können durch die unentgeltliche Zuwendung von Gesellschaftsanteilen an Minderjährige persönliche Schenkungsfreibeträge genutzt und die künftige Erbschaftsteuerbelastung verringert werden. Darüber hinaus kommt die Inanspruchnahme eines Verschonungsabschlags von 10 % in Betracht, wenn die Familien-KG Grundstücke zu Wohnzwecken vermietet (§ 13d ErbStG).[579] Weitere schenkung- und erbschaftsteuerliche Befreiungen können durch die Beteiligung minderjähriger Gesellschafter regelmäßig nicht genutzt werden. Im Fall einer reinen vermögensverwaltenden Familien-KG fehlt es bereits an begünstigungsfähigem Betriebsvermögen. Auch bei Beteiligung an einer gewerblichen Familien-KG scheidet eine Begünstigung aus, wenn deren Vermögen im Wesentlichen aus einzelnen Grundstücken besteht, da es sich im Fall der Vermietung regelmäßig um nicht begünstigungsfähiges Verwaltungsvermögen handelt.[580] Selbst wenn die Familien-KG Betriebsvermögen hält, wird für die Zuwendung an einen minderjährigen Gesellschafter eine Begünstigung kaum gewährt, da als weitere

578 Siehe Zweiter Teil § 5 I. und II., S. 150-151, 155-157.
579 Siehe Zweiter Teil § 5 III.2.a., S. 159.
580 Siehe Zweiter Teil § 5 III.2.a., S. 159.

Voraussetzung eine Mitunternehmerstellung erforderlich ist (§ 13b Abs. 1 Nr. 2 ErbStG iVm. § 15 Abs. 1 Nr. 2 EStG). Eine solche Stellung wird einem Minderjährigen aber regelmäßig nicht eingeräumt.[581]

§ 6 Fazit

Durch Gründung einer Familien-KG kann eine Privatperson seine Familienangehörigen am Vermögen partizipieren lassen, ohne zwingend die Geschäftsführung betreffend das Vermögen aus der Hand zu geben. Soll ein Minderjähriger beteiligt werden, ist es ratsam, eine Familien-KG zunächst ohne dessen Beteiligung zu gründen, um ihm anschließend einen voll eingezahlten Kommanditanteil unentgeltlich zu übertragen. Die Gründung erfolgt in diesem Fall in der Regel schneller, da die rechtlichen Problemfelder um den Minderjährigen ausgeklammert werden. Ist mindestens ein Elternteil oder ein Verwandter eines Elternteils in gerader Linie Mitgesellschafter, besteht die Gefahr, dass beide Elternteile im Fall der gemeinsamen Sorge von der gesetzlichen Vertretung ausgeschlossen sind und ein Ergänzungspfleger zu bestellen ist. Um die Einbeziehung eines Ergänzungspflegers zu vermeiden, ist die Gesellschafterposition eines Minderjährigen gesellschaftsvertraglich so auszugestalten, dass rechtliche Nachteile möglichst ausgeschlossen werden. Die Übertragung sollte unter der aufschiebenden Bedingung der Eintragung des Minderjährigen als Kommanditist im Handelsregister erfolgen, um das Risiko einer unbeschränkten persönlichen Haftung des Minderjährigen nach § 176 Abs. 2 HGB zu vermeiden. Ein minderjähriger Gesellschafter sollte keiner Zustimmungspflicht unterliegen. Schadensersatzansprüche der Gesellschaft und der übrigen Gesellschafter gegenüber einem minderjährigen Gesellschafter sollten weitgehend ausgeschlossen werden. Mit der Gesellschafterstellung sind trotz dieser vertraglichen Anpassungen zwar noch Rechtsnachteile verbunden, zum Beispiel die Verschwiegenheitspflicht. Von den verbleibenden Pflichten geht aber typischerweise nur ein geringfügiges Gefährdungspotential aus, weshalb das der Gesellschaftsbeteiligung zugrundeliegende Rechtsgeschäft als lediglich rechtlich vorteilhaft im Sinne des § 107 BGB anzusehen ist. Die gesetzlichen Vertretungsverbote gemäß §§ 1629 Abs. 2 Satz 1, 1795 Abs. 1 Nr. 1, Abs. 2, 181 BGB sind mangels generell-abstrakter Gefahr einer Interessenkollision teleologisch zu reduzieren; die Eltern können ihr Kind somit gesetzlich vertreten.[582]

---

581 Siehe Zweiter Teil § 5 II.2.a., III.2.b., S. 153-155, 160-161.

582 Siehe Zweiter Teil § 3 I.1.a., S. 46-58.

Wenn die Familien-KG ein Erwerbsgeschäft betreibt, ist für den Abschluss des der Beteiligung eines Minderjährigen zugrundeliegenden Rechtsgeschäfts eine familiengerichtliche Genehmigung gemäß § 1822 Nr. 3 Var. 3 BGB erforderlich. Eine Genehmigung ist lediglich dann entbehrlich, wenn der Zweck der Familien-KG ausschließlich darauf gerichtet ist, eigenes Vermögen zu verwalten. Dies gilt aber nur, wenn der Betrieb vom Umfang her keine Geschäftstätigkeit umfasst, die einer auf selbstständigen Erwerb gerichteten Tätigkeit gleichkommt. Da die Beurteilung im Einzelfall schwierig ist, empfiehlt es sich, vorsorglich ein Negativattest und hilfsweise eine Genehmigung zu beantragen.[583]

Als Gesellschafter steht einem Minderjährigen zwar ein Stimmrecht bei der internen Willensbildung zu. Dies ist aber auf vielerlei Weise beschränkt. Mangels Geschäftsführungsbefugnis darf ein Kommanditist über gewöhnliche Geschäftsführungsangelegenheiten nicht mitentscheiden. Im Fall eines geschäftsunfähigen minderjährigen Gesellschafters wird das Stimmrecht von seinem gesetzlichen Vertreter ausgeübt, der folglich auch an den Gesellschaftsversammlungen teilnehmen muss. Bei einem beschränkt geschäftsfähigen Gesellschafter kann die Ausübung des Stimmrechts gesellschaftsvertraglich seinem gesetzlichen Vertreter vorbehalten werden, selbst wenn die möglichen Rechtsfolgen des Beschlussgegenstandes nicht rechtlich nachteilhaft sind und er das Stimmrecht daher von Gesetzes wegen selbst wahrnehmen dürfte.[584] Ist ein Elternteil Mitgesellschafter, sind im Fall der gemeinsamen Sorge beide Elternteile von der Vertretung ausgeschlossen, wenn der Beschlussgegenstand Sonderinteressen eines Elternteils oder Grundlagen der Gesellschaft betrifft. In diesen Konstellationen muss ein Ergänzungspfleger bestellt werden.[585] Das ist für eine effiziente und zügige Beschlussfassung zwar oftmals hinderlich, lässt sich in einer Familien-KG unter Beteiligung Minderjähriger aber kaum vollständig vermeiden. Im Interesse der Wahrung von Geschäftsgeheimnissen kann ein Ergänzungspfleger verpflichtet werden, über die vertraulichen Informationen, von denen er in seiner Funktion als gesetzlicher Vertreter des minderjährigen Gesellschafters Kenntnis erlangt, Verschwiegenheit zu wahren.

Grundsätzlich steht einem minderjährigen Gesellschafter ein Teilnahmerecht an der Gesellschafterversammlung zu. Dies kann zwar darauf beschränkt werden, dass nur er oder sein gesetzlicher Vertreter an der Gesellschafterversammlung teilnimmt. Um einen minderjährigen Gesellschafter schrittweise an

583 Siehe Zweiter Teil § 3 I.2.a.aa., S. 63-66.
584 Siehe Zweiter Teil § 4 I.1.a. und 2., S. 82-88.
585 Siehe Zweiter Teil § 4 II.2., S. 88-110.

den Geschäftsbetrieb heranzuführen, ist es aber ratsam, ihm wenigstens mit Vollendung des 14. Lebensjahres die Teilnahme an Gesellschaftsversammlungen neben seinem gesetzlichen Vertreter zu gestatten.[586] Steht einem minderjährigen Gesellschafter ein Teilnahmerecht zu, ist er auch zu einer Gesellschafterversammlung zu laden.[587]

Steuerrechtlich kann die Einschaltung einer Familien-KG als Vermögensträgerin folgende, aus Sicht des Steuerschuldners positive Effekte haben: Die Einkommensteuerbelastung des ursprünglichen Vermögensinhabers kann reduziert werden, da die Gewinne unter den Gesellschaftern aufgeteilt und nicht mehr ausschließlich einem Einzelnen zugerechnet werden.[588] Ein Minderjähriger partizipiert als Kommanditist an den Gewinnausschüttungen der Familien-KG. Zudem kann die künftige Erbschaftsteuerlast reduziert werden, indem bereits zu Lebzeiten durch unentgeltliche Zuwendungen persönliche Schenkungsfreibeträge genutzt werden.[589] Voraussetzung für eine steuerliche Anerkennung der Beteiligung ist jedoch, dass sie einem Fremdvergleich standhält; demnach dürfen die Rechte eines minderjährigen Gesellschafters nicht zu stark beschränkt werden, sondern sollten weitgehend denen entsprechen, die einem Kommanditisten nach den Regelungen des HGB zukommen würden.[590] Daher sollte vor der Beteiligung minderjähriger Abkömmlinge wohl überlegt werden, ob diese am gesellschaftsinternen Willensbildungsprozess zur Ermöglichung der Nutzung steuerlicher Vorteile partizipieren sollen, oder ob ihnen zunächst nur eine passive Rolle zukommen soll und dadurch ein ggf. lähmender Einfluss der Regelungen zum Minderjährigenschutz auf die Familien-KG und insbesondere die Entscheidungsfindung verhindert wird.

586 Siehe Zweiter Teil § 4 II., S. 120-132.
587 Siehe Zweiter Teil § 4 III.1., S. 132-134.
588 Siehe Zweiter Teil § 5 II., S. 151-152.
589 Siehe Zweiter Teil § 5 III.1., S. 157-158.
590 Siehe Zweiter Teil § 5 I. sowie II.2. und III.2.b., S. 150-151, 153-157, 160-161.

Dritter Teil Beteiligung Minderjähriger an einer rechtsfähigen Stiftung bürgerlichen Rechts

§ 1 Grundlagen

Obgleich es zahlreiche Publikationen zur Stiftung gibt,[591] ist der Begriff „Stiftung" nicht eindeutig.[592] Dies hängt zum einen damit zusammen, dass es bisher an einer Legaldefinition fehlt. Zum anderen wird das Stiftungsrecht nicht vollständig bundesgesetzlich geregelt. Stattdessen kommen daneben landesrechtliche Stiftungsgesetze zur Anwendung, die insbesondere Regelungen zur staatlichen Anerkennung und zur Stiftungsaufsicht enthalten.[593] Mit einer Stiftung können beliebige öffentliche und private Zwecke verfolgt werden. Unzulässig sind lediglich Stiftungszwecke, deren Erfüllung unmöglich ist oder das Gemeinwohl gefährden.[594] Unter Letzteres fallen beispielsweise sogenannte Selbstzweckstiftungen, deren ausschließlicher Zweck darin besteht, sich selbst zu fördern,[595] Stiftungen, die nur den Stifter begünstigen,[596] und solche, die gegen Grundentscheidungen der Rechts- oder Verfassungsordnung verstoßen[597]. Im

---

591 *Richter,* Stiftungsrecht, 1. Aufl. 2019; *Schiffer*, Stiftung in der Beraterpraxis, 4. Aufl. 2016; *Bauer*, Vermögensverwaltung mittels Privatstiftungen und anderer Strukturen; *Burgard*, Gestaltungsfreiheit im StiftR; *Grambow*, Organ- und Anstellungsverhältnis; *Löwe*, Familienstiftung; *Schmidt-Schmiedebach*, Stiftung und Governance Kodex; *Feitsch/Linder*, ZStV 2018, 29-36; *Müller/Schubert*, DStR 2000, 1289-1297; *Werder/Wystrcil*, BB 2016, 1558-1565; *R. Werner*, ZEV 2007, 560-564.

592 Vgl. OLG Stuttgart, NJW 1964, 1231, 1232 unter Darlegung der historischen Entwicklung des Begriffs.

593 BayStG; BbgStiftG; BlnStiftG; BremStiftG; BWStiftG; HessStiftG; HmbStiftG; NStiftG; RhPfStiftG; SachsAnhStiftG; SächsStiftG; SchlHStiftG; StiftG M-V; StiftG NRW; StiftG SL; ThürStiftG.

594 Vgl. § 80 Abs. 2 Satz 1 BGB.

595 *Hof* in: Stiftungsrecht-Hdb., § 1 Rn. 9; *Hüttemann/Rawert* in: Staudinger, BGB, 2017, BGB, Vorbem. §§ 80 ff. Rn. 9; *Pruns/Schiffer/Schürmann* in: Stiftung in der Beraterpraxis, § 3 Rn. 66.

596 *Hof* in: Stiftungsrecht-Hdb., § 1 Rn. 9; *Hüttemann/Rawert* in: Staudinger, BGB, 2017, BGB, Vorbem. §§ 80 ff. Rn. 8; *Pruns/Schiffer/Schürmann* in: Stiftung in der Beraterpraxis, § 3 Rn. 66.

597 *Ellenberger* in: Palandt, BGB, § 80 Rn. 6, § 87 Rn. 1; *Hof* in: Stiftungsrecht-Hdb., § 1 Rn. 9; *Pruns/Schiffer/Schürmann* in: Stiftung in der Beraterpraxis, § 3 Rn. 63.

Einzelnen können sich Stiftungen stark voneinander unterscheiden. Aus diesem Grund soll zunächst erläutert werden, was unter einer Stiftung, insbesondere unter einer Familienstiftung, zu verstehen ist.

I. Begriff und Rechtsform

Dem Begriff der Stiftung kommen im allgemeinen Sprachgebrauch mehrere Bedeutungen zu: Neben der Institution selbst fällt darunter auch der Errichtungsvorgang – die zweckgebundene Schenkung von Vermögensgegenständen.[598] Im Rechtsverkehr wird mit dem Begriff in der Regel ein auf wohltätige oder gemeinnützige Zuwendungen gerichteter Zweck verbunden.[599] An einer Legaldefinition der Stiftung fehlt es bisher. Dies soll sich künftig jedoch ändern: In der Absicht, das Stiftungsrecht zu vereinfachen und offene Fragen zu beantworten, hat die Bundesregierung am 31.03.2021 einen Gesetzentwurf zur Vereinheitlichung des Stiftungsrechts in den Bundestag eingebracht. Der Gesetzentwurf sieht unter anderem eine Legaldefinition vor. Danach ist die Stiftung *„eine mit einem Vermögen zur dauernden und nachhaltigen Erfüllung eines vom Stifter vorgegebenen Zwecks ausgestattete, mitgliederlose juristische Person"*.[600] Dies entspricht einer gängigen Definition des Bayerischen Obersten Landesgerichts, wonach für eine Stiftung im Sinne des BGB *„eine rechtsfähige Organisation (Verwaltung) [ist], welche bestimmte, durch den Stiftungsakt festgelegte Zwecke mit Hilfe eines Vermögens verfolgt, das diesen Zwecken dauernd gewidmet ist"*.[601] Weitere Unklarheit folgt aber daraus, dass die Verwendung des Wortes „Stiftung" auch in der Firmenbezeichnung anderer Rechtsformen zulässig ist.[602] Im Jahr 2016 waren im Unternehmensregister mehr als 1000 Unternehmen zu finden, die den Begriff „Stiftung" in ihrer Firmierung verwenden, ohne in der Rechtsform

---

598 *Campenhausen/Stumpf* in: Richter, Stiftungsrecht, § 1 Rn. 1; *Schwake* in: MünchHdbGesR, 5. Band, § 79 Rn. 1; *Schmidt-Schmiedebach*, Stiftung und Kodex, S. 50-51; *Sorg*, Familienstiftung, S. 22; *Bibliographisches Institut GmbH*, Duden, abrufbar unter www.duden.de/rechtschreibung/Stiftung (zuletzt abgerufen am 10.01.2021).

599 *Jaeger* in: BeckOK GmbHG, § 4 Rn. 15.

600 RegE BT-Drucks. 19/28173, § 80 Abs. 1 BGB-E, S. 5.

601 BayObLG, NJW 1973, 249; vgl. auch *Ellenberger* in: Palandt, BGB, § 80 Vorbem. Rn. 5.

602 OLG Stuttgart, NJW 1964, 1231 (zur GmbH); BayObLG, NJW 1973, 249 (im konkreten Fall für den Verein verneint, aber nicht kategorisch ausgeschlossen); OLG Brandenburg, OLGR 2004, 429 (zum Verein mit stiftungsähnlicher Struktur); *Fastrich* in: Baumbach/Hueck, GmbHG, § 4 Rn. 9a; *Jaeger* in: BeckOK GmbHG, § 4 Rn. 15; ausführlich zum Phänomen der „Stiftungs-GmbH" *Wagner*, GmbHR 2016, 858-861, der deren Zulässigkeit wegen des Irreführungsverbotes des § 18 Abs. 2 HGB verneint.

einer Stiftung im Sinne der §§ 80 ff. BGB organisiert zu sein.[603] Im Bereich der unternehmensverbundenen Stiftungen wird dies beispielsweise anhand der Bertelsmann Stiftung und der Robert Bosch Stiftung deutlich, die zwar unter dem gleichen Begriff der Stiftung firmieren und auftreten, sich jedoch in ihrer Rechtsform unterscheiden. Die Bertelsmann Stiftung ist eine gemeinnützige Stiftung bürgerlichen Rechts.[604] Sie hält Geschäftsanteile an der Johannes Mohn GmbH, die wiederum Gesellschafterin der Bertelsmann SE & Co. KGaA ist und finanziert darüber im Wesentlichen ihre gemeinnützige Tätigkeit.[605] Die Robert Bosch Stiftung wurde dagegen als GmbH errichtet, ihre genaue Firmenbezeichnung lautet „*Robert Bosch Stiftung GmbH*".[606] Sie ist Mehrheitsgesellschafterin der Robert Bosch GmbH.[607] Wenn aber auch eine GmbH,[608] ein Verein,[609] AG oder KG den Begriff „Stiftung" in der Firmenbezeichnung verwenden darf, was ist dann unter der Rechtsform „*Stiftung*" zu verstehen?

603 *Wagner*, GmbHR 2016, 858, wonach es sich dabei überwiegend um GmbHs und vereinzelt um AGs und KGs handelten.

604 Siehe §§ 1 Abs. 2, 2 Abs. 1 der Satzung, *Bertelsmann Stiftung*, Satzung, abrufbar unter www.bertelsmann-stiftung.de/de/ueber-uns/wer-wir-sind/organisation/ (zuletzt abgerufen am 10.01.2021); *Eulerich*, Stiftungsverbundene Unternehmen, S. 417-419.

605 Siehe §§ 3 Abs. 1, 4 Abs. 1 und 3 der Satzung, *Bertelsmann Stiftung*, Satzung, abrufbar unter www.bertelsmann-stiftung.de/de/ueber-uns/wer-wir-sind/organisation/ (zuletzt abgerufen am 10.01.2021); *Engel*, Unternehmensverbundene Stiftung, S. 52-53. *R. Wagner*, Die „Stiftungs-GmbH" und § 18 Abs. 2 HGB, GmbHR 2016, 858, 859 weist darauf hin, dass die „Robert Bosch Stiftung GmbH" im Rahmen ihrer Internetpräsenz unter www.bosch-stiftung.de durchgehend die Bezeichnung „Robert-Bosch-Stiftung" verwendet, während die Firma nachgerade ausschließlich im Impressum verwendet wird.

606 *Gemeinsames Registerportal der Länder*, abrufbar unter www.handelsregister.de/rp_web/mask.do?Typ=e (zuletzt abgerufen am 19.04.2020); *Robert Bosch Stiftung GmbH*, abrufbar unter www.bosch-stiftung.de/de/verfassung-des-hauses-bosch (zuletzt abgerufen am 09.01.2021); *Feick/Weber* in: Feick, Stiftung als Nachfolgeinstrument, § 35 Rn. 2; *Eulerich*, Stiftungsverbundene Unternehmen, S. 323.

607 Abrufbar unter *Robert Bosch Stiftung GmbH*, abrufbar unter www.bosch-stiftung.de/de/verfassung-des-hauses-bosch (zuletzt abgerufen am 09.01.2021).

608 *Hof* in: Stiftungsrecht-Hdb., § 2 Rn. 19-20; *Fleschutz*, Stiftung als Nachfolgeinstrument f. Familienunternehmen, S. 81-82; dazu ausführlich *Mues* in: Strachwitz/Mercker, Kap. 3.5, S. 241-250; *Riehmer*, Körperschaften als Stiftungsorganisationen, S. 44-47, 98-135, 143-159.

609 *Hof* in: Stiftungsrecht-Hdb., § 2 Rn. 19-20; *Schiffer* in: Stiftung in der Beraterpraxis, § 2 Rn. 100-101; dazu ausführlich *Riehmer*, Körperschaften als Stiftungsorganisationen, S. 37-44, 61-97, 143-159.

Den Grundtypus der Rechtsform „*Stiftung*“ bildet die in § 80 Abs. 1 BGB genannte rechtsfähige Stiftung, auch Stiftung bürgerlichen oder privaten Rechts genannt.[610] Die stiftungsrechtliche Literatur und Praxis kennen noch weitere Stiftungsformen, wobei es sich dabei überwiegend nicht um eigenständige Rechtsformen, sondern um Sonderformen der bereits genannten Stiftungen handelt, z.B. die Bürgerstiftung,[611] die Beteiligungsträgerstiftung[612], die Verbrauchsstiftung[613] und die Familienstiftung.[614]

Die Bezeichnung als Stiftung ist nicht auf die Rechtsform der Stiftung des bürgerlichen Rechts begrenzt.[615] Der Gesetzentwurf der Bundesregierung sieht lediglich vor, dass eine Stiftung bürgerlichen Rechts nach Eintragung im Stiftungsregister im Namen den Zusatz „*eingetragene Stiftung*“ oder die Abkürzung „*e.S.*“ führt.[616] Hintergrund ist die Funktion einer Stiftung: Es geht darum, Vermögen, welches von einem Stifter übertragen wurde, entsprechend dem vom Stifter vorgegebenen Zweck zu verwalten oder zu verwenden.[617] Diese Funktion

610 So auch *Schiffer* in: Stiftung in der Beraterpraxis, § 2 Rn. 1; ähnlich *Hof*, der sie als „*Leitbild*“ für alle Stiftungen bezeichnet (Stiftungsrecht-Hdb., § 2 Rn. 1); a.A. *Hüttemann/Rawert* in: Staudinger, BGB, 2017, Vorbem. §§ 80 ff. Rn. 324, nach der die unselbstständige Stiftung „*die Grundform der Stiftung*“ darstellt; ebenso *Schlüter/Stolte* in: Stiftungsrecht, Kap. 2 Rn. 7; Kap. 4 Rn. 6, wobei die Stiftung bürgerlichen Rechts der „*gesetzliche Normalfall einer Stiftung*“ ist.

611 *Hüttemann/Rawert* in: Staudinger, BGB, 2017, Vorbem. §§ 80 ff. Rn. 276-288; *Schiffer* in: Stiftung in der Beraterpraxis, § 2 Rn. 47-54; *Jakob,* Schutz der Stiftung, S. 76-77; ausführlich *Klein,* Bürgerstiftungen, S. 54, 101-102, 135-249.

612 *Schiffer* in: Stiftung in der Beraterpraxis, § 2 Rn. 42-43; *Löwe*, Leitfaden Stiftungsgründung, S. 18; *Muscheler,* Stiftungsrecht, S. 323; *Binz/Hennerkes/Sorg,* DB 1986, 2217, 2219-2220.

613 *Hüttemann/Rawert* in: Staudinger, BGB, 2017, § 80 Rn. 32--33; *Schiffer* in: Stiftung in der Beraterpraxis, § 2 Rn. 14-20; *A. Werner*, ZStV 2015, 25, 26-27.

614 *Hüttemann/Rawert* in: Staudinger, BGB, 2017, Vorbem. §§ 80 ff. Rn. 178, 257-263, 265-275; *Schiffer* in: Stiftung in der Beraterpraxis, § 2 Rn. 21-29; *Jakob,* Schutz der Stiftung, S. 77-78; *Muscheler,* Stiftungsrecht, S. 317-321.

615 *Mues* in: Strachwitz/Mercker, Kap. 3.5 S. 241; *Schiffer* in: Stiftung in der Beraterpraxis, § 2 Rn. 78; *Weitemeyer* in: MüKo, BGB, 1. Band, § 80 Rn. 293-294.

616 RegE BT-Drucks. 19/28173, § 82c BGB-E, S. 14. Gemäß dem Reformvorschlag der Bundesregierung soll die Verbrauchsstiftung nach Eintragung im Stiftungsregister im Namen den Zusatz „*eingetragene Verbrauchsstiftung*“ oder die Abkürzung „*e. VS.*“ verwenden, RegE BT-Drucks. 19/28173, § 82c BGB-E, S. 14.

617 *Schlüter,* StiftungsR. zw. Privatautonomie u. Gemeinwohlbindung, S. 46-47, 210, *Hüttemann/Rawert* in: Staudinger, BGB, 2017, Vorbem. §§ 80 ff. Rn. 16; *Weitemeyer* in: MüKo, BGB, 1. Band, § 80 Rn. 293.

kann auch mittels anderer Rechtsformen erfüllt werden. Zu den Gestaltungsalternativen gehört beispielsweise die Stiftung des öffentlichen Rechts, die vom Staat durch Gesetz oder Verwaltungsakt errichtet wird und in das öffentlich-rechtliche oder kirchliche Verwaltungssystem eingegliedert ist.[618] Wie gezeigt, sind auch Stiftungen in Körperschaftsform zulässig, die dann gemäß der Funktion einer Stiftung auszugestalten sind und damit eine „stiftungsähnliche Struktur"[619] aufweisen. Zudem gibt es die nicht rechtsfähige, sogenannte unselbstständige Stiftung. Auch hier widmet ein Stifter ein bestimmtes Vermögen zu einem vorgegebenen Zweck. Im Unterschied zur Stiftung bürgerlichen Rechts ist sie mangels Rechtsfähigkeit keine juristische Person und bedarf daher eines rechtsfähigen Trägers als Treuhänder, auf den das Vermögen übertragen wird.[620] Die §§ 80 ff. BGB finden auf die unselbstständige Stiftung keine Anwendung. Stattdessen gelten in erster Linie die allgemeinen Regelungen des Schuld- und Erbrechts.[621]

II. Familienstiftung

Zwar sind in Deutschland weniger als 5 % der Stiftungen bürgerlichen Rechts Familienstiftungen.[622] Die Familienstiftung erfreut sich in der jüngeren Vergangenheit jedoch zunehmender Beliebtheit.[623] Während es im Jahr 2001 schätzungsweise 543 Familienstiftungen gab,[624] ist die Anzahl bis zum Jahr 2016 laut dem Bundesverband Deutscher Stiftungen auf 808 gestiegen[625].

---

618 BVerfGE 15, 46 ff. = Rn. 52-57; *Backert* in: BeckOK BGB, § 80 Rn. 23; *Campenhausen/Stumpf* in: Richter, Stiftungsrecht, § 1 Rn. 11, § 13 Rn. 8, 10; *Ellenberger* in: Palandt, BGB, § 80 Vorbem. Rn. 9; ausführlich zur Stiftung öffentlichen Rechts *Campenhausen/Stumpf* in: Richter, Stiftungsrecht, § 13 Rn. 1-14, 23-44 mwN.

619 Vgl. etwa OLG Brandenburg, OLGR 2004, 429 (zum Verein).

620 *Ellenberger* in: Palandt, BGB, § 80 Vorbem. Rn. 10; *Hof* in: Stiftungsrecht-Hdb., § 36 Rn. 1; *Herzog*, Unselbstständige Stiftung, S. 18.

621 BGH, DNotZ 2015, 359; *Pruns/Schiffer* in: Stiftung in der Beraterpraxis, § 12 Rn. 7-9.

622 Vgl. *Bundesverband Deutscher Stiftungen,* Zahlen, Daten, Fakten, S. 18, 25 (3,7 %); *Orth*, ZStV 2020, 81 82.

623 *Feick* in: MAH Erbrecht, § 38 Rn. 10; *Löwe*, Leitfaden Stiftungsgründung, S. 12.

624 *Bundesministerium der Justiz und für Verbraucherschutz*: Bericht der Bund-Länder-Arbeitsgruppe Stiftungsrecht vom 19.10.2001, Anlage S. 9.

625 *Bundesverband Deutscher Stiftungen,* Zahlen, Daten, Fakten, S. 18.

Familienstiftungen sind überwiegend als Stiftung bürgerlichen Rechts organisiert und unterliegen damit den Regelungen der §§ 80 ff. BGB.[626] Eine einheitliche Definition gibt es für die Familienstiftung nicht. Im BGB wird diese Sonderform nicht angesprochen und die teilweise in den verschiedenen Landesstiftungsgesetzen enthaltenen Definitionen sind uneinheitlich. Im Allgemeinen wird eine Stiftung als Familienstiftung qualifiziert, wenn sie dem Wohl einer bestimmten Familie oder mehreren bestimmten Familien ganz oder teilweise dient.[627] Die Stiftungsleistungen müssen nicht sämtlichen Familienangehörigen zukommen. Es genügt, wenn einzelne Familienmitglieder von den Stiftungsleistungen profitieren.[628] Einzelne Landesgesetze enthalten darüber hinaus spezielle Anforderungen bezüglich des Umfangs der Begünstigung. So werden Stiftungen mit Sitz in Baden-Württemberg nur dann als Familienstiftungen qualifiziert, wenn sie *„ausschließlich"* Familienmitglieder begünstigen.[629] Nach anderen Landesstiftungsgesetzen genügt dagegen eine *„überwiegende"* Begünstigung.[630]

Die Familienstiftung kann auch als nicht rechtsfähige Stiftung gegründet werden.[631] Da sie mangels Rechtsfähigkeit in diesem Fall jedoch nicht selbst Träger von Rechten und Pflichten wäre, bedarf es eines Treuhänders, auf den das Vermögen übertragen wird.[632] Im Verhältnis zum Treuhänder muss ein Rechtsverhältnis begründet werden, dass jederzeit einvernehmlich wieder geändert und

---

626 *Hüttemann/Rawert* in: Staudinger, BGB, 2017, Vorbem. §§ 80 ff. Rn. 178; *Schiffer* in: Stiftung in der Beraterpraxis, § 1 Rn. 7, § 2 Rn. 21; *Bauer,* Vermögensverwaltung, S. 95-96; *Binz/Hennerkes/Sorg,* DB 1986, 2217, 2218.

627 *Hüttemann/Rawert* in: Staudinger, BGB, 2017, Vorbem. §§ 80 ff. Rn. 258; *Richter* in: Richter, Stiftungsrecht, § 11 Rn. 3; *Löwe,* Familienstiftung, S. 18; *Milatz,* Familienvermögen, S. 269-270; *Dahlmanns,* RNotZ 2020, 417, 424.

628 *Hüttemann/Rawert* in: Staudinger, BGB, 2017, Vorbem. §§ 80 ff. Rn. 259; *Löwe,* Familienstiftung, S. 18.

629 § 13 Abs. 2 BWStiftG.

630 § 17 BremStiftG; vgl. auch § 2 Abs. 1 HmbStiftG, § 3 Abs. 2 RhPfStiftG, § 10 Abs. 3 StiftG SL, wonach private Stiftungen solche sind, die überwiegend private Zwecke verfolgen, insbesondere Familienstiftungen. Gemäß § 2 Abs. 2 BbgStiftG, § 10 Abs. 1 BlnStiftG, § 21 Abs. 1 HessStiftG und § 19 SchlHStiftG sind Familienstiftungen solche, die ausschließlich oder überwiegend dem Wohl der Mitglieder einer oder mehrerer bestimmter Familien dienen. In den Landesstiftungsgesetzen von Niedersachsen, Sachsen, Sachsen-Anhalt und Thüringen werden Familienstiftungen dagegen nicht gesondert erwähnt.

631 *Richter* in: Richter, Stiftungsrecht, § 11 Rn. 39; *Wachter* in: Hdb. internat. Stiftungsrecht, § 22 Rn. 84.

632 *Richter* in: Richter, Stiftungsrecht, § 11 Rn. 39.

aufgehoben werden könnte. Nicht die Regelungen der §§ 80 ff. BGB, sondern die allgemeinen schuld- und erbrechtlichen Bestimmungen kommen zur Anwendung. Die regelmäßig vom Stifter gewünschte Zweckbindung des Stiftungsvermögens ist wegen der Disponibilität des Treuhandverhältnisses nicht in gleicher Weise gewährleistet, wie bei Geltung der §§ 80 ff. BGB.[633] Im Folgenden liegt deshalb der Fokus allein auf der rechtsfähigen Familienstiftung.

§ 2 Gründung einer rechtsfähigen Stiftung bürgerlichen Rechts

Um einen minderjährigen Abkömmling an einer rechtsfähigen Familienstiftung beteiligen zu können, ist zunächst eine Stiftung bürgerlichen Rechts zu gründen.[634] Zwingende Voraussetzungen sind das Gründungsgeschäft durch den Stifter (sogenanntes Stiftungsgeschäft) und die Anerkennung durch die zuständige Behörde des Bundeslandes, in dem die Stiftung ihren Sitz haben soll (§ 80 Abs. 1 BGB).

I. Stiftungsgeschäft

Das Stiftungsgeschäft besteht gemäß § 81 Abs. 1 BGB aus verschiedenen Komponenten: Zunächst ist eine verbindliche Erklärung des Stifters des Inhalts erforderlich, ein bestimmtes Vermögen zur Erfüllung eines von ihm vorgegebenen Zwecks zu widmen. Außerdem muss der Stifter eine Stiftungssatzung ausarbeiten, die insbesondere Regelungen über den Namen, den Sitz und den Zweck, das Vermögen sowie die Bildung des Vorstands enthält (§ 80 Abs. 1 Satz 3 BGB). Da das Stiftungsgeschäft eine einseitige, nicht empfangsbedürftige Willenserklärung ist,[635] kann der Stifter es gemäß § 81 Abs. 2 Satz 1 BGB bis zur Anerkennung der Stiftung als rechtsfähig widerrufen. Sofern der Stifter bereits den Antrag auf Anerkennung der Stiftung gestellt hat, muss der Widerruf gegenüber der für die Anerkennung zuständigen Behörde erfolgen, § 81 Abs. 2 Satz 2 BGB. Erst nach der Anerkennung ist der Stifter verpflichtet, das zugesicherte Vermögen auf die Stiftung zu übertragen, § 82 Satz 1 BGB.

---

633 *Richter* in: Richter, Stiftungsrecht, § 11 Rn. 39; *Wachter* in: Hdb. internat. Stiftungsrecht, § 22 Rn. 82, 84.

634 Nachfolgend wird die Stiftung bürgerlichen Rechts als „*Stiftung*" bezeichnet.

635 *Ellenberger* in: Palandt, BGB, § 80 Rn. 1, § 81 Rn. 2; *Hüttemann /Rawert* in: Staudinger, BGB, 2017, § 81 Rn. 2; *Bauer*, Vermögensverwaltung, S. 96.

1. *Stiftungserklärung*

Durch die Stiftungserklärung bringt der Stifter gemäß § 81 Abs. 1 Satz 2 BGB verbindlich zum Ausdruck, ein Vermögen zur Erfüllung eines von ihm vorgegebenen Zwecks zu widmen; er muss demnach das Stiftungsvermögen sowie den Stiftungszweck festlegen. Zugleich muss er bestimmen, ob die Stiftung auf Dauer oder nur für gewisse Zeit errichtet werden soll, da für die beiden Fallgruppen unterschiedliche gesetzliche Regelungen hinsichtlich der Verwaltung des Stiftungsvermögens gelten. Während bei einer auf Dauer errichteten Stiftung[636] der Grundsatz der Vermögenserhaltung gilt und davon nur in Ausnahmefällen abgewichen werden darf,[637] ist eine nur auf bestimmte Zeit errichtete Stiftung im Ergebnis darauf angelegt, das Stiftungsvermögen zugunsten des Stiftungszwecks zu verbrauchen.[638] Letztere wird daher auch als „*Verbrauchsstiftung*" bezeichnet (§ 80 Abs. 2 Satz 2 BGB). Das heißt aber nicht, dass eine Verbrauchsstiftung gänzlich vom Grundsatz der Vermögenserhaltung entbunden ist. Auch in ihrem Fall muss gewährleistet sein, dass die Stiftung für den festgelegten Zeitraum über ein ausreichendes Vermögen verfügt.[639]

Die Entscheidung, ob eine Stiftung auf Dauer oder aber als Verbrauchsstiftung errichtet werden soll, ist unter Berücksichtigung des Stiftungszwecks zu treffen. Im Fall der Errichtung einer Familienstiftung ist der Zweck zwar dahingehend definiert, dass die Stiftung dem Wohl einer oder mehrerer bestimmter Familien dienen soll.[640] Diese Zweckbestimmung ist indes regelmäßig zu konkretisieren, um unter anderem zu entscheiden, ob sich zur Zweckverwirklichung eine auf Dauer errichtete Stiftung oder eine Verbrauchsstiftung besser eignet und um sicherzustellen, dass das Vermögen entsprechend dem Willen des Stifters verwendet wird.[641] Insoweit spielen die Beweggründe des Stifters für

---

636 Eine auf Dauer errichtete Stiftung wird teilweise auch als „*Ewigkeitsstiftung*" bezeichnet, vgl. RegE BT-Drucks. 19/28173, S. 27.

637 RegE BT-Drucks. 19/28173, § 83c BGB-E, S. 7, 27-28, 54-55; *Hof* in: Stiftungsrecht-Hdb., § 6 Rn. 28, § 9 Rn. 70; *Schiffer* in: Stiftung in der Beraterpraxis, § 5 Rn. 57-58; *Schuck/Medinger*, ZEV 2021, 298, 300; *Werder/Wystrcil*, BB 2016, 1558, 1562.

638 RegE BT-Drucks. 19/28173, § 80 BGB-E, S. 5, 45, 52; *Hof* in: Stiftungsrecht-Hdb., § 4 Rn. 44.

639 RegE BT-Drucks. 19/28173, S. 48; *Hüttenmann/Rawert* in: Staudinger, BGB, 2017, § 80 Rn. 33; *Schiffer* in: Stiftung in der Beraterpraxis, § 5 Rn. 57.

640 Siehe Fußn. 627, S. 100.

641 Für Beispiele siehe *Hof* in: Münch. Vertragshdb. GesR, Kap. VIII.3 S. 1538; *Müller* in: Hannes, Vermögens-/Unternehmensnachfolge, S. 1255; *Krauß*, Vermögensnachfolge, Rn. 2985.

die Stiftungserrichtung eine entscheidende Rolle. Ein Anlass für die Stiftungserrichtung ist in der Regel die dauerhafte Erhaltung des Vermögens.[642] Sofern das Vermögen im Wesentlichen aus Unternehmensanteilen besteht, möchte der Stifter zumeist die Zukunft des Unternehmens absichern[643] und gegebenenfalls gleichzeitig seine Familienangehörigen finanziell versorgt wissen.[644] Die Errichtung einer Familienstiftung kommt deshalb in Betracht, wenn ein geeigneter Vermögensnachfolger fehlt, sei es, weil der Stifter keine eigenen Kinder hat oder diese persönlich oder fachlich ungeeignet sind. Denkbar ist auch der Fall, dass der Stifter mehrere Abkömmlinge hat, die Zersplitterung seines Vermögens und die Bildung eines großen Gesellschafterkreises vermeiden möchte und stattdessen sein Vermögen in einer Hand gebündelt halten will.[645] Nicht zuletzt spielen schließlich steuerliche Erwägungen bei der Stiftungserrichtung eine Rolle.[646] Da die Gründe, die regelmäßig zu der Errichtung einer Familienstiftung führen, auf die dauerhafte Erhaltung und Absicherung des Vermögens abzielen, ist es insoweit zweckmäßig, keine Verbrauchsstiftung, sondern eine Stiftung auf Dauer zu gründen.[647]

Anders ist es, wenn der Stifter über die Stiftung lediglich die Kosten für den Unterhalt oder die Ausbildung bestimmter Familienmitglieder, beispielsweise seiner minderjährigen Abkömmlinge, bis zu einem bestimmten Lebensalter abdecken möchte. In solchen Konstellationen bietet sich eine Verbrauchsstiftung an, da das Vermögen der Stiftung zum einen aufgebraucht werden soll und zum anderen auch nur für einen bestimmten Zeitraum ein Bedarf für die Stiftung besteht.[648] Gemäß § 80 Abs. 2 Satz 2 BGB muss der Zeitraum aber mindestens zehn Jahre umfassen. Zudem muss aus der Stiftungserklärung hervorgehen, dass das Vermögen zum Verbrauch bestimmt ist.[649]

---

642 *Krauß* in: Beck'sche Online-Formulare Vertrag, Kap. 18.1.2 Rn. 1; *Bauer*, Vermögensverwaltung, S. 40; *Sorg*, Familienstiftung, S. 52; *Tielmann*, NJW 2013, 2934, 2935.

643 *Löwe*, Leitfaden Stiftungsgründung, S. 14; *Sorg*, Familienstiftung, S. 52; *Fuchs/Hennerkes/Schiffer*, BB 1995, 209.

644 *Schiffer* in: Stiftung in der Beraterpraxis, § 2 Rn. 21; *Löwe*, Leitfaden Stiftungsgründung, S. 14-15; *Feitsch/Linder*, ZStV 2018, 29, 30; *Werder/Wystrcil*, BB 2016, 1558.

645 *Sorg*, Familienstiftung, S. 53; *Feitsch/Linder*, ZStV 2018, 29, 30; *Werder/Wystrcil*, BB 2016, 1558, 1562.

646 *Sorg*, Familienstiftung, S. 52; *Feitsch/Linder*, ZStV 2018, 29, 32; *Werder/Wystrcil*, BB 2016, 1558.

647 Vgl. *Feitsch/Linder*, ZStV 2018, 29, 30; *Werder/Wystrcil*, BB 2016, 1558.

648 Vgl. *Schiffer* in: Stiftung in der Beraterpraxis, § 2 Rn. 19, 21; *Tielmann*, NJW 2013, 2934, 2939.

649 § 81 Abs. 1 Satz 2 BGB; vgl. *Tielmann*, NJW 2013, 2934.

Durch den Stiftungszweck wird zugleich festgelegt, ob die Stiftung privat- oder gemeinnützig tätig werden soll. Familienstiftungen sind zwar regelmäßig privatnützig,[650] können aber auch gemeinnützig tätig werden.[651] Der Begriff der Gemeinnützigkeit wird durch das Steuerrecht geprägt, da damit insbesondere steuerliche Begünstigungen verbunden sind.[652] Gemäß § 52 Abs. 1 Satz 1 AO bedeutet gemeinnützig, die Allgemeinheit auf materiellem, geistigem oder sittlichem Gebiet selbstlos zu fördern. Eine gemeinnützige Familienstiftung fördert beispielsweise Wissenschaft und Forschung (§ 52 Abs. 2 Nr. 1 AO). Der Kreis der Personen, dem die Förderung zugutekommt, darf nicht fest abgeschlossen sein (§ 52 Abs. 1 Satz 2 AO). Zwar können auch Angehörige unterstützt werden, aber nur in eingeschränktem Maße: Gemäß § 58 Nr. 6 AO darf eine gemeinnützige Stiftung höchstens ein Drittel ihres Einkommens dazu verwenden, in angemessener Weise den Stifter und seine nächsten Angehörigen zu unterhalten, ihre Gräber zu pflegen und ihr Andenken zu ehren. Zudem wird der Begriff der Angehörigen von der Finanzverwaltung enger gefasst als bei der privatnützigen Familienstiftung: Die Familienbegünstigung darf lediglich Ehegatten, Eltern, Großeltern, (Adoptiv- oder Pflege-)Kindern, Geschwistern und Pflegeeltern gewährt werden.[653] Eine Begünstigung von verschwägerten Angehörigen ist nicht gestattet.

2. *Die Stiftungssatzung*

Der zweite Teil des Stiftungsgeschäfts besteht darin, eine Stiftungssatzung festzulegen. Wenngleich dem Stifter hier eine gewisse Regelungsfreiheit zukommt,[654]

---

650 Vgl. Dritter Teil § 1 II., S. 172, die genannten Beweggründe implizieren eine privatnützige Zweckverfolgung; so auch: *Hüttemann/Rawert* in: Staudinger, BGB, 2017, Vorbem. §§ 80 ff. Rn. 429, 450-451; *Richter* in: Hdb. internat. Stiftungsrecht, 1. Aufl. 2007, Länderbericht Deutschland, Rn. 217; *Riedel* in: Unternehmensnachfolge, § 13 Rn. 85.

651 Vgl. *Richter* in: Hdb. internat. Stiftungsrecht, 1. Aufl. 2007, Länderbericht Deutschland, Rn. 217; *Riedel* in: Unternehmensnachfolge, § 13 Rn. 85; *Kirchhain*, Gemeinnützige Familienstiftung, S. 8-9, 326; *O. Werner*, ZStV 2018, 203; *Leisner*, DB 2005, 2434, 2435.

652 *Hüttemann/Rawert* in: Staudinger, BGB, 2017, Vorbem. §§ 80 ff. Rn. 430; *Löwe*, Familienstiftung, S. 20.

653 AEAO, zu § 58 Nr. 6 AO Rn. 7; *Richter* in: Hdb. internat. Stiftungsrecht, 1. Aufl. 2007, Länderbericht Deutschland, Rn. 218; *Leisner*, DB 2005, 2434, 2435.

654 Teilweise auch als „*Stifterfreiheit*" oder „*Satzungsautonomie*" bezeichnet. Vgl. *Hof* in: Stiftungsrecht-Hdb., § 6 Rn. 121; *Hüttemann/Rawert* in: Staudinger, BGB, 2017, § 85 Rn. 6.

muss die Satzung den gesetzlichen Mindestanforderungen nach § 81 Abs. 1 Satz 3 Nr. 1-5 BGB genügen, damit die Stiftung als juristische Person anerkannt wird.[655] Zu dem notwendigen Inhalt gehören der Name und Sitz der Stiftung, der Stiftungszweck, Angaben zum Stiftungsvermögen sowie Regelungen zur Bildung des Vorstands. In der Literatur finden sich Mustersatzungen, die neben den notwendigen Regelungen auch zusätzliche Bestimmungen enthalten und als Leitfaden genutzt werden können.[656] Im Fall einer gemeinnützigen Familienstiftung ist darauf zu achten, dass die Satzung gemäß § 60 Abs. 1 Satz 2 AO zusätzlich die in Anlage 1 zu § 60 AO bestimmten Festlegungen enthält.[657]

Die Freiheit des Stifters, die Stiftungssatzung weitgehend selbst zu gestalten, findet ihre Grenzen bei Satzungsänderungen. Der Stifter soll als Gründer und Kapitalgeber zwar zu Beginn die Möglichkeit haben, den Stiftungszweck sowie die Satzung festzulegen. Nach der Errichtung ist die Stiftung aber eine eigene juristische Person, die grundsätzlich nicht mehr vom Stifter, sondern gemäß §§ 26 Abs. 1 Satz 2, 86 Satz 1 BGB vom Stiftungsvorstand geleitet wird.[658] Änderungen der Satzung sind lediglich in engen Grenzen möglich.[659] Im Einzelnen ist umstritten, inwieweit Satzungsänderungen durch Stiftungsorgane auf Grundlage statutarischer Satzungsermächtigungen zulässig sind.[660] Der Stifter soll den

655 *Hof* in: Stiftungsrecht-Hdb., § 6 Rn. 121; *Hüttemann/Rawert* in: Staudinger, BGB, 2017, § 81 Rn. 35-36; *Pruns/Schiffer/Schürmann* in: Stiftung in der Beraterpraxis, § 3 Rn. 48-52; *Bauer,* Vermögensverwaltung, S. 99; *Löwe,* Familienstiftung, S. 35. Zur Anerkennung selbst sogleich unter Dritter Teil § 2 II., S. 105.

656 *Müller* in: Hannes, Vermögens-/Unternehmensnachfolge, S. 1255-1262; *Bregulla-Weber/Feick* in: Beck' Formularbuch ErbR, Kap. H.III.2; *Krauß* in: Beck'sche Online-Formulare Vertrag, Kap. 18.1.2; *Löwe*, Leitfaden Stiftungsgründung, S. 54-59.

657 Anlage 1 zu § 60 AO enthält eine Mustersatzung, in der beispielsweise festgelegt ist, dass die Stiftung selbstlos tätig ist (§ 1), Mitglieder keine Zuwendungen aus Mitteln der Stiftung erhalten (§ 2) und keine Person durch unverhältnismäßig hohe Vergütungen begünstigt werden darf (§ 3).

658 RegE BT-Drucks. 19/28173, S. 27; *Godron* in: Richter, Stiftungsrecht, § 6 Rn. 102; *Jakob,* Schutz der Stiftung, S. 142-143. Der Stifter kann sich allerdings selbst zum Vorstand bestimmen und dadurch weiter Einfluss nehmen. Vgl. zum Stifter als Stiftungsorganmitglied *Hüttemann/Rawert* in: Staudinger, BGB, 2017, § 85 Rn. 34; *Burgard,* Gestaltungsfreiheit im StiftR, S. 455-456.

659 *Hof* in: Stiftungsrecht-Hdb., § 6 Rn. 211; *Hüttemann/Rawert* in: Staudinger, BGB, 2017, § 85 Rn. 14, 16.

660 *Hippel* in: LandesStiftR, Kap. 24.22-24.25; *Hüttemann/Rawert* in: Staudinger, BGB, 2017, § 85 Rn. 9-11, 17-21; *Mecking* in: MünchHdbGesR, 5. Band, § 89 Rn. 2, 8; dazu ausführlich *Burgard,* Gestaltungsfreiheit im StiftR, S. 349-383.

Vorstand oder ein anderes Stiftungsorgan nur in eingeschränktem Maße zu Satzungsänderungen legitimieren können. Inhalt und Umfang der möglichen Änderungen müssen in der Satzung hinreichend bestimmt festgelegt sein.[661] Nur so sei sichergestellt, dass die Änderungen mit dem Willen des Stifters im Einklang stehen und nicht ausschließlich auf dem Willen der Stiftungsorgane beruhen.[662] So werden an bestimmte Satzungsänderungen, insbesondere Zweckänderungen, hohe Anforderungen gestellt.[663] Die Umwandlung einer Ewigkeitsstiftung in eine Verbrauchsstiftung soll zulässig sein, wenn die dauernde und nachhaltige Erfüllung des ursprünglichen Zwecks unmöglich geworden ist oder der ursprüngliche Zweck das Gemeinwohl gefährdet und die Stiftung durch die Änderung für einen angemessenen Zeitraum ihren neuen Zweck nachhaltig erfüllen kann.[664] Eine Stiftung muss im Fall einer Zweckverfehlung somit nicht zwingend aufgelöst werden, sondern kann stattdessen als Verbrauchsstiftung fortgeführt werden.

Grundsätzlich steht die Wirksamkeit einer Satzungsänderung unter dem Genehmigungsvorbehalt der für die Stiftungsaufsicht zuständigen Landesbehörde.[665] Die meisten Landesstiftungsgesetze enthalten Sonderregelungen für Familienstiftungen, aufgrund derer die Stiftungsaufsicht und der

---

661 RegE BT-Drucks. 19/28173, § 85 BGB-E, S. 9, 28, 63-67; auch herrschende Meinung: *Hüttemann/Rawert* in: Staudinger, BGB, 2017, § 85 Rn. 14; *Mecking* in: MünchHdbGesR, 5. Band, § 89 Rn. 14.

662 RegE BT-Drucks. 19/28173, 63; *Hof* in: Stiftungsrecht-Hdb., § 6 Rn. 211; *Hüttemann/Rawert* in: Staudinger, BGB, 85 Rn. 14; *Mecking* in: MünchHdbGesR, 5. Band, § 89 Rn. 14; *Stumpf* in: Stumpf/Suerbaum et al., Stiftungsrecht, § 85 BGB Rn. 33.

663 RegE BT-Drucks. 19/28173, § 85 BGB-E, S. 9, 63; so auch bisher *Hof* in: Stiftungsrecht-Hdb., § 6 Rn. 225; *Pruns/Schiffer* in: Stiftung in der Beraterpraxis, § 4 Rn. 61; *Stumpf* in: Stumpf/Suerbaum et al., Stiftungsrecht, § 85 BGB Rn. 33-34; *Muscheler*, Stiftungsrecht, S. 278, 284-287.

664 RegE BT-Drucks. 19/28173, § 85 BGB-E, S. 9; *Weitemeyer* in: MüKo, BGB, 1. Band, § 80 Rn. 144-145; *Lutter* in: Non Profit Law Yearbook 2004, S. 43, 53-54.

665 Bisher ergibt sich dies aus den Landesstiftungsgesetzen: §§ 6 Satz 1, 14 Abs. 2 BWStiftG; Art. 5 Abs. 4 BayStG; § 10 Abs. 1 BbgStiftG bzgl. Zweckänderungen; § 5 Abs. 1 u. 2 BlnStiftG; § 8 Abs. 2 BremStiftG; § 7 Abs. 3 HmbStiftG; § 9 Abs. 1 HessStiftG; § 9 Abs. 1 StiftG M-V; § 7 Abs. 3 Satz 3 NStiftG; § 8 Abs. 3 RhPfStiftG; § 9 Abs 3 SachsAnhStiftG; § 9 Abs. 1 Satz 2 SächsStiftG; § 5 Abs. 2 Satz 1 SchlHStiftG; § 7 Abs. 3 Satz 2 StiftG SL; § 9 Abs. 3 ThürStiftG. Gemäß § 5 StiftG NRW genügt bei Satzungsänderungen, die den Stiftungszweck oder die Organisation der Stiftung nicht wesentlich verändern, die Unterrichtung der Aufsichtsbehörde; näher dazu *Mecking* in: MünchHdbGesR, 5. Band, § 89 Rn. 24; *Pruns/Schiffer* in: Stiftung in der Beraterpraxis, § 4 Rn. 57.

Genehmigungsvorbehalt teilweise entfallen.[666] So wird in Berlin beispielsweise lediglich die Zusammensetzung der Stiftungsorgane überwacht.[667] In Hamburg, Hessen und Rheinland-Pfalz ist die Aufsicht darauf beschränkt sicherzustellen, dass durch den Bestand und die Betätigung einer Familienstiftung keine öffentlichen Interessen verletzt werden.[668] Es wird insoweit auf die Kontrolle durch die begünstigten Familienmitglieder gesetzt.[669] Der Gesetzentwurf der Bundesregierung berücksichtigt die landesgesetzlichen Befreiungen bisher nicht, sondern beabsichtigt im Gegenteil den Genehmigungsvorbehalt einheitlich im BGB festzulegen.[670] Da die bundesgesetzlichen Regelungen gemäß Art. 31 GG vorgehen, würden die landesgesetzlichen Befreiungen vom Genehmigungsvorbehalt mit Inkrafttreten des § 85a Abs. 1 BGB-Entwurf unwirksam werden.

Neben den Stiftungsorganen kann auch die zuständige Landesbehörde Satzungsänderungen vornehmen, wenn die gesetzlichen Voraussetzungen vorliegen und der Stiftungsvorstand nicht selbst tätig wird, § 87 Abs. 1, 2 BGB.

3. *Form*

Gemäß § 81 Abs. 1 Satz 1 BGB bedarf das Stiftungsgeschäft der schriftlichen Form nach § 126 BGB. Nach der bisher herrschenden Meinung in der Literatur soll dies auch dann gelten, wenn Grundstücke, grundstücksgleiche Rechte

---

666 In Bayern, Baden-Württemberg, Nordrhein-Westfalen und Schleswig-Holstein ist die Stiftungsaufsicht für Familienstiftungen auf Satzungsänderungen begrenzt (Art. 1 Abs. 3 Satz 2, 10 Abs. 1 Satz 1 BayStG; § 13 Abs. 2 BWStiftG; § 7 Abs. 4 StiftG NRW, § 19 Satz 2 SchlHStiftG).
In anderen Bundesländern ist die Kontrolle auch mit Blick auf Satzungsänderungen beschränkt: § 4 Abs. 3 Satz 2 BbgStiftG (auf Prüfung der Gemeinwohlgefährdung); § 10 Abs. 2 NStiftG (auf Maßnahmen nach § 87 BGB und die Sicherstellung der Handlungsfähigkeit); ähnlich § 17 BremStiftG; § 10 Abs. 3 StiftG SL (auf Maßnahmen nach § 87 BGB und Bestellung von Organmitgliedern durch die Stiftungsbehörde). Keine Beschränkung der Stiftungsaufsicht für Familienstiftungen enthalten Mecklenburg-Vorpommern, Sachsen, Sachsen-Anhalt und Thüringen; dazu *Pruns/Schiffer in*: Stiftung in der Beraterpraxis, § 2 Rn. 27.

667 § 10 Abs. 2 u. 3 BlnStiftG.

668 § 5 Abs. 1 Satz 2 HmbStiftG; § 21 Abs. 2 HessStiftG und §§ 3 Abs. 2, 9 Abs. 1 Satz 3 RhPfStiftG.

669 *Bundesministerium der Justiz und für Verbraucherschutz*: Bericht der Bund-Länder-Arbeitsgruppe Stiftungsrecht vom 19.10.2001, S. 56-57; *Pruns/Schiffer* in: Stiftung in der Beraterpraxis, § 2 Rn. 28.

670 RegE BT-Drucks. 19/28173, § 85a BGB-E, S. 9

oder Anteile einer GmbH auf die Stiftung übertragen werden.[671] Die notarielle Beurkundungspflicht nach § 311b BGB gelte für Verträge, nicht für einseitige Willenserklärungen. Zudem entfalte das Anerkennungsverfahren eine Richtigkeitsgewähr und Schutzfunktion, so dass die notarielle Beurkundung entbehrlich sei.[672] Die nachfolgende Auflassung sei jedoch weiterhin beurkundungspflichtig (§§ 873, 925 Abs. 1 BGB).[673] Anders hat das OLG Köln entschieden; demnach sei ein Stiftungsgeschäft gemäß § 311b Abs. 1 BGB beurkundungspflichtig, wenn sich der Stifter darin zur Übertragung eines Grundstücks verpflichtet.[674] Die Beurkundungspflicht bestünde auch bei einseitigen Rechtsgeschäften.[675] Die Bundesregierung folgt in ihrem Gesetzentwurf zur Vereinheitlichung des Stiftungsrecht dem Ansatz der herrschenden Meinung. Künftig soll ausdrücklich klargestellt werden, dass die Schriftform auch dann genügt, wenn der Stifter sich im Stiftungsgeschäft zur Übertragung von Grundstücken, grundstücksgleichen Rechten oder Anteilen ab einer GmbH auf die Stiftung verpflichtet.[676]

II. Anerkennung

Weitere Voraussetzung für eine wirksame Stiftungsgründung ist die hoheitliche Anerkennung als rechtsfähige Stiftung, § 80 Abs. 1 BGB. Formell ist hierfür ein Antrag des Stifters bei der zuständigen Behörde des Landes erforderlich, in dem

671 *Backert* in: BeckOK BGB, § 81 Rn. 2; *Hüttemann/Rawert* in: Staudinger, BGB, 2017, § 81 Rn. 16b; *Schwake/Mecking* in: MünchHdbGesR, 5. Band, § 85 Rn. 13; *Meyn* in: Die Stiftung, S. 96 Rn. 135; *Richter* in: Hdb. internat. Stiftungsrecht, 1. Aufl. 2007, Länderbericht Deutschland, Rn. 17; *Lange*, ZStV 2020, 96, 98-101; *Schwalm/Thiele*, ZEV 2020, 523, 525-528; *Zimmermann*, ZfIR 2020, 26, 28; a.A. *Ellenberger* in: Palandt, BGB, § 81 Rn. 3 (ohne Begründung).

672 *Backert* in: BeckOK BGB, § 81 Rn. 2; *Hof* in: Stiftungsrecht-Hdb., § 6 Rn. 17; *Stumpf* in: Richter, Stiftungsrecht, § 4 Rn. 14; *Schwake/Mecking* in: MünchHdbGesR, 5. Band, § 85 Rn. 13; *Weitemeyer* in: MüKo, BGB, 1. Band, § 81 Rn. 8.

673 *Hof* in: Stiftungsrecht-Hdb., § 6 Rn. 17; *Hüttemann/Rawert* in: Staudinger, BGB, 2017, § 81 Rn. 17; *Schwake/Mecking* in: MünchHdbGesR, 5. Band, § 85 Rn. 13; *Meyn* in: Die Stiftung, S. 96-97 Rn. 135; Stumpf in: Richter, Stiftungsrecht, § 4 Rn. 15.

674 OLG Köln, ZfIR 2020, 26, 27; so auch *Litzenburger*, FD-ErbR 2020, 426303; *Wachter*, BB 2019, 2705, 2706.

675 OLG Köln, ZfIR 2020, 26, 27; so auch *Litzenburger*, FD-ErbR 2020, 426303; *Wachter*, BB 2019, 2705, 2706.

676 RegE BT-Drucks. 19/28173, S. 49.

die Stiftung ihren Sitz haben soll.[677] Der Stifter hat einen Anspruch auf Anerkennung, wenn (1.) das Stiftungsgeschäft die Anforderungen nach § 81 Abs. 1 BGB erfüllt, (2.) die dauernde und nachhaltige Erfüllung des Stiftungszwecks gesichert erscheint, wobei für eine Verbrauchsstiftung besondere Kriterien gelten, und (3.) der Stiftungszweck das Gemeinwohl nicht gefährdet, § 80 Abs. 2 BGB.[678] Im Fall einer Verbrauchsstiftung erscheint die dauernde Erfüllung des Stiftungszwecks gemäß § 80 Abs. 2 Satz 2 BGB nur gesichert, wenn sie für mindestens zehn Jahre bestehen soll.

§ 3 Potenzielle Beteiligungspositionen für Minderjährige

Beabsichtigt der Stifter ein Kind oder Enkelkind oder mehrere seiner minderjährigen Abkömmlinge an der Stiftung zu beteiligen, kommen für den/die Minderjährigen verschiedene Beteiligungspositionen innerhalb der Stiftung in Betracht. Üblicherweise wird ein minderjähriger Abkömmling als Destinatär beteiligt, da der Stifter hier weitgehend selbst die Rechte und Leistungen des Minderjährigen festlegen kann.[679] Daneben ermöglicht die Struktur einer Stiftung auch die Beteiligung in anderen Positionen. Sofern ein Abkömmling bereits größeres Interesse am Familienvermögen zeigt oder vom Stifter als Nachfolger favorisiert wird, möchte er ihm möglicherweise eine Position einräumen, in der dieser an die Verwaltung des Stiftungsvermögens herangeführt wird und sukzessiv mehr Verantwortung übernimmt. Insoweit stellt sich die Frage, ob eine Stellung als Destinatär ausreicht oder ob es zweckmäßig ist, einen minderjährigen Abkömmling zum Vorstands- oder Gremiumsmitglied zu bestimmen. Während in einer KG die Redlichkeit der Geschäftsführung durch die Komplementäre kontrolliert werden kann, die von der Geschäftsführung ausgeschlossen sind (§§ 118, 161 Abs. 2 HGB), und auch den Kommanditisten bestimmte Informationsrechte zustehen,[680] fehlt in der Stiftung ein zweites Organ, das die Geschäftsführung durch den Vorstand überwacht. Daher wird bei Gründung

677 *Hüttemann/Rawert* in: Staudinger, BGB, 2017, § 80 Rn. 10; *Mecking* in: MünchHdbGesR, 5. Band, § 88 Rn. 5; *Stumpf* in: Richter, Stiftungsrecht, § 4 Rn. 129, 131; *Weitemeyer* in: MüKo, BGB, 1. Band, § 80 Rn. 111.

678 *Hüttemann/Rawert* in: Staudinger, BGB, 2017, § 80 Rn. 2, 15; *Mecking* in: MünchHdbGesR, 5. Band, § 88 Rn. 2-3; *Stumpf* in: Richter, Stiftungsrecht, § 4 Rn. 144; *Weitemeyer* in: MüKo, BGB, 1. Band, § 80 Rn. 115-116, 120.

679 Zu den Rechten eines Destinatärs sogleich unter Dritter Teil § 3 I.2.b., S. 180-195 und § 4 I., S. 240-254.

680 Vgl. Zweiter Teil § 4 IV.1., S. 140.

einer Stiftung häufig die Errichtung eines fakultativen Gremiums neben dem Vorstand empfohlen, dem bestimmte Kontrollrechte zustehen.[681] Ferner kommt der Minderjährige als Anfallberechtigter in Betracht; das ist derjenige, an den das Stiftungsvermögen mit dem Erlöschen der Stiftung fällt (§ 88 Satz 1 BGB).

Im Zusammenhang mit der Beteiligung eines Minderjährigen an einer Stiftung stellen sich ähnliche Probleme wie im Fall der Familien-KG: Kann ein Minderjähriger das der Beteiligung zugrundeliegende Rechtsgeschäft selbst abschließen? Können ihn seine Eltern vertreten oder muss ein Ergänzungspfleger bestellt werden? Wird eine Genehmigung des Familiengerichts benötigt? Die Beantwortung dieser Fragen hängt entscheidend von der künftigen Rechtsposition und den damit verbundenen Rechten und Pflichten ab. Die verschiedenen Positionen sollen daher im Folgenden näher untersucht sowie deren Vor- und Nachteile herausgearbeitet werden.

I. Destinatär

Im allgemeinen Sprachgebrauch wird als Destinatär die durch die Stiftung begünstigte Person bezeichnet.[682] Ein Destinatär ist kein Mitglied der Stiftung, sondern Nutznießer des Stiftungsvermögens.[683]

1. Grundlagen

Einen minderjährigen Abkömmling als Destinatär zu beteiligen, ist einerseits zu erwägen, wenn der Stifter eine Nachfolge durch den Abkömmling nicht in Betracht zieht, ihm aber dennoch Leistungen zukommen lassen möchte. Neben finanziellen Leistungen können einem Destinatär Gebrauchsvorteile gewährt werden, z.B. die Nutzung einer Bibliothek[684] oder einer

---

681 *Fischer* in: Feick, Stiftung als Nachfolgeinstrument, § 9 Rn. 33; *Godron* in: Richter, Stiftungsrecht, § 6 Rn. 83; *Hüttemann/Rawert* in: Staudinger, BGB, 2017, Vorbem. §§ 80 ff. Rn. 12.

682 *Bibliographisches Institut GmbH*, Duden, Fremdwörterbuch, S. 247.

683 BGHZ 99, 344 ff. = NJW 1987, 2364, 2365; *Hof* in: Stiftungsrecht-Hdb., § 6 Rn. 170; *Ivens*, Hmb. Hdb. Vermögensnachfolge, S. 694. *Muscheler*, Stiftungsrecht, S. 223-224 teilt Destinatäre noch in verschiedenen Kategorien auf, z.B. differenziert er zwischen direkten Destinatären/Personaldestinatären, die aufgrund persönlicher Eigenschaften oder Lebensumstände gefördert werden und indirekten Destinatären/Realdestinatären, die die Förderung für geplante Werke oder Tätigkeiten auf dem Sachgebiet der Stiftung erhalten.

684 *Hüttemann/Rawert* in: Staudinger, BGB, 2017, Vorbem. §§ 80 ff. Rn. 259; *Muscheler*, Stiftungsrecht, S. 223.

Wohnung.[685] Andererseits kann der Stifter auch gerade denjenigen Abkömmling zum Destinatär bestimmen, den er für besonders geeignet hält, das Stiftungsvermögen künftig zu erhalten und zu mehren. Dies resultiert daraus, dass Destinatärsrechte in erste Linie vom Stifter selbst in der Satzung festgelegt werden. Der Stifter bestimmt, ob einem Destinatär ein Leistungsanspruch gegen die Stiftung zustehen soll und er kann ihm weitere Mitwirkungs- und Kontrollrechte einräumen.[686] Von Gesetzes wegen stehen einem Destinatär keine originären Rechte zu. Einige Landesstiftungsgesetze bestimmen lediglich, dass in die dem Destinatär eingeräumten Rechte nicht durch Satzungsänderung, Zusammenlegung oder Aufhebung eingegriffen werden darf.[687] Die Rechtsposition als Destinatär ist somit vielgestaltig: Von einem lediglich passiv beteiligten Destinatär bis hin zum einflussreichen an der Stiftungstätigkeit mitwirkenden Destinatär ist jede Rechtsstellung denkbar. Gerade diese Gestaltungsvielfalt macht es für einen Stifter interessant, einen Abkömmling als Destinatär zu beteiligen.[688] Zudem muss der Stifter den Destinatär nicht selbst individuell bestimmen. Er kann stattdessen auch Auswahlkriterien festlegen und den Vorstand oder ein anderes Stiftungsorgan dazu ermächtigen, den Destinatär auszuwählen.[689]

Im Fall einer Familienstiftung erhalten zwar überwiegend Abkömmlinge des Stifters eine Destinatärstellung.[690] Gleichwohl ist der Stifter bei der Wahl des Destinatärs weitgehend frei. Er kann auch nicht verwandte Personen[691] sowie

---

685 *Neuhoff* in: Soergel, BGB, 1. Band, § 85 Rn. 12.

686 BGHZ 99, 344 ff. = NJW 1987, 2364, 2366; BGHZ 213, 179 ff. = NZG 2017, 268, 270-271; OLG Hamburg, ZIP 1994, 1950, 1951; *Hüttemann/Rawert* in: Staudinger, BGB, 2017, § 85 Rn. 38-39; *Neuhoff* in: Soergel, BGB, 1. Band, § 85 Rn. 11-12; *Stumpf* in: Richter, Stiftungsrecht, § 6 Rn. 96; *Jakob*, Schutz der Stiftung, S. 167-168; *Muscheler*, Stiftungsrecht, S. 193, 225.

687 Vgl. § 7 Abs. 2 Satz 3 NStiftG, § 7 Abs. 2 Satz 3 StiftG SL, § 9 Abs. 2 Satz 2 SachsAnhStiftG.

688 Zu den Rechten und Pflichten des minderjährigen Abkömmlings als Destinatär ausführlich unter Dritter Teil § 4 I., S. 240-254.

689 *Schwake* in: MünchHdbGesR, 5. Band, § 79 Rn. 18; *Wiese* in: Erman, BGB, 1. Band, § 85 Rn. 7; vgl. auch *Hüttemann/Rawert* in: Staudinger, BGB, 2017, § 85 Rn. 41; *Muscheler*, Stiftungsrecht, S. 224-225.

690 *Müller/Schubert*, DStR 2000, 1289, 1290; *Gummert* in: MünchHdbGesR, 5. Band, § 80 Rn. 51.

691 *Müller/Schubert*, DStR 2000, 1289, 1290; *Gummert* in: MünchHdbGesR, 5. Band, § 80 Rn. 51. Etwas anderes gilt für Familienstiftungen mit Sitz in Baden-Württemberg. Gemäß § 13 Abs. 2 BWStiftG handelt es sich nur dann um eine Familienstiftung, wenn sie ausschließlich dem Wohl einer oder mehrerer Familien dient. Als Destinatäre dürfen dort daher nur Familienmitglieder benannt werden.

mehrere verschiedene Destinatäre bestimmen.[692] Die Begünstigung nicht verwandter Dritter sollte aber gut überlegt sein; nicht zuletzt, weil dies auch erb- und schenkungsteuerliche Konsequenzen hat: Die Finanzverwaltung erkennt eine Familienstiftung unter Bezugnahme auf § 15 Abs. 2 AStG nur an, wenn der Stifter und seine Familie gemäß der Stiftungssatzung „*zu mehr als einem Viertel bezugs- oder anfallberechtigt sind und zusätzliche Merkmale ein ‚wesentliches Familieninteresse' belegen*", zum Beispiel, indem Familienangehörige zugleich einen umfassenden Einfluss auf die Geschäftsführung haben. Eines zusätzlichen Nachweises bedarf es nicht, wenn der Stifter und seine Familie zu mehr als der Hälfte bezugs- oder anfallberechtigt sind.[693]

Unabhängig davon ist der Stifter nicht verpflichtet, sämtliche Abkömmlinge zu beteiligen.[694] Der Stifter muss freilich allgemeine zivilrechtliche Verbote beachten, um nicht die Nichtigkeit des Stiftungsgeschäfts und die Ablehnung der Anerkennung der Stiftung zu riskieren; so dürfen beispielsweise die Auswahlkriterien nicht gegen die guten Sitten gemäß § 138 BGB verstoßen.[695]

Darüber hinaus sind bei der Wahl der begünstigten Familienmitglieder mögliche Pflichtteilsansprüche zu berücksichtigen – selbst wenn der Stifter die Stiftung bereits zu Lebzeiten errichtet. Zwar ist das Stiftungsgeschäft nach heute einhelliger Meinung keine Schenkung, da es an einem Vertrag fehlt.[696] Die Vermögensübertragung stellt aber eine unentgeltliche Leistung dar, weshalb ein Pflichtteilsergänzungsanspruch gemäß § 2325 BGB analog entstehen kann.[697] Das Kind des Stifters ist als gesetzlicher Erbe grundsätzlich pflichtteilsberechtigt, §§ 1924 Abs. 1, 2303 Abs. 1 BGB. Überträgt der Stifter nun einen großen

---

692 Vgl. BGHZ 213, 179 ff. = NZG 2017, 268, 270; *Hüttemann/Rawert* in: Staudinger, BGB, 2017, § 85 Rn. 40; *Wiese* in: Erman, BGB, 1. Band, § 85 Rn. 7.

693 ErbStR 2019, zu § 1 ErbStG RE 1.2 Abs. 2, S. 10. Mehr zu den erbschaft- und schenkungsteuerlichen Folgen unter Dritter Teil § 5 III., S. 307-310.

694 BGHZ 70, 313 ff. = NJW 1978, 943, 945; *Hof* in: Stiftungsrecht-Hdb., § 6 Rn. 169; *Ivens,* Hmb. Hdb. Vermögensnachfolge, S. 694.

695 BGHZ 70, 313 ff. = NJW 1978, 943, 945; *Hüttemann/Rawert* in: Staudinger, BGB, 2017, § 80 Rn. 44, § 81 Rn. 10; *Burgard,* Gestaltungsfreiheit im StiftR, S. 123.

696 LG Baden-Baden, ZEV 1999, 152, 153; *Hüttemann/Rawert* in: Staudinger, BGB, 2017, § 81 Rn. 27; *Weitemeyer* in: MüKo, BGB, 1. Band, § 81 Rn. 21; *Wiese* in: Erman, BGB, 1. Band, § 80 Rn. 3; ausführlich *Muscheler,* Stiftungsrecht, S. 186-192 mwN. in Fußn. 7.

697 RGZ 54, 399, 400; LG Baden-Baden, ZEV 1999, 152, 153; *Lange* in: MüKo, BGB, 11. Band, § 2325 Rn. 48; *Müller* in: Hannes, Vermögens-/Unternehmensnachfolge, S. 1265-1266 Rn. 13; *Jakob,* Schutz der Stiftung, S. 279-280; *Muscheler,* Stiftungsrecht, S. 158.

Teil seines Vermögens auf die Stiftung und schließt sein Kind von der Erbfolge aus, weil er dieses lediglich als Destinatär über die Stiftung absichern möchte oder will er es gänzlich vom Nachlass ausschließen, kann das Kind gemäß § 2325 Abs. 1 BGB analog als Pflichtteilsergänzung den Betrag verlangen, um den sich der Pflichtteil erhöht, wenn das auf die Stiftung übertragende Vermögen dem Nachlass hinzugerechnet wird. In diesem Zusammenhang wird von Rechtsprechung und Literatur diskutiert, ob sich die gesetzlichen Erben, die zugleich Destinatäre sind, die Ausschüttungen aus der Familienstiftung gemäß § 2327 Abs. 1 Satz 1 BGB analog anrechnen lassen müssen.[698] Die Gefahr, dass die Erben mit Pflichtteilsergänzungsansprüchen konfrontiert werden, wird durch § 2325 Abs. 3 Satz 1 u. 2 BGB insoweit abgeschwächt, als die unentgeltliche Zuwendung lediglich innerhalb des ersten Jahres vor dem Erbfall vollständig erfasst und anschließend jährlich um 10 % gekürzt wird, so dass sie nach zehn Jahren unbeachtlich ist. Um Streitigkeiten zu vermeiden, wird in der Praxis häufig empfohlen, vor Errichtung der Stiftung einen vollständigen Pflichtteilsverzicht oder zumindest beschränkt auf den der Stiftung zugedachten Betrag zu vereinbaren.[699]

2. *Die Beteiligung als Destinatär*

Soll ein minderjähriger Abkömmling zum Destinatär bestimmt werden, stellt sich die Frage, ob er dafür gesetzlich vertreten werden muss. Ein geschäftsunfähiger Minderjähriger kann rechtsgeschäftliche Willenserklärungen und geschäftsähnliche Handlungen nur wirksam durch seinen gesetzlichen Vertreter vornehmen.[700] Grundsätzlich sind die Eltern gemeinsam zur gesetzlichen

---

698 Dafür RGZ 54, 399, 401; *Lange* in: MüKo, BGB, 11. Band, § 2325 Rn. 48; *Müller-Engels* in: BeckOK BGB, § 2327 Rn. 3; *Hüttemann/Rawert* in: Staudinger, BGB, 2017, § 82 Rn. 13 (nur wenn dem Destinatär vom Stifter ein einklagbarer Leistungsanspruch eingeräumt wurde); *Jakob*, Schutz der Stiftung, S. 281-282 (ebenfalls nur im Fall eines einklagbaren Anspruchs); dagegen: *Müller* in: Hannes, Vermögens-/Unternehmensnachfolge, S. 1266 Rn. 15.

699 *Hof* in: Stiftungsrecht-Hdb., § 6 Rn. 78; *Schiffer/Reinke/Schürmann* in: Stiftung in der Beraterpraxis, § 10 Rn. 21, 24; *Schwake* in: MünchHdbGesR, 5. Band, § 79 Rn. 204; *Feitsch/Linder*, ZStV 2018, 29, 33; *R. Werner*, ZEV 2007, 560, 564. Dies gilt entsprechend für den Ehegatten: Auch hier sollte sein Einverständnis zur Vermögensübertragung sowie ein zumindest beschränkter Pflichtteilsverzicht eingeholt werden, vgl. §§ 1365 Abs. 1, 1375 Abs. 2 Nr. 1, Abs. 3 BGB; dazu *Müller* in: Hannes, Vermögens-/Unternehmensnachfolge, S. 1266-1267 Rn. 16-18.

700 Vgl. §§ 104 Abs. 1 Nr. 1, 105 Abs. 1 BGB; *Mansel* in: Jauernig, BGB, § 104 Rn. 4, 5; *Spickhoff* in: MüKo, BGB, 1. Band, § 104 Rn. 28, § 105 Rn. 9, 22; *Kölmel*, RNotZ 2010, 1, 2-3, 9.

Vertretung berechtigt (§ 1629 Abs. 1 Satz 1, 2 BGB). Auch ein beschränkt geschäftsfähiger Minderjähriger muss sich vertreten lassen oder benötigt die Einwilligung seines gesetzlichen Vertreters, wenn das Rechtsgeschäft rechtlich nachteilig ist (§ 107 BGB). Sind die Eltern verhindert, muss ein Ergänzungspfleger bestellt werden (§ 1909 Abs. 1 Satz 1 BGB). Im Gegensatz zur Beteiligung an einer Familien-KG ist für die Bestimmung der Destinatäre bei der Stiftungsgründung zumeist keine rechtsgeschäftliche Erklärung des Minderjährigen erforderlich und eine gesetzliche Vertretung ist demnach entbehrlich. Dazu im Einzelnen:

a. Destinatär ohne Rechtsansprüche

Der Stifter benennt einen Destinatär entweder im Stiftungsgeschäft persönlich oder er legt Kriterien fest, nach denen ein Stiftungsorgan diesen künftig auswählen soll.[701] Das Stiftungsgeschäft ist kein Vertrag, sondern eine einseitige, nicht empfangsbedürftige Willenserklärung.[702] Demzufolge bedarf es keiner Annahmeerklärung durch den Begünstigten. Dies ist konsequent, solange mit der Destinatärstellung keine Rechtsfolgen verbunden sind. Wie bereits ausgeführt, stehen dem Destinatär ipso iure keine originären Rechte zu; stattdessen sind seine Befugnisse vom Stifterwillen abhängig.[703] Auch aus der Bezugsberechtigung erwächst nicht automatisch ein einklagbarer Leistungsanspruch. Nur in seltenen Fällen räumt der Stifter einem Destinatär klagbare Ansprüche gegen die Stiftung ein,[704] da der Stifter zumeist sein Vermögen über die Stiftung absichern und erhalten möchte. Klagbare Ansprüche würden dagegen den Erhalt und die Vermehrung des Stiftungsvermögens gefährden. Zudem wären sie pfändbar, so dass ungewollt ein fremder Dritter in den Genuss der Stiftungsleistungen käme.[705] Darüber hinaus erhält der Destinatär die künftigen Stiftungsleistungen nicht vom Stifter, sondern von der Stiftung als eigene juristische Person. Der Destinatär tritt somit in eine Rechtsbeziehung zur Stiftung, nicht zum Stifter.[706] Eine Willenserklärung des Minderjährigen wird erst erforderlich,

---

701 Siehe Fußn. 689, S. 183.

702 Siehe Fußn. 635, S. 173.

703 Siehe Fußn. 686, S. 183.

704 *Hüttemann/Rawert* in: Staudinger, BGB, 2017, § 85 Rn. 41; *Schwake* in: MünchHdbGesR, 5. Band, § 79 Rn. 21; *Dahlmanns*, RNotZ 2020, 417, 434; *Rücker*, ZEV 2018, 451; *Zimmermann/Raddatz*, NJW 2018, 516, 517.

705 *Schwake* in: MünchHdbGesR, 5. Band, § 79 Rn. 116; *Oertzen/Hosser*, ZEV 2010, 168, 172; *Feick/Thon*, ZEV 2011, 404; *Schmitz/Zensus*, NJW 2012, 1323, 1324.

706 Vgl. *Schwake* in: MünchHdbGesR, 5. Band, § 79 Rn. 21, 22.

wenn die Stiftung beabsichtigt, eine Leistung an ihn auszukehren. Wer auf Seiten des Minderjährigen die erforderliche Willenserklärung wirksam abgeben kann, hängt maßgeblich davon ab, ob die Leistungsauskehr an Auflagen oder Bedingungen geknüpft ist.

aa. Unbeschränkte Leistungsauskehr

Wenn die Stiftung die Leistungsauskehr nicht an Auflagen oder Bedingungen knüpft, ist die Annahme für einen Minderjährigen lediglich rechtlich vorteilhaft. Ein beschränkt geschäftsfähiger Minderjähriger könnte die Annahme daher auch selbst erklären, § 107 BGB. Ein geschäftsunfähiger Minderjähriger müsste zwar von seinen Eltern vertreten werden. Im Fall lediglich rechtlich vorteilhafter oder neutraler Rechtsgeschäfte ist eine gesetzliche Vertretung des Minderjährigen selbst dann zulässig, wenn mindestens ein Elternteil oder ein Verwandter in gerader Linie eines Elternteils zugleich Mitglied des Stiftungsvorstands ist. Mangels abstrakter Gefahr einer Interessenkollision werden die Vertretungsverbote nach §§ 181, 1629 Abs. 2 Satz 1 BGB iVm. § 1795 BGB teleologisch reduziert.[707]

In diesen Fällen besteht aber gleichwohl ein Hindernis für die Vertretung der Stiftung durch den Elternteil in seiner Funktion als Mitglied des Stiftungsvorstands. Er stünde als Vertreter der Stiftung (§§ 26 Abs. 1 Satz 2, 86 Satz 1 BGB) und seines Kindes (§ 1629 Abs. 1 Satz 1, 2 BGB) auf beiden Seiten des Rechtsgeschäfts. Eine solche Mehrfachvertretung ist gemäß § 181 Var. 2 BGB grundsätzlich nicht gestattet, weil vermutet wird, dass der Vertreter nicht zugleich die häufig gegensätzlichen Interessen der Vertretenen angemessen wahrnehmen kann und eine Seite zurückstecken muss.[708] Jedoch besteht keine Gefahr einer Interessenkollision für den Vertretenen, für den das Rechtsgeschäft lediglich rechtlich vorteilhaft ist. Bezüglich des anderen Vertretenen besteht die Gefahr hingegen fort, weshalb es insoweit bei dem Vertretungsverbot bleibt. Somit können die Eltern zwar ihr Kind vertreten. Im Hinblick auf die Vertretung der Stiftung unterliegt der im Vorstand tätige Elternteil dagegen weiterhin dem Vertretungsverbot nach § 181 Var. 2 BGB. Im Fall einer Familienstiftung ist darauf zu achten, dass die Vorstandsmitglieder – vorbehaltlich landesrechtlicher Bestimmungen – zumindest für bestimmte Rechtsgeschäfte vom Verbot des § 181 BGB befreit werden. Eine Befreiung kann entweder bereits in der Satzung festgelegt werden oder der

---

707 Siehe Fußn. 123 und 124, S. 46.

708 *Schäfer* in: BeckOK BGB, § 181 Rn. 1.

Stifter ermächtigt ein (anderes) Stiftungsorgan, Befreiungen von den Beschränkungen des § 181 BGB zu erteilen.[709]

bb. Beschränkte Leistungsauskehr

In der Praxis ist die Leistungsauskehr für einen Minderjährigen nicht immer lediglich rechtlich vorteilhaft. Vielmehr werden insbesondere bei größeren Zuwendungen schriftliche Zuwendungsverträge geschlossen, in denen die Rechte und Pflichten der Vertragsparteien geregelt sind, beispielsweise Auflagen zulasten des Destinatärs im Hinblick auf die Verwendung der Leistungen sowie Rückforderungsvorbehalte zugunsten der Stiftung.[710] Solche Auflagen sind regelmäßig rechtlich nachteilig, da sie persönliche Verpflichtungen für den (minderjährigen) Destinatär begründen, die nicht ausschließlich durch die Verwertung der ausgeschütteten Leistung erfüllt werden können.[711] Beispielhaft kann die Verknüpfung des Zuwendungsbetrags mit der Teilnahme an einem bestimmten Forschungsprojekt genannt werden. Ebenso ist ein vertraglicher Rückforderungsvorbehalt rechtlich nachteilig, weil der (minderjährige) Destinatär für Pflichtverletzungen nach den §§ 280 ff. BGB haftet. Etwas anderes gilt, wenn der Rückforderungsvorbehalt auf den bereicherungsrechtlichen Herausgabeanspruch nach § 812 BGB begrenzt ist, da der Minderjährige dann lediglich zur Herausgabe des Erlangten verpflichtet ist und sich auf eine Entreicherung berufen kann, § 818 Abs. 1 und 3 BGB.[712]

Enthält ein Zuwendungsvertrag die vorgenannten rechtlich nachteiligen Verpflichtungen oder sonstige Pflichten zulasten des minderjährigen Destinatärs und können diese nicht ausschließlich mittels der Stiftungsleistung erfüllt werden, muss sich nicht nur ein geschäftsunfähiger, sondern auch ein beschränkt geschäftsfähiger Minderjähriger bei dem Vertragsabschluss von seinen Eltern

---

709 *Hof* in: Stiftungsrecht-Hdb., § 8 Rn. 238, 269; *Klepsch/Klepsch*, NotBZ 2008, 321, 332; *Krauß*, Vermögensnachfolge, Rn. 2952. Landesrechtliche Genehmigungsvorbehalte gelten gem. Art. 14 BayStG, § 13 BWStiftG, wobei Familienstiftungen von der Aufsicht ausgenommen sind, Art. 10 Abs. 1 BayStG, § 13 BWStiftG.

710 *Hüttemann/Rawert* in: Staudinger, BGB, 2017, § 85 Rn. 45; KG, ZStV 2013, 107, 108; zu Auflagen *Settels*, Destinatsleistungen, S. 59-60, 115-116.

711 Vgl. BGHZ 15, 168 ff. = NJW 1955, 1353; BFHE 120, 165 = NJW 1977, 456; *Klumpp* in: Staudinger, BGB, 2017, § 107 Rn. 26, 39; *Harte*, Der rechtliche Vorteil, S. 73-74; *Kaufmann*, Der rechtliche Vorteil, S. 127-128.

712 Vgl. BGHZ 161, 170 ff. = NJW 2005, 415, 417; OLG Köln, MittBayNot 1998, 106, 107; *Klumpp* in: Staudinger, BGB, 2017, § 107 Rn. 39; *Harte*, Der rechtliche Vorteil, S. 72; *Kaufmann*, Der rechtliche Vorteil, S. 125.

als gesetzliche Vertreter gemäß § 1629 Abs. 1 Satz 2 BGB vertreten lassen. Ist aber mindestens ein Elternteil zugleich Mitglied des die Stiftung vertretenden Vorstands, sind im Fall der gemeinsamen Sorge beide Elternteile gemäß §§ 1629 Abs. 2 Satz 1, 1795 Abs. 2, 181 BGB von der Vertretung ausgeschlossen.[713] Dann ist die Bestellung eines Ergänzungspflegers nach § 1909 Abs. 1 BGB erforderlich, der den Minderjährigen bei dem Vertragsabschluss vertritt. Wenn der Vorstand aus mehreren Personen besteht, kann der betroffene Elternteil sich enthalten und den übrigen Mitgliedern die Vertretung der Stiftung überlassen (§§ 26 Abs. 2 Satz 1, 86 Satz 1 BGB). Auf diese Weise kann die Bestellung eines Ergänzungspflegers vermieden werden, da in dem Fall keine Mehrfachvertretung vorliegt, sondern der betroffene Elternteil nur als gesetzlicher Vertreter seines Kindes auftritt.

b. Destinatär mit Leistungsanspruch oder Mitwirkungsrechten

Wird einem Destinatär ein klagbarer Leistungsanspruch eingeräumt oder erhält er einzelne Kontroll- oder Mitwirkungsrechte, hängt die Bestellung eines Ergänzungspflegers ebenfalls davon ab, ob eine Annahmeerklärung des minderjährigen Destinatärs notwendig ist.

Ob dies der Fall ist, beurteilt sich anhand der Rechtsnatur des Leistungsanspruchs und der Mitwirkungsrechte: Beruhen sie auf einer Art vertraglichem Schuldverhältnis, das der Annahme bedarf oder können sie einseitig begründet werden? In diesem Zusammenhang ist von Bedeutung, ob mit dem Leistungsanspruch und den einzelnen Mitwirkungsrechten rechtlich nachteilige Nebenpflichten einhergehen, die die Vermögenslage des Minderjährigen gefährden könnten. Privatrechtlich können einer Person grundsätzlich nicht einseitig ohne ihre Zustimmung Verpflichtungen auferlegt werden. Das Gesetz gestattet nur den Abschluss eines Vertrages zugunsten eines Dritten ohne dessen Zustimmung, nicht aber einen Vertrag zulasten Dritter.[714] Im Fall eines Minderjährigen treten die besonderen Regelungen zum Minderjährigenschutz hinzu. Danach ist bei rechtsgeschäftlichen Angelegenheiten regelmäßig der gesetzliche Vertreter

---

713 Ist dagegen ein Elternteil allein sorgeberechtigt, vertritt er das Kind auch allein, § 1629 Abs. 1 Satz 3 Var. 1 BGB (zur Alleinsorge siehe Zweiter Teil § 3 I.1., S. 45). Er kann dann die notwendigen Erklärungen im Namen des minderjährigen Abkömmlings abgeben, wenn nicht er selbst, sondern nur der andere nicht sorgeberechtigte Elternteil als Mitglied des Stiftungsvorstands die Stiftung vertritt.

714 Siehe § 328 Abs. 1 BGB; BGHZ 78, 369 ff. = BB 1981, 14, 15-16; *Janoschek* in: BeckOK BGB, § 328 Rn. 5; *Schulze* in: Schulze, BGB, § 328 Rn. 5.

einzubeziehen, da ein Minderjähriger noch nicht in der Lage ist, die Folgen seines Handelns abzuschätzen und vor einer Vermögensgefährdung besonders zu schützen ist (vgl. §§ 105 ff., 131 BGB).

aa. Rechtsnatur von Leistungsanspruch und Mitwirkungsrechten

Die Rechtsnatur des Leistungsanspruchs eines Destinatärs ist umstritten. Es gibt Literaturstimmen, die in dem Anspruch eine Schenkung sehen oder zumindest das Schenkungsrecht analog anwenden wollen.[715] Überzeugender ist jedoch die Gegenansicht, wonach der Stiftungszweck den Rechtsgrund für den Leistungsanspruch bildet.[716]

Wie im Fall einer Schenkung können Leistungsanspruch und Mitwirkungsrechte einem Destinatär zwar unentgeltlich eingeräumt werden. Im Gegensatz zum klassischen Schenker nach § 516 Abs. 1 BGB entscheidet die Stiftung aber regelmäßig nicht autonom, ob sie eine unentgeltliche Zuwendung vornimmt und wem diese zugutekommen soll. Stattdessen legt der Stifter entweder in der Stiftungssatzung die konkreten Ansprüche des Destinatärs fest oder gibt Kriterien vor, die für das zuständige Stiftungsorgan bei der Wahl des Destinatärs und beim Abschluss eines Zuwendungsvertrages bindend sind.[717] Der eigentliche Schenker ist somit nicht die Stiftung, sondern der Stifter. Schließlich erachtet selbst die Gegenansicht die schenkungsrechtlichen Vorschriften teilweise für unpassend und wendet sie daher nicht durchgehend an.[718] Mit unterschiedlichen Begründungen wird beispielsweise eine Anwendung der notariellen Beurkundungspflicht nach § 518 Abs. 1 BGB sowie der §§ 519, 528, 530 BGB abgelehnt.[719] Diese Inkonsistenz verdeutlicht, dass sich das Rechtsverhältnis zwischen Stiftung

---

715 *Hüttemann/Rawert* in: Staudinger, BGB, 85 Rn. 43; *Settels,* Destinatsleistungen, S. 40-46 (wenn es sich bei den Leistungen um materielle Güter handelt, nicht im Fall von Gebrauchsüberlassungen sowie Werk- und Dienstleistungen); für eine Analogie *Muscheler,* Stiftungsrecht, S. 231.

716 BGH, NJW 2010, 234, 235; BGHZ 213, 179 ff. = NZG 2017, 268, 270; *Backert* in: BeckOK BGB, § 85 Rn. 6; *Hof* in: Stiftungsrecht-Hdb., § 7 Rn. 178; *Stumpf* in: Stumpf/Suerbaum et al., Stiftungsrecht, § 85 BGB Rn. 27; *Weitemeyer* in: MüKo, BGB, 1. Band, § 85 Rn. 42.

717 Vgl. BGH, NJW 2010, 234, 235; BGHZ 213, 179 ff. = NZG 2017, 268, 271; *Weitemeyer* in: MüKo, BGB, 1. Band, § 85 Rn. 42; *Löwe,* Familienstiftung, S. 9.

718 *Settels,* Destinatsleistungen, S. 41-46 (nicht im Fall von Gebrauchsüberlassungen sowie Werk- und Dienstleistungen).

719 *Hüttemann/Rawert* in: Staudinger, BGB, 85 Rn. 44; *Muscheler,* Stiftungsrecht, S. 214, 232; ausführlich *Settels,* Destinatsleistungen, S. 97-101, 122-136.

und Destinatär nicht eindeutig einem im besonderen Teil des BGB ausdrücklich geregelten Schuldverhältnis zuordnen lässt. Überraschend ist dies nicht, da das BGB im Hinblick auf den Destinatär keine Regelungen enthält. Er ist auch kein zwingender Bestandteil einer Stiftung, § 81 Abs. 1 Satz 3 BGB. Vielmehr liegt die Entscheidung beim Stifter, der über die Beteiligung eines Destinatärs und dessen Rechte autonom im Rahmen des einseitigen Stiftungsgeschäfts entscheidet oder aber einem Stiftungsorgan die Ausgestaltung im Einzelnen überlässt. Leistungsanspruch und Mitwirkungsrechte des Destinatärs sind daher Ansprüche bzw. Rechte sui generis,[720] die einseitig eingeräumt werden können.

bb. Rechtlich nachteilige Nebenpflichten

Falls aus dem Leistungsanspruch und den Mitwirkungsrechten rechtlich nachteilige Nebenpflichten folgen oder sie nur in Verbindung mit anderen nachteiligen Verpflichtungen zulasten des Destinatärs eingeräumt werden, ist zur wirksamen Begründung eine Annahme durch den minderjährigen Destinatär erforderlich. Ob die Eltern den Minderjährigen gesetzlich vertreten können, hängt davon ab, ob einer von ihnen zugleich an der Stiftung beteiligt ist und welche Befugnisse dem betreffenden Elternteil zustehen.

Ein Destinatär ist kein Organ der Stiftung, sondern lediglich deren Nutznießer.[721] Ihn treffen daher keine organschaftlichen Pflichten.[722] Zwar steht der Leistungsanspruch unter dem Vorbehalt der Leistungsfähigkeit der Stiftung. Daraus ergeben sich jedoch keine rechtlich nachteiligen Nebenpflichten für einen Destinatär. Die Beschränkung ermöglicht lediglich der Stiftung, die Ausschüttung mangels ausreichender Mittel zu verweigern.[723]

Ein Destinatär tritt zwar aufgrund der Leistungsansprüche und der Mitwirkungsrechte in eine Rechtsbeziehung mit der Stiftung und unterliegt insoweit der jedem Rechtsverhältnis innewohnenden Treuepflicht (§ 241 Abs. 2 BGB).[724] Doch daraus resultiert keine rechtlich nachteilige Nebenpflicht. Diese Treuepflicht ist nicht per se rechtlich nachteilig. Ansonsten benötigte ein beschränkt

---

720 Vgl. KG, ZStV 2013, 107, 108; *Backert* in: BeckOK BGB, § 85 Rn. 6; *Stumpf* in: Stumpf/Suerbaum et al., Stiftungsrecht, § 85 BGB Rn. 27; *Weitemeyer* in: MüKo, BGB, 1. Band, § 85 Rn. 41.

721 Siehe Fußn. 683, S. 182.

722 Vgl. *Settels*, Destinatsleistungen, S. 92-93; *Rücker*, ZEV 2018, 451, 454-455.

723 Vgl. OVG Hamburg, StiftRspr. 2. Band 1982, 161; *Hof* in: Stiftungsrecht-Hdb., § 7 Rn. 181; *Schwake* in: MünchHdbGesR, 5. Band, § 79 Rn. 21.

724 Vgl. zur Treuepflicht gemäß § 241 Abs. 2 BGB OLG Köln, ZEV 2018, 667, 669; *Bachmann* in: MüKo, BGB, 2. Band, § 241 Rn. 92, 101.

Geschäftsfähiger für jedes Rechtsgeschäft die Einwilligung seines gesetzlichen Vertreters.[725] Sofern der Stifter oder die Stiftung keine Auflagen oder andere Pflichten an die Ausübung des Leistungsanspruchs und der Mitwirkungsrechte geknüpft haben, sind sie daher nicht rechtlich nachteilig. Stattdessen verbessern sie die Rechtsposition des Minderjährigen, der dadurch einen klagbaren Anspruch auf Leistung gegen die Stiftung hat und beispielsweise Auskunft über den Umfang seiner künftigen Leistungen verlangen kann.

Sollten der Leistungsanspruch oder die Mitwirkungsrechte jedoch mit Verpflichtungen verknüpft werden, die sich nicht ausschließlich aus der Stiftungsleistung erfüllen lassen, wäre das künftige Rechtsverhältnis für den minderjährigen Destinatär rechtlich nachteilig. In dem Fall kann der Stifter den Leistungsanspruch und die Mitwirkungsrechte nicht wirksam einseitig begründen. Ein wirksames Rechtsverhältnis zwischen Stiftung und Destinatär entsteht erst, wenn der minderjährige Destinatär den Leistungsanspruch oder zumindest die Leistung selbst einschließlich der damit verbunden Pflichten annimmt. Werden die mit einer Zuwendung verbundenen Bedingungen – ausdrücklich oder konkludent – gebilligt, kommt ein Zuwendungsvertrag zustande.[726] Da ein geschäftsunfähiger Minderjähriger die Willenserklärungen nicht wirksam selbst abgeben kann (§§ 104 Nr. 1, 105 BGB), muss sein gesetzlicher Vertreter die Erklärung für ihn abgeben. Ein beschränkt geschäftsfähiger Destinatär kann die Annahme nicht ohne Mitwirkung seines gesetzlichen Vertreters erklären (§§ 106 f. BGB). Wenn ein Elternteil als Vorstandsmitglied die Stiftung vertritt, sind im Fall der gemeinsamen Sorge beide Elternteile von der gesetzlichen Vertretung ausgeschlossen (§§ 1629 Abs. 2 Satz 1, 1795 Abs. 2, 181 BGB).[727] Der betroffene Elternteil würde sonst entgegen § 181 Var. 2 BGB sowohl auf Seiten der Stiftung als auch für sein Kind als Vertreter auftreten. Aufgrund des Ausschlusses von der gesetzlichen Vertretung genügt auch eine Einwilligung der Eltern nach § 107 BGB nicht.[728] In dieser Konstellation müsste demnach ein Ergänzungspfleger bestellt werden (§ 1909 Abs. 1 Satz 1 BGB).

Vorausgesetzt, der Vorstand ist mehrgliedrig besetzt, könnte der betroffene Elternteil den übrigen Vorstandsmitgliedern die Vertretung der Stiftung überlassen (§§ 26 Abs. 2 Satz 1, 86 Satz 1 BGB), um die Einbeziehung eines

---

725 Siehe dazu Zweiter Teil § 3 I.1.a.bb., S. 49-58.

726 Vgl. KG, ZStV 2013, 107, 108.

727 Für den Fall der Alleinsorge siehe Fußn. 713, S. 189.

728 Siehe dazu bereits Fußn. 256, S. 77.

Ergänzungspflegers zu vermeiden. In dem Fall würde er nur als gesetzlicher Vertreter seines Kindes auftreten.

Wie weit reicht in der dargestellten Konstellation die gesetzliche Vertretungsmacht der Eltern, wenn ein Elternteil nicht im Vorstand tätig ist, aber als Stifter die Destinatärspflichten in der Stiftungssatzung festgelegt hat? Der Stifter ist grundsätzlich nicht der gesetzliche Vertreter der Stiftung; das ist der Stiftungsvorstand (§§ 26 Abs. 1 Satz 2, 86 Satz 1 BGB). Der Stifter schließt auch kein eigenes Rechtsgeschäft mit dem Destinatär ab. Daher greift weder das Vertretungsverbot aus § 181 Var. 1 BGB, noch liegt ein Ausschlussgrund nach § 1795 Abs. 1 BGB vor. Im Hinblick auf die Anerkennung der Stiftung durch die Stiftungsbehörde ist es aber ratsam, dass vor der Anerkennung die Destinatärstellung durch den Minderjährigen angenommen oder abgelehnt wird. Anderenfalls besteht das Risiko, dass die zuständige Landesbehörde die Anerkennung der Stiftung unter dem Aspekt der Gemeinwohlgefährdung verweigert, weil das Stiftungsgeschäft unzulässige Regelungen zulasten Dritter enthält und die Bestimmungen zum Minderjährigenschutz missachtet wurden. Die Annahme- oder Ablehnungserklärung des Minderjährigen wäre dann gegenüber der zuständigen Landesstiftungsbehörde oder dem Stifter abzugeben. Der Stifter wäre ausnahmsweise Empfangsvertreter der noch in der Gründung befindlichen Stiftung. In dem Fall wären die gemeinsam sorgeberechtigten Eltern gemäß §§ 1629 Abs. 2 Satz 1, 1795 Abs. 2, 181 BGB an der Vertretung ihres Kindes gehindert, weil anderenfalls der stiftende Elternteil entgegen § 181 Var. 2 BGB beide Seiten vertreten würde.

Wird die Annahme dagegen gegenüber der Landesstiftungsbehörde erklärt, würde der stiftende Elternteil nur als gesetzlicher Vertreter seines Kindes auftreten. Mithin wäre die gesetzliche Vertretung durch die Eltern zulässig. Jedoch kann das Familiengericht den Eltern die Vertretung für einzelne Angelegenheiten oder für einen bestimmten Kreis von Angelegenheiten entziehen, wenn ein erheblicher Interessengegensatz besteht (§§ 1629 Abs. 2 Satz 3, 1796 BGB). Nach überwiegender Ansicht besteht ein derartiger Interessengegensatz, *„wenn das Interesse des einen nur auf Kosten des anderen gefördert werden kann“*.[729] Eine Entziehung ist aber nicht gerechtfertigt, wenn zu erwarten ist, dass die Eltern

729 So wörtlich *Bettin* in: BeckOK BGB, § 1796 Rn. 3; im Ergebnis auch KG, NJW 1966, 1320, 1321; *Götz* in: Palandt, BGB, § 1796 Rn. 2; nach anderer Ansicht genügt dagegen die Gefahr, dass der Vormund nicht ausschließlich die Mündelinteressen verfolgt: *Kemper* in: Schulze, BGB, § 1796 Rn. 2; *Spickhoff* in: MüKo, BGB, 10. Band, § 1796 Rn. 5.

dennoch unbefangen im Interesse des Mündels handeln werden.[730] Ein erheblicher Interessengegensatz wurde vom Oberlandesgericht Hamm angenommen, als ein Vater der zu Erben eingesetzten Kinder zum Testamentsvollstrecker ernannt wurde.[731] Da für die Entziehung der Vertretungsmacht ein konkreter Interessenkonflikt festgestellt werden muss,[732] können aus den bisher ergangenen Einzelentscheidungen nur mit Zurückhaltung verallgemeinerungsfähige Schlüsse gezogen werden.[733]

In der vorliegenden Konstellation ist zu bedenken, dass Stifter und Stiftung sich zwangsläufig nahestehen. Die Stiftungssatzung einschließlich der Regelungen zum Destinatär ist Ausdruck des Stifterwillens. Ein Interessengegensatz zwischen dem stiftenden Elternteil und dem Kind ist kaum vermeidbar. Zwar beabsichtigt ein Elternteil mit der Beteiligung seines Kindes als Destinatär, dass dem Kind bestimmte Leistungen von der Stiftung gewährt werden. Zudem wollen Eltern grundsätzlich das Beste für ihr Kind,[734] so dass der stiftende Elternteil bei Festlegung der Destinatärspflichten vermutlich auch den Entwicklungsstand und die Fähigkeiten seines Kindes berücksichtigt. Er möchte aber zugleich sicherstellen, dass sein Vermögen zweckkonform verwendet wird und ist insoweit befangen. Ferner ist kaum zu erwarten, dass er als gesetzlicher Vertreter des Minderjährigen dessen Interessen separat prüft und gegebenenfalls die Destinatärstellung in dieser Form ablehnt. Wenngleich es auf den Einzelfall ankommt, besteht daher allgemein ein nicht unerhebliches Risiko, dass dem stiftenden Elternteil die Vertretungsmacht gemäß §§ 1629 Abs. 2 Satz 3, 1796 BGB entzogen wird. Bei der Entscheidung sind insbesondere die Art und der Umfang der nachteiligen Verpflichtungen zu berücksichtigen. Ob bei gemeinsamer Sorge dem anderen Elternteil ebenfalls die Vertretungsmacht entzogen und ein Ergänzungspfleger bestellt wird, unterliegt der Entscheidung des Familiengerichts. Eine Entziehung ist indes nicht notwendig, wenn der andere Elternteil die Kindesinteressen ausreichend wahrt.[735] Er könnte das Kind dann ausnahmsweise allein vertreten. Allerdings besteht im Fall miteinander verheirateter sowie in nichtehelicher Gemeinschaft lebender Eltern aufgrund der engen Verbundenheit die

---

730 BGH, NJW 1955, 217, 218; *Spickhoff* in: MüKo, BGB, 10. Band, § 1796 Rn. 5; *Coester-Waltjen/Gernhuber*, Familienrecht, § 63 Rn. 41.

731 OLG Hamm, OLGZ 1993, 392, 394-395.

732 Vgl. *Götz* in: Palandt, BGB, § 1796 Rn. 2; *Spickhoff* in: MüKo, BGB, 10. Band, § 1796 Rn. 15.

733 Ebenso *Spickhoff* in: MüKo, BGB, 10. Band, § 1796 Rn. 14.

734 Vgl. BayObLG, BeckRS 2010, 21327; *Lohse/Triebel*, ZEV 2000, 337, 341.

735 *Coester-Waltjen/Gernhuber*, Familienrecht, § 63 Rn. 44.

Gefahr, dass auch der andere Elternteil nicht unbefangen ist.[736] Gleichwohl ist auch insoweit zu prüfen, ob ein erheblicher Interessengegensatz vorliegt.

Sofern es sich bei dem Stifter um einen Großelternteil handelt, kann das Familiengericht den Eltern die Vertretungsmacht zwar auch gemäß §§ 1629 Abs. 2 Satz 3, 1796 BGB entziehen; dies aber nur dann, wenn ein erheblicher Interessengegensatz vorliegt, wobei dieser nicht allein schon daraus resultiert, dass der Stifter ein Verwandter in gerader Linie eines Elternteils ist. Im Vergleich zum stiftenden Elternteil wird ein erheblicher Interessengegensatz selten vorliegen. Stattdessen kann erwartet werden, dass die Eltern aufgrund ihrer Verbundenheit zum Kind dessen Interessen unbeeinflusst vom Vermögenserhaltungsinteresse des Großelternteils wahrnehmen.

Wenngleich das Familiengericht von Amts wegen tätig wird,[737] trifft die Eltern gemäß § 1909 Abs. 2 BGB eine Anzeigepflicht, sobald eine Pflegschaft erforderlich wird. Vorsorglich ist den Eltern daher im Zweifel anzuraten, dem Familiengericht zumindest den Sachverhalt offenzulegen, damit dieses entscheiden kann, ob es ein Entziehungsverfahren einleitet. Die Vertretungsmacht der Eltern entfällt erst durch die Entscheidung des Familiengerichts und nicht bereits im Zeitpunkt, in dem der Interessengegensatz entsteht.[738]

c. *Pflichtteilsverzichtsabrede*

Ferner muss ein Ergänzungspfleger gemäß § 1909 Abs. 1 Satz 1 BGB bestellt werden, wenn ein minderjähriges Kind des Stifters eine Pflichtteilsverzichtserklärung abgeben soll. Ein Kind hat einen Pflichtteilsergänzungsanspruch gemäß § 2325 Abs. 1 BGB analog, wenn mindestens ein Elternteil einen nicht unerheblichen Teil des Vermögens auf die Stiftung überträgt und sein Kind von der Erbfolge ausschließen und lediglich als Destinatär begünstigen will. Daher sollte in diesem Fall neben dem Stiftungsgeschäft regelmäßig eine Pflichtteilsverzichtsabrede mit dem betroffenen Abkömmling geschlossenen werden.[739]

---

736 Vgl. die gesetzliche Wertungen in §§ 1629 Abs. 2 Satz 1, 1795 Abs. 1 Nr. 1 und 3 BGB; *Blechschmidt*, AcP 1961, 237, 246; a.A. *Coester-Waltjen/Gernhuber*, Familienrecht, § 64 Rn. 44.

737 Funktionell ist der Rechtspfleger zuständig, §§ 3 Nr. 2a, 14 RPflG. *Spickhoff* in: MüKo, BGB, 10. Band, § 1796 Rn. 17; *Veit* in: Staudinger, BGB, 2020, § 1796 Rn. 70.

738 OLG Celle, FamRZ 1976, 97; BGHZ 170, 161 ff. = NJW 2007, 1677, 1678; *Bettin* in: BeckOK BGB, § 1796 Rn. 6; *Veit* in: Staudinger, BGB, 2020, § 1796 Rn. 82.

739 Siehe Dritter Teil § 3 I.1., S. 184-185.

Der Verzicht ist rechtlich nachteilig, so dass ein geschäftsunfähiger Minderjähriger gesetzlich vertreten werden muss. Ein beschränkt geschäftsfähiger Minderjähriger benötigt die Einwilligung seines gesetzlichen Vertreters oder muss ebenso vertreten werden (§ 107 BGB). Um eine Interessenkollision zu vermeiden, sind im Fall der gemeinsamen Sorge beide Elternteile gemäß §§ 1629 Abs. 2 Satz 1, 1795 Abs. 1 Nr. 1 BGB von der gesetzlichen Vertretung ausgeschlossen, selbst wenn der Verzicht gegenüber nur einem Elternteil oder einem Verwandten in gerader Linie, z.B. einen Großelternteil, erklärt wird.[740]

d. Beteiligung mehrerer Minderjähriger

Sollen mehrere minderjährige Abkömmlinge als Destinatäre beteiligt werden, muss – anders als im Fall der Gründung einer Familien-KG – nicht für jeden Minderjährigen ein eigener Ergänzungspfleger bestellt werden. Die Destinatäre treten nicht untereinander in eine Rechtsbeziehung, sondern jeweils mit der Stiftung. Selbst wenn den einzelnen minderjährigen Destinatären unterschiedliche Pflichten auferlegt werden sollen, kann der Ergänzungspfleger sämtliche Minderjährige vertreten. Er vertritt ihre Interessen jeweils unabhängig gegenüber der Stiftung und muss für jeden künftigen minderjährigen Destinatär individuell entscheiden, ob er der Satzung und dem Zuwendungsvertrag zustimmt. Es liegt keine unzulässige Mehrfachvertretung im Sinne von § 181 Var. 2. BGB vor.

e. Verfahren

Sofern ein Ergänzungspfleger bestellt werden muss, ergeben sich für das Verfahren keine Besonderheiten im Vergleich zur Beteiligung an einer Familien-KG.[741]

f. Zwischenergebnis

Die bisherigen Ausführungen zeigen, dass die Notwendigkeit der Bestellung eines Ergänzungspflegers für die Beteiligung eines Minderjährigen als Destinatär im Wesentlichen davon abhängt, ob die Destinatärstellung mit rechtlichen

740 Vgl. *Pawlytta* in: MAH Erbrecht, § 42 Rn. 110. Wird der Verzicht gegenüber einem Elternteil erklärt, greift zugleich §§ 1629 Abs. 2 Satz 1, 1795 Abs. 2, 181 BGB. Sofern ein Elternteil allein sorgeberechtigt ist und die Eltern nicht miteinander verheiratet sind, könnte der sorgeberechtigte Elternteil das Kind vertreten, wenn der Pflichtteilsverzicht gegenüber dem anderen Elternteil oder einem in gerader Linie Verwandten des anderen Elternteils erklärt werden soll.

741 Siehe Zweiter Teil § 3 I.1.d., S. 62.

Nachteilen für den Minderjährigen verbunden ist und ein Elternteil zugleich im Stiftungsvorstand oder als Stifter agiert.

Der Stifter räumt einem Destinatär nur in seltenen Fällen einen Rechtsanspruch auf eine Begünstigung ein. In der Stiftungssatzung werden zumeist auch keine Pflichten zulasten des Destinatärs festgelegt. Die Gründung der Stiftung unter Beteiligung eines Minderjährigen als Destinatär ist daher regelmäßig ohne Ergänzungspfleger möglich, selbst wenn ein Elternteil zugleich auf Seiten der Stiftung als Stifter oder als Organmitglied tätig wird. Ein Destinatär ist grundsätzlich nur ein rechtloser Beteiligter mit einer unverbindlichen Chance auf Leistung.

Alternativ kann der Stifter in der Stiftungssatzung oder das zuständige Stiftungsorgan einseitig einen klagbaren Leistungsanspruch oder Mitwirkungsrechte zugunsten eines Destinatärs begründen. Es entsteht ein Rechtsverhältnis mit Ansprüchen und Rechten sui generis, welches ähnlich einem Vertrag zugunsten Dritter zur wirksamen Begründung keiner Annahmeerklärung durch den Begünstigten – hier dem Minderjährigen – bedarf. Im Fall eines Leistungsanspruchs werden einem Destinatär jedoch zumeist auch Verpflichtungen auferlegt. Diese werden in der Stiftungssatzung festgelegt, oder es wird ein Zuwendungsvertrag zwischen Stiftung und Destinatär geschlossen, in denen die einzelnen Rechte und Pflichten vereinbart werden. Sofern die Pflichten sich nicht ausschließlich aus der Stiftungsleistung erfüllen lassen, ist das Rechtsverhältnis für den Minderjährigen (auch) rechtlich nachteilig, da er in dem Fall mit persönlichen Verpflichtungen belastet wird. Er ist gegebenenfalls Haftungsansprüchen ausgesetzt, und sein gegenwärtiges Vermögen wird gefährdet. Demgemäß muss er in dieser Konstellation gesetzlich vertreten werden, wobei beide Elternteile im Fall der gemeinsamen Sorge als gesetzliche Vertreter ausgeschlossen sind, wenn einer von ihnen als Mitglied des Stiftungsvorstands die Stiftung vertritt (§§ 1629 Abs. 2 Satz 1, 1795 Abs. 2, 181 BGB). Zudem droht der Entzug der Vertretungsmacht durch das Familiengericht, wenn ein Elternteil als Stifter die nachteiligen Bestimmungen festgelegt hat (§§ 1629 Abs. 2 Satz 3, 1796 BGB). Darüber hinaus ist auch die von der Praxis im Zusammenhang mit der Stiftungsgründung häufig angeratene Pflichtteilsverzichtsabrede für einen Minderjährigen rechtlich nachteilig, weshalb ein Ergänzungspfleger bestellt werden muss.

3. *Familiengerichtliche Genehmigung*

Neben der Frage der Notwendigkeit der Bestellung eines Ergänzungspflegers ist ferner zu klären, ob eine familiengerichtliche Genehmigung für die Beteiligung eines Minderjährigen als Destinatär erforderlich ist. Gemäß §§ 1821, 1822,

1643 Abs. 1 BGB sind nur bestimmte Rechtsgeschäfte genehmigungsbedürftig. Die Bindung der Stiftungsleistung an bestimmte Auflagen hinsichtlich deren Verwendung oder die Vereinbarung eines Rückforderungsvorbehalts genügen hierfür nicht.

a. Genehmigungsvorbehalt gemäß §§ 2347 Abs. 1 Satz 1, 1822 Nr. 1 BGB

Eine Genehmigung wird gemäß § 2347 Abs. 1 Satz 1 BGB aber dann erforderlich, wenn ein Minderjähriger auf sein Pflichtteilsrecht verzichtet. Eine Genehmigung ist nicht nur für das Verfügungsgeschäft notwendig, sondern auch für eine schuldrechtliche Vereinbarung, in der sich ein Minderjähriger verpflichtet, auf seinen künftigen Pflichtteil zu verzichten (§ 1822 Nr. 1 BGB iVm. § 1643 Abs. 1 BGB). Dies gilt auch im Fall der gesetzlichen Vertretung durch einen Ergänzungspfleger (§§ 1822 Nr. 1, 1915 Abs. 1 Satz 1 BGB). Dieser wird regelmäßig mitwirken müssen, da ein Elternteil als Erblasser den Verzicht auf das Pflichtteilsrecht begehrt und bei gemeinsamer Sorge dann beide Elternteile von der Vertretung ausgeschlossen sind (§§ 1629 Abs. 2 Satz 1, 1795 Abs. 1 Nr. 1, Abs. 2, 181 BGB).

b. Verfahren

Bei der Genehmigung geht es zwar nicht unmittelbar um die Frage der wirksamen Beteiligung als Destinatär, sondern um die Wirksamkeit des Pflichtteilsverzichts. Das Familiengericht hat bei seiner Entscheidung aber die Gesamtumstände, insbesondere die Gegenleistungen zu berücksichtigen. Infolgedessen sind die Beteiligung als Destinatär und die damit verbundenen Rechte und Pflichten in die Entscheidung miteinzubeziehen. Dies setzt freilich voraus, dass aus der Pflichtteilsverzichtsabrede deutlich hervorgeht, dass der Minderjährige als Ausgleich zum Destinatär bestimmt wird.

Damit eine Genehmigung erteilt wird, muss der Verzicht dem Wohl des Minderjährigen dienen.[742] Wenngleich nicht ausschließlich nach den wirtschaftlichen Interessen zu entscheiden ist, sondern auch immaterielle Aspekte zu berücksichtigen sind, [743] müssen die Vorteile der Beteiligung als Destinatär in der Gesamtabwägung die Nachteile des Pflichtteilsverzichts überwiegen. Es geht

742 Vgl. BayObLG, DNotZ 1998, 495, 497; *Götz* in: Palandt, BGB, § 1643 Rn. 3, § 1822 Rn. 3; *Heilmann* in: Staudinger, BGB, 2016, BGB, § 1643 Rn. 49; *Huber* in: MüKo, BGB, 10. Band, § 1643 Rn. 29.

743 Vgl. *Götz* in: Palandt, BGB, § 1643 Rn. 3, § 1822 Rn. 3; *Heilmann* in: Staudinger, BGB, 2016, BGB, § 1643 Rn. 49; *Coester-Waltjen/Gernhuber*, Familienrecht, § 60 Rn. 59.

nicht darum, den Minderjährigen vor jeglichen Risiken zu schützen.[744] Sind die Risiken aber nicht absehbar, hat der Erhalt des gegenwärtigen Vermögens [745] und somit der Bestand des Pflichtteilsanspruchs Vorrang. Gegebenenfalls sind daher in der Pflichtteilsverzichtsabrede weitere Zuwendungen zugunsten des minderjährigen Abkömmlings zu vereinbaren, damit der Pflichtteilsverzicht in der Gesamtabwägung dem Kindeswohl entspricht.

4. Zwischenergebnis

Die Beteiligung eines Minderjährigen als Destinatär ist für einen Stifter attraktiv, weil er die Rechtsposition frei ausgestalten kann. Ein Destinatär ist grundsätzlich Nutznießer des Stiftungsvermögens; ohne Anspruch auf Leistung. Ein Stifter ist nicht gezwungen, die Destinatäre namentlich in der Stiftungssatzung zu benennen. Sofern ein Stifter bestimmte Anforderungen an die künftigen Destinatäre stellt und nicht absehen kann, welche Abkömmlinge diese Anforderungen erfüllen werden, kann er stattdessen Kriterien in der Stiftungssatzung festlegen, nach denen der Stiftungsvorstand oder ein fakultatives Gremium zu gegebener Zeit die Destinatäre bestimmt. Darüber hinaus kann die Stiftungsleistung an Auflagen und Rückforderungsvorbehalte geknüpft werden. Schließlich können die einzelnen Destinatäre auch unterschiedliche Leistungen erhalten.

Sofern in der Stiftungssatzung kein Destinatär namentlich benannt wird oder ihm zumindest keine Verpflichtungen auferlegt werden, muss kein Ergänzungspfleger für die wirksame Gründung der Stiftung bestellt werden, selbst wenn ein Elternteil Stifter oder Mitglied des Stiftungsvorstands ist. Bestimmt der stiftende Elternteil die Destinatäre hingegen in der Stiftungssatzung und stellt er die Zuwendung unter Auflagen oder einen Rückforderungsvorbehalt, besteht das Risiko, dass beiden Elternteilen wegen der Gefahr einer Interessenkollision die Vertretungsmacht entzogen wird (§§ 1629 Abs. 2 Satz 3, 1796 BGB). Sofern die Zuwendungsmodalitäten erst nach Gründung der Stiftung im Rahmen einer Vereinbarung zwischen Stiftung und künftigem Destinatär festgelegt werden sollen, sind die Eltern im Fall der gemeinsamen Sorge von der gesetzlichen Vertretung ausgeschlossen, wenn ein Elternteil Mitglied des Stiftungsvorstands ist, da er anderenfalls als Vertreter auf beiden Seiten des Rechtsgeschäfts stünde

744 Vgl. BayObLG, DB 1979, 2314, 2315; *Kroll-Ludwigs* in: MüKo, BGB, 10. Band, § 1828 Rn. 16.

745 Vgl. *Heilmann* in: Staudinger, BGB, 2016, BGB, § 1643 Rn. 49.

(§§ 1629 Abs. 2 Satz 1, 1795 Abs. 2, 181 BGB).[746] Falls der Vorstand mehrgliedrig besetzt ist, kann der betroffene Elternteil den übrigen Vorstandsmitgliedern die Vertretung der Stiftung überlassen (§§ 26 Abs. 2 Satz 1, 86 Satz 1 BGB), um die Einbeziehung eines Ergänzungspflegers zu vermeiden. In dem Fall tritt er nur als gesetzlicher Vertreter seines Kindes auf. Ungeachtet dessen sind die Eltern von der Vertretung ausgeschlossen, wenn ein Elternteil sein Kind zum Destinatär bestimmt, es aber gleichzeitig von der Erbfolge ausschließen möchte und eine Pflichtteilsverzichtsabrede geschlossen werden soll. In diesen Fällen muss ein Ergänzungspfleger bestellt werden, der den Minderjährigen vertritt (§ 1909 Abs. 1 Satz 1 BGB). Für den wirksamen Abschluss einer Pflichtteilsverzichtsabrede bedarf es darüber hinaus der familiengerichtlichen Genehmigung (§§ 2347 Abs. 1 Satz 1, 1822 Nr. 1 BGB iVm. § 1643 Abs. 1 BGB bzw. § 1915 Abs. 1 Satz 1 BGB).

II. Vorstand

Der Vorstand ist gemäß § 26 Abs. 1 Satz 1, 86 Satz 1 BGB zwingender Bestandteil der Stiftung, da die Stiftung mindestens ein Vertretungsorgan benötigt. Anderenfalls wäre sie handlungsunfähig.[747] Die Modalitäten zur Bildung des Vorstands sind gemäß § 81 Abs. 1 Satz 3 Nr. 5 BGB vom Stifter in der Stiftungssatzung festzulegen.[748] Die erstmalige Bestellung („*Initialbestellung*“) erfolgt regelmäßig namentlich, da die jeweilige Aufsichtsbehörde für die Anerkennung einen Nachweis über die Zustimmung der künftigen Vorstandsmitglieder zur Amtsübernahme verlangt.[749] Für die Nachbesetzung gibt es verschiedene Verfahren, unter anderem können Auswahlkriterien festgelegt werden, nach denen ein anderes Stiftungsorgan oder die übrigen Vorstandsmitglieder das neue Mitglied bestimmen.[750] Im Übrigen finden über den Verweis in § 86 BGB die vereinsrechtlichen Vorschriften gemäß §§ 26, 27 Abs. 3, 28-31a BGB Anwendung. Im Hinblick auf

---

746 Für den anderen Elternteil ergibt sich das Vertretungsverbot zusätzlich aus §§ 1629 Abs. 2 Satz 1, 1795 Abs. 1 Nr. 1 BGB, wenn die Eltern miteinander verheiratet sind.

747 Vgl. *Gummert* in: MünchHdbGesR, 5. Band, § 91 Rn. 3; *Schlüter/Stolte* in: Stiftungsrecht, Kap. 2 Rn. 56; *Weitemeyer* in: MüKo, BGB, 1. Band, § 86 Rn. 3.

748 *Gummert* in: MünchHdbGesR, 5. Band, § 91 Rn. 3, 4, 6.

749 *Gummert* in: MünchHdbGesR, 5. Band, § 92 Rn. 4; *Schlüter/Stolte* in: Stiftungsrecht, Kap. 2 Rn. 58.

750 *Gummert* in: MünchHdbGesR, 5. Band, § 92 Rn. 6 ff.; *Schlüter/Stolte* in: Stiftungsrecht, Kap. 2 Rn. 58-61.

die Beteiligung Minderjähriger im Vorstand ist neben der rechtlichen Zulässigkeit die Zweckmäßigkeit zu erörtern.

1. Grundlagen

Es können sowohl natürliche als auch juristische Personen zum Vorstandsmitglied bestellt werden.[751] Prinzipiell kommt auch ein Destinatär als Vorstandsmitglied in Betracht.[752]

a. Rechtliche Zulässigkeit der Beteiligung Minderjähriger

Da ein Minderjähriger eine natürliche Person ist, könnte er auf den ersten Blick zum Vorstand bestellt werden. Unabhängig von der Frage der Zweckmäßigkeit einer solchen Beteiligung ist aber bereits in rechtlicher Hinsicht strittig, ob eine natürliche Person geschäftsfähig sein muss, um zum Vorstand bestellt zu werden.

Für einen beschränkt geschäftsfähigen Minderjährigen wird die Bestellung zum Vorstandsmitglied einer Stiftung nicht von vornherein abgelehnt, sondern an die Einwilligung seines gesetzlichen Vertreters geknüpft.[753] Die Bestellung eines geschäftsunfähigen Minderjährigen zum Vorstandsmitglied lehnt ein nicht unerheblicher Teil in der Literatur hingegen ab,[754] weil Geschäftsunfähige gemäß § 105 Abs. 1 BGB selbst keine wirksamen Willenserklärungen abgeben können, sondern dauerhaft von ihrem gesetzlichen Vertreter abhängig sind.[755] Anders als das AktG enthält das BGB für den Stiftungs- und Vereinsvorstand jedoch keine ausdrückliche Einschränkung, wonach lediglich eine natürliche unbeschränkt geschäftsfähige Person vorstandsfähig ist (§ 76 Abs. 3 Satz 1

---

751 *Ebersbach,* Hdb. des Dt. Stiftungsrechts, S. 44, 98; *Gummert* in: MünchHdbGesR, 5. Band, § 91 Rn. 5; *Pruns/Schiffer/Schürmann* in: Stiftung in der Beraterpraxis, § 3 Rn. 80; *Schlüter/Stolte* in: Stiftungsrecht, Kap. 2 Rn. 56; *Burgard,* Gestaltungsfreiheit im StiftR, S. 397.

752 *Milatz,* Familienvermögen, S. 272; *Muscheler,* Stiftungsrecht, S. 225.

753 *Gummert* in: MünchHdbGesR, 5. Band, § 91 Rn. 5; zum Vereinsvorstand: *Baumann* in: Baumann/Sikora, Hdb VereinsR, § 8 Rn. 22; *Hadding* in: Soergel, BGB, 1. Band, § 27 Rn. 4; *Leuschner* in: MüKo, BGB, 1. Band, § 27 Rn. 6; *Schöpflin* in: BeckOK BGB, § 27 Rn. 3; *Schwennicke* in: Staudinger, BGB, 2019, § 26 Rn. 38, § 27 Rn. 5.

754 Implizit *Gummert in:* MünchHdbGesR, 5. Band, § 91 Rn. 5; *Schöpflin* in: BeckOK BGB, § 27 Rn. 3 (zum Vereinsvorstand); a.A. *Burgard,* Gestaltungsfreiheit im StiftR, S. 397.

755 *Leuschner/Weitemeyer* in: MüKo, BGB, 1. Band, § 27 Rn. 6, § 86 Rn. 4; zum Vereinsvorstand: *Baumann* in: Baumann/Sikora, Hdb VereinsR, § 8 Rn. 22, 104; *Hadding* in: Soergel, BGB, 1. Band, § 27 Rn. 4; *Schwennicke* in: Staudinger, BGB, 2019, § 26 Rn. 38, § 27 Rn. 5; *Wagner* in: Reichert, VereinsR, Kap. 2 Rn. 2013.

AktG). Zudem ist die unbeschränkte Geschäftsfähigkeit keine allgemeingültige, zwingende Voraussetzung, um vertretungsberechtigtes Mitglied in einer juristischen Person zu werden. Beispielsweise kann eine geschäftsunfähige natürliche Person Gesellschafter einer GbR oder oHG sein.[756] Sofern der Gesellschaftsvertrag keine abweichende Vereinbarung enthält, ist er zur Vertretung der Gesellschaft berechtigt (§§ 709, 714 BGB, 125 Abs. 1 HGB), wenngleich der gesetzliche Vertreter des geschäftsunfähigen Gesellschafters wegen § 105 Abs. 1 BGB die Willenserklärungen abgeben muss.[757]

Für die Stiftung ist gleichwohl zwischen der Vorstandsfähigkeit eines beschränkt Geschäftsfähigen und eines Geschäftsunfähigen zu differenzieren und letztem die Vorstandsfähigkeit zu versagen. Dies ergibt eine teleologische Gesetzauslegung der §§ 26 Abs. 1 Satz 1, 27 Abs. 3, 86 Satz 1 BGB. Aus den Regelungen folgt die persönliche Geschäftsführungspflicht des Vorstands. Während an einer Personengesellschaft (z.B. GbR, oHG) mindestens zwei Gesellschafter beteiligt sein müssen,[758] kann der Vorstand einer Stiftung aus nur einer Person bestehen[759]. Wäre dies nun ein geschäftsunfähiger Minderjähriger, würde ihm die persönliche Geschäftsführung obliegen. Allein ist ihm dies aber nicht möglich. Rechtsgeschäftliche Erklärungen müssten von seinem gesetzlichen Vertreter abgegeben und entgegengenommen werden, denn anders als bei einem beschränkt geschäftsfähigen Vertreter können einem geschäftsunfähigen Minderjährigen gegenüber keine Willenserklärungen wirksam abgegeben werden (§§ 131 Abs. 1, 165 BGB). Praktisch würde der gesetzliche Vertreter des geschäftsunfähigen Minderjährigen die Geschäftsführung der Stiftung übernehmen. Ohne den gesetzlichen Vertreter wären der Vorstand und damit die Stiftung nicht handlungsfähig. Durch die Bestellung zum Vorstandsmitglied würde ein

---

756 Einhellige Meinung: *Gsell* in: Beck Hdb. PersGes., § 4 Rn. 2; zur GbR *Schäfer* in: MüKo, BGB, 7. Band, § 705 Rn. 69; *Schneider* in: MAH PersGesR, § 4 Rn. 22; *Maier-Reimer/Marx*, NJW 2005, 3025, 3026; zur oHG: *Haas* in: Röhricht/v. Westphalen/Haas, § 105 Rn. 26, 57; *Henssler* in: Henssler/Strohn, Gesellschaftsrecht, § 105 HGB Rn. 42; *Schmidt* in: MüKo, HGB, 2. Band, § 105 Rn. 83; *Wertenbruch* in: EBJS, HGB, 1. Band, § 105 Rn. 169.

757 Ebenso *Haas* in: Röhricht/v. Westphalen/Haas, § 125 Rn. 18; *Hillmann* in: EBJS, HGB, 1. Band, § 125 Rn. 48; *Schmidt* in: MüKo, HGB, 2. Band, § 125 Rn. 18; *Nagel*, Familiengesellschaft, S. 91.

758 Schäfer in: MüKo, BGB, 7. Band, § 705 Rn. 60; *Schmidt* in: MüKo, HGB, 2. Band, § 105 Rn. 24; Schneider in: MAH PersGesR, § 4 Rn. 20.

759 *Fischer* in: Feick, Stiftung als Nachfolgeinstrument, § 9 Rn. 5; *Pruns/Schiffer/Schürmann* in: Stiftung in der Beraterpraxis, § 3 Rn. 68.

Minderjähriger auch nicht per se persönlich vom Stiftungsvermögen profitieren. Im Gegensatz zum Komplementär einer KG, der durch die Gesellschaftsbeteiligung vom Gesellschaftsvermögen profitiert,[760] gehört das Stiftungsvermögen allein der Stiftung. Der Stiftungsvorstand bekommt nur seine Auslagen erstattet, sofern die Satzung keine Vergütung vorsieht (§§ 670, 27 Abs. 3, 86 Satz 1 BGB). Es ist daher weder im Interesse eines geschäftsunfähigen Minderjährigen noch des Rechtsverkehrs ihn als Vorstandsmitglied zuzulassen.

b. *Zweckmäßigkeit der Beteiligung Minderjähriger*

Ausgehend von der rechtlichen Zulässigkeit der Beteiligung beschränkt geschäftsfähiger Minderjähriger am Vorstand bleibt zu klären, ob eine Beteiligung zweckmäßig ist.

Der Vorstand hat die Stellung eines gesetzlichen Vertreters und ist für die Geschäftsführung zuständig, §§ 26 Abs. 1 Satz 2, 27 Abs. 3 Satz 1, 86 BGB. Er ist damit für alle anfallenden Aufgaben, „*insbesondere die Vermögensbewirtschaftung und die zur Verwirklichung des Stiftungszwecks erforderlichen Maßnahmen*“ verantwortlich.[761] Bei Stiftungen mit großem Vermögen und/oder breitem Zweck kann das weitreichende Pflichten mit sich bringen. Wird die Familienstiftung bereits zu Lebzeiten des Stifters gegründet, bestellt der Stifter sich zumeist selbst zum Vorstandsmitglied.[762] Wenn der Vorstand aus mehreren Personen bestehen soll, ist der Stifter wegen der umfangreichen Aufgaben des Vorstands und der großen Verantwortung daran interessiert, vorwiegend Vertrauenspersonen zu Vorstandsmitgliedern zu bestellen, die die nötige Fachkompetenz mitbringen.[763] Bei mehreren Vorstandsmitgliedern bietet sich zwar eine Ressortaufteilung an,[764] so dass einem beschränkt geschäftsfähigen Vorstandsmitglied zunächst kleine, begrenzte Aufgaben im tatsächlichen statt im rechtsgeschäftlichen Bereich übertragen werden könnten. Eine Ressortaufteilung oder

---

760 Vgl. §§ 120-122 HGB iVm. § 161 Abs. 2 HGB, § 718 BGB iVm. §§ 105 Abs. 3, 161 Abs. 2 HGB.

761 *Gummert* in: MünchHdbGesR, 5. Band, § 91 Rn. 10; *Schlüter/Stolte* in: Stiftungsrecht, Kap. 2 Rn. 64.

762 *Hof* in: Stiftungsrecht-Hdb., § 8 Rn. 127; *Milatz,* Familienvermögen, S. 272; *Muscheler,* Stiftungsrecht, S. 267; *Sieger/Bank,* NZG 2010, 641 642, 646; *Saenger,* ZStV 2012, 94, 95.

763 Vgl. *Sieger/Bank,* NZG 2010, 641 642, 644.

764 Vgl. *Hof* in: Stiftungsrecht-Hdb., § 8 Rn. 13; *Burgard,* Gestaltungsfreiheit im StiftR, S. 225.

Aufgabendelegation entbindet die einzelnen Vorstandsmitglieder aber nicht von ihrer Kontroll- und Überwachungsfunktion.[765]

Ferner ist das persönliche Haftungsrisiko eines Vorstandsmitglieds zu bedenken. Wenngleich es grundsätzlich nicht persönlich für die Verbindlichkeiten der Stiftung haftet[766] und ihm in Anlehnung an die *Business Judgment Rule* bei der Geschäftsführung ein Ermessensspielraum zusteht,[767] ist die persönliche Haftung gegenüber der Stiftung und Dritten nicht gänzlich ausgeschlossen. Im Hinblick auf die Ansprüche der Stiftung kann die Haftung zwar vorab auf vorsätzliche Pflichtverletzungen begrenzt werden (vgl. § 276 Abs. 3 BGB).[768] Soweit der Vorstand aber ausnahmsweise gegenüber Dritten haftet, haftet er zumeist unbeschränkt, da Dritte sich in der Regel nicht auf individualvertragliche Haftungsausschlüsse einlassen. Insoweit sind insbesondere gesetzliche Schadensersatzansprüche von Bedeutung, zum Beispiel wegen Überschreitung der Vertretungsmacht (§ 179 Abs. 1 BGB), unerlaubter Handlung (§ 823 Abs. 1 BGB) oder Insolvenzverschleppung (§§ 42 Abs. 2 Satz 2, 86 Satz 1 BGB), da die Antragspflicht im Fall der Zahlungsunfähigkeit oder Überschuldung grundsätzlich jedes Vorstandsmitglied unabhängig von der internen Ressortaufteilung trifft.[769]

Im Gegensatz zur Beteiligung als Komplementär einer KG profitiert ein minderjähriges Vorstandsmitglied von einer gesetzlichen Haftungsprivilegierung, wenn es ehrenamtlich unentgeltlich tätig ist oder lediglich eine Vergütung erhält, die EUR 720 jährlich nicht übersteigt. Für Schäden, die es während seiner Tätigkeit als Vorstand verursacht, haftet es der Stiftung nur im Fall von grober Fahrlässigkeit und Vorsatz, wobei die Stiftung die Beweislast trägt (§§ 31a

---

765 *Gummert* in: MünchHdbGesR, 5. Band, § 94 Rn. 10; *Burgard,* Gestaltungsfreiheit im StiftR, S. 225; *Heermann* in: FS Röhricht, 2005, S. 1191, 1197-2000 (zum Vereinsvorstand).

766 Eine Regelung wie § 128 HGB gibt es im Stiftungsrecht nicht.

767 *Fischer,* Business Judgment Rule, S. 162-165, 188-189.

768 *Gummert* in: MünchHdbGesR, 5. Band, § 94 Rn. 22, 23.

769 BGH, ZIP 1994, 891, 892 (zum Geschäftsführer einer GmbH); AG Göttingen, BeckRS 2010, 29052; *Heermann* in: FS Röhricht, 2005, S. 1191, 1197, 1203; *Gummert* in: MünchHdbGesR, 5. Band, § 94 Rn. 45; *Klöhn* in: MüKo, InsO, 1. Band, § 15 Rn. 9, 10, § 15a Rn. 70; *Tresselt/M.J. Müller,* KSzW 2015, 198, 199 f. Die Aufzählung der Haftungsfälle ist nicht abschließend. Hinzukommen subsidiäre Haftungstatbestände im Falle der Verletzung steuerrechtlicher Pflichten (§§ 69, 71, 219 AO) sowie für Pflichtverletzungen im Zusammenhang mit der Verbuchung von Spenden (§ 10b Abs. 4 Satz 2, 4 EStG). Siehe dazu *Gummert* in: MünchHdbGesR, 5. Band, § 94 Rn. 53-58.

Abs. 1, 86 Satz 1 BGB). Ist der Schaden bei einem Dritten eingetreten, steht einem Vorstandsmitglied ein Freistellungsanspruch gegenüber der Stiftung zu (§§ 31a Abs. 2, 86 Satz 1 BGB). Somit kann das persönliche Haftungsrisiko stark begrenzt werden. Zwar enthalten auch einige Landesstiftungsgesetze Haftungsvorschriften zulasten von Organmitgliedern.[770] Sofern diese Vorschriften über die bundesgesetzlichen Haftungsregelungen nach §§ 31a, 86 Satz 1 BGB hinausgehen, fehlt den Landesgesetzgebern indes die Gesetzgebungskompetenz und das Bundesrecht hat Geltungsvorrang (Art. 72 Abs. 1, 74 Abs. 1 Nr. 1, 31 GG).

Demnach ist für die Beurteilung der Zweckmäßigkeit der Beteiligung eines beschränkt geschäftsfähigen Minderjährigen maßgeblich, welche Aufgaben er selbstständig erfüllen kann. Dient die Familienstiftung unter anderem dem Zweck der Aufrechterhaltung der Familientradition und werden in diesem Zusammenhang Veranstaltungen organisiert, könnte er bei der Programmauswahl helfen. Daneben könnte ein beschränkt geschäftsfähiger Minderjähriger ab einem gewissen Alter Berichte verfassen und dadurch die Destinatäre und fakultative Stiftungsorgane über die laufenden Tätigkeiten der Stiftung informieren. Sofern auch das Familienheim oder andere kleine Immobilien zum Stiftungsvermögen gehören, könnte ein beschränkt geschäftsfähiger Minderjähriger gegebenenfalls mit bestimmten Instandhaltungsarbeiten oder der Überwachung der sorgfältigen Ausführung dieser Arbeiten durch Dritte beauftragt werden. Einen wesentlichen Teil der Vorstandsaufgaben wird der Stifter regelmäßig nicht einem beschränkt geschäftsfähigen Minderjährigen, sondern einem unbeschränkt Geschäftsfähigen mit entsprechender Expertise anvertrauen wollen. Zweckmäßig ist die Beteiligung eines beschränkt geschäftsfähigen Minderjährigen im Vorstand daher regelmäßig nicht. Stattdessen gibt es andere Positionen, die besser für die Besetzung mit einem Minderjährigen geeignet sind, insbesondere die Beteiligung als Destinatär. Allenfalls wenn folgende Voraussetzungen erfüllt sind, kann die Beteiligung eines beschränkt geschäftsfähigen im Vorstand in Betracht gezogen werden:

- Der beschränkt geschäftsfähige Minderjährige hat bereits Interesse an dem Familienvermögen gezeigt;
- der Stifter traut ihm ein selbstständiges, verantwortungsbewusstes Handeln zu;
- die Verwaltung des Stiftungsvermögens kann mit geringem Aufwand bewältigt werden und es bedarf keiner Tätigkeit, die dem Betrieb eines Erwerbsgeschäfts gleichkommt;

---

770 § 8 HessStiftG; § 6 Abs. 3 NStiftG.

- der Stifter möchte den Minderjährigen aktiv in die Verwaltung des Vermögens einbinden und
- es gilt das Haftungsprivileg und die Beweislastumkehr gemäß §§ 31a, 86 Satz 1 BGB.
- Zudem sollte vorsorglich die Vertretungsmacht beschränkt werden, so dass ein beschränkt geschäftsfähiger Minderjähriger die Stiftung nicht wirksam gegenüber Dritten vertreten kann (§§ 26 Abs. 1 Satz 3, 86 Satz 1 BGB).

2. Die Beteiligung als Vorstandsmitglied

Falls ein Stifter beabsichtigt, einen beschränkt geschäftsfähigen Minderjährigen in den Vorstand aufzunehmen, muss der beschränkt Geschäftsfähige zunächst zum Organmitglied bestellt werden. Aufgrund der mit der Organstellung verbundenen Pflichten ist die Bestellung erst wirksam, wenn das künftige Mitglied die Bestellung annimmt.[771] Ein beschränkt geschäftsfähiger Minderjähriger kann die Annahme nur mit Zustimmung seines gesetzlichen Vertreters erklären;[772] alternativ müsste er gesetzlich vertreten werden.[773] Zusätzlich zu der Bestellung zum Organmitglied wird teilweise noch ein Anstellungsvertrag zwischen der Stiftung und dem einzelnen Vorstandsmitglied geschlossen.[774] Aus diesem können sich ebenso rechtlich nachteilige Pflichten für den Minderjährigen ergeben. Die Zustimmung wäre grundsätzlich von den Eltern als gesetzliche Vertreter zu erteilen. Ist aber ein Elternteil oder ein in gerader Linie Verwandter eines Elternteils zugleich Stifter oder ebenso Vorstandsmitglied, stellt sich die Frage, ob die Eltern wegen Interessenkollision gemäß §§ 1629 Abs. 2 Satz 1, 1795 Abs. 1 Nr. 1, Abs. 2, 181 BGB von der Vertretung ausgeschlossen sind und ein Ergänzungspfleger bestellt werden muss (§ 1909 Abs. 1 Satz 1 BGB).

a. Bestellung zum Organmitglied

Hinsichtlich der Vertretung eines beschränkt geschäftsfähigen Minderjährigen ist zwischen der Initialbestellung und der Nachbesetzung zu unterscheiden.

---

771 *Gummert* in: MünchHdbGesR, 5. Band, § 92 Rn. 3; *Schwennicke* in: Staudinger, BGB, 2019, § 27 Rn. 11, 16, 22; *Burgard,* Gestaltungsfreiheit im StiftR, S. 393.

772 So auch *Gummert* in: MünchHdbGesR, 5. Band, § 92 Rn. 3.

773 *Hüttemann/Rawert* in: Staudinger, BGB, 2017, § 81 Rn. 75; *Schlüter/Stolte* in: Stiftungsrecht, Kap. 2 Rn. 58.

774 Vgl. *Gummert* in: MünchHdbGesR, 5. Band, § 92 Rn. 2; *Hüttemann/Rawert* in: Staudinger, BGB, 2017, § 86 Rn. 14; *Weitemeyer* in: MüKo, BGB, 1. Band, § 86 Rn. 7.

aa. Initialbestellung

Die Initialbestellung erfolgt durch den Stifter.[775] Der Stifter gibt gegenüber dem künftigen Vorstandsmitglied eine empfangsbedürftige rechtsgeschäftliche (Bestellungs-)Erklärung ab.[776] Anschließend ist eine Annahme durch das bestellte Mitglied erforderlich.[777] Da die Stiftung sich noch in der Gründung befindet, ist die Annahme gegenüber dem Stifter oder der zuständigen Stiftungsbehörde zu erklären. Ein beschränkt geschäftsfähiger Minderjähriger kann die Annahme nur mit Zustimmung seines gesetzlichen Vertreters erklären oder muss sich gesetzlich vertreten lassen, weil sie rechtlich nachteilig ist. Handelt es sich bei dem Stifter um einen Elternteil oder einen in gerader Linie Verwandten eines Elternteils, stellt sich die Frage, inwieweit die gesetzlichen Vertretungsverbote nach §§ 1629 Abs. 2 Satz 1, 1795 Abs. 1 Nr. 1, Abs. 2, 181 BGB greifen.

Wenn die Annahme der Bestellung gegenüber dem Stifter erklärt wird, fungiert er ausnahmsweise als Empfangsvertreter der noch in der Gründung befindlichen Stiftung. Handelt es sich bei dem Stifter um einen Elternteil, sind im Fall der gemeinsamen Sorge beide Elternteile gemäß §§ 1629 Abs. 2 Satz 1, 1795 Abs. 2, 181 BGB von der Vertretung ihres Kindes ausgeschlossen, weil anderenfalls der stiftende Elternteil als gesetzlicher Vertreter die Annahme erklären würde und gleichzeitig (als Stifter) Erklärungsempfänger wäre. Für die Vertretung des Minderjährigen muss in dem Fall ein Ergänzungspfleger bestellt werden (§ 1909 Abs. 1 Satz 1 BGB). Falls der Stifter hingegen nur ein in gerader Linie Verwandter eines Elternteils ist, können die Eltern ihr Kind gesetzlich vertreten. Das Vertretungsverbot nach §§ 1629 Abs. 2 Satz 1, 1795 Abs. 1 Nr. 1 BGB kommt nicht zur Anwendung; es fehlt an der Begründung eines Rechtsverhältnisses mit dem Verwandten. Ein beschränkt geschäftsfähiger Minderjähriger tritt als Vorstandsmitglied in eine Rechtsbeziehung mit der Stiftung.

Es kann allenfalls eine Entziehung der Vertretungsmacht im Einzelfall nach §§ 1629 Abs. 2 Satz 3, 1796 BGB drohen, wenn das Interesse des beschränkt geschäftsfähigen Minderjährigen zu dem des Stifters in erheblichem Gegensatz steht und konkrete Tatsachen befürchten lassen, dass die Eltern befangen sind und nicht im Interesse ihres Kindes handeln.[778] Das verwandtschaftliche

---

775 *Gummert* in: MünchHdbGesR, 5. Band, § 92 Rn. 4; *Schlüter/Stolte* in: Stiftungsrecht, Kap. 2 Rn. 58, 59.

776 Vgl. zum Vereinsvorstand *Leuschner* in: MüKo, BGB, 1. Band, § 27 Rn. 13, 14; *Schwennicke* in: Staudinger, BGB, 2019, § 27 Rn. 11, 16.

777 *Gummert* in: MünchHdbGesR, 5. Band, § 92 Rn. 3; *Hüttemann/Rawert* in: Staudinger, BGB, 2017, § 81 Rn. 75; *Burgard,* Gestaltungsfreiheit im StiftR, S. 393.

778 Vgl. Dritter Teil § 3 I.2.b.bb., S. 191-195.

Näheverhältnis allein genügt für eine Entziehung der Vertretungsmacht nach §§ 1629 Abs. 2 Satz 3, 1796 BGB zwar nicht. Sie droht dennoch regelmäßig, wenn der Stifter ein Elternteil ist und die Bestellung zum Vorstandsmitglied gegenüber der zuständigen Stiftungsbehörde angenommen werden soll. Die gesetzliche Vertretung der Eltern ist in dieser Konstellation nicht nach §§ 1629 Abs. 2 Satz 1, 1795 Abs. 2, 181 BGB ausgeschlossen, da der stiftende Elternteil nur als gesetzlicher Vertreter seines Kindes auftritt. Die Rechtsfolgen im Fall der Annahme sind für den beschränkt geschäftsfähigen Minderjährigen jedoch die Gleichen: Er wird Mitglied des Stiftungsvorstands. Es ist kaum zu erwarten, dass der stiftende Elternteil bei der Annahme die angebotene Position im Vorstand allein mit Blick auf die Interessen seines Kindes überprüft. Er konnte vorab allein entscheiden, in welcher Form er sein Kind an der Stiftung beteiligt. Da die Eltern ein gesetzliches Vertretungsverbot nicht dadurch umgehen sollen, dass sie einen anderen Erklärungsempfänger wählen, wird in solchen Konstellationen die Vertretungsmacht regelmäßig über §§ 1629 Abs. 2 Satz 1, § 1796 BGB entzogen werden müssen, es sei denn, die Eltern können überzeugend darlegen, dass kein Interessenkonflikt droht.

bb. Nachbesetzung

Sofern ein beschränkt geschäftsfähiger Minderjähriger im Wege der Nachbesetzung zum Vorstandsmitglied bestellt werden soll, wird die Annahme gegenüber der Stiftung erklärt, die durch den bestehenden Stiftungsvorstand vertreten wird. Ist ein Elternteil Mitglied des Stiftungsvorstands, sind im Fall der gemeinsamen Sorge beide Elternteile von der Vertretung ausgeschlossen (§§ 1629 Abs. 2 Satz 1, 1795 Abs. 2, 181 Var. 2BGB).[779] Der betroffene Elternteil würde sonst entgegen § 181 Var. 2 BGB als Vertreter der Stiftung und seines Kindes mitwirken. In dieser Konstellation müsste demnach ebenfalls ein Ergänzungspfleger bestellt werden (§ 1909 Abs. 1 Satz 1 BGB).

Falls hingegen ein in gerader Linie Verwandter eines Elternteils, z.B. ein Großelternteil oder ein weiteres Kind Mitglied des Stiftungsvorstands ist, können die Eltern als gesetzliche Vertreter der Bestellung zustimmen. Das Vertretungsverbot nach §§ 1629 Abs. 2 Satz 1, 1795 Abs. 1 Nr. 1 BGB greift nicht, da durch die Annahme keine Rechtsbeziehung mit dem Verwandten persönlich begründet wird, sondern dieser nur als Vertreter der Stiftung fungiert.

---

779 Im Fall der Alleinsorge kann der sorgeberechtigte Elternteil hingegen das Kind vertreten, wenn nur der andere Elternteil Vorstandsmitglied ist.

b. Anstellungsvertrag zwischen Stiftung und Vorstandsmitglied

Von der Bestellung zum Organmitglied ist der Abschluss eines Anstellungsvertrages zwischen Stiftung und dem einzelnen Vorstandsmitglied zu unterscheiden.[780] Der Abschluss eines Anstellungsvertrages ist zwar nicht zwingend erforderlich, wird aber insbesondere geschlossen, wenn das Vorstandsmitglied eine Vergütung erhalten soll. [781] Anderenfalls wird der Vorstand unentgeltlich tätig und kann lediglich die zum Zwecke der Aufgabenerfüllung erforderlichen Aufwendungen ersetzt verlangen, §§ 670, 27 Abs. 3 Satz 1 und 2, 86 Satz 1 BGB. Zugleich können im Anstellungsvertrag die Pflichten des Vorstands abweichend von den §§ 664 ff. BGB geregelt,[782] erweitert oder konkretisiert werden. Der Anstellungsvertrag ist ein Dienst- und kein Arbeitsvertrag;[783] das Vorstandsmitglied ist kein weisungsabhängiger Angestellter, sondern ihm steht bei der Geschäftsführung ein Ermessensspielraum zu. Die Stiftung ist bei der inhaltlichen Ausgestaltung des Anstellungsvertrages weitgehend frei. Die Regelungen dürfen nicht dem Stiftungszweck und dem sonstigen geltenden Recht und Gesetz zuwiderlaufen.[784]

Wenn die Stiftung mit einem beschränkt geschäftsfähigen Minderjährigen einen Anstellungsvertrag ausschließlich zum Zwecke der Vergütung schließen wollte, wäre das Rechtsgeschäft für ihn lediglich rechtlich vorteilhaft, weshalb er es ohne Mitwirkung seiner Eltern annehmen könnte.

Regelmäßig werden in einem Anstellungsvertrag jedoch neben der Vergütung auch Pflichten zulasten des Organmitglieds geregelt. Als Gegenleistungspflichten zum Vergütungsanspruch werden zumeist die organschaftlichen Pflichten des Vorstands auch vertraglich übernommen.[785] Dadurch wird zugleich ein vertraglicher Schadensersatzanspruch zulasten des Vorstandsmitglieds für den Fall

780 *Gummert* in: MünchHdbGesR, 5. Band, § 92 Rn. 2; *Hüttemann/Rawert* in: Staudinger, BGB, 2017, § 86 Rn. 14; *Weitemeyer* in: MüKo, BGB, 1. Band, § 86 Rn. 7.

781 *Gummert* in: MünchHdbGesR, 5. Band, § 92 Rn. 2; *Hüttemann/Rawert* in: Staudinger, BGB, 2017, § 86 Rn. 14; *Weitemeyer* in: MüKo, BGB, 1. Band, § 86 Rn. 7; *Lunk/Rawert* in: Non Profit Law Yearbook 2001, S. 91, 103.

782 *Hüttemann/Rawert* in: Staudinger, BGB, 2017, § 86 Rn. 14.

783 *Gummert* in: MünchHdbGesR, 5. Band, § 92 Rn. 2; *Hüttemann/Rawert* in: Staudinger, BGB, 2017, § 86 Rn. 16; *Weitemeyer* in: MüKo, BGB, 1. Band, § 86 Rn. 7; *Lunk/Rawert* in: Non Profit Law Yearbook 2001, S. 91, 103.

784 *Burgard,* Gestaltungsfreiheit im StiftR, S. 442-443; *Grambow,* Organ- und Anstellungsverhältnis, Rn. 798; *Kampermann,* Organvergütung, S. 33, 104.

785 *Burgard,* Gestaltungsfreiheit im StiftR, S. 442; *Grambow,* Organ- und Anstellungsverhältnis, Rn. 211, 280, 799; *Kampermann,* Organvergütung, S. 104.

der schuldhaften Pflichtverletzung begründet. Daneben enthält ein Anstellungsvertrag nicht selten Regelungen zum Wettbewerbsverbot,[786] zur Verschwiegenheitspflicht und/oder Zustimmungsvorbehalte oder andere Beschränkungen der Geschäftsführungsbefugnis.[787] Insgesamt ist der Anstellungsvertrag für einen beschränkt geschäftsfähigen Minderjährigen daher regelmäßig rechtlich nachteilig, weshalb er gesetzlich vertreten werden muss oder die Zustimmung seines gesetzlichen Vertreters benötigt (§ 107 BGB). Sofern ein Elternteil auf Seiten der Stiftung als Vorstandsmitglied beteiligt ist, sind im Fall der gemeinsamen Sorge beide Elternteile von der gesetzlichen Vertretung ausgeschlossen, da der betroffene Elternteil anderenfalls als Vertreter auf beiden Seiten des Rechtsgeschäfts stünde (§§ 1629 Abs. 2 Satz 1, 1795 Abs. 2, 181 Var. 2 BGB).[788] In dem Fall muss für den Abschluss des Anstellungsvertrages ein Ergänzungspfleger bestellt werden (§ 1909 Abs. 1 Satz 1 BGB). Zudem ist der im Vorstand tätige Elternteil von der Vertretung der Stiftung ausgeschlossen (§ 181 Var. 2 BGB), es sei denn, der Stifter hat in der Satzung bestimmt, dass der betroffene Elternteil oder sämtliche Vorstandsmitglieder von dem Verbot des Insichgeschäfts befreit sind.

Beim Abschluss eines Anstellungsvertrages ist ferner ist zu beachten, dass nach einigen Landesstiftungsgesetze Rechtsgeschäfte mit Mitgliedern von Stiftungsorganen anzeige-, teilweise sogar genehmigungspflichtig sind (Art. 19 Abs. 3 BayStG, § 13 Abs. 1 Nr. 4 BWStiftG). Bisher sind Familienstiftungen in den betreffenden Bundesländern aber von der Aufsicht ausgenommen, so dass derzeit keine Anzeige- oder Genehmigungspflicht besteht (Art. 10 Abs. 1 BayStG, § 13 Abs. 2 BWStiftG).

Zudem ist im Fall des Abschlusses eines Anstellungsvertrages die Ermächtigung nach § 113 Abs. 1 BGB zu berücksichtigen. Ermächtigt der gesetzliche Vertreter den Minderjährigen, in Dienst zu treten, ist der Minderjährige für Rechtsgeschäfte unbeschränkt geschäftsfähig, die die Eingehung oder Aufhebung eines Dienstverhältnisses der gestatteten Art oder die Erfüllung der sich aus einem solchen Verhältnis ergebenden Verpflichtungen betreffen (§ 113 Abs. 1 Satz 1 BGB). Selbst wenn ein beschränkt geschäftsfähiger Minderjähriger zum Vorstandsmitglied bestellt wird, möchte der stiftende (Groß-)Elternteil aber zumeist selbst als weiteres Vorstandsmitglied den Geschäftsbetrieb eigenständig

---

786 *Burgard,* Gestaltungsfreiheit im StiftR, S. 444; *Grambow*, Organ- und Anstellungsverhältnis, Rn. 415, 799, 803; *Kampermann,* Organvergütung, S. 33, 104.

787 *Burgard,* Gestaltungsfreiheit im StiftR, S. 443.

788 Im Fall der Alleinsorge kann der sorgeberechtigte Elternteil hingegen das Kind vertreten, wenn nur der andere Elternteil Vorstandsmitglied ist.

lenken und die Tätigkeit des beschränkt geschäftsfähigen Minderjährigen kontrollieren. Im Ergebnis soll die Entscheidungsgewalt oftmals bei dem stiftenden Vorstandsmitglied verbleiben.[789] Es ist daher wichtig, dass der gesetzliche Vertreter bei dem Abschluss des Anstellungsvertrages klarstellt, dass er der Eingehung zwar zustimmt, darin aber keine allgemeine Ermächtigung nach § 113 Abs. 1 Satz 1 BGB liegt. Der Minderjährige soll für diesen Bereich regelmäßig keine unbeschränkte Geschäftsfähigkeit erlangen.

Aufgrund der vorstehenden Erwägungen ist eine Regelung in der Satzung dem Abschluss eines Anstellungsvertrages vorzuziehen. Die Stiftung hat im Fall einer Satzungsregelung einen größeren Gestaltungsspielraum als im Anstellungsvertrag, der nur einvernehmlich angepasst werden kann. Die konkrete Höhe der Vergütung und die Zahlungsmodalitäten muss der Stifter nicht zwingend bereits im Rahmen der Gründung in der Satzung festlegen, sondern kann sie stattdessen einem Stiftungsorgan überlassen, das die Auszahlung entsprechend der wirtschaftlichen Verhältnisse der Stiftung anpassen kann.[790] In einigen Landesstiftungsgesetzen ist zwar festgelegt, dass im Fall einer entgeltlichen Tätigkeit Art und Umfang der Dienstleistungen und der Vergütung vor Aufnahme der Tätigkeit schriftlich niedergelegt werden sollen.[791] Im Hinblick auf Familienstiftungen wird die Einhaltung in den betreffenden Bundesländern aber nicht kontrolliert, weil sie diesbezüglich nicht der Stiftungsaufsicht unterfallen.[792] Zudem ist die Gesetzgebungskompetenz des jeweiligen Landesgesetzgebers zweifelhaft.[793]

c. *Beteiligung mehrerer Minderjähriger*

Sofern mehrere beschränkt geschäftsfähige Minderjährige zum Vorstandsmitglied bestellt werden, stellt sich auch hier die Frage, ob für jeden ein eigener Ergänzungspfleger bestellt werden muss, wenn die Eltern von der gesetzlichen Vertretung ausgeschlossen sind. Dies wäre gemäß § 181 Var. 2 BGB erforderlich, wenn die beschränkt geschäftsfähigen Minderjährigen untereinander ein

789 Vgl. zu den Beweggründen der Gründung einer Familiengesellschaft und Beteiligung Minderjähriger Erster Teil § 1 II. und § 2, S. 26-27, 31-32.

790 Vgl. *Hof* in: Münch. Vertragshdb. GesR, Kap. VIII.3 S. 1540; *Bundesverband Deutscher Stiftungen*, Muster* Satzung einer rechtsfähigen Stiftung, abrufbar unter www.stiftungen.org/stiftungen/basiswissen-stiftungen/stiftungsgruendung.html (zuletzt abgerufen am 09.01.2021), § 6.

791 § 6 Abs. 2 Satz 2 BremStiftG; § 6 Abs. 4 Satz 2 NStiftG; § 5 Abs. 2 Satz 2 StiftG SL.

792 § 17 Satz 2 BremStiftG; § 10 Abs. 2 NStiftG; § 10 Abs. 3 Satz 1 StiftG SL.

793 Dazu *Kampermann*, Organvergütung, S. 102-103 mwN.

Rechtsgeschäft abschließen, bei dem sie gegensätzliche Interessen verfolgen. Aufgrund der Möglichkeit der Beteiligung zu unterschiedlichen Zeitpunkten ist bei der Beantwortung der Frage zwischen den Eintrittsphasen zu differenzieren.

aa. Initialbestellung

Die Initialbestellung erfolgt im Rahmen des Stiftungsgeschäfts durch den Stifter regelmäßig namentlich, da die jeweilige Aufsichtsbehörde für die Anerkennung einen Nachweis über die Zustimmung der künftigen Vorstandsmitglieder zur Amtsübernahme verlangt.[794] Wenngleich die Vorstandsmitglieder gemeinsam die Stiftung vertreten und die Geschäfte führen, verhandeln sie ihre Rechte und Pflichten zunächst nicht untereinander aus, diese sind vielmehr in der Satzung und im Übrigen gesetzlich festgelegt. Der Vorstand kann allenfalls nach seiner Bestellung eine Geschäftsordnung beschließen, in der die wechselseitigen Pflichten geregelt und beispielsweise eine Ressortverteilung vereinbart werden.[795] Im Rahmen der Initialbestellung schließen die Vorstandsmitglieder somit kein Rechtsgeschäft untereinander ab, so dass die Bestellung eines Ergänzungspflegers für mehrere beschränkt geschäftsfähige Minderjährige genügt und keine unzulässige Mehrfachvertretung nach § 181 Var. 2 BGB vorliegt.

bb. Nachbesetzung

Es ist möglich, einen beschränkt geschäftsfähigen Minderjährigen bereits bei der Stiftungsgründung zum Vorstandsmitglied zu bestellen und einen anderen erst später im Rahmen einer Nachbesetzung aufzunehmen. In der Praxis haben sich für die Nachbesetzung eine Vielzahl von Verfahren herausgebildet.[796] Eine Möglichkeit ist die Kooptation, bei der die verbleibenden Mitglieder des Organs selbst das neue Organmitglied durch Beschluss auswählen und bestellen.[797] In dem Fall lässt sich ein Ausschluss der gesetzlichen Vertretungsmacht der Eltern aber vermeiden. Sofern ein Elternteil und/oder ein Geschwisterkind bereits in

---

794 *Gummert* in: MünchHdbGesR, 5. Band, § 92 Rn. 4; *Schlüter/Stolte* in: Stiftungsrecht, Kap. 2 Rn. 58.

795 Vgl. zur Geschäftsordnung und Ressortverteilung *Burgard,* Gestaltungsfreiheit im StiftR, S. 184, 185, 225.

796 *Gummert* in: MünchHdbGesR, 5. Band, § 92 Rn. 6; *Schlüter/Stolte* in: Stiftungsrecht, Kap. 2 Rn. 59-61.

797 *Gummert* in: MünchHdbGesR, 5. Band, § 92 Rn. 13; *Hof* in: Stiftungsrecht-Hdb., § 8 Rn. 131; *Grambow*, Organ- und Anstellungsverhältnis, Rn. 782; *Kampermann,* Organvergütung, S. 97.

den Vorstand bestellt wurde, sollten sich diese bei der Beschlussfassung der Stimme enthalten. Auf diese Weise besteht kein Interessenkonflikt. Der betroffene Elternteil wirkt nur als gesetzlicher Vertreter des künftigen beschränkt geschäftsfähigen Vorstandmitglieds mit. Das Mehrfachvertretungsverbot gemäß § 181 Var. 2 BGB kommt somit nicht zur Anwendung und die Eltern können ihr Kind vertreten.

cc. Anstellungsvertrag

Selbst wenn mehrere beschränkt geschäftsfähige Minderjährige zu Vorstandsmitgliedern bestellt und jeweils zusätzlich ein Anstellungsvertrag abgeschlossen werden soll, schließen sie dadurch kein Rechtsgeschäft miteinander ab. Der Anstellungsvertrag wird zwischen dem jeweiligen Vorstandsmitglied und der Stiftung abgeschlossen. Es genügt daher die Bestellung eines Ergänzungspflegers, der als gesetzlicher Vertreter des jeweiligen künftigen beschränkt geschäftsfähigen Vorstandsmitglieds auftritt.

d. Verfahren

Hinsichtlich des Verfahrens zur Bestellung eines Ergänzungspflegers sind die gleichen Vorgaben zu beachten, die auch bei Beteiligung eines Minderjährigen an einer KG gelten.[798] Sofern der Abschluss des Anstellungsvertrages in engem zeitlichem Zusammenhang mit der Bestellung zum Vorstandsmitglied fällt, würde verfahrensrechtlich ein Antrag genügen, in dem für beide Angelegenheiten ein Ergänzungspfleger beantragt wird. Geregelt wird zwar die Vertretung bei der Abgabe von zwei rechtsgeschäftlichen Willenserklärungen. Da diese jedoch in einem Sachzusammenhang stehen, bietet sich die Bestellung eines Ergänzungspflegers an, der über beide Angelegenheiten entscheidet.

e. Zwischenergebnis

Wenn der Stifter ein Elternteil ist, werden die Eltern im Fall der Initialbestellung eines beschränkt geschäftsfähigen Minderjährigen zum Vorstandsmitglied grundsätzlich von der Vertretung ausgeschlossen sein und es muss ein Ergänzungspfleger bestellt werden. Ist der Stifter hingegen ein Verwandter eines Elternteils in gerader Linie, folgt aus dem Verwandtschaftsverhältnis allein noch kein Vertretungsausschluss der Eltern. Wird ein beschränkt geschäftsfähiger Minderjähriger erst im Rahmen der Nachbesetzung durch die anderen

798 Zweiter Teil § 3 I.1.d., S. 62.

Vorstandsmitglieder zum neuen Mitglied bestellt, können die Eltern ihr Kind gesetzlich vertreten, sofern ein Elternteil nicht selbst im Vorstand tätig ist und die Stiftung vertritt. Falls mit einem beschränkt geschäftsfähigen Minderjährigen zusätzlich ein Anstellungsvertrag geschlossen werden soll, wird hierfür ebenfalls ein Ergänzungspfleger benötigt, wenn ein Elternteil vertretungsberechtigtes Vorstandsmitglied ist. Es besteht die Gefahr einer Interessenkollision, da neben der Vergütung in einem Anstellungsvertrag regelmäßig auch Pflichten zulasten des beschränkt geschäftsfähigen Minderjährigen geregelt werden, so dass der Abschluss für ihn rechtlich nachteilig ist. Damit der beschränkt geschäftsfähige Minderjährige von der gesetzlichen Haftungsprivilegierung und der Beweislastumkehr nach §§ 31a, 86 Satz 1 BGB profitiert, sollte die Vergütung die in § 31a Abs. 1 Satz 1 BGB genannte Grenze nicht übersteigen (derzeit EUR 720 jährlich). Zudem ist eine Regelung in der Satzung dem Abschluss eines Anstellungsvertrages vorzuziehen. Die Stiftung hat im Fall einer Satzungsregelung einen größeren Gestaltungsspielraum als im Anstellungsvertrag, der nur einvernehmlich angepasst werden kann.

3. *Familiengerichtliche Genehmigung*

Unabhängig von der Frage, ob die Eltern oder ein Ergänzungspfleger als gesetzliche Vertreter für den Minderjährigen tätig werden, ist zu klären, ob die Bestellung zum Vorstandsmitglied und der Abschluss eines Anstellungsvertrages der familiengerichtlichen Genehmigung gemäß § 1822 BGB (iVm. § 1643 Abs. 1 oder § 1915 Abs. 1 Satz 1 BGB) bedürfen. Wenngleich Vorstandsmitglieder grundsätzlich nicht persönlich für die Verbindlichkeiten der Stiftung haften, können auch sie unter bestimmten Voraussetzungen gesamtschuldnerisch neben der Stiftung und den weiteren Organmitgliedern in Anspruch genommen werden. Sofern die gesamtschuldnerische Haftung auf der Übernahme einer fremden Verbindlichkeit beruht, ist eine familiengerichtliche Genehmigung gemäß § 1822 Nr. 10 BGB erforderlich. Stattdessen kann eine gesamtschuldnerische Haftung aber auch entstehen, wenn mehrere Schuldner durch eigene Pflichtverletzungen denselben Schaden verursachen.[799] Im Hinblick auf ein Vorstandsmitglied ist daher zu untersuchen, ob er nur im Fall einer eigenen Pflichtverletzung mithaftet oder aber auch für fremde Verbindlichkeiten einstehen muss. In Bezug auf den Anstellungsvertrag ist dagegen von Bedeutung, ob der

799 Vgl. *Heinemeyer* in: MüKo, BGB, 3. Band, 421 Rn. 5; *Reiner* in: Schulze, BGB, § 421 Rn. 3.

beschränkt geschäftsfähige Minderjährige für längere Zeit als ein Jahr gebunden wird. In diesem Fall sind die Genehmigungsvorbehalte gemäß § 1822 Nr. 5 und 7 BGB näher zu untersuchen.

a. Bestellung zum Vorstandsmitglied

Wird eine natürliche oder juristische Person zum Vorstandsmitglied bestellt, kann sie einer persönlichen Haftung ausgesetzt sein. Mit der Annahme der Organstellung erlangt das Vorstandsmitglied die Stellung eines gesetzlichen Vertreters und ist für die Geschäftsführung verantwortlich (§§ 26 Abs. 1 Satz 2, 27 Abs. 3 Satz 1, 86 BGB).[800] Zur persönlichen Haftung kommt es jedoch erst, wenn das Vorstandsmitglied seine organschaftlichen Pflichten schuldhaft verletzt und dadurch die Stiftung schädigt. Die Stiftung hat dann einen Schadensersatzanspruch gemäß § 280 Abs. 1 BGB gegen ihr Vorstandsmitglied.[801] Sofern es mehrere Vorstandsmitglieder gibt, haften diejenigen als Gesamtschuldner, die ihre organschaftlichen Pflichten schuldhaft verletzt und den Schaden daher gemeinsam zu verantworten haben.[802] Die Inanspruchnahme beruht somit auf einer eigenen schuldhaften Pflichtverletzung, so dass das Organmitglied seine eigene und keine fremde Verbindlichkeit erfüllt. Gleiches gilt für die gesamtschuldnerische Haftung des Vorstandsmitglieds und der Stiftung gegenüber Dritten.

Was aber gilt, wenn der individuelle Beitrag an der Schadensverursachung des (minderjährigen) Vorstandsmitglieds an dem Gesamtschaden geringer ist? Gemäß § 421 BGB muss der Gläubiger nicht alle Schuldner in Anspruch nehmen, sondern kann von einem Organmitglied den gesamten Schadensersatz verlangen. Handelt es sich insoweit um eine fremde Verbindlichkeit im Sinne des § 1822 Nr. 10 BGB?

Ein geringerer Schadensbeitrag wird teilweise diskutiert, wenn die Organmitglieder unterschiedliche Aufgaben und Befugnisse haben, zum Beispiel bei einer Ressortaufteilung. Danach soll derjenige einen größeren Schadensanteil übernehmen, in dessen Ressort die Aufgabe fiel; wohingegen die anderen Organmitglieder, die lediglich ihre Kontroll- und Überwachungspflichten verletzt haben, einen geringeren Schadensanteil tragen sollen.[803] Selbst wenn eine solche

---

800 *Gummert* in: MünchHdbGesR, 5. Band, § 91 Rn. 8-9; *Schlüter/Stolte* in: Stiftungsrecht, Kap. 2 Rn. 64.

801 *Gummert* in: MünchHdbGesR, 5. Band, § 94 Rn. 2, 3.

802 *Gummert* in: MünchHdbGesR, 5. Band, § 94 Rn. 32.

803 *Burgard*, Gestaltungsfreiheit im StiftR, S. 225-226; *Heermann* in: FS Röhricht, 2005, S. 1191, 1192-1197.

Aufteilung der Schadensanteile erfolgt, handelt es sich bei der gesamtschuldnerischen Haftung aber nicht um die Übernahme einer fremden Verbindlichkeit im Sinne des § 1822 Nr. 10 BGB. Erst einmal bestehen solche Verbindlichkeiten nicht bereits mit der Bestellung zum Vorstandsmitglied, sondern erst zukünftig im Fall einer eigenen schuldhaften Pflichtverletzung. Außerdem handelt es sich im Außenverhältnis um eine eigene Verbindlichkeit des minderjährigen Gesamtschuldners; die Möglichkeit gemäß § 426 Abs. 2 BGB Regress zu nehmen, macht daraus keine fremde Verbindlichkeit. Ferner fallen solche Haftungsfälle auch nicht unter den Genehmigungsvorbehalt nach § 1822 Nr. 10 BGB. Dieser betrifft Geschäfte, in denen das Haftungsrisiko zumeist unterschätzt wird, weil es einen Primärschuldner gibt, von dem der gesetzliche Vertreter glaubt, er würde die Verbindlichkeit direkt oder zumindest den Regressanspruch des Minderjährigen erfüllen.[804] Es geht hingegen nicht darum, sämtliche riskante Geschäfte unter den Genehmigungsvorbehalt zu stellen.[805] Die Eltern oder der Ergänzungspfleger benötigen demnach keine familiengerichtliche Genehmigung, wenn ein Minderjähriger zum Vorstandsmitglied bestellt werden soll.

b. Anstellungsvertrag

Im Hinblick auf die Frage, ob für den Abschluss eines Anstellungsvertrages eine familiengerichtliche Genehmigung benötigt wird, ist die Vertragsdauer von Bedeutung und des Weiteren, ob der Minderjährige den Vertrag einseitig beenden kann. Sollte ihm kein ordentliches Kündigungsrecht zustehen, ist danach zu differenzieren, ob der Minderjährige von einem Ergänzungspfleger oder seinen Eltern vertreten wird. Dazu im Einzelnen:

Der Anstellungsvertrag ist ein Dienstvertrag, der das Vorstandsmitglied zu wiederkehrenden Leistungen in Form der persönlichen Erfüllung seiner Aufgaben als Vorstand verpflichtet.[806] Für einen Dienstvertrag wird gemäß § 1822 Nr. 7 BGB die familiengerichtliche Genehmigung benötigt, wenn der Minderjährige für einen längeren Zeitraum als ein Jahr zu persönlichen Leistungen verpflichtet ist. Darüber hinaus sind Verträge, die den Minderjährigen zu wiederkehrenden Leistungen verpflichten, genehmigungsbedürftig, wenn das Vertragsverhältnis länger als ein Jahr nach dem Eintritt der Volljährigkeit fortdauern soll (§ 1822 Nr. 5 BGB).

---

804 BGH, NJW 1983, 1780, 1781; *Kroll-Ludwigs* in: MüKo, BGB, 10. Band, § 1822 Rn. 62; *Veit* in: Staudinger, BGB, 2020, § 1822 Rn. 170-172.

805 BGH, NJW 1964, 766;BGH, BGHZ 60, 385 ff. = NJW 1973, 1276, 1278.

806 Vgl. *Burgard,* Gestaltungsfreiheit im StiftR, S. 442; *Kampermann,* Organvergütung, S. 104.

Entscheidend ist daher zunächst, ob der Minderjährige den Anstellungsvertrag ordentlich kündigen kann, ohne dass ihm daraus erhebliche rechtliche Nachteile entstehen.[807] Der Verlust der Einkünfte aus dem Anstellungsvertrag stellt in diesem Zusammenhang keinen rechtlichen Nachteil dar.[808] Sofern nicht abweichend vereinbart, wird ein Anstellungsvertrag auf unbestimmte Zeit geschlossen und kann – grundsätzlich ordentlich unter Beachtung der gesetzlichen Kündigungsfristen – gekündigt werden (§§ 620 Abs. 2, 621 BGB).[809] Um zu vermeiden, dass eine familiengerichtliche Genehmigung eingeholt werden muss, ist demnach unbedingt darauf zu achten, dass der Anstellungsvertrag auf unbestimmte Zeit geschlossen wird oder dem Minderjährigen dennoch ein ordentliches Kündigungsrecht zusteht, denn dann kommen beide Genehmigungsvorbehalte von vornherein nicht zur Anwendung.

Ungeachtet dessen hat die Stiftung grundsätzlich ein Interesse daran, dass der Anstellungsvertrag gleichzeitig mit der Organstellung endet. In der Praxis werden Anstellungsverträge daher teilweise entsprechend der Amtsdauer befristet.[810] Eine ordentliche Kündigung ist in diesem Fall nicht möglich, stattdessen kann nur außerordentlich aus wichtigem Grund gekündigt werden.[811] Schließlich wird ein Organmitglied zumeist für einen längeren Zeitraum als ein Jahr bestellt.[812] Eine Befristung entsprechend der Amtsdauer als Organmitglied würde somit das Risiko erhöhen, dass für den Vertragsabschluss eine familiengerichtliche Genehmigung gemäß § 1822 Nr. 5 oder 7 BGB erforderlich ist. Vorzugswürdig ist, anstelle der Befristung vertraglich ein außerordentliches Kündigungsrecht für den Fall der Abberufung oder sonstigen Beendigung der

---

807 BGHZ 28, 78 ff. = NJW 1958, 1393, 1394 (bzgl. Lebensversicherungsvertrag, § 1822 Nr. 5 BGB); *Kroll-Ludwigs* in: MüKo, BGB, 10. Band, § 1822 Rn. 43, 47; *Veit* in: Staudinger, BGB, 2020, § 1822 Rn. 120-121, 141; *Coester-Waltjen/Gernhuber*, Familienrecht, § 64 Rn. 66.

808 *Kroll-Ludwigs* in: MüKo, BGB, 10. Band, § 1822 Rn. 47; *Veit* in: Staudinger, BGB, 2020, § 1822 Rn. 141.

809 *Ebersbach*, Hdb. des Dt. Stiftungsrechts, S. 105; *Hof* in: Stiftungsrecht-Hdb., § 8 Rn. 177; *Grambow*, Organ- und Anstellungsverhältnis, Rn. 819; *Kampermann*, Organvergütung, S. 106.

810 *Grambow*, Organ- und Anstellungsverhältnis, Rn. 465, 799, 819.

811 *Grambow*, Organ- und Anstellungsverhältnis, Rn. 472, 799; siehe auch: *Hesse/Müller-Glöge* in: MüKo, BGB, 5. Band, § 620 Rn. 11; *Plum* in: BeckOK BGB, § 620 Rn. 62.

812 *Hof* in: Stiftungsrecht-Hdb., § 8 Rn. 155 (eine Amtszeit von fünf Jahren befürwortend); *Pruns/Schiffer/Schürmann* in: Stiftung in der Beraterpraxis, § 3 Rn. 87; *Gummert* in: MünchHdbGesR, 5. Band, § 92 Rn. 25.

Organstellung vorzusehen. Auf diese Weise wird dem Interesse der Stiftung an einem Gleichlauf der Dauer der Organstellung und des Anstellungsvertrages ausreichend Rechnung getragen. Zudem kann die Stiftung im Fall der Beendigung der Organstellung einen unbefristeten Anstellungsvertrag unter Einhaltung der gesetzlichen Fristen ordentlich kündigen. Falls dennoch ein befristeter Anstellungsvertrag für einen längeren Zeitraum als ein Jahr geschlossen werden soll, wären die Genehmigungsvorbehalte nach §§ 1822 Nr. 5 und 7 BGB zu beachten. Dabei ist entscheidend, von wem der Minderjährige gesetzlich vertreten wird.

aa. Genehmigungsvorbehalt gemäß § 1822 Nr. 7 BGB

Gemäß § 1822 Nr. 7 BGB sind Dienst- und Arbeitsverträge genehmigungsbedürftig, wenn der Minderjährige zu persönlichen Leistungen für längere Zeit als ein Jahr verpflichtet wird, unabhängig davon, wie lange sie nach dem Eintritt der Volljährigkeit andauern. Dieser Genehmigungsvorbehalt gilt nach § 1822 BGB aber nur, wenn ein Minderjähriger unter Vormundschaft steht, nicht dagegen, wenn er von den Eltern vertreten wird. Gemäß § 1643 BGB sind im Fall der Vertretung durch die Eltern lediglich bestimmte Rechtsgeschäfte genehmigungsbedürftig; Rechtsgeschäfte im Sinne des § 1822 Nr. 7 BGB fallen nicht darunter.

Was aber gilt, wenn die Eltern für das Rechtsgeschäft von der gesetzlichen Vertretung ausgeschlossen sind und daher ein Ergänzungspfleger bestellt werden muss? In diesem Fall ruht die elterliche Sorge hinsichtlich der Angelegenheiten, für die der Pfleger bestellt wurde (§ 1630 Abs. 1 BGB) und es ist ausschließlich die Aufgabe des Ergänzungspflegers, sich darum zu kümmern (§§ 1793 Abs. 1 Satz 1, 1915 Abs. 1 Satz 1 BGB). Auf die Pflegschaft finden gemäß § 1915 Abs. 1 Satz 1 BGB die für die Vormundschaft geltenden Vorschriften entsprechende Anwendung, soweit sich aus dem Gesetz nicht etwas anderes ergibt. Da die §§ 1916 ff. BGB keine Sonderregelungen zu genehmigungsbedürftigen (Rechts-)Geschäften enthalten, kommt § 1822 BGB uneingeschränkt zur Anwendung. Eine Begrenzung wie sie für die Eltern in § 1643 Abs. 1 BGB vorgesehen ist, kommt dem Pfleger nicht zugute.[813] Die Eltern-Kind-Beziehung ist etwas Besonderes. Ein Ergänzungspfleger steht dem Kind nicht so nahe wie die Eltern. Zudem sind die Pflege und Erziehung des Kindes das natürliche Recht der Eltern (Art. 6 Abs. 2 Satz 1 GG). Sie sollen dieses Recht weitgehend autonom ausüben

813 So auch OLG Hamm, FamRZ 1976, 645; *Bienwald* in: Staudinger, BGB, 2017, § 1915 Rn. 15; *Götz* in: Palandt, BGB, § 1915 Rn. 2; *Schneider* in: MüKo, BGB, 10. Band, § 1915 Rn. 19; *Veit* in: BeckOK BGB, § 1643 Rn. 3; a.A. LG Karlsruhe, BWNotZ 1973, 64, 65.

können.[814] Es ist nur konsequent, dass im Fall der gesetzlichen Vertretung des Kindes durch einen Dritten andere Einschränkungen gelten als für die Eltern.

Wird ein Minderjähriger beim Abschluss eines befristeten Anstellungsvertrages nicht von seinen Eltern, sondern von einem Ergänzungspfleger vertreten und soll der Vertrag für einen längeren Zeitraum als ein Jahr geschlossen werden, muss der Ergänzungspfleger somit vor dem Vertragsschluss eine familiengerichtliche Genehmigung gemäß §§ 1822 Nr. 7, 1915 Abs. 1 Satz 1 BGB einholen.

bb. Genehmigungsvorbehalt gemäß § 1822 Nr. 5 BGB

Wenngleich der Genehmigungsvorbehalt in § 1822 Nr. 7 BGB im Fall der Vertretung durch die Eltern nicht gilt, bedeutet dies nicht, dass die Eltern schrankenlos Verträge abschließen können, wonach ihr Kind zu wiederkehrenden Leistungen verpflichtet wird. Insbesondere Dauerschuldverhältnisse, die über den Eintritt der Volljährigkeit hinausgehen, bergen für das Vermögen des Minderjährigen höhere Risiken als solche, die vor oder mit dem Eintritt der Volljährigkeit enden, da die zugunsten des Minderjährigen von Gesetzes wegen vorgesehenen Schutzmechanismen mit Eintritt der Volljährigkeit enden (z.B. die Haftungsbeschränkung nach § 1629a BGB). Wenn ein Vertragsverhältnis länger als ein Jahr nach dem Eintritt der Volljährigkeit bestehen soll und der Minderjährigen zu wiederkehrenden Leistungen verpflichtet ist, benötigen die Eltern gemäß §§ 1822 Nr. 5, 1643 Abs. 1 BGB für den Vertragsschluss eine familiengerichtliche Genehmigung.

Von einigen Stimmen im Schrifttum wird vertreten, dass auch Lehr-, Arbeits- und Dienstverträge unter den Genehmigungsvorbehalt des § 1822 Nr. 5 BGB fallen.[815] Zwar umfasst der Begriff der wiederkehrenden Leistungen nicht nur Geld- oder Sachleistungen, sondern Leistungen jeder Art,[816] weshalb auch Dienst- und Arbeitsleistungen darunter subsumiert werden könnten.[817] Richtigerweise sind die Nummern 6 (Lehrvertrag) und 7 (Arbeitsvertrag- und Dienstvertrag) des § 1822 BGB aber als Sonderbestimmungen zu betrachten, die *„die*

---

814 Vgl. BVerfGE 24, 119 ff. = NJW 1968, 2233, 2234-2235; BVerfG, BVerfGE 60, 79 ff. = NJW 1982, 1379-1381; *Badura* in: Maunz/Dürig, GG, 2. Band, Art. 6 Rn. 107, 109, 112; *Uhle* in: BeckOK GG, Art. 6 Rn. 46, 51; *Coester-Waltjen/Gernhuber*, Familienrecht, § 5 Rn. 36.

815 *Coester-Waltjen/Gernhuber*, Familienrecht, § 64 Rn. 65; *Fomferek*, NJW 2004, 410, 412.

816 *Lafontaine* in: jurisPK-BGB, 4. Band, § 1822 Rn. 99; *Veit* in: Staudinger, BGB, 2020, § 1822 Rn. 111; *Schlachter*, FamRZ 2006, 155, 157.

817 *Coester-Waltjen/Gernhuber*, Familienrecht, § 64 Rn. 65; *Fomferek*, NJW 2004, 410, 412.

Anwendung der Nr. 5 ausschließen".[818] Dafür sprechen neben systematischen vor allem auch historische Gründe: Die Nummern 6 und 7 waren nicht bereits im 1. Entwurf zum BGB enthalten, sondern wurden erst durch Beschluss der 2. Kommission in den 2. Gesetzentwurf aufgenommen.[819] Eine solche Ergänzung wäre aber nicht nötig gewesen, wenn diese Art der Verträge bereits von § 1822 Nr. 5 umfasst wären.[820] Diese Auffassung wird nunmehr auch vom Bundesministerium der Justiz und für Verbraucherschutz getragen. Ohne überhaupt auf den Streit einzugehen, führt es im Entwurf eines Gesetzes zur Reform des Vormundschaftsrechts aus, dass Lehr-, Arbeits- und Dienstverträge nicht unter den Genehmigungsvorbehalt des § 1822 Nr. 5 BGB fallen.[821] Gemäß § 1643 Abs. 4 Satz 2 Nr. 1 BGB-Entwurf soll zukünftig ausdrücklich festgelegt sein, dass eine familiengerichtliche Genehmigung für den Abschluss von Ausbildungs-, Dienst- oder Arbeitsverträgen durch die Eltern als gesetzliche Vertreter nicht erforderlich ist.[822] Aus alledem folgt, dass Eltern bereits nach dem derzeit gültigen Gesetz keiner familiengerichtlichen Genehmigung für den Abschluss eines befristeten Anstellungsvertrages, der das Kind über ein Jahr nach Eintritt der Volljährigkeit hinaus binden soll, bedürfen.

c. *Verfahren*

Für das familiengerichtliche Verfahren gelten die gleichen Vorgaben wie bei der Beteiligung eines Minderjährigen an einer KG. Auch hier erfolgt eine

---

818 *Kroll-Ludwigs* in: MüKo, BGB, 10. Band, § 1822 Rn. 41; *Veit* in: Staudinger, BGB, 2020, § 1822 Rn. 116; zu § 1822 Nr. 7 BGB: RAG, JW 1929, 1263; BAG, NZA 2013, 1206, 1210; OLG Köln, ZUM 2001, 166, 171; LG Essen, NJW 1965, 2302, 2303; *Schulte-Bunert* in: Erman, BGB, 2. Band, § 1822 Rn. 23; *Fröschle*, Sorge und Umgang, S. 132 Fußn. 250; *Schlachter*, FamRZ 2006, 155, 157.

819 *Veit* in: Staudinger, BGB, 2020, § 1822 Rn. 116; *Mugdan*, 4. Band, S. 1095.

820 RAG, JW 1929, 1263, 1264 (zu § 1822 Nr. 7 BGB); *Veit* in: Staudinger, BGB, 2020, § 1822 Rn. 116; *Schlachter*, FamRZ 2006, 155, 157.

821 *BMJV*, Entwurf eines Gesetzes zur Reform des Vormundschafts- und Betreuungsrechts, S. 213.

822 Vgl. § 1643 Abs. 4 Satz 1 und Satz 2 Nr. 1 BGB-Entwurf: „*Die Eltern bedürfen abweichend von § 1853 Satz 1 Nummer 1 der Genehmigung zum Abschluss eines Miet- oder Pachtvertrages oder eines anderen Vertrags, durch den das Kind zu wiederkehrenden Leistungen verpflichtet wird, wenn das Vertragsverhältnis länger als ein Jahr nach dem Eintritt der Volljährigkeit des Kindes fortdauern soll. Eine Genehmigung ist nicht erforderlich, wenn 1. es sich um einen Ausbildungs-, Dienst- oder Arbeitsvertrag handelt,*" *BMJV*, Entwurf eines Gesetzes zur Reform des Vormundschafts- und Betreuungsrechts, S. 12.

Gesamtschau,[823] bei der im Hinblick auf das Wohl des Kindes, die Vertragspflichten und die Vertragsdauer zu berücksichtigen sind.

4. *Zwischenergebnis*

Der Vorstand einer Stiftung kann aus nur einer Person bestehen. Wäre dies ein geschäftsunfähiger Minderjähriger, obläge seinem gesetzlichen Vertreter die Geschäftsführung und die Vertretung der Stiftung, da der Geschäftsunfähige rechtsgeschäftliche Willenserklärungen weder selbstständig wirksam abgeben noch empfangen kann (§§ 105 Abs. 1, 131 Abs. 1 BGB). Es ist daher sowohl im Interesse geschäftsunfähiger Minderjähriger als auch des Rechtsverkehrs, die Möglichkeit einer Bestellung zum Vorstand von vornherein nicht zu eröffnen.

Ein beschränkt Geschäftsfähiger kann hingegen zum Vorstand bestellt werden. Zum einen kann er mit Zustimmung seines gesetzlichen Vertreters im eigenen Namen rechtsgeschäftliche Erklärungen, die für ihn nicht lediglich rechtlich vorteilhaft sind, wirksam abgeben. Zum anderen kann er als Vertreter Willenserklärungen wirksam abgeben und empfangen (§ 165 BGB). Gleichwohl wird der Stifter einen wesentlichen Teil der Vorstandsaufgaben regelmäßig unbeschränkt Geschäftsfähigen mit entsprechender Expertise anvertrauen wollen. Die Bestellung eines beschränkt Geschäftsfähigen in den Vorstand sollte nur in Betracht gezogen werden, wenn der beschränkt Geschäftsfähige bereits Interesse am Familienvermögen gezeigt hat, ihm ein selbstständiges, verantwortungsbewusstes Handeln zugetraut wird und die Stiftung Vermögensgegenstände hält, die von einem beschränkt geschäftsfähigen Minderjährigen zumindest verwaltet werden können. Anderenfalls sind andere Positionen besser für die Besetzung mit einem Minderjährigen geeignet, insbesondere die Beteiligung als Destinatär.

Wenn der Stifter ein Elternteil oder ein in gerader Linie Verwandter eines Elternteils ist und den beschränkt geschäftsfähigen Minderjährigen zum Vorstandsmitglied bestellt, sind im Fall der gemeinsamen Sorge aufgrund der Gefahr einer Interessenkollision beide Elternteile von der gesetzlichen Vertretung ausgeschlossen.[824] Falls der beschränkt Geschäftsfähige eine Vergütung erhalten soll, ist es ratsam, diese auf den in § 31a Abs. 1 Satz 1 BGB genannten Betrag (derzeit EUR 720 jährlich) zu begrenzen, damit er im Fall einer schuldhaften Pflichtverletzung von der gesetzlichen Haftungsprivilegierung nach §§ 31a, 86 Satz 1 BGB profitiert. Hierfür ist der Abschluss eines Anstellungsvertrages

---

823 *Kroll-Ludwigs* in: MüKo, BGB, 10. Band, § 1828 Rn. 17; *Veit* in: Staudinger, BGB, 2020, § 1828 Rn. 23-26.

824 Siehe Dritter Teil § 3 II.2.a.aa., S. 207-208.

nicht erforderlich; stattdessen kann der Stifter in der Satzung die Vergütung von Vorstandsmitgliedern gestatten. Eine familiengerichtliche Genehmigung ist für die Bestellung zum Organmitglied nicht erforderlich. Allenfalls für den Abschluss eines Anstellungsvertrages muss eine familiengerichtliche Genehmigung eingeholt werden, wenn die Vertragskonditionen die Voraussetzungen des Genehmigungsvorbehalts nach § 1822 Nr. 7 BGB erfüllen und der beschränkt geschäftsfähige Minderjährige durch einen Ergänzungspfleger vertreten wird.[825]

III. Fakultatives Gremium

Eine weitere Möglichkeit, einen Minderjährigen an einer Stiftung zu beteiligen, ist die Gründung eines fakultativen Gremiums und die Bestellung des Minderjährigen zum Gremiumsmitglied. Zwingender Bestandteil einer Stiftung ist zwar nur der Vorstand gemäß §§ 26 Abs. 1, 86 Satz 1 BGB, da die Stiftung ein Vertretungsorgan benötigt. Es steht dem Stifter jedoch frei, zusätzlich ein fakultatives Gremium zu errichten und diesem eigene Rechte und Pflichten einzuräumen.[826] Die Bezeichnung ist frei wählbar, wobei überwiegend die Begriffe *„Kuratorium"* oder *„Stiftungsrat"* verwendet werden.[827] Eine Errichtung ist aber nur sinnvoll, wenn die personelle Besetzung langfristig gewährleistet ist.[828] Anderenfalls besteht das Risiko, dass das Gremium nach einer gewissen Zeit nicht mehr beschlussfähig ist,[829] weil geeignete Personen zur Nachbesetzung freier Positionen fehlen. Dadurch könnte die Tätigkeit der Stiftung behindert und die nachhaltige Erfüllung des Stiftungszwecks gefährdet werden. Im Hinblick auf die Beantwortung der Frage, ob ein Minderjähriger an einem fakultativen Gremium wirksam beteiligt werden kann, ist die Rechtsnatur und Funktion des fakultativen Gremiums von Bedeutung. Unter Berücksichtigung der Funktion

---

825 Siehe Dritter Teil § 3 II.3.b.aa., S. 218.

826 *Fischer* in: Feick, Stiftung als Nachfolgeinstrument, § 7 Rn. 28, § 9 Rn. 2; *Gummert* in: MünchHdbGesR, 5. Band, § 91 Rn. 16; *Hüttemann/Rawert* in: Staudinger, BGB, 2017, Vorbem. §§ 80 ff. Rn. 12, § 86 Rn. 3, 82; *Schlüter/Stolte* in: Stiftungsrecht, Kap. 2 Rn. 67; *Burgard*, Gestaltungsfreiheit im StiftR, S. 261.

827 Vgl. *Fischer* in: Feick, Stiftung als Nachfolgeinstrument, § 9 Rn. 32; *Pruns/Schiffer/Schürmann* in: Stiftung in der Beraterpraxis, § 3 Rn. 75; *Schlüter/Stolte* in: Stiftungsrecht, Kap. 2 Rn. 67.

828 Vgl. *Alvermann* in: Formularbuch Recht und Steuern, Kap. A. 18.01 Rn. 41; *Fischer* in: Feick, Stiftung als Nachfolgeinstrument, § 9 Rn. 3; *Schiffer*, ZErb 2014, 337, 342.

829 *Alvermann* in: Formularbuch Recht und Steuern, Kap. A. 18.01 Rn. 41; *Fischer* in: Feick, Stiftung als Nachfolgeinstrument, § 9 Rn. 3.

des Gremiums ist sodann die Zweckmäßigkeit der Beteiligung eines Minderjährigen zu diskutieren.

1. *Grundlagen*

Wenn ein Stifter beabsichtigt, ein fakultatives Gremium zu errichten, ist zunächst dessen Rechtsnatur zu klären. Zum einen kann das Gremium ein Stiftungsorgan sein. In diesem Fall muss er das Gremium in der Stiftungssatzung verankern und ihm eigene Rechte und Pflichten einräumen.[830] Zum anderen kann ein Stifter auch ein nicht-organschaftliches (sogenanntes externes) Gremium vorsehen.[831] Diese Alternative ist insbesondere interessant, wenn eine bestimmte Personengruppe an die Stiftung gebunden, ihr aber keine satzungsmäßigen Rechte zur Einflussnahme auf die Willensbildung oder die Tätigkeit der Stiftung zustehen sollen.[832] Das Gremium wird ausschließlich auf vertraglicher Basis an die Stiftung gebunden. Bisher ist die Errichtung eines fakultativen Gremiums in dieser Form aber die Ausnahme. In der stiftungsrechtlichen Literatur wird es daher kaum behandelt.[833] Im Folgenden werden daher ausschließlich die rechtlichen Fragen bei Beteiligung eines Minderjährigen an einem organschaftlichen, fakultativen Gremium untersucht.

a. *Rechtliche Zulässigkeit der Beteiligung Minderjähriger*

An dem Stiftungsvorstand dürfen nur beschränkt geschäftsfähige, nicht aber geschäftsunfähige Minderjährige beteiligt werden.[834] Es stellt sich die Frage, ob für die Beteiligung an einem fakultativen Gremium das Gleiche gilt oder die Rechtslage hier anders ist.

Wenn ein Stifter ein weiteres Stiftungsorgan einrichtet, finden nicht von Gesetzes wegen die Regelungen zum Vorstand Anwendung. Der Stifter legt nicht

---

830 *Gummert* in: MünchHdbGesR, 5. Band, § 91 Rn. 17; *Schlüter/Stolte* in: Stiftungsrecht, Kap. 2 Rn. 66; *Fischer* in: Feick, Stiftung als Nachfolgeinstrument, § 9 Rn. 32; *Burgard*, Gestaltungsfreiheit im StiftR, S. 220.

831 *Godron* in: Richter, Stiftungsrecht, § 6 Rn. 83; *Schlüter/Stolte* in: Stiftungsrecht, Kap. 2 Rn. 66; *Burgard*, Gestaltungsfreiheit im StiftR, S. 274; *Hippeli*, ZStV 2018, 167, 168.

832 Vgl. *Burgard*, Gestaltungsfreiheit im StiftR, S. 274; *Siebel* in: FS Peltzer, 2001, S. 519, 526-527.

833 Vgl. *Burgard*, Gestaltungsfreiheit im StiftR, S. 274; die Ausführungen in der Literatur beschränken sich zumeist auf Ehrenvorsitzende in Kapitalgesellschaften, dazu *Spindler* in: MüKo, GmbHG, 2. Band, § 52 Rn. 489-491; *Siebel* in: FS Peltzer, 2001, S. 519-537.

834 Siehe Dritter Teil § 3 II.1.a., S. 201-203.

nur die Rechte und Pflichten des Gremiums fest, sondern auch die Regelungen zur Zusammensetzung.[835] Maßgeblich sind die Satzungsregelungen (§§ 85, 86 Satz 1 BGB a.E.) Dementsprechend kann der Stifter entscheiden, ob geschäftsunfähige Personen zu Gremiumsmitgliedern ernannt werden dürfen. Im Gegensatz zum Vorstand besteht hier nicht die Gefahr, dass einem geschäftsunfähigen Minderjährigen sämtliche Pflichten allein obliegen und dessen gesetzlicher Vertreter das Gremium dauerhaft im Rechtsverkehr vertritt. Zum einen besteht ein fakultatives Gremium faktisch nicht lediglich aus einer, sondern mindestens aus zwei Personen. Wenn es in der Stiftung neben dem Vorstand ein Gremium geben soll, dass nur aus einer Person besteht, würde es sich – unabhängig von der satzungsmäßigen Bezeichnung – in der Sache um einen besonderen Vertreter im Sinne der §§ 30, 86 Satz 1 BGB handeln. Zum anderen vertritt das Gremium die Stiftung regelmäßig nicht nach außen. Üblich ist die Einrichtung eines Aufsichtsgremiums, das die Tätigkeit des Vorstands kontrolliert und/oder diesen hinsichtlich bestimmter Entscheidungen berät,[836] da es anderenfalls an einem internen Kontrollorgan fehlt.[837]

b. Zweckmäßigkeit der Beteiligung Minderjähriger

Im Fall der Errichtung eines fakultativen Gremiums muss der Stifter entscheiden, welche Bedeutung und Funktion diesem innerhalb der Stiftung zukommen soll. Das hängt von Art und Umfang der Stiftungstätigkeit sowie der Vermögensmasse der Stiftung ab.[838] Zugleich ist hinsichtlich der Beteiligung Minderjähriger zu bedenken, welche Beweggründe der Beteiligung zugrunde liegen und welche Aufgaben der Minderjährige in Anbetracht seiner geistigen Reife und persönlichen Entwicklung wahrnehmen kann.

Durch die Beteiligung soll das Interesse des Minderjährigen am Vermögenserhalt gestärkt werden. Dazu soll er zwar gewisse Einblicke in den Geschäftsablauf, zumeist aber keine Mitwirkungsrechte erhalten. Stattdessen dürfte dem

---

835 Vgl. *Gummert* in: MünchHdbGesR, 5. Band, § 91 Rn. 16.

836 *Fischer* in: Feick, Stiftung als Nachfolgeinstrument, § 9 Rn. 4, 33-34; *Gummert* in: MünchHdbGesR, 5. Band, § 91 Rn. 21, 22; *Pruns/Schiffer/Schürmann* in: Stiftung in der Beraterpraxis, § 3 Rn. 75; *Schlüter/Stolte* in: Stiftungsrecht, Kap. 2 Rn. 67; *Burgard,* Gestaltungsfreiheit im StiftR, S. 267, 271; *Hippeli*, ZStV 2018, 167, 168.

837 *Gummert* in: MünchHdbGesR, 5. Band, § 91 Rn. 21; *Hüttemann/Rawert* in: Staudinger, BGB, 2017, § 86 Rn. 81.

838 *Fischer* in: Feick, Stiftung als Nachfolgeinstrument, § 9 Rn. 2; *Gummert* in: MünchHdbGesR, 5. Band, § 91 Rn. 16; *Krauß* in: Beck'sche Online-Formulare Vertrag, Kap. 18.1.2 Rn. 16; *Hippeli*, ZStV 2018, 167, 168.

Stifter als originären Vermögensinhaber daran gelegen sein, die Geschäfte eigenständig zu führen oder diese Aufgabe unbeschränkt geschäftsfähigen Personen mit entsprechender Expertise anzuvertrauen. Die Beteiligung des Minderjährigen an einer Familienstiftung dient vorwiegend dazu, eine Treuebindung zu erreichen, damit er später als unbeschränkt Geschäftsfähiger aktiv am Erhalt und an der Vermehrung des Familienvermögens mitwirkt.[839]

Vor diesem Hintergrund ist die Gründung eines reinen Aufsichtsgremiums zur Beteiligung eines Minderjährigen ungeeignet. Die diesem typischerweise obliegenden Pflichten wie beispielsweise die Kontrolle und Entlastung des Vorstands sowie die Feststellung des Jahresabschlusses[840] kann und soll ein Minderjähriger noch nicht übernehmen. Das Gleiche gilt für die Beteiligung an einem Gremium, das an Grundlagenentscheidungen, beispielsweise Satzungs- und Zweckänderungen und/oder Auflösung und Zusammenlegung der Stiftung, mitwirkt oder hierfür allein zuständig ist. Geeignet für eine Beteiligung Minderjähriger ist hingegen ein Gremium, das für die Organisation von Familientreffen und/oder die Koordination der Interessen der Destinatäre mit den Stiftungszwecken verantwortlich ist. Hierzu kommen verschiedene Gestaltungsvarianten in Betracht:

Etwa könnte ein fakultatives Gremium als Stiftungsorgan eingerichtet werden, das einerseits den Vorstand kontrolliert sowie an Grundlagenentscheidungen mitwirkt und andererseits Familientage organisiert und die Interessen der Destinatäre wahrnimmt. Innerhalb des Gremiums sollte dann eine Ressortaufteilung erfolgen, um den Einfluss der minderjährigen Mitglieder im Interesse des Stifters zu begrenzen. Eine andere Möglichkeit ist die Einrichtung mehrerer Gremien.[841] Neben dem Aufsichtsgremium würde ein weiteres Gremium eingerichtet werden, dessen Mitglieder zum Beispiel zugleich Destinatäre sind, und das der Koordination der Destinatärsinteressen mit der Stiftungstätigkeit dient. Ein solches Gremium wird häufig als „*Destinatärversammlung*“ bezeichnet.[842] Freilich könnte dieses Gremium aufgrund der Gestaltungsfreiheit des Stifters auch weitere Aufgaben übernehmen, wie beispielsweise die Organisation von Familientagen oder anderen Veranstaltungen zum Erhalt bestehender Familientraditionen.

Im Hinblick auf die langfristige Gewährleistung der Handlungsfähigkeit eines Gremiums ist es für Familienstiftungen mit einem kleinen bis mittleren

---

839 Vgl. Erster Teil § 1 II. und § 2, S. 26,32.

840 *Pruns/Schiffer/Schürmann* in: Stiftung in der Beraterpraxis, § 3 Rn. 75.

841 Vgl. *Hof* in: Münch. Vertragshdb. GesR, Kap. VIII.3 S. 1540-1541, 1554; *Krauß* in: Beck'sche Online-Formulare Vertrag, Kap. 18.1.2 Rn. 16.

842 *Gummert* in: MünchHdbGesR, 5. Band, § 91 Rn. 39; *Burgard,* Gestaltungsfreiheit im StiftR, S. 467.

Vermögen, bei denen auch die Anzahl der Familienmitglieder überschaubar ist, ratsam, allenfalls ein weiteres Gremium neben dem Vorstand zu errichten. Die Einrichtung mehrerer Gremien kann bei größeren Familienstiftungen, die mehrere verschiedene komplexe Stiftungszwecke verfolgen, über ein großes Stiftungsvermögen verfügen und auch die personelle Besetzung gewährleisten können, in Erwägung gezogen werden.

Eine Destinatärversammlung setzt voraus, dass es mehrere Destinatäre gibt, die bereits zum Zeitpunkt der Stiftungsgründung bestimmbar sind, um das Gremium entsprechend besetzen zu können. Ein solches Gremium hat den Vorteil, dass sämtliche Rechte und Pflichten der Destinatäre gebündelt werden können. Die Geltendmachung der Rechte erfolgt grundsätzlich im Wege von Mehrheitsbeschlüssen über das Gremium und nicht durch jeden einzelnen Destinatär individuell. Ein minderjähriger Abkömmling könnte so nicht nur als Destinatär, sondern auch als Mitglied der Destinatärversammlung beteiligt werden. Ob die Destinatärversammlung als Stiftungsorgan in der Satzung verankert oder lediglich auf vertraglicher Grundlage als externes Gremium gegründet wird, bleibt dem Stifter überlassen. Bei der Ausgestaltung der Rechte und Pflichten einer Destinatärversammlung ist zu bedenken, dass der Stifter vorrangig den Erhalt des Stiftungsvermögens sicherstellen will.[843] Eine Destinatärversammlung soll daran nichts ändern können, so dass deren Rechte und Pflichten nicht zu weit gehen dürfen. Der Stifter könnte sich zwar auch selbst zum Vorsitzenden der Destinatärversammlung ernennen und darüber den Einfluss der Destinatäre kontrollieren. Grundsätzlich ist eine Stiftung aber auf Dauer über den Tod des Stifters hinaus angelegt.[844] Zudem können die in einer Satzung gewährten Rechte und Pflichten nur im Wege einer Satzungsänderung entzogen werden, was wiederum nur unter engen Voraussetzungen möglich ist.[845]

Schließlich ist zu bedenken, dass ein Minderjähriger, der das siebente Lebensjahr noch nicht vollendet hat, aufgrund seiner (fehlenden) geistigen Reife und mangels Geschäftsfähigkeit kaum eigenständig tätig werden kann. Hat ein Minderjähriger das siebente Lebensjahr vollendet, kann er immerhin Willenserklärungen abgeben, die lediglich rechtlich vorteilhaft oder zumindest neutral sind (§ 107 BGB) Mithin müssten die Eltern als gesetzliche Vertreter bei der Ausübung der Rechte zumeist einbezogen werden. Insoweit wäre mit der

---

843 Siehe Erster Teil § 1. II., S. 26-27.

844 *Pruns/Schiffer/Schürmann* in: Stiftung in der Beraterpraxis, § 3 Rn. 45.

845 Vgl. *Pruns/Schiffer* in: Stiftung in der Beraterpraxis, § 4 Rn. 57-60; *Jakob*, Schutz der Stiftung, S. 434, 437.

Rechtsposition auch ein gewisser Organisations- und Zeitaufwand für die Eltern verbunden. Zugleich würden beide Elternteile Einblicke in die Tätigkeit der Stiftung erhalten, selbst wenn sie nicht beteiligt wären. Dies ist zumindest in den Fällen kritisch, in denen der Stifter bewusst einen oder beide Elternteile nicht beteiligt hat, zum Beispiel weil er die- oder denjenigen im Hinblick auf den Erhalt des Vermögens als ungeeignet erachtet.

Die Errichtung eines fakultativen Gremiums sollte daher nicht ausschließlich zur Beteiligung minderjähriger Abkömmlinge erfolgen; stattdessen müssen noch andere Erwägungen dafürsprechen. Mangels gesetzlicher interner Kontrollinstanz bietet sich grundsätzlich die Errichtung eines Aufsichtsgremiums an,[846] das neben der Kontrolle des Vorstands auch andere Aufgaben wahrnehmen kann. Im Fall der Beteiligung eines Minderjährigen ist darauf zu achten, dass seine Rechte und Pflichten auf die für ihn geeigneten Aufgabenbereiche beschränkt wird.

2. *Die Beteiligung als Gremiumsmitglied*

Die Beteiligung eines Minderjährigen an einem fakultativen Gremium setzt dessen wirksame Bestellung zum Organmitglied voraus. Der Stifter entscheidet, wer die Organmitglieder des fakultativen Gremiums bestellt. Es muss nicht dasselbe Verfahren wie für die Bestellung des Vorstands zur Anwendung kommen.[847] Der Stifter kann die Mitglieder selbst bestimmen oder bestimmte Anforderungen festlegen und Dritten, zum Beispiel Spendern, die Bestellung überlassen. Auch der Vorstand dürfte mit der Bestellung beauftragt werden. Sofern das Gremium der Kontrolle des Vorstands dient, ist davon jedoch abzuraten.[848] Eine Nachbesetzung kann auch organintern durch das fakultative Gremium erfolgen.[849] Da ein Minderjähriger in dem Gremium bestimmte Pflichten übernehmen soll, ist die Bestellung erst wirksam, wenn er sie annimmt. Aufgrund der fehlenden Geschäftsfähigkeit müsste die Annahme von den Eltern als gesetzliche Vertreter erklärt werden. Ein beschränkt geschäftsfähiger Minderjähriger könnte

---

846 So auch: *Hüttemann/Rawert* in: Staudinger, BGB, 2017, Vorbem. zu §§ 80 ff. Rn. 12; *Burgard,* Gestaltungsfreiheit im StiftR, S. 267; *Hippeli*, ZStV 2018, 167, 168.

847 *Gummert* in: MünchHdbGesR, 5. Band, § 92 Rn. 6.

848 *Gummert* in: MünchHdbGesR, 5. Band, § 92 Rn. 11; *Schlüter/Stolte* in: Stiftungsrecht, Kap. 2 Rn. 60.

849 *Gummert* in: MünchHdbGesR, 5. Band, § 92 Rn. 13; *Schlüter/Stolte* in: Stiftungsrecht, Kap. 2 Rn. 59.

die Bestellung selbst annehmen, wenn sein gesetzlicher Vertreter einwilligt (§ 107 BGB).

Vertritt ein Elternteil die Stiftung, sind im Fall der gemeinsamen Sorge beide Elternteile gemäß §§ 1629 Abs. 2 Satz 1, 1795 Abs. 2, 181 BGB von der Vertretung ausgeschlossen und ein Ergänzungspfleger muss bestellt werden (§ 1909 Abs. 1 Satz 1 BGB). Selbst wenn ein Elternteil nicht als Vertreter der Stiftung auftritt, aber an der Bestellung mitwirkt, zum Beispiel als Stifter im Rahmen der Initialbestellung oder als Mitglied des verantwortlichen Kreationsorgans, besteht die Gefahr, dass er die Interessen seines Kindes nicht unbefangen wahrnehmen kann. In dem Fall droht eine Entziehung der Vertretungsmacht gemäß §§ 1629 Abs. 2 Satz 3, 1796 BGB. Das Gleiche gilt, wenn ein Minderjähriger als künftiges Organmitglied den mit einem Elternteil besetzten Vorstand überwachen muss. In diesen Konstellationen ist vorsorglich dem Familiengericht der Sachverhalt zu schildern und darzulegen, inwieweit der andere Elternteil die Interessen seines Kindes angemessen wahrnehmen kann. Ob dem betroffenen Elternteil die gesetzliche Vertretungsmacht entzogen wird und der andere Elternteil sein Kind allein vertreten darf, oder ein Ergänzungspfleger bestellt wird, liegt im Ermessen des zuständigen Familiengerichts.

3. *Familiengerichtliche Genehmigung*

Die Bestellung zum Organmitglied fällt nicht unter die gesetzlich normierten Genehmigungsvorbehalte. Mit der Amtsannahme ist der Minderjährige zwar an die Stiftungssatzung gebunden. Er übernimmt aber keine fremden Verbindlichkeiten.[850] Eine familiengerichtliche Genehmigung ist für die Bestellung eines Minderjährigen zum Organmitglied eines fakultativen Gremiums somit nicht erforderlich.

4. *Zwischenergebnis*

An einem fakultativen Gremium können sowohl geschäftsunfähige als auch beschränkt geschäftsfähige Minderjährige beteiligt werden. Allein zum Zweck der Beteiligung Minderjähriger ist die Gründung eines fakultativen Gremiums nicht zu empfehlen. Das Gremium muss zur Erfüllung der Stiftungszwecke beitragen. Insoweit werden ihm bestimmte Aufgaben übertragen. Üblich und ratsam ist die Einrichtung eines Aufsichtsgremiums, das die Tätigkeit des Vorstands kontrolliert. Mit dieser Aufgabe wird jedoch selbst ein fast volljähriger

850 Vgl. Dritter Teil § 3 II.3.a., S. 215-216.

Minderjähriger regelmäßig überfordert sein. Wenn ein Minderjähriger Einblicke in den Geschäftsablauf erhalten und über die Beteiligung im fakultativen Gremium an die Stiftung gebunden werden soll, sind dem Gremium neben der Aufsicht über den Vorstand weitere Aufgaben zuzuweisen, die der zu beteiligende Minderjährige eigenverantwortlich übernehmen kann, beispielsweise die Organisation von Familientreffen zum Erhalt der Familienwerte oder die Koordination der Destinatärsinteressen. Da aber auch die Erfüllung dieser Aufgaben eine gewisse, geistige Reife des Verantwortlichen voraussetzt, kommt im Ergebnis nur eine Beteiligung älterer, beschränkt geschäftsfähiger Minderjähriger am fakultativen Gremium in Betracht.

Da mit der Organstellung Pflichten verbunden sind, muss ein Minderjähriger durch seinen gesetzlichen Vertreter der Bestellung zustimmen. Falls ein Elternteil als Stifter, Vorstandsmitglied oder Mitglied des fakultativen Gremiums zugleich für die Bestellung seines minderjährigen Kindes zum Organmitglied zuständig ist, sind im Fall der gemeinsamen Sorge regelmäßig beide Elternteile aufgrund der Gefahr einer Interessenkollision von der Vertretung ausgeschlossen. Eine familiengerichtliche Genehmigung ist nicht erforderlich; keiner der gesetzlich normierten Genehmigungsvorbehalte ist einschlägig.

IV. Anfallberechtigter

Beabsichtigt ein Stifter, einen Minderjährigen zu begünstigen, besteht neben der Bestimmung zum Destinatär die Möglichkeit, den Minderjährigen zum Anfallberechtigten zu bestimmen. Der Anfallberechtigte ist gemäß § 88 Satz 1 BGB die in der Stiftungssatzung bestimmte Person, an die das Stiftungsvermögen mit Erlöschen der Stiftung fällt.

1. Grundlagen

Hinsichtlich der Auswahl des Anfallberechtigten enthält das Gesetz keine Vorgaben. Lediglich subsidiär für den Fall der Nichtbenennung bestimmt § 88 Satz 2 Var. 1 BGB den Fiskus des Landes, in dem die Stiftung ihren Sitz hat, zum Anfallberechtigten. Die jeweiligen Landesgesetzgeber sind jedoch gemäß § 88 Satz 2 Var. 2 BGB dazu ermächtigt, per Gesetz einen anderen zum Anfallberechtigten zu bestimmen.[851] Dem Stifter steht es somit frei, eine oder mehrere

851 Die meisten Landesgesetzgeber haben davon für kommunale und/oder kirchliche Stiftungen Gebrauch gemacht und die entsprechende Gebietskörperschaft, den Zweckverband oder die Kirche zum Anfallberechtigten bestimmt. Lediglich in Berlin und

natürliche oder juristische Personen zu Anfallberechtigten zu bestimmen.[852] Strittig ist, ob er die Entscheidung einem Stiftungsorgan überlassen kann.[853] Zum Teil wird dies unter analoger Heranziehung von § 2065 Abs. 2 Var. 1 BGB abgelehnt.[854] Dem ist nicht zu folgen, da die Interessenlage nicht vergleichbar ist. § 2065 Abs. 2 Var. 1 BGB verbietet die Entscheidung über die Person des Zuwendungsempfängers von dem Rechtsinhaber (Erblasser) auf einen Dritten zu verlagern. Beim Vermögensanfall wegen Erlöschens der Stiftung ist Rechtsinhaber jedoch nicht (mehr) der Stifter,[855] sondern die Stiftung selbst. Deshalb sollte es auch den Stiftungsorganen unter Beachtung des Stiftungszwecks gestattet sein, den Anfallberechtigten zu bestimmen. Zudem gilt § 2065 Abs. 2 BGB nicht, wenn der Erblasser Kriterien festgelegt und den Kreis der Begünstigten dadurch so einengt, dass eine objektive Bestimmung möglich ist, z.B. durch Angabe des Verwandtschaftsverhältnisses.[856] Darüber hinaus hat der Gesetzgeber dem Stifter weitgehende Gestaltungsfreiheit im Hinblick auf die Organisation der Stiftung eingeräumt. Die Bundes- und Landesgesetze enthalten hierzu nur wenige

---

Nordrhein-Westfalen wurden bisher keinen abweichenden Regelungen beschlossen. Zur Gebietskörperschaft vgl. Art. 9 BayStG; § 11 Nr. 1 BbgStiftG; § 31 Abs. 2 Nr. 2 BWStiftG; § 23 Abs. 1 Nr. 1 HessStiftG; § 10 Abs. 4 StiftG M-V; § 9 Abs. 1 Nr. 1 NStiftG; § 10 Abs. 3 RhPfStiftG;; § 11 Abs. 1 Nr. 1 SächsStiftG; § 7 Abs. 1 Nr. 1 SchlHStiftG; § 20 Abs. 3 StiftG SL; § 15 Abs. 3 ThürStiftG; zum Zweckverband vgl. § 31 Abs. 2 Nr. 2 BWStiftG; § 23 Abs. 1 Nr. 2 HessStiftG; § 10 Abs. 3 RhPfStiftG; zur Kirche als Anfallberechtigte vgl. Art. 9 BayStG; § 11 Nr. 2 BbgStiftG; § 26 Abs. 2 BWStiftG; § 16 Abs. 2 Nr. 6 BremStiftG; § 7 Abs. 2 HmbStiftG; § 23 Abs. 1 Nr. 3 HessStiftG; § 11 Abs. 4 StiftG M-V; § 9 Abs. 1 Nr. 2 NStiftG; § 10 Abs. 3 RhPfStiftG; § 12 Abs. 3 SachsAnhStiftG; § 11 Abs. 1 Nr. 2 SächsStiftG; § 7 Abs. 1 Nr. 2 SchlHStiftG; § 19 Abs. 5 StiftG SL; § 16 Abs. 5 ThürStiftG.

852 Vgl. *Stumpf* in: Stumpf/Suerbaum et al., Stiftungsrecht, § 88 BGB Rn. 10; *Plottek*, Vermögensanfall, S. 150.

853 Dafür *Hof* in: Stiftungsrecht-Hdb., § 11 Rn. 23; *Stumpf* in: Stumpf/Suerbaum et al., Stiftungsrecht, § 88 Rn. 10; *Krauß* in: Beck'sche Online-Formulare Vertrag, Kap. 18.1.2, § 14; *Burgard*, Gestaltungsfreiheit im StiftR, S. 650; a.A. *Backert* in: BeckOK BGB, § 88 Rn. 3, 5; *Weitemeyer* in: MüKo, BGB, 1. Band, § 88 Rn. 10; *Muscheler*, Stiftungsrecht, S. 300.

854 *Muscheler*, Stiftungsrecht, S. 300.

855 Vgl. zum Rechtsverlust *Jakob*, Schutz der Stiftung, S. 128; *Jeß*, Verhältnis des lebenden Stifters zur Stiftung, S. 12-13.

856 *Leipold* in: MüKo, BGB, 11. Band, § 2065 Rn. 28-29; *Litzenburger* in: BeckOK BGB, § 2065 Rn. 17-18.

Vorgaben, stattdessen soll der Stifter die Stiftungsverfassung regeln.[857] Aus den vorgenannten Gründen genügt es, wenn der Stifter in der Satzung Auswahlkriterien festlegt, die dem Stiftungsorgan die Bestimmung des oder der Anfallberechtigten im Sinne des Stiftungszwecks und des Stifterwillens erlaubt.

Ferner kann die anfallberechtigte Person zusätzlich auch in anderer Funktion an der Stiftung beteiligt sein, z.B. als Destinatär oder Mitglied in einem Stiftungsorgan.[858] Üblicherweise sind ein oder mehrere Abkömmlinge, die zugleich Destinatäre sind, anfallberechtigt.[859] Der Stifter kann zwar auch nicht verwandte Dritte zu Anfallberechtigten bestimmen.[860] Dies sollte im Hinblick auf erb- und schenkungsteuerliche Konsequenzen gut überlegt sein, da die Finanzverwaltung eine Familienstiftung unter Bezugnahme auf § 15 Abs. 2 AStG nur anerkennt, wenn der Stifter und seine Familie gemäß der Stiftungssatzung *„zu mehr als einem Viertel bezugs- oder anfallberechtigt sind und zusätzliche Merkmale ein ‚wesentliches Familieninteresse‘ belegen“*, zum Beispiel, indem Familienangehörige zugleich einen umfassenden Einfluss auf die Geschäftsführung haben. Zusätzlicher Belege des Familieninteresses bedarf es nicht, wenn der Stifter und seine Familie zu mehr als der Hälfte bezugs- oder anfallberechtigt sind.[861]

Im Gegensatz zum Destinatär erhält der Anfallberechtigte keine regelmäßigen Leistungen, sondern ist gemäß § 88 Satz 1 BGB nur einmal im Fall des Erlöschens der Stiftung bezugsberechtigt. Eine kontinuierliche Absicherung ist mittels der Beteiligung als Anfallberechtigter somit nicht möglich. Falls der Stifter befürchtet, dass ein Anfallberechtigter aus eigenem Interesse auf eine Auflösung der Stiftung hinwirkt, um an das Stiftungsvermögen zu gelangen, und aufgrund einer parallelen Position in einem Stiftungsorgan Einfluss auf die Geschäftsführung oder die Erfüllung des Stiftungszwecks hat, kann der Stifter dieses Risiko verringern, indem er in der Satzung festlegt, dass ein Auflösungsbeschluss nur mit Zustimmung der nicht anfallberechtigten Organmitglieder wirksam ist.[862]

---

857 Vgl. § 85 BGB; *Hüttemann/Rawert* in: Staudinger, BGB, 2017, § 85 Rn. 6; *Jakob,* Schutz der Stiftung, S. 129; *Jeß,* Verhältnis des lebenden Stifters zur Stiftung, S. 13, 69.

858 Vgl. *Stumpf* in: Stumpf/Suerbaum et al., Stiftungsrecht, § 88 BGB Rn. 10; *Jakob,* Schutz der Stiftung, S. 326; *Plottek,* Vermögensanfall, S. 151.

859 Vgl. *Krauß* in: Beck'sche Online-Formulare Vertrag, Kap. 18.1.2, § 14 Abs. 3, Rn. 6; *Müller* in: Hannes, Vermögens-/Unternehmensnachfolge, S. 1257, 1261; *Burgard,* Gestaltungsfreiheit im StiftR, S. 650; *Holt/Koch,* Stiftungssatzung, S. 152-153.

860 *Burgard,* Gestaltungsfreiheit im StiftR, S. 650.

861 Siehe Fußn. 693, S. 184.

862 *Godron* in: Feick, Stiftung als Nachfolgeinstrument, § 29 Rn. 124.

Besonderheiten im Hinblick auf die Bestimmung des Anfallberechtigten gelten im Fall einer gemeinnützigen Familienstiftung. Hier ist die Gestaltungsfreiheit des Stifters begrenzt, da das Stiftungsvermögen auch bei Auflösung oder Aufhebung der Stiftung nur für steuerbegünstigte, d.h. gemeinnützige, mildtätige oder kirchliche Zwecke, verwendet werden darf.[863] Anderenfalls besteht gemäß § 61 Abs. 3 AO das Risiko einer rückwirkenden Nachversteuerung für die letzten zehn Jahre vor der Zweckänderung der Vermögensbindung.

2. *Die Beteiligung als Anfallberechtigter*

Auch im Zusammenhang mit der Beteiligung eines Minderjährigen als Anfallberechtigter stellt sich die Frage, inwieweit die Mitwirkung der Eltern als gesetzlicher Vertreter erforderlich ist und ob gegebenenfalls ein Ergänzungspfleger bestellt werden muss, wenn ein Elternteil zugleich für die Stiftung tätig wird.

Vergleichbar mit der Beteiligung als Destinatär steht dem Anfallberechtigten weder ein Leistungsanspruch zu, noch sind mit der Position Pflichten verbunden, die einer Annahme und damit einer Willenserklärung seitens des Minderjährigen bedürften. Infolgedessen kann der Stifter einen Minderjährigen einseitig zum Anfallberechtigten bestimmen. Selbst wenn dem Anfallberechtigten ein Leistungsanspruch eingeräumt wird, kann dies einseitig durch den Stifter in der Stiftungssatzung oder durch Beschluss des zuständigen Stiftungsorgans erfolgen, da mit dem Anspruch keine Rechtsnachteile verbunden sind. Der Anfallberechtigte haftet gegenüber den Gläubigern der Stiftung nicht; eine Haftung könnte lediglich den Liquidator treffen (§§ 53, 88 Satz 3 BGB). Allenfalls hat die Stiftung einen bereicherungsrechtlichen Anspruch gemäß § 812 BGB gegen den Anfallberechtigten.[864] Aufgrund der Einrede der Entreicherung gemäß § 818 Abs. 3 BGB ist dieser Gegenanspruch jedoch nicht rechtlich nachteilig für einen Minderjährigen.

Gänzlich ohne eine zumindest konkludente Erklärung des Anfallberechtigten ist eine Übertragung des Restvermögens gleichwohl nicht möglich. Eine Gesamtrechtsnachfolge findet nur statt, wenn der Fiskus zum Anfallberechtigten bestimmt wurde (§§ 46 Satz 1, 88 Satz 3 BGB), so dass für die Übertragung eine Annahme durch den Minderjährigen erforderlich ist.[865] Zudem

863 Vgl. §§ 55 Abs. 1 Nr. 4, 61 Abs. 1 AO.

864 *Gummert* in: MünchHdbGesR, 5. Band, § 118 Rn. 23; *Leuschner* in: MüKo, BGB, 1. Band, § 45 Rn. 7.

865 Vgl. allgemein zur Übertragung auf die anfallberechtigte Person *Backert* in: BeckOK BGB, § 88 Rn. 4, 5; *Hüttemann/Rawert* in: Staudinger, BGB, 2017, § 88 Rn. 9, 11.

wird eine Erklärung notwendig, wenn der Anfallberechtigte den Leistungsanspruch geltend machen will, beispielsweise weil der Liquidator die Übertragung des Restvermögens nicht von sich aus anbietet.[866] Da die Willenserklärung eines geschäftsunfähigen Minderjährigen unwirksam ist (§§ 104 Nr. 1, 105 Abs. 1 BGB), muss er sich gemäß §§ 1629 Abs. 1 Satz 2 BGB von seinen Eltern vertreten lassen.[867] Die Stiftung wird wiederum vom Stiftungsvorstand als Liquidator vertreten (§§ 48 Abs. 1 Satz 1, 88 Satz 3 BGB). In einer Familienstiftung wird regelmäßig zumindest ein Elternteil oder einer seiner Verwandten in gerader Linie selbst Mitglied des Stiftungsvorstands und damit Liquidator sein. Vertritt ein Elternteil beide Seiten, könnte die Gefahr einer Interessenkollision bestehen, die gemäß § 181 Var. 2 BGB zum Vertretungsausschluss des betroffenen Elternteils, im Fall der gemeinsamen Sorge gemäß §§ 1629 Abs. 2 Satz 1, 1795 Abs. 2, 181 BGB aber auch zum Ausschluss des anderen Elternteils führt. Im Hinblick auf eine mögliche Interessenkollision sind die Rechtsfolgen genauer zu betrachten, die aus der Geltendmachung des Leistungsanspruchs bzw. der Annahme der Vermögensübertragung oder deren Ablehnung resultieren. Der Leistungsanspruch und somit auch die Vermögensübertragung sind regelmäßig auf eine Geldschuld gerichtet, da die Liquidatoren gemäß §§ 49 Abs. 1 Satz 1, 88

866 Ab welchem Zeitpunkt der Anfallberechtigte einen schuldrechtlichen Anspruch auf das verbleibende Restvermögen hat, ist strittig. Im Zusammenhang mit der Stiftung wird diese Frage bisher kaum diskutiert und im Hinblick auf die hier entsprechend anzuwendenden vereinsrechtlichen Vorschriften (§§ 47 ff. BGB) wird sie uneinheitlich beantwortet. Nach überwiegender Ansicht muss zunächst eine Liquidation stattfinden, § 88 Satz 3 BGB iVm. § 47 BGB; der Leistungsanspruch entsteht erst zum Ende des Liquidationsverfahrens nach Befriedigung der Gläubiger und Ablauf des Sperrjahres (§ 51 BGB) (*Backert* in: BeckOK BGB, § 88 Rn. 5; *Weiß* in: Baumann/Sikora, Hdb VereinsR, § 13 Rn. 263, 268; *Muscheler*, Stiftungsrecht, S. 195-198). Etwas anderes gilt jedoch, wenn dem Anfallberechtigten in der Satzung Sonderrechte eingeräumt wurden, infolgedessen eine Änderung seiner Zustimmung bedarf (*Hadding* in: Soergel, BGB, 1. Band, § 45 Rn. 10; *Weiß* in: Baumann/Sikora, Hdb VereinsR, § 13 Rn. 263). Auch der Anfallberechtigte, dem gemäß der Satzung ein Leistungsanspruch zusteht, kann die Auskehr des Vermögensüberschusses gemäß §§ 49 Abs. 1 Satz 1, 51, 88 Satz 3 BGB erst im Fall der Auflösung der Stiftung nach Befriedigung der Gläubiger und Ablauf des Sperrjahres verlangen kann. Mithin entsteht mit Stiftungserrichtung zunächst nur ein aufschiebend bedingter und befristeter Anspruch auf Auskehr des Restvermögens.

867 Ein beschränkt Geschäftsfähiger muss sich zwar nicht zwingend gesetzlich vertreten lassen, benötigt für Willenserklärungen, die rechtlich nachteilig sind, aber die Einwilligung seines gesetzlichen Vertreters, § 107 BGB.

Satz 3 BGB grundsätzlich dazu verpflichtet sind, die Forderungen der Stiftung einzuziehen und das übrige Vermögen in Geld umzusetzen. Nur in Ausnahmefällen darf die Umsetzung unterbleiben (§§ 49 Abs. 1 Satz 3, 88 Satz 3 BGB), beispielsweise wenn genügend liquide Mittel vorhanden sind, um die Gläubiger zu befriedigen oder die Gläubiger zur Entgegennahme von Vermögengegenständen der Stiftung an Erfüllung statt bereit sind und der Anfallberechtigte mit einer Übertragung des restlichen Stiftungsvermögens in natura einverstanden ist oder nach der Satzung lediglich die Herausgabe des Restvermögens in natura verlangt werden kann.[868] Die (außergerichtliche)[869] Geltendmachung des Leistungsanspruchs und die Annahme der Vermögensübertragung verbessern somit regelmäßig die Vermögensposition des Minderjährigen. Da er lediglich einen rechtlichen Vorteil erlangt, gelten bezüglich der Vertretung des Minderjährigen die Verbote nach §§ 181 und 1629 Abs. 2, 1795 BGB im Wege der teleologischen Reduktion nicht.[870] Für die Stiftung ist die Vermögensübertragung zwar nicht lediglich rechtlich vorteilhaft. Sie ist dazu aber aufgrund des Leistungsanspruchs des Anfallberechtigten verpflichtet, so dass die Vermögensübertragung ausschließlich in der Erfüllung einer Verbindlichkeit gemäß § 181 BGB besteht. In diesem Fall gilt das Vertretungsverbot aus § 181 BGB ebenfalls nicht. Der im Stiftungsvorstand tätige Elternteil kann mithin gemeinsam mit den anderen Mitgliedern als Liquidator die Stiftung vertreten.

Die Ablehnung der Vermögensübertragung ist dagegen regelmäßig rechtlich nachteilig, weil der Minderjährige damit zugleich seinen Leistungsanspruch aufgibt und sich seine Rechtsposition verschlechtert. Demgemäß ist auch der im Voraus erklärte Verzicht auf den Leistungsanspruch rechtlich nachteilig. Die Gefahr einer Interessenkollision ist hier nicht ausgeschlossen, so dass für den im Stiftungsvorstand tätigen Elternteil das Vertretungsverbot des § 181 Var. 2 BGB greift. Gemäß §§ 1629 Abs. 2 Satz 1, 1795 Abs. 2, 181 BGB ist im Fall der

---

868 Vgl. *Leuschner* in: MüKo, BGB, 1. Band, § 49 Rn. 8; *Weick* in: Staudinger, BGB, 2005, § 49 Rn. 10.

869 Bei der prozessualen Durchsetzung müsste sich dagegen der Geschäftsunfähige mangels Prozessfähigkeit gesetzlich vertreten lassen. Dies gilt grundsätzlich auch für den beschränkt Geschäftsfähigen mit Ausnahme von Rechtstreitigkeiten, die im Zusammenhang mit §§ 112, 113 BGB stehen, da der Minderjährige hier als unbeschränkt geschäftsfähig gilt. Siehe *Althammer* in: Zöller, ZPO, § 52 Rn. 7-8.

870 Zur teleologischen Reduktion bei lediglich rechtlich vorteilhaften Rechtsgeschäften vgl. Zweiter Teil § 3 I.1.a., S. 46.

gemeinsamen Sorge auch der andere Elternteil an der Vertretung verhindert.[871] Mithin muss gemäß § 1909 Abs. 1 Satz 1 BGB ein Ergänzungspfleger bestellt werden, der dann unter Berücksichtigung des Kindeswohls entscheidet, ob er die Vermögensübertragung im Namen des Minderjährigen tatsächlich ablehnt oder stattdessen annimmt. Selbst eine rechtlich vorteilhafte Annahme kann dann nicht mehr durch die Eltern erklärt werden, weil ihnen mit Bestellung des Ergänzungspflegers die elterliche Sorge bezüglich der Entscheidung über die Vermögensübertragung zum Schutz des Rechtsverkehrs und der Rechtssicherheit insgesamt entzogen ist (§ 1630 Abs. 1 BGB). Falls der Ergänzungspfleger die Vermögensübertragung nämlich nicht im Namen des Minderjährigen ablehnt, die Eltern sie aber auch nicht annehmen wollen, würde eine notwendige Erklärung ausbleiben und dadurch eine rechtliche Unsicherheit entstehen.

Als Vertreter der Stiftung kann der betroffene Elternteil dagegen auch bei rechtlich nachteiligen Rechtsgeschäften vom Verbot des Insichgeschäfts befreit sein, wenn dies in der Stiftungssatzung vorgesehen ist oder danach zumindest ein Stiftungsorgan ermächtigt ist, eine entsprechende Befreiung zu erteilen und eine solche auch erteilt. Da die Liquidation aber im Gegensatz zum Stiftungszweck steht, genügt es nicht, wenn die Satzung lediglich eine Befreiung der Vorstandsmitglieder enthält, sondern es muss deutlich werden, dass sie auch als Liquidatoren vom Verbot des Insichgeschäfts befreit sind.[872]

Sofern mehrere Minderjährige anfallberechtigt sind und einen Ergänzungspfleger benötigen, können sie durch einen gemeinsamen Ergänzungspfleger vertreten werden. Es liegt keine unzulässige Mehrfachvertretung im Sinne von § 181 Var. 2. BGB vor, da die anfallberechtigten Minderjährigen nicht untereinander ein Rechtsgeschäft abschließen. Vielmehr stehen sie auf derselben Seite, so dass nicht die Gefahr einer Interessenkollision besteht. Sofern ein Ergänzungspfleger bestellt werden muss, ergeben sich für das Verfahren keine Besonderheiten im Vergleich zur Beteiligung an einer Familien-KG.[873]

---

871 Ist ein Elternteil dagegen allein sorgeberechtigt, gelten §§ 1629 Abs. 2, S. 1795 Abs. 2, 181 BGB nicht. Er kann den Minderjährigen somit wirksam vertreten, wenn er nicht selbst als Mitglied des Stiftungsvorstands Liquidator ist.

872 Vgl. BGH, NJW-RR 2009, 333, 334-335 (zu gesellschaftsvertraglichen Regelungen); ebenso OLG Köln, ZIP 2017, 79; *Schubert* in: MüKo, BGB, 1. Band, § 181 Rn. 84-85.

873 Siehe Zweiter Teil § 3 I.1.d., S. 62.

3. *Familiengerichtliche Genehmigung*

Die Beteiligung eines Minderjährigen als Anfallberechtigten ist aus Sicht eines Stifters auch deshalb empfehlenswert, weil eine familiengerichtliche Genehmigung regelmäßig nicht erforderlich ist. Weder benötigt der Stifter eine Genehmigung, um den Minderjährigen in der Stiftungssatzung als Anfallberechtigten einzusetzen, noch ist sie für den späteren Vermögensanfall erforderlich. Eine Genehmigung durch das Familiengericht wird vom Gesetz für die in §§ 1643 iVm. 1821 f. BGB (bzw. §§ 1915 Abs. 1 Satz 1 iVm. 1821 f. BGB) genannten Geschäfte verlangt, weil sie etwa wegen einer langen rechtsgeschäftlichen Bindung des Minderjährigen als potenziell risikobehaftet oder nachteilig erachtet werden oder über die der gesetzliche Vertreter wegen der besonderen Bedeutung des Vermögensgegenstandes nicht allein entscheiden soll.[874] Da der Leistungsanspruch des Anfallberechtigten grundsätzlich auf die Übertragung des Restvermögens in Geld gerichtet ist (§§ 49 Abs. 1 Satz 1, 88 Satz 3 BGB), ist er weder potenziell nachteilig, noch wird dadurch eine lange rechtsgeschäftliche Bindung begründet.

4. *Zwischenergebnis*

Wenn ein Stifter einen Abkömmling oder mehrere seiner minderjährigen Abkömmlinge begünstigen möchte, kann er sie nicht nur als Destinatäre, sondern auch als Anfallberechtigte beteiligen. Der Stifter muss den oder die Begünstigten nicht namentlich benennen. Stattdessen kann er Auswahlkriterien festlegen und die Bestimmung einem Stiftungsorgan überlassen. Im Gegensatz zum Destinatär hat der Anfallberechtigte aber nur einen Anspruch auf das Restvermögen, das nach Erlöschen der Stiftung übrig ist. Der Leistungsanspruch und somit auch die Vermögensübertragung sind regelmäßig auf eine Geldschuld gerichtet. Da der Vermögensanfall somit für den Minderjährigen rechtlich vorteilhaft ist, können die Eltern als gesetzliche Vertreter ihn auch vertreten, selbst wenn einer von ihnen als Liquidator die aufzulösende Stiftung vertritt. Die Vertretungsverbote nach § 1629 Abs. 2 BGB iVm. §§ 1795, 181 BGB kommen in diesem Fall nicht zur Anwendung. Eine familiengerichtliche Genehmigung ist nicht erforderlich.

---

874 *Kroll-Ludwigs* in: MüKo, BGB, 10. Band, § 1822 Rn. 1; *Veit* in: Staudinger, BGB, 2020, Vorbem. zu §§ 1821, 1822 Rn. 1.

V. Ergebnis

Wenn ein Stifter einen oder mehrere minderjährige Abkömmlinge finanziell absichern oder ihnen Leistungen gewähren möchte, ist es ratsam, die betreffenden Abkömmlinge als Destinatäre an der Stiftung zu beteiligen. Geht es dem Stifter darum, seinen minderjährigen Abkömmlingen einen Geldbetrag in unbestimmter Höhe zukommen zu lassen, kann er sie auch zu Anfallberechtigten bestimmen. Dabei ist zu bedenken, dass ein Anfallberechtigter nur einen einmaligen Anspruch auf das Restvermögen nach Erlöschen der Stiftung hat, so dass minderjährige Abkömmlinge durch die Einbeziehung als Anfallberechtigte keine regelmäßige Einnahmequelle erhalten. Von Gesetzes wegen ist weder die Beteiligung als Destinatär noch die als Anfallberechtigter rechtlich nachteilig. Das hat den Vorteil, dass der Stifter – selbst, wenn es sich dabei um einen Elternteil handelt – die Stiftung wirksam gründen kann, ohne einen Ergänzungspfleger hinzuziehen zu müssen. Ein beschränkt geschäftsfähiger Minderjähriger könnte die Zuwendung eigenständig wirksam annehmen.[875] Eine familiengerichtliche Genehmigung ist nicht erforderlich, es sei denn, ein Elternteil beabsichtigt, einen nicht unerheblichen Teil seines Vermögens auf die Stiftung zu übertragen, die Kinder von der Erbfolge auszuschließen und sie lediglich als Destinatäre zu begünstigen.[876]

Die Beteiligung Minderjähriger als Destinatäre ist für den Stifter zudem vorteilhaft und empfehlenswert, weil er die Rechtsposition frei ausgestalten kann. Sollte er einen minderjährigen Abkömmling als potenziell geeignet für die Nachfolge erachten und möchte er ihn deshalb mit dem Geschäftsbetrieb vertraut machen, kann er ihm zugleich Mitwirkungsrechte einräumen. Ist der Stifter sich hingegen unsicher, wie sich der Abkömmling entwickelt, kann er die Zuwendungen unter Auflagen und Rückforderungsvorbehalte stellen. Dies kann der Stifter aber nicht wirksam einseitig festlegen. Spätestens bei der Leistungsauskehr muss der Minderjährige entscheiden, ob er die Leistung einschließlich der damit verbundenen Verpflichtungen annimmt oder ablehnt. Aus Gründen der Rechtsklarheit und Rechtssicherheit empfiehlt es sich, einen Zuwendungsvertrag abzuschließen, in dem die Details geregelt sind. Sofern ein Elternteil die Stiftung vertritt, sind im Fall der gemeinsamen Sorge aufgrund der Gefahr einer Interessenkollision beide Elternteile von der gesetzlichen Vertretung ihres Kindes

875 Siehe zum Destinatär Dritter Teil § 3 I.1. und 2.a. und b.aa, S. 185-190; siehe zum Anfallberechtigten Dritter Teil § 3 IV.1. und 2., S. 229-235.

876 Siehe zum Destinatär Dritter Teil § 3 I.3., S. 197-198, siehe zum Anfallberechtigten Dritter Teil § 3 IV.3., S. 236.

ausgeschlossen (§§ 1629 Abs. 2 Satz 1, 1795 Abs. 2, 181 BGB). Somit müsste ein Ergänzungspfleger bestimmt werden. Falls die Stiftung beim Abschluss des Zuwendungsvertrages durch ein mehrgliedrig besetztes Stiftungsorgan vertreten wird, können sich die Eltern enthalten und den übrigen Organmitgliedern die Vertretung überlassen, sofern in der Satzung nichts Abweichendes geregelt ist. In diesem Fall können die Eltern ihr Kind wirksam vertreten.[877]

Im Gegensatz zum geschäftsunfähigen Minderjährigen, kann ein beschränkt Geschäftsfähiger am Vorstand beteiligt werden. Da der Vorstand aber Vertretungs- und Geschäftsführungsorgan der Stiftung ist, sollte die Beteiligung wohl überlegt sein und dürfte nur ausnahmsweise in Betracht kommen. Eine solche Beteiligung gewährt einem geeigneten Nachfolger zwar gute Einblicke in den Geschäftsbetrieb, er muss aber auch über die geistige Reife verfügen, um zumindest einige Aufgaben übernehmen zu können. Die Vertretungsmacht der einzelnen Vorstandsmitglieder kann zwar mit Wirkung gegenüber Dritten in der Stiftungssatzung begrenzt oder ausgeschlossen werden. Vorteilhafter ist dennoch die Beteiligung an einem fakultativen Gremium. Sofern abzusehen ist, dass es genügend Familienangehörige gibt, die an der Stiftung beteiligt werden können, wird typischerweise neben dem Vorstand als weiteres Stiftungsorgan ein Aufsichtsgremium gegründet. Dieses kann außer der Aufsicht über den Vorstand auch andere Aufgaben übernehmen, zum Beispiel, die Koordination der Destinatärsinteressen oder die Organisation von Familientagen. Der Stifter bestimmt, ob an dem Gremium geschäftsunfähige und beschränkt geschäftsfähige Minderjährige beteiligt werden dürfen. Er kann sie namentlich benennen oder Auswahlkriterien festlegen, nach denen der Vorstand, ein Dritter oder die übrigen Mitglieder des fakultativen Gremiums die Minderjährigen auswählen.[878] Im Wege einer Ressortaufteilung kann ein geeigneter beschränkt geschäftsfähiger Minderjähriger sinnvoll in die Stiftungstätigkeit eingebunden werden. Ein minderjähriges Organmitglied kann zwar auch eine Vergütung erhalten, wenn der Stifter dies in der Satzung gestattet hat. Da die Organmitglieder ihre Auslagen aber von der Stiftung erstattet bekommen (§§ 670, 27 Abs. 3 Satz 1 und 2, 86 Satz 1 BGB) und der Minderjährige zunächst nur in geringem Umfang an die Stiftungstätigkeit herangeführt werden soll, ist eine Vergütung nicht unbedingt erforderlich. Um im Fall einer schuldhaften Pflichtverletzung von dem gesetzlichen Haftungsprivileg und der Beweislastumkehr nach §§ 31a, 86 Satz 1 BGB

877 Siehe Dritter Teil § 3 I.2.b.bb., S. 191-195.
878 Siehe Dritter Teil § 3 III.1., S. 222-227.

profitieren zu können, sollte im Fall einer Vergütung die in § 31a BGB normierte Vergütungsgrenze nicht überschritten werden (derzeit EUR 720 jährlich).

Da einem Minderjährigen als Organmitglied Pflichten treffen, ist die Bestellung für ihn rechtlich nachteilig, so dass auch ein beschränkt Geschäftsfähiger gesetzlich vertreten werden muss oder der Einwilligung bedarf (§ 107 BGB). Falls ein Elternteil als Stifter, Vorstandsmitglied oder Mitglied des fakultativen Gremiums zugleich für die Bestellung seines minderjährigen Kindes zum Organmitglied zuständig ist, sind im Fall der gemeinsamen Sorge beide Elternteile aufgrund der Gefahr einer Interessenkollision von der Vertretung ausgeschlossen. Die Mitwirkung eines Verwandten in gerader Linie eines Elternteils auf Seiten der Stiftung ist hingegen grundsätzlich unbedenklich, da kein Rechtsverhältnis mit ihm, sondern mit der Stiftung begründet wird und der Vertretungsausschluss nach §§ 1629 Abs. 2 Satz 1, 1795 Abs. 1 Nr. 1 BGB somit nicht greift.[879] Eine familiengerichtliche Genehmigung ist allenfalls erforderlich, wenn ein Anstellungsvertrag mit dem Minderjährigen mit einer Laufzeit von länger als einem Jahr geschlossen werden soll, und der Minderjährige nicht durch seine Eltern, sondern von einem Ergänzungspfleger vertreten wird (§ 1822 Nr. 7, 1915 Abs. 1 Satz 1 BGB).[880]

§ 4 Rechte und Pflichten minderjähriger Stiftungsbeteiligter

Auch wenn ein Stifter einen oder mehrere minderjährige Abkömmlinge an der Stiftung beteiligen möchte, dient die Stiftungsgründung regelmäßig vorrangig der Sicherung, Erhaltung und Mehrung seines Vermögens.[881] Zu Lebzeiten bestellt sich ein Stifter zumeist selbst zum Vorstandsmitglied, um auf die Stiftungstätigkeit weiterhin Einfluss nehmen zu können.[882] Entscheidungen sollen dem Stifterwillen entsprechen und möglichst schnell, unkompliziert und kostengünstig getroffen werden, um effektiv auf Veränderungen reagieren zu können. Daran soll sich durch die Beteiligung eines Minderjährigen nichts ändern. Wenngleich bestimmte Abkömmlinge mit dem Familienvermögen vertraut gemacht werden sollen, sollen sie regelmäßig nicht berechtigt sein,

879 Siehe Dritter Teil § 3 II.2.a., S. 206-209.

880 Siehe Dritter Teil § 3 II.3.b.aa., S. 218.

881 *Godron* in: Richter, Stiftungsrecht, § 6 Rn. 18; *Hüttemann/Rawert* in: Staudinger, BGB, 2017, § 86 Rn. 8; *Grambow*, Organ- und Anstellungsverhältnis, Rn. 780.

882 Siehe Erster Teil § 1 III., 26-27.

Entscheidungen zu verhindern, Auskünfte entgegen dem Mehrheitswillen zu verlangen oder sensible Geschäftsinformationen zu erhalten. Im Gegensatz zur Beteiligung als Gesellschafter an einer KG gibt es in der Stiftung zwar Beteiligte, denen keine Rechte von Gesetzes wegen zustehen, wie beispielsweise der Destinatär,[883] der daher keinen Einfluss auf die Stiftungstätigkeit nehmen kann. Dennoch gibt es auch Stiftungsbeteiligte, zum Beispiel Vorstands- und andere Organmitglieder, die sehr wohl an der Verwaltung des Stiftungsvermögens mitwirken. Die konkreten Rechte und Pflichten hängen somit vor allem von der Art der Beteiligung eines Minderjährigen an der Stiftung ab. Zugleich eröffnet die Rechtsform der Stiftung dem Stifter einen Gestaltungsspielraum, einzelnen Abkömmlingen Sonderrechte einzuräumen und -pflichten aufzuerlegen. Des Weiteren ist zu berücksichtigen, dass ein Minderjähriger zunächst geschäftsunfähig und mit Vollendung des siebenten Lebensjahres nur beschränkt geschäftsfähig ist, so dass zur wirksamen Abgabe einer Willenserklärung regelmäßig die Mitwirkung seines gesetzlichen Vertreters erforderlich ist. Dies sind im Fall der gemeinsamen Sorge zwar grundsätzlichen die Eltern (§ 1629 Abs. 1 Satz 2 BGB). Ist aber – wie in der Regel – mindestens ein Elternteil oder ein Verwandter in gerader Linie Stifter und zugleich im Vorstand der Stiftung, stellt sich die Frage, ob die Eltern die Rechte ihres Kindes wahrnehmen dürfen oder von der gesetzlichen Vertretung ausgeschlossen sind.

I. Destinatär

Als Destinatär ist ein Minderjähriger Nutznießer des Stiftungsvermögens.[884] Von Gesetzes wegen stehen ihm aber keine originären Rechte zu.[885] Dementsprechend kann er weder Einfluss auf die Stiftungstätigkeit nehmen noch Auskunftsansprüche geltend machen. Dies hat den Vorteil, dass der Stiftungsvorstand bei der Geschäftsführung nicht durch einen minderjährigen Destinatär behindert wird. Im Hinblick auf den Erhalt der Stiftung ist jedoch zu bedenken, dass für die Besetzung der Stiftungsorgane, insbesondere des Vorstands, kontinuierlich Nachfolger benötigt werden. Vor diesem Hintergrund kann es sich anbieten, einem minderjährigen Destinatär einzelne – näher bestimmte – Rechte einzuräumen, um ihn mit der Stiftungstätigkeit vertraut zu machen und so schrittweise an künftige Aufgaben heranzuführen. Dies hat den positiven Effekt, dass künftige Führungspositionen mit Familienangehörigen statt mit

---

883 Siehe Dritter Teil § 3 I.1., S. 182-183.
884 Siehe Fußn. 683, S. 182.
885 Siehe Dritter Teil § 3 I.1., S. 182-183.

externen Dritten besetzt werden können. Der Vorstand, mithin auch der Stifter als dessen Mitglied, können sich einen Eindruck verschaffen, ob und inwieweit sich der minderjährige Destinatär für die Nachfolge eignet. Darüber hinaus wird der Minderjährige zugleich auch moralisch enger an die Familienstiftung und deren Werte gebunden. Schließlich wirkt sich eine frühzeitige Einbindung des künftigen Geschäftsführers förderlich auf den Erfolg eines Familienunternehmens aus.[886] Dies ist nicht verwunderlich, da Minderjährige zu selbstständigem, verantwortungsbewussten Handeln erzogen werden, wenn ihnen schrittweise eigenverantwortlich neue Aufgaben entsprechend ihrer wachsenden Fähigkeiten übertragen werden (vgl. § 1626 Abs. 2 Satz 1 BGB).

Zudem gibt es auch Destinatäre, die einen Rechtsanspruch auf die Stiftungsleistung haben, wenngleich dies in der Praxis nur selten vorkommt.[887] Beispielsweise mag ein Stifter einen solchen Rechtsanspruch als Gegenleistung im Zusammenhang mit einer Pflichtteilverzichtsabrede vorsehen[888] oder wenn er befürchtet, dass das für die Leistungsauskehr zuständige Stiftungsorgan anderenfalls bestimmte Abkömmlinge unberücksichtigt lässt und insoweit der Erhalt des Familienfriedens gefährdet wäre[889]. Durch den Rechtsanspruch könnte ein Stifter die Unterstützung des Begünstigten unabhängig vom Willen des für die Leistungsauskehr zuständigen Stiftungsorgans sicherstellen. In dem Fall ist jedoch zum Schutz des Stiftungsvermögens zu empfehlen, allenfalls Bemessungskriterien hinsichtlich des Leistungsumfangs festzulegen, nicht aber die konkrete Höhe.[890]

Im Folgenden soll daher zum einen herausgearbeitet werden, welche Mitwirkungsrechte einem Destinatär ohne Leistungsanspruch sinnvollerweise eingeräumt werden können, um ihn mit den Aufgaben der Familienstiftung vertraut zu machen, ohne dass er zugleich die Tätigkeit der Stiftungsorgane, insbesondere des Stiftungsvorstands, ernsthaft behindert und die Erhaltung oder Mehrung des Stiftungsvermögens gefährdet. Zum anderen ist der Frage nachzugehen, welche Mitwirkungsrechte einem minderjährigen Destinatär zukommen, dem ein Leistungsanspruch zusteht, und inwieweit er daher auf die interne Willensbildung Einfluss nehmen kann. Dabei ist im Hinblick auf die Geschäftsunfähigkeit bzw. beschränkte Geschäftsfähigkeit eines Minderjährigen zu klären, ob ein

886 Vgl. *Rücker*, ZEV 2018, 451, 455.

887 Siehe Dritter Teil § 3 I.2.b.aa., S. 190-191.

888 Zur Pflichtteilsverzichtsabrede siehe Dritter Teil § 3 I.1. und 2.c., S. 184-185, 195-196.

889 Vgl. *Rücker*, ZEV 2018, 451, 452.

890 Ebenso *Rücker*, ZEV 2018, 451, 453.

Minderjährige seine Rechte selbst wahrnehmen kann oder gesetzlich vertreten werden muss, und mithin auch, wem die gesetzliche Vertretung obliegt.

1. Stimmrecht

Wie bei einer Personen- und Kapitalgesellschaft ist auch in der Stiftung das Stimmrecht das entscheidende Instrument, um auf die Willensbildung innerhalb der Stiftung Einfluss zu nehmen. Stiftungsorgane sind grundsätzlich mehrgliedrig besetzt, um die Handlungsfähigkeit auch im Fall der Abwesenheit eines Einzelnen sicherzustellen. In mehrgliedrig besetzten Organen erfolgt die Willensbildung im Wege der Beschlussfassung, die über die Stimmabgabe zustande kommt.[891] In erster Linie werden die Beschlussfassung und das Verfahren in der Stiftungssatzung festgelegt.[892] Zumeist wird diesbezüglich vorgesehen, dass die Beschlüsse grundsätzlich in einer Versammlung – auch Sitzung genannt – gefasst werden. [893] Subsidiär greifen die vereinsrechtlichen Regelungen der §§ 28, 32, 34, 86 Satz 1 BGB. Es gilt zu klären, ob andere Stiftungsbeteiligte, wie beispielsweise ein Destinatär, als Stimmberechtigte an der Willensbildung des Stiftungsvorstands oder eines fakultativen Stiftungsorgans mitwirken können.

a. Stimmrecht aufgrund eines Leistungsanspruchs

Hat der Stifter einem Destinatär keinen Leistungsanspruch eingeräumt, stehen dem Destinatär von Gesetzes wegen keine Rechte zu.[894] Wie aber stellt sich die Rechtslage im Fall eines Destinatärs dar, dem ein Leistungsanspruch eingeräumt wurde? Korrespondiert mit dem Leistungsanspruch ein Stimmrecht? Insbesondere wenn der Leistungsanspruch auf eine Geldleistung gerichtet ist, hängt dessen Umfang nicht zuletzt von einer erfolgreichen Verwaltung des Stiftungsvermögens durch den geschäftsführenden Vorstand ab. Stünde dem Destinatär – beispielsweise für die Entscheidung über die Anlage des Stiftungsvermögens – ein Stimmrecht zu, könnte er auf die Beschlüsse des Vorstands Einfluss nehmen und so gegebenenfalls seinen Leistungsanspruch absichern. Dies ist dennoch abzulehnen. Das Stimmrecht ist mit dem Gesellschaftsanteil- bzw.

---

891 *Stallmann,* Fehlerhafte Beschlüsse in der Stiftung, S. 16.

892 Vgl. *Alvermann* in: Formularbuch Recht und Steuern, Kap. A. 18.01; *Krauß* in: Beck'sche Online-Formulare Vertrag, Kap. 18.1.2 Rn. 19, 34, 37; RegE BT-Drucks. 19/28173, S. 61.

893 *Krauß* in: Beck'sche Online-Formulare Vertrag, Kap. 18.1.2.

894 Siehe Dritter Teil § 3 I.1., S. 182-183.

der Mitgliedschaft im Organ untrennbar verknüpft.[895] Ein Destinatär wird durch den Leistungsanspruch nicht Mitglied eines Stiftungsorgans. Er bleibt außenstehender Dritter und erhält lediglich ein Recht auffrö Leistung. Ein Destinatär benötigt auch kein Stimmrecht, um seinen Leistungsanspruch einzufordern. Er muss die Stiftung zur Leistung auffordern und den Anspruch notfalls gerichtlich geltend machen, wenn die Stiftung die Leistung verweigert.[896] Ein Stimmrecht wird dem Destinatär mit der Einräumung eines Leistungsanspruchs daher nicht gewährt. Demgemäß steht ihm auch kein (originäres) Teilnahme- und Rederecht in den Sitzungen zu.

Dies gilt selbst dann, wenn der Beschlussgegenstand den Leistungsanspruch tangiert und dieser bei positiver Beschlussfassung nur noch begrenzt bestünde oder dem Destinatär gänzlich entzogen wäre. Ein Destinatär wird in solchen Fällen durch gesetzliche Regelungen geschützt, die eine Abänderung des Leistungsanspruchs des Destinatärs nur in engen Grenzen gestatten. Gemäß § 87 Abs. 2 Satz 1 BGB beispielsweise soll im Fall einer Zweckänderung dafür gesorgt werden, dass die Stiftungserträge weiterhin dem ursprünglichen Destinatärkreis zukommen. Allerdings kann die zuständige Stiftungsbehörde die Stiftung unter Umständen aufheben (§ 87 Abs. 1 BGB), wodurch der Leistungsanspruchs des Destinatärs erlöschen würde. Wenngleich die Stiftungsbehörde bei Maßnahmen nach § 87 BGB an den Grundsatz der Verhältnismäßigkeit gebunden ist,[897] wird mithin deutlich, dass der Leistungsanspruch des Destinatärs nicht unantastbar ist. Vielmehr kann die zuständige Stiftungsbehörde den Leistungsanspruch bei Vorliegen wichtiger Gründe unter Berücksichtigung des Stifterwillens und im Interesse der Erhaltung der Stiftung aufheben oder einen entsprechenden Beschluss eines Stiftungsorgans genehmigen,[898] vorausgesetzt, in der Stiftungsatzung ist eine entsprechende Ermächtigung zu Satzungsänderungen enthalten. Für die Aufhebung ist weder die Zustimmung des Destinatärs noch seine Anhörung erforderlich. Im Fall der Aufhebung durch die zuständige Stiftungsbehörde soll lediglich der Vorstand gemäß § 87 Abs. 3 BGB angehört werden. Einige Landesstiftungsgesetze enthalten ähnliche Regelungen, wonach die Rechte des

895 Vgl. *Hillmann* in: Henssler/Strohn, Gesellschaftsrecht, § 47 GmbHG Rn. 26; *Roth* in: Baumbach/Hopt, HGB, § 119 Rn. 5, 19.

896 LG Köln, NJW-RR 1986, 1396; *Hüttemann/Rawert* in: Staudinger, BGB, 2017, § 85 Rn. 47; *Stumpf* in: Stumpf/Suerbaum et al., Stiftungsrecht, § 85 BGB Rn. 28, 29.

897 *Fischer* in: Richter, Stiftungsrecht, § 8 Rn. 103; *Hüttemann/Rawert* in: Staudinger, BGB, 2017, § 87 Rn. 20; *Weitemeyer* in: MüKo, BGB, 1. Band, § 87 Rn. 16.

898 Vgl. *Weitemeyer* in: MüKo, BGB, 1. Band, § 85 Rn. 48.

Destinatärs nicht durch Satzungsänderung, Zusammenlegung oder Aufhebung beschränkt werden sollen.[899] Unabhängig davon, dass die Stiftungsaufsicht bei Familienstiftungen teilweise entfällt,[900] dienen diese Vorschriften jedoch nur dem Interesse der Allgemeinheit und der Stiftung, nicht dem des Destinatärs. Er kann daher keine Rechte aus diesen Vorschriften ableiten, insbesondere hat er keinen Anspruch auf ein Tätigwerden der Stiftungsaufsicht.[901]

b. Zustimmungsvorbehalt aufgrund eines Leistungsanspruchs

Ein Stiftungsorgan ist an die Satzung und das Gesetz gebunden (Legalitätspflicht).[902] Eine Beschränkung oder Aufhebung eines in der Satzung verankerten Leistungsanspruchs kann ohne Zustimmung des Destinatärs daher nur zulässig sein, wenn die Voraussetzungen für eine Satzungsänderung vorliegen. Anderenfalls ist die Beschränkung bzw. Aufhebung des Leistungsanspruchs rechtswidrig und der Beschluss unwirksam.[903] Sonst würden der Wille des Stifters und Zweck des Leistungsanspruchs – die Begünstigung des Destinatärs sicherzustellen – unterlaufen. Der Destinatär hätte nur eine unverbindliche Chance auf Leistung, wenn ein Stiftungsorgan ihm den Leistungsanspruch einseitig jederzeit entziehen könnte. Dies gilt entsprechend, wenn der Leistungsanspruch erst durch ein Stiftungsorgan eingeräumt wurde oder auf einer vertraglichen Vereinbarung beruht. Eine wirksame Beschränkung oder Aufhebung des Leistungsanspruchs

---

899 § 7 Abs. 2 Satz 3 NStiftG, § 9 Abs. 2 Satz 2 SachsAnhStiftG, § 9 Abs. 3 SächsStiftG, § 7 Abs. 2 Satz 3 StiftG SL, § 9 Abs. 1 Satz 3 ThürStiftG. Gemäß § 10 Abs. 3 Satz 2 BlnStiftG müssen vor einer entsprechenden Beschlussfassung die dem zuständigen Organ bekannten Familienmitglieder angehört werden. Familienmitglieder in diesem Sinne sind mit dem Stifter in gerader Linie Verwandte, sofern sich aus der Stiftungssatzung nichts anderes ergibt. Zur Wirksamkeit der landesgesetzlichen Regelungen vor dem Hintergrund der konkurrierenden Gesetzgebung und hoheitlicher Zweck- und Satzungsänderungen nach § 87 BGB siehe ausführlich *Hüttemann/Rawert* in: Staudinger, BGB, 2017, § 87 Rn. 3-4, 16; *Schauer*, Zusammenführung rechtsfähiger Stiftungen, S. 53-55, 108-113, 116, 180-184.

900 Siehe Dritter Teil § 2 I.2., S. 179.

901 So die einhellige Meinung: BGHZ 99, 344 ff. = NJW 1987, 2364, 2365; BVerwG, NJW 1985, 2964; *Hüttemann/Rawert* in: Staudinger, BGB, 2017, § 85 Rn. 47; *Stumpf* in: Stumpf/Suerbaum et al., Stiftungsrecht, § 85 BGB Rn. 29; *Jeß*, Verhältnis des lebenden Stifters zur Stiftung, S. 155-157.

902 *Godron* in: Richter, Stiftungsrecht, § 6 Rn. 130; *Hüttemann/Rawert* in: Staudinger, BGB, 2017, § 86 Rn. 57.

903 Vgl. OLG Hamburg, ZIP 1994, 1950, 1951-1952; *Hüttemann/Rawert* in: Staudinger, BGB, 2017, § 85 Rn. 49.

ohne Einhaltung der gesetzlichen bzw. satzungsrechtlichen und vertraglichen Vorgaben ist daher nur mit Zustimmung des Destinatärs möglich. Diese Wertung spiegelt sich auch in dem Reformentwurf der Bundesregierung, wonach eine Zusammenlegung und Zulegung von Stiftungen grundsätzlich nur noch gestattet sein soll, wenn die Rechte von Personen gewahrt werden, denen nach der Satzung Ansprüche auf Stiftungsleistungen zustehen.[904] Bei einer Zulegung erlischt eine Stiftung (sogenannte übertragende Stiftung) und deren Vermögen wird auf eine andere bereits bestehende Stiftung übertragen (sogenannte übernehmende Stiftung).[905] Als Folge einer Zusammenlegung von zwei Stiftungen erlöschen hingegen beide Stiftungen und ihr Vermögen wird auf eine neu zu errichtende Stiftung übertragen.[906] Sofern dem Leistungsberechtigten keine vergleichbaren Ansprüche in der neuen Stiftung eingeräumt werden, bedarf die Zusammenlegung und Zulegung dessen Zustimmung, es sei denn, die Ansprüche sind wertlos geworden.[907] Dadurch wird der Destinatär aber nicht Organmitglied, er bleibt Dritter. Die Zustimmung ist nicht mit einem Stimmrecht zu verwechseln. Sie erfolgt zusätzlich zum Beschluss und kann entweder im Voraus oder im Nachhinein erklärt werden.

Die wirksame Abgabe der Zustimmungserklärung setzt nicht nur bei einem geschäftsunfähigen, sondern auch bei einem beschränkt geschäftsfähigen Destinatär die Mitwirkung seines gesetzlichen Vertreters voraus, da die Beschränkung bzw. Aufhebung des Leistungsanspruchs rechtlich nachteilig ist. Anders ist dies, wenn der beschränkt geschäftsfähige Destinatär die erforderliche Zustimmung versagt, da der Leistungsanspruch in diesem Fall nicht wirksam beschränkt oder gar aufgehoben wird. Die Ablehnung ist somit rechtlich neutral und eine gesetzliche Vertretung daher gemäß § 107 BGB nicht erforderlich.

Im Fall einer Familienstiftung stellt sich die Frage, ob die Eltern ihr minderjähriges Kind wirksam vertreten können, wenn einer von ihnen als Vorstandsmitglied die Stiftung vertritt und/oder an der Entscheidung auf Seiten der Stiftung mitgewirkt hat. Falls die Beschränkung oder Aufhebung des Leistungsanspruchs

---

904 RegE BT-Drucks. 19/28173, §§ 86 BGB-E ff., S. 10-12; 69. Zur Zusammenlegung und Zulegung siehe Dritter Teil § 4 II.1.a.bb.6), S. 261-265.

905 *Hof* in: Stiftungsrecht-Hdb., § 6 Rn. 232; RegE BT-Drucks. 19/28173, §§ 86, 86f BGB-E, S. 10-11, 68; *Gantenbrink,* Die hoheitliche Beendigung der Stiftung, S. 267; *Hoffmann,* Zusammenlegung und Zulegung, S. 22-23.

906 *Hof* in: Stiftungsrecht-Hdb., § 6 Rn. 231; RegE BT-Drucks. 19/28173, §§ 86a, 86f BGB-E, S. 10-11, 70; *Gantenbrink,* Die hoheitliche Beendigung der Stiftung, S. 267; *Hoffmann,* Zusammenlegung und Zulegung, S. 22.

907 RegE BT-Drucks. 19/28173, S. 69-70.

durch ein Stiftungsorgan beschlossen wird, ist die Zustimmung gegenüber der Stiftung zu erklären. Vertritt ein Elternteil als Vorstandsmitglied die Stiftung, sind aufgrund der Gefahr einer Interessenkollision im Fall der gemeinsamen Sorge beide Elternteile von der gesetzlichen Vertretung ausgeschlossen, §§ 1629 Abs. 2 Satz 1, 1795 Abs. 2, 181 BGB.[908] Anderenfalls würde der betroffene Elternteil für sein Kind als Erklärungsvertreter und für die Stiftung als Empfangsvertreter auftreten. In dieser Konstellation ist daher ein Ergänzungspfleger zu bestellen (§ 1909 Abs. 1 Satz 1 BGB).

Wirkt hingegen ein Elternteil als Organmitglied an der für den minderjährigen Destinatär rechtlich nachteiligen Entscheidung mit, vertritt er die Stiftung aber nicht, greifen die gesetzlichen Vertretungsverbote nach §§ 1629 Abs. 2 Satz 1, 1795, 181 BGB nicht ein. Mithin wäre die gesetzliche Vertretung durch die Eltern zulässig, obwohl auch hier ein Interessenkonflikt zu befürchten ist. Als Organmitglied ist der betroffene Elternteil an die Satzung gebunden und soll seine Entscheidung am Stiftungszweck ausrichten. Der minderjährige Destinatär ist hingegen nicht an den Stiftungszweck gebunden, sondern darf nach seinem Leistungsinteresse entscheiden. Zum Schutz der Vermögensinteressen des Minderjährigen ist daher eine Entziehung der Vertretungsmacht durch das Familiengericht gemäß §§ 1629 Abs. 2 Satz 3, 1796 BGB geboten. Die Entziehung der Vertretungsmacht nach § 1796 BGB ermöglicht es, den Minderjährigen im Einzelfall zu schützen, wenn das allgemeine familienrechtliche Vertretungsverbot nach § 1795 BGB nicht greift, aber dennoch ein erheblicher Interessengegensatz besteht.[909] Ob bei gemeinsamer Sorge dem anderen Elternteil ebenfalls die Vertretungsmacht entzogen und ein Ergänzungspfleger bestellt wird, fällt in das Ermessen des Familiengerichts. Eine derartige Entziehung der Vertretungsmacht ist nicht notwendig, wenn der andere Elternteil die Kindesinteressen ausreichend wahrt.[910] Vorsorglich ist den Eltern im Zweifel anzuraten, dem Familiengericht zumindest den Sachverhalt offenzulegen, damit dieses entscheiden kann, ob es ein Entziehungsverfahren einleitet.

Sofern ein Großelternteil als Organmitglied an der Entscheidung über die Leistungsbeschränkung oder -aufhebung mitwirkt, könnte das Familiengericht

---

908 Falls ein Elternteil allein sorgeberechtigt ist, kann er sein Kind vertreten, wenn nur der andere nicht sorgeberechtigte Elternteil die Stiftung vertritt (§ 1629 Abs. 1 Satz 3 BGB).

909 Ausführlich zum Vertretungsverbot nach § 1796 BGB oben Dritter Teil § 3 I.2.b.bb, S. 193-195.

910 *Coester-Waltjen/Gernhuber*, Familienrecht, § 63 Rn. 44.

die Vertretungsmacht der Eltern zwar auch gemäß §§ 1629 Abs. 2 Satz 3, 1796 BGB entziehen, wenn konkret ein erheblicher Interessengegensatz besteht. Ein solcher Konflikt wird aber nur selten vorliegen. Stattdessen müssten weitere Umstände hinzutreten, da grundsätzlich erwartet werden kann, dass die Eltern aufgrund ihrer Verbundenheit zum Kind dessen Interessen unbeeinflusst von den Interessen des Großelternteils wahrnehmen.

c. *Statutarisches Stimmrecht oder statutarischer Zustimmungsvorbehalt*

Da der Stifter in der Gestaltung der Stiftungssatzung weitgehend frei ist, kann er einem Destinatär oder mehreren von ihnen bestimmte Mitwirkungsrechte einräumen. Die nachhaltige und dauerhafte Erfüllung des Stiftungszwecks darf dadurch jedoch nicht gefährdet werden.[911]

Wenn einem Destinatär ein Stimmrecht innerhalb eines Stiftungsorgans zustehen soll, muss er Organmitglied werden, da das Stimmrecht auf der Organmitgliedschaft beruht und die Erfüllung der organschaftlichen Pflicht ermöglicht.[912] Die Einräumung eines isolierten Stimmrechts zugunsten eines Dritten ist nicht möglich. Stattdessen könnte der Stifter in der Stiftungssatzung einen Zustimmungsvorbehalt zugunsten des Destinatärs für bestimmte Beschlussgegenstände vorsehen. Jedoch ist auch hier zu beachten, dass ein Destinatär als Dritter nicht ohne Weiteres an den Stiftungszweck gebunden ist, sondern sich von Eigeninteressen leiten lassen kann.[913] Es bestünde mithin die Gefahr, dass ein Dritter bei der Entscheidung über die Verwendung des Stiftungsvermögens persönliche Interessen vorrangig berücksichtigt. Die der Stiftung als juristischer Person zugestandene Autonomie und ihre Ausrichtung allein auf den Stifterwillen schließen die Berücksichtigung von Sonderinteressen und die Einflussnahme durch Dritte aus.[914] Folglich widerspricht ein Zustimmungsvorbehalt zugunsten des Destinatärs gemäß § 81 Abs. 1 Satz 2 BGB dem Wesen einer Stiftung, das Stiftungsvermögen nur für die vom Stifter bestimmten Zwecke zu verwenden, und wäre unzulässig. Im Gegensatz dazu ist ein Organmitglied bei der Wahrnehmung seiner Rechte an die Stiftungssatzung, insbesondere den Stiftungszweck

---

911 BGHZ 99, 344 ff. = NJW 1987, 2364, 2366; *Godron* in: Richter, Stiftungsrecht, § 6 Rn. 111; *Hüttemann/Rawert* in: Staudinger, BGB, 2017, § 85 Rn. 39; *Rücker*, ZEV 2018, 451, 454.

912 Vgl. zum Stimmrecht *Burgard,* Gestaltungsfreiheit im StiftR, S. 420-421, 427.

913 *Godron* in: Richter, Stiftungsrecht, § 6 Rn. 111.

914 Vgl. BGHZ 99, 344 ff. = NJW 1987, 2364, 2365; *Godron* in: Richter, Stiftungsrecht, § 6 Rn. 111.

gebunden.[915] Es ist daher im Interesse des Stifters, ein Stiftungsorgan zu errichten, dem die Überprüfung und Zustimmung über bestimmte Beschlüsse eines anderes Stiftungsorgans vorbehalten ist. Indem ein Destinatär zum besonderen Vertreter im Sinne der §§ 30 Satz 1, 86 Satz 1 BGB bestimmt wird, ist es möglich, dass er in dieser Funktion als Organ über die Zustimmung entscheidet. Wenn ausschließlich Satzungsänderungen hinsichtlich des Leistungsanspruchs einem Zustimmungsvorbehalt des Destinatärs unterliegen sollen, kann davon abgesehen werden, ihn zum besonderen Vertreter zu bestellen, da ihm diese Befugnis insoweit auch als stiftungsfremden Dritten eingeräumt werden kann. Im Fall eines Leistungsanspruchs besteht ein solcher Zustimmungsvorbehalt unter Umständen ohnehin, da ein Stiftungsorgan den Leistungsanspruch eines Destinatärs nicht willkürlich beschränken oder aufheben kann, sondern nur dann, wenn die Voraussetzungen für eine Zweckänderung oder Aufhebung der Stiftung vorliegen.

Im Hinblick auf die Heranführung an und die Einbindung Minderjähriger in die Familienstiftung sind Zustimmungsvorbehalte kritisch zu hinterfragen. Ein Minderjähriger, der das siebente Lebensjahr noch nicht vollendet hat, könnte die Zustimmung nicht wirksam selbst erklären (§§ 104 Nr. 1, 105 Abs. 1 BGB). Sein gesetzlicher Vertreter würde über die Erteilung der Zustimmung entscheiden und diese im Namen des Minderjährigen erklären oder versagen. Eine Einbindung des geschäftsunfähigen Minderjährigen selbst würde dadurch jedoch nicht erreicht. Ein beschränkt geschäftsfähiger Minderjähriger könnte die Zustimmung zwar selbst erteilen, wenn die zu beschließende Maßnahme für ihn nicht rechtlich nachteilig ist (§ 107 BGB). In Abhängigkeit vom Beschlussinhalt und dem Alter des beschränkt geschäftsfähigen Minderjährigen benötigt er dennoch Unterstützung, da beispielsweise ein Zehnjähriger nicht über die notwendige geistige Reife verfügt, um die Bedeutung und Tragweite derartiger vermögensrechtlicher Entscheidungen zu erfassen. Sofern die Eltern nicht über die notwendige Expertise verfügen, ist mitunter ein Dritter hinzuziehen und eine Verzögerung der Entscheidungsfindung droht. Zustimmungsvorbehalte zugunsten von minderjährigen Destinatären sind daher nur selten geeignet, um einen Minderjährigen auf die Nachfolge vorzubereiten.

---

915 *Fischer* in: Feick, Stiftung als Nachfolgeinstrument, § 7 Rn. 9, 15; *Godron* in: Richter, Stiftungsrecht, § 6 Rn. 6; *Hüttemann/Rawert* in: Staudinger, BGB, 2017, § 85 Rn. 11, 14, § 86 Rn. 25-26; zum Stiftungsvorstand *Stallmann*, Fehlerhafte Beschlüsse in der Stiftung, S. 91-92.

2. *Teilnahme- und Rederecht*

Mangels Organstellung steht einem Destinatär von Gesetzes wegen kein Teilnahme- und Rederecht für die Sitzungen der Stiftungsorgane zu. Anders als bei Zustimmungsvorbehalten, ist es wegen des Grundsatzes der Stiftungsautonomie aber zulässig, dass der Stifter den Destinatären (als solchen) in der Satzung konkrete Mitwirkungs- und Beteiligungsrechte einräumt.[916] Diese Gestaltungsfreiheit des Stifters endet dort, wo das öffentliche Interesse Mindestanforderungen an das Stiftungsgeschäft stellt oder eine Regelung gegen ein gesetzliches Verbot oder gegen die guten Sitten verstößt.[917] Vor diesem Hintergrund ist es rechtlich unbedenklich, für Destinatäre ein satzungsrechtliches Teilnahme- und Rederecht vorzusehen. Derartige Rechte können durchaus geeignet sein, Minderjährige auf eine mögliche Nachfolge vorzubereiten. Durch die Teilnahme kann ein Interesse an der Stiftung und deren Vermögen geweckt und verstärkt werden. Der Minderjährige erhält auf diese Weise Einblicke in die Tätigkeit der Stiftung und erfährt, welche wirtschaftlichen Erwägungen für die Verwaltung des Stiftungsvermögens von Bedeutung sind. Zugleich können sich die unbeschränkt geschäftsfähigen Organmitglieder einen Eindruck verschaffen, welche minderjährigen Abkömmlinge ein Interesse zeigen und für die Nachfolge potenziell in Betracht kommen. Da der Destinatär als Dritter keiner Verschwiegenheitspflicht unterliegt, kann das Teilnahme- und Rederecht von vornherein auf bestimmte Beschlussgegenstände beschränkt werden. Im Interesse der Besetzung künftiger Führungspositionen mit den eigenen Abkömmlingen ist aber ein Kompromiss in bestimmtem Umfang erforderlich. Anderenfalls könnte das Teilnahme- und Rederecht kaum genutzt werden. So könnte es kautelarjuristisch ratsam sein, minderjährigen Destinatären als Weniger zu einem Teilnahme- und Rederecht einen Anspruch auf Entscheidung des Versammlungsleiters über ein Teilnahmeersuchen nach billigem Ermessen einzuräumen. Um weiterhin eine möglichst schnelle und unkomplizierte Beschlussfassung zu gewährleisten, sollte einem minderjährigen Destinatär ein Rederecht zudem erst gewährt werden, wenn er einen gewissen Entwicklungsstand erreicht hat. Wie bereits im Hinblick auf die Beteiligung an einer KG erläutert, empfiehlt sich die Anknüpfung an die Vollendung des 14. Lebensjahres.[918]

---

916 BGHZ 99, 344 ff. = NJW 1987, 2364, 2366; *Hüttemann/Rawert* in: Staudinger, BGB, 2017, § 85 Rn. 38-39.

917 BGHZ 99, 344 ff. = NJW 1987, 2364, 2366; *Hüttemann/Rawert* in: Staudinger, BGB, 2017, § 85 Rn. 38-39.

918 Zweiter Teil § 4 II.2.c., S. 127-130.

Eine mögliche Klausel könnte wie folgt lauten:

§ […] Destinatäre

[…] Möglichkeit zur Teilnahme an Sitzungen der Stiftungsorgane[919]

a) Mit Vollendung des 14. Lebensjahres darf ein Destinatär an einer Sitzung eines Stiftungsorgans teilnehmen und sich zu den Stiftungsangelegenheiten in der Sitzung äußern, wenn der Vorsitzende des betreffenden Stiftungsorgans es gestattet. Der Vorsitzende hat nach pflichtgemäßem Ermessen zu entscheiden.

b) Mit Vollendung des 14. Lebensjahres ist ein Destinatär zur Sitzung zu laden oder auf andere Weise über die Abhaltung einer Sitzung in Kenntnis zu setzen. Für die Ladung gelten die Regelungen in Abs. […] entsprechend.

c) Beabsichtigt ein Destinatär, an einer Sitzung teilzunehmen und möchte er zu einem oder mehreren Tagesordnungspunkten Stellung nehmen, hat er dies dem Vorsitzenden rechtzeitig anzuzeigen. Der Destinatär kann nur persönlich teilnehmen; eine Vertretung ist nicht gestattet.

d) Ein Rechtsanspruch auf Teilnahme und Redezeit besteht in keinem Fall, auch nicht durch wiederholte Teilnahme oder Gewährung von Redezeit; es besteht aber ein Anspruch auf ermessensfehlerfreie Entscheidung.

3. Ladung zur Sitzung

Zwar ist ein Stifter frei in der Wahl des Verfahrens zur Beschlussfassung; gleichwohl ist auch bei Stiftungen zumeist eine Versammlung – zumeist Sitzung genannt – vorgesehen, die durch den Organvorsitzenden mittels Ladung einberufen wird.[920] Fehlt es an entsprechenden Regelungen folgt dies für den mehrgliedrigen Stiftungsvorstand aus §§ 28, 32 Abs. 1, 86 Satz 1 BGB. Ausdrücklich ordnet das Gesetz darin zwar nur die Beschlussfassung in einer Versammlung an. Es ist aber unstreitig, dass für die Einberufung der Versammlung die Ladung der Teilnahmeberechtigten erforderlich ist.[921] Wenn der Stifter ein Teilnahme- und/

---

919 Eine mögliche Teilnahme kann von vornherein auch auf die Sitzungen des Vorstands oder des fakultativen Gremiums begrenzt werden.

920 *Alvermann* in: Formularbuch Recht und Steuern, Kap. A.18.01 § 7 und § 10; *Godron* in: Richter, Stiftungsrecht, § 6 Rn. 37; *Hüttemann/Rawert* in: Staudinger, BGB, 2017, § 86 Rn. 59, 60; *Krauß* in: Beck'sche Online-Formulare Vertrag, Kap. 18.1.2 § 9.

921 *Hüttemann/Rawert* in: Staudinger, BGB, 2017, § 86 Rn. 59; *Burgard*, Gestaltungsfreiheit im StiftR, S. 301.

oder Rederecht in der Stiftungssatzung zugunsten eines beschränkt geschäftsfähigen Destinatärs vorsieht, muss ein Destinatär zur Versammlung geladen werden, um sich auf die Beschlussinhalte vorbereiten zu können. Das Ladungserfordernis sollte der Klarheit wegen in die entsprechende Regelung aufgenommen werden. Im Interesse einer sachgerechten Wahrnehmung ist die Ladung nicht nur an den beschränkt geschäftsfähigen Destinatär, sondern auch an dessen Eltern als gesetzlichen Vertreter zu richten, wenn diese nicht ohnehin an der Beschlussfassung mitwirken. Dies hat den Vorteil, dass eine Vorbesprechung mit den Eltern initiiert wird, so dass mögliche Fragen vorab mit den Eltern geklärt werden können und die Versammlung durch die Teilnahme des beschränkt Geschäftsfähigen nicht über Gebühr in die Länge gezogen wird. Falls darüber hinaus die Zustimmung des minderjährigen Destinatärs zu dem Beschlussgegenstand erforderlich ist, muss der gesetzliche Vertreter ohnehin informiert werden, wenn sich die Rechtsposition des minderjährigen Destinatärs durch die Zustimmung verschlechtert, beispielweise wenn sein Leistungsanspruch gekürzt werden soll.[922]

4. *Informations- und Kontrollrechte*

Informationsrechte bestehen aufgrund ihrer Funktion regelmäßig nicht losgelöst von anderen Rechten. Sie dienen regelmäßig der sachgerechten Wahrnehmung anderer Rechte,[923] beispielsweise zur Kontrolle Dritter. Da ein Destinatär regelmäßig nur rechtloser Nutznießer ist, besteht kein schutzwürdiges Interesse, die Tätigkeit der Stiftungsorgane zu kontrollieren. Ihm stehen daher grundsätzlich keine Informationsrechte zu.[924]

Was aber gilt für einen Destinatär, dem ein Leistungsanspruch eingeräumt wurde? Er kann ein berechtigtes Interesse daran haben, bestimmte, seinen Anspruch betreffende Informationen einzusehen oder deren Herausgabe zu verlangen. Ist beispielsweise die Höhe des Leistungsanspruchs umsatzabhängig, kann ein Destinatär die Höhe seines Anspruchs nur überprüfen, wenn er Einblick in den Jahresabschluss nehmen oder Rechnungslegung verlangen kann.[925] Nach einhelliger Meinung steht einem leistungsberechtigten Destinatär daher ein allgemeiner Auskunftsanspruch gemäß § 242 BGB gegenüber der Stiftung

922 Zu Zustimmungsvorbehalten vgl. Dritter Teil § 4 I.1.b. und c., S. 244-249.

923 Vgl. *Leuschner* in: MüKo, BGB, 1. Band, § 38 Rn. 22; *Schulze* in: Schulze, BGB, § 242 Rn. 2.

924 Einhellige Meinung: BFH, ZEV 2001, 495, 497; *Rücker*, ZEV 2018, 451.

925 Vgl. BGH, NJW 2010, 234, 236.

zu.[926] Von dem Stiftungsvorstand als solchem kann er hingegen keine Auskunft verlangen. Die Auskunftspflicht des Vorstands nach §§ 666, 27 Abs. 3 Satz 1, 86 Satz 1 BGB besteht grundsätzlich nur gegenüber der Stiftung.[927] Das Informationsrecht eines Destinatärs reicht demnach nicht so weit, dass er selbst Einsicht in die Geschäftsunterlagen nehmen und den Vorstand bei dessen Tätigkeit überwachen könnte. Sein Informationsrecht ist vielmehr auf einen Auskunftsanspruch gegenüber der Stiftung beschränkt. Da der Destinatär kein Organ, sondern Dritter ist, besteht auch kein Anspruch, namens der Stiftung Einsicht in die Stiftungsunterlagen zu nehmen.[928] Schließlich ist ein Einsichtnahmerecht nicht zwingend erforderlich, um die Rechtmäßigkeit einer Begünstigung zu überprüfen. Hierzu genügt regelmäßig der Auskunftsanspruch gemäß § 242 BGB. Daneben enthält der aktuelle Gesetzentwurf der Bundesregierung die Verpflichtung der Stiftung, im Fall einer Zulegung sowie einer Zusammenlegung dem leistungsberechtigten Destinatär den zugrundeliegenden Vertrag spätestens einen Monat vor Beantragung der Genehmigung zuzuleiten.[929] Dadurch soll zum einen sichergestellt werden, dass der Stiftungsvorstand Ansprüche eines Destinatärs nicht einseitig ändert oder aufhebt. Zum anderen wird der Destinatär auf diese Weise über mögliche Änderungen in Kenntnis gesetzt,[930] kann deren Rechtmäßigkeit überprüfen und gegebenenfalls rechtliche Schritte einleiten.

Es kann im Einzelfall ratsam sein, auch einem Destinatär ohne Anspruch auf Leistung in der Satzung Informationsrechte in gewissem Umfang einzuräumen oder ihm zumindest einen Anspruch auf Auskunft nach billigem Ermessen durch ein Stiftungsorgan zu gewähren. Auskunftsansprüche zugunsten von Destinatären sind sinnvoll, wenn es an einem fakultativen Organ fehlt, das den Vorstand kontrolliert. Mit der Aufsicht und Kontrolle über den Vorstand sind jedoch unbeschränkt geschäftsfähige Destinatäre zu beauftragen, damit notfalls schnell die zuständige Stiftungsaufsicht benachrichtigt und der Rechtsweg bestritten werden kann. Abgesehen von der geistigen Reife wäre ein beschränkt geschäftsfähiger Minderjähriger nicht so schnell handlungsfähig wie ein unbeschränkt Geschäftsfähiger, da er auf die Mitwirkung seines gesetzlichen

926 BGH, NJW 2010, 234, 236; *Hüttemann/Rawert* in: Staudinger, BGB, 2017, § 85 Rn. 47; *Weitemeyer* in: MüKo, BGB, 1. Band, § 85 Rn. 47.

927 *Hüttemann/Rawert* in: Staudinger, BGB, 2017, § 85 Rn. 47; *Weitemeyer* in: MüKo, BGB, 1. Band, § 80 Rn. 70.

928 Ebenso: *Godron* in: Richter, Stiftungsrecht, § 6 Rn. 109; *Weitemeyer* in: MüKo, BGB, 1. Band, § 85 Rn. 47.

929 RegE BT-Drucks. 19/28173, § 86c Abs. 3 BGB-E, S. 11.

930 RegE BT-Drucks. 19/28173, S. 72.

Vertreters angewiesen ist, sobald die Verfolgung des Auskunftsanspruchs mit Kosten verbunden ist. Falls ein Elternteil selbst Mitglied des zu kontrollierenden Organs ist, muss gegebenenfalls noch ein Ergänzungspfleger bestellt werden, selbst wenn das Vertretungsverbot nach §§ 1629 Abs. 2 Satz 1, 1795 Abs. 2, 181 BGB nicht greift, da hier ein erheblicher Interessenkonflikt besteht (§§ 1629 Abs. 2 Satz 3, 1796 Abs. 1 BGB). Ob das Familiengericht dem anderen Elternteil in diesem Fall die Alleinvertretungsmacht überträgt oder einen Ergänzungspfleger bestellt, hängt davon ab, ob der andere Elternteil die Interessen des Kindes ausreichend wahrt.

Zudem sollte einem Destinatären Auskünfte gewährt werden, dem die Möglichkeit eröffnet wird, mit Rederecht an Organsitzungen teilzunehmen. Als ein Weniger zu einem Informationsrecht kann ihm einen Anspruch auf Entscheidung über ein Auskunftsersuchen durch ein Stiftungsorgan nach billigem Ermessen eingeräumt werden. Dadurch können Unklarheiten zu Begünstigungen beseitigt und Vertrauen geschaffen werden; gleichzeitig bleibt das Interesse der Stiftung gewahrt, sensible Geschäftsinformationen nicht zu offenbaren.

5. *Zwischenergebnis*

Ein Destinatär nimmt an der Willensbildung der Stiftung nicht teil. Mangels Organstellung steht ihm im Grundsatz weder ein Stimmrecht noch ein Teilnahme- oder Rederecht zu. Sofern der Stifter einem Destinatär einen Anspruch auf Leistung eingeräumt hat, bedarf die wirksame Beschränkung oder Aufhebung des Anspruchs jedoch seiner Zustimmung. Etwas anderes gilt, wenn der Anspruch wertlos ist, weil die Erfüllung des Stiftungszwecks unmöglich geworden und daher eine Aufhebung der Stiftung oder eine Zweckänderung zulässig ist oder die Satzung eine abweichende Regelung enthält. Im Hinblick auf die Suche nach minderjährigen Abkömmlingen als Nachfolger in der Geschäftsleitung ist es gleichwohl ratsam, in der Stiftungssatzung für minderjährige Destinatäre die Möglichkeit zur Teilnahme und Rede an Vorstands- oder ggf. anderen Organsitzungen vorzusehen. Dadurch kann das Interesse an der Stiftung und dem Erhalt des Stiftungsvermögens geweckt und verstärkt werden. Zugleich können sich der Stifter und der Vorstand einen Eindruck verschaffen, welche minderjährigen Abkömmlinge ein Interesse an der Stiftung zeigen und für eine Nachfolge potenziell in Betracht kommen. Im Hinblick auf sensible Geschäftsinformationen und eine möglichst unkomplizierte, schnelle Beschlussfassung sollten minderjährigen Destinatären als Weniger zu einem Teilnahme- und Rederecht ein Anspruch auf Entscheidung des Versammlungsleiters über ein Teilnahmeersuchen nach billigem Ermessen eingeräumt werden. Das Erreichen einer bestimmten Altersstufe sollte eine Voraussetzung für einen derartigen Anspruch sein. Die Ladung sollte an den minderjährigen Destinatär und seinen gesetzlichen Vertreter gerichtet werden, damit der Minderjährige sich auf die Versammlung vorbereiten kann und idealerweise Fragen vorab mit seinen Eltern bespricht, so dass die Versammlung ohne größere Zwischenfragen abgehalten werden kann.

Ein Auskunftsanspruch gegenüber der Stiftung steht nur einem leistungsberechtigten Destinatär zu, da nur er ein schutzwürdiges Interesse geltend machen kann. Dennoch kann es sinnvoll sein, auch minderjährigen Destinatären, denen Teilnahme- und Rederecht eingeräumt wurde, einen Auskunftsanspruch oder zumindest einen Anspruch auf ermessensfehlerfreie Entscheidung über ein Auskunftsbegehren zu gewähren. Dies schafft Transparenz und Vertrauen. Wenn die Entscheidung über die Erteilung der Auskunft nach billigem Ermessen durch ein Stiftungsorgan zu treffen ist, werden auch die anderen Interessen der Stiftung ausreichend berücksichtigt. Es ist nicht empfehlenswert, einem minderjährigen Destinatär zur Kontrolle des Stiftungsvorstands einen Auskunftsanspruch in der Stiftungssatzung einzuräumen. Abgesehen von der geistigen Reife könnte selbst ein beschränkt Geschäftsfähiger im Ernstfall ohne Mitwirkung des gesetzlichen Vertreters allenfalls die Stiftungsaufsicht informieren.

II. Vorstand

Dem Vorstand obliegt die Geschäftsführung und er muss auch sämtliche darüberhinausgehenden Entscheidungen treffen, sofern der Stifter kein weiteres Organ vorgesehen hat (§§ 26 Abs. 1 Satz 2, 27 Abs. 3, 86 Satz 1 BGB). Wird ein beschränkt geschäftsfähiger Minderjähriger zum Vorstandsmitglied bestellt, stellt sich die Frage, inwieweit er bei der Entscheidungsfindung einzubeziehen ist. Im Hinblick auf die mit der Organstellung einhergehenden Überwachungs- und Kontrollpflichten[931] ist zu klären, ob die Eltern als gesetzliche Vertreter die damit zusammenhängenden Auskunftsansprüche namens ihres Kindes wahrnehmen können, selbst wenn – wie in der Regel – zumindest ein Elternteil oder ein in gerader Linie Verwandter zum Vorstandsmitglied bestellt wurde.

---

931 Vgl. *Gummert* in: MünchHdbGesR, 5. Band, § 94 Rn. 10; *Burgard,* Gestaltungsfreiheit im StiftR, S. 225; *Heermann* in: FS Röhricht, 2005, S. 1191, 1197-2000 (zum Vereinsvorstand).

1. *Stimmrecht*

Auch im mehrgliedrig besetzten Vorstand erfolgt die Willensbildung im Wege der Beschlussfassung durch Stimmabgabe (§§ 32, 28, 86 Satz 1 BGB).[932] Das Stimmrecht ist mithin auch im Stiftungsvorstand das entscheidende Instrument, auf die Entscheidungsfindung Einfluss zu nehmen. Grundsätzlich hat jedes Vorstandsmitglied ein Stimmrecht bezüglich sämtlicher Angelegenheiten, für die der Vorstand zuständig ist. Ohne Geschäftsverteilungsplan ist nämlich jedes Mitglied zur Erfüllung sämtlicher Aufgaben des Vorstands verpflichtet[933] und ist daher auch für alle Beschlussgegenstände stimmberechtigt. Dementsprechend stünde auch einem beschränkt geschäftsfähigen Vorstandsmitglied ein Stimmrecht zu. Da die Stimmabgabe eine empfangsbedürftige Willenserklärung ist und die allgemeinen Vorschriften des BGB gelten,[934] sind bei der Beteiligung eines Minderjährigen die damit verbundenen rechtlichen Beschränkungen zu beachten. In diesem Zusammenhang ist daher zu klären, ob ein beschränkt Geschäftsfähiger zur wirksamen Stimmabgabe die Einwilligung seines gesetzlichen Vertreters benötigt. Für den Fall der gesetzlichen Vertretung schließt sich die Frage an, wem diese obliegt, wenn ein Elternteil oder ein Verwandter in gerader Linie ebenfalls im Vorstand ist. Diesbezüglich sind nicht nur das im BGB enthaltene allgemeine Verbot des Insichgeschäfts (§ 181 BGB) und der elterliche Vertretungsausschluss nach § 1629 Abs. 2 iVm. § 1795 BGB von Bedeutung, sondern es ist auch zu untersuchen, inwieweit stiftungsrechtliche Stimmverbote wegen der Verfolgung von Sonderinteressen die gesetzliche Vertretung einschränken. Zugleich sollen Lösungsansätze entwickelt werden, wie die Geschäfte trotz der Bestellung eines beschränkt geschäftsfähigen Minderjährigen zum Vorstandsmitglied möglichst effizient und weitgehend ohne Hinzuziehung eines Ergänzungspflegers geführt werden können.

a. *Ausübung des Stimmrechts durch das beschränkt geschäftsfähige Vorstandsmitglied*

Ein beschränkt Geschäftsfähiger kann sein Stimmrecht selbst ohne Einwilligung seines gesetzlichen Vertreters wahrnehmen, wenn er dadurch keinen rechtlichen Nachteil erleidet; allein der Verlust des Stimmrechts durch die Stimmabgabe

---

932 *Burgard,* Gestaltungsfreiheit im StiftR, S. 300-301; *Stallmann,* Fehlerhafte Beschlüsse in der Stiftung, S. 16.

933 *Gummert* in: MünchHdbGesR, 5. Band, § 94 Rn. 10.

934 *Burgard,* Gestaltungsfreiheit im StiftR, S. 306; *Stallmann,* Fehlerhafte Beschlüsse in der Stiftung, S. 17.

stellt insoweit keinen hinreichenden rechtlichen Nachteil dar. Vielmehr ist auf die Rechtsfolgen der Beschlussfassung und somit auf den Beschlussgegenstand abzustellen.[935] Anderenfalls könnte ein beschränkt Geschäftsfähiger sein Stimmrecht faktisch nie selbst ausüben, selbst wenn die Beschlussfassung für ihn nicht rechtlich nachteilig ist. Dies widerspricht einerseits dem Zweck von § 107 BGB, beschränkt Geschäftsfähigen die wirksame Abgabe rechtsgeschäftlicher Willenserklärungen zu gestatten, sofern sie daraus keinen rechtlichen Nachteil erleiden,[936] und andererseits dem familienrechtlichen Grundsatz nach § 1626 Abs. 2 BGB, die Entwicklung des Minderjährigen zu einem eigenständigen, verantwortungsbewussten Individuum anzustreben.

aa. Geschäftsführungsangelegenheiten

Zu den Geschäftsführungsangelegenheiten gehören Maßnahmen, die der Erfüllung des Stiftungszwecks, insbesondere der Verwaltung des Stiftungsvermögens dienen.[937] Hierzu zählen neben Rechtshandlungen auch tatsächliche Handlungen sowohl im stiftungsinternen Bereich als auch im Verhältnis zu Dritten nach außen. Wie der einzelvertretungsberechtigte Komplementär einer KG kann auch ein Vorstandsmitglied ohne vorherigen Beschluss rechtswirksam Willenserklärungen im Bereich der Geschäftsführung abgeben, wenn der Stifter ihm in der Satzung Einzelvertretungsmacht eingeräumt hat.[938] Im Übrigen erfolgt die Willensbildung im Wege der Beschlussfassung. Welche Maßnahmen im Einzelnen zu beschließen sind, richtet sich nach dem Stiftungsvermögen und dem Stiftungszweck. Im Fall einer Familienstiftung, deren Vermögen im Wesentlichen aus Barvermögen und Wertpapieren besteht und die die finanzielle Unterstützung der Abkömmlinge bezweckt, sind andere Maßnahmen zur Erhaltung des Vermögens und Erfüllung des Stiftungszwecks vorzunehmen als bei einer Stiftung, die über Immobilien verfügt und mittels der Vermietung an Dritte oder

---

935 Vgl. Zweiter Teil § 4 I.1., S. 41-43; a.A. bzgl. Stimmrecht in der Mitgliederversammlung eines Vereins *Otto* in: Stöber/Otto, Hdb. VereinsR., Rn. 847; *Schuller* in: Baumann/Sikora, Hdb VereinsR, § 7 Rn. 204.

936 Vgl. *Ellenberger* in: Palandt, BGB, § 107 Rn. 1; *Spickhoff* in: MüKo, BGB, 1. Band, § 107 Rn. 1.

937 *Godron* in: Richter, Stiftungsrecht, § 6 Rn. 138; *Hüttemann/Rawert* in: Staudinger, BGB, 2017, § 86 Rn. 29; *Krauß* in: Beck'sche Online-Formulare Vertrag, Kap. 18.1.2 § 7.

938 BGHZ 69, 250 ff. = NJW 1977, 2310, 2311; BGHZ 119, 379 ff. = NJW 1993, 191, 192; *Wagner* in: Reichert, VereinsR, Kap. 2 Rn. 2499; *Weick* in: Staudinger, BGB, 2005, § 28 Rn. 8-12.

der kostenlosen Gebrauchsüberlassung an Abkömmlinge des Stifters ihre Zwecke erfüllt.

Für einen beschränkt Geschäftsfähigen ist entscheidend, ob die Beschlussfassung für ihn rechtlich nachteilig ist, mithin persönliche Verbindlichkeiten begründet werden. Insoweit ist ein Blick auf die Rechtsfolgen der Beschlussfassung zu werfen: Durch einen Beschluss wird die Durchführung einer bestimmten Maßnahme gestattet („*positiver Beschluss*") oder abgelehnt („*negativer Beschluss*"). Jedes Vorstandsmitglied ist grundsätzlich an das Beschlussergebnis gebunden.[939] Im Fall eines negativen Beschlusses wird keine Maßnahme ergriffen, stattdessen bleibt der Status quo erhalten. Ein solcher Beschluss wäre für einen Minderjährigen nicht rechtlich nachteilig. Wie ist es nun im Fall eines positiven Beschlusses? Grundsätzlich sind alle Vorstandsmitglieder verpflichtet, die Maßnahme entsprechend dem Beschluss durchzuführen. Mit der Bestellung zum Vorstandsmitglied ist ein beschränkt Geschäftsfähiger allerdings ohnehin zur Geschäftsführung (§§ 27 Abs. 3, 86 Satz 1 BGB) und damit grundsätzlich zur Durchführung sämtlicher in diesem Zusammenhang anfallender Aufgaben verpflichtet. Aus diesem Grunde ist die Bestellung zum Vorstandsmitglied für ihn rechtlich nachteilig und er kann die Annahme nur mit Einwilligung seines gesetzlichen Vertreters oder durch diesen erklären.[940] Die mit der Geschäftsführung einhergehenden Pflichten und Gefahren wurden von dem gesetzlichen Vertreter somit bereits bei der Entscheidung über die Bestellung zum Vorstandsmitglied berücksichtigt. Hat der gesetzliche Vertreter die Mitgliedschaft im Vorstand namens des beschränkt Geschäftsfähigen angenommen oder in diese eingewilligt, hat er damit zugleich sein Einverständnis zur Übernahme der mit der Organstellung verbundenen Rechte und Pflichten gegeben.[941] Daher sollte der beschränkt Geschäftsfähige Rechtshandlungen, die der Erfüllung der übernommenen Vorstandspflichten dienen, zumindest insoweit selbst vornehmen können. Den zum Schutz des Minderjährigen geltenden gesetzlichen Beschränkungen der §§ 106 ff. BGB wurde durch die Einbeziehung des gesetzlichen Vertreters bei der Entscheidung über die Bestellung zum

939 Vgl. *Burgard,* Gestaltungsfreiheit im StiftR, S. 307, 312; *Stallmann,* Fehlerhafte Beschlüsse in der Stiftung, S. 16.

940 Siehe Dritter Teil § 3 II.2.a., S. 206-209.

941 Vgl. hinsichtlich Vereinsmitglieder *Hadding* in: Soergel, BGB, 1. Band, § 32 Rn. 26; *Leuschner* in: MüKo, BGB, 1. Band, § 32 Rn. 40; *Otto* in: Stöber/Otto, Hdb. VereinsR., Rn. 848; *Schuller* in: Baumann/Sikora, Hdb VereinsR, § 7 Rn. 204; *Weick* in: Staudinger, BGB, 2005, § 32 Rn. 30, § 38 Rn. 5; *Tuhr,* Allgemeiner Teil, S. 516 Fußn. 38; *Fahlbusch-Wendler,* RdJB 1980, 278, 284-285.

Vorstandsmitglied ausreichend Rechnung getragen. Im Hinblick auf die Stimmrechtsausübung kommt es somit darauf an, ob aufgrund der Beschlussfassung die bereits bestehende Pflicht zur Geschäftsführung lediglich auf eine bestimmte Maßnahme konkretisiert wird oder neue Verbindlichkeiten für den beschränkt Geschäftsfähigen entstehen. Im ersten Fall kann ein beschränkt Geschäftsfähiger sein Stimmrecht selbst ausüben, da die Beschlussfassung für ihn nicht rechtlich nachteilig ist. Wenn hingegen durch den Beschluss neue Verbindlichkeiten für den beschränkt Geschäftsfähigen begründet werden, würde sich seine Rechtsposition verschlechtern und eine Stimmabgabe ohne Mitwirkung seines gesetzlichen Vertreters wäre unwirksam.

Neue Verbindlichkeiten können zum einen durch eine Erweiterung des Aufgabenkreises entstehen. Dazu wird aber ein Grundlagenbeschluss erforderlich sein, da der Aufgabenkreis des Vorstands durch den Stiftungszweck weitgehend vorgegeben ist und zumeist auch noch einmal explizit in der Stiftungssatzung festgelegt wird.[942] Falls der Abschluss eines Rechtsgeschäfts mit einem Dritten den Beschlussgegenstand bildet, kann ein beschränkt Geschäftsfähiger sein Stimmrecht selbst ausüben. Ein (beschränkt geschäftsfähiges) Vorstandsmitglied wird durch den Abschluss des Rechtgeschäfts nicht persönlich verpflichtet, da der Vorstand im Außenverhältnis allein für die Stiftung handelt, so dass nur diese rechtlich gebunden und verpflichtet wird (§§ 26 Abs. 1 Satz 2, 86 Satz 1 BGB). Im Gegensatz zu Komplementären einer KG haften die Vorstandsmitglieder daneben grundsätzlich nicht persönlich für die Verbindlichkeiten der Stiftung.[943]

Wie ist rechtlich mit dem Risiko umzugehen, dass ein beschränkt Geschäftsfähiger bei der Wahrnehmung seines Stimmrechts gegen seine organschaftlichen oder vertraglichen Pflichten verstößt? Als Vorstandsmitglied haftet ein beschränkt Geschäftsfähiger der Stiftung gegenüber nach §§ 280 Abs. 1 BGB iVm. §§ 86 Satz 1, 27 Abs. 3, 664 ff. BGB. Sofern daneben ein Anstellungsvertrag geschlossen wurde, kann die Stiftung ihre Ansprüche gegebenenfalls auch auf eine vertragliche Pflichtverletzung stützen.[944] Daneben kommen auch Schadensersatzansprüche Dritter in Betracht.[945] Dieses Haftungsrisiko ist einer

---

942 Vgl. zum Aufgabenkatalog *Krauß* in: Beck'sche Online-Formulare Vertrag, Kap. 18.1.2 § 7 Rn. 31; *Müller* in: Hannes, Vermögens-/Unternehmensnachfolge, S. 1260.

943 Eine Regelung wie § 128 HGB besteht für den Vereins- und Stiftungsvorstand nicht.

944 *Godron* in: Richter, Stiftungsrecht, § 6 Rn. 174, 175; *Hüttemann/Rawert* in: Staudinger, BGB, 2017, § 86 Rn. 67.

945 *Hüttemann/Rawert* in: Staudinger, BGB, 2017, § 86 Rn. 79.

(Vorstands-)Organmitgliedschaft jedoch von Beginn an immanent und daher bereits bei der Bestellung zum Vorstandsmitglied zu berücksichtigen. Wenn der gesetzliche Vertreter seine Einwilligung erteilt hat, enthält diese im Zweifel auch die Einwilligung zur Stimmabgabe durch den beschränkt Geschäftsfähigen[946] für Geschäftsführungsangelegenheiten. Zum Schutz der Stiftung und des Rechtsverkehrs kann sich der gesetzliche Vertreter nicht im Nachhinein darauf berufen, eine Einwilligung lediglich für die Bestellung, nicht aber für die damit verbundenen, nachfolgenden Rechtsgeschäfte erteilt zu haben. Eine solche Einschränkung müsste er sich ausdrücklich vorbehalten. Anderenfalls bestünde das Risiko, dass der Beschluss aufgrund der unwirksamen Stimmabgabe durch den beschränkt Geschäftsfähigen unwirksam ist.[947] Schließlich kann der gesetzliche Vertreter weiterhin das Stimmrecht des beschränkt Geschäftsfähigen ausüben, da der gesetzlichen Vertreter durch die Einwilligung gemäß § 107 BGB nicht von der Vertretung ausgeschlossen wird, sondern der rechtsgeschäftliche Wirkungskreis des beschränkt Geschäftsfähigen nur erweitert wird.[948]

Unabhängig davon, ob der Beschlussinhalt rechtlich nachteilig ist, kann einem beschränkt geschäftsfähigen Vorstandsmitglied die Stimmabgabe zum Schutz der Stiftungsinteressen unter Umständen verboten sein, wenn es in Bezug auf den Beschlussgegenstand persönliche Sonderinteressen verfolgt. Gemäß §§ 34, 28, 86 Satz 1 BGB ist ein Vorstandsmitglied nicht stimmberechtigt, wenn die Beschlussfassung die Vornahme eines Rechtsgeschäfts mit ihm oder die Einleitung oder Erledigung eines Rechtsstreits zwischen ihm und der Stiftung betrifft. Ist ein beschränkt Geschäftsfähiger zugleich als Destinatär beteiligt, dürfte er daher am Beschluss über die Vergabe und Verteilung von Zuwendungen nicht mitstimmen.[949]

bb. Grundlagengeschäfte

Neben Beschlüssen über Geschäftsführungsangelegenheiten fasst der Vorstand Grundlagenbeschlüsse, sofern ihm dies nach der Stiftungssatzung gestattet ist. Falls der Stifter die Errichtung eines fakultativen Gremiums vorgesehen, kann

---

946 Siehe Fußn. 941, S. 257.

947 Dazu ausführlich *Burgard*, Gestaltungsfreiheit im StiftR, S. 319-321; *Stallmann*, Fehlerhafte Beschlüsse in der Stiftung, S. 17-18, 116, 140-141.

948 *Ellenberger* in: Palandt, BGB, § 107 Rn. 1; *Klumpp* in: Staudinger, BGB, 2017, § 107 Rn. 95.

949 Ausführlich zu stiftungsrechtlichen Stimmverboten Dritter Teil § 4 II.1.b.aa.1), S. 266-267.

er stattdessen diesem Gremium die Entscheidungsbefugnis gänzlich übertragen oder aber – wie in der Praxis empfohlen – eine Aufteilung vornehmen und für bestimmte Grundlagengeschäfte eine gemeinsame Abstimmung verlangen.[950] In Anlehnung an das allgemeine zivilrechtliche Verständnis von Geschäftsgrundlagen nach § 313 BGB sowie unter Berücksichtigung der Definition des Grundlagengeschäfts aus dem Gesellschaftsrecht[951] geht es dabei um Angelegenheiten, die die Struktur der Stiftung und das Verhältnis der Stiftungsorgane untereinander betreffen. Dazu gehören insbesondere Satzungsänderungen, wie zum Beispiel Zweckänderungen sowie Zusammenlegung, Zulegung und Auflösung. Für Grundlagengeschäfte gilt gleichermaßen, dass ein beschränkt Geschäftsfähiger sein Stimmrecht selbst ausüben kann, wenn ihm dadurch keine rechtlichen Nachteile entstehen. Da der Verlust des Stimmrechts durch die Stimmabgabe nicht ausreicht,[952] ist auch hier anhand des konkreten Beschlussinhalts zu entscheiden, ob die Stimmabgabe rechtlich nachteilig ist. Dabei gilt es jedoch folgende allgemeine Erwägungen zu berücksichtigen:

4) Satzungsänderungen im Allgemeinen

Satzungsänderungen sind für einen beschränkt Geschäftsfähigen rechtlich nachteilig, wenn sie dazu führen, dass ihm neue Verpflichtungen auferlegt werden. Einen solchen Beschlussantrag könnte er zwar selbst ablehnen, nicht aber zustimmen. Eine Erweiterung des Pflichtenkreises ist grundsätzlich nur mit Zustimmung des Betroffenen möglich.

5) Zweckänderungen

Die Stimmabgabe zu einer Änderung des Stiftungszweckes ist für einen beschränkt Geschäftsfähigen regelmäßig rechtlich nachteilig, wenn dadurch sein konkreter Aufgaben- und Pflichtenkreis verändert würde. Ein rechtlicher Nachteil ist immer dann gegeben, wenn den Minderjährigen als Folge der Stimmabgabe eine neue Verpflichtung trifft. Dem beschränkt Geschäftsfähigen obliegen zwar die allgemeinen organschaftlichen Vorstandspflichten, wie zum Beispiel

---

950 Eine gemeinsame Entscheidung wird zumeist für Satzungsänderungen und eine Auflösung der Stiftung verlangt; siehe *Alvermann* in: Formularbuch Recht und Steuern, Kap. A 18.01; *Hof* in: Münch. Vertragshdb. GesR, Kap. VIII.3 S. 1541; *Krauß* in: Beck'sche Online-Formulare Vertrag, Kap. 18.1.2; *Müller* in: Hannes, Vermögens-/Unternehmensnachfolge, S. 1259-1260.

951 Siehe Zweiter Teil § 4 I.1.b., S. 87.

952 Siehe Zweiter Teil § 4 I.1., S. 83-88.

die Verwaltung des Stiftungsvermögens,[953] sofern ihm nicht nur ein begrenzter Aufgabenbereich zugewiesen wurde. Eine Änderung des Stiftungszwecks kann jedoch dazu führen, dass sich die notwendigen Maßnahmen zur ordnungsgemäßen Vermögensverwaltung ändern. Soll beispielsweise der ursprüngliche Stiftungszweck, die leiblichen Kinder des Stifters finanziell zu unterstützen, auf die Bereitstellung eines Wohnsitzes geändert werden, würden sich dadurch gegebenenfalls zugleich die konkreten Aufgaben und Pflichten der Geschäftsführung ändern. Während zunächst regelmäßige Zuwendungen in Form von Geldleistungen an die Abkömmlinge genügten, müsste nun eine Immobilie bereitgestellt und instandgehalten werden. Dies gilt ebenso, wenn mittels einer Satzungsänderung die Zusammensetzung des Stiftungsvermögens wesentlich verändert werden soll. Besteht das Stiftungsvermögen zum Beispiel zunächst im Wesentlichen aus Gesellschaftsanteilen und sollen die Anteile etwa wegen wirtschaftlicher Schieflage der Gesellschafter veräußert und stattdessen der Erlös auf verschiedene andere Anlageformen gestreut werden, verändern sich dadurch ebenso die konkreten Aufgaben und Pflichten der Geschäftsführung.

Zudem ist eine solche Änderung des Stiftungszwecks im Zweifel nicht von der ursprünglichen Einwilligung des gesetzlichen Vertreters in die Bestellung zum Vorstandsmitglied gedeckt. Für dieses Ergebnis spricht die Wertung in § 113 Abs. 1 BGB, wonach die Ermächtigung zur Eingehung eines Dienst- oder Arbeitsverhältnisses nur den Abschluss von Rechtsgeschäften beinhaltet, die die Eingehung oder Aufhebung eines Dienst- oder Arbeitsverhältnisses der gestatteten Art betreffen. Für darüberhinausgehende Rechtsgeschäfte oder außergewöhnliche Vereinbarungen bleibt der Minderjährige beschränkt geschäftsfähig[954] und benötigt daher die Einwilligung seines gesetzlichen Vertreters, wenn das Rechtsgeschäft rechtlich nachteilig ist.

6) Zulegung, Zusammenlegung und Auflösung

Rechtlich nachteilig ist die Stimmabgabe auch dann, wenn dem beschränkt Geschäftsfähigen durch den Beschluss Rechte genommen würden. Ein Rechtsverlust droht regelmäßig im Zusammenhang mit Zulegungs-, Zusammenlegungs- und Auflösungsbeschlüssen.

953 *Godron* in: Richter, Stiftungsrecht, § 6 Rn. 138; *Hüttemann/Rawert* in: Staudinger, BGB, 2017, § 86 Rn. 29; *Krauß* in: Beck'sche Online-Formulare Vertrag, Kap. 18.1.2 § 7.

954 *Spickhoff* in: MüKo, BGB, 1. Band, § 113 Rn. 19, 22; *Wendtland* in: BeckOK BGB, § 113 Rn. 10-11.

Als quasi-umwandlungsrechtliche Maßnahme[955] ist es nach herrschender Meinung grundsätzlich möglich, verschiedene Stiftungen zusammenzuführen; gemeinhin wird von Zulegung und Zusammenlegung gesprochen. Die Diskussion um die mannigfaltigen Probleme und Streitigkeiten im Zusammenhang mit der Zusammenführung von Stiftungen[956] ist bereits andernorts umfassend geführt worden[957] und wurde im Gesetzentwurf der Bundesregierung aufgegriffen.[958] Für die Zwecke dieser Untersuchung ist es ausreichend, die Begriffe knapp zu erläutern, und punktuell zu einzelnen streitigen Problemen Stellung zu nehmen,[959] soweit es für die Besonderheiten der Beteiligung Minderjähriger erforderlich ist und im Übrigen auf die einschlägige Literatur zu verweisen. Bei einer Zulegung erlischt eine Stiftung (sogenannte übertragende Stiftung) und deren Vermögen wird auf eine andere bereits bestehende Stiftung übertragen (sogenannte übernehmende Stiftung).[960] Als Folge einer Zusammenlegung von zwei Stiftungen erlöschen hingegen beide Stiftungen und ihr Vermögen wird auf eine neu zu errichtende Stiftung übertragen.[961]

Soweit eine Auflösung oder Zusammenführung von Stiftungen (entsprechend) § 87 Abs. 1 BGB durch die Aufsichtsbehörde vorgenommen wird,[962] ist

---

955 Das Umwandlungsrecht ist auf Stiftungen gemäß §§ 124 Abs. 1, 161 ff. UmwG nur für die Ausgliederung anwendbar; vgl. *Hüttemann/Rawert* in: Staudinger, BGB, 2017, § 87 Rn. 13.

956 Im Einzelnen ist beispielhaft streitig, unter welchen Voraussetzungen der Vorstand eine Zusammenlegung oder Zulegung beschließen darf. Dazu *Hüttemann/Rawert* in: Staudinger, BGB, 2017, § 87 Rn. 24; *Weitemeyer* in: MüKo, BGB, 1. Band, § 87 Rn. 21-24; *Hoffmann*, Zusammenlegung und Zulegung, S. 86-144, 184-188; *Schauer*, Zusammenführung rechtsfähiger Stiftungen, S. 56-107, 122-128, 138-145, 170-177.

957 Siehe in jüngerer Zeit nur die Monografien von *Gantenbrink*, Die hoheitliche Beendigung der Stiftung; *Hoffmann*, Zusammenlegung und Zulegung; *Schauer*, Zusammenführung rechtsfähiger Stiftungen; jeweils *passim*.

958 RegE BT-Drucks. 19/28173, §§ 86-86h BGB-E, S. 10-12, 68-75.

959 Für Fragen zu den Rechten des Anfallberechtigten im Zusammenhang mit Zusammenführungsbeschlüssen siehe Dritter Teil § 4 IV.b., S. 291-295.

960 Fußn. 905, S. 245.

961 Fußn. 906, S. 245.

962 Verglichen mit der Auflösung werden sowohl die Zulegung als auch die Zusammenlegung als mildere Maßnahmen und damit von der Kompetenzzuweisung des § 87 Abs. 1 BGB erfasst angesehen, da durch eine Zusammenführung die Weiterverfolgung des Stiftungszwecks ermöglicht wird; vgl. *Hof* in: Stiftungsrecht-Hdb., § 11 Rn. 76; *Suerbaum* in: Stumpf/Suerbaum et al., Stiftungsrecht, § 87 BGB Rn. 21; *Gantenbrink*, Die hoheitliche Beendigung der Stiftung, S. 268-269; *Kohnke*, Pflichten

ein Vorstandsbeschluss und damit eine Abgabe der Stimme des minderjährigen Vorstandsmitgliedes nicht erforderlich. Relevant für diese Untersuchung ist allein die Fallgestaltung, dass die Auflösung, Zusammenlegung oder Zulegung auf der Grundlage einer statutarischen Ermächtigung durch den Vorstand beschlossen wird.[963] Ein beschränkt geschäftsfähiger Minderjähriger bedarf der Mitwirkung seines gesetzlichen Vertreters, wenn die entsprechende Maßnahme für ihn rechtlich nachteilig ist, so dass die Rechtsfolgen der jeweiligen Maßnahme in den Blick zu nehmen sind. Mit Ausnahme der übernehmenden Stiftung erlischt die jeweilige Stiftung bei einer Zulegung, Zusammenlegung oder Auflösung.[964] Gleichzeitig erlöschen ihre Organe und somit auch die Rechte der Organmitglieder. Bei einer Zusammenlegung entsteht eine neue Stiftung mit eigenen Organen und eigener Satzung.[965] Der Vorstand wird neu bestellt und leitet seine Befugnisse aus der neuen Satzung und dem Gesetz ab. Auch im Fall der Zulegung geht lediglich das Vermögen auf die übernehmende Stiftung über.[966] Die übernehmende Stiftung hat bereits einen Vorstand, dessen Zusammensetzung sich durch die Zulegung als solche nicht ändert. Möglicherweise werden seine Rechte und Pflichten im Zulegungsbeschluss oder einem anschließenden Beschluss jedoch an die neue Situation angepasst. Es kann im Zusammenhang mit der Zulegung

---

des Stiftungsvorstands, S. 149 (zur Zusammenlegung); *Schauer*, Zusammenführung rechtsfähiger Stiftungen, S. 34.

963 Wenngleich der Inhalt und die Grenzen einer satzungsmäßigen Ermächtigung im Einzelnen umstritten sind, ist eine Auflösung oder Zusammenführung von Stiftungen durch Organbeschluss im Grundsatz weitgehend anerkannt; siehe Hüttemann/Rawert in: Staudinger, BGB, 2017, § 87 Rn. 24 mwN.; *Hof* in: Stiftungsrecht-Hdb., § 6 Rn. 234; *Weitemeyer* in: MüKo, BGB, 1. Band, § 87 Rn. 23; *Hoffmann*, Zusammenlegung und Zulegung, S. 65, 98, 182-183, 210; *Schauer*, Zusammenführung rechtsfähiger Stiftungen, S. 85, 128. Zur Schaffung von Rechtssicherheit in diesem Bereich hat die Bundesregierung die Einführung zwingender bundesgesetzlicher Regelungen vorgeschlagen, RegE BT-Drucks. 19/28173, §§ 86-86h BGB-E, S. 10-12, 68-75.

964 RegE BT-Drucks. 19/28173, § 86f BGB-E, S. 11; *Hüttemann/Rawert* in: Staudinger, BGB, 2017, § 87 Rn. 10, 13, 17; *Richter* in: Richter, Stiftungsrecht, § 9 Rn. 4, 30-31, 86; *Schauer*, Zusammenführung rechtsfähiger Stiftungen, S. 33 (zur Zulegung und Zusammenlegung).

965 Vgl. zur Stiftung und ihrer Satzung: *Hüttemann/Rawert* in: Staudinger, BGB, 2017, § 87 Rn. 14; *Richter* in: Richter, Stiftungsrecht, § 9 Rn. 31; *Schiffer/Schürmann* in: Stiftung in der Beraterpraxis, § 6 Rn. 39, 56; *Schauer*, Zusammenführung rechtsfähiger Stiftungen, S. 33, 89-90.

966 *Hof* in: Stiftungsrecht-Hdb., § 6 Rn. 232; *Schiffer/Schürmann* in: Stiftung in der Beraterpraxis, § 6 Rn. 42; *Schauer*, Zusammenführung rechtsfähiger Stiftungen, S. 100.

auch zur Bestellung weiterer Vorstandsmitglieder aus der übertragenden Stiftung kommen. Deren Rechte und Pflichten werden aber erst durch die Bestellung in der übernehmenden Stiftung begründet und leiten sich nicht aus der übertragenden Stiftung ab. Die dargelegten Rechtsverluste begründen einen rechtlichen Nachteil. Ein beschränkt Geschäftsfähiger kann sein Stimmrecht im Hinblick auf Zusammenlegungs- oder Auflösungsbeschlüsse ohne Mitwirkung seines gesetzlichen Vertreters nicht wirksam ausüben. Dies gilt entsprechend für einen Zulegungsbeschluss als Vorstandsmitglied der übertragenden Stiftung.

Ein beschränkt Geschäftsfähiger, der Vorstandsmitglied einer übernehmenden Stiftung ist, kann dem Zulegungsbeschluss nicht ohne Mitwirkung seines gesetzlichen Vertreters zustimmen, wenn sich der Pflichtenkreis des Vorstands durch das neue Vermögen erweitert. Er könnte die entsprechenden Beschlussanträge zwar selbstständig ablehnen, weil sich seine Rechtsposition nicht aufgrund seiner Willenserklärung nachteilig ändert.[967] Vor Ausübung des Stimmrechts muss ein (beschränkt geschäftsfähiges) Organmitglied aber genau prüfen, ob es durch die Ablehnung keine Pflichtverletzung begeht. Im Gegensatz zu einem Gesellschafter darf sich der Stiftungsvorstand auch bei Grundlagenentscheidungen nicht von eigenen Interessen leiten lassen, sondern ist an den Willen des Stifters gebunden.[968] Anders als die Gesellschafter einer Familien-KG haben sich die Organmitglieder nicht zu einer gemeinsamen Zweckförderung zusammengeschlossen. Stattdessen hat ein Dritter – nämlich der Stifter – die Stiftung gegründet, deren Zweck festgelegt und mit Vermögen ausgestattet. Ein Vorstandsmitglied hat daher bei der Wahrnehmung seiner Rechte die vom Stifter festgelegten Satzungsbestimmungen, insbesondere den Stiftungszweck zu berücksichtigen.[969] Des Weiteren sollte es auch seine Pflicht zur Vermögenserhaltung[970] nicht außer Acht lassen. Unter Umständen ist es daher gezwungen,

---

967 Ist für die Beschlussfassung in der Satzung das Mehrheitsprinzip vorgesehen, könnte der Beschluss dennoch gefasst werden, wenn ausreichend Ja-Stimmen abgegeben werden.

968 Vgl. *Strickrodt*, Stiftungsrecht, S. 98; *Schwintek*, Vorstandskontrolle in rechtsfähigen Stiftungen bürgerlichen Rechts, S. 136-137, 150-152; *Hüttemann/Rawert* in: Staudinger, BGB, 2017, § 85 Rn. 14, § 86 Rn. 25-26; *Weitemeyer* in: MüKo, BGB, 1. Band, § 85 Rn. 4, § 86 Rn. 32; *Kohnke*, Pflichten des Stiftungsvorstands, S. 75-76; *Stallmann*, Fehlerhafte Beschlüsse in der Stiftung, S. 91-92.

969 Vgl. *Weitemeyer* in: MüKo, BGB, 1. Band, § 86 Rn. 31, 33; *Hüttemann/Rawert* in: Staudinger, BGB, 2017, § 86 Rn. 25, 57; *Stallmann*, Fehlerhafte Beschlüsse in der Stiftung, S. 91-92.

970 Ausführlich zur Vermögenserhaltungspflicht: *Hüttemann/Rawert* in: Staudinger, BGB, 2017, 86 Rn. 29-44; *Weitemeyer* in: MüKo, BGB, 1. Band, § 86 Rn. 34-39; *Kohnke*,

einem Zulegungs-, Zusammen- oder Auflösungsbeschluss zuzustimmen. Verfügt ein beschränkt geschäftsfähiges Organmitglied nicht über ausreichende wirtschaftliche und/oder rechtliche Kenntnisse, um eine ordnungsgemäße Entscheidung zu treffen, muss es entsprechenden Sachverstand hinzuziehen, sei es durch seinen gesetzlichen Vertreter oder einen Dritten.

cc. Sonstige Angelegenheiten

Auch sonstige Angelegenheiten, die weder die Geschäftsführung noch die Grundlagen der Stiftung betreffen, können in den Aufgabenbereich des Vorstands fallen. Sonstige Angelegenheiten betreffen die Organisation der Stiftung einschließlich des Vorstands. Dazu zählen beispielsweise der Erlass einer Geschäftsordnung, die (Ab-)Berufung eines Organmitglieds und gegebenenfalls die Entlastung eines Organs. Hat der Stifter ein fakultatives Gremium vorgesehen, sollten Angelegenheiten, die zugleich der Kontrolle des Vorstands dienen, zum Beispiel die Abberufung eines Vorstandsmitglieds, von diesem Gremium wahrgenommen werden[971] oder zumindest dessen Zustimmung erfordern. Aufgrund der inhaltlichen Beschlussvielfalt ist die persönliche Stimmabgabe durch den beschränkt Geschäftsfähigen auch hier nicht per se ausgeschlossen. Stattdessen ist für jeden Einzelfall zu prüfen, ob die Stimmabgabe zu einer Verschlechterung der Rechtsposition des minderjährigen Gesellschafters führen würde.

b. Ausübung des Stimmrechts durch die Eltern als gesetzliche Vertreter

Ist die Stimmabgabe für den beschränkt Geschäftsfähigen rechtlich nachteilig, muss er sich von seinem gesetzlichen Vertreter vertreten lassen oder benötigt dessen Einwilligung (§ 107 BGB), wenn diese nicht bereits ausdrücklich oder konkludent mit der Bestellung zum Vorstandsmitglied erteilt wurde.[972] Zudem kann der gesetzliche Vertreter das Stimmrecht jederzeit wahrnehmen, da aus § 107 BGB kein Vertretungsverbot folgt.[973] Grundsätzlich vertreten die Eltern ihr Kind (§ 1629 Abs. 1 Satz 2 BGB). Im Fall einer Familienstiftung besteht die

Pflichten des Stiftungsvorstands, S. 54-55, 66-75; *Schwintek*, Vorstandskontrolle in rechtsfähigen Stiftungen bürgerlichen Rechts, S. 97-111.

971 *Hof* in: Münch. Vertragshdb. GesR, Kap. VIII.3 S. 1540; *Krauß* in: Beck'sche Online-Formulare Vertrag, Kap. 18.1.2.

972 Zur konkludenten Einwilligung des gesetzlichen Vertreters in die Stimmabgabe durch den beschränkt Geschäftsfähigen bei Geschäftsführungsmaßnahmen, siehe Dritter Teil § 4 II.1.a.aa., S. 256-259.

973 Siehe Fußn. 292, S. 90.

Gefahr, dass persönlichen Sonderinteressen Familienangehöriger von bestimmten Beschlussinhalten betroffen sind. Darüber hinaus wird der Vorstand einer Familienstiftung regelmäßig mit Verwandten besetzt sein. Der Stimmabgabe durch die Eltern können daher rechtliche Hindernisse entgegenstehen. In Frage kommen insbesondere stiftungsrechtliche Stimmverbote sowie allgemeine und besondere familienrechtliche Vertretungsverbote.

aa. Stiftungsrechtliches Vertretungshindernis

Organmitgliedern ist es grundsätzlich untersagt, persönliche Interessen zu verfolgen, sie sind an den Stiftungszweck gebunden.[974] Um die Verfolgung persönlicher Sonderinteressen zu vermeiden, kann einem Vorstandsmitglied sowie seinem Vertreter die Stimmabgabe zum Schutz der Stiftung daher versagt sein.

1) Grundsätze des stiftungsrechtlichen Stimmverbots

Gemäß §§ 34, 28, 86 Satz 1 BGB ist ein Vorstandsmitglied nicht stimmberechtigt, wenn die Beschlussfassung die Vornahme eines Rechtsgeschäfts mit ihm oder die Einleitung oder Erledigung eines Rechtsstreits zwischen ihm und der Stiftung betrifft.[975] Von diesem gesetzlichen Stimmverbot kann in der Stiftungssatzung nicht abgewichen werden, es ist zwingend zu beachten.[976] Darüber hinaus hat sich in der Praxis gezeigt, dass die gesetzlich normierten Stimmverbote nicht weitreichend genug sind.[977] Rechtsprechung und Literatur haben daher als allgemeinen Grundsatz das Verbot des „*Richtens in eigener Sache*“

---

974 Vgl. *Strickrodt*, Stiftungsrecht, S. 98; *Hüttemann/Rawert* in: Staudinger, BGB, 2017, § 85 Rn. 14, § 86 Rn. 25-26; *Weitemeyer* in: MüKo, BGB, 1. Band, § 85 Rn. 4, § 86 Rn. 32; *Schwintek*, Vorstandskontrolle in rechtsfähigen Stiftungen bürgerlichen Rechts, S. 136-137, 150-152; *Kohnke*, Pflichten des Stiftungsvorstands, S. 75-76; *Stallmann*, Fehlerhafte Beschlüsse in der Stiftung, S. 91-92; *Reuter* in: Non Profit Law Yearbook 2002, S. 158.

975 Überholt insoweit LG Mainz, NZG 2002, 738, 739, das die Anwendung des § 34 BGB abgelehnt und stattdessen auf ein landesrechtliches Stimmverbot (§ 18 Abs. 2 RhPfStiftG a.F.) abgestellt hat. Abgesehen davon, dass das Landgericht den Verweis in § 86 Satz 1 BGB auf die §§ 28, 34 BGB übersehen hat, ist die Entscheidung mittlerweile auch deshalb überholt, weil die Landesstiftungsgesetze keine Regelungen mehr zu Stimmverboten enthalten.

976 *Reuter*, NZG 2009, 1368, 1371; *Otto* in: jurisPK-BGB, 1. Band, § 34 Rn. 2; *Weitemeyer* in: MüKo, BGB, 1. Band, § 86 Rn. 25; *Stallmann*, Fehlerhafte Beschlüsse in der Stiftung, S. 139.

977 *Lockowandt*, Stimmrechtsbeschränkungen, S. 35.

entwickelt.[978] Dieser Grundsatz ist im Interesse der Stiftung und des Rechtsverkehrs auch bei der Beschlussfassung von Stiftungsorganen zu beachten, da die generell-abstrakte Gefahr der Verfolgung persönlicher Sonderinteressen auch außerhalb von Rechtsgeschäften und Rechtsstreitigkeiten besteht, beispielsweise bei Beschlüssen über die eigene Entlastung und die Verhängung von Ordnungsmaßahmen.[979] Das Verbot muss auch gelten, wenn das Rechtsgeschäft mit einer juristischen Person abgeschlossen wird, in der ein Vorstandsmitglied maßgeblichen Einfluss hat,[980] da die generell-abstrakte Gefahr einer Interessenkollision hier in gleicher Weise besteht, wie beim Abschluss eines Rechtsgeschäfts mit dem Vorstandsmitglied als natürliche Person. Weitere Stimmverbote können in der Stiftungssatzung festgelegt werden.

Aufgrund der Bedeutung des Stimmrechts für die Willensbildung in den Stiftungsorganen ist das Stimmrecht grundsätzlich nicht ausgeschlossen, wenn ein Interessenkonflikt keine generell-abstrakte Gefahr für die Erfüllung des Stiftungszwecks begründet. Im Gegensatz zu einer KG oder einer anderen Gesellschaft wird die Verfolgung von Sonderinteressen in einer Stiftung aber nur selten gestattet sein, zum Beispiel bei der eigenen Wahl zum Vorsitzenden. Hier wird die Stiftung ausreichend über die Treuepflicht geschützt. Da der Stiftungszweck nicht nur durch ein Stiftungsorgan, sondern durch einen Dritten – den Stifter – festgelegt wurde und der Stifter das Anfangsvermögen in die Stiftung eingebracht hat, ist der Stiftungszweck grundsätzlich auch bei Grundlagenbeschlüssen zu beachten, so dass auch bei dieser Art der Beschlüsse die Stimmverbote zu beachten sind.

2) Stiftungsrechtliches Stimmverbot als Vertretungshindernis

Stimmverbote sind nicht nur von einem Vorstandsmitglied selbst, sondern auch von dessen Vertreter zu berücksichtigen. Unterliegt ein Vorstandsmitglied, zum Beispiel der beschränkt Geschäftsfähige, einem Stimmverbot, kann dessen Stimmrecht auch nicht durch seinen gesetzlichen Vertreter wahrgenommen

---

978 BGHZ 9, 157 ff. = NJW 1953, 780, 784 (zur GmbH); BGHZ 97, 28 ff. = NJW 1986, 2051, 2052 (zur GmbH); OLG München, NZG 2009, 1267 Rn. 104 (zur GbR); zum Vereinsrecht: *Leuschner* in: MüKo, BGB, 1. Band, § 34 Rn. 1, 7; *Schöpflin* in: BeckOK BGB, § 34 Rn. 8.

979 Vgl. zum Vereinsrecht: *Leuschner* in: MüKo, BGB, 1. Band, § 34 Rn. 7; *Schöpflin* in: BeckOK BGB, § 34 Rn. 8; *Westermann* in: Erman, BGB, 1. Band, § 34 Rn. 1.

980 Vgl. BGHZ 56, 47 ff. = NJW 1971, 1265, 1267 (zur Erbengemeinschaft), zum Vereinsrecht: *Ellenberger* in: Palandt, BGB, § 34 Rn. 3.

werden.[981] Zudem ist ein Vorstandsmitglied, das einem Stimmrechtsausschluss unterliegt, von der Vertretung eines anderen Vorstandsmitgliedes ausgeschlossen.[982] Dies ergibt sich zwar nicht ausdrücklich aus § 34 BGB (iVm. §§ 28, 86 Satz 1 BGB), ist aber begründet, da anderenfalls die Gefahr der unzulässigen Umgehung des eigenen Stimmverbots besteht.[983] Die Nichterwähnung in § 34 BGB erklärt sich daraus, dass die Norm unmittelbar nur für die Mitglieder eines Vereins gilt, die ihre Mitgliedschaftsrechte grundsätzlich persönlich ausüben sollen (§ 38 Satz 2 BGB).[984] Gemäß § 40 BGB ist die Regelung des § 38 BGB aber dispositiv. Zudem gilt § 38 BGB weder für den Vereins- noch den Stiftungsvorstand, da in § 28 BGB lediglich auf §§ 32 und 34 BGB verwiesen wird. Der Elternteil, der als Vorstandsmitglied selbst einem Stimmverbot unterliegt, ist demnach von der Vertretung seines Kindes ausgeschlossen. Ein Vertretungsausschluss greift auch dann, wenn ein Elternteil nicht in den Vorstand bestellt wurde, der Beschlussgegenstand aber seine persönlichen Interessen betrifft und er daher einem Stimmverbot unterläge, wäre er Mitglied.[985] Auch hier besteht generell-abstrakt die Gefahr, dass sich der betroffene Elternteil bei der Stimmrechtsausübung an seinen eigennützigen Interessen statt am Stiftungsinteresse orientiert.[986]

Ist nur ein Elternteil aufgrund eines Stimmrechtsausschlusses an der Vertretung gehindert, ist im Fall der gemeinsamen Sorge auch der andere Elternteil von der Vertretung seines Kindes ausgeschlossen. Im Bereich der Stimmrechtsausschlüsse wird zwar nicht davon ausgegangen, dass Verwandte automatisch demselben Interessenkonflikt unterliegen wie der Betroffene selbst.[987] Eine

---

981 *Leuschner* in: MüKo, BGB, 1. Band, § 34 Rn. 3; *Schwennicke* in: Staudinger, BGB, 2019, § 34 Rn. 4.

982 *Leuschner* in: MüKo, BGB, 1. Band, § 34 Rn. 3; *Schwennicke* in: Staudinger, BGB, 2019, § 34 Rn. 6.

983 Vgl. *Weick* in: Staudinger, BGB, 2005, § 34 Rn. 18; *Wagner* in: Reichert, VereinsR, Kap. 2 Rn. 1501.

984 *Leuschner* in: MüKo, BGB, 1. Band, § 34 Rn. 3; *Schwennicke* in: Staudinger, BGB, 2019, § 34 Rn. 5.

985 Allgemeine Meinung vgl. *Lockowandt,* Stimmrechtsbeschränkungen, S. 107; *Zöllner,* Stimmrechtsmacht, S. 273-274; zum Vereinsrecht: *Schwennicke* in Staudinger, BGB, 2019, § 34 Rn. 4, 5. Zur vergleichbaren Situation bei der KG siehe Zweiter Teil § 4 I.2.a.bb.1), S. 93-94.

986 Vgl. *Lockowandt,* Stimmrechtsbeschränkungen, S. 107; *Zöllner,* Stimmrechtsmacht, S. 273-274 (der hierzu das argumentum e maiore ad minus anführt).

987 So die überwiegende Ansicht: BGHZ 56, 47 ff. = NJW 1971, 1265, 1267; *Otto* in: Stöber/Otto, Hdb. VereinsR., Rn. 822 (bzgl. § 34 BGB); *Schwennicke* in: Staudinger, BGB,

andere Wertung trifft jedoch das Familienrecht zum Schutz des Minderjährigen: Da die Eltern im Fall der gemeinsamen Sorge ihr Kind gemäß § 1629 Abs. 1 Satz 2 BGB grundsätzlich nur gemeinschaftlich vertreten können, ist auch der andere Elternteil von der Vertretung ausgeschlossen, selbst wenn nur bei einem Elternteil die Gefahr der Verfolgung von Sonderinteressen besteht und dieser daher einem Stimmverbot unterliegt und von der Vertretung ausgeschlossen ist.[988]

bb. Allgemein zivilrechtliche und familienrechtliche Vertretungsverbote

Neben den stiftungsrechtlichen Stimmverboten sind die allgemeinen zivilrechtlichen und familienrechtlichen Vertretungsverbote gemäß § 181 BGB und §§ 1629 Abs. 2 Satz 1, 1795 BGB zu berücksichtigen. Ein Vertretungshindernis kann sich nicht nur aus einer Interessenkollision auf der Ebene zwischen Vorstandsmitglied bzw. Stimmvertreter und Stiftung, sondern auch in dem Verhältnis zwischen Vertreter und Vertretenen ergeben.

Im Fall der uneingeschränkten Anwendung des § 181 BGB wäre es einem Elternteil zum einen untersagt, zugleich als Vorstandsmitglied im eigenen Namen als auch im Namen seines minderjährigen Abkömmlings zu handeln, zum anderen gleichzeitig mehrere minderjährige Abkömmlinge zu vertreten.[989] In Ergänzung der allgemeinen Vorschrift des § 181 BGB kommen auch im Hinblick auf die Vertretung bei der organschaftlichen Beschlussfassung die zum Schutz des Minderjährigen geltenden familienrechtlichen Vertretungsverbote zur Anwendung, soweit die Ebene zwischen minderjährigem Vertretenen und dessen gesetzlichem Vertreter berührt ist. Infolgedessen ist im Fall der gemeinsamen Sorge auch der andere Elternteil von einem Vertretungsausschluss erfasst (§§ 1629 Abs. 2 Satz 1 BGB, 1795 Abs. 2, 181 BGB). Zudem wären die Eltern auch von der Vertretung ausgeschlossen, wenn sie zwar nicht selbst, aber ein Verwandter in gerader Linie als weiteres Vorstandsmitglied mitstimmt, beispielsweise ein weiteres Kind oder ein Großelternteil (§§ 1629 Abs. 2 Satz 1, 1795 Abs. 1

2019, § 34 Rn. 12; *Wagner* in: Reichert, VereinsR, Kap. 2 Rn. 1523; *Swatzina*, Mitgliedschaftliche Stimmverbote, S. 65; für weitere Nachweise siehe Fußn. 365, S. 105 (zu Personen- und Kapitalgesellschaften); a.A. noch *Weick* in: Staudinger, BGB, 2005, § 34 Rn. 12 ohne Begründung.

988 Zum Grundsatz der gemeinschaftlichen Vertretung, siehe Zweiter Teil § 4 I.2.c., S. 104-110.

989 Wenn die Eltern von der Vertretung ausgeschlossen sind, scheidet eine Einwilligung nach § 107 BGB durch die Eltern ebenfalls aus; vgl. Fußn. 256, S. 77.

Nr. 1 BGB). Der Vertretungsausschluss könnte somit insbesondere bei Familienstiftungen sehr weit reichen. Eine Beschlussfassung wäre erschwert, da für beschränkt geschäftsfähige Vorstandsmitglieder ein, gegebenenfalls auch mehrere Ergänzungspfleger bestellt werden müssten (§ 1909 Abs. 1 Satz 1 BGB).[990] Um einer zu umfangreichen Anwendung von § 181 BGB entgegenzuwirken, ist eine Vertretung von Gesetzes wegen gleichwohl zulässig, wenn das Insichgeschäft in der Erfüllung einer Verbindlichkeit besteht oder der Vertretene den Vertreter von den Beschränkungen des § 181 BGB befreit hat.[991] Darüber hinaus wird § 181 BGB teleologisch reduziert, wenn mit einer Interessenkollision zwischen Vertreter und Vertretenen typischerweise nicht zu rechnen ist.[992]

1) Erfüllung einer Verbindlichkeit

§ 181 BGB gestattet dem Vertreter ein Insichgeschäft vorzunehmen, wenn es ausschließlich in der Erfüllung einer Verbindlichkeit besteht. In derartigen Fällen ist kein Interessenkonflikt zu befürchten, da der Inhalt des Rechtsgeschäfts durch die Verbindlichkeit festgelegt ist und der Vertreter keinen Entscheidungsspielraum hat.[993] Diese Ausnahme gilt auch für das Vertretungsverbot nach § 1795 Abs. 1 Nr. 1 BGB (iVm. § 1629 Abs. 2 Satz 1 BGB oder § 1915 Abs. 1 Satz 1 BGB).[994] Die Stimmabgabe dient der Erfüllung einer Verbindlichkeit, wenn ein beschränkt geschäftsfähiges Vorstandsmitglied verpflichtet ist, seine Stimme mit einem bestimmten Inhalt abzugeben und kein Entscheidungsspielraum besteht. Dies kommt zum Beispiel in Betracht, wenn der Stifter sich zu Lebzeiten die alleinige Entscheidung über die Nachbesetzung des Vorstands vorbehalten hat, dieser aber formal durch Vorstandsbeschluss bestellt werden soll. Das Gleiche gilt, wenn der Vorstand über die Zuwendung an einen Destinatär beschließt, hier aber keinen Entscheidungsspielraum hat, weil sämtliche Voraussetzungen bereits in der Stiftungssatzung festgelegt wurden und erfüllt sind.

---

990 Sofern die Minderjährigen untereinander gegensätzliche Interessen verfolgen, ist für jeden Minderjährigen jeweils ein eigener Ergänzungspfleger zu bestellen.

991 Dem beschränkt geschäftsfähigen Minderjährigen fehlt es an der notwendigen Geschäftsfähigkeit, um die Eltern vom Verbot des Insichgeschäfts zu befreien. Nach herrschender Meinung ist eine Befreiung auch nicht durch das Familiengericht möglich (vgl. Fußn. 328, S. 50).

992 Siehe Fußn. 342, S. 100.

993 Siehe Fußn. 343, S. 100.

994 Einhellige Meinung: siehe Fußn. 338, S. 99.

2) Teleologische Reduktion

Ausnahmen von den Vertretungsverboten nach §§ 181, 1795 BGB (iVm. § 1629 Abs. 2 Satz 1 BGB) werden im Wege einer teleologischen Reduktion zugelassen, wenn mit einer Interessenkollision zwischen Vertreter und Vertretenen „*generell-abstrakt*“ nicht zu rechnen ist.[995] Dies gilt unter anderem bei Rechtsgeschäften, die für den Vertretenen lediglich rechtlich vorteilhaft[996] oder neutral sind.[997]

Für Personengesellschaften ist darüber hinaus in Rechtsprechung und Literatur anerkannt, § 181 BGB bei Beschlüssen über Geschäftsführungsangelegenheiten nicht anzuwenden, da die Gesellschafter bei Geschäftsführungsangelegenheiten in erster Linie den gemeinsamen Gesellschaftszweck verfolgen und keine persönlichen, entgegengesetzten Interessenkonflikte austragen.[998] Auch der Stiftungsvorstand verfolgt bei Geschäftsführungsangelegenheiten in erster Linie den Stiftungszweck und keine persönlichen Interessen. Die generell-abstrakte Gefahr eines Interessenkonflikts ist daher mindestens genauso gering wie bei Beschlüssen über Geschäftsführungsangelegenheiten in Personengesellschaften. Im Interesse der Stiftung an einer möglichst schnellen, unkomplizierten Beschlussfassung sollte § 181 BGB daher auch bei Beschlüssen des Stiftungsvorstands über Geschäftsführungsangelegenheiten teleologisch reduziert werden. Da der Rechtsgedanke des § 181 BGB im Vertretungsverbot des § 1795 Abs. 1 Nr. 1 BGB aufgegriffen und lediglich der Personenkreis erweitert wird, ist auch eine teleologische Reduktion von § 1795 Abs. 1 Nr. 1 BGB geboten. Anderenfalls bestünde ein Wertungswiderspruch. Sollte ein Vorstandsmitglied gleichwohl Sonderinteressen verfolgen, die eine am Stiftungszweck orientierte Stimmrechtsausübung gefährden, wird er aufgrund stiftungsrechtlicher Stimmverbote ausreichend an der eigenen Stimmabgabe als auch an der Vertretung zur Stimmabgabe gehindert.[999]

In Bezug auf Grundlagenbeschlüsse von Personengesellschaften wird eine teleologische Reduktion von Rechtsprechung und Literatur überwiegend abgelehnt, da jedem Gesellschafter gestattet ist – vorbehaltlich der Treuepflicht – eigene Interessen zu verfolgen, so dass hier die generell-abstrakte Gefahr von

---

995 Zu § 181 BGB: siehe Fußn. 346, S. 101.

996 Siehe Fußn. 347, S. 101.

997 Siehe Fußn. 348, S. 101.

998 Siehe Fußn. 349, S. 101; vgl. ausführlich oben Zweiter Teil § 4 I.2.b.bb., S. 100-103.

999 Siehe dazu Dritter Teil § 4 II.1.b.aa., S. 266-267.

Interessenkonflikten besteht.[1000] Diese Argumentation kann auf die Beschlussfassung eines Stiftungsorgans über die Grundlagen der Stiftung nicht übertragen werden. Im Gegensatz zu einer Personengesellschaft oder einem Verein ist oberste Maxime nicht das gemeinsam gebildete Verbandsinteresse, sondern der in den Stiftungszwecken perpetuierte Wille des Stifters.[1001] Anders als in einer Personengesellschaften und einem Verein steht daher auch bei Grundlagenbeschlüssen die Erfüllung des Stiftungszwecks im Vordergrund. So wird von Teilen der Literatur im Zusammenhang mit der Position des Stiftungsvorstands von einer treuhänderischen Funktion gesprochen: Der Auftrag besteht darin, die dauernde und nachhaltige Erfüllung des Stiftungszwecks zu sichern (§ 80 Abs. 2 Satz 1 BGB).[1002] Dementsprechend dürfen die Vorstandsmitglieder grundsätzlich keine persönlichen Sonderinteressen verfolgen, so dass keine generell-abstrakte Gefahr der Austragung persönlicher Interessenkonflikte zwischen Vertreter und Vertretenem bei der Stimmabgabe besteht. Die Vertretungsverbote nach §§ 181, 1795 Abs. 1 Nr. 1 BGB sind daher auch bei Grundlagenbeschlüssen von Stiftungsorganen teleologisch zu reduzieren. Sollten Vorstandsmitglieder im Einzelfall dennoch persönliche Sonderinteressen verfolgen, wird die Stiftung durch die gesetzlich normierten Stimmverbote und das Verbot des Richtens in eigener Sache sowie die weiterhin geltende Treuepflicht hinreichend geschützt. Dies gilt ebenso für Beschlüsse über sonstige Angelegenheiten.

Der minderjährige Vertretene wird durch die teleologische Reduktion nicht schutzlos gestellt. Er wird ausreichend durch die stiftungsrechtlichen Stimmverbote geschützt, da diese auch zur Anwendung kommen, wenn bei einem Vertreter eines Organmitglieds die Gefahr der Verfolgung persönlicher Sonderinteressen besteht.[1003]

c. Genehmigungsvorbehalt

Weder die Ausübung des Stimmrechts noch das zu beschließende Rechtsgeschäft unterliegen einem familienrechtlichen Genehmigungsvorbehalt. Die Genehmigungsvorbehalte gemäß §§ 1821 ff. BGB sind nicht einschlägig, da die

---

1000 Herrschende Meinung: siehe Fußn. 355, S. 102; vgl. ausführlich oben Zweiter Teil § 4 I.2.b.bb., S. 100-103.

1001 *Stallmann*, Fehlerhafte Beschlüsse in der Stiftung, S. 92.

1002 *Godron* in: Richter, Stiftungsrecht, § 6 Rn. 144; *Hüttemann/Rawert* in: Staudinger, BGB, 2017, § 86 Rn. 25; *Stallmann*, Fehlerhafte Beschlüsse in der Stiftung, S. 92; *Reuter* in: Non Profit Law Yearbook 2002, S. 157-158.

1003 Siehe Dritter Teil § 4 II.1.b.aa.2), S. 267-269.

Beschlussgegenstände die Stiftung, nicht aber das persönliche Vermögen des beschränkt Geschäftsfähigen betreffen.

d. Restriktion des Stimmrechts

Die Analyse zur Wahrnehmung des Stimmrechts hat gezeigt, dass ein beschränkt geschäftsfähiger Minderjähriger sein Stimmrecht insbesondere im Hinblick auf Geschäftsführungsangelegenheiten selbst wahrnehmen kann, da die entsprechenden Beschlüsse für ihn keine rechtlichen Nachteile hervorrufen. Neben dem Minderjährigen sind häufig die Eltern als gesetzliche Vertreter berechtigt, das Stimmrecht im Namen ihres Kindes auszuüben. Da einem Vorstandsmitglied grundsätzlich untersagt ist, persönliche Interessen zu verfolgen,[1004] besteht keine generell-abstrakte Gefahr einer Interessenkollision; die Vertretungsverbote gemäß §§ 181, 1795 Abs. 1 Nr. 1 BGB sind mithin teleologisch zu reduzieren. Die Eltern können das Stimmrecht ihres Kindes daher selbst dann als gesetzliche Vertreter ausüben, wenn einer von ihnen ebenso in den Vorstand bestellt wurde. Mitunter hat aber der Stifter ein Interesse daran, das Stimmrecht des beschränkt geschäftsfähigen Vorstandsmitglieds einzuschränken und eine persönliche Stimmrechtsauübung zu vermeiden. Neben dem gesetzlichen Stimmverbot nach § 34 BGB kann der Stifter in der Stiftungssatzung weitere Stimmverbote festlegen.

Zudem kann die Stimmabgabe in der Satzung an weitere Voraussetzungen geknüpft werden. Bezüglich der Beschlussfassung nach § 32 BGB erachtet *Hadding* es als zulässig, die Stimmabgabe an die Volljährigkeit zu knüpfen, sowie eine Ausübung nur durch den gesetzlichen Vertreter oder nur mit dessen Einwilligung zu gestatten.[1005] Der Stifter ist bei der Ausgestaltung der Stiftungssatzung weitgehend frei. Die Satzungsbestimmungen sind wirksam, soweit dadurch nicht das Gemeinwohl gefährdet ist. Verboten sind mithin Regelungen, die gegen die Verfassung oder gesetzliche Verbote verstoßen.[1006] Dementsprechend ist eine Beschränkung, wie *Hadding* sie vorschlägt, auch im Hinblick auf einen beschränkt Geschäftsfähigen im Stiftungsvorstand möglich. Falls ein beschränkt Geschäftsfähiger sein Stimmrecht erst ab dem Eintritt der Volljährigkeit persönlich ausüben dürfen soll, ist es praktisch empfehlenswert, ihm zumindest ein

---

1004 Fußn. 968, S. 264.

1005 *Hadding* in: Soergel, BGB, 1. Band, § 32 Rn. 26; bzgl. der Volljährigkeit auch *Wagner* in: Reichert, VereinsR, Kap. 2 Rn. 1492.

1006 Vgl. §§ 80 Abs. 2 Satz 1, 85, 86 BGB. Zur Gefährdung des Gemeinwohls siehe Dritter Teil § 1, S. 167-168.

Teilnahmerecht neben seinem gesetzlichen Vertreter zuzugestehen.[1007] Andernfalls würde er mit den Stiftungsaufgaben nicht vertraut gemacht werden, sondern nur sein gesetzlicher Vertreter. In dem Fall könnte mit der Bestellung zum Vorstandsmitglied auch bis zur Volljährigkeit gewartet werden. Vorzugswürdig ist es, die Stimmrechtsausübung nur mit Einwilligung des gesetzlichen Vertreters zu gestatten. Schließlich kann der Stifter den Aufgabenkreis des Stiftungsvorstands eingrenzen und die Ausübung des Stimmrechts auf diesen Kreis beschränken. Weitere Einzelheiten können in einer Geschäftsordnung geregelt werden, wobei sich diese der Vorstand auch selbst geben kann.[1008]

Des Weiteren kann die Etablierung einer Familienverfassung erwogen werden. Darin können die Grundlagen und Werte der Familienstiftung festgehalten werden.[1009] Beispielsweise kann der Stifter seine Vorstellungen über die Führung der Stiftung und die Verwaltung des Vermögens in der Verfassung niederlegen oder eine Werte-Charta erstellen und der Stiftungssatzung beifügen. Bei der Stimmrechtsausübung wären die in der Familienverfassung zum Ausdruck kommenden (Wert-)Vorstellungen des Stifters neben dem Stiftungszweck zu berücksichtigen.

2. *Teilnahme- und Rederecht*

Da in den Sitzungen eines mehrgliedrig besetzten Vorstands die konkreten Beschlüsse zur Erfüllung des Stiftungszwecks gefasst werden, ist jedes Vorstandsmitglied verpflichtet und zugleich berechtigt, an den Sitzungen teilzunehmen.[1010] Dies folgt aus der Pflicht des Vorstands, den Stiftungszweck zu erfüllen. Das Teilnahmerecht beinhaltet neben dem Anwesenheitsrecht auch ein Rede- und Antragsrecht.[1011] Die Beschlussfassung geht aus einer gemeinsamen Beratung hervor, in der jedes Vorstandsmitglied die Möglichkeit hat, seinen Standpunkt darzulegen. Zur Teilnahme verpflichtet und berechtigt sind daher

---

1007 Zur Ausgestaltung siehe Zweiter Teil § 4 II.3., S. 130-131.

1008 *Gummert* in: MünchHdbGesR, 5. Band, § 91 Rn. 7.

1009 Siehe Zweiter Teil § 4 I.4.d., S. 118.

1010 Vgl. *Stallmann,* Fehlerhafte Beschlüsse in der Stiftung, S. 98, 137; RGZ 66, 369, 371 (zum Aufsichtsrat als „*Kollegium*"); *Wagner* in: Reichert, VereinsR, Kap. 2 Rn. 2514 (zum Vereinsvorstand); *Zöllner,* Stimmrechtsmacht, S. 187-188 (zu Personengesellschaften und Körperschaften).

1011 Vgl. *Wagner* in: Reichert, VereinsR, Kap. 2 Rn. 2513 (zum Vereinsvorstand); *Zöllner,* Stimmrechtsmacht, S. 187 (zu Personengesellschaften und Körperschaften).

grundsätzlich auch nicht stimmberechtigte Vorstandsmitglieder.[1012] Abweichungen können in der Stiftungssatzung oder auch durch den Vorstand geregelt werden, letzteres im Zweifel aber nur, wenn der Stifter dem Vorstand einen entsprechenden Gestaltungsspielraum eingeräumt hat.

Ist ein beschränkt Geschäftsfähiger zum Vorstandsmitglied bestellt, kann er grundsätzlich selbst an den Sitzungen teilnehmen und sich äußern, da die Teilnahme eine tatsächliche Handlung ist und keine rechtsgeschäftlichen Willenserklärungen abzugeben sind. Soweit der gesetzliche Vertreter das Stimmrecht ausübt, ist auch er berechtigt und zugleich verpflichtet, das Teilnahme- und Rederecht wahrzunehmen. Als gesetzlicher Vertreter treten nicht zwingend die Eltern auf. Vielmehr steht das Teilnahme- und Rederecht einem Ergänzungspfleger als gesetzlichem Vertreter zu, wenn dessen Bestellung im Hinblick auf die Wahrnehmung des Stimmrechts erforderlich ist, zum Beispiel weil ein Elternteil persönliche Sonderinteressen verfolgt und einem stiftungsrechtlichen Stimmverbot unterliegt.

Von Gesetzes wegen wird ein beschränkt Geschäftsfähiger nicht von der Teilnahme an einer Sitzung ausgeschlossen, wenn sein gesetzlicher Vertreter teilnimmt. Das Teilnahmerecht ist teilbar und kann daher von mehreren Personen gleichzeitig wahrgenommen werden.[1013] Der Stifter kann die Regelungen zur Beschlussfassung selbst festlegen[1014] und auch das Teilnahmerecht eines Organmitglieds für den Fall der Vertretung darauf beschränken, dass nur der Vertreter, nicht aber auch der Vertretene an der Sitzung teilnimmt. Wurde ein beschränkt Geschäftsfähiger aber zum Vorstandsmitglied bestellt, wäre ein Teilnahmeausschluss im Hinblick auf die Heranführung an den Geschäftsbetrieb hinderlich. Seine Teilnahme ermöglicht es gerade, ihn mit den Stiftungsangelegenheiten, insbesondere mit den Maßnahmen zum Erhalt und zur Mehrung des Stiftungsvermögens, vertraut zu machen und ihn auf diese Weise an den Geschäftsbetrieb heranzuführen.

1012 Vgl. *Wagner* in: Reichert, VereinsR, Kap. 2 Rn. 2513 (zum Vereinsvorstand); *Zöllner*, Stimmrechtsmacht, S. 187 (zu Personengesellschaften und Körperschaften); *Engfer*, Ausschluß des organschaftlichen Stimmrechts, S. 123.

1013 Siehe Zweiter Teil § 4 II.1., S. 120-126.

1014 Vgl. §§ 85, 86 BGB, wonach die Verfassung einer Stiftung durch das Stiftungsgeschäft bestimmt wird, soweit sie nicht auf Bundes- oder Landesgesetz beruht. Die Vorschriften des § 26 Absatz 2 Satz 1, des § 27 Absatz 3 und des § 28 finden nur insoweit Anwendung, als sich nicht aus der Verfassung etwas anderes ergibt.

3. *Ladung zur Sitzung*

Voraussetzung für die Durchführung einer Vorstandssitzung ist deren Einberufung. Das heißt, sämtliche Mitglieder des Vorstands sind zur Sitzung einzuladen. Dahinter steht der Gedanke, dass jedem Organmitglied die Möglichkeit gegeben werden muss, sich auf die Sitzung vorzubereiten und seine Rechte, insbesondere sein Stimm-, Teilnahme und Rederecht wahrzunehmen sowie zugleich seinen Pflichten nachzukommen.[1015] Die Einberufung kann entweder in der Stiftungssatzung oder der Geschäftsordnung des Vorstands geregelt werden. Im Übrigen gelten die §§ 32 Abs. 1 Satz 2, 28, 86 Satz 1 BGB, die allerdings nur bestimmen, dass zur Gültigkeit eines Beschlusses die genaue Bezeichnung des Beschlussgegenstandes bei der Einberufung erforderlich ist.

Im Hinblick auf die Frage, an wen die Ladung bei Bestellung eines beschränkt Geschäftsfähigen zum Vorstandsmitglied zu richten ist, kann das zur KG-Gesellschafterversammlung gefundene Ergebnis übertragen werden.[1016] Der Zweck einer Ladung, die Sitzungs- oder Versammlungsteilnehmer über Ort, Zeit und Beschlussgegenstände zu informieren, wird durch die Rechtsform der jeweiligen juristischen Person bzw. Gesellschaft nicht berührt. Mit Blick auf den Zweck der Ladung ist sie an denjenigen zu richten, der die Rechte des Organmitglieds in der Sitzung ausübt. Da ein beschränkt Geschäftsfähiger sein Teilnahmerecht grundsätzlich selbst ausüben kann, ist er zu laden. Daneben sind auch seine Eltern als gesetzliche Vertreter zu laden, wenn sie das Stimmrecht ihres Kindes wahrnehmen, weil die Rechtsfolgen des Beschlussgegenstandes für den beschränkt Geschäftsfähigen rechtlich nachteilig sind. Besteht hingegen die Gefahr, dass ein Elternteil hinsichtlich des Beschlussgegenstandes persönliche Sonderinteressen verfolgt, sollte die Stiftung dem Familiengericht zunächst den Sachverhalt offenlegen und die Notwendigkeit der Bestellung eines Ergänzungspflegers für das beschränkt geschäftsfähige Vorstandsmitglied anzeigen. Erst nach der Entscheidung durch das Familiengericht sollte die Sitzung einberufen werden. Auf diese Weise ist bereits vor Einberufung verbindlich geklärt, wer das beschränkt geschäftsfähige Vorstandsmitglied vertritt und es bedarf keiner langen Ladungsfrist, da der Adressatenkreis feststeht.

1015 *Burgard*, Gestaltungsfreiheit im StiftR, S. 301.

1016 Ausführlich siehe Zweiter Teil § 4 III., S. 132-139.

4. *Informationsrechte*

Ein Vorstandsmitglied unterliegt gemäß §§ 666, 27 Abs. 3, 86 Satz 1 BGB einer Auskunfts- und Rechenschaftspflicht. Es gibt aber auch vielfältige Konstellationen, in denen ein Vorstandsmitglied Informationen benötigt, um seine Vorstandspflichten ordnungsgemäß zu erfüllen und bestimmte organschaftliche Mitwirkungsrechte sachgerecht wahrnehmen zu können. Etwa sind unternehmerische Entscheidungen auf Grundlage angemessener Informationen zum Wohle der Stiftung zu treffen.[1017] Zwangsläufig muss jedes Vorstandsmitglied auch berechtigt sein, Einblick in die Geschäftsunterlagen der Stiftung zu nehmen und entsprechende Auskünfte einzuholen. Nur so ist es einem Vorstandsmitglied möglich zu beurteilen, welche Maßnahmen dem Wohl der Stiftung am besten dienen. Das Gleiche gilt für die Beschlussfassung in anderen Angelegenheiten: Voraussetzung für eine sachgerechte Wahrnehmung des Stimmrechts ist regelmäßig eine ordentliche Informationsgrundlage. Ist diese unzureichend oder bestehen Unklarheiten, muss es einem Vorstandsmitglied gestattet sein, sich weitere Informationen zu verschaffen. Ferner kann ein Vorstandsmitglied seine Kontroll- und Überwachungspflicht[1018] im Fall einer Ressortaufteilung nur ordnungsgemäß erfüllen, wenn es regelmäßig Auskünfte von den anderen Ressortleitern verlangen kann. Die Informationsrechte eines Vorstandsmitglieds erwachsen somit aus seinen organschaftlichen Kompetenzen und Pflichten.[1019] Sie umfassen das Recht, Einsicht in Stiftungsunterlagen zu nehmen sowie Auskünfte zu verlangen. Daneben kann die Stiftungssatzung dem Stiftungsvorstand weitere Informationsrechte einräumen.[1020] Hat der Stifter beispielsweise die Errichtung eines fakultativen Gremiums als Kontrollorgan gegenüber dem Stiftungsvorstand vorgesehen, so ist der Vorstand seinerseits nicht ohne Weiteres berechtigt, Einsicht in die Unterlagen des Gremiums zu nehmen oder von diesem Auskünfte zu verlangen. Solche Informationsrechte müsste der Stifter dem Vorstand in der Satzung explizit einräumen. Etwas anderes gilt hingegen

---

1017 Vgl. OLG Oldenburg, Urt. v. 08.11.2013 – 6 U 50/13, juris Rn. 85; *Hüttemann/Rawert* in: Staudinger, BGB, 2017, § 86 Rn. 68; Weitemeyer in: MüKo, BGB, 1. Band, § 86 Rn. 50.

1018 *Gummert* in: MünchHdbGesR, 5. Band, § 94 Rn. 10; *Hüttemann/Rawert* in: Staudinger, BGB, 2017, § 86 Rn. 72; *Burgard,* Gestaltungsfreiheit im StiftR, S. 225.

1019 Vgl. *Jakob,* Schutz der Stiftung, S. 453, wonach sich Informationsrechte von Stiftungsbeteiligten entweder aus dessen Kompetenzen ergeben oder in der Stiftungssatzungssatzung explizit eingeräumt werden müssen.

1020 Ebenso *Jakob,* Schutz der Stiftung, S. 452-453.

im Zusammenhang mit der Vergabe von Stiftungsleistungen. Hat der Stifter die Vergabe an Auflagen geknüpft, so ist der Vorstand auch berechtigt, von dem Destinatär Auskunft über den Verbleib und die Verwendung der Stiftungsleistung zu fordern. *Jakob* erachtet einen solchen Auskunftsanspruch nur als zulässig, wenn er explizit in der Stiftungssatzung oder vertraglich mit dem Destinatär vorgesehen ist.[1021] Vorzugswürdig ist hingegen eine Herleitung des Informationsrechts aus der organschaftlichen Pflicht, den Stiftungszweck gemäß dem Stifterwillen zu erfüllen.

Im Fall der Beteiligung eines beschränkt Geschäftsfähigen im Vorstand stellt sich auch hier die Frage, wer die Informationsrechte ausüben und auf diese Weise Einblick in die Angelegenheiten der Stiftung erhält. Falls ein beschränkt Geschäftsfähiger Einsicht in Bücher und andere Dokumente begehrt, zu denen er als Vorstandsmitglied Zugriff hat, kann er die Einsichtnahme selbst vornehmen, da hierfür keine rechtsgeschäftliche Erklärung, sondern lediglich eine tatsächliche Handlung erforderlich ist.[1022] Sofern die Unterlagen für den beschränkt Geschäftsfähigen dagegen nicht zugänglich sind, beispielsweise weil eine Ressortaufteilung vorgenommen wurde, und/oder er von der Geschäftsführung ausgeschlossen ist, muss er von den anderen Vorstandsmitgliedern Auskunft verlangen. Auf das Auskunftsverlangen sind zwar die für Willenserklärungen geltenden Regelungen (entsprechend) anzuwenden.[1023] Wie bereits zur KG ausgeführt, ist ein Auskunftsverlangen für einen beschränkt Geschäftsfähigen aber nicht rechtlich nachteilig, so dass er es grundsätzlich ohne Mitwirkung seines gesetzlichen Vertreters geltend machen kann.

Soweit das Auskunftsverlangen jedoch dazu dient, anderen organschaftlichen Pflichten nachzukommen, ist es von demjenigen wahrzunehmen, der die korrespondierenden Rechte und Pflichten ausübt. Dient das Auskunftsverlangen der Vorbereitung einer Vorstandssitzung, gründet das Informationsrecht auf dem Stimm-, Teilnahme- und Rederecht. Nur wenn der beschränkt Geschäftsfähige sein Stimmrecht eigenständig wahrnimmt, kann er ohne Mitwirkung seines gesetzlichen Vertreters die diesbezüglich erforderlichen Auskünfte verlangen und Einsicht nehmen.[1024]

Verlangt ein beschränkt Geschäftsfähiger Auskunft von der Stiftung kann Erfüllung jedoch erst eintreten kann, wenn die Auskunft dem gesetzlichen

1021 *Jakob*, Schutz der Stiftung, S. 453.

1022 Vgl. BGHZ 65, 93 ff. = NJW 1976, 49 (zur KG).

1023 Siehe Zweiter Teil § 4 IV.2., S. 141-142.

1024 Vgl. ausführlich Zweiter Teil § 4 IV.2., S. 141-144.

Vertreter zugeht (entsprechend § 131 Abs. 2 BGB).[1025] Deshalb sind die Informationen dem gesetzlichen Vertreter gegenüber mitzuteilen, es sei denn, der gesetzliche Vertreter hat eingewilligt, dass die Mitteilung gegenüber dem beschränkt geschäftsfähigen Minderjährigen erfolgen darf (vgl. § 131 Abs. 2 BGB). Sofern der beschränkt Geschäftsfähige das Informationsrecht mit Einwilligung seines gesetzlichen Vertreters wahrgenommen hat, ist von der Einwilligung regelmäßig auch die Auskunftserteilung an den beschränkt Geschäftsfähigen umfasst.[1026]

Wenn das beschränkt geschäftsfähige Vorstandsmitglied hingegen in Vertretung für die Stiftung ein Auskunftsverlangen gemäß §§ 666, 27 Abs. 3, 86 Satz 1 BGB gegenüber einem anderen, geschäftsführenden Vorstandsmitglied geltend macht, beispielsweise zwecks Kontrolle und Überwachung der Geschäftsführung, besteht die Auskunftspflicht grundsätzlich gegenüber der Stiftung und nicht gegenüber dem beschränkt Geschäftsfähigen persönlich.[1027] Ist eine Willenserklärung gegenüber der Stiftung abzugeben oder eine geschäftsähnliche Handlung vorzunehmen, genügt bei einem mehrgliedrig besetzten Vorstand die Abgabe gegenüber einem Vorstandsmitglied (§§ 26 Abs. 2 Satz 2, 86 Satz 1 BGB). Dies kann auch gegenüber einem beschränkt geschäftsfähigen Vorstandsmitglied erfolgen, da sich die beschränkte Geschäftsfähigkeit nicht nachteilig auf die Wirksamkeit einer Willenserklärung bzw. einer geschäftsähnlichen Handlung auswirkt, die ihm als Vertreter gegenüber abgegeben wird (§ 165 BGB). Um dies zu vermeiden, sollte in der Stiftungssatzung der Ausschluss eines beschränkt geschäftsfähigen Vorstandsmitglieds von der Vertretung festgelegt werden, so dass Auskunftsansprüche namens der Stiftung grundsätzlich nur von den anderen vertretungsberechtigten Vorstandsmitgliedern geltend gemacht werden können und nur von ihnen Auskünfte wirksam entgegengenommen werden können.

Falls beispielsweise das Stimmrecht eines beschränkt geschäftsfähigen Vorstandsmitglieds von einem Ergänzungspfleger ausgeübt werden muss, ist dieser zugleich berechtigt, die erforderlichen Informationen einzuholen. Unabhängig davon ist ein Ergänzungspfleger zu bestellen, wenn sich das Auskunftsverlangen gegen ein Elternteil als Vorstandsmitglied richtet, da hier generell-abstrakt die Gefahr einer Interessenkollision besteht (§§ 1629 Abs. 2, 1795 Abs. 2, 181 Var. 2 BGB).

1025 Vgl. ausführlich Zweiter Teil § 4 IV.2., S. 144.

1026 Vgl. *Benedict/Singer* in: Staudinger, BGB, 2017, § 131 Rn. 5.

1027 Vgl. *Hüttemann/Rawert* in: Staudinger, BGB, 2017, § 86 Rn. 50.

5. Zwischenergebnis

Ein beschränkt geschäftsfähiges Vorstandsmitglied kann sein Stimmrecht im Hinblick auf Geschäftsführungsangelegenheiten überwiegend selbst wahrnehmen und damit an dem Willensbildungsprozess des Stiftungsvorstands mitwirken, weil die Beschlussgegenstände für ihn persönlich regelmäßig nicht rechtlich nachteilig sind. Daneben sind aber auch seine Eltern als gesetzliche Vertreter grundsätzlich berechtigt, die organschaftlichen Rechte auszuüben. Da der Stifter die Stiftung gegründet, mit Vermögen ausgestattet und den Stiftungszweck vorgegeben hat, ist der Vorstand, anders als ein Gesellschafter bzw. eine Gesellschafterversammlung, bloßes Vollzugsorgan, das streng an den Stiftungszweck gebunden ist und grundsätzlich keine persönlichen Interessen verfolgen darf. Um der Gefahr persönlicher Interessenverfolgung vorzubeugen, sind die in § 34 BGB normierten Stimmrechtsausschlüsse auch vom Stiftungsvorstand zwingend zu beachten. Zudem gilt das Verbot des Richtens in eigener Sache. Dementsprechend sind weder ein beschränkt geschäftsfähiges Vorstandsmitglied noch seine Eltern als gesetzliche Vertreter stimmberechtigt, wenn die Gefahr der Verfolgung persönlicher Sonderinteressen besteht und ein Stimmverbot greift.[1028] Selbst wenn nur ein Elternteil einem Stimmverbot unterliegt, erstreckt sich der Vertretungsausschluss im Fall der gemeinsamen Sorge zum Schutz des Kindes auf den anderen Elternteil (§ 1629 Abs. 1 Satz 2 BGB). Im Übrigen können die Eltern das Stimmrecht ihres Kindes selbst dann wahrnehmen, wenn einer von ihnen oder ein Verwandter in gerader Linie ebenso in den Vorstand bestellt wurde. Die Vertretungsausschlüsse nach § 181 BGB und § 1795 Abs. 1 Nr. 1 BGB (iVm. § 1629 Abs. 2 Satz 1 BGB) kommen nicht zur Anwendung. Da grundsätzlich keine Sonderinteressen verfolgt werden dürfen, fehlt es an der für § 181 BGB typischen generell-abstrakten Gefahr einer Interessenkollision. Stattdessen verfolgen alle Vorstandsmitglieder gemeinsam den Stiftungszweck. Interessenkonflikte drohen soweit unterschiedliche Meinungen vertreten werden, mit welchen Maßnahmen der Stiftungszweck bestmöglich erfüllt werden kann. Dabei geht es aber nicht um die Durchsetzung persönlicher Interessen vor denen eines anderen Vorstandsmitglieds, sondern um unterschiedliche Erwägungen zur gemeinsamen Stiftungsarbeit. Hieraus folgt, dass die Vertretungsausschlüssen nach § 181 BGB sowie § 1795 Abs. 1 BGB (iVm. § 1629 Abs. 2 Satz 1 BGB) teleologisch reduziert werden können.[1029]

1028 Siehe Dritter Teil § 4 II.1.b.aa., S. 266-267.

1029 Siehe Dritter Teil § 4 II.1.b.bb.2), S. 271-272.

Wenn der gesetzliche Vertreter das Stimmrecht des Minderjährigen wahrnimmt, stehen ihm auch das korrespondiere Teilnahme- und Rederecht sowie die Informationsrechte zu. Zugleich darf aber auch der Vertretene an den Sitzungen teilnehmen, da das Teilnahmerecht nicht nur der Ausübung des Stimmrechts dient und grundsätzlich von mehreren Personen gleichzeitig ausgeübt werden kann.

Die Ladung zur Vorstandssitzung ist an das beschränkt geschäftsfähige Vorstandsmitglied zu richten, damit es sein Teilnahmerecht wahrnehmen kann. Zugleich sind die Eltern als gesetzliche Vertreter zu laden, wenn sie das Stimmrecht ihres Kindes wahrnehmen müssen oder es ihrer Einwilligung bedarf. Unterliegt dagegen zumindest ein Elternteil einem Stimmverbot, sind im Fall der gemeinsamen Sorge beide Elternteile von der Vertretung ausgeschlossen und es sollte zunächst ein Ergänzungspfleger bestellt und dieser anschließend geladen werden. Auf diese Weise erspart sich die Stiftung eine mehrfache Ladung und eine lange Ladungsfrist, da der Ergänzungspfleger als gesetzlicher Vertreter des beschränkt Geschäftsfähigen zur Sitzung geladen werden muss, selbst wenn die Eltern bereits eine Ladung erhalten haben.

Als Vorstandsmitglied unterliegt ein beschränkt Geschäftsfähiger gemäß §§ 666, 27 Abs. 3, 86 Satz 1 BGB einer Auskunfts- und Rechenschaftspflicht gegenüber der Stiftung. Daneben stehen ihm Informationsrechte zu, um eine sachgerechte Erfüllung seiner organschaftlichen Pflichten zu gewährleisten. Ist ein beschränkt Geschäftsfähiger von der Vertretung der Stiftung ausgeschlossen, wird er Auskunftsansprüche namens der Stiftung grundsätzlich nicht geltend machen können.

III. Fakultatives Gremium

Wird ein Minderjähriger zum Organmitglied eines fakultativen Gremiums bestellt, hat er seine Organpflichten wahrzunehmen. Der Stifter kann von vornherein dem Minderjährigen nur einen bestimmten Aufgabenkreis zuweisen oder das Gremium kann eine Geschäftsordnung beschließen und darin einzelne Ressortaufteilungen vornehmen. Auf diese Weise können die Organpflichten des Minderjährigen eingrenzt werden. Wird ein geschäftsunfähiger Minderjähriger zum Organmitglied bestellt, müssen seine Mitgliedsrechte, die – wie etwa das Stimmrecht – der Abgabe einer Willenserklärung bedürfen sowie geschäftsähnliche Handlungen durch seinen gesetzlichen Vertreter ausgeübt werden. Ein beschränkt geschäftsfähiges Organmitglied kann selbst Willenserklärungen wirksam abgeben und geschäftsähnliche Handlungen vornehmen, wenn sie für ihn persönlich lediglich rechtlich vorteilhaft (§ 107 BGB) oder neutral sind. Die gesetzliche Vertretung des Minderjährigen erfolgt grundsätzlich durch beide Elternteile gemeinsam (§ 1629 Abs. 1 Satz 2 BGB). Auch hier stellt sich die Frage, ob die Eltern an der Vertretung gehindert sind und ein Ergänzungspfleger bestellt werden muss, wenn ein Elternteil ebenso an dem fakultativen Gremium beteiligt ist und/oder persönliche Sonderinteressen hinsichtlich eines Beschlussgegenstandes verfolgt. Im Grundsatz greifen dieselben Vertretungshindernisse wie im Fall der Bestellung eines beschränkt Geschäftsfähigen in den Vorstand.[1030] Besonderheiten bestehen (dogmatisch) im Hinblick auf die stiftungsrechtlichen Stimmverbote sowie etwa daraus folgende Vertretungshindernisse. Im Fall eines Aufsichtsgremiums besteht die Gefahr, dass die Eltern daran gehindert sind, die Mitgliedsrechte namens ihres Kindes auszuüben, wenn ein Elternteil im Vorstand tätig ist und der Minderjährige als Organmitglied des fakultativen Gremiums, die Tätigkeit des Vorstands kontrollieren soll. Dazu im Einzelnen:

1. Stimm-, Teilnahme- und Rederecht

Der gesetzliche Verweis auf das Stimmverbot nach § 34 BGB bezieht sich ausdrücklich nur auf die Beschlussfassung des Stiftungsvorstands (§§ 34, 28, 86 Satz 1 BGB). Daraus folgt jedoch nicht, dass bei der Beschlussfassung anderer Stiftungsorgane keine Stimmverbote gelten. Der gesetzliche Verweis beruht darauf, dass als Stiftungsorgan von Gesetzes wegen nur der Vorstand vorgesehen ist (§ 81 Abs. 1 Satz 3 Nr. 5 BGB). Ob daneben weitere Stiftungsorgane errichtet werden, ist allein dem Stifter überlassen; das Gesetz enthält hierzu keine Regelungen. Durch die Ausübung des Stimmrechts nimmt der Stimmrechtsinhaber maßgeblich Einfluss auf die Willensbildung des Organs. Auch bei der Beschlussfassung eines fakultativen Gremiums ist im Interesse des Stifters und der Stiftung möglichst umfassend sicherzustellen, dass sich der Stimmrechtsinhaber bei der Ausübung des Stimmrechts ausschließlich an den Stiftungszwecken orientiert und nicht persönliche Sonderinteressen verfolgt. Dies wird nur erreicht, wenn sämtliche Organmitglieder und ihre Vertreter die in § 34 BGB normierten Stimmverbote sowie das Verbot des Richtens in eigener Sache[1031] beachten müssen, unabhängig davon, ob sie Mitglied im Vorstand oder eines anderen Stiftungsorgans sind. § 34 BGB ist daher analog auf Organmitglieder eines fakultativen

---

1030 Siehe dazu Dritter Teil § 4 II.1.b., S. 265-272.

1031 Vgl. zum Verbot des Richtens in eigener Sache beim Verein *Leuschner* in: MüKo, BGB, 1. Band, § 34 Rn. 7; *Schöpflin* in: BeckOK BGB, § 34 Rn. 8, 10.

Gremiums und ihrer Vertreter anzuwenden.[1032] In diese Richtung weist de lege ferenda auch die Begründung der Bundesregierung zum Gesetzentwurf zur Vereinheitlichung des Stiftungsrechts.[1033] Zur Vermeidung der durch die Verweise ins Vereinsrecht hervorgerufenen Unsicherheiten sollen unter anderem für die Beschlussfassung der Stiftungsorgane eigenständige Bestimmungen in das Bürgerliche Gesetzbuch aufgenommen werden. Statt eines bloßen Verweises in das Vereinsrecht soll ausdrücklich geregelt werden, dass ein (Stiftungs-)Organmitglied nicht stimmberechtigt ist, wenn die Beschlussfassung die Vornahme eines Rechtsgeschäfts mit ihm oder die Einleitung oder Erledigung eines Rechtsstreits zwischen ihm und der Stiftung betrifft.[1034]

Das Verbot des Richtens in eigener Sache ist beispielsweise zu beachten, wenn ein Elternteil im Vorstand tätig ist und das fakultative Gremium über die Entlastung des Vorstands oder die Abberufung des Elternteils als Vorstandsmitglied beschließt. In diesem Fall ist bereits zu erwägen, ob der Minderjährige nicht selbst einem Stimmverbot unterliegt. In der Regel folgt aus einem bloßen Verwandtschaftsverhältnis zwar kein (stiftungsrechtliches) Stimmverbot, sondern grundsätzlich müssen weitere Umstände hinzutreten, die die Gefahr begründen, dass der Stimmberechtigte den persönlichen Interessen des Verwandten Vorrang gewährt.[1035] Im Vergleich zu einem Onkel oder Großelternteil ist die besonders enge Verbindung zwischen Eltern und Kind zu berücksichtigen. Typischerweise leben Eltern und Kind in einer häuslichen Gemeinschaft und es besteht eine enge Verbundenheit, die unter besonderem Schutz steht (vgl. Art. 6 Abs. 1 GG). Die Eltern sind als Sorgeberechtigte nicht nur für die Pflege und Erziehung ihres Kindes verantwortlich (Art. 6 Abs. 2 GG, § 1626 Abs. 1 BGB). Sie sind gleichzeitig auch vorrangige Bezugs- und Vertrauensperson für ihr Kind. Es besteht somit eine generell-abstrakte Gefahr, dass ein Kind bei der Ausübung des Stimmrechts den Interessen seines Elternteils Vorrang gewährt. Das Stimmverbot des Richtens in eigener Sache ist daher auch in diesem Fall anzuwenden. Dem steht schließlich nicht entgegen, dass ein geschäftsunfähiges Kind sein Stimmrecht nicht selbst ausüben kann, sondern gesetzlich vertreten werden

---

1032 Für eine direkte Anwendung hingegen *Hof* in: Stiftungsrecht-Hdb., § 6 Rn. 193; *Schlüter/Stolte* in: Stiftungsrecht, Kap. 2 Rn. 69; *Burgard,* Gestaltungsfreiheit im StiftR, S. 294, 306-307; *Stallmann,* Fehlerhafte Beschlüsse in der Stiftung, S. 139 (analog).

1033 RegE BT-Drucks. 19/28173, S. 61.

1034 RegE BT-Drucks. 19/28173, § 84b Satz 2 BGB-E, S. 8

1035 BGHZ 56, 47 ff. = NJW 1971, 1265, 1267 (zur Erbengemeinschaft); *Schöpflin* in: BeckOK BGB, § 34 Rn. 9; *Zöllner,* Stimmrechtsmacht, S. 181-182.

muss. Da das Stimmrecht der Organstellung entspringt,[1036] ist zunächst zu prüfen, ob das Organmitglied selbst einem Stimmverbot unterliegt, bevor auf seinen Vertreter abgestellt wird.[1037] Zudem würde eine solche Verlagerung dazu führen, dass für das Kind zunächst ein Ergänzungspfleger bestellt werden müsste, da die Eltern als gesetzliche Vertreter ebenso einem Stimmverbot unterliegen.[1038] Die Bestellung eines Ergänzungspflegers ist aber weder im Interesse des Kindes noch der Stiftung. Im Interesse der Eltern-Kind-Beziehung ist eine Entscheidung durch das Gremium möglichst ohne Beteiligung des Kindes zu treffen.

Selbst wenn ein (minderjähriges) Organmitglied einem Stimmverbot unterliegt, ist es weiterhin berechtigt, der Beschlussfassung beizuwohnen, es sei denn, in der Stiftungssatzung oder der Geschäftsordnung ist etwas anderes bestimmt. Teilnahme- und Rederecht eines fakultativen Organmitglieds unterscheiden sich auch im Übrigen nicht von denen eines Vorstandsmitglieds. Hinsichtlich der Ausübung durch den gesetzlichen Vertreter kann daher auf die obigen Ausführungen verwiesen werden.[1039] Da an einem fakultativen Gremium auch geschäftsunfähige Minderjährige beteiligt werden können, denen regelmäßig die notwendige geistige Reife fehlen wird, um den überwiegenden Stiftungsangelegenheiten in den Gremiumssitzungen zu folgen, ist eine Einschränkung des Teilnahmerechts durchaus sinnvoll. Dies gilt entsprechend für sehr junge beschränkt geschäftsfähige Organmitglieder. Wenngleich eine generell-abstrakte Altersgrenze schwierig zu bestimmen ist, sprechen gute Gründe für eine Anknüpfung an die Vollendung des 14. Lebensjahres.[1040]

1036 *Burgard,* Gestaltungsfreiheit im StiftR, S. 300-301; *Stallmann,* Fehlerhafte Beschlüsse in der Stiftung, S. 16.

1037 Unterliegt der Vertretene einem Stimmverbot, kann seine Stimme auch nicht durch einen Vertreter abgegeben werden, vgl. dazu bereits Zweiter Teil § 4 I.2.a.bb)1), S. 93.

1038 Dürfte der betroffene Elternteil als gesetzliche Vertreter des Minderjährigen das Stimmrecht ausüben, würde er über seine eigene Entlastung bzw. Abberufung entscheiden. Dies Ausübung des Stimmrechts käme demnach einem unzulässigen Richten in eigener Sache gleich.

1039 Siehe Dritter Teil § 4 II.2., S. 274-276.

1040 Zur Altersgrenze und zur vertraglichen Ausgestaltung siehe Zweiter Teil § 4 II.2.c. und 3., S. 127-131.

2. *Ladung zur Sitzung*

Die Sitzungen werden auch im Fall eines fakultativen Gremiums grundsätzlich durch Ladung der Organmitglieder einberufen.[1041] Wenn das Teilnahmerecht eines minderjährigen Organmitglieds nicht in der Stiftungssatzung eingeschränkt wurde, ist er zur Sitzung zu laden, damit er seine Teilnahmerecht wahrnehmen kann. Bei einem geschäftsunfähigen Organmitglied ist zur Stimmrechtsausübung zudem der gesetzliche Vertreter zu laden. Auch im Fall eines beschränkt geschäftsfähigen Organmitglieds ist es ratsam, die Ladung auch an seinen gesetzlichen Vertreter zu richten. Dies ist zwar nicht zwingend stets erforderlich. Nimmt ein beschränkt Geschäftsfähiger aber anschließend selbst an der Sitzung teil und übt sein Stimmrecht aus, kann der Versammlungsleiter davon ausgehen, dass der gesetzliche Vertreter dem konkludent zugestimmt hat. Dadurch ist die Stimmabgabe des beschränkt Geschäftsfähigen selbst dann wirksam, wenn die Beschussfassung außergewöhnliche Angelegenheiten betrifft, die ausnahmsweise für den beschränkt Geschäftsfähigen rechtlich nachteilig sind und die von der Zustimmung des gesetzlichen Vertreters zur Bestellung des beschränkt Geschäftsfähigen zum Organmitglied nicht mehr abgedeckt sind.[1042] Vor Ladung des gesetzlichen Vertreters sollte durch die Stiftung geprüft werden, ob die Eltern ihr Kind vertreten können oder ein Ergänzungspfleger bestellt werden muss.[1043]

3. *Informationsrechte*

Wenn das fakultative Gremium die Tätigkeit des Stiftungsvorstands überwachen soll, ist es ratsam, in der Stiftungssatzung ausdrücklich ein Auskunftsrecht

---

1041 Vgl. *Krauß* in: Beck'sche Online-Formulare Vertrag, Kap. 18.1.2 § 12; *Burgard,* Gestaltungsfreiheit im StiftR, S. 301, 303,

1042 Teilweise wird vertreten, dass der gesetzlichen Vertreter den beschränkt Geschäftsfähigen mit der Annahme der Bestellung zum Organmitglied bzw. durch die Einwilligung konkludent ermächtigt, rechtsgeschäftliche Willenserklärungen wirksam selbst abzugeben, die zur Erfüllung der mit der Organstellung verbundenen Verpflichtungen üblicherweise verbunden sind (vgl. *Ellenberger* in: Palandt, BGB, § 32 Rn. 8; *Schöpflin* in: BeckOK BGB, § 32 Rn. 23). Dies wird zwar regelmäßig nicht gewollt sein. Im Interesse des Rechtsverkehrs, der juristischen Person und der anderen Organmitglieder ist jedoch zu verlangen, dass der gesetzliche Vertreter eine entsprechende Beschränkung bei der Annahme der Bestellung eindeutig zum Ausdruck bringt.

1043 Siehe Zweiter Teil § 4 III.2.c., S. 137-139.

gegenüber dem Vorstand festzulegen. Die Regelung sollte sich dazu verhalten, ob das Auskunftsrecht nur von dem Gremium als solchem oder auch von jedem einzelnen Mitglied geltend gemacht werden kann.[1044] Sofern lediglich das Gremium auskunftsberechtigt sein soll, dürfte sich eine Regelung entsprechend § 90 Abs. 3 AktG anbieten. In dem Fall würde ein Vertreter des Gremiums nach entsprechender Beschlussfassung gegenüber dem Vorstand Auskunft verlangen. Typischerweise übernimmt das der Vorsitzende des Gremiums. Minderjährige Organmitglieder sollten bis zum Eintritt der Volljährigkeit von der Vertretung ausgeschlossen sein.

Soll hingegen jedem einzelnen Mitglied ein Auskunftsrecht zustehen, stellt sich die Frage, wer die Auskunftsrechte eines minderjährigen Organmitglieds ausübt. Die Ausübung des Auskunftsverlangens stellt jedenfalls eine geschäftsähnliche Handlung dar, so dass die für Willenserklärungen geltenden Vorschriften entsprechend Anwendung finden.[1045] Ein geschäftsunfähiger Minderjähriger könnte das Auskunftsrecht nur durch seinen gesetzlichen Vertreter geltend machen, da die von ihm abgegebenen Willenserklärungen unwirksam sind (entsprechend §§ 104 Nr. 1, 105 Abs. 1 BGB). Ist ein Elternteil im Vorstand, wären im Fall der gemeinsamen Sorge grundsätzlich beide Elternteile von der gesetzlichen Vertretung ausgeschlossen, da anderenfalls ein gesetzlich unzulässiges Insichgeschäft vorläge (entsprechend §§ 1629 Abs. 2 Satz 1, 1795 Abs. 2, 181 BGB). Der betroffene Elternteil würde als Vertreter seines Kindes Auskunft gegenüber sich selbst als Vorstandsmitglied verlangen. Es bestünde mithin die generell-abstrakte Gefahr, dass er zugunsten des Vorstands von vornherein nur beschränkt Auskunft verlangt oder trotz Anhaltspunkte für einen Pflichtverstoß keine weiteren Auskünfte einholt und/oder keinen Experten zu Rate zieht. Diese Gefahr besteht auch, wenn ein Elternteil im Vorstand tätig ist, das Auskunftsverlangen aber an ein anderes Vorstandsmitglied gerichtet wird. In dem Fall ist die gesetzliche Vertretung des Minderjährigen durch die Eltern zwar nicht entsprechend §§ 1629 Abs. 2 Satz 1, 1795 Abs. 2, 181 BGB ausgeschlossen, weil der Elternteil nur als gesetzlicher Vertreter seines Kindes auftritt. Im Interesse der Stiftung und des vertretenen minderjährigen Organmitglieds ist daher von vornherein eine Aufgabenverteilung zu regeln, gemäß der ein minderjähriges Organmitglied bestimmte, andere Pflichten übernimmt. Von der Aufsichtspflicht des

1044 Vgl. *Krauß* in: Beck'sche Online-Formulare Vertrag, Kap. 18.1.2 § 11 (3); *Müller* in: Hannes, Vermögens-/Unternehmensnachfolge, S. 1260, *Dahlmanns*, RNotZ 2020, 417, 431.

1045 Siehe Zweiter Teil § 4 IV.2., S. 141-142.

mit einem Elternteil besetzten Vorstands sollte das minderjährige Organmitglied befreit und diesbezüglich zur Auskunftseinholung weder verpflichtet noch berechtigt werden. Anderenfalls riskiert der Stifter, dass ein fremder Dritter zum Ergänzungspfleger bestellt wird und die Auskunftsrechte als gesetzlicher Vertreter des minderjährigen Organmitglieds ausübt. Denn wenngleich das gesetzliche Vertretungsverbot entsprechend der §§ 1629 Abs. 2 Satz 1, 1795 Abs. 2, 181 BGB nicht zur Anwendung kommt, kann den Eltern die Vertretungsmacht entsprechend §§ 1629 Abs. 2 Satz 3, 1796 BGB entzogen werden, weil das Interesse des Minderjährigen in erheblichem Gegensatz zu dem im Vorstand tätigen Elternteil steht. Gegebenenfalls könnte das Familiengericht dem anderen Elternteil die Alleinvertretung gestatten. Dies hängt davon ab, ob der andere Elternteil die Interessen des Minderjährigen ausreichend wahrt. Sofern durch die enge Verbundenheit der Eltern ebenso ein konkreter Interessenkonflikt besteht, würde das Familiengericht stattdessen einen Ergänzungspfleger bestellen (§ 1909 Abs. 1 Satz 1 BGB).

Auch ein beschränkt geschäftsfähiger Minderjähriger sollte weder verpflichtet noch berechtigt sein, Auskünfte vom Vorstand zu verlangen. Für die schrittweise Heranführung an die Verwaltung des Stiftungsvermögens und zur Vorbereitung einer künftigen Nachfolge ist ein solches Auskunftsrecht nicht erforderlich. Stattdessen genügt es, einen beschränkt Geschäftsfähigen zum Organmitglied zu bestellen und ihn im bestimmten Umfang an den internen Aufgaben des Organs sowie an der Beschlussfassung teilhaben zu lassen. Dies ist auch im Interesse des beschränkt geschäftsfähigen Organmitglieds, da er regelmäßig nicht allein wissen wird, welche Informationen geschäftsrelevant sind und Unterstützung bei der Prüfung der Vollständigkeit und Richtigkeit der vom Vorstand herausgegebenen Unterlagen benötigt.

4. *Zwischenergebnis*

Ist ein Minderjähriger zum Organmitglied eines fakultativen Gremiums bestellt worden, steht ihm grundsätzlich ein Stimmrecht zu. Um der Gefahr persönlicher Interessenverfolgung vorzubeugen, sind die in § 34 BGB normierten Stimmrechtsausschlüsse sowie das Verbot des Richtens in eigener Sache auch von Organmitgliedern fakultativer Stiftungsorgane und ihren Vertretern zu beachten. Ein Stimmrechtsausschluss droht insbesondere, wenn über die Entlastung des Vorstands beschlossen werden soll und ein Elternteil im Vorstand tätig ist. Sofern das Gremium als Aufsichtsorgan über die Tätigkeit des Vorstands wacht, kann nicht nur das Gremium, sondern es können auch die einzelnen Organmitglieder berechtigt sein, Auskünfte vom Vorstand zu verlangen. Ein minderjähriges Organmitglied sollte mit dieser Aufgabe nicht betraut werden, insbesondere wenn ein Elternteil am Vorstand beteiligt ist. Zum einen wird es selbst einem fast volljährigen Minderjährigen an dem notwendigen Fachwissen fehlen, um die Geschäftsunterlagen auf mögliche Pflichtverstöße zu überprüfen. Zum anderen müsste für einen geschäftsunfähigen Minderjährigen ein Ergänzungspfleger als gesetzlicher Vertreter bestellt werden, da die Eltern aufgrund der Gefahr einer Interessenkollision an der Vertretung gehindert sind. Da das fakultative Gremium genau wie der Vorstand ein Stiftungsorgan ist, sind im Übrigen bei der Ausübung der organschaftlichen Rechte und der Vertretung des Kindes durch die Eltern als gesetzliche Vertreter dieselben Hindernisse zu beachten wie im Vorstand.

IV. Anfallberechtigter

Wird ein minderjähriger Abkömmling zum Anfallberechtigten bestimmt, ist er gemäß § 88 Satz 1 BGB im Fall des Erlöschens der Stiftung bezugsberechtigt. Im Übrigen enthält das Gesetz keine Regelungen zu den Ansprüchen und Rechten eines Anfallberechtigten. Wie bereits bezüglich der Informationsrechte anderer Stiftungsbeteiligter erläutert, können Rechte derivativ aus anderen Rechten und Pflichten entstehen, wenn dies zur sachgerechten Wahrnehmung jener originärer Rechte und Pflichten erforderlich ist.[1046] Im Hinblick auf die Rechtsposition des Anfallberechtigten ist daher zu untersuchen, ob und inwieweit weitere Rechte aus seinem Anspruch auf das verbleibende Restvermögen hergeleitet werden können.

Da der schuldrechtliche Anspruch auf das verbleibende Restvermögen das Erlöschen der Stiftung voraussetzt, eine Stiftung aber grundsätzlich auf Dauer angelegt ist, besteht kein Bedürfnis, dem Anfallberechtigten Mitwirkungsrechte zuzugestehen, durch die er auf die laufenden Geschäfte Einfluss nehmen könnte.[1047] Etwas anderes mag gelten, wenn die Stiftung aufgelöst werden soll. In diesem Fall hat ein Anfallberechtigter ein berechtigtes Interesse daran, dass die Liquidation ordnungsgemäß durchgeführt und sein Anspruch auf das Restvermögen nicht umgangen wird. Hat der Stifter dem Anfallberechtigten keine Sonderrechte in der Satzung eingeräumt, ist der Anfallberechtigte auf die Geltendmachung derivativer Mitbestimmungs- und Informationsrechte beschränkt. Diese bestehen nur insoweit, als auch deren Grundlage – hier der

---

1046 Siehe Dritter Teil § 4 I.4. und II.4., S. 251, 277-279.

1047 Ebenso *Jakob,* Schutz der Stiftung, S. 326.

Anspruch auf das Restvermögen – wirksam entstanden ist. Ab welcher Phase der Liquidation der Anfallberechtigte einen schuldrechtlichen Anspruch auf das verbleibende Restvermögen hat, ist strittig. Im Zusammenhang mit der Stiftung wird diese Frage bisher kaum diskutiert[1048] und im Hinblick auf die hier entsprechend anzuwendenden vereinsrechtlichen Vorschriften (§§ 47 ff. BGB) uneinheitlich beantwortet. Zunächst ist gemäß § 88 Satz 3 BGB iVm. § 47 BGB ein Liquidationsverfahren durchzuführen. Nach überwiegender Ansicht im Vereinsrecht entsteht ein Anspruch erst zum Ende des Liquidationsverfahrens nach Befriedigung der Gläubiger und Ablauf des Sperrjahres (§ 51 BGB).[1049] Zuvor können die Satzungsbestimmungen zum Anfallberechtigten ohne dessen Mitwirkung geändert werden.[1050] Etwas anderes gilt jedoch, wenn dem Anfallberechtigten in der Satzung Sonderrechte eingeräumt wurden, infolgedessen eine Änderung seiner Zustimmung bedarf.[1051] Auf die Stiftung übertragen bedeutet dies, dass ein Anfallberechtigter, der erst durch das Stiftungsorgan bestimmt wird, zunächst keinen Auskehranspruch hat, sondern erst zum Ende des Liquidationsverfahrens nach Befriedigung der Gläubiger und Ablauf des Sperrjahres. Benennt der Stifter den Anfallberechtigten dagegen namentlich in der Stiftungssatzung, ist eine Änderung durch ein Stiftungsorgan nicht möglich, da dieses an den Willen des Stifters gebunden ist. Da der namentlich benannte Anfallberechtigte die Auskehr des Vermögensüberschusses gemäß §§ 49 Abs. 1 Satz 1, 51 BGB erst im Fall der Auflösung der Stiftung nach Befriedigung der Gläubiger und Ablauf des Sperrjahres verlangen kann, besteht mit wirksamer Stiftungserrichtung zunächst nur ein aufschiebend bedingter und befristeter Anspruch auf Auskehr des Restvermögens.[1052] Inwieweit dies zur Geltendmachung von

---

1048 Zumeist heißt es lediglich, dass ein Liquidationsverfahren durchzuführen ist und der Anfallberechtigte einen Anspruch auf Auskehrung des Überschusses erwirbt: *Hüttemann/Rawert* in: Staudinger, BGB, 2017, § 88 Rn. 11; *Neuhoff* in: Soergel, BGB, 1. Band, § 88 Rn. 3; *Wiese* in: Erman, BGB, 1. Band, § 88 Rn. 2; *Muscheler*, Stiftungsrecht, S. 195.

1049 OLG Stuttgart, Urt. v. 15.02.2012 – 3 U 115/11, juris Rn. 69; *Leuschner* in: MüKo, BGB, 1. Band, § 45 Rn. 6; *Schöpflin* in: BeckOK BGB, § 45 Rn. 11; *Schwennicke* in: Staudinger, BGB, 2019, § 45 Rn. 10; *Plottek*, Vermögensanfall, S. 78.

1050 OLG Düsseldorf, Urt. v. 02.04.1980 – 15 U 105/79, juris Rn. 28; *Otto* in: jurisPK-BGB, 1. Band, § 45 Rn. 14; *Schöpflin* in: BeckOK BGB, § 45 Rn. 10; *Schwennicke* in: Staudinger, BGB, 2019, § 45 Rn. 17, 20.

1051 OLG Düsseldorf, Urt. v. 02.04.1980 – 15 U 105/79, juris Rn. 29; *Hadding* in: Soergel, BGB, 1. Band, § 45 Rn. 10; *Schwennicke* in: Staudinger, BGB, 2019, § 45 Rn. 10.

1052 Der Anspruch steht unter der aufschiebenden Bedingung, dass die Stiftung liquidiert und nach Befriedigung der Gläubiger noch Restvermögen vorhanden ist und

Mitwirkungsrechten genügt, soll hinsichtlich des Stimm- Teilnahme- und Rederechts bei der Beschlussfassung untersucht werden, weil mittels dieser Rechte Einfluss auf die Willensbildung der Stiftungsorgane genommen werden kann. Darüber hinaus ist für den Anfallberechtigten von Bedeutung, ob ihm auch Informationsrechte zukommen, um Näheres über das Liquidationsverfahren, insbesondere den Umfang des Restvermögens und den Zeitrahmen zu erfahren.

1. Stimm-, Teilnahme- und Rederecht

Vergleichbar einem Destinatär wird auch ein Anfallberechtigter durch seinen Leistungsanspruch nicht Mitglied eines Stiftungsorgans, sondern bleibt außenstehender Dritter. Organschaftliche Rechte (z.B. Stimm-, Teilnahme- und Rederecht) kann er aus seiner Position nicht herleiten. Gleichwohl können sich Beschlüsse eines Stiftungsorgans zur Zusammenlegung, Zulegung oder Auflösung einer Stiftung auf seine Rechtsposition auswirken. Zur Anspruchssicherung benötigt ein Anfallberechtigter kein Stimmrecht. Im Zweifel würde ihn ein solches bei Geltung des Mehrheitsprinzips ohnehin nicht umfassend schützen, weil er überstimmt werden könnte. Möglicherweise ist aber seine Zustimmung oder zumindest eine Anhörung erforderlich.

a. Auflösung

Für die Auflösung ist ein Zustimmungsvorbehalt und ein Anhörungsrecht des Anfallberechtigten abzulehnen. Da eine Stiftung grundsätzlich auf Dauer angelegt ist, ist eine Auflösung ohnehin nur unter den engen Voraussetzungen des § 87 Abs. 1 BGB möglich: Entweder muss die Erfüllung des Stiftungszwecks unmöglich geworden oder das Gemeinwohl gefährdet sein (vgl. § 87 Abs. 1 BGB). Falls der Stifter in der Stiftungssatzung ein Stiftungsorgan ermächtigt, die Auflösung der Stiftung zu beschließen,[1053] ist die Entscheidung des zuständigen Organs an die satzungsmäßigen Vorgaben gebunden und streng am Willen des Stifters auszurichten. Demgemäß dürfen selbst Organmitglieder im Rahmen von Auflösungsbeschlüssen keine persönlichen Interessen verfolgen.[1054] Im Übrigen

---

ist gleichzeitig aufschiebend befristet auf den Zeitpunkt des Ablaufs der Sperrfrist gemäß § 51 BGB.

1053 Vgl. *Hüttemann/Rawert* in: Staudinger, BGB, § 87 Rn. 24-25; *Krauß* in: Beck'sche Online-Formulare Vertrag, Kap. 18.1.2 § 14; *Weitemeyer* in: MüKo, BGB, 1. Band, § 87 Rn. 5. Zu etwaigen Grenzen einer statutarischen Ermächtigung siehe bereits oben Fußn. 963, S. 263.

1054 Siehe Fußn. 974, S. 266.

wäre ein Beschluss, der zur Auflösung der Stiftung führt, stets Voraussetzung des Anspruchs des Anfallberechtigten und in aller Regel in dessen Interesse. Für einen etwaigen Zustimmungsvorbehalt dürfte es somit ohnehin kein Schutzbedürfnis geben. Soweit der Anspruchsberechtigte im Rahmen von Auflösungsbeschlüssen überhaupt eines Schutzes bedarf, wird diesem durch die Erfordernisse des § 87 Abs. 1 BGB, die statutarischen Stiftervorgaben sowie die gesetzlichen Regelungen zur Durchführung des Liquidationsverfahrens (§§ 49-53 BGB) hinreichend Rechnung getragen.[1055] Für einen Zustimmungsvorbehalt oder ein Anhörungsrecht ist vor diesem Hintergrund kein Raum.

b. Zusammenlegung und Zulegung

Bislang nicht abschließend geklärt ist, welche Rechte dem Anfallberechtigten im Fall einer Zusammenlegung und Zulegung zustehen. Anders als in der Situation des Auflösungsbeschlusses kommt es bei Zusammenlegungs- und Zulegungsbeschlüssen regelmäßig zu Friktionen mit der Rechtsposition eines Anfallberechtigten. Während die Auflösung der Stiftung nämlich Voraussetzung für den Anspruch auf Auskehrung des Liquidationserlöses ist, steht die Übertragung des Stiftungsvermögens auf eine andere Stiftung zur Ermöglichung der Weiterverfolgung des Stiftungszwecks dem Anspruch des Anfallberechtigten entgegen.

Vergegenwärtigt man sich, wie Zusammenlegung und Zulegung von Stiftungen rechtlich durchgeführt werden, scheint der Anspruch des Anfallberechtigten zunächst zu entstehen: Durch den Zusammenführungsbeschluss wird zugleich die Auflösung der übertragenden Stiftungen beschlossen.[1056] Nach Durchführung des Liquidationsverfahrens gemäß §§ 53 ff. BGB iVm. § 88 Satz 3 BGB entsteht der Anspruch des Anfallberechtigten gemäß §§ 88 Satz 1, 47 BGB Eine Gesamtrechtsnachfolge findet nur statt, wenn der Fiskus zum Anfallberechtigten bestimmt wurde (§§ 46 Satz 1, 88 Satz 3 BGB). Hat der Stifter in der Satzung eine andere juristische oder natürliche Person, z.B. seinen minderjährigen Abkömmling, zum Anfallberechtigten bestimmt, hat dieser grundsätzlich einen Anspruch

1055 Ebenso *Gantenbrink*, Die hoheitliche Beendigung der Stiftung, S. 252; *Plottek*, Vermögensanfall, S. 160.

1056 *Hof* in: Stiftungsrecht-Hdb., § 6 Rn. 231-232; *Richter* in: Richter, Stiftungsrecht, § 9 Rn. 29, 32; *Weitemeyer* in: MüKo, BGB, 1. Band, § 87 Rn. 25, 26; *Gantenbrink*, Die hoheitliche Beendigung der Stiftung, S. 247, 283, 320-321, 337; *Plottek*, Vermögensanfall, S. 136-137, 139; *Schauer*, Zusammenführung rechtsfähiger Stiftungen, S. 60-61, 70, 168, 175, 344; *Saenger*, ZSt 2007, 81, 83 (bzgl. Zusammenlegung).

auf Auskehrung des Restvermögens (§§ 88 Satz 1, 47 BGB), der ihm im Wege der Einzelrechtsnachfolge zu übertragen ist.[1057]

Wie ist es vor diesem Hintergrund rechtlich möglich, das Restvermögen auf die neue Stiftung zu übertragen, ohne dadurch den Anspruch des in der Satzung benannten Anfallberechtigten zu verletzen? Namentlich vertreten insbesondere *Saenger* und *Plottek* die Auffassung, eine Zusammenlegung und Zulegung sei nur mit Zustimmung des gemäß § 88 Satz 1 BGB bestimmten Anfallberechtigten möglich.[1058] Demgegenüber besteht eine verbreitete Strömung in der Literatur, wonach – mit einigen Unterschieden im Detail – der Zusammenführung (scheinbar) ausgehend vom Stifterwillen zu Lasten des Anfallberechtigten der Vorrang eingeräumt werden soll.[1059] Den Lösungsansätzen ist gemein, dass zur Ermöglichung von Zusammenlegung oder Zulegung und zu Lasten des ursprünglich bestimmten Anfallberechtigten die neue bzw. aufnehmende Stiftung als Anfallberechtigte bestimmt wird.[1060] Einige Landesstiftungsgesetze umgehen den Anspruch des ursprünglichen Anfallberechtigten, indem sie für den Fall der Zusammenlegung, teilweise auch für die Zulegung,

---

1057 *Hüttemann/Rawert* in: Staudinger, BGB, 2017, § 87 Rn. 15-17; *Weitemeyer* in: MüKo, BGB, 1. Band, § 87 Rn. 26 (bzgl. Zulegung); *Gantenbrink*, Die hoheitliche Beendigung der Stiftung, S. 281, 322-324; *Plottek*, Vermögensanfall, S. 136-137, 139; *Schauer*, Zusammenführung rechtsfähiger Stiftungen, S. 58-60, 151-155, 176.

1058 *Saenger*, ZSt 2007, 81, 83; *Plottek*, Vermögensanfall, S. 137, 139. So teilweise auch *Richter* in: Richter, Stiftungsrecht, § 9 Rn. 32.

1059 Siehe jüngst vor allem *Gantenbrink*, Die hoheitliche Beendigung der Stiftung, S. 281-283, 288-294, 316-318, 321-324; *Hoffmann*, Zusammenlegung und Zulegung, S. 145-175, 189-190, 220-223, 232; *Schauer*, Zusammenführung rechtsfähiger Stiftungen, S. 56-70, 106-107, 151-155, 168-170, 175-176, 196-197, 279-325; die den Problemkreis monografisch aufgearbeitet haben.

1060 *Gantenbrink*, Die hoheitliche Beendigung der Stiftung, S. 292, 322-323 (konkludente Bestimmung des Fiskus zum Anfallberechtigten durch Gestattung der Zusammenlegung und der übernehmenden Stiftung im Fall der Zulegung; der bestimmte nicht-fiskale Anfallberechtigte sei nur für den Fall der endgültigen Löschung ohne Zusammenführung anfallberechtigt); *Hoffmann*, Zusammenlegung und Zulegung, S. 221, 232 (Befugnis der Stiftungsbehörde zur Zusammen- oder Zulegung durch Bestimmung des Fiskus als Anfallberechtigten gemäß § 87 Abs. 1 BGB (milderes Mittel gegenüber einer Auflösung) und anschließende Übertragung des Vermögens durch den Fiskus auf die neue bzw. übernehmende Stiftung in Ausführung des Stifterwillens gemäß §§ 46 Satz 2, 88 Satz 3 BGB); *Schauer*, Zusammenführung rechtsfähiger Stiftungen, S. 63-67, 153 (Bestimmung der neuen bzw. aufnehmenden Stiftung zum Anfallberechtigten im Wege der Satzungsänderung).

die Gesamtrechtsnachfolge anordnen.[1061] Diese Regelungen sind jedoch gemäß Art. 31 GG unwirksam. Gemäß § 88 Satz 2 BGB ist der Landesgesetzgeber nur ermächtigt, an seiner Stelle einen anderen Rechtsträger zum Anfallberechtigten zu bestimmen. Für den Vermögensübergang verbleibt es gemäß § 88 Satz 3 BGB iVm. §§ 46 ff. BGB dabei, dass eine Gesamtrechtsnachfolge nur eintritt, wenn der Fiskus zum Anfallberechtigten bestimmt wird und im Übrigen ein Liquidationsverfahren mit entsprechender Einzelrechtsnachfolge durchzuführen ist. Diese bundesgesetzlichen Regelungen gehen gemäß Art. 72 Abs. 1, 74 Abs. 1 Nr. 1 GG den landesrechtlichen Bestimmungen vor.[1062]

Zutreffend ist, dass die Frage, ob eine Zusammenlegung oder Zulegung ohne Zustimmung des Anfallberechtigten möglich ist, ausgehend vom Stifterwillen zu beantworten ist. Ziel der Stiftungsgründung ist die dauerhafte Nutzung des übertragenen Vermögens für die vom Stifter festgelegten Zwecke. Selbst im Fall einer Verbrauchsstiftung dient das Vermögen der Zweckverfolgung. Die Auffassung, eine Zustimmung des Anfallberechtigten sei stets erforderlich, trägt dem Willen des Stifters daher nicht ausreichend Rechnung. Mit der Bestimmung eines Anfallberechtigten soll die Vermögensverwendung nur für den Fall sichergestellt werden, dass die Stiftungszwecke nicht mehr erfüllt werden können und die Stiftung aufgelöst wird. Wenn der Stifter in der Satzung aber die Möglichkeiten der Zusammenlegung und Zulegung ausdrücklich eröffnet, deutet dies darauf hin, dass er ein funktionales Weiterleben der ursprünglichen Stiftung – das heißt des Stiftungszwecks – in der Trägerschaft einer anderen Stiftung[1063] gegenüber einer endgültigen Einstellung der Zweckverfolgung bevorzugt. Vorrangig soll der Stiftungszweck weiterverfolgt und nicht das Restvermögen an den Anfallberechtigten ausgekehrt werden.[1064] Der Anspruch des Anfallberechtigten

---

1061 § 5 Abs. 3 Satz 2 BlnStiftG; § 14 Abs. 2 Satz 4, Abs. 3 Satz 3 BWStiftG (auch für die Zulegung); §§ 5 Abs. 2 Satz 3, 6 Abs. 1 Satz 5 SchlHStiftG (auch für die Zulegung); § 7 Abs. 4 Satz 2 StiftG SL.

1062 *Hüttemann/Rawert* in: Staudinger, BGB, 2017, § 87 Rn. 16; *Gantenbrink,* Die hoheitliche Beendigung der Stiftung, S. 281; *Muscheler,* Stiftungsrecht, S. 77; *Schauer,* Zusammenführung rechtsfähiger Stiftungen, S. 58; a.A. *Burgard,* Gestaltungsfreiheit im StiftR, S. 630; *Hoffmann,* Zusammenlegung und Zulegung, S. 155-157, 162, 189-190, 222.

1063 So *Hüttemann/Rawert* in: Staudinger, BGB, 2017, § 87 Rn. 12.

1064 Ebenso *Hof* in: Stiftungsrecht-Hdb., § 10 Rn. 370; *Gantenbrink,* Die hoheitliche Beendigung der Stiftung, S. 291-292, 322-323; *Hoffmann,* Zusammenlegung und Zulegung, S. 149-150, 190, 220.

basiert einerseits auf dem Stifterwillen und ist andererseits von vornherein durch diesen beschränkt.

Dies bedeutet aber nicht, dass ein Anfallberechtigter seinen Anspruch im Fall der Zusammen- oder Zulegung vollständig verliert,[1065] nachdem der Anfallberechtigte durch ein Stiftungsorgan oder die zuständige Stiftungsbehörde geändert wurde.[1066] Die völlige Außerachtlassung des Anfallberechtigten würde dem Willen des Stifters ebenfalls nicht hinreichend Rechnung tragen. Hat der Stifter nämlich einen Anfallberechtigten namentlich in der Satzung bestimmt, hat er im Zweifel zum Ausdruck gebracht, dass dieser Anfallberechtigte das Restvermögen erhalten soll, wenn die Zweckverfolgung (endgültig) unmöglich wird. Durch ein einseitiges und kompensationsloses Austauschen des Anfallberechtigten würde der Stifterwille konterkariert und der Anspruch des Anfallberechtigten über Gebühr und vollständig negiert.

Um den Stifterwillen hinreichend zu berücksichtigen, sind die prima facie widerstreitenden Interessen zu einem möglichst schonenden Ausgleich zu bringen. Vorbehaltlich anderer Anhaltspunkte in der Satzung ist eine Zusammenlegung oder Zulegung daher nur zulässig, wenn im Rahmen der Zusammenführungsmaßnahme die Rechte des namentlich benannten Anfallberechtigten gewahrt werden. Dies ist grundsätzlich durch Bestimmung als Anfallberechtigten in der Satzung der neuen bzw. übernehmenden Stiftung zu erreichen.[1067] Im Fall der Zulegung wird in der Satzung der übernehmenden Stiftung regelmäßig bereits ein Anfallberechtigter benannt sein; insoweit ist eine Zulegung nur möglich, wenn im Wege einer Satzungsänderung der Kreis der Anfallberechtigten erweitert werden kann. In diese Richtung weist der Gesetzentwurf der Bundesregierung zur Vereinheitlichung des Stiftungsrechts: Danach soll das Vermögen zwar grundsätzlich im Wege der Gesamtrechtsnachfolge übergehen. Voraussetzung ist jedoch, dass die Rechte von Personen gewahrt werden, denen nach der Satzung der Ausgangsstiftungen Ansprüche auf Stiftungsleistungen zustehen.[1068]

Diesem Sicherungsaspekt ist bereits nach geltendem Recht Rechnung zu tragen. Werden die Interessen des ursprünglich Anfallberechtigten gewahrt, kann

---

1065 So aber *Gantenbrink*, Die hoheitliche Beendigung der Stiftung, S. 292, 322-323; *Hoffmann*, Zusammenlegung und Zulegung, S. 221, 232; *Schauer*, Zusammenführung rechtsfähiger Stiftungen, S. 63-67, 153.

1066 *Hüttemann/Rawert* in: Staudinger, BGB, 2017, § 87 Rn. 15; *Gantenbrink*, Die hoheitliche Beendigung der Stiftung, S. 292, 322-323; *Schauer*, Zusammenführung rechtsfähiger Stiftungen, S. 63-67, 153.

1067 Ebenso *Schauer*, Zusammenführung rechtsfähiger Stiftungen, S. 63-64.

1068 RegE BT-Drucks. 19/28173, S. 10, 68-69.

er seinen Anspruch auf Auskehrung des Restvermögens nicht geltend machen, soweit dadurch die Zusammenlegung oder Zulegung beeinträchtigt würde. Konstruktiv lässt sich dieses Ergebnis unter Rückgriff auf den allgemeinen Rechtsgedanken von Treu und Glauben nach § 242 BGB erreichen. § 242 BGB fungiert in dieser Konstellation als Rechtsausübungssperre, da es dem ursprünglich Anfallberechtigten bei Wahrung seiner Interessen durch Bestimmung als Anfallberechtigten der Zielstiftung verwehrt ist, sich einerseits zur Anspruchsbegründung auf den Stifterwillen zu berufen, den Stifterwillen andererseits durch Vereitelung der Zusammenlegung oder Zulegung aber zu unterlaufen.

Wenn der eigentliche Anfallberechtigte keinen Anspruch in der neuen bzw. übernehmenden Stiftung erwerben soll, kommt alternativ eine Vereinbarung mit ihm in Betracht, in dem sein Anspruch auf das Restvermögen abgelöst wird.[1069] Sofern dem Anfallberechtigten weder ein neuer Anspruch eingeräumt noch eine Ablösung des alten Anspruchs mit ihm vereinbart wird, bedürfen Zusammenlegung und Zulegung dagegen grundsätzlich der Zustimmung des Anfallberechtigten. Durch das Zustimmungserfordernis wird sichergestellt, dass sein Anspruch nicht einseitig umgangen wird. Ist sein Anspruch jedoch wertlos, besteht kein Schutzbedürfnis. In diesem Fall entfällt das Zustimmungsbedürfnis.[1070] Auch hier stünde dem Anspruch des Anfallberechtigten auf das Restvermögen der Einwand von Treu und Glauben nach § 242 BGB entgegen. In der Praxis dürfte diese Konstellation kaum eintreten, weil eine Stiftung ohne nennenswertes Restvermögen regelmäßig endgültig aufgelöst und nicht mit einer anderen zusammengeführt werden wird.

c. *Folgerung*

Ein Anfallberechtigter ist somit in den Sitzungen der Stiftungsorgane weder stimm- noch teilnahme- oder redeberechtigt. Im Fall einer Zusammenlegung mit einer anderen Stiftung oder einer Zulegung ist seinem Anspruch jedoch Rechnung zu tragen. Sofern er nicht in der neuen Stiftung zum Anfallberechtigten bestimmt wird, ist seine Zustimmung zur Zusammenlegung und Zulegung erforderlich, es sei denn, sein Anspruch ist wertlos. Die Zustimmung kann ein geschäftsunfähiger Minderjähriger nicht selbst erteilen, sondern er muss sich gesetzlich vertreten lassen (§§ 104 Nr. 1, 105 BGB). Ein beschränkt geschäftsfähiger Minderjähriger benötigt die Einwilligung seines gesetzlichen Vertreters oder muss sich ebenfalls vertreten lassen, weil sein Anspruch auf das Restvermögen

---

1069 Vgl. RegE BT-Drucks. 19/28173, S. 69.
1070 Vgl. RegE BT-Drucks. 19/28173, S. 69.

gegenüber der bisherigen Stiftung erlischt. Die Zustimmung ist gegenüber der Stiftung zu erklären. Ist ein Elternteil in den Vorstand bestellt worden und vertritt er als Vorstandsmitglied die Stiftung, sind im Fall der gemeinsamen Sorge beide Elternteile von der Vertretung ausgeschlossen (§§ 1629 Abs. 2 Satz 1, 1795 Abs. 2, 181 Var. 2 BGB). In diesem Fall müsste ein Ergänzungspfleger bestellt werden (§ 1909 Abs. 1 Satz 1 BGB).

2. *Ladung zur Sitzung*

Mangels Teilnahmerecht muss ein Anfallberechtigter zu keiner Sitzung eines Stiftungsorgans geladen werden. Die Zustimmung zu einer Zulegung oder Zusammenlegung kann vor oder nach der Beschlussfassung erteilt werden.

3. *Informationsrechte*

Informationsrechte dienen regelmäßig der sachgerechten Wahrnehmung anderer Rechte und bestehen daher nicht losgelöst von anderen Rechten.[1071] Da ein Anfallberechtigter nur einen Anspruch auf Auskehrung des Restvermögens hat, besteht kein schutzwürdiges Interesse, Auskunft zum laufenden Geschäftsbetrieb zu verlangen. Im Hinblick auf das Restvermögen hat ein Anfallberechtigter hingegen ein schutzwürdiges Interesse daran, bei begründeten Zweifeln die Höhe auf ihre Rechtmäßigkeit zu überprüfen. Ohne einen entsprechenden Auskunftsanspruch könnte ein Anfallberechtigter die Höhe seines Anspruchs auf das Restvermögen nicht überprüfen. Ähnlich einem leistungsberechtigten Destinatär ist ihm daher ein Auskunftsanspruch gemäß § 242 BGB gegenüber der Stiftung zuzugestehen. Das Auskunftsverlangen stellt jedenfalls eine geschäftsähnliche Handlung dar, so dass die für Willenserklärungen geltenden Vorschriften entsprechend anwendbar sind.[1072] Im Fall eines geschäftsunfähigen Anfallberechtigten müsste sein gesetzlicher Vertreter Auskunft verlangen. Ein beschränkt geschäftsfähiger Anfallberechtigter könnte die Auskunft zwar selbst verlangen. Zum Schutz des beschränkt Geschäftsfähigen könnte die Stiftung die Auskunft ihm gegenüber nur wirksam abgeben, wenn der gesetzlichen Vertreter eingewilligt hat, da der Verlust des Auskunftsanspruchs für den beschränkt Geschäftsfähigen rechtlich nachteilig ist (§ 131 Abs. 2 BGB).[1073] Im Übrigen ist

---

1071 Vgl. *Leuschner* in: MüKo, BGB, 1. Band, § 38 Rn. 22; *Schulze* in: Schulze, BGB, § 242 Rn. 2.

1072 Siehe Zweiter Teil § 4 IV.2., S. 141-142.

1073 Vgl. Zweiter Teil § 4 IV.2., S. 144.

die Auskunft dem gesetzlichen Vertreter zu erteilen. Sofern ein Elternteil als Liquidator die Stiftung vertritt, sind im Fall der gemeinsamen Sorge beide Elternteile von der Vertretung ausgeschlossen (§§ 1629 Abs. 2 Satz 1, 1795 Abs. 2, 181 Var. 2 BGB). Daher müsste zunächst ein Ergänzungspfleger bestellt werden (§ 1909 Abs. 1 Satz 1 BGB).

4. *Zwischenergebnis*

Ein Anfallberechtigter hat einen aufschiebend bedingten und befristeten Anspruch auf Auskehrung des Restvermögens. Erst wenn die Auflösung der Stiftung beschlossen wurde, die Gläubiger befriedigt und das Sperrjahr (§§ 51, 88 Satz 3 BGB) abgelaufen ist, kann er diesen Anspruch gegenüber der Stiftung geltend machen. Im Fall einer Zusammenlegung oder Zulegung muss der in der Stiftungssatzung benannte Anfallberechtigte grundsätzlich auch in der neuen bzw. übernehmenden Stiftung als Anfallberechtigter bestimmt werden oder es muss seine Zustimmung eingeholt werden. Bei einem beschränkt geschäftsfähigen Anfallberechtigten muss der gesetzliche Vertreter mitwirken, da die Zustimmung rechtlich nachteilig ist. Ein Anfallberechtigter ist nicht berechtigt, an Sitzungen von Stiftungsorganen teilzunehmen. Im Zusammenhang mit seinem Anspruch auf Auskehrung des Restvermögens steht ihm ein Auskunftsanspruch nach § 242 BGB gegenüber der Stiftung zu, um sich im Fall von begründeten Zweifeln Gewissheit über die rechtmäßige Höhe des Restvermögens zu verschaffen.

V. Ergebnis

Wenn ein Minderjähriger als Destinatär beteiligt wird, hat dies grundsätzlich keine Auswirkungen auf den Geschäftsbetrieb der Stiftung und den Willensbildungsprozess der Stiftungsorgane. Von Gesetzes wegen stehen einem Destinatär keine Ansprüche und Rechte zu. Sofern ein Stifter einem Destinatär einen Anspruch auf bestimmte Leistungen eingeräumt hat, ist dieser Anspruch bei einer Zusammenlegung und Zulegung der Stiftung zu beachten. Neben einem Leistungsanspruch kann der Stifter einem Destinatär einen Anspruch auf ermessensfehlerfreie Entscheidung hinsichtlich der Teilnahme an Sitzungen von Stiftungsorganen einräumen und zugleich die Möglichkeit geben, zu Beschlussgegenständen Stellung zu nehmen. Dadurch erhält ein minderjähriger Destinatär frühzeitig einen Einblick in den Geschäftsbetrieb und die Mitglieder des jeweiligen Stiftungsorgans können sich einen Eindruck verschaffen, inwieweit der minderjährige Destinatär ein Interesse an dem Stiftungsvermögen zeigt. Die Geschäftsführung kann gleichzeitig ungehindert arbeiten und muss keinen Ergänzungspfleger als gesetzlichen Vertreter des Minderjährigen einbeziehen.[1074]

Falls ein beschränkt geschäftsfähiger Abkömmling in den Vorstand bestellt wird, steht im grundsätzlich auch ein Stimm-, Teilnahme- und Rederecht bei der Beschlussfassung zu. In der Stiftungssatzung kann zwar bestimmt werden, dass ein Stimmrecht erst ab den Eintritt der Volljährigkeit ausgeübt werden darf. Allerdings sollte dann von vornherein auf die Beteiligung eines beschränkt Geschäftsfähigen am Vorstand verzichtet oder zumindest sein Recht auf Teilnahme an den Vorstandssitzungen nicht beschränkt werden. Ratsam ist es, den beschränkt Geschäftsfähigen von der Vertretung der Stiftung auszuschließen, damit er die Stiftung nach außen nicht wirksam verpflichten kann. Zudem ist zu erwägen, den Aufgabenkreis des beschränkt Geschäftsfähigen zu beschränken und insbesondere vermögensrelevante Entscheidungen anderen Vorstandsmitgliedern zu überlassen. Unabhängig davon können zumeist die Eltern als gesetzliche Vertreter das Stimmrecht ihres Kindes ausüben und sind dadurch zugleich berechtigt, an den Sitzungen teilzunehmen. Etwas anderes gilt, wenn einer von ihnen hinsichtlich des Beschlussgegenstandes persönliche Sonderinteressen verfolgt. Dies ist nicht nur dem Vorstandsmitglied selbst, sondern auch seinem Vertreter grundsätzlich untersagt. Selbst wenn nur ein Elternteil von dem Stimmverbot betroffen ist, sind zum Schutz des Minderjährigen im Fall der gemeinsamen Sorge beide Elternteile an der gesetzlichen Vertretung gehindert, da sie grundsätzlich nur gemeinschaftlich ihr Kind vertreten dürfen (§ 1629 Abs. 1 Satz 2 BGB). Aus der gleichzeitigen Beteiligung von beschränkt Geschäftsfähigem und Elternteil oder einem Verwandten eines Elternteils in gerader Linie folgt grundsätzlich kein Vertretungsverbot. Da der Vorstand in sämtlichen Angelegenheiten an den Stiftungszweck gebunden ist und grundsätzlich keine persönlichen Interessen verfolgt werden dürfen, besteht typischerweise keine generell-abstrakte Gefahr eines Interessenkonflikts. Infolgedessen können die Vertretungsverbote nach §§ 181, 1795 Abs. 1 Nr. 1 (iVm. §§ 1629 Abs. 2 Satz 1 BGB (iVm. 1795 Abs. 2 BGB) teleologisch reduziert werden und kommen nicht zur Anwendung.[1075]

Im Fall der Beteiligung eines Minderjährigen an einem fakultativen Stiftungsorgan gilt nichts anderes. Auch hier stehen einem minderjährigen Organmitglied Stimm-, Teilnahme und Rederechte zu. Das Stimmrecht eines geschäftsunfähigen Minderjährigen wird von seinen Eltern als gesetzliche

1074 Siehe Dritter Teil § 4 I.1.b. und 2., S. 244-247, 249-250.

1075 Siehe Dritter Teil § 4 II.1.b.bb.2), S. 271-272.

Vertreter wahrgenommen, wenn nicht einer von ihnen persönliche Sonderinteressen verfolgt und daher von der Vertretung ausgeschlossen ist. Ein beschränkt Geschäftsfähiger kann sein Stimmrecht hingegen auch selbst wahrnehmen, da aus den Beschlussgegenständen zumeist keine rechtlichen Nachteile für ihn persönlich folgen. Wenngleich ein fakultatives Stiftungsorgan die Stiftung nicht nach außen vertritt, sollte die Vertretungsmacht eines beschränkt geschäftsfähigen Organmitglieds dennoch ausgeschlossen werden, damit er das Gremium nicht gegenüber dem Vorstand vertreten kann. Die Kontrolle über den Vorstand sollten unbeschränkt geschäftsfähige Organmitglieder übernehmen, insbesondere wenn ein Elternteil im Vorstand tätig ist.[1076]

Jedem Organmitglied steht ein Teilnahmerecht an den Sitzungen zu. Das organschaftliche Teilnahmerecht kann von mehreren Personen gleichzeitig ausgeübt werden. Infolgedessen kann ein minderjähriges Organmitglied auch dann an einer Sitzung teilnehmen, wenn sein gesetzlicher Vertreter zur Stimmrechtsausübung teilnimmt. Um minderjährige Abkömmlinge mit den Stiftungsangelegenheiten vertraut zu machen, bedarf es jedoch einer gewissen geistigen Reife. Zudem hat jedes Stiftungsorgan ein Interesse an einer möglichst schnellen, störungsfreien Beschlussfassung. Es ist daher ratsam, das Teilnahmerecht geschäftsunfähiger, aber auch junger beschränkt geschäftsfähiger Organmitglieder eines fakultativen Gremiums in der Stiftungssatzung dahingehend einzuschränken, dass ihnen eine Teilnahme im Fall der gesetzlichen Vertretung nicht gestattet ist. Ab welcher Altersgrenze ein beschränkt Geschäftsfähiger über die notwendige geistige Reife verfügt, um Stiftungsangelegenheiten in einer Sitzung zu folgen, ist generell-abstrakt schwierig zu bestimmen. Ein Blick auf andere Konstellationen, in denen Minderjährige betroffen sind und unabhängig von ihrem gesetzlichen Vertreter entscheiden dürfen, hat gezeigt, dass eine Anknüpfung an das 14. Lebensjahr sinnvoll ist.[1077]

Der Anfallberechtigte ist kein Organ der Stiftung. Er ist Dritter, der einen Anspruch auf das Restvermögen der Stiftung geltend machen kann, wenn die Auflösung der Stiftung beschlossen wurde, die Gläubiger befriedigt und das Sperrjahr (§§ 51, 88 Satz 3 BGB) abgelaufen ist. Im Zusammenhang mit seinem Anspruch auf das Restvermögen steht ihm ein Auskunftsanspruch nach § 242 BGB gegenüber der Stiftung zu, um sich im Fall von begründeten Zweifeln Gewissheit über die rechtmäßige Höhe des Restvermögens zu verschaffen. Im

---

1076 Siehe Dritter Teil § 4 III., S. 281.

1077 Siehe Zweiter Teil § 4 II.2.c. sowie Dritter Teil § 4 III.1., S. 127-129, 282-285.

Fall der Zusammenlegung oder Zulegung der Stiftung ist sein Anspruch ausreichend zu berücksichtigen.[1078]

§ 5 Steuerliche Effekte bei Beteiligung Minderjähriger

Mit der Errichtung einer Familienstiftung beabsichtigt der Stifter zumeist, sein Vermögen vor dem Zugriff und „*der eigenverantwortlichen Verwendung*“ durch seine künftigen Erben zu schützen[1079] und gleichzeitig für bestimmte Abkömmlinge finanziell vorzusorgen.[1080] Steuerliche Effekte werden für die Beteiligung Minderjähriger an einer Familienstiftung nicht so umfassend diskutiert wie bei Beteiligung an einer Familien-KG. Dennoch erwecken manche Aufsätze von Rechts- und Steuerberatern den Eindruck, die Stiftung sei erbschaftsteuerlich besonders vorteilhaft.[1081] Richtig ist, dass durch die Errichtung einer Familienstiftung und während ihres Bestehens ertrags- sowie erbschaft- und schenkungsteuerliche Belastungen ausgelöst werden können. Diese Belastungen können nicht nur die Familienstiftung, sondern auch den Stifter und die Stiftungsbegünstigten (Destinatär oder Anfallberechtigten) treffen. Ähnlich wie bei einer Familien-KG besteht die Möglichkeit, erbschaft- und schenkungsteuerliche Begünstigungen für Betriebsvermögen zu nutzen, wenn Unternehmensanteile zum Stiftungsvermögen gehören. Es soll daher ein Überblick gegeben werden, mit welchen Belastungen im Fall der Gründung einer Stiftung zu rechnen ist und welche Begünstigungen unter Umständen genutzt werden können.

I. Allgemeine Voraussetzungen

Wie bereits erläutert,[1082] ist die steuerrechtliche Anerkennung der Beteiligung des minderjährigen Destinatärs oder Anfallberechtigten Voraussetzung, um im Hinblick auf die auszukehrenden Leistungen eine steuerliche Vergünstigung in Anspruch zu nehmen: Zum einen muss die Rechtsbeziehung zwischen dem Begünstigten und der Stiftung zivilrechtlich wirksam begründet worden sein.

1078 Siehe Dritter Teil § 4 IV.1.b., S. 291-295.

1079 *Hüttemann/Rawert* in: Staudinger, BGB, 2017, Vorbem. §§ 80 ff. Rn. 110.

1080 *Godron* in: Feick, Stiftung als Nachfolgeinstrument, § 29 Rn. 28-29; *Otto* in: Hdb. Stiftungspraxis, S. 9-10 Rn. 30; *Richter* in: Richter, Stiftungsrecht, § 11 Rn. 9, 13; *Löwe*, Familienstiftung, S. 17.

1081 Vgl. z.B. *Blusz*, DStR 2017, 1016-1020; *Oertzen/Reich*, DStR 2019, 317-321; *Piekarek/Winheller*, ZStV 2018, 153, 156; *Theuffel-Werhahn*, ZEV 2017, 17, 19.

1082 Siehe oben Zweiter Teil § 5 I., S. 150.

Zum anderen müssen auch hier die vertraglichen Regelungen im Wesentlichen denen entsprechen, die zwischen fremden Personen vereinbart werden und auch tatsächlich gelebt werden („*Fremdvergleich*").[1083] Diesbezüglich nimmt die Rechtsprechung eine Betrachtung der Gesamtumstände vor.[1084] Einer Stiftungsbeteiligung wird die steuerrechtliche Anerkennung nicht versagt, nur weil Leistungen unentgeltlich zugewendet werden. Eine Versagung kommt aber in Betracht, wenn weitere Umstände hinzutreten:[1085] Wenn beispielsweise vereinbarte Leistungen gar nicht oder nur unregelmäßig erbracht werden, besteht die Gefahr, dass die steuerrechtliche Anerkennung verweigert wird, weil der Eindruck entsteht, dass die Vereinbarung lediglich auf dem Papier existiert, aber nicht tatsächlich durchgeführt wird. Damit soll einem Missbrauch von Gestaltungsmöglichkeiten des Rechts zur Umgehung von Steuertatbeständen entgegengewirkt werden (vgl. § 42 AO).[1086] Riskant sind zudem Rückübertragungsvorbehalte, da eine steuerrechtliche Anerkennung grundsätzlich voraussetzt, dass die Leistungen endgültig beim Minderjährigen verbleiben.[1087] Wird die steuerrechtliche Anerkennung versagt, weil eine missbräuchliche Gestaltung vorliegt, entsteht der Steueranspruch so, wie er bei einer den wirtschaftlichen Vorgängen angemessenen rechtlichen Gestaltung entsteht (§ 42 Abs. 1 Satz 3 AO).

II. Einkommensteuer

Im Gegensatz zur KG ist die Stiftung gemäß § 1 Abs. 1 Nr. 4 KStG körperschaftsteuerpflichtig. Die Steuerpflicht beginnt nach Auffassung der Finanzverwaltung mit der Anerkennung der Stiftung durch die zuständige Stiftungsbehörde.[1088] Die Höhe der Steuer bemisst sich gemäß § 7 Abs. 1 KStG nach dem zu versteuernden Einkommen, welches entsprechend den Vorschriften des Einkommensteuer- und Körperschaftsteuergesetzes ermittelt wird (§§ 7 Abs. 2, 8 Abs. 1 KStG). Eine

---

1083 BFH, DStRE 1999, 423; BFHE 246, 349 = ZEV 2015, 56, 58; BFH, NJW 2016, 3470, 3471; *Deutsch/Czwalinna*, Familiensteuerrecht, S. 83-84; *Gemeinhardt*, BB 2012, 739, 740-741.

1084 BFH, DStRE 1999, 423; BFHE 246, 349 = ZEV 2015, 56, 58; BFH, NJW 2016, 3470, 3471; *Deutsch/Czwalinna*, Familiensteuerrecht, S. 85.

1085 BFHE 246, 349 = ZEV 2015, 56, 57-58; BFH, NJW 2016, 3470, 3471.

1086 *Deutsch/Czwalinna*, Familiensteuerrecht, S. 83; *Gemeinhardt*, BB 2012, 739.

1087 *Deutsch/Czwalinna*, Familiensteuerrecht, S. 89.

1088 *BMF*, KStH 2015, abrufbar unter ksth.bundesfinanzministerium.de/ksth/2015/home.html (zuletzt abgerufen am 09.01.2021), R 1.1 Abs. 4 Satz 4.

gemeinnützige (Familien-)Stiftung ist von der Körperschaftsteuer befreit (§ 5 Abs. 1 Nr. 9 Satz 1 KStG).

Hinsichtlich der Einkommensteuerpflicht des Stifters ist von Bedeutung, ob er Wirtschaftsgüter aus einem Betriebsvermögen auf die Stiftung überträgt, denn dabei handelt es sich um einkommensteuerpflichtige Entnahmen (§ 6 Abs. 1 Nr. 4 Satz 1 EStG). Zu den Wirtschaftsgütern zählen unter anderem Betriebsgrundstücke, Waren sowie andere Erzeugnisse und Leistungen eines Betriebs, aber auch Unternehmensbeteiligungen (§§ 4 Abs. 1 Satz 2, 6 Abs. 1 Nr. 2 EStG).

1. Minderjähriger Destinatär

Wird ein minderjähriger Abkömmling als Destinatär und/oder Anfallberechtigter beteiligt, kann die Leistungsauskehr für ihn einkommensteuerliche Auswirkungen haben. Stiftungsleistungen an einen Destinatär unterliegen grundsätzlich der Einkommensteuer,[1089] vorausgesetzt, die der Beteiligung zugrundeliegende Vereinbarung wird steuerrechtlich anerkannt. Anderenfalls werden die Leistungen an den Destinatär nicht als dessen Einkünfte betrachtet, sondern als Schenkungen. Auf Seiten der Stiftung können sie dann nicht als Betriebsausgaben geltend gemacht werden.[1090]

Bis heute ist nicht abschließend geklärt, welcher Einkunftsart die Leistungen an einen Destinatär im Einzelnen unterfallen: Entweder handelt es sich um Einkünfte aus Kapitalvermögen gemäß § 20 Abs. 1 Nr. 9 EStG oder sie unterfallen als sonstige Einkünfte dem Auffangtatbestand gemäß § 22 Abs. 1 Satz 2 HS. 2 EStG.

a. Einkünfte aus Kapitalvermögen gemäß § 20 Abs. 1 Nr. 9 EStG

Die Leistungen sind als Einkünfte aus Kapitalvermögen gemäß § 20 Abs. 1 Nr. 9 EStG zu besteuern, wenn sie mit den Gewinnausschüttungen einer Gesellschaft wirtschaftlich vergleichbar sind. Zwar habe die Stiftung keine Gesellschafter, aber auch hier gebe es Personen, die als wirtschaftlich Berechtigte hinter der Stiftung stehen.[1091] Der BFH hat vor diesem Hintergrund eine Vergleichbarkeit

---

1089 *Oertzen* in: Asset Protection, § 4 Rn. 124; *Richter* in: Richter, Stiftungsrecht, § 24 Rn. 71; *Löwe,* Familienstiftung, S. 66-68. Etwas anderes gilt dagegen für Leistungen von einer gemeinnützigen (Familien-)Stiftung zur Erfüllung ihrer steuerbegünstigten Zwecke im Sinne der §§ 52 bis 54 AO. Solche Einkünfte sind von der Einkommensteuerpflicht ausgenommen, §§ 20 Abs. 1 Nr. 9, 22 Nr. 1 Satz 2a EStG.

1090 Vgl. *Deutsch/Czwalinna*, Familiensteuerrecht, S. 86-87.

1091 Vgl. die Regierungsbegründung zum Entwurf eines Gesetzes zur Senkung der Steuersätze und zur Reform der Unternehmensbesteuerung (Steuersenkungsgesetz – StSenkG), BT-Drucks. 14/2683, S. 114.

angenommen, wenn dem Destinatär eine Stellung zukommt, die wirtschaftlich derjenigen eines Anteilseigners an einer Kapitalgesellschaft gleichkommt. Dies sei anzunehmen, wenn der Destinatär oder die Destinatäre ausschließliche(r) Nutznießer der Stiftung sowie anfallberechtigt sind und Einfluss auf die Verwendung der Stiftungserträge und somit des Stiftungsvermögens nehmen können.[1092] Das Bundesministerium der Finanzen vertritt bereits seit 2006 die Auffassung, dass alle wiederkehrenden oder einmaligen Leistungen einer Stiftung, die an den Stifter, seine Angehörigen oder Abkömmlinge als Destinatäre ausgekehrt werden, unter § 20 Abs. 1 Nr. 9 EStG fallen.[1093]

Obwohl der Anwendungsbereich von § 20 Abs. 1 Nr. 9 EStG weit ausgelegt wird, dürfte es bei Beteiligung Minderjähriger regelmäßig an einer wirtschaftlichen Vergleichbarkeit fehlen. Auch wenn sie zu Destinatären bestimmt werden und damit Nutznießer des Stiftungsvermögens sind, wird ihnen ein Leistungsanspruch oder eine Einflussnahme auf das Stiftungsvermögen in anderer Weise zumeist nicht gewährt. Eine wirtschaftliche Vergleichbarkeit mit Gewinnausschüttungen einer Gesellschaft liegt meines Erachtens hingegen vor, wenn sie zugleich Mitglied im Vorstand oder in einem fakultativen Gremium sind und über die Verwendung der Stiftungserträge mitentscheiden.

Für Einkünfte aus Kapitalvermögen wird eine Kapitalertragsteuer erhoben. Diese beträgt grundsätzlich 25 % Prozent zzgl. Solidaritätszuschlag und wird durch den Abzug vom Kapitalertrag erhoben, §§ 43 Abs. 1 Nr. 7a, 43a Abs. 1 Satz 1 Nr. 1 EStG iVm. § 3 Abs. 1 Nr. 5 SolZG (Kapitalertragsteuerabzug). Das heißt, die Stiftung ist verpflichtet, die Kapitalertragsteuer einzubehalten und abzuführen. Die Einkommensteuerpflicht des Destinatärs ist gemäß § 43 Abs. 5 Satz 1 EStG damit grundsätzlich abgegolten (Abgeltungsteuer). Aus Gründen der Vorsicht empfiehlt es sich, eine verbindliche Auskunft beim zuständigen Finanzamt einzuholen, welcher Einkunftsart die Stiftungsleistungen unterfallen.[1094] Bis dahin ist der Stiftung zu raten, die Kapitalertragsteuer einzubehalten und abzuführen, um ihrer potenziellen Pflicht als Steuerschuldnerin nachzukommen.[1095]

1092 BFH, DStR 2011, 403, 404-405; so auch FG Nürnberg, BeckRS 2019, 7581.

1093 BStBl. I 2006, 417.

1094 Ebenso *Gollan/Richter* in: Die Stiftung, S. 455-456 Rn. 940; *Blumers*, DStR 2012, 1, 5; *Schmitz/Zensus*, NJW 2012, 1323, 1328.

1095 Ebenso *Gollan/Richter* in: Die Stiftung, S. 456 Rn. 942; *Richter* in: Richter, Stiftungsrecht, § 24 Rn. 75.

b. Sonstige Einkünfte gemäß § 22 Nr. 1 Satz 2a EStG

Fehlt es an der wirtschaftlichen Vergleichbarkeit, werden wiederkehrende Zuwendungen an minderjährige Begünstigte als sonstige Einkünfte nach § 22 Nr. 1 Satz 2a EStG erfasst. Einmalige Zuwendungen fallen hingegen nicht darunter und sind für den Begünstigten mithin einkommensteuerfrei. Für wiederkehrende Zuwendungen im Sinne des § 22 Nr. 1 Satz 2a EStG gilt das Teileinkünfteverfahren gemäß § 3 Nr. 40i EStG. Danach sind 40 % der Einkünfte im Sinne des § 22 Nr. 1 Satz 2 EStG steuerfrei und die restlichen 60 % unterfallen dem persönlichen Einkommensteuertarif.[1096] Der persönliche Einkommensteuertarif kann bei einem Minderjährigen durchaus geringer sein als die Kapitalertragsteuer. Ihm steht als einkommensteuerpflichtiger Person ein Grundfreibetrag zu. Gemäß § 32a Abs. 1 Nr. 1 EStG liegt der Grundfreibetrag derzeit bei EUR 9.744,00 pro Kalenderjahr.[1097] Zudem verfügt ein Minderjähriger zumeist über kein eigenes oder nur ein geringes Einkommen (z.B. aufgrund einer Nebentätigkeit). Wenn die Zuwendungen als Kapitalvermögen gemäß § 20 Abs. 1 Nr. 9 EStG eingeordnet wurden, der persönliche Einkommensteuersatz des Minderjährigen aber unter dem Kapitalertragsteuersatz von 25 % liegt, ist es ratsam, eine Günstigerprüfung gemäß § 32d Abs. 6 Satz 1 EStG zu beantragen. Die Kapitaleinkünfte unterliegen dann nicht der Kapitalertragsteuer, sondern werden den übrigen Einkünften im Sinne des § 2 EStG hinzugerechnet und die günstigere persönliche Einkommensteuer kommt zur Anwendung. Sofern bereits Kapitalertragsteuer abgeführt wurde, wird der zu viel gezahlte Betrag an den Minderjährigen ausgezahlt (§ 36 Abs. 4 Satz 2 EStG).

Die Frage nach der Einkunftsart stellt sich nicht nur bei Geld-, sondern auch bei Sachleistungen, beispielsweise im Fall der unentgeltlichen Nutzung eines Fahrzeugs oder einer Immobilie. Tendenziell sind Sachleistungen nicht mit Gewinnausschüttungen vergleichbar, sondern zählen zu den sonstigen Einkünften gemäß § 22 Nr. 1 Satz 2a EStG. Im Fall von Sachleistungen ist zusätzlich zu berücksichtigen, dass diese gemäß § 8 Abs. 2 EStG zunächst in Geldwerte umzurechnen sind. Insoweit besteht ein gewisses Risiko von Wertstreitigkeiten mit der Finanzverwaltung.[1098]

1096 Vgl. *Löwe*, Familienstiftung, S. 67.

1097 Stand: 14.01.2021.

1098 *Oertzen* in: Asset Protection, § 4 Rn. 136.

2. *Minderjähriger Anfallberechtigter*

Die einkommensteuerrechtlichen Erwägungen sind auch bei der Beteiligung eines Minderjährigen als Anfallberechtigten von Bedeutung. Nach Auffassung des Bundesministeriums der Finanzen zählen auch Erträge, die anlässlich der Auflösung der Stiftung ausgekehrt werden, zu den Einkünften aus Kapitalvermögen nach § 20 Abs. 1 Nr. 9 EStG.[1099] Der Vermögensübergang auf den Anfallberechtigten unterfällt gemäß §§ 1 Abs. 1 N. 2, 7 Abs. 1 Nr. 9 Satz 1 ErbStG jedoch bereits der Schenkungsteuer. Insoweit besteht daher das Risiko einer Doppelbesteuerung. Um dies zu vermeiden, werden in der Literatur verschiedene Ansätze vorgeschlagen, die in jüngster Zeit zwar von der Rechtsprechung aufgegriffen, aber vom Gesetzgeber bisher nicht bestätigt wurden. Der Bundesfinanzhof sowie ein Teil der Literatur betrachten § 7 Abs. 1 Nr. 9 Satz 1 ErbStG als lex specialis, der der Anwendung von § 20 Abs. 1 Nr. 9 EStG vorgeht.[1100] Bei der Auskehr des Restvermögens handele es sich nicht um Einkünfte, die mit Gewinnausschüttungen im Sinne von § 20 Abs. 1 Nr. 1 EStG vergleichbar seien, sondern um die Rückzahlung des ursprünglich eingezahlten Vermögens[1101] und um die Auszahlung von Erträgen, die erst im Rahmen der Liquidation erwirtschaftet wurden.[1102] Andere Stimmen erachten eine teleologische Reduktion von § 7 Abs. 1 Nr. 9 Satz 1 ErbStG für vorzugswürdig.[1103] Sie differenzieren zwischen dem Teil des Restvermögens, das der Stiftung im Rahmen des Stiftungsgeschäfts und durch Zustiftungen übertragen wurde. Die Auszahlung dieses Grundstockvermögens sei mit der Rückzahlung von Nennkapital vergleichbar, welches gemäß § 20 Abs. 1 Nr. 1 Satz 3, Nr. 2 Satz 1, Nr. 9 Satz 1 HS. 2 ErbStG nicht zu den Einkünften aus Kapitalvermögen zähle.[1104] Die thesaurierten Erträge des Stiftungsvermögens sollen hingegen ausschließlich von § 20 Abs. 1 Nr. 9 EStG erfasst werden.[1105]

1099 BStBl. I 2006, 417; RegE BT-Drucks. 16/2712, S. 49.

1100 BFHE 261, 47 ff. = ZEV 2018, 540, 541; *Meilicke*, DStR 2017, 227, 232.

1101 BFHE 261, 47 ff. = ZEV 2018, 540, 541; *Kraft*, DStR 2016, 2825, 2830; *Meilicke*, DStR 2017, 227, 228.

1102 *Meilicke*, DStR 2017, 227, 228.

1103 *Oertzen/Friz*, BB 2014, 87, 91; *Oppel*, ZEV 2018, 540, 543.

1104 FG Nürnberg, BeckRS 2019, 7581; *Oppel*, ZEV 2018, 540, 543; so wohl auch: *Feick* in: MAH Erbrecht, § 39 Rn. 29.

1105 *Oertzen/Friz*, BB 2014, 87, 90; *Oppel*, ZEV 2018, 540, 543; a.A. *Feick* in: MAH Erbrecht, § 39 Rn. 29 (diesbezüglich besteht ein Risiko der Doppelbesteuerung).

Beiden Auffassungen steht die Begründung der Bundesregierung im Entwurf des Jahressteuergesetzes 2007 entgegen: Danach sollen auch Zahlungen, die bei Auflösung einer Körperschaft geleistet werden, als Kapitalerträge gemäß § 20 Abs. 1 Nr. 9 EStG erfasst werden.[1106] Der Bundesfinanzhof vertritt in seiner Entscheidung vom 28.02.2018 jedoch die Auffassung, dass die Gesetzesbegründung der Bundesregierung für das Gericht nicht bindend sei, da die Entscheidung noch zur alten Fassung des § 20 Abs. 1 Nr. 9 EStG erging und diese noch keinen Verweis auf Liquidationszahlungen nach § 20 Abs. 1 Nr. 2 EStG enthielt.[1107]

Eine Doppelbesteuerung ist zwar nicht von vornherein unzulässig.[1108] Es spricht jedoch viel dafür, dass keine umfängliche Doppelbesteuerung beabsichtigt war. Die Bundesregierung hat sich in dem Gesetzentwurf des Jahressteuergesetzes 2007 nicht mit einer möglichen gleichzeitigen Besteuerung durch § 7 Abs. 1 Nr. 9 Satz 1 ErbStG auseinandergesetzt. Es liegt daher nahe, dass eine Doppelbesteuerung nicht beabsichtigt war und die Möglichkeit einer solchen übersehen wurde. Leistungen, die bei Auflösung einer Körperschaft anfallen, wurden nicht ausdrücklich in den Tatbestand des § 20 Abs. 1 Nr. 9 EStG aufgenommen. Vielmehr gilt § 20 Abs. 1 Nr. 2 EStG lediglich entsprechend. Gemäß § 20 Abs. 1 Nr. 2 EStG zählen aber nicht sämtliche Bezüge, die bei einer Auflösung anfallen, zu den Einkünften aus Kapitalvermögen, sondern nur solche, die nicht in der Rückzahlung von Nennkapital bestehen. Diese Ausnahme darf bei einer entsprechenden Anwendung nicht unbeachtet bleiben. Insoweit ist dem Ansatz der Literatur und der Rechtsprechung zu folgen, wonach die Auszahlung des Grundstockvermögens der Rückzahlung von Nennkapital vergleichbar ist. Gemäß § 20 Abs. 1 Nr. 1 Satz 3, Nr. 2 Satz 1, Nr. 9 Satz 1 HS. 2 EStG zählt dieser Teil des Restvermögens somit nicht zu den Einkünften aus Kapitalvermögen. Er unterfällt stattdessen der Schenkungsteuer nach § 7 Abs. 1 Nr. 9 ErbStG. Die von der Stiftung erwirtschafteten Gewinne sind hingegen nicht mit der Rückzahlung von Nennkapital vergleichbar. Sie zählen zu den Einkünften aus Kapitalvermögen nach § 20 Abs. 1 Nr. 1, Nr. 2, Nr. 9 Satz 1 HS. 2 EStG, wenn sie mit Gewinnausschüttungen einer Gesellschaft wirtschaftlich vergleichbar sind. Die Stellung als Anfallberechtigter allein genügt jedoch nicht, um auf den Erhalt und die Verwendung des Stiftungsvermögens Einfluss zu nehmen. Falls ein minderjähriger Anfallberechtigter nicht zusätzlich noch in ein Stiftungsorgan bestellt wurde,

1106 RegE BT-Drucks. 16/2712, S. 49.

1107 BFHE 261, 47 ff. = ZEV 2018, 540, 542.

1108 BFHE 229, 363 = DNotI-Report 2010, 126, 127; BFHE 261, 385 = DStR 2018, 1761, 1763.

wird es daher regelmäßig an einer wirtschaftlichen Vergleichbarkeit fehlen. Die Gewinne unterliegen auch nicht der Einkommensteuer nach § 22 Nr. 1 Satz 2a EStG, da es sich bei der Auskehr des Restvermögen um eine einmalige Leistung handelt und § 22 Nr. 1 Satz 2a EStG nur wiederkehrende Bezüge erfasst. Sind die Gewinne aufgrund der Rechtsposition des Anfallberechtigten wirtschaftlich nicht mit einer Gewinnausschüttung einer Gesellschaft vergleichbar, handelt es sich nicht um einkommensteuerpflichtige Einkünfte. Stattdessen unterliegt auch dieser Teil des Restvermögens ausschließlich der Schenkungsteuer nach § 7 Abs. 1 Nr. 9 ErbStG.

III. Erbschaft- und Schenkungsteuer

Unter dem Stichwort „*Asset Protection*" wird in den letzten Jahren die Familienstiftung als Gestaltungsform zum Erhalt des eigenen Vermögens diskutiert.[1109] Einige Beiträge von Rechts- und Steuerberatern erwecken dabei den Eindruck, die Stiftung sei erbschaftsteuerlich besonders vorteilhaft.[1110] Es soll im Folgenden untersucht werden, von welchen erbschaft- und schenkungsteuerlichen Begünstigungen eine Familienstiftung und ein daran beteiligter Minderjähriger profitieren.

Grundsätzlich unterfällt die Vermögensübertragung auf eine (privatnützige) Familienstiftung[1111] zu Lebzeiten der Schenkungsteuer (§§ 1 Nr. 2, 7 Abs. 1 Nr. 8 ErbStG). Etwas anderes gilt für Vermögensübertragungen auf eine gemeinnützige (Familien-)Stiftung[1112] (§ 13 Abs. 1 Nr. 16b ErbStG). Die Schenkungsteuerlast einer (privatnützigen) Familienstiftung kann aber unter Umständen geringer sein als die einer anderen privatnützigen Stiftung bürgerlichen Rechts, weil für sie besondere Regelungen hinsichtlich der Steuerklasse gelten. An sich würde die Vermögensübertragung auf eine Familienstiftung der Steuerklasse III unterfallen, weil die Stiftung und der Stifter nicht verwandt sind. Gemäß § 15

1109 *Feitsch/Linder*, ZStV 2018, 29, 30; *Oertzen/Reich*, DStR 2017, 1118; *Oppel*, ZEV 2017, 22; *Piekarek/Winheller*, ZStV 2018, 153, 154; *Theuffel-Werhahn*, ZEV 2017, 17, 19.

1110 So z.B. *Blusz*, DStR 2017, 1016-1020; *Oertzen/Reich*, DStR 2019, 317-321; *Piekarek/Winheller*, ZStV 2018, 153, 156; *Theuffel-Werhahn*, ZEV 2017, 17, 19.

1111 Es bleibt weiterhin dabei, dass unter dem Begriff der Familienstiftung ohne nähere Angaben eine privatnützige Familienstiftung zu verstehen ist, vgl. oben Dritter Teil § 1 II., S. 172.

1112 Zur Möglichkeit eine Familienstiftung ausnahmsweise nicht überwiegend zum Wohle der Familie und damit zur Verfolgung privatnütziger Zwecke, sondern als gemeinnützige Stiftung zu gründen, siehe bereits Dritter Teil § 2 I.1., S. 176.

Abs. 2 Satz 1 ErbStG ist jedoch bei der Besteuerung hinsichtlich der Vermögensübertragung bei Errichtung der Stiftung (nicht hingegen für spätere Zustiftungen) das Verwandtschaftsverhältnis des nach der Stiftungsurkunde entferntesten Berechtigten zu dem Stifter zugrunde zu legen (sogenanntes Steuerklassenprivileg). Dabei sind auch noch nicht geborene, aber nach der Stiftungssatzung Begünstigte zu berücksichtigen.[1113] Dies gilt unabhängig davon, ob dem Begünstigten ein klagbarer Leistungsanspruch eingeräumt wurde.[1114]

1. Persönliche Freibeträge

Das Steuerklassenprivileg ist von Bedeutung für die persönlichen Freibeträge nach § 16 ErbStG und den Steuersatz nach § 19 Abs. 1 ErbStG. Hat der Stifter in der Stiftungssatzung nur seine Kinder zu Destinatären bestimmt, kann hinsichtlich der Vermögensübertragung zur Stiftungserrichtung ein Freibetrag von derzeit EUR 400.000 genutzt werden (§§ 16 Abs. 1 Nr. 2, 15 Abs. 2 Satz 1 ErbStG). Sind hingegen auch Enkelkinder zu Destinatären bestimmt, wird nur noch ein Freibetrag in Höhe von derzeit EUR 200.000 gewährt (§§ 16 Abs. 1 Nr. 3, 15 Abs. 2 Satz 1 ErbStG). Wenn darüber hinaus ein Neffe oder eine Nichte ebenso begünstigt werden soll, beträgt der Freibetrag lediglich EUR 20.000 (§§ 16 Abs. 1 Nr. 5, 15 Abs. 2 Satz 1 ErbStG).[1115]

a. Minderjähriger Destinatär

Für einen minderjährigen Destinatär sind die persönlichen Freibeträge nach § 16 ErbStG im Hinblick auf die Zuwendungen durch die Stiftung nicht von Bedeutung. Wenngleich ein Destinatär keinen unbedingten Anspruch auf die Zuwendung hat, wird sie nicht als Schenkung nach § 7 Abs. 1 Nr. 1 ErbStG bewertet, da in diesem Fall keine freigiebigen Zuwendungen vorliegen. Die Zuwendungen erfolgen aufgrund der Satzungsvorgaben und dienen somit der Erfüllung des Stiftungszwecks.[1116] Sie sind daher einkommensteuerlich zu berücksichtigen.[1117]

1113 FG Münster, DStRE 2018, 744, 745; *Hüttemann/Rawert* in: Staudinger, BGB, 2017, Vorbem. zu §§ 80 ff. Rn. 453; *Feitsch/Linder*, ZStV 2018, 67, 68.

1114 ErbStR 2019, zu § 15 ErbStG R E 15.2. Abs. 1, S. 86; FG Münster, DStRE 2018, 744, 745.

1115 Stand: 14.01.2021.

1116 BGH, NJW 2010, 234, 235-236; *Oertzen* in: Asset Protection, § 4 Rn. 124; *Richter* in: Richter, Stiftungsrecht, § 11 Rn. 101, § 24 Rn. 81; *Schiffer* in: Stiftung in der Beraterpraxis, § 8 Rn. 34-35.

1117 Siehe dazu Dritter Teil § 5 II.1., S. 302-304.

b. Minderjähriger Anfallberechtigter

Im Gegensatz dazu wird die Auskehr des Restvermögens an den (minderjährigen) Anfallberechtigten gemäß §§ 1 Abs. 1 Nr. 2, 7 Abs. 1 Nr. 9 Satz 1 ErbStG als Schenkung unter Lebenden qualifiziert und unterfällt der Schenkungsteuer. Allerdings kommt das Steuerklassenprivileg auch bei der Auflösung der Familienstiftung zur Anwendung (§ 15 Abs. 2 Satz 2 ErbStG). Maßgeblich ist das Verwandtschaftsverhältnis zwischen dem Anfallberechtigten und dem Stifter. Dadurch profitiert der Anfallberechtigte unter Umständen von einer günstigeren Steuerklasse als Steuerklasse III und einem höheren Freibetrag.

2. Sachliche Befreiungen

Steuerliche Entlastungen können zudem über die in §§ 13 bis 13d ErbStG geregelten sachlichen Befreiungen erzielt werden. Die Befreiungen sind vor allem für Familienstiftungen von Bedeutung, auf die ein Gewerbebetrieb oder Anteile an einer Gesellschaft übertragen werden, deren Zweck ihrerseits einen Gewerbebetrieb beinhaltet. Zur Reduktion der Schenkungsteuerlast kann die Familienstiftung die sachlichen Befreiungen nicht nur hinsichtlich der Vermögensübertragung bei Stiftungsgründung in Anspruch nehmen, sondern auch im Fall von künftigen unentgeltlichen Vermögensübertragungen durch Zustiftungen. Es genügt dafür jedoch nicht, begünstigungsfähiges Betriebsvermögen auf die Stiftung zu übertragen. Auch die weiteren Voraussetzungen müssen vorliegen. Insbesondere im Fall der Übertragung von Gesellschaftsanteilen ist zu beachten, dass die Stiftung eine (Mit-)Unternehmerstellung erlangen muss, um von den sachlichen Befreiungen für Betriebsvermögen profitieren zu können. Insoweit kann auf die entsprechenden Ausführungen zur Kommanditgesellschaft verwiesen werden.[1118]

3. Erbersatzsteuer

Des Weiteren ist zu beachten, dass auf das Vermögen einer Familienstiftung im Abstand von 30 Jahren eine Erbersatzsteuer anfällt (§ 1 Abs. 1 Nr. 4 ErbStG). Diese Besonderheit wurde eingeführt, um eine Umgehung der Erbschaftsteuer mittels der Errichtung einer Familienstiftung über Generationen hinweg zu verhindern.[1119] Dazu wird gemäß § 15 Abs. 2 Satz 3 ErbStG *„fingiert, daß das*

1118 Siehe dazu Zweiter Teil § 5 III.2., S. 158-161.

1119 BFHE 133, 308 = BeckRS 1981, 22005717; BFHE 185, 58 = DStR 1998, 331, 332; BT-Drucks. 7/1333, S. 4; *Gollan/Richter* in: Die Stiftung, S. 457 Rn. 945; *Richter* in: Richter, Stiftungsrecht, § 11 Rn. 83.

Vermögen im Abstand von 30 Jahren einer nächsten, aus zwei Kindern bestehenden Generation anfällt.“[1120] Als Bemessungsgrundlage gilt das gesamte Vermögen der Familienstiftung zum Zeitpunkt des Entstehens der Erbersatzsteuerpflicht. Zustiftungen nach Errichtung der Stiftung werden demgemäß erfasst.[1121] Wenngleich die Erbersatzsteuer eine finanzielle Belastung für die Familienstiftung darstellt, können auch hier bestimmte Befreiungen geltend gemacht und kann dadurch die Steuerlast verringert werden. Da durch die Erbersatzsteuer eine Erbfolge auf zwei Kinder fingiert werden soll, profitiert die Familienstiftung vom doppelten Kinderfreibetrag in Höhe von jeweils EUR 400.000 (§§ 16 Abs. 1 Nr. 2, 15 Abs. 2 Satz 3 HS. 1 ErbStG).[1122] Des Weiteren gelten für die Erbersatzsteuer die Steuerklasse I und ein reduzierter Steuersatz (§ 15 Abs. 2 Satz 3 HS. 2 ErbStG). Darüber hinaus kann auch von den sachlichen Befreiungen für Betriebsvermögen sowie für zu Wohnzwecken vermietete Immobilien Gebrauch gemacht werden (§§ 13a Abs. 11, 13d Abs. 4 ErbStG).

In der Praxis wird zudem empfohlen, die satzungsmäßigen Zuwendungen an die Begünstigten vor Ablauf der 30 Jahre zu erhöhen und/oder Zuwendungen vorzuziehen, um so das erbersatzststeuerpflichtige Gesamtvermögen der Stiftung zu reduzieren.[1123] In dem Fall ist jedoch die Einkommensteuerbelastung für die Begünstigten zu berücksichtigen.[1124]

IV. Ergebnis und Folgerungen

Steuerrechtlich begünstigt werden in erster Linie gemeinnützige Familienstiftungen. Sie sind sowohl von der Körperschaftsteuer als auch von der Erbschaft- und Schenkungsteuer befreit (§ 5 Abs. 1 Nr. 9 Satz 1 KStG, § 13 Abs. 1 Nr. 16b ErbstG). Eine Familienstiftung wird jedoch überwiegend zum Wohle der Familie und damit zur Verfolgung privatnütziger Zwecke gegründet. Eine privatnützige Familienstiftung ist körperschaftsteuerpflichtig (§ 1 Abs. 1 Nr. 4 KStG). Im Gegensatz zu anderen privatnützigen Stiftungen bürgerlichen Rechts kommt ihr zwar ein Steuerklassenprivileg zugute (§ 15 Abs. 2 Satz 1 ErbStG). Danach ist hinsichtlich der Vermögensübertragung bei Errichtung der Stiftung für die Berechnung der Erbschaft- und Schenkungsteuer das Verwandtschaftsverhältnis

1120 BFHE 185, 58 = DStR 1998, 331, 332.

1121 *Richter* in: Richter, Stiftungsrecht, § 11 Rn. 88.

1122 Stand: 14.01.2021.

1123 *Gollan/Richter* in: Die Stiftung, S. 462 Rn. 958; *Richter* in: Richter, Stiftungsrecht, § 11 Rn. 92.

1124 *Richter* in: Richter, Stiftungsrecht, § 11 Rn. 92.

des nach der Stiftungsurkunde entferntesten Berechtigten zu dem Stifter zugrunde zu legen. Mitunter können dadurch höhere Freibeträge genutzt und die Erbschaft- und Schenkungsteuerlast reduziert werden. Im Übrigen gelten für die privatnützige Familienstiftung aber keine besonderen körperschaftsteuerrechtlichen oder erbschaft- und schenkungsteuerrechtlichen Befreiungen. Die Stiftung kann – wie auch andere Steuerschuldner – die sachlichen Befreiungen nach §§ 13 bis 13d ErbStG in Anspruch nehmen, wenn die entsprechenden Voraussetzungen erfüllt sind. Im Hinblick auf die Begünstigung von Betriebsvermögen ist insbesondere maßgeblich, ob die Stiftung die erforderliche Mitunternehmerstellung erlangt, wenn nicht der gesamte Geschäftsbetrieb, sondern nur Teilanteile übertragen werden (§ 13b Abs. 1 Nr. 2 ErbStG iVm. § 15 Abs. 1 Satz 1 Nr. 2 EStG).

Falls der Stifter Unternehmensanteile oder andere Wirtschaftsgüter auf die Stiftung überträgt, erhöht sich dadurch mitunter seine persönliche Einkommensteuerlast, wenn das Vermögen als einkommensteuerpflichtige Entnahmen gemäß § 6 Abs. 1 Nr. 4 Satz 1 EStG bewertet wird.

Mit einkommensteuerrechtlichen Folgen muss auch ein minderjähriger Destinatär rechnen. Die an einen Destinatär geleisteten Zuwendungen werden bei seiner persönlichen Einkommensteuer entweder als Einkünfte aus Kapitalvermögen (§ 20 Abs. 1 Nr. 9 EStG) oder als sonstige Einkünfte gemäß § 22 Abs. 1 Satz 2 HS. 2 EStG berücksichtigt. Im Fall eines minderjährigen Destinatärs werden die Zuwendungen regelmäßig als sonstige Einkünfte zu berücksichtigen sein, da Voraussetzung für die Zuordnung als Kapitalvermögen ist, dass dem Begünstigten eine Stellung zukommt, die wirtschaftlich mit der eines Anteilseigners an einer Kapitalgesellschaft vergleichbar ist. Sofern der minderjährige Destinatär keine oder nur geringe, andere Einkünfte hat, und diese gemeinsam mit den Zuwendungen aus der Stiftung unter seinem Grundfreibetrag von derzeit EUR 9.408 liegen, ist er von der Einkommensteuer befreit. Da die Zuwendungen der Erfüllung des Stiftungszwecks dienen, werden sie nicht als Schenkung nach § 7 Abs. 1 Nr. 1 ErbStG bewertet, und unterfallen nicht der Erbschaft- und Schenkungsteuer. Etwas anderes gilt hingegen für die Auskehr des Restvermögens an den minderjährigen Anfallberechtigten. Diese wird regelmäßig als Schenkung unter Lebenden qualifiziert (§§ 1 Abs. 1 Nr. 2, 7 Abs. 1 Nr. 9 Satz 1 ErbStG) und unterfällt der Schenkungsteuer. Hinsichtlich des persönlichen Freibetrags nach § 16 ErbStG ist der Grad des Verwandtschaftsverhältnisses zum Stifter entscheidend (§ 15 Abs. 2 Satz 2 ErbStG). Die steuerrechtlichen Freibeträge können jedoch nur genutzt werden, wenn die Beteiligung des Minderjährigen steuerrechtlich anerkannt wird. Hierfür muss die zugrundeliegende Vereinbarung nicht nur zivilrechtlich wirksam sein, sondern die darin enthaltenen Regelungen müssen einem Fremdvergleich standhalten.

Die Analyse hat demnach gezeigt, dass mit der Errichtung einer Familienstiftung grundsätzlich keine besonderen erbschaft- und schenkungsteuerrechtlichen Vorteile verbunden sind. Stattdessen können steuerrechtliche Grundfreibeträge und sachliche Befreiungen genauso genutzt werden, wie sie auch von anderen Steuerschuldnern in Anspruch genommen werden können, wenn die Voraussetzungen erfüllt sind. Zwar kann unter Umständen bei der Errichtung einer Familienstiftung hinsichtlich der Vermögensübertragung von einem Steuerklassenprivileg profitiert werden. Andererseits ist zu bedenken, dass die Familienstiftung in Zeitabständen von je 30 Jahren der Erbersatzsteuer unterfällt (§ 1 Abs. 1 Nr. 4 ErbStG). Wenn mittels einer Familienstiftung spürbare steuerrechtliche Vorteile erzielt werden sollen, müsste sie gemeinnützig tätig sein. In dem Fall darf die Stiftung aber höchstens ein Drittel ihres Einkommens zum Wohle des Stifters und seiner Angehörigen verwenden (§ 58 Nr. 6 AO). Daher wird in der Praxis teilweise empfohlen, zwei Stiftungen zu gründen, von denen eine privatnützig und die andere gemeinnützig tätig ist („*Doppelstiftung*"). Auf die privatnützige Familienstiftung wird möglichst nur ein kleiner Unternehmensanteil übertragen, dennoch übernimmt sie die Leitung des Unternehmens. Die gemeinnützige Stiftung hält zwar den überwiegenden Unternehmensanteil, ihr Stimmrecht wird jedoch weitgehend ausgeschlossen.[1125]

§ 6 Fazit

Durch Errichtung einer Stiftung kann der Stifter über seinen Tod hinaus über die Verwendung seines Vermögens bestimmen. Allerdings muss er dafür die Vermögensinhaberschaft endgültig aufgeben. Zwar kann er zu Lebzeiten als Vorstand die Stiftungsleitung übernehmen. Grundsätzlich muss er aber den Stiftungszweck und damit die Maßstäbe seines Handelns von vornherein in der Stiftungssatzung festlegen. Änderungen des Stiftungszwecks sind nur in engen Grenzen möglich.[1126] Ist eine Zweckänderung in der Stiftungssatzung

---

1125 *Pruns/Schiffer* in: Stiftung in der Beraterpraxis, § 11 Rn. 62-73; *Richter* in: Richter, Stiftungsrecht, § 11 Rn. 153-155; *Klinkner,* Lidl-Gründer mit interessanter Doppelstruktur, abrufbar unter www.unternehmerkompositionen.com/beratungsangebote/stifter-brief/ (zuletzt abgerufen am 19.04.2020), S. 2; *Reich,* DStR 2020, 265 Kritisch zu dieser Struktur *Feick* in: MAH Erbrecht, § 38 Rn. 34; *Hüttemann/Rawert* in: Staudinger, BGB, 2017, Vorbem. §§ 80 ff Rn. 230; *Müller/Mutter* in: MAH PersGesR, § 1 Rn. 144-148.

1126 Siehe Dritter Teil § 2 I.2., S. 177-179.

ausgeschlossen oder das Stiftungsvermögen aufgebraucht, wird die Stiftung aufgelöst. Sofern der Stifter noch lebt und er sich selbst als Anfallberechtigten eingesetzt hat, fällt das Restvermögen an ihn zurück.

Insbesondere wenn ein Stifter noch keine geeigneten Nachfolger als künftige Erben für sein Vermögen bestimmen kann oder sich unsicher ist, kann die Übertragung auf eine Stiftung ratsam sein. Eine Zersplitterung des Vermögens durch einen Erbfall kann auf diese Weise verhindert werden. Der Stifter kann in der Satzung Kriterien für die Bestellung des Vorstands festlegen. Nur wenn seine Abkömmlinge diese Kriterien erfüllen, können sie in den Vorstand bestellt werden und damit die Geschäftsführung übernehmen. Zugleich sind sie als Vorstandsmitglieder an den Stifterwillen gebunden und dürfen bei ihren Entscheidungen grundsätzlich keine Sonderinteressen verfolgen. Die Stiftung sollte jedoch nicht als Gestaltungsinstrument verwendet werden, um die Kinder oder den Ehepartner des Stifters gänzlich von der Erbfolge auszuschließen. In dem Fall besteht die Gefahr, dass die ausgeschlossenen Abkömmlinge oder der Ehegatte einen Pflichtteilsergänzungsanspruch gegenüber der Stiftung geltend machen (§ 2325 Abs. 1 BGB analog).[1127]

Minderjährige Abkömmlinge können auf verschiedene Weise an einer Stiftung beteiligt werden, um sie einerseits mit dem Vermögen vertraut zu machen und sie auf eine Nachfolge in der Geschäftsleitung vorzubereiten und um sich andererseits als Stifter einen Eindruck über ihre Fähigkeiten und Interessen zu verschaffen. In jedem Fall eignet sich hierzu die Beteiligung als Destinatär. Dies ist regelmäßig ohne Ergänzungspfleger möglich, selbst wenn ein Elternteil zugleich auf Seiten der Stiftung als Stifter oder als vertretungsberechtigtes Organmitglied tätig wird.[1128] Von Gesetzes wegen stehen einem Destinatär keine Rechte betreffend den laufenden Stiftungsbetrieb zu. Er kann daher grundsätzlich weder auf den Geschäftsbetrieb noch auf die Willensbildung der Stiftungsorgane einwirken. Neben finanziellen und anderen materiellen Zuwendungen kann ihm der Stifter einen Anspruch auf ermessensfehlerfreie Entscheidung hinsichtlich der Teilnahme an Sitzungen des Vorstands oder eines anderen Stiftungsorgans einräumen.[1129] Durch die materiellen Zuwendungen wird ein minderjähriger Destinatär abgesichert; zugleich können auf diese Weise bestimmte Begabungen gefördert oder besondere Leistungen honoriert werden. Im Wege

1127 Siehe Dritter Teil § 3 I.1. und 2.c., S. 184-185, 195.
1128 Siehe Dritter Teil § 3 I.2., S. 185-190.
1129 Siehe Dritter Teil § 4 I.1. und 2. sowie 4., S. 242-253.

der Teilnahme erhält der Minderjährige erste Einblicke in die Tätigkeiten zum Erhalt und zur Mehrung des Stiftungsvermögens.

Zeigt ein älterer, beschränkt geschäftsfähiger Abkömmling bereits Interesse am Familienvermögen, wäre zu erwägen, ihm in begrenztem Umfang Mitwirkungsrechte einzuräumen und Verpflichtungen aufzuerlegen. Falls neben dem Vorstand ein fakultatives Stiftungsorgan errichtet wird, kann erwogen werden, den beschränkt Geschäftsfähigen zum Organmitglied zu bestellen. Die Bestellung ist für ihn rechtlich nachteilig, so dass sein gesetzlicher Vertreter mitwirken muss. Falls ein Elternteil als Stifter oder Organmitglied an der Bestellung mitwirkt, kann ein Interessenkonflikt dazu führen, dass auch der andere Elternteil von der Vertretung ausgeschlossen ist. In diesem Fall wäre zunächst ein Ergänzungspfleger als gesetzlicher Vertreter zu bestellen, der einer Bestellung des beschränkt Geschäftsfähigen zum Organmitglied zustimmen müsste.[1130] Die Beteiligung minderjähriger Abkömmlinge des Stifters in einem fakultativen Gremium erlaubt die schrittweise Heranführung an den Aufgabenkreis der Stiftung, ohne die Geschäftsführung des Vorstands durch die besonderen Regelungen zum Minderjährigenschutz zu belasten. Ein beschränkt Geschäftsfähiger könnte zwar im Gegensatz zu einem geschäftsunfähigen Minderjährigen mit Einwilligung seines gesetzlichen Vertreters auch zum Vorstandsmitglied bestellt werden.[1131] Dadurch würde er umfangreiche Einblicke in den Geschäftsbetrieb bekommen. Dies ist jedoch selten im Interesse des Stifters. Zudem wird selbst ein älterer, beschränkt Geschäftsfähiger regelmäßig nicht über die geistige Reife verfügen, um die mit der Geschäftsführung verbundenen Aufgaben auszufüllen. In der Praxis wird die Geschäftsführung in der Regel ohnehin maßgeblich von den anderen Vorstandsmitgliedern übernommen.

Unabhängig davon, ob ein beschränkt Geschäftsfähiger in den Vorstand oder in ein fakultatives Gremium bestellt wird, ist er als Organmitglied grundsätzlich berechtigt, an den Sitzungen und Beschlussfassungen teilzunehmen. Sind die rechtlichen Folgen des Beschlussgegenstandes für ihn jedoch persönlich nachteilig, benötigt er zur persönlichen Wahrnehmung seines Stimmrechts die Einwilligung seines gesetzlichen Vertreters. Aus § 107 BGB folgt kein Vertretungsverbot zulasten des gesetzlichen Vertreters, so dass dieser die organschaftlichen Rechte des beschränkt Geschäftsfähigen auch bei rechtlich neutralen und vorteilhaften Beschlussgegenständen in dessen Namen ausüben kann. Der gesetzliche Vertreter ist insoweit neben dem Vertretenen teilnahmeberechtigt.[1132] Grundsätzlich

1130 Siehe Dritter Teil § 3 III.2., S. 227.

1131 Siehe Dritter Teil § 3 II.1.a., S. 201-203.

1132 Siehe Dritter Teil § 4 II.2. und III.1., S. 274-275, 282-285.

sind die Eltern die gesetzlichen Vertreter des Kindes (§ 1629 Abs. 1 Satz 1 und 2 BGB). Falls ein Elternteil ebenfalls Mitglied des fakultativen Gremiums ist, hindert ihn dies grundsätzlich nicht daran, an einer Beschlussfassung im eigenen Namen und zugleich als Vertreter seines Kindes teilzunehmen und mitzustimmen. Das Vertretungsverbot des Insichgeschäfts gemäß § 181 BGB (iVm. §§ 1629 Abs. 2 Satz 1, 1795 Abs. 2 BGB) ist teleologisch zu reduzieren und kommt grundsätzlich nicht zu Anwendung, weil die generell-abstrakte Gefahr eines Interessenkonflikts fehlt. Denn Organmitglieder der Stiftung dürfen keine persönlichen Interessen verfolgen, sondern sind an den in der Stiftungssatzung zum Ausdruck kommenden Willen des Stifters gebunden. Die Entscheidungen sind daran ausgerichtet, gemeinsam die Stiftungszwecke zu erfüllen.[1133] Sollten im Einzelfall dennoch persönliche Sonderinteressen verfolgt werden, wird die Stiftung durch die gesetzlich normierten Stimmverbote in § 34 BGB (analog), das Verbot des Richtens in eigener Sache sowie die Treuepflicht geschützt. Die vorgenannten Stimmverbote gelten sowohl für das beschränkt geschäftsfähige Organmitglied selbst als auch für seine Eltern als gesetzliche Vertreter, soweit sie hinsichtlich des Beschlussgegenstandes persönliche Sonderinteressen verfolgen. Ein minderjähriges Organmitglied unterliegt einem Stimmverbot beispielsweise, wenn das fakultative Gremium über die Entlastung des Vorstands entscheidet und ein Elternteil im Vorstand tätig ist.[1134]

Ferner kommt die Einsetzung eines Minderjährigen als Anfallberechtigten in Betracht. Ein Anfallberechtigter ist kein Organ der Stiftung. Er ist Dritter, der einen Anspruch auf das Restvermögen der Stiftung geltend machen kann, wenn die Auflösung der Stiftung beschlossen wurde, die Gläubiger befriedigt sind und das Sperrjahr abgelaufen ist (§§ 51, 88 Satz 3 BGB).[1135] Die Beteiligung eines Minderjährigen als Anfallberechtigten ist aber nicht geeignet, um ihn mit den Stiftungszwecken vertraut zu machen und an den Geschäftsbetrieb heranzuführen; eine dauerhafte finanzielle Absicherung des Minderjährigen kann ebenfalls nicht gewährleistet werden. Die Beteiligung als Anfallberechtigter sollte daher allenfalls neben der Beteiligung als Destinatär in Betracht gezogen werden. Da die Einsetzung als Anfallberechtigter nicht rechtlich nachteilig ist, kann ein Stifter seine minderjährigen Abkömmlinge ohne deren Mitwirkung in der Stiftungssatzung zu Anfallberechtigten bestimmen. Deren Mitwirkung wird zumeist erst bei Auskehr und Übertragung des Restvermögens erforderlich.

1133 Dritter Teil § 4 II.1.b.bb.2), S. 271-272.
1134 Dritter Teil § 4 III.1., S. 282-285.
1135 Dritter Teil § 4 IV., S. 288-290.

Dabei können die Eltern als gesetzliche Vertreter die Übertragung annehmen, selbst wenn einer von ihnen als Liquidator die aufzulösende Stiftung vertritt.[1136]

Steuerrechtlich begünstigt werden in erster Linie gemeinnützige Familienstiftungen. Regelmäßig werden mit Familienstiftungen jedoch privatnützige Zwecke verfolgt. Diese sind körperschaftsteuerpflichtig (§ 1 Abs. 1 Nr. 4 KStG). Im Hinblick auf die Vermögensübertragung bei Errichtung der Stiftung können aber gegebenenfalls höhere Freibeträge genutzt werden als bei anderen privatnützigen Stiftungen, da bei der Berechnung der Erbschaft- und Schenkungsteuer nicht auf die Stiftung als Begünstigte abgestellt wird, sondern auf das Verwandtschaftsverhältnis des nach der Stiftungsurkunde entferntesten Berechtigten zu dem Stifter (§ 15 Abs. 2 Satz 1 ErbStG, sogenanntes Steuerklassenprivileg). Im Übrigen kann eine Familienstiftung sachliche Befreiungen zur Reduktion der Erbschaft- und Schenkungsteuerlast genauso nutzen wie andere Steuerschuldner, wenn die Voraussetzungen erfüllt sind. Vor der Gründung einer Familienstiftung ist zu bedenken, dass diese in Zeitabständen von je 30 Jahren der Erbersatzsteuer unterfällt (§ 1 Abs. 1 Nr. 4 ErbStG).[1137]

Durch eine Vermögensübertragung auf eine Familienstiftung und die Beteiligung minderjähriger Abkömmlinge als Destinatäre kann einkommensteuerrechtlich ein Familiensplitting erreicht werden, wodurch sich die Einkommensteuerlast des Stifters reduziert. Während ursprünglich sämtliche Gewinne einzig dem Stifter als Vermögensinhaber zugerechnet wurden, werden sie nach Stiftungsgründung der Stiftung und den Destinatären zugerechnet, da nunmehr die Stiftung die Gewinne erhält und einen Teil davon entsprechend dem Stiftungszweck den Destinatären zuwendet. Ein Minderjähriger schöpft seinen einkommensteuerrechtlichen Grundfreibetrag regelmäßig nicht aus, da er über kein oder nur ein geringes Einkommen verfügt. Durch die Beteiligung als Destinatär können ihm Auszahlungen bis zur Ausschöpfung seines Grundfreibetrags einkommensteuerfrei zugewendet werden.[1138]

1136 Siehe Dritter Teil § 3 IV.2., S. 232-236.
1137 Siehe Dritter Teil § 5 III., S. 307-310.
1138 Siehe Dritter Teil § 5 II.1., S. 302-304.

Vierter Teil Schlussfolgerungen und Entscheidungskriterien

Die Einzelergebnisse dieser Untersuchung werden nicht nochmals zusammengefasst. Sie sind der Darstellung in den jeweiligen Kapiteln zu entnehmen. Es hat sich durchgängig gezeigt, dass es eine idealtypische Rechtsform nicht gibt, um minderjährige Abkömmlinge an einem Vermögen zu beteiligen, sie wirtschaftlich abzusichern und gleichzeitig das Vermögen langfristig zu erhalten. Jedoch gibt es sowohl für die Familien-KG als auch für die Familienstiftung Gestaltungsmöglichkeiten, um einen angemessenen und praktikablen Ausgleich zwischen den wirtschaftlichen Interessen des ursprünglichen Vermögensinhabers am Erhalt des Vermögens und den gesetzlichen Vorgaben zum Minderjährigenschutz zu erreichen.

Diese Gestaltungsmöglichkeiten sollen im Folgenden aufgezeigt werden, ohne dass ein vollständiges Satzungsmuster oder ein abschließender Entscheidungskatalog geliefert werden soll oder kann. Vielmehr wird zusammenfassend dargestellt, wie sich die Erfordernisse der Bestellung eines Ergänzungspflegers sowie der Einholung einer familiengerichtlichen Genehmigung durch satzungsrechtliche Regelungen vermeiden lassen könnten. Zugleich werden Entscheidungskriterien für die Wahl der Rechtsform einer Beteiligung Minderjähriger als Vermögensnachfolger entwickelt. Dabei sind die Belange des Minderjährigenschutzes bei der initialen Beteiligung sowie der internen Willensbildung einerseits, und die Beweggründe für die Gründung einer Familiengesellschaft andererseits zu berücksichtigen.

1. Endgültige Aufgabe des Vermögens versus mittelbare Vermögensinhaberschaft

   Unabhängig von einer Beteiligung Minderjähriger muss sich ein Vermögensinhaber zunächst darüber Klarheit verschaffen, ob er bereit ist, sein Vermögen unwiderruflich auf einen anderen Rechtsträger zu übertragen. Diese Bereitschaft ist Voraussetzung für die Wahl einer Familienstiftung als Vermögensträger. Im Rahmen der Stiftungsgründung wird das Vermögen unwiderruflich und im Wesentlichen unumkehrbar auf die Stiftung übertragen. Dem Stifter bleibt allenfalls, sich zum Vorstand zu bestellen und die Geschäftsführung über das Stiftungsvermögen zu übernehmen sowie als Destinatär Begünstigungen zu beziehen. Eine Auflösung der Stiftung ist grundsätzlich nur möglich, wenn die Erfüllung des Stiftungszwecks unmöglich geworden ist oder das Gemeinwohl gefährdet (§ 87 Abs. 1 BGB). Anders stellt sich die Rechtslage bei der Nutzung einer (Familien-)KG dar: Zwar verliert der ursprüngliche Vermögensinhaber sein Vermögen auch durch Übertragung auf eine (Familien-)KG. Zum einen hält er als Gesellschafter Gesellschaftsanteile und partizipiert darüber mittelbar an dem Vermögen; zum anderen besteht die Möglichkeit, dass die Gesellschafterversammlung die Auflösung der KG und/oder eine Rückübertragung des Vermögens beschließt.

2. Dauerhafte Perpetuierung des eigenen Willens versus Flexibilität

Zudem muss ein Vermögensinhaber darüber Gewissheit erlangen, inwieweit das Vermögen dauerhaft, auch nach dem Tod, in der derzeitigen Form und in strenger Übereinstimmung mit seinen Vorgaben erhalten bleiben soll. Eine strenge Orientierung an dem Willen des ursprünglichen Vermögensinhabers ließe sich durch Errichtung einer Familienstiftung gewährleisten. Der Stiftungsvorstand ist an den Willen des Stifters und die Stiftungszwecke gebunden. Persönliche Sonderinteressen dürfen (grundsätzlich) nicht verfolgt werden.[1139] Die Stiftungssatzung kann nur in engen Grenzen angepasst werden, wenn der Stifter dies ausdrücklich in der Satzung vorgesehen hat oder es zumindest seinem mutmaßlichen Willen entspricht. Eigenmächtigen Änderungsbefugnisse kann ein Stifter dem Vorstand nicht einräumen.[1140] Diese Perpetuierung des Stifterwillens geht freilich zu Lasten einer flexiblen Geschäftsführung, die offen bleibt für Anpassungen an gesellschaft- und wirtschaftliche Veränderungen. Diese Flexibilität bietet grundsätzlich die Nutzung einer (Familien-)KG als Vermögensträger. In einer (Familien-)KG kann die Satzung durch Gesellschafterbeschluss jederzeit an veränderte Umstände angepasst werden.[1141]

1139 *Strickrodt,* Stiftungsrecht, S. 98; *Hüttemann/Rawert* in: Staudinger, BGB, 2017, § 85 Rn. 14, § 86 Rn. 25-26; *Weitemeyer* in: MüKo, BGB, 1. Band, § 85 Rn. 4, § 86 Rn. 32; *Schwintek,* Vorstandskontrolle in rechtsfähigen Stiftungen bürgerlichen Rechts, S. 136-137, 150-152; *Kohnke,* Pflichten des Stiftungsvorstands, S. 75-76; *Stallmann,* Fehlerhafte Beschlüsse in der Stiftung, S. 91-92; *Reuter* in: Non Profit Law Yearbook 2002, S. 158.

1140 *Hüttemann/Rawert* in: Staudinger, BGB, 2017, § 85 Rn. 11-14; *Weitemeyer* in: MüKo, BGB, 1. Band, § 85 Rn. 4; *Stallmann,* Fehlerhafte Beschlüsse in der Stiftung, S. 20.

1141 Allgemeine Meinung: vgl. BGHZ 203, 77 ff. = NJW 2015, 859, 861; *Enzinger* in: MüKo, HGB, 2. Band, § 119 Rn. 1; EBJS, HGB, 1. Band, § 119 Rn. 6.

3. Trennung von Geschäftsleitung und wirtschaftlicher Absicherung von Familienangehörigen

Im Vergleich zur Familien-KG bietet eine Familienstiftung ein breiteres Spektrum an Rechtpositionen zur Beteiligung Minderjähriger. Die Gründung einer Familienstiftung bietet zudem die Möglichkeit, minderjährige Abkömmlinge wirtschaftlich abzusichern und sie gleichzeitig von sämtlichen Entscheidungsprozessen fernzuhalten. Als Destinatäre profitieren sie vom Stiftungsvermögen, haben aber auf den Geschäftsbetrieb, insbesondere die Verwaltung des Stiftungsvermögens, keinen Einfluss.[1142] Im Fall der Beteiligung an einer Familien-KG müssen die Gesellschafterrechte des Minderjährigen hingegen noch vertraglich weitgehend eingeschränkt werden, um ihn von den Entscheidungsprozessen der KG auszuschließen.

a. An einer Familien-KG werden minderjährige Abkömmlinge unter anderem wegen des persönlichen Haftungsrisikos aus §§ 161 Abs. 2, 128 Satz 1 HGB grundsätzlich nicht als Komplementäre, sondern als Kommanditisten beteiligt. Die Gesellschafterposition eines minderjährigen Kommanditisten kann (gesellschafts-)vertraglich so ausgestaltet werden, dass Rechtsnachteile weitgehend vermieden werden.[1143] Wenngleich Kommanditisten von der Geschäftsführung ausgeschlossen sind (§ 164 HGB), erwächst aus der Gesellschafterstellung dennoch ein Stimmrecht für Beschlüsse über Grundlagen der Gesellschaft und sonstige gemeinsame Angelegenheiten. Dieses Stimmrecht kann nicht vollständig durch Gesellschaftsvertrag ausgeschlossen werden, so dass ein minderjähriger Kommanditist stets zu einem gewissen Grad in die Entscheidungsprozesse der Familien-KG einzubinden ist. Es können zwar bestimmte Stimmrechtsbeschränkungen vereinbart werden, beispielsweise kann die Stimmrechtsausübung erst ab Volljährigkeit gestattet werden. Dies gilt aber nicht für den Kern der mitgliedschaftlichen Rechte, namentlich Angelegenheiten, die die Rechtsstellung des minderjährigen Gesellschafters betreffen und in die nicht ohne dessen Zustimmung eingegriffen werden darf.[1144] Jedoch könnte die Ausübung des Stimmrechts

1142 Ausführlich zum Destinatär siehe Dritter Teil § 3 I.1. und § 4 I., S. 182-185, 240-253.

1143 Siehe Zweiter Teil § 3 I.1.a. und II.1.a., S. 45-57, 76-78.

1144 Siehe Zweiter Teil § 4 I.1. und 4.a., S. 83-88, 115.

eines minderjährigen Gesellschafters in jedem Fall seinem gesetzlichen Vertreter vorbehalten werden.[1145]

b. Erachtet ein Stifter seine minderjährigen Abkömmlinge als potenziell geeignet, als künftiger Nachfolger die Leitung der Stiftung zu übernehmen und/oder zu kontrollieren, kann er sie zu Organmitgliedern eines fakultativen Gremiums bestellen. Aufgrund der mit der Organstellung verbundenen Pflichten, ist für die Annahme der Bestellung die Mitwirkung des gesetzlichen Vertreters des Minderjährigen erforderlich.[1146] Beschränkt geschäftsfähige Abkömmlinge können – anders als Geschäftsunfähige – alternativ in den Vorstand der Stiftung bestellt werden.[1147] Im Gegensatz zum Komplementär einer KG haftet ein Organmitglied eines Stiftungsorgans grundsätzlich nicht persönlich und profitiert im Fall schuldhafter Pflichtverletzungen von einer gesetzlichen Haftungsprivilegierung, wenn es ehrenamtlich unentgeltlich tätig ist oder lediglich eine Vergütung erhält, die EUR 720 jährlich nicht übersteigt (§§ 31a, 86 Satz 1 BGB). Dennoch ist eine Bestellung in den Vorstand erst ratsam, wenn der beschränkt geschäftsfähige Minderjährige über die erforderliche geistige Reife verfügt und ausreichende Fähigkeiten besitzt, die es erlauben, ihm Geschäftsangelegenheiten zu übertragen.[1148] Dies wiederum hängt davon ab, welche Vermögensgegenstände die Stiftung hält und wie komplex sich deren Verwaltung gestaltet.

Zudem bietet eine Familienstiftung den Vorteil, dass ein Stifter verbindlich unabänderliche Kriterien festlegen kann, die (ungeborene) Familienmitglieder erfüllen müssen, um als Destinatäre Zuwendungen zu erhalten oder um in ein Stiftungsorgan bestellt zu werden.[1149]

1145 Aus § 107 BGB folgt kein Vertretungsverbot zulasten des gesetzlichen Vertreters, sondern die Vorschrift eröffnet parallel die Möglichkeit, dass der beschränkt Geschäftsfähige selbst handelt (*Ellenberger* in: Palandt, BGB, § 107 Rn. 1; *Klumpp* in: Staudinger, BGB, 2017, § 107 Rn. 95; *Spickhoff* in: MüKo, BGB, 1. Band, § 107 Rn. 18; *Nitze,* Minderjähriger Gesellschafter, S. 53).

1146 Siehe Dritter Teil § 3 II.2.a. und III.1.b., S. 206-208, 224-227.

1147 Siehe Dritter Teil § 3 II.1.a., S. 201-203.

1148 Zu den Voraussetzungen im Einzelnen siehe Dritter Teil § 3 II.1.b., S. 203-206.

1149 Siehe Dritter Teil § 3 I.1. und II., S. 181, 199.

4. Ergänzungspfleger als gesetzlicher Vertreter des Minderjährigen

Grundsätzlich wird ein Kind von seinen Eltern gemeinsam gesetzlich vertreten (§ 1629 Abs. 1 Satz 2 BGB). Ist – wie in der Regel – mindestens ein Elternteil an dem Familienunternehmen beteiligt, sind beide Elternteile von der gesetzlichen Vertretung ausgeschlossen, wenn generell-abstrakt die Gefahr einer Interessenkollision besteht. In dem Fall muss ein Ergänzungspfleger bestellt werden (§ 1909 Abs. 1 Satz 1 BGB). Die Eltern haben kein Benennungsrecht, stattdessen bestimmt das Familiengericht einen Ergänzungspfleger. Das etwaige Erfordernis der Einbindung eines Dritten als Ergänzungspfleger ist nicht nur bei der initialen Beteiligung minderjähriger Abkömmlinge, sondern auch im laufenden Geschäftsbetrieb zu berücksichtigen. Das Risiko, einen Ergänzungspfleger bestellen zu müssen, ist im Fall der Beteiligung eines Minderjährigen an einer Familien-KG höher als bei einer Familienstiftung.

a. Bei der initialen Beteiligung eines Minderjährigen als Kommanditisten einer Familien-KG kann die Bestellung eines Ergänzungspflegers erforderlich werden, wenn ein Elternteil oder ein in gerader Linie Verwandter eines sorgeberechtigten Elternteils Mitgesellschafter ist. Um eine möglichst weitgehende Vertretung des minderjährigen Gesellschafters durch seine Eltern zu gewährleisten, sollten folgende Punkte beachtet werden:
   - Die Familien-KG sollte zunächst ohne Beteiligung eines Minderjährigen gegründet werden.[1150]
   - Die Beteiligung eines Minderjährigen sollte sodann durch unentgeltliche Abtretung eines voll eingezahlten Kommanditanteils im Wege der Schenkung vollzogen werden.
   - Die dingliche Übertragung des Kommanditanteils sollte unter der aufschiebenden Bedingung der Eintragung des Minderjährigen als Kommanditist im Handelsregister erfolgen.
   - Der Gesellschaftsvertrag sollte weitgehende Haftungsausschlüsse und Freistellungsklauseln zugunsten des Minderjährigen enthalten.

1150 Das ist insbesondere im Fall einer Vermögensverwaltungs-KG aufgrund des Haftungsrisikos bis zur Eintragung im Handelsregister ratsam, siehe dazu Zweiter Teil § 2 III. und § 3 I.1.a.aa., S. 40-42, 47-48.

- Gesellschafterbeschlüsse sollten weitgehend mit einfacher Mehrheit gefasst werden können und zumindest für minderjährige Gesellschafter sollte die Möglichkeit einer Stimmenthaltung eingeräumt werden.

Die Befolgung der vorstehenden Anregungen vermeidet, dass die Kommanditbeteiligung für den Minderjährigen als rechtlich nachteilhaft anzusehen ist; die gesetzlichen Vertretungsausschlüsse gemäß § 1629 Abs. 2 Satz 1 iVm. § 1795 Abs. 1 Nr. 1 BGB bzw. §§ 1795 Abs. 2, 181 BGB sind teleologisch zu reduzieren und kommen nicht zur Anwendung. Die Eltern können als gesetzliche Vertreter ihres Kindes, das der Beteiligung zugrundeliegende Rechtsgeschäft abschließen.[1151]

b. Im Rahmen der gesellschaftsinternen Willensbildung lässt sich die Bestellung eines Ergänzungspflegers nicht in jedem Fall vermeiden. Folgende (gesellschafts-)vertragliche Gestaltungen sind geeignet, die Notwendigkeit einer Bestellung auf ein Mindestmaß zu reduzieren oder jedenfalls Geschäftsgeheimnisse zu schützen:
    - Das Stimmrecht kann für Gesellschafter, die das 18. Lebensjahr noch nicht vollendet haben, ausgeschlossen werden; davon auszunehmen sind Beschlussgegenstände, welche die Rechtsstellung des Gesellschafters betreffen und daher seine Zustimmung erfordern.
    - Ist die Bestellung eines Ergänzungspflegers erforderlich, sollte die Familiengesellschaft gegenüber dem Familiengericht verlangen, dass die Anordnung der Ergänzungspflegschaft von der Abgabe einer Verschwiegenheitsverpflichtung durch den Ergänzungspfleger abhängig gemacht wird.
    - Es sollte eine Familienverfassung etabliert werden, in der Leitlinien zur Orientierung bei der Stimmrechtsausübung festgeschrieben werden; auch ein Ergänzungspfleger als gesetzlicher Vertreter wäre gehalten sich an der Familienverfassung zu orientieren und das Stimmrecht innerhalb der vorgegebenen Leitlinien auszuüben.
    - Steht ein Dritter, der nicht in gerader Linie mit einem Elternteil verwandt ist, als Vertrauensperson bis zum Eintritt der Volljährigkeit des minderjährigen Gesellschafters zur Verfügung, könnte der Kommanditanteil dem Minderjährigen unter Ausschluss der Eltern als Vermögensverwalter und unter Benennung dieses Dritten als

1151 Dazu ausführlich Zweiter Teil § 3 I.1., S. 45-62.

Ergänzungspfleger zugewendet werden (§§ 1638 Abs. 1, 1917 Abs. 1 HS. 1 BGB).[1152]

c. Bei der Vermögensverwaltung durch eine Familienstiftung ist die Bestellung eines Ergänzungspflegers deutlich seltener erforderlich als bei einer Familien-KG. Bei der Beteiligung eines Minderjährigen als Destinatär muss ein Ergänzungspfleger bestellt werden, wenn entweder (i) eine Zuwendungsvereinbarung geschlossen werden soll, um die Zuwendung an Auflagen und Rückforderungsvorbehalte zu knüpfen und ein Elternteil zugleich die Stiftung vertritt, oder (ii) der Minderjährige als Gegenleistung auf seinen Pflichtteil verzichten soll. Im Fall der Bestellung eines Minderjährigen zum Organmitglied ist ein Ergänzungspfleger zu bestellen, wenn (iii) die Organbestellung durch den stiftenden Elternteil erfolgt oder (iv) ein Minderjähriger dadurch zugleich die Aufsicht über ein anderes Stiftungsorgan übernimmt, in dem ein Elternteil tätig ist oder (v) ein Elternteil Sonderinteressen hinsichtlich des Beschlussgegenstandes verfolgt und daher einem stiftungsrechtlichen Stimmverbot unterliegt.[1153] Soweit diese fünf Konstellationen vermieden werden, ist weder für die Beteiligung von Minderjährigen an einer Familienstiftung noch für den laufenden Geschäftsbetrieb die Einbeziehung eines Ergänzungspflegers erforderlich. Besondere privatautonome Gestaltungen sind hierfür nicht erforderlich.

5. Familiengerichtliche Genehmigung

Für die Beteiligung Minderjähriger an einer Familienstiftung ist eine familiengerichtliche Genehmigung gemäß §§ 1821 f. BGB (iVm. § 1643 BGB bzw. § 1915 Abs. 1 Satz 1BGB) grundsätzlich nicht erforderlich. Etwas anderes gilt, wenn ein Minderjähriger als Gegenleistung auf seinen Pflichtteil verzichten soll. Die Pflichtteilsverzichtsabrede ist genehmigungsbedürftig (§§ 2347 Abs. 1 Satz 1, § 1822 Nr. 1 BGB).[1154] Weder die Wirksamkeit der Gründung einer Familienstiftung noch die Beschlussfassung der Stiftungsorgane hängt somit von einer Genehmigung des Familiengerichts ab. Es entfällt damit die mitunter langwierige Einbeziehung des Familiengerichts. Zugleich wird dadurch verhindert, dass Dritte Einblicke in den

---

1152 Dazu ausführlich Zweiter Teil § 4 I.2. und 4., S. 88-111, 115-118.

1153 Siehe Dritter Teil § 3 zu (i) I.2.a.bb. und b.bb., S. 188-195; zu (ii) I.2c., S. 195-196; zu (iii) II.2.a., S. 206-208; zu (iv) III.2., S. 227-228 und zu (v) § 4 II.1.b.aa., S. 266-269.

1154 Siehe Dritter Teil § 3 I.3.a., S. 198.

Geschäftsbetrieb, insbesondere Geschäftsunterlagen und bevorstehende Entscheidungen erhalten.

Dagegen ist für die initiale Beteiligung Minderjähriger an einer (Familien-) KG eine familiengerichtliche Genehmigung erforderlich, wenn die KG ein Erwerbsgeschäft betreibt (§ 1822 Nr. 3 Var. 3 BGB). Lediglich für die Beteiligung an einer reinen Vermögensverwaltungskommanditgesellschaft ist eine Genehmigung entbehrlich, wenn der Betrieb vom Umfang her keine Geschäftstätigkeit umfasst, die einer auf selbstständigen Erwerb gerichteten Tätigkeit gleichkommt. Die Abgrenzung kann im Einzelfall schwierig sein, weshalb vorsorglich ein Negativattest und hilfsweise eine Genehmigung beantragt werden sollte.[1155] Zudem ist auch die Zustimmung eines minderjährigen Gesellschafters zu einem Beschluss genehmigungsbedürftig, wenn der Beschlussgegenstand unter einen Tatbestand der familienrechtlichen Genehmigungskataloge der §§ 1821 f. BGB zu subsumieren ist und der Beschluss ohne die Zustimmung des minderjährigen Gesellschafters nicht gefasst werden kann.[1156] Diese Genehmigungserfordernisse lassen sich nicht durch privatrechtliche Gestaltungen vermeiden.

6. Steuerliche Vorteile

Für die Nutzung steuerlicher Vorteile ist die Art des zu übertragenden Vermögens entscheidend. Der Beteiligung Minderjähriger kommt insoweit eine geringere Bedeutung zu. Zwar können durch die Beteiligung Minderjähriger sowohl einkommensteuerrechtliche als auch erbschaft- und schenkungsteuerrechtliche Freibeträge genutzt werden. Voraussetzung ist jedoch, dass die Beteiligung steuerrechtlich anerkannt wird. Das zugrundeliegende Rechtsgeschäft muss einem Fremdvergleich standhalten, das heißt, das Rechtsgeschäft (i) muss im Wesentlichen einer Vereinbarung entsprechen, die zwischen fremden Personen vereinbart würde, und (ii) auch tatsächlich entsprechend dieser Vereinbarung gelebt werden.[1157] Eine steuerrechtliche Anerkennung wird bei einer Beteiligung als Kommanditist an einer gewerblichen Familien-KG daher – vor dem Hintergrund von § 42 AO – regelmäßig versagt werden, wenn die Gesellschafterrechte eines minderjährigen

1155 Dazu ausführlich Zweiter Teil § 3 I.2., S. 62-65.

1156 Siehe Zweiter Teil § 4 I.3., S. 111-115.

1157 BFH, DStRE 1999, 423; BFHE 246, 349 = ZEV 2015, 56, 58; BFH, NJW 2016, 3470, 3471; *Deutsch/Czwalinna*, Familiensteuerrecht, S. 83-84; *Gemeinhardt*, BB 2012, 739, 740-741.

Gesellschafters vertraglich stark eingeschränkt sind. Bevor Minderjährige an einer (Familien-)KG beteiligt werden, sollte sorgfältig abgewogen werden, ob ein gewisser lähmender Einfluss der Regelungen zum Minderjährigenschutz auf den gesellschaftsinternen Willensbildungsprozess durch Einbeziehung minderjähriger Gesellschafter hingenommen werden kann, um steuerliche Vorteile zu erzielen.[1158] Ausschließlich zum Zweck steuerlicher Begünstigungen sollte ein minderjähriger Abkömmling nicht beteiligt werden, da die Begünstigungen aufgrund von steuerrechtlichen Reformen entfallen können. Stattdessen sollte vorwiegend die Absicht bestehen, den Abkömmling an den Geschäftsbetrieb zu binden und ihn damit schrittweise vertraut zu machen.

Wenn die Beteiligung steuerrechtlich anerkannt wird, werden die an den minderjährigen Gesellschafter ausgekehrten Gewinne zwar einkommensteuerrechtlich berücksichtigt. Ihm steht jedoch als einkommensteuerpflichtige Person ein Grundfreibetrag von derzeit EUR 9.408 pro Kalenderjahr zu (vgl. § 32a Abs. 1 Nr. 1 EStG). Zudem profitieren gegebenenfalls auch die anderen Gesellschafter. Die Einkommensteuer ist progressiv gestaltet, das heißt, sie steigt mit dem zu versteuernden Einkommen an. Durch die Gewinnaufteilung verringern sich die Einkünfte des einzelnen Gesellschafters, so dass gegebenenfalls ein niedrigerer Steuersatz gilt und dadurch die Einkommensteuerlast spürbar sinkt.[1159] Im Hinblick auf die unentgeltliche Zuwendung des Gesellschaftsanteils kann der persönliche Erb- und Schenkungsteuerfreibetrag genutzt werden. Die Höhe hängt von dem Näheverhältnis zwischen Schenker und Empfänger ab. Für Kinder wird ein Freibetrag von EUR 400.000 gewährt (§ 16 Abs. 1 Nr. 2 ErbStG). Die Erwerbe von derselben Person werden innerhalb von zehn Jahren zusammengerechnet (§ 14 Abs. 1 Satz 1 ErbStG).

Im Fall der Gründung einer Familienstiftung unterfällt die Vermögensübertragung auf eine (privatnützige) Familienstiftung zu Lebzeiten zwar der Schenkungsteuer (§§ 1 Nr. 2, 7 Abs. 1 Nr. 8 ErbStG). Die Stiftung genießt jedoch ein Steuerklassenprivileg: An sich würde die Vermögensübertragung auf eine Familienstiftung der Steuerklasse III unterfallen, weil die Stiftung und der Stifter nicht verwandt sind. Gemäß § 15 Abs. 2 Satz 1 ErbStG ist jedoch bei der Besteuerung hinsichtlich der Vermögensübertragung

1158 Siehe Zweiter Teil § 5 I., S. 150.

1159 Siehe ausführlich Zweiter Teil § 5 II., S. 151-152.

bei Errichtung der Stiftung (nicht hingegen für spätere Zustiftungen) das Verwandtschaftsverhältnis des nach der Stiftungsurkunde entferntesten Berechtigten zu dem Stifter zugrunde zu legen. Um eine Umgehung der Erbschaftsteuer mittels der Errichtung einer Familienstiftung gleichwohl zu verhindern, unterfällt das Stiftungsvermögen im Abstand von 30 Jahren einer Erbersatzsteuer (§ 1 Abs. 1 Nr. 4 ErbStG).[1160]

Bei Beteiligung eines Minderjährigen als Destinatär werden die ausgekehrten Leistungen dem Destinatär regelmäßig als sonstige Einkünfte gemäß § 22 Nr. 1 Satz 2a EStG zugerechnet.[1161] Auch ihm kommt als einkommensteuerpflichtige Person der Grundfreibetrag von derzeit EUR 9.408 pro Kalenderjahr zugute. Da die Stiftung die Leistungen an den Destinatär aufgrund von Satzungsvorgaben auskehrt, werden sie nicht als Schenkungen betrachtet. Persönliche Erbschaft- und Schenkungsteuerfreibeträge gemäß § 16 ErbStG können daher nicht genutzt werden.

Die Auskehr des Restvermögens an einen minderjährigen Anfallberechtigten unterfällt im Ergebnis der Erbschaft- und Schenkungsteuer nach §§ 1 Abs. 1 Nr. 2, 7 Abs. 1 Nr. 9 Satz 1.[1162] Auch er profitiert vom Steuerklassenprivileg der Stiftung: Die Höhe des persönlichen Freibetrages richtet sich nach dem Verwandtschaftsverhältnis zwischen dem Anfallberechtigten und dem Stifter (§ 15 Abs. 2 Satz 2 ErbStG).

Im Fall der Übertragung eines Gewerbebetriebs oder von Anteilen an einer Gesellschaft, deren Zweck ihrerseits einen Gewerbebetrieb beinhaltet, werden erhebliche erbschaft- und schenkungsteuerliche Entlastungen zumeist über die Gewährung sachlicher Befreiungen nach §§ 13 bis 13d ErbStG erzielt. Da Voraussetzung für die Begünstigung ist, dass der Erwerber eine Mitunternehmerstellung erlangt, ist die Beteiligung Minderjähriger diesbezüglich regelmäßig nicht förderlich. Eine Mitunternehmerstellung hat derjenige inne, der in einem Gesellschafts- oder vergleichbaren Gemeinschaftsverhältnis mit mindestens einer anderen Person *„Mitunternehmerinitiative*

1160 Siehe Dritter Teil § 5 III.3., S. 309-310.

1161 Siehe Dritter Teil § 5 II.1., S. 302-304.

1162 Zu dem Streit, ob das ausgekehrte Restvermögen zu den Einkünften aus Kapitalvermögen gemäß § 20 Abs. 1 Nr. 9 EStG zählt, siehe Dritter Teil § 5 II.2., S. 305-307.

entfalten kann und Mitunternehmerrisiko trägt".[1163] Im Fall einer Familien-KG wird eine solche Rechtsstellung regelmäßig nur den unbeschränkt geschäftsfähigen Gesellschaftern zukommen.[1164] Im Fall der Gründung einer Familienstiftung sind die vorgenannten sachlichen Befreiungen für die Vermögensübertrag vom Stifter auf die Stiftung relevant.

Abschließend bleibt die Erkenntnis, dass sowohl die Kommanditgesellschaft als auch die rechtsfähige Stiftung bürgerlichen Rechts im Grundsatz geeignete Rechtsformen sind, ein Familienvermögen über Generationen hinweg zu halten und zu mehren und minderjährige Abkömmlinge auf die künftige Geschäftsleitung vorzubereiten. Die Wahl der Rechtsform sollte anhand der skizzierten Entscheidungskriterien getroffen werden. Die Art und der sachliche Umfang einer Beteiligung Minderjähriger sind nach Maßgabe der Ziele des originären Vermögensinhabers zu identifizieren und zu definieren. Vor diesem Hintergrund empfiehlt es sich, die Unternehmensverfassung in jedem Einzelfall passgenau und unter besonderer Berücksichtigung der Regelungen zum Minderjährigenschutz zu gestalten. Alle rechtlichen Unsicherheiten und prozeduralen Komplikationen, die eine Beteiligung Minderjähriger mit sich bringt, können freilich nicht ausgeschlossen werden. Eine frühzeitige und sorgfältige kautelarjuristische Gestaltung ist aber dienlich, diese weitestmöglich zu reduzieren und den beteiligten Akteuren verlässliche Handlungsanweisungen an die Hand zu geben. Dabei sowie bei der Beantwortung der im laufenden Betrieb auftretenden Fragen mögen die Ergebnisse dieser Untersuchung zur Hilfe gereichen.

1163 *Steger/Seibold* in: Unternehmensnachfolge, § 25 Rn. 35; BFH, DStR 2009, 321, 323; BFHE 239, 137 = DStRE 2012, 38, 39-40; FG Düsseldorf, BeckRS 2018, 28419; *Sothen* in: MAH Erbrecht, § 36 Rn. 120; *Wacker* in: Schmidt, EStG, § 15 Rn. 262.

1164 Siehe Zweiter Teil § 5 III.2. sowie Dritter Teil § 5 III.2., S. 158-161, 309.

Literaturverzeichnis

Allmendinger, Jörg: Vertretungsverbot bei Insichgeschäften, Ergänzungspflegschaft und gerichtliche Genehmigung: rechtsgeschäftlicher Minderjährigenschutz bei Eltern-Kind-Schenkungen, Berlin 2009 (zugl. Diss. Augsburg, 2009).

Altmeppen, Holger (Hrsg.): Gesetz betreffend die Gesellschaften mit beschränkter Haftung. Kommentar, 10. Aufl., München 2021 [zitiert als: *Bearbeiter* in: Roth/Altmeppen, GmbHG].

Alvermann, Jörg/Bahns, Jochen/Beckert, Manuela/Binnewies, Burkhard et al. (Hrsg.): Formularbuch Recht und Steuern. Gesellschaftsverträge - Sonstige Verträge - Besteuerungsverfahren - Rechtsmittelverfahren - Steuerstrafverfahren, 9. Aufl., München 2018 [zitiert als: *Bearbeiter* in: Formularbuch Recht und Steuern].

Bachmann, Gregor/Eidenmüller, Horst/Engert, Andreas/Fleischer, Holger/Schön, Wolfgang: Rechtsregeln für die geschlossene Kapitalgesellschaft, ZGR-Sonderheft 18 (2012).

Baetzgen, Oliver: Insichgeschäfte im Gesellschaftsrecht, RNotZ 2005, S. 193-224.

Bartels, Peter/Gerber, Stefan/Hofbauer, Karl: Die Zukunft von Familienunternehmen - der Kern der Wirtschaft, abrufbar unter www.pwc.de/de/mittelstand/assets/studie_family_business_v3.pdf, 2012 (zuletzt abgerufen am 19.04.2020).

Bauer, Dorthe Christina: Vermögensverwaltung mittels Privatstiftungen und anderer Strukturen. Eine rechtsvergleichende steuer- und zivilrechtliche Analyse am Beispiel von Deutschland, Österreich, Luxemburg und Lichtenstein, Baden-Baden 2013 (zugl. Diss. Augsburg, 2011).

Baumann, Thomas/Sikora, Markus (Hrsg.): Hand- und Formularbuch des Vereinsrechts, 2. Aufl., München 2017 [zitiert als: *Bearbeiter* in: Baumann/Sikora, Hdb VereinsR].

Baus, Kirsten: Die Familienstrategie. Wie Familien ihr Unternehmen über Generationen sichern, 5. Aufl., Wiesbaden 2016 [zitiert als: *Baus*, Familienstrategie].

Bayerisches Landesamt für Statistik: Verzeichnis der rechtsfähigen Stiftungen mit Sitz in Bayern, abrufbar unter stiftungen.bayern.de/stiftung/5268;jsessionid=8379BD766164FF2AF5CB7885BBB0BD48, 10.03.2020 (zuletzt abgerufen am 27.05.2020).

Beckervordersandfort, Ansgar (Hrsg.): Gestaltungen zum Erhalt des Familienvermögens, 2. Aufl., Bonn 2020 [zitiert als: *Bearbeiter* in: Gestaltungen zum Erhalt des Familienvermögens].

Benicke, Christoph: Wertpapiervermögensverwaltung, Tübingen 2006 (Teilw. zugl.: Habil. Heidelberg 2002).

Bergmann, Alfred: Neuere Rechtsprechung des Bundesgerichtshofs zum Personengesellschaftsrecht, WM Sonderbeilage Nr. 1 zu Heft 15/2018, S. 3-52.

Bertelsmann Stiftung: Satzung, abrufbar unter www.bertelsmann-stiftung.de/de/ueber-uns/wer-wir-sind/organisation/, 05.04.2019 (zuletzt abgerufen am 10.01.2021).

Beuthien, Volker/Gummert, Hans/Schöpflin, Martin (Hrsg.): Münchener Handbuch des Gesellschaftsrechts. Band 5: Verein, Stiftung bürgerlichen Rechts, 5. Aufl., München 2021 [zitiert als: *Bearbeiter* in: MünchHdbGesR, 5. Band].

Bibliographisches Institut GmbH: Das Fremdwörterbuch. Unentbehrlich für das Verstehen und den Gebrauch fremder Wörter, 11. Aufl., Berlin 2015 [zitiert als: *Bibliographisches Institut GmbH*, Duden, Fremdwörterbuch].

dass.: Duden, abrufbar unter www.duden.de/rechtschreibung/Stiftung, 2020 (zuletzt abgerufen am 10.01.2021).

dass.: Duden, abrufbar unter www.duden.de/rechtschreibung/verwalten, 2020 (zuletzt abgerufen am 10.01.2021).

Binz, Mark K./Hennerkes, Brun-Hagen/Sorg, Martin H.: Die Stiftung als Rechtsform für Familienunternehmen (I). Die unternehmensverbundene Stiftung unter besonderer Berücksichtigung der Stiftung & Co. KG, DB 1986, S. 2217-2221.

Bisle, Michael: Asset Protection durch den Einsatz inländischer Familienstiftungen, DStR 2012, S. 525-527.

Blath, Simon/Dahl, Michael/Dannecker, Gerhard/Heidinger, Andreas/Leible, Stefan/Schmidt, Jessica (Hrsg.): Kommentar zum Gesetz betreffend die Gesellschaften mit beschränkter Haftung (GmbH-Gesetz), 3. Aufl., München 2017 [zitiert als: *Bearbeiter* in: Michalski, GmbHG, 2. Band].

Blechschmidt, Horst: Zur Vertretung des minderjährigen ehelichen Kindes im Unterhaltsprozeß gegen einen getrenntlebenden Elternteil, AcP 1961, S. 237-252.

Blumers, Wolfgang: Die Familienstiftung als Instrument der Nachfolgeregelung, DStR 2012, S. 1-7.

Blusz, Pawel: Stiftungsgestaltungen im Lichte des neuen Erbschaftsteuerrechts, DStR 2017, S. 1016-1020.

Bock, Lenrad: Schenkung von Kommanditanteilen an minderjährige Kinder – Zugleich Anmerkung zu den Beschlüssen des OLG Brandenburg v. 16.7.2019 - 7 W 53/17, OLG Oldenburg v. 17.7.2019 - 12 W 53/19 und OLG Schleswig v. 27.1.2020 - 15 WF 70/19 –, DNotZ 2020, S. 643-653.

Böhm, Nicolas/Burmeister, Frank (Hrsg.): Münchener Vertragshandbuch. Gesellschaftsrecht, 8. Aufl., München 2018 [zitiert als: *Bearbeiter* in: Münch. Vertragshdb. GesR].

Bork, Reinhard: Allgemeiner Teil des Bürgerlichen Gesetzbuchs, 4. Aufl., Tübingen 2016.

Braun, Reiner: Erben in Deutschland 2015 - 24: Volumen, Verteilung und Verwendung 2015 [zitiert als: *Braun*, Erben in Deutschland].

Brink, Stefan/Wolff, Heinrich Amadeus (Hrsg.): Beck'scher Online-Kommentar Datenschutzrecht, 34. Aufl., München 2020 [zitiert als: *Bearbeiter* in: BeckOK Datenschutzrecht].

Brox, Hans: Die unentgeltliche Aufnahme von Kindern in eine Familien-Personengesellschaft, in: Walther Jakob. Habscheid/Hans Friedhelm Gaul/ Paul Mikat (Hrsg.), Festschrift für Friedrich Wilhelm Bosch zum 65. Geburtstag. 2. Dezember 1976, Bielefeld 1976, S. 75-88.

Brüggemann, Dieter: Der sperrige Katalog. §§ 1821, 1822 BGB: Anwendungskriterien - Grenzfälle, FamRZ 1990.

Büchel, Alexander: Beteiligung von Minderjährigen an Familiengesellschaften, Aachen 2001 (zugl. Diss. Regensburg 2001).

Buck, Annette: Der Erwerb von Gesellschaftsanteilen durch Minderjährige, Diss. Würzburg 2012.

Budde, Wolfgang Dieter: Grundsätze ordnungsgemäßer Rechenschaftslegung, in: Marcus Bierich/Peter Hommelhoff/Kropff Bruno (Hrsg.), Festschrift für Johannes Semler zum 70. Geburtstag am 28. April 1993. Unternehmen und Unternehmensführung im Recht, Berlin 1993, S. 789-817.

Bundesministerium der Finanzen: BMF Amtliches Körperschaftsteuer-Handbuch 2015, abrufbar unter ksth.bundesfinanzministerium.de/ksth/2015/home.html, 2015 (zuletzt abgerufen am 09.01.2021).

dass.: BMF Amtliches Einkommensteuer-Handbuch 2019, abrufbar unter esth.bundesfinanzministerium.de/esth/2019/home.html, 2019 (zuletzt abgerufen am 14.01.2021).

Bundesverband Deutscher Stiftungen: Muster* Satzung einer rechtsfähigen Stiftung, abrufbar unter www.stiftungen.org/stiftungen/basiswissen-stiftungen/stiftungsgruendung.html, Dezember 2013 (zuletzt abgerufen am 09.01.2021).

dass.: Zahlen, Daten, Fakten zum deutschen Stiftungswesen, 2. Aufl., Berlin 2017.

dass.: Anzahl gemeinnütziger Stiftung, abrufbar unter www.stiftungen.org/stiftungen/zahlen-und-daten/statistiken.html, 2020 (zuletzt abgerufen am 15.04.2020).

Burgard, Ulrich: Gestaltungsfreiheit im Stiftungsrecht. Zur Einführung korporativer Strukturen bei der Stiftung, Köln 2006 (teilw. zugl. Habil. Darmstadt 2001).

Bürger, Andreas: Die Beteiligung Minderjähriger an Gesellschaften mit beschränkter Haftung, RNotZ 2006, S. 156-180.

Buß, Martin: Die Familienstiftung als Sicherungsinstrument der Unternehmenskultur (Teil 1 von 2), abrufbar unter www.unternehmerkompositionen.com/beratungsangebote/stifter-brief/, 26.09.2019 (zuletzt abgerufen am 15.04.2020).

Campenhausen, Axel Freiherr von/Richter, Andreas/Seifart, Werner (Hrsg.): Stiftungsrechts-Handbuch, 4. Aufl., München 2014 [zitiert als: *Bearbeiter* in: Stiftungsrecht-Hdb.].

Canaris, Claus-Wilhelm/Habersack, Mathias/Schäfer, Carsten (Hrsg.): Handelsgesetzbuch. Großkommentar, 5. Aufl. 2009 [zitiert als: *Bearbeiter* in: Staub, HGB, 3. Band].

dies.: Handelsgesetzbuch. Großkommentar, 5. Aufl. 2015 [zitiert als: *Bearbeiter* in: Staub, HGB, 4. Band].

Canessa, Boris/Escher, Jens/Koeberle-Schmid, Alexander/Preller, Peter/Weber, Christoph (Hrsg.): Das Family Office. Ein Praxisleitfaden, Wiesbaden 2016 [zitiert als: *Bearbeiter* in: Family Office].

Capgemini: World Wealth Report 2019 [zitiert als: *Capgemini*, World Wealth Report 2019].

Clauss, Annika/Fleckner, Andreas M.: Die Kommanditgesellschaft in der Gründung. Systematischer Überblick auf Grundlage der neuen Rechtsprechung zur GbR über die Haftung der Gründungsgesellschafter der KG, die Besonderheiten bei der Schein-KG und der GmbH & Co. KG sowie Einordnung der § 176 Abs. 1 HGB, WM 2003, S. 1790-1800.

Coester-Waltjen, Dagmar/Gernhuber, Joachim (Begr.): Familienrecht, 7. Aufl., München 2020 [zitiert als: *Coester-Waltjen/Gernhuber*, Familienrecht].

Dahlmanns, Tanja: Errichtung eimer rechtsfähigen Stiftung - zugleich Modell der Unternehmensnachfolge, RNotZ 2020, S. 417-446.

Damrau, Jürgen: Kein Erfordernis der gerichtlichen Genehmigung bei Schenkungen von Gesellschaftsbeteiligungen an Minderjährige, ZEV 2000, S. 209-214.

Dauner-Lieb, Barbara: Die Kommanditistenhaftung vor Eintragung (§ 176 Abs. 1 HGB). Ansätze zu einer Neuorientierung, in: Uwe Helmut Schneider/Peter Hommelhoff/Karsten Schmidt/Tim Drygala/Barbara Grunewald/Wolfram Timm (Hrsg.), Festschrift für Marcus Lutter zum 70. Geburtstag. Deutsches und europäisches Gesellschafts-, Konzern- und Kapitalmarktrecht, Köln 2000, S. 835-849.

Deutsch, Markus/Czwalinna, Maik: Familiensteuerrecht. Steuerminderungen und Gestaltungen, 2. Aufl., Wiesbaden 2019 [zitiert als: *Deutsch/Czwalinna*, Familiensteuerrecht].

Deutscher Verein für öffentliche und private Fürsorge e.V.: Stellungnahme der Geschäftsstelle des Deutschen Vereins zum Referentenentwurf eines Gesetzes zur Reform des Vormundschaftsrecht - und Betreuungsrechts des Bundesministeriums der Justiz und für Verbraucherschutz (BMJV), abrufbar unter www.bmjv.de/SharedDocs/Gesetzgebungsverfahren/DE/Reform_Betreuungsrecht_Vormundschaft.html, 10.08.2020 (zuletzt abgerufen am 09.01.2021).

DIE STIFTUNG: 3. Deutsches Stiftungsbarometer, abrufbar unter www.die-stiftung.de/deutsches-stiftungsbarometer/, Juni/Juli 2019 (zuletzt abgerufen am 09.01.2021).

Dölling, Dieter (Hrsg.): Jugendgerichtsgesetz. Kommentar, 13. Aufl., Berlin/Boston 2017 [zitiert als: *Bearbeiter* in: Brunner, JGG].

Dümig, Michael: Die Beteiligung Minderjähriger an einer rechtsfähigen Gesellschaft bürgerlichen Rechts aus familien- bzw. vormundschaftsgerichtlicher Sicht, FamRZ 2003, S. 1-5.

Ebersbach, Harry: Handbuch des deutschen Stiftungsrechts, Göttingen 1972 (teilw. zugl. Habil. Göttingen 1971).

Egger, Sebastian: Zur Genehmigungsbedürftigkeit der Übertragung von Kommanditanteilen an einer Grundstücksverwaltungs-KG, MittBayNot 2019, S. 133-137.

Eitelbuß, Maximilian/Garbe, Sebastian: Verbot der Vertretung minderjähriger Kommanditisten bei Zustimmung zur KG-Anteilsveräußerung zwischen Dritten, GWR 2019, S. 327.

Engel, Michael: Die unternehmensverbundene Stiftung, Regensburg (zugl. Diss. München 2008).

Engelhardt, Helmut/Sternal, Werner (Hrsg.): FamFG. Gesetz über das Verfahren in Familiensachen und in den Angelegenheiten der freiwilligen Gerichtsbarkeit. Kommentar, 20. Aufl., München 2020 [zitiert als: *Bearbeiter* in: Keidel, FamFG].

Engfer, Klaus: Der Ausschluß des organschaftlichen Stimmrechts bei Interessenkollision 1970 (zugl. Diss. Frankfurt am Main 1970).

Epping, Volker/Hillgruber, Christian (Hrsg.): Beck'scher Online-Kommentar Grundgesetz, 45. Aufl., München 2020 [zitiert als: *Bearbeiter* in: BeckOK GG].

Erich Schmidt Verlag: zu *Brandmüller, Gerhard/Klinger, Thomas* – Unternehmensverbundene Stiftungen, abrufbar unter www.esv.info/978-3-503-15677-1 (zuletzt abgerufen am 09.01.2021).

Ernst, Wolfgang: Der Beschluss als Organakt, in: Martin Häublein/Stephen Utz (Hrsg.), Rechtsgeschäft, Methodenlehre und darüber hinaus. Liber Amicorum für Detlef Leenen zum 70. Geburtstag am 4. August 2012, Berlin 2012, S. 1-42.

Eulerich, Marc: Stiftungsverbundene Unternehmen in Deutschland. Grundlagen - Ziele - Ausgestaltung, Berlin 2015.

Fahlbusch-Wendler, Christine: Der Minderjährige im Sportverein, RdJB 1980, S. 278-287.

Fastrich, Lorenz: Die Vertretung des minderjährigen Kommanditisten in der Familien-KG, Berlin 1976 (zugl. Diss. München 1975).

Feick, Martin (Hrsg.): Stiftung als Nachfolgeinstrument, München 2015 [zitiert als: *Bearbeiter* in: Feick, Stiftung als Nachfolgeinstrument].

Feick, Martin/Thon, Leopold: Schutz des Vermögens von Familienstiftungen vor dem Zugriff von Gläubigern der Begünstigten, ZEV 2011, S. 404-407.

Feitsch, Frank Grischa/Linder, Kerstin: Die inländische rechtsfähige Familienstiftung als Nachfolgerin in Gesellschaftsanteile: Gestaltungsüberlegungen in der anwaltlichen Praxis (Teil 1), ZStV 2018, S. 29-36.

dies.: Die inländische rechtsfähige Familienstiftung als Nachfolgerin in Gesellschaftsanteile: Gestaltungsüberlegungen in der anwaltlichen Praxis (Teil 2), ZStV 2018, S. 67-76.

Fischer, Stephan: Die Business Judgment Rule als typübergreifendes Institut, Berlin 2018 (zugl. Diss. Freiburg 2017/18).

Fleischer, Holger: Familiengesellschaften und Familienverfassungen: Eine historisch-vergleichende Standortbestimmung, NZG 2017, S. 1201-1210.

Fleischer, Holger/Goette, Wulf (Hrsg.): Münchener Kommentar zum Gesetz betreffend die Gesellschaften mit beschränkter Haftung. Band 2 §§ 35-52, 3. Aufl., München 2018 [zitiert als: *Bearbeiter* in: MüKo, GmbHG, 2. Band].

Fleischer, Holger/Harzmeier, Lars: Zur Abdingbarkeit der Treuepflicht bei Personengesellschaft und GmbH, NZG 2015, S. 1289-1297.

Fleschutz, Karin: Die Stiftung als Nachfolgeinstrument für Familienunternehmen. Handlungsempfehlungen für die Ausgestaltung und Überführung, Wiesbaden 2008 (zugl. Diss. Trier 2007).

Flume, Johannes W.: Zur Reichweite familiengerichtlicher Genehmigungstatbestände im Unternehmensrecht, FamRZ 2016, S. 277-285.

Flume, Johannes Werner: Der minderjährige Gesellschafter. Ein Beitrag zur Zusammenführung von Beschlussdogmatik und Minderjährigenrecht, NZG 2014, S. 17-22.

Foerster, Max: Zusammenspiel von Familienverfassung und Verbandsverfassung in der Familiengesellschaft, BB 2019, 1411-1418.

Fomferek, André: Minderjährige „Superstars" - Die Probleme des § BGB § 1822 Nr. 5 BGB, NJW 2004, S. 410-412.

Frank, Sinje Katharina: Beteiligung von Kindern in der Unternehmerfamilie (Teil 1 von 2), abrufbar unter www.unternehmerkompositionen.com/beratungsangebote/stifter-brief/, 07.11.2019 (zuletzt abgerufen am 19.04.2020).

Friedrich-Büttner, Karin/Wiese, Jenny-Marie: Keine Erfüllung von Vermächtnissen zu Gunsten Minderjähriger ohne das Familiengericht?, ZEV 2014, S. 513-520.

Fritz Thyssen Stiftung: Satzung, abrufbar unter www.fritz-thyssen-stiftung.de/ueber-uns/allgemeines/stiftungszweck-und-satzung/, 19.01.1968 (zuletzt abgerufen am 09.01.2021).

Fröschle, Tobias: Sorge und Umgang in der Rechtspraxis, 2. Aufl., Bielefeld 2018.

Fuchs, Ingo/Grimm, Michael: Zur Zustimmung eines gerichtlich bestellten Ergänzungspflegers anstelle der Eltern eines minderjährigen Kommanditisten zur Übertragung eines Kommanditanteils, EWiR 2019, S. 521-522.

Fuchs, Marcus/Hennerkes, Brun-Hagen/Schiffer, Karl Jan: Die unterschiedliche Behandlung der unternehmensverbundenen Familienstiftung in der Praxis der Stiftungsbehörden, BB 1995, S. 209-213.

Führ, Thorsten/Nikoleyczik, Tobias: Vertretung und Genehmigungspflicht bei schenkweiser Übertragung von Kommanditanteilen auf Minderjährige, BB 2009, S. 2105-2108.

Gantenbrink, Matthias: Die hoheitliche Beendigung der Stiftung durch die Stiftungsbehörde. Zur Aufhebung und Zusammenführung von Stiftungen, Frankfurt am Main 2011 (zugl. Diss. Bochum 2010).

Gebel, Dieter/Gottschalk, Paul Richard/Jülicher, Marc (Hrsg.): Erbschaftsteuer- und Schenkungsteuergesetz mit Bewertungsrecht und Verfahrensrecht. Kommentar, 60. Aufl., München 2019 [zitiert als: *Bearbeiter* in: Troll/Gebel/Jülicher/Gottschalk, ErbStG].

Gemeinhardt, Gereon: Verträge unter nahen Angehörigen - steuerliche Anerkennung, BB 2012, S. 739-747.

Gemeinsames Registerportal der Länder, abrufbar unter www.handelsregister.de/rp_web/mask.do?Typ=e (zuletzt abgerufen am 19.04.2020).

Gerhardt, Peter/Heintschel-Heinegg, Bernd von/Klein, Michael (Hrsg.): Handbuch des Fachanwalts Familienrecht, 11. Aufl., Köln 2018 [zitiert als: *Bearbeiter* in: Hdb. Familienrecht].

Geßler, Ernst/Hefermehl, Wolfgang/Hildebrandt, Wolfgang/Martens, Klaus-Peter/Schmidt/Karsten/Schröder, Georg (Hrsg.): Handelsgesetzbuch. Kommentar, 5. Aufl., München 1992 [zitiert als: *Bearbeiter* in: Schlegelberger, HGB, 3. Band, 1. HB].

Götze, Cornelius: "Selbstkontrahieren" bei der Geschäftsführerbestellung in der GmbH, GmbHR 2001, S. 217-222.

Grambow, Tobias: Organe von Vereinen und Stiftungen. Organstellung und Anstellungsverhältnis, 1. Aufl., München 2011 [zitiert als: *Grambow*, Organ- und Anstellungsverhältnis].

Gummert, Hans (Hrsg.): Münchener Anwaltshandbuch Personengesellschaftsrecht, 3. Aufl., München 2019 [zitiert als: *Bearbeiter* in: MAH PersGesR].

Gummert, Hans/Weipert, Lutz (Hrsg.): Münchener Handbuch des Gesellschaftsrecht. Band 1: BGB-Gesellschaft, Offene Handelsgesellschaft, Partnerschaftsgesellschaft, Partenreederei, EWIV, 5. Aufl., München 2019 [zitiert als: *Bearbeiter* in: MünchHdbGesR, 1. Band].

dies.: Münchener Handbuch des Gesellschaftsrechts. Band 2: Kommanditgesellschaft, GmbH & Co. KG, Publikums-KG, Stille Gesellschaft, 5. Aufl., München 2019 [zitiert als: *Bearbeiter* in: MünchHdbGesR, 2. Band].

Haas, Ulrich/Strub, Yael: Anwendungsprobleme der Grundsätze des Insichgeschäfts im Gesellschaftsrecht - eine rechtsvergleichende Betrachtung, in: Andrea Büchler/Markus Müller-Chen (Hrsg.), Festschrift für Ingeborg Schwenzer zum 60. Geburtstag. Private Law national - global - comparative, Bern 2011, S. 623-645.

Habersack, Mathias/Casper, Matthias/Löbbe, Marc (Hrsg.): Gesetz betreffend die Gesellschaften mit beschränkter Haftung (GmbHG). Großkommentar. Band II §§ 29- 52, 3. Aufl., Tübingen 2020 [zitiert als: *Bearbeiter* in: Habersack/Casper/Löbbe, GmbHG, 2. Band].

Hannes, Frank (Hrsg.): Formularbuch Vermögens- und Unternehmensnachfolge. Zivilrecht, Gesellschaftsrecht, Steuerrecht, 2. Aufl., München 2017 [zitiert als: *Bearbeiter* in: Hannes, Vermögens-/Unternehmensnachfolge].

Hannes, Frank/Holtz, Michael (Hrsg.): Erbschaftsteuer- und Schenkungsteuergesetz. Kommentar, 17. Aufl., München 2018 [zitiert als: *Bearbeiter* in: Meincke/Hannes/Holtz, ErbStG].

Harte, Solveig: Der Begriff des lediglich rechtlichen Vorteils i.S.d. § 107 BGB, Baden-Baden 2008 (zugl. Diss. Berlin 2005).

Hau, Wolfgang/Poseck, Roman (Hrsg.): Beck'scher Online-Kommentar BGB, 56. Aufl., München 2020 [zitiert als: *Bearbeiter* in: BeckOK BGB].

Häublein, Martin/Hoffmann-Theinert, Roland (Hrsg.): Beck'scher Online-Kommentar HGB, 30. Aufl., München 2020 [zitiert als: *Bearbeiter* in: BeckOK HGB].

Heckschen, Heribert/Heidinger, Andreas (Hrsg.): Die GmbH in der Gestaltungs- und Beratungspraxis, 4. Aufl., Köln 2018 [zitiert als: *Bearbeiter* in: Heckschen/Heidinger].

Heermann, Peter W.: Beschränkung der persönlichen Haftung des Vereinsvorstands durch Ressortverteilung, in: Georg Crezelius/Heribert Hirte/Vieweg Klaus (Hrsg.), Festschrift für Volker Röhricht zum 65. Geburtstag. Gesellschaftsrecht, Rechnungslegung, Sportrecht, Köln 2005, S. 1191-1203.

Heinemann, Jörn: Notwendigkeit einer familiengerichtlichen Genehmigung bei Übertragung eines Kommanditanteils an einen Minderjährigen, FGPrax 2018, 214.

Hennerkes, Brun-Hagen/Kirchdörfer, Rainer: Die Familie und ihr Unternehmen. Strategie, Liquidität, Kontrolle, 2. Aufl., Frankfurt am Main 2015 [zitiert als: *Hennerkes/Kirchdörfer*, Familienunternehmen].

Henssler, Martin/Strohn, Lutz (Hrsg.): Gesellschaftsrecht. BGB, HGB, PartGG, GmbHG, AktG, GenG, UmwG, InsO, AnfG, IntGesR, 5. Aufl., München 2021 [zitiert als: *Bearbeiter* in: Henssler/Strohn, Gesellschaftsrecht].

Herdegen, Matthias/Herzog, Roman/Klein, Hans Hugo/Scholz, Rupert (Hrsg.): Grundgesetz. Kommentar. Band II, Art. 6-16a, München Stand 92. Ergänzungslieferung August 2020 [zitiert als: *Bearbeiter* in: Maunz/Dürig, GG, 2. Band].

Herzog, Rainer: Die unselbständige Stiftung des bürgerlichen Rechts, Baden-Baden 2006 (zugl. Diss. Osnabrück 2006) [zitiert als: *Herzog*, Unselbstständige Stiftung].

Heuser, Martin: Selbst- und Fremdbestimmung im Minderjährigenrecht. Zu einer weiterhin übergangenen Ungereimtheit im System des Minderjährigenschutzes (§§ 1629, 164 ff., 107 ff. BGB), JR 2013, S. 125-134.

Hippeli, Michael: Stiftungsvorstand und Einberufungsaspekte, ZStV 2018, S. 167-170.

ders.: Eintragung eines Ungeborenen (Nasciturus) in das Handelsregister?, jurisPR-HaGesR 4/2018, Anm. 4.

Hirte, Heribert: Die Ausübung der Informationsrechte von Gesellschaftern durch Sachverständige, in: Georg Crezelius/Heribert Hirte/Vieweg Klaus (Hrsg.), Festschrift für Volker Röhricht zum 65. Geburtstag. Gesellschaftsrecht, Rechnungslegung, Sportrecht, Köln 2005, S. 217-233.

Hoffmann, Jakob: Zusammenlegung und Zulegung rechtsfähiger Stiftungen des bürgerlichen Rechts, Frankfurt am Main 2011 (zugl. Diss. Kiel 2010).

Hoffmann-Becking, Michael/Gebele, Alexander (Hrsg.): Beck'sches Formularbuch Bürgerliches, Handels- und Wirtschaftsrecht, 12. Aufl., München 2016 [zitiert als: *Bearbeiter* in: Beck'sches Formularbuch].

Hohaus, Benedikt/Eickmann, Marco: Die Beteiligung Minderjähriger an vermögensverwaltenden Familien-Kommanditgesellschaften - Anforderungen für die steuerliche Anerkennung, BB 2004, S. 1707-1711.

Hohloch, Gerhard (Hrsg.): Bürgerliches Gesetzbuch mit Einführungsgesetz und Nebengesetzen. Familienrecht 4, 13. Aufl., Stuttgart, Berlin 2000 [zitiert als: *Bearbeiter* in: Soergel, BGB, 20. Band].

Holler, Lorenz: Die Familienverfassung im Recht der Familienunternehmen. Eine (gesellschafts-)rechtliche Einordnung aus Sicht der Gestaltungspraxis, ZIP 2018, S. 553-564.

Holt, Thomas von/Koch, Christian: Stiftungssatzung, 2. Aufl., München 2011 [zitiert als: *Holt/Koch*, Stiftungssatzung].

Hommelhoff, Peter: Die Finanzierung des Familienunternehmens, in: Tobias Tröger/Rüdiger Wilhelmi (Hrsg.), Rechtsfragen der Familiengesellschaften. Symposion aus Anlass der Emeritierung von Professor Dr. Harm Peter Westermann, Heidelberg 2006, S. 65-78.

Huber, Peter M./Voßkuhle, Andreas (Hrsg.): Kommentar zum Grundgesetz. Band 1, Präambel, Art. 1-19, 7. Aufl., München 2018 [zitiert als: *Bearbeiter* in: v. Mangoldt, GG, 1. Band].

Hübner, Ulrich: Interessenkonflikt und Vertretungsmacht. Eine Untersuchung zur funktionalen Präzisierung des § 181 BGB, München 1977 (zugl. Habil. Münster 1977).

Hueck, Alfred: Das Recht der offenen Handelsgesellschaft, 4. Aufl., Berlin 1971.

ders.: Gesetz betreffend die Gesellschaften mit beschränkter Haftung, 22. Aufl., München 2019 [zitiert als: *Bearbeiter* in: Baumbach/Hueck, GmbHG].

Hueck, Tobias: Die Familienverfassung. Rechtliche Konturen eines Instruments der Governance in Familienunternehmen, Tübingen 2016 (zugl. Diss. Berlin 2016).

Hüttemann, Rainer/Richter, Andreas/Weitemeyer, Birgit (Hrsg.): Landesstiftungsrecht, Köln 2011 [zitiert als: *Bearbeiter* in: LandesStiftR].

Immenga, Ulrich: Die Minderheitsrechte des Kommanditisten, ZGR 1974, S. 385-426.

Ivens, Michael: Hamburger Handbuch der Vermögensnachfolge. Eine systematische Darstellung des Vermögensübergangs in steuer- und zivilrechtlichem Gesamtzusammenhang, 1. Aufl., Herne, Westfalen 2012.

Ivo, Malte: Die Übertragung von Kommanditanteilen an minderjährige Kinder, ZEV 2005, S. 193-196.

Jaeger, Carsten/Pöschke, Moritz/Ziemons, Hildegard (Hrsg.): Beck'scher Online-Kommentar GmbHG, 46. Aufl., München 2020 [zitiert als: *Bearbeiter* in: BeckOK GmbHG].

Jäger, Wolfgang: Teleologische Reduktion des § 181 BGB, Frankfurt am Main 1999 (zugl. Diss. Gießen 1998).

Jakob, Dominique: Schutz der Stiftung. Die Stiftung und ihre Rechtsverhältnisse im Widerstreit der Interessen, Tübingen 2006 (zugl. Habil. München 2005/ 2006).

Jänecke, Christian: Vorteile der Familienstiftung gegenüber einer Familien-KG, abrufbar unter www.unternehmerkompositionen.com/beratungsangebote/ stifter-brief/, 22.08.2019 (zuletzt abgerufen am 19.04.2020).

Jeß, Kay: Das Verhältnis des lebenden Stifters zur Stiftung. Unter besonderer Berücksichtigung der Gestaltungsmöglichkeiten der Stiftungsverfassung und des Rechtsschutzes der Stiftung vor Übergriffen des Stifters, Ammersbek bei Hamburg 1991 (zugl. Diss. Kiel 1991) [zitiert als: *Jeß*, Verhältnis des lebenden Stifters zur Stiftung].

Joecks, Wolfgang/Mansdörfer, Marco/Miebach, Klaus (Hrsg.): Münchener Kommentar zum Strafgesetzbuch. Band 6: JGG (Auszug), Nebenstrafrecht I, Strafvorschriften aus: AMG, AntiDopG, BtMG, BTMVV, GÜG, NpSG, TPG, TFG, GenTG, TierSchG, BNatSchG, VereinsG, VersammlG, 3. Aufl., München 2018 [zitiert als: *Bearbeiter* in: MüKo, JGG, 6. Band].

Joost, Detlev/Strohn, Lutz (Hrsg.): Handelsgesetzbuch Band 1: §§ 1-342e, 4. Aufl., München 2020 [zitiert als: *Bearbeiter* in: EBJS, HGB, 1. Band].

Kalss, Susanne: Rechtsformalternativen in Familiengesellschaften, in: Hans-Ueli Vogt/Holger Fleischer/Susanne Kalss (Hrsg.), Recht der Familiengesellschaften. Siebtes Deutsch-österreichisch-schweizerisches Symposium, Zürich 12.-13. Mai 2016, Tübingen 2017, S. 1-26.

Kampermann, Mathis: Organvergütung in gemeinnützigen Körperschaften, Hamburg 2018 (zugl. Diss. Hamburg 2017).

Kaufmann, Jörg: Der lediglich rechtliche Vorteil des Minderjährigen im Sinne des § 107 BGB, Hamburg 2011 (zugl. Diss. Berlin 2011).

Keim, Christopher/Lehmann, Daniel (Hrsg.): Beck'sches Formularbuch Erbrecht, 4. Aufl., München 2019 [zitiert als: *Bearbeiter* in: Beck Formularbuch ErbR].

Kirchhain, Christian: Gemeinnützige Familienstiftung. Die Grenzen der steuerlichen Gemeinnützigkeit einer rechtsfähigen Stiftung bürgerlichen Rechts bei privatnütziger Versorgung der Stifterfamilie; zur Auslegung des § 58 Nr. 5 AO, Frankfurt am Main 2006 (zugl. Diss. Osnabrück 2006).

Kirchhof, Paul/Seer, Roman (Hrsg.): Einkommensteuergesetz (EStG). Kommentar, 19. Aufl., Köln 2020 [zitiert als: *Bearbeiter* in: Kirchhof, EStG].

Klein, Matthias: Bürgerstiftungen in Deutschland. Entwicklungen, Erfahrungen und Ausblicke, Frankfurt am Main 2013 (zugl. Diss. Bochum 2012).

Klepsch, Friederike/Klepsch, Michael: Ausgewählte Problemfälle im Anwendungsbereich des § 181 BGB, NotBZ 2008, S. 321-334.

Klinger, Thomas (Hrsg.): Unternehmensverbundene Stiftungen. Recht, Steuer, Betriebswirtschaft, 4. Aufl., Berlin 2014 [zitiert als: *Bearbeiter* in: Brandmüller, Unternehmensverbundene Stiftungen].

Klinkner, Thorsten: Stiftung als neue Rechtsform für den Mittelstand?, abrufbar unter www.unternehmerkompositionen.com/beratungsangebote/stifterbrief-archiv-2017-und-%C3%A4lter/, 25.08.2014 (zuletzt abgerufen am 19.04.2020).

ders.: Familienstiftung zur Nachfolgeregelung: Günther Fielmann macht es vor, abrufbar unter www.unternehmerkompositionen.com/beratungsangebote/stifter-brief/, 08.2015 (zuletzt abgerufen am 19.04.2020).

ders.: Unternehmerische Gestaltung und soziale Gestaltungsfreiheit: Lidl-Gründer Dieter Schwarz mit interessanter Doppelstruktur, abrufbar unter www.unternehmerkompositionen.com/beratungsangebote/stifter-brief/, 25.07.2019 (zuletzt abgerufen am 19.04.2020).

Klüsener, Bernd: Der Minderjährige im Unternehmensrecht, RPfleger 1990, S. 321-331.

ders.: Vormundschaftsgerichtliche Genehmigungen nach § 1822 BGB, RPfleger 1993, S. 133-140.

Köbel, Ralf (Hrsg.): Beck'sche Kurz-Kommentare Jugendgerichtsgesetz, 21. Aufl., München 2020 [zitiert als: *Bearbeiter* in: Eisenberg/Kölbel, JGG].

Kohnke, Andreas: Die Pflichten des Stiftungsvorstands aus Bundes- und Landesrecht, Baden-Baden 2009 (zugl. Diss. Würzburg 2008).

Kolf, Florian: Der Sohn des Aldi-Gründers sichert seine Macht ab, abrufbar unter www.handelsblatt.com/unternehmen/mittelstand/familienunternehmer/theo-albrecht-junior-der-sohn-des-aldi-gruenders-sichert-seine-macht-ab/24183874.html?ticket=ST-15240843-XrxFDWdvc5ZFBvJNxjl0-ap1, 04.04.2019 (zuletzt abgerufen am 09.01.2021).

Koller, Ingo/Kindler, Peter/Roth, Wulf-Henning/Drüen, Klaus-Dieter (Hrsg.): Handelsgesetzbuch. Kommentar, 9. Aufl., München 2019 [zitiert als: *Bearbeiter* in: Koller/Kindler/Roth/Morck, HGB].

Kölmel, Dominik: Der Minderjährige in der notariellen Praxis – Grundlagen, RNotZ 2010, S. 1-31.

Korehnke, Stephan: Treuwidrige Stimmen im Personengesellschafts- und GmbH-Recht. Sanktionen und prozessuale Behandlung, Baden-Baden 1997 (zugl. Diss. Köln 1996).

Kraft, Gerhard: Grundprobleme der steuerlichen Behandlung unbeschränkt steuerpflichtiger privatnütziger Familienstiftungen, DStR 2016, S. 2825-2831.

Krauß, Hans-Frieder: Vermögensnachfolge in der Praxis. Vorweggenommene Erbfolge in Privat- und Betriebsvermögen, 5. Aufl., Köln 2018.

Lange, Knut Werner: Notarielle Beurkundungspflicht bei Übertragung von Grundstückseigentum zur Errichtung einer Stiftung. Anmerkung zu OLG Köln, Beschluss vom 5.8.2019 - 2 Wx 220/19, ZStV 2020, S. 96-101.

Langheld, Georg Christian: Beteiligung Minderjähriger an einer Familiy-Office-KG, DB 2020, S. 1609-1611.

Leisner, Walter Georg: Die mildtätige Familienstiftung, DB 2005, S. 2434-2436.

Lieder, Jan: Rechtsformalternativen für Familiengesellschaften, in: Hans-Ueli Vogt/Holger Fleischer/Susanne Kalss (Hrsg.), Recht der Familiengesellschaften. Siebtes Deutsch-österreichisch-schweizerisches Symposium, Zürich 12.-13. Mai 2016, Tübingen 2017, S. 27-63.

Litzenburger, Wolfgang: Anmerkung zu OLG Köln: Stiftungsgeschäft mit Pflicht zur Einbringung von Grundbesitz ist beurkundungspflichtig, FD-ErbR 2020, S. 426303.

Lockowandt, Peter: Stimmrechtsbeschränkungen im Recht der Personengesellschaften, Kernbereichslehre und Stimmrechtsausschluß, Berlin 1996 (zugl. Diss. Bochum 1994/1995).

Lohse, Martin/Triebel, Sabine: Vermögensverwaltende Gesellschaften bürgerlichen Rechts mit minderjährigen Gesellschaftern und gerichtliche Genehmigungspraxis, ZEV 2000, S. 337-345.

Löwe, Christian von: Familienstiftungen. Gründung und Gestaltung - ein Leitfaden für Stifter und Berater, 1. Aufl. 2010 [zitiert als: *Löwe*, Leitfaden Stiftungsgründung].

ders.: Familienstiftung und Nachfolgegestaltung. Deutschland, Österreich, Schweiz, Liechtenstein, 2. Aufl., München, Basel, Wien 2016.

Lüdecke, Elfi: Zu den rechtlichen Nachteilen der Übertragung eines Kommanditanteils auf einen Minderjährigen, NZFam 2019, S. 936.

Lunk, Stefan/Rawert, Peter: Bestellung, Abberufung und Kündigung von Stiftungsvorständen, in: Hein Kötz/Peter Rawert/Karsten Schmidt/Rainer Wolfgang Walz (Hrsg.), Non Profit Law Yearbook 2001, Köln 2002, S. 91-106.

Lutter, Marcus: Die Verbrauchsstiftung - Stiftung auf Zeit, in: Hein Kötz/Peter Rawert/Karsten Schmidt/Rainer Wolfgang Walz (Hrsg.), Non Profit Law Yearbook 2004, Köln 2005, S. 43-58.

Maier-Reimer, Georg/Marx, Anja: Die Vertretung Minderjähriger beim Erwerb von Gesellschaftsbeteiligungen, NJW 2005, S. 3025-3028.

Mann, Maximilian: Abdingbarkeit und Gegenstand der gesellschaftsrechtlichen Treuepflicht. Eine dogmatische Abhandlung *de lege lata* mit Blick auf die Rechtswissenschaft in den Vereinigten Staaten und die Rechtsökonomik, Berlin 2018 (zugl. Diss. Hamburg 2017) [zitiert als: *Mann*, Abdingbarkeit und Gegenstand der gesellschaftsrechtlichen Treuepflicht].

Meilicke, Wienand: Inkongruente Doppelbesteuerung von Stiftungen, DStR 2017, S. 227-233.

Meinecke, Peter: Stiftungen als Instrument zur Unternehmensnachfolge. Ein Leitfaden für Unternehmensnachfolgelösungen, 1. Aufl., Baden-Baden 2019.

Menzel, Ralf: Die Kommanditanteilsübertragung an Minderjährige. Zugleich Anmerkung zum Beschluss des OLG Dresden vom 25.4.2018, 17 W 160/18 und Beschluss des OLG Köln vom 26.3.2018, 4 Wx 2/18, MittBayNot 2019, S. 222-226.

Menzel, Ralf/Wolf, Ingmar: Der minderjährige Kommanditist - bei Gründung, unentgeltlicher Anteilsübertragung und Erwerb von Todes wegen, MittBayNot 2010, S. 186-190.

Mercker, Florian/Strachwitz, Rupert Graf (Hrsg.): Stiftungen in Theorie, Recht und Praxis. Handbuch für ein modernes Stiftungswesen, 1. Aufl., Berlin 2005 [zitiert als: *Bearbeiter* in: Strachwitz/Mercker].

Merkenich, Moritz: Erwerb von Personen- und Kapitalgesellschaftsanteilen durch Minderjährige, Frankfurt am Main 2015 (zugl. Diss. Jena 2015).

Meyn, Christian/Richter, Andreas/Koss, Claus/Gollan, Anna Katharina (Hrsg.): Die Stiftung. Umfassende Erläuterungen, Beispiele und Musterformulare für die Rechtspraxis, 3. Aufl., Freiburg 2013 [zitiert als: *Bearbeiter* in: Die Stiftung].

Milatz, Jürgen E.: Die Übertragung von Familienvermögen. Besonderheiten im Steuer- und Zivilrecht, 3. Aufl., Wiesbaden 2018.

Ministerium des Innern des Landes Nordrhein-Westfalen: Stiftungsverzeichnis, abrufbar unter www.im.nrw/frau-jula-thyssen-stiftung (zuletzt abgerufen am 09.01.2021).

Mugdan, Benno: Die gesamten Materialien zum Bürgerlichen Gesetzbuch für das Deutsche Reich. Band 4 Familienrecht, Berlin 1899 [zitiert als: *Mugdan*, 4. Band].

Müller, Thorsten/Schubert, Jörg: Die Stifterfamilie und die Sicherstellung ihrer Versorgung im Rahmen einer gemeinnützigen Stiftung. Gestaltungsmöglichkeiten aus zivil- und steuerrechtlicher Sicht, DStR 2000, S. 1289-1297.

Münch, Christof: Übertragung von Kommanditanteilen an Minderjährige, FamRZ 2019, S. 1916-1920.

ders.: Handbuch Familiensteuerrecht, 2. Aufl., München 2020.

Muscheler, Karlheinz: Stiftungsrecht. Gesammelte Beiträge, 2. Aufl., Baden-Baden 2011.

ders.: Familienrecht, 4. Aufl., München 2017.

Musielak, Hans-Joachim (Hrsg.): Familiengerichtliches Verfahren. 1. und 2. Buch: Kommentar, 6. Aufl., München 2018 [zitiert als: *Bearbeiter* in: Musielak, FamFG].

Nagel, Manfred: Familiengesellschaft und elterliche Gewalt, Tübingen 1968 (zugl. Diss. Tübingen 1967).

Nitze, Melanie: Der minderjährige Gesellschafter im Familienunternehmen, Baden-Baden 2017 (zugl. Diss. Bayreuth 2016/2017).

Oertzen, Christian von/Friz, Fabian: Steuerliche Fragen der neuen (Familien-) Verbrauchsstiftung nach dem "Gesetz zur Stärkung des Ehrenamts", BB 2014, S. 87-91.

Oertzen, Christian von/Hosser, Marcus: Asset Protection mit inländischen Familienstiftungen, ZEV 2010, S. 168-174.

Oertzen, Christian von/Ponath, Gerrit (Hrsg.): Asset Protection im deutschen Recht, 3. Aufl., Herne 2019 [zitiert als: *Bearbeiter* in: Asset Protection].

Oertzen, Christian von/Reich, Manfred: Family Business Governance – Sicherstellung der DNA als Familienunternehmen bei von Familienstiftungen gehaltenen Unternehmen, DStR 2017, S. 1118-1124.

dies.: Die unternehmensverbundene Familienstiftung als Trägerin von Sondervermögen verschiedener Stifter - Anwendung der Steuerklasse I, DStR 2019, S. 317-321.

Oetker, Hartmut (Hrsg.): HGB. Handelsgesetzbuch Kommentar, 6. Aufl., München 2019 [zitiert als: *Bearbeiter* in: Oetker, HGB].

Oppel, Florian: Unterliegen unselbstständige Stiftungen der Erbersatzsteuer, ZEV 2017, S. 22-26.

ders.: Besteuerung von Liquidationszahlungen nach Auflösung einer Stiftung. Anmerkung zu BFH, Urteil vom 28.02.2018 - VIII R 30/15, ZEV 2018, S. 540-543.

Orth, Manfred: Zur Neuregelung der Zulegung und Zusammenlegung von Stiftungen, ZStV 2020, S. 81-96.

Ostendorf, Heribert (Hrsg.): Jugendgerichtsgesetz, 10. Aufl., Baden-Baden 2016 [zitiert als: *Bearbeiter* in: Ostendorf, JGG].

Otte, Daniel: Ausübung und Schranken der Informationsrechte in oHG, KG und GmbH, NZG 2014, S. 521-525.

Otto, Dirk-Ulrich (Hrsg.): Handbuch zum Vereinsrecht, 11. Aufl., Köln 2016 [zitiert als: *Bearbeiter* in: Stöber/Otto, Hdb. VereinsR.].

Otto, Lieselotte (Hrsg.): Handbuch der Stiftungspraxis. Stiftungsrecht, Steuerrecht und Rechnungslegung bei Stiftungen, 2. Aufl., Köln 2015 [zitiert als: *Bearbeiter* in: Hdb. Stiftungspraxis].

Palandt, Otto (Begr.): Bürgerliches Gesetzbuch. Mit Nebengesetzen insbesondere mit Einführungsgesetz (Auszug) einschließlich Rom I-, Rom II- und Rom III-Verordnungen sowie Haager Unterhaltsprotokoll und EU-Erbrechtsverordnung, Allgemeines Gleichbehandlungsgesetz (Auszug), Wohn- und Betreuungsvertragsgesetz, Unterlassungsklagengesetz (PalHome), Produkthaftungsgesetz, Erbbaurechtsgesetz, Wohnungseigentumsgesetz, Versorgungsausgleichsgesetz, Lebenspartnerschaftsgesetz (PalHome), Gewaltschutzgesetz, 80. Aufl., München 2021 [zitiert als: *Bearbeiter* in: Palandt, BGB].

Pauli, Rudolf: Unternehmensnachfolge mit Minderjährigen, ZErb 2016, S. 131-138.

Pauli, Rudolf/Schulte, Martin/Stumpf, Christoph/Suerbaum, Joachim (Hrsg.): Stiftungsrecht. Kommentar, 3. Aufl., München 2018 [zitiert als: *Bearbeiter* in: Stumpf/Suerbaum et al., Stiftungsrecht].

Piekarek, Boris/Winheller, Stefan: Familienstiftungen und Immobilien - Gestaltungsüberlegungen aus der anwaltlichen Praxis, ZStV 2018, S. 153-157.

Plottek, Pierre: Vermögensanfall bei Verein und Stiftung. Zivil- und Gemeinnützigkeitsrecht, Frankfurt am Main 2014 (zugl. Diss. Bochum 2014).

Podewils, Felix: Schenkung eines Kommanditanteils an Minderjährigen, jurisPR-HaGesR 9/2019, Anm. 5.

Preißer, Michael/Rödl, Christian/Seltenreich, Stephan (Hrsg.): Erbschaft- und Schenkungsteuer. Kompakt-Kommentar, 3. Aufl., Stuttgart 2018 [zitiert als: *Bearbeiter* in: Preißer/Rödl/Seltenreich, ErbStG].

Priester, Hans-Joachim/Mayer, Dieter/Wicke, Hartmut (Hrsg.): Münchener Handbuch des Gesellschaftsrecht. Band 3: Gesellschaft mit beschränkter Haftung, 5. Aufl., München 2018 [zitiert als: *Bearbeiter* in: MünchHdbGesR, 3. Band].

Prinz, Detlef: Familie, Familienunternehmen und soziale Marktwirtschaft, in: George Augustin/Rainer Kirchdörfer/Thomas Hund (Hrsg.), Familie - Auslaufmodell oder Garant unserer Zukunft? Brun-Hagen Hennerkes zum 75. Geburtstag, Freiburg im Breisgau 2014, S. 447-462.

Prinz, Ulrich/Kahle, Holger (Hrsg.): Beck'sches Handbuch der Personengesellschaften. Gesellschaftsrecht - Steuerrecht, 5. Aufl., München 2020 [zitiert als: *Bearbeiter* in: Beck Hdb. PersGes.].

PwC (Hrsg.): Der Wert von Werten in der neuen Normalität. Warum Familienunternehmen trotz permanenter Veränderungen erfolgreich bleiben (können). 2018 [zitiert als: *PwC*, Der Wert von Werten in der neuen Normalität].

Rechenberg, Wolf-Georg Freiherr von/Ludwig, Rüdiger (Hrsg.): Kölner Handbuch Handels- und Gesellschaftsrecht, 4. Aufl., Köln 2017 [zitiert als: *Bearbeiter* in: Kölner Hdb.].

Regierer, Christoph/Vosseler, Christina: Immobiliennachfolge mittels Familiengesellschaften, ZEV 2018, S. 434-441.

Reich, Manfred: Die unternehmensverbundene Doppelstiftung auf dem Prüfstand - Gemischt Stiftung als Rechtsformalternative, DStR 2020, S. 265-270.

Reich, Manfred/Bode, Christoph: Familienverfassung für das Familienunternehmen, DStR 2018, S. 305-309.

Reimann, Wolfgang: Der Minderjährige in der Gesellschaft - Kautelarjuristische Überlegungen aus Anlaß des Minderjährigenhaftungsbeschränkungsgesetzes, DNotZ 1999, S. 179-208.

Reuter, Dieter: Die Haftung des Stiftungsvorstands gegenüber der Stiftung, Dritten und dem Fiskus, in: Hein Kötz/Peter Rawert/Karsten Schmidt/Walz (Hrsg.), Non Profit Law Yearbook 2002, Köln 2003, S. 157-178.

Reuter, Dieter: Zur Vereinsrechtsreform 2009, NZG 2009, S. 1368-1373.

Richter, Andreas (Hrsg.): Stiftungsrecht, 1. Aufl., München 2019 [zitiert als: *Bearbeiter* in: Richter, Stiftungsrecht].

Richter, Andreas/Wachter, Thomas (Hrsg.): Handbuch des internationalen Stiftungsrechts, 1. Aufl., Angelbachtal 2007 [zitiert als: *Bearbeiter* in: Hdb. internat. Stiftungsrecht].

Riedel, Christopher (Hrsg.): Praxishandbuch Unternehmensnachfolge, 2. Aufl., Bonn 2018 [zitiert als: *Bearbeiter* in: Unternehmensnachfolge].

Riedlinger, Raoul: Minderjährige in der Familienkommanditgesellschaft. Ihre Stellung als Gesellschafter und Mitunternehmer 1978 (zugl. Diss. Frankfurt am Main 1978).

Riehmer, Klaus: Körperschaften als Stiftungsorganisationen. Eine Untersuchung stiftungsartiger Körperschaften in Deutschland, England und den USA, Baden-Baden 1993 (zugl. Diss. Kiel 1992/93).

Robert Bosch Stiftung GmbH, abrufbar unter www.bosch-stiftung.de/de/verfassung-des-hauses-bosch (zuletzt abgerufen am 09.01.2021).

Röhricht, Volker/Westphalen, Friedrich Graf von/Haas, Ulrich (Hrsg.): Handelsgesetzbuch. Kommentar zu Handelsstand, Handelsgesellschaften, Handelsgeschäften und besonderen Handelsverträgen (ohne Bilanz-, Transport- und Seerecht), 5. Aufl., Köln 2019 [zitiert als: *Bearbeiter* in: Röhricht/v. Westphalen/Haas].

Rücker, Martin: Unter welchen Voraussetzungen haben Destinatäre einer rechtsfähigen Familienstiftung einen Anspruch gegen die Stiftung auf Leistungen?, ZEV 2018, S. 451-455.

Ruppel, Alfred: Der Minderjährige in Personalen Handelsgesellschaften, München 1965 (zugl. Diss. Frankfurt am Main 1965).

Rust, Walter L.: Die Beteiligung von Minderjährigen im Gesellschaftsrecht. Vertretung, familien-/vormundschaftsgerichtliche Genehmigung und Haftung des Minderjährigen (Teil I), DStR 2005, S. 1942-1949.

ders.: Die Beteiligung von Minderjährigen im Gesellschaftsrecht. Vertretung, familien-/vormundschaftsgerichtliche Genehmigung und Haftung des Minderjährigen (Teil II), DStR 2005, S. 1992-1996.

Säcker, Franz Jürgen/Rixecker, Roland/Oetker, Hartmut/Limperg, Bettina (Hrsg.): Münchener Kommentar zum Bürgerlichen Gesetzbuch. Band 1 - Allgemeiner Teil, 8. Aufl. 2018 (§§ 1-240 - AllgPersönlR - ProstG - AGG) [zitiert als: *Bearbeiter* in: MüKo, BGB, 1. Band].

dies.: Münchener Kommentar zum Bürgerlichen Gesetzbuch. Band 2 - Schuldrecht - Allgemeiner Teil I, 8. Aufl. 2019 [zitiert als: *Bearbeiter* in: MüKo, BGB, 2. Band].

dies.: Münchener Kommentar zum Bürgerlichen Gesetzbuch. Band 3 - Schuldrecht - Allgemeiner Teil II, 8. Aufl., München 2019 [zitiert als: *Bearbeiter* in: MüKo, BGB, 3. Band].

dies.: Münchener Kommentar zum Bürgerlichen Gesetzbuch. Band 10 - Familienrecht II, 8. Aufl., München 2020 (§§ 1589-1921 - SGB VIII) [zitiert als: *Bearbeiter* in: MüKo, BGB, 10. Band].

dies.: Münchener Kommentar zum Bürgerlichen Gesetzbuch. Band 11 - Erbrecht, 8. Aufl., München 2020 (§§ 1922-2385 - §§ 27-35 BeurkG) [zitiert als: *Bearbeiter* in: MüKo, BGB, 11. Band].

dies.: Münchener Kommentar zum Bürgerlichen Gesetzbuch. Band 5 - Schuldrecht - Besonderer Teil II, 7. Aufl., München 2020 (§§ 535-630h - BEtrKV, HeizkostenV, WärmeLV, EFZG, TzBfG, KSchG, MiLoG) [zitiert als: *Bearbeiter* in: MüKo, BGB, 5. Band].

dies.: Münchener Kommentar zum Bürgerlichen Gesetzbuch. Band 6 - Schuldrecht - Besonderer Teil III, 8. Aufl., München 2020 (§§ 631-704) [zitiert als: *Bearbeiter* in: MüKo, BGB, 6. Band].

dies.: Münchener Kommentar zum Bürgerlichen Gesetzbuch. Band 7 - Besonderer Teil IV, 8. Aufl., München 2020 (§§ 705-853 - Partnerschaftsgesellschaftsgesetz - Produkthaftungsgesetz) [zitiert als: *Bearbeiter* in: MüKo, BGB, 7. Band].

Saenger, Ingo: Zusammenlegung von Stiftungen, ZSt 2007, S. 81-87.

ders.: Die Rolle des Stifters in der Binnenverfassungsstruktur von Stiftungen, ZStV 2012, S. 94-102.

Schäfer, Frank A./Sethe, Rolf/Lang, Volker (Hrsg.): Handbuch der Vermögensverwaltung. in Deutschland, Österreich, der Schweiz und Liechtenstein, 2. Aufl., München, Wien, Basel 2016 [zitiert als: *Bearbeiter* in: Schäfer, Hdb. Vermögensverwaltung].

Schauer, Dirk: Die Zusammenführung rechtsfähiger Stiftungen. Geltendes Recht und Reformentwurf zur Zulegung und Zusammenlegung, Hamburg 2017 (zugl. Diss. Hamburg 2017).

Scherer, Stephan (Hrsg.): Münchener Anwaltshandbuch Erbrecht, 5. Aufl., München 2018 [zitiert als: *Bearbeiter* in: MAH Erbrecht].

Scherer, Stephan/Blanc, Michael/Kormann, Hermut/Groth, Torsten/Wimmer, Rudolf (Hrsg.): Familienunternehmen. Erfolgsstrategien zur Unternehmenssicherung, 2. Aufl., Frankfurt am Main 2012 [zitiert als: *Bearbeiter* in: Scherer, Familienunternehmen].

Schiffer, Karl Jan: Unternehmensnachfolge mit Stiftungen. zugleich eine Rezension von Brandmüller/Klinger: Unternehmensverbundene Stiftungen, ZErb 2014, S. 337-344.

ders.: Die Stiftung in der Beraterpraxis, 4. Aufl., Bonn 2016 [zitiert als: *Bearbeiter* in: Stiftung in der Beraterpraxis].

Schimansky, Herbert/Bunte, Hermann-Josef/Lwowski, Hans-Jürgen (Hrsg.): Bankrechts-Handbuch, 5. Aufl., München 2017 [zitiert als: *Bearbeiter* in: Schimansky, Bankrechts-Hdb., 2. Band].

Schimke, Martin/Dauernheim, Jörg (Hrsg.): Handbuch Vereins- und Verbandsrecht, 14. Aufl., Köln 2018 [zitiert als: *Bearbeiter* in: Reichert, VereinsR].

Schlachter, Monika: Minderjährigenschutz bei langzeitbefristeten Arbeitsverträgen im Berufssport, FamRZ 2006, S. 155-160.

Schlüter, Andreas: Stiftungsrecht zwischen Privatautonomie und Gemeinwohlbindung. Ein Rechtsvergleich Deutschland, Frankreich, Italien, England, USA, München 2004 (zugl. Habil. Köln 2003).

Schlüter, Andreas/Stolte, Stefan (Hrsg.): Stiftungsrecht. Erscheinungsformen und Errichtung der Stiftung, Stiftungsaufsicht, Verwaltung des Stiftungsvermögens, Stiftungssteuerrecht, Rechnungslegung und Publizität, Internationales

Stiftungsrecht; mit Mustern, 3. Aufl., München 2016 [zitiert als: *Bearbeiter* in: Stiftungsrecht].

Schmidt, Karsten: Informationsrechte in Gesellschaften und Verbänden. Ein Beitrag zur gesellschaftsrechtlichen Institutionenbildung, ZHR 1984.

ders.: Gesellschaftsrecht, 4. Aufl., Köln, Berlin, Bonn, München 2002.

ders.: Was wird aus der unbeschränkten Kommanditistenhaftung nach § 176 HGB? Auslegung, Vertragsgestaltung und Gesetzgebung vor einer haftungsrechtlichen Neubesinnung, GmbHR 2002, S. 341-348.

ders.: Münchener Kommentar zum Handelsgesetzbuch. Band 2: Zweites Buch. Handelsgesellschaften und stille Gesellschaft. Erster Abschnitt. Offene Handelsgesellschaft §§ 105-160, 4. Aufl., München 2016 [zitiert als: *Bearbeiter* in: MüKo, HGB, 2. Band].

ders.: Münchener Kommentar zum Handelsgesetzbuch. Band 3: Zweites Buch. Handelsgesellschaften und stille Gesellschaft. Zweiter Abschnitt. Kommanditgesellschaft. Dritter Abschnitt. Stille Gesellschaft §§ 161-237, 4. Aufl., München 2019 (Konzernrecht der Personengesellschaften) [zitiert als: *Bearbeiter* in: MüKo, HGB, 3. Band].

Schmidt-Schmiedebach, Bodo: Stiftung und Governance Kodex. Ein Comply-or-Explain-Mechanismus zur Lösung des Kontrollproblems der Stiftung, Wiesbaden 2016 (zugl. Diss. Heidelberg 2015).

Schmitz, Benedikt/Zensus, Janina: Die Familienstiftung als Gestaltungsinstrument zur Vermögensübertragung und -sicherung, NJW 2012, S. 1323-1329.

Schmolke, Klaus Ulrich: Grenzen der Selbstbindung im Privatrecht. Rechtspaternalismus und Verhaltensökonomik im Familien-, Gesellschafts- und Verbraucherrecht, Tübingen 2014 (zugl. Habil. Hamburg 2012).

Scholz, Franz (Begr.): Kommentar zum GmbH-Gesetz. Band 2: §§ 35-52, 12. Aufl., Köln 2018 [zitiert als: *Bearbeiter* in: Scholz, GmbHG, 2. Band].

Schubert, Werner/Schmiedel, Burkhard/Krampe, Christoph: Quellen zum Handelsgesetzbuch von 1897. Band II Denkschriften, Beratungen, Berichter, Frankfurt am Main 1988 (Zweiter Halbband).

Schuck, Frank/Medinger, Jonas: Stiftungsrechtsreform in der entscheidenden Phase: Die geplanten Neuregelungen im Überblick für die Praxis, ZEV 2021, S. 298-303.

Schulze, Reiner (Hrsg.): Bürgerliches Gesetzbuch. Handkommentar, 10. Aufl., Baden-Baden 2019 [zitiert als: *Bearbeiter* in: Schulze, BGB].

Schwalm, Julian/Thiele, Malte: Die Form des Stiftungsgeschäfts unter Lebenden: Ausnahmsloser „Vorrang" des § 81 Abs. 1 S. 1 BGB, ZEV 2020, S. 523-529.

Schwintek, Sebastian: Vorstandskontrolle in rechtsfähigen Stiftungen bürgerlichen Rechts. Eine Untersuchung zu Pflichten und Kontrolle von Leitungsorganen im Stiftungsrecht - insbesondere in Unternehmensträgerstiftungen, Baden-Baden 2001 (zugl. Diss. Osnabrück 2001).

Selbach, Kerstin: Geheimhaltungspflichten von Gesellschaftern in personalistisch strukturierten Gesellschaften, Baden-Baden 2015 (zugl. Diss. Münster 2015).

Semler, Johannes: Thesen zur Sanierung notleidender Familienunternehmen, in: Peter Hommelhoff/Rolf Schmidt-Diemitz/Axel Sigle (Hrsg.), Familiengesellschaften. Festschrift für Walter Sigle zum 70. Geburtstag, Köln 2000, S. 425-437.

Settels, Marion: Destinatsleistungen und andere satzungsmäßige Zuwendungen als Schenkungen, Baden-Baden 2016 (zugl. Diss. Bonn 2016).

Siebel, Ulf R.: Der Ehrenvorsitzende. Anmerkungen zum Thema Theorie und Praxis im Gesellschaftsrecht, in: Marcus Lutter/Manfred Scholz/Walter Sigle (Hrsg.), Festschrift für Martin Peltzer zum 70. Geburtstag, Köln 2001, S. 519-537.

Siebert, Wolfgang: Das rechtsgeschäftliche Treuhandverhältnis. Ein dogmatischer und rechtsvergleichender Beitrag zum allgemeinen Treuhandproblem, Marburg in Hessen 1933.

Sieger, Jürgen/Bank, Stephan: Erhalt von Einflussmöglichkeiten des Stifters auf die Geschäftstätigkeit einer zivilrechtlichen Stiftung, NZG 2010, S. 641-646.

Sigle, Axel: Für Familiengesellschaften auf dem Prüfstand: Die börsennotierte Aktiengesellschaft, in: Peter Hommelhoff/Rolf Schmidt-Diemitz/Axel Sigle (Hrsg.), Familiengesellschaften. Festschrift für Walter Sigle zum 70. Geburtstag, Köln 2000, S. 301-323.

Sigle, Walter: Zur Psychologie der Familiengesellschaften, in: Gerd Pfeiffer/Günther Wiese/Klaus Zimmermann (Hrsg.), Festschrift für Heinz Rowedder zum 75. Geburtstag, München 1994, S. 459-476.

Sorg, Martin H.: Die Familienstiftung. Wesen, Probleme, Gestaltungsvorschläge für die Praxis, Baden-Baden 1984 (zugl. Diss. Baden-Baden 1984).

Stadie, Manfred-Holger: Stimmrechtsausschluß wegen Interessenkollision im Recht der Personengesellschaften 1973 (zugl. Diss. Hamburg 1972/73).

Stahl, Martina: Minderjährigenschutz im Gesellschaftsrecht und vormundschaftsgerichtliche Genehmigung, Frankfurt am Main 1988 (zugl. Diss. Bielefeld 1987/88).

Stallmann, Jasper: Fehlerhafte Beschlüsse in der Stiftung bürgerlichen Rechts, Hamburg 2014 (zugl. Diss. Hamburg 2014).

Statistisches Bundesamt (Destatis): Höhere Steuerfestsetzungen trotz Rückgang des übertragenen Vermögens, abrufbar unter www.destatis.de/DE/Presse/

Pressemitteilungen/2019/08/PD19_309_736.html;jsessionid=95583D6D00D795C41B0CD82650A52A5A.internet711 (zuletzt abgerufen am 09.01.2021).

Staudinger, Julius von: J. von Staudingers Kommentar zum Bürgerlichen Gesetzbuch mit Einführungsgesetz und Nebengesetzen, Berlin.

Stehle, Heinz/Leuz, Norbert: Familienunternehmen gestalten, erhalten, vererben. Steuer-, familien- und erbrechtliche Absicherung, 5. Aufl., Stuttgart 2009 [zitiert als: *Stehle/Leuz*, Familienunternehmen].

Stiftung Familienunternehmen: Die volkswirtschaftliche Bedeutung von Familienunternehmen, 5. Aufl., München 2019 [zitiert als: *Stiftung Familienunternehmen*, Die volkswirtschaftliche Bedeutung von Familienunternehmen].

Strickrodt, Georg: Stiftungsrecht. Geltende Vorschriften und rechtspolitische Vorschläge, 1. Aufl., Baden-Baden 1977.

Stummel, Dieter: Standardvertragsmuster zum Handels- und Gesellschaftsrecht. Deutsch - Englisch, 5. Aufl., München 2015.

Stürner, Rolf: Der lediglich rechtliche Vorteil, AcP 1973, S. 402-449.

ders.: Bürgerliches Gesetzbuch. Mit Rom-I-, Rom-II-, Rom-III-VO, EG-UntVO/HUntProt und EuErbVO. Kommentar, 18. Aufl., München 2021 [zitiert als: *Bearbeiter* in: Jauernig, BGB].

Stürner, Rolf/Eidenmüller, Horst/Schoppmeyer, Heinrich (Hrsg.): Münchener Kommentar zur Insolvenzordnung, 4. Aufl., München 2019 [zitiert als: *Bearbeiter* in: MüKo, InsO, 1. Band].

Sudhoff, Heinrich (Hrsg.): Unternehmensnachfolge, 5. Aufl., München 2005 [zitiert als: *Bearbeiter* in: Sudhoff, Unternehmensnachfolge].

Swatzina, Christian: Mitgliedschaftliche Stimmverbote - Element eines allgemeinen Teils des Gesellschaftsrechts, Heidelberg 2001 (zugl. Diss. Berlin 2001).

Teichmann, Arndt: Gestaltungsfreiheit in Gesellschaftsverträgen, München 1970 (zugl. Habil. Göttingen WiSe 1968/69).

Theuffel-Werhahn, Berthold: Familienstiftungen als Königsinstrument für die Nachfolgeplanung aufgrund der Erbschaftsteuerreform, ZEV 2017, S. 17-22.

Tielmann, Jörgen: Die Familienverbrauchsstiftung, NJW 2013, S. 2934-2939.

Tresselt, Matthias/Müller, Matthias J., Die "Insolvency Judgement Rule" bei Stellung der Sanierungsanträge, KSzW 2015, 198-206.

Tuhr, Andreas von: Der Allgemeine Teil des Deutschen Bürgerlichen Rechts. Allgemeine Lehren und Personenrecht, Leipzig 1910.

Ulmer, Peter: Die große, generationsübergreifende Familien-KG als besonderer Gesellschaftstyp, ZIP 2010, S. 549-558.

Ulrici, Bernhard: Geschäftsähnliche Handlungen, NJW 2003, S. 2053-2056.

van de Loo, Oswald/Strnad, Korina: Familiengerichtliche Genehmigung bei Übertragung von Kommanditbeteiligungen an einer vermögensverwaltenden Gesellschaft auf Minderjährige, ZEV 2018, S. 617-623.

Viefhues, Wolfram (Hrsg.): Juris Praxiskommentar BGB. Band 4 - Familienrecht, 9. Aufl., Saarbrücken 2020 [zitiert als: *Bearbeiter* in: jurisPK-BGB, 4. Band].

Vieweg, Klaus (Hrsg.): Juris Praxiskommentar BGB. Band 1 - Allgemeiner Teil, 9. Aufl., Saarbrücken 2020 [zitiert als: *Bearbeiter* in: jurisPK-BGB, 1. Band].

Vorwerk Deutschland Stiftung & Co. KG, abrufbar unter kobold.vorwerk.de/impressum/ (zuletzt abgerufen am 09.01.2021).

Wachter, Thomas: Anmerkung zu OLG Köln: Stiftungsgründung mit Einbringung eines Grundstücks bedarf der notariellen Beurkundung, BB 2019, S. 2705-2706.

ders.: Erfordernis einer familiengerichtlichen Genehmigung für Übertragung eines voll eingezahlten KG-Anteils auf Minderjährigen, GmbHR 2019, S. 1119-1126.

ders.: Praxis des Handels- und Gesellschaftsrechts, 5. Aufl., Bonn 2021 [zitiert als: *Bearbeiter* in: Wachter, Handels- und GesellschaftsR.].

Wagner, Ralph: Die "Stiftungs-GmbH" und § 18 Abs. 2 HGB, GmbHR 2016, S. 858-861.

Wälzholz, Eckhard: Der Abschlag für Familienunternehmen nach § 13a Abs. 9 ErbStG. Gesetzliche Vorgaben, Gestaltungsmöglichkeiten, Formulierungsvorschläge, GmbH-StB 2017, S. 54-61.

Weber, Johannes: Vermögensverwaltende KG, Erhöhung der Beteiligung minderjähriger Kommanditisten durch Schenkung zusätzlicher Anteile oder Einbuchung; Erfordernis der familiengerichtlichen Genehmigung, Erfordernis eines Ergänzungspflegers, DNotI-Report Februar 2018 [zitiert als: *Weber*, Erhöhung der Beteiligung minderjähriger Kommanditisten].

Weber-Grellet, Heinrich (Hrsg.): Einkommensteuergesetz, 39. Aufl., München 2020 [zitiert als: *Bearbeiter* in: Schmidt, EStG].

Weinbrenner, Christoph: Ergänzungspflegschaft und vormundschafts-/familiengerichtliche Genehmigung bei der Schenkung von KG-Gesellschaftsanteilen an Minderjährige, FPR 2009, S. 265-269.

Weise, Stefan/Krauß, Hans-Frieder (Hrsg.): Beck'sche Online-Formulare Vertrag, 54. Aufl., München 2020 [zitiert als: *Bearbeiter* in: Beck'sche Online-Formulare Vertrag].

Werder, Alexander/Wystrcil, Markus: Familienstiftungen in der Unternehmensnachfolge, BB 2016, S. 1558-1565.

Werkmüller, Maximilian A.: Die "Familienstiftung & Co. KG" als Instrument der "kontrollierten" Vermögensnachfolge, ZEV 2015, S. 522-525.

ders.: Übertragung von Unternehmensanteilen auf eine Familienstiftung, ZEV 2018, S. 446-450.

Werner, Almuth: Praktische Einsatzmöglichkeiten der Verbrauchsstiftung. Zugleich eine Anmerkung zum BMF-Schreiben vom 15. September 2014, ZStV 2015, S. 25-27.

Werner, Olaf: Die idealistische Familienstiftung (Teil 1), ZStV 2018, S. 203-209.

Werner, Rüdiger: Beteiligung Minderjähriger an gesellschaftsrechtlichen Transaktionen im Recht der GmbH und GmbH & Co. KG, GmbHR 2006, S. 737-741.

ders.: Stiftungen als Instrument der Pflichtteilsvermeidung, ZEV 2007, S. 560-564.

Wertenbruch, Johannes: Familiengerichtliche Genehmigung für Grundstücksveräußerung durch GbR mit minderjährigem Gesellschafter?, NJW 2015, S. 2150-2152.

Westermann, Harm Peter: Die grundsätzliche Bedeutung des Grundsatzes der Selbstorganschaft im Personengesellschaftsrecht, in: Uwe Helmut Schneider/Peter Hommelhoff/Karsten Schmidt/Tim Drygala/Barbara Grunewald/Wolfram Timm (Hrsg.), Festschrift für Marcus Lutter zum 70. Geburtstag. Deutsches und europäisches Gesellschafts-, Konzern- und Kapitalmarktrecht, Köln 2000, S. 955-972.

Westermann, Harm Peter/Grunewald, Barbara/Maier-Reimer, Georg (Hrsg.): BGB. Handkommentar mit AGG, EGBGB (Auszug), ErbbauRG, LPartG, ProdhaftG, VBVG, VersAusglG und WEG, 16. Aufl., Köln 2020 [zitiert als: *Bearbeiter* in: Erman, BGB, 1. Band].

dies.: BGB. Handkommentar mit AGG, EGBGB (Auszug), ErbbauRG, LPartG, ProdhaftG, VBVG, VersAusglG und WEG, 16. Aufl., Köln 2020 [zitiert als: *Bearbeiter* in: Erman, BGB, 2. Band].

Wiedemann, Herbert: Gesellschaftsrecht. Grundlagen, München 1980.

ders.: Gesellschaftsrecht. Recht der Personengesellschaften, München 2004.

Windbichler, Christine: Gesellschaftsrecht. Ein Studienbuch, 24. Aufl., München 2017.

Winter, Martin: Mitgliedschaftliche Treuebindungen im GmbH-Recht, München 1988 (zugl. Diss. Mannheim WiSe 1986/87).

Wohlleben, Hermann Peter: Informationsrechte des Gesellschafters, Köln 1989 (zugl. Diss. München 1988).

Wolf, Manfred (Hrsg.): Bürgerliches Gesetzbuch mit Einführungsgesetz und Nebengesetzen. Allgemeiner Teil 2, 13. Aufl., Stuttgart 1999 [zitiert als: *Bearbeiter* in: Soergel, BGB, 2. Band].

ders.: Bürgerliches Gesetzbuch mit Einführungsgesetz und Nebengesetzen. Allgemeiner Teil 1, 13. Aufl., Stuttgart 2000 [zitiert als: *Bearbeiter* in: Soergel, BGB, 1. Band].

Zimmermann, Klaus/Raddatz, Stefan: Die Entwicklung des Stiftungsrechts 2017, NJW 2018, S. 516-523.

Zimmermann, Maximilian: Notarielle Beurkundung eines Stiftungsggeschäfts bei der Einbringung von Grundeigentum/Notarieller Prüfvermerk zur Verwalterzustimmung. Anmerkung zu OLG Köln, Beschluss vom 5.8.2019 - 2 Wx 220/19, ZfIR 2020, S. 26-29.

o.A.: Zivilprozessordnung. mit FamFG (§§ 1-185, 200-270) und Gerichtsverfassungsgesetz, den Einführungsgesetzen, mit internationalem Zivilprozessrecht, EuGVVO und weiteren EU-Verordnungen, Kostenanmerkungen, 33. Aufl., Köln, Saarbrücken 2020 (Kommentar) [zitiert als: *Bearbeiter* in: Zöller, ZPO].

Zöllner, Wolfgang: Die Schranken mitgliedschaftlicher Stimmrechtsmacht bei den privatrechtlichen Personenverbänden, München 1963 (zugl. Habil. München 1960).

www.ingramcontent.com/pod-product-compliance
Ingram Content Group UK Ltd.
Pitfield, Milton Keynes, MK11 3LW, UK
UKHW021833290926
8980IPUK00004B/432

9 783631 859971